牟宗三先生全集⑨

道德的理想主義

牟宗三　著

《道德的理想主義》全集本編校說明

高柏園

　　本書所收錄者為牟先生在1949年至1959年所發表之論著，旨在反省中國文化之出路。本書與《歷史哲學》、《政道與治道》二書合稱「外王三書」。

　　本書的前身是《理性的理想主義》一書。該書於1950年元月由香港人文出版社出版，除了〈序言〉之外，共收入〈理性的理想主義〉、〈道德的理想主義與人性論〉、〈理想主義的實踐之函義〉、〈儒家學術之發展及其使命〉、〈歷史必然中的未來〉五篇論文。其後，牟先生將此書擴充為《道德的理想主義》一書，於1959年11月由東海大學出版。在此擴充版中，增加了〈關於共產主義者的「矛盾論」〉、〈關於共產主義者的「實踐論」〉、〈論無人性與人無定義〉、〈自由與理想〉、〈人文主義的基本精神〉、〈人文主義的完成〉、〈論「上帝隱退」〉、〈世界有窮願無窮〉、〈反共救國中的文化意識〉、〈關於文化與中國文化〉十篇論文，但刪除了〈歷史必然中的未來〉一文。1970年7月此書再版。1978年8月，此書改由臺灣學生書局出版。在此版中，增加了〈悼念唐君毅先生〉及〈「文化意識宇宙」一詞之釋義〉二文，作

爲附錄。

本書之編校工作以臺灣學生書局1992年9月之修訂版爲依據。由於〈悼念唐君毅先生〉及〈「文化意識宇宙」一詞之釋義〉二文已收入《時代與感受》一書中，故本書不再收錄。但本書另外收錄《理性的理想主義》一書之〈序言〉與〈歷史必然中的未來〉一文，作爲附錄，以供讀者參考。本書所收錄的論文，除了〈自由與理想〉一文之外，均曾在《民主評論》及其他刊物上刊載，各篇出處直接標註於文末。

修訂版序

　　此書與《歷史哲學》及《政道與治道》合為一組，大抵皆是自民國三十八年至四十八年十年間所寫成者。此十年間乃是吾之文化意識及時代悲感最為昂揚之時。此之蘊蓄由來久矣。溯自抗戰軍興即漸有此蘊蓄。當時吾與熊先生同住重慶北碚金剛碑，朝夕惕厲，啓悟良多。又時與友人唐君毅先生聚談，最為相得。當時唐先生正寫其《道德自我之建立》，而我則正在繼《邏輯典範》後醞釀《認識心之批判》。日常工作是如此，而瞻望國家之艱難，時風之邪僻，怵目驚心，悲感益增，所蘊蓄者固有超出有形工作之外者矣。此種蘊蓄不能求之於西方純邏輯思考之哲學，乃必求之於能開闢價值之源之孔孟之教。深入於孔孟之成德之教，始可暢通吾人之文化意識。有正面正大之文化意識，始能發理想以對治邪僻，立大信以貞定浮動，而不落於憤世嫉俗，或玩世不恭，或激情反動，或淺薄的理智主義。此種蘊蓄至三十八年抵臺乃全部發出，直發至十年之久。此期間，唐君毅先生所抒發者尤多，如《中國文化之精神價值》、《人文精神之重建》、《中國人文精神之發展》、《文化意識與道德理性》等書，皆此期間所寫成者。唐先生書多重在正面疏通中國文化之精神與價值，使人對於中國文化有恰當之理解，糾正

五四以來之否定主義;而我此期間之三書則重在批抉中國文化之癥結,以期蕩滌腥穢,開出中國文化健康發展之途徑。此兩方面互相配合,遂有〈中國文化宣言〉(為中國文化敬告世界人士)之作。此文由唐先生執筆,加上張君勱先生、徐復觀先生及我個人四人聯名發表者。此文可為此十年間吾人努力之綜結。當然,只看此文,不必能知其詳。仍希讀者取此期間諸友之作而詳讀之,當可知其底蘊。今唐先生已歸道山,吾述此一階段,不能無傷痛之感也。

就吾個人言,此一階段過後,吾所努力者仍本此階段之文化意識進而向裏疏通中國文化傳統中各階段之學術思想,藉以暢通吾華族智慧方向之大動脈,如《才性與玄理》乃疏通魏晉一階段者,《佛性與般若》乃疏通南北朝隋唐佛教者,《心體與性體》乃疏通宋明一階段者。此可謂由出而入。若不入,則根不能深,體不能通。但既入矣,亦應復出。若不出,則用不能廣,枝葉不能茂。入而復出,仍不出自三十八年至四十八年十年間所發揚之文化意識之規模。蓋吾人所遭逢之時代問題仍是文化問題。此問題並非一講過即完者,乃須繼起者不斷之理解與講述,始能端正行動之方向。讀者若能出而入,入而出,「出入雲水幾度身」,必能發大願,立大信,暢通自己之生命,克服國家之魔難。未有道眼不明而能立國于斯世者。是為序。

中華民國六十七年四月

序

一

　　吾於民國三十八年來台。適值友人徐復觀先生創辦《民主評論》半月刊於香港。時大陸淪陷，天翻地覆。人心惶恐，不可終日。吾以流浪天涯之心境，逃難於海隅。自念身處此境，現實一切，皆無從說起。惟有靜下心去，從事文化生命之反省，庶可得其原委而不惑。面對時代，深維中華民族何以到此地步，實不可不予以徹底之疏導。於是，一方草《歷史哲學》以專其心，一方隨機撰文以暢其志。凡此等文字，大抵皆刊於《民主評論》。今《歷史哲學》已於四五年前成書印行，而隨機所撰之文直至今日方得彙集成編。即此《道德的理想主義》是也。

二

　　近時整個時代之癥結端在文化理想之失調與衝突。西方文化入近代以來，本有其積極之成就：一為民族國家之建立，二為科學之

發展，三爲自由民主之實現。此中皆有人類之積極精神在。然民族國家之建立固是每一民族之佳事，而因緣際會，演變而爲帝國主義，則國家亦適爲近人詬詆之對象。科學之發展固是知識上之佳事，然人之心思爲科學所吸住，轉而爲對於價値德性學問之忽視，則亦正是時代之大病。自由民主之實現固是政體上之佳事，然於一般生活上亦易使人之心思益趨於社會化（泛化）、庸俗化，而流於眞實個性、眞實主觀性之喪失，眞實人格、創造靈感之喪失，則亦是時代精神下低沈之徵象。此後兩者所轉生之時代病，吾人名之曰人類精神之量化，亦曰外在化。馬克思順西方階級鬥爭之歷史，認爲近代之成就皆是第三階級之成就，而於其流弊，則集中其觀察於資本主義以及帝國主義之罪惡。因此順第三階級推進一步提出第四階級之解放問題，而有共產主義之宣言，因而有共產黨之組織，與無產階級之革命。而其基本精神，則順先在之量的精神而更推進一步，徹底以唯物論爲立場，此爲量的精神之極端化。量的精神之極端化，在政治上表現爲極權，在社會上表現爲集體農場、人民公社，視人民如螞蟻，如螺絲釘，結果爲徹底之虛無主義，將人間投置於漆黑之深淵。此爲此時代大病之所在，演成今日極權與自由兩世界之對立。此大病之來臨，將侵蝕任何細胞而毀滅之。而對治此大病之自覺與反省以及建立自己積極理想之途徑，則始終不透徹，未發見。而世人猶懵然不覺而背馳！

　　歐西凡有理想主義之情調，對於歷史文化有通識者，皆深感近代量化精神之必日趨於墮落。斯賓格勒《西方世界之衰頹》，其論每一民族之十九世紀必繼之以大帝國之來臨、崩潰，而最後必歸於洪荒，實即已照察到此基本弊病，而見其必下趨而不可挽。其他如

許維徹、索絡肯等，亦皆能認識近代精神之喪失其德性之理性，而唯是以感性與技術爲主。存在主義在時代精神上亦是對人之社會化（泛化）、群衆化（客觀化）而來之反抗。尼采之超人則是對時代精神之庸俗而發。然而這一切思想家皆只能識病，而不能治病。其故即在未能獲得其表現理想之健康途徑。甚至其各人本人之思想即已在病態中。尼采本是極反量化之精神者，然其本人之質的精神卻純是非理性之生命的。此種非理性主義的浪漫理想主義演生出希特勒，益爲世所詬病，而成爲此時代之禁忌。存在主義則猶在摸索中，尙未開出其理性之坦途。許維徹有極佳之質地，而學思不能弘通。索絡肯知理性之重要，而不能透其全體大用。至於斯賓格勒則是一悲觀之宿命論者。其論歷史文化之基本原則尙落在自然生命上而爲「以氣盡理」者。凡此皆足以見時代之嚴重與對治大病之不易，亦足以見表現理想站住自己之不易。本書即以此時代病之認識爲背景而發出健康的理想主義之呼聲。

三

此書集文共十四篇。雖非一學術上之專著，而實爲一中心觀念之衍展。其目的唯在對時代喚醒人之價值意識、文化意識、與歷史意識。故其中心觀念之衍展亦在環繞此三者而爲其外延。

此中心觀念爲何？曰即孔孟之文化生命與德慧生命所印證之「怵惕惻隱之仁」是也。由吾人當下反歸於己之主體以親證此怵惕惻隱之仁，此即爲價值之根源，亦即理想之根源。直就此義而曰「道德的理想主義」。

此怵惕惻隱之仁是了悟性命天道之機竅。故直由此而立「人性論」，以期吾人處此時代能正視人性之尊嚴，並於人性有一正確而鞭辟入裡之了悟。吾之言此，並非廣徵博引，以求成一新說，乃直接祖述孔孟之所開闢，以爲外此並無更佳之途徑。又吾之言此，亦非由純理論之思辨以極成此義，此爲學院之工作，於吾此處之目的乃不適宜者。吾之言此，乃直接點醒而肯定此義，以對治共黨之唯物論與馬克思之人性論，以見其時代之意義與文化上之意義。此爲怵惕惻隱之仁之第一步衍展，衍展而爲人性論。

再進即爲踐仁之過程，由此而有家、國、天下（大同）之重新肯定，其極則爲「與天地萬物爲一體」。此則爲虛無低沉之時代樹立一立體之綱維，並對治共黨之邪惡而徹底與之相翻者。以爲非自己如此站得住，不足以言挽救人類之狂流，非如此認得透，不足以言識時代之癥結。

此綱維一立，則隨時照察，隨時對治，亦隨時建立其自己。故不唯揭穿共黨之膿毒，亦針砭自由世界之低沉。不唯明破共黨唯物論之邪謬，亦隨時糾正自由世界時風學風之流弊。故於法人存在主義者薩特利之「無人性與人無定義」說，必疏而通之，以祛其蔽。於德詩人侯德林所言之「上帝隱退」，亦必詳明其所以，而指出時代學風之無體、無理與無力。於言自由之重個體者，必進而明「眞實普遍性」如何而可能，以期解消普遍性與個體性之衝突。於科學一層論、理智一元論者，必進而明價值之源以立根本，使有以知此本源之不可抹殺。價值意識提不起，即不能言文化意識與歷史意識。價值本源不清，縱有文化意識與歷史意識，亦不能透徹其本源，而或落於自生物生命觀文化。故於斯賓格勒之周期斷滅論，必

進而明文化所以悠久之超越根據,而歸於「世界有窮願無窮」。
「願」發自怵惕惻隱之仁。有此願力,以理生氣,而不只是「以氣
盡理」,則歷史文化即不斷滅。此皆所謂隨時照察,隨時對治者
也。

　　不惟隨時照察,隨時對治,亦且隨時建立此綱維。故「道德的
理想主義」亦必函「人文主義之完成」。不惟極成此綱維,而且依
據此綱維,開出中國文化發展之途徑,以充實中國文化生命之內
容。由此而三統之說立:

　　一、道統之肯定,此即肯定道德宗教之價值,護住孔孟所開闢
之人生宇宙之本源。

　　二、學統之開出,此即轉出「知性主體」以融納希臘傳統,開
出學術之獨立性。

　　三、政統之繼續,此即由認識政體之發展而肯定民主政治為必
然。

　　此皆為隨時建立此綱維,而為此綱維之所函攝而融貫者。

四

　　本書中心觀念之衍展,其範圍只如此。吾前已言,吾之言此中
心觀念乃直接祖述孔孟者。孔孟開出此觀念,經由宋明儒者之闡
發,其義蘊深遠而廣大。吾茲簡單之點醒與肯定,悉以此為背景。
假若對此背景不能稍有感觸,則不能知此中心觀念之真切與嚴肅。
此將有一「心性之學」全幅展露之。

　　又關於歷史文化者,吾茲所言,皆是由此中心觀念所投射之作

用以牽連及。至於落到歷史文化上而有深切著明之表現，則有《歷史哲學》在。

關於中國文化發展之途徑，重在說明以前所以不出現科學與民主之故，以及今後如何能轉出之之理路。茲書所言，亦只是隨文作簡單之涉及。詳論則將有《政道與治道》一書。此已刊載多篇。但因系屬專論，故別成一書。

又吾此書所開闢之各領域，其哲學系統之根據乃在吾《認識心之批判》。其措辭運思有牽連到西方哲學者，或以西方哲學之術語與概念為根據者，其表現之路數亦悉以《認識心之批判》為本。

是以此書雖非某方面之學術專著，然悉以吾其他作品為根據，而亦是其他作品之尾閭。凡學問、真理，皆有其時代與文化上之作用。如吾其他作品所表現者為體，則此書所言即其用也。是以此書乃關聯整個時代與文化，將人類有史以來所表現之各方面之真理，如道德宗教方面、科學方面、哲學方面、政治方面，予以重新之提醒，而投射其時代之意義，以見其對治共黨之作用。故措辭行文類皆粗枝大葉，而又多激憤之辭。蓋亦悲感使然。又旨在啓發與對治，故雖言之無文，而真性情不可泯也。試思自三十八年以來，至今已十年矣。回想當時之心境，乃直天崩地坼，斷潢絕港之時。吾尚有何顧慮而不敢直對華族文化生命負其責以用其誠乎？中華民族之有今日，豈惟政場中人之罪過？時風學風，知識分子，亦皆與有責焉。人人皆當有一徹底之反省，以自贖其罪戾。若仍膠著故習，不知自反，則罪莫大焉。故撥開一切現實之牽連，直透孔孟所開闢之本源，以之為評判之標準，當無愧於先聖，亦無負於華族。

五

　　吾人所處之時代是「觀念災害」之時代。非通常所說之天災人
禍，乃是觀念之災，觀念之禍。共黨以其邪惡之觀念系統到處決裂
漸滅。人類自有歷史以來所表現之每一眞理、價值標準，皆動搖而
不能自持自見。似皆在搖搖欲墜而不能站住其自己之時。蓋除科學
外，凡屬價值領域內之內容眞理（intensional truth）皆與成習、現
實，相糾結。成習、現實，不能無弊。如是，人只見成習現實之
弊，而不能見其中之眞理。又「百姓日用而不知」，以其感觸之直
覺，亦只能膠著於成習現實，而不能見其中之眞理。値此大變亂之
時代，一切傳統，成規成矩，皆在朝不保夕，隨時可被風掣電捲以
去。如是，價值標準、內容眞理，亦隱伏於成習現實之中而隨之流
逝以俱去。共黨即從成習現實中看一切，以其邪惡之觀念，橫衝直
撞，遂造成大顛倒、大決裂。是以今日一切成習現實俱不足恃。惟
有撥開一切成習現實而提練其中之眞理，方有眞正之立場。凡價值
領域內之內容眞理，俱須一一提練而考驗之，藉以堅定自己之信
念。每一內容眞理，面對共黨之漸滅，俱當乘此機會，重新釐清而
確定其意義，藉以彰顯其自己，站住其自己。每一眞理能彰顯而站
住，自持而自見，即於共黨有一對治之作用。

　　從最簡單之孝弟、人倫起，進而至於人性、理性、正義、理
想、自由、民主、家庭、國家、大同、普遍性、個體性、絕對、全
體、乃至宗教之神性等等，因現實之牽連，皆有其似是而非處。然
此中亦皆有其眞理性與眞實性，無一而可廢。面對共黨之決裂漸

滅，俱須提練而考驗之，重新釐淸而肯定之，使人人皆期能正視而有正解，隨時覺醒而消除其假借之歪曲。旣得正解，則每一內容眞理皆是一道防線，亦是一道光明。此即本書所欲作者，亦即前文所謂關聯整個時代與文化，而投射眞理之時代意義以見其作用者。能投射出其時代之意義而見其作用，即是豁醒其自己，站住其自己。此即所謂考驗。吾人只有在此內容眞理之考驗上立根基，始能有肯定、有信念，而不落於虛無主義之深淵。

　　當三十八、九年之時，人皆有憂惕迫切之感，亦有思哀思危之意。吾言之而人可聽。十年後之今日，此種哀危之思，已成明日黃花。瞻望大陸，一海之隔，儼若楚越之不相干。共黨之刺激已不復切於人心。則吾此書所言，人亦必淡然視之，認爲迂固不切事情。甚或斥之爲書生之狂言，亦所難免。人之了悟內容眞理，常視其機。機至則甚易知，甚易明，而見其爲不可移。機不至，感不切，心不開，固蔽不通，激越反動，則雖舌弊唇焦，亦無益也。雖然，慧命不可斷，人道不可息，故仍存之，以待來者。

　　　　　　　　　　民國四十八年八月 牟宗三 自序於大度山

目　次

《道德的理想主義》全集本編校說明 ………………………… ⑴

修訂版序 ……………………………………………………… ⑶

序 …………………………………………………………… ⑸

儒家學術之發展及其使命……………………………………… 1

理性的理想主義 ……………………………………………… 17

道德的理想主義與人性論 …………………………………… 31

理想主義的實踐之函義 ……………………………………… 51

闢共產主義者的「矛盾論」………………………………… 89

闢共產主義者的「實踐論」………………………………… 119

論無人性與人無定義………………………………………… 149

自由與理想…………………………………………………… 175

人文主義的基本精神………………………………………… 195

人文主義的完成……………………………………………… 205

論「上帝隱退」……………………………………………… 241

世界有窮願無窮……………………………………………… 263

反共救國中的文化意識……………………………………… 293

關於文化與中國文化………………………………… 317

附錄一：《理性的理想主義》序言………………… 339

附錄二：歷史必然中的未來………………………… 341

儒家學術之發展及其使命

　　中國以往二千餘年之歷史，以儒家思想爲其文化之骨幹。儒家
思想不同於耶，不同於佛。其所以不同者，即在其高深之思想與形
上之原則，不徒然爲一思想，不徒爲一原則，且可表現爲政治社會
之組織。六藝之敎，亦即組織社會之法典也。是以儒者之學，自孔
孟始，即以歷史文化爲其立言之根據。故其所思所言，亦必反而皆
有歷史文化之義用。本末一貫內聖外王，胥由此而見其切實之意
義。以儒者之學，可表現爲政治社會之組織，故某時某代，學人思
想，衷心企嚮，雖不以儒學爲歸宿，而政治社會之組織，固一仍舊
貫，未有能橫起而變之者。此謂禮俗（廣義的）之傳統。清季西方
文化猛衝急撼，斯統始漸漸澌滅。民國以來，禮俗趨新。然而未有成
型也。

　　儒者之學，除顯於政治社會之組織外，於思想則孔、孟、荀爲
第一階段，《中庸》、《易·繫》、〈樂記〉、《大學》爲第二階
段，董仲舒爲第三階段。此儒學之由晚周進至秦漢大一統後表現爲
學術文化之力量而凝結漢代之政治社會者也。兩漢四百年，爲後世
歷史之定型時期。一經成型，則禮俗傳統，于焉形成。魏晉南北朝

暗者也。隋唐武功政略匹秦漢，而儒家思想無光彩。王通漸露端
倪，韓愈粗能闢佛，李習之稍進精微。此皆以自覺之嚮往，而期歸
宗於儒術。其所以有此自覺之歸宗，正緣學術思想不能永安於魏晉
以來之散漫與頹廢，而期重新提練人類之精神，而進趨于積極建構
及正面之大業。然唐不能就此而光大，徒為文人浪漫之才華。正緣
組織社會之法典，有成文可續，有定型可繼，不似漢代之初創。禮
俗傳統不變，則思想方面之功用不顯，學人自覺求由學術思想以造
時代之需要，亦不迫切。而唐人生命原極健旺，故致力詩文，崇尚
華藻，而文物制度，亦極燦爛而可觀也。形上之思想無可取，而形
下之文物則足以極人間之盛事。此則天資之美，生命之旺，所謂氣
盛言宜，有足以近道者。然氣不終盛，往而不返。降至殘唐五代，
則規模盡喪，無復人趣。坎陷至極，覺悟乃切。宋初諸大儒，始確
為儒學思想方面之復生。世變至此，徒有禮俗之傳統，難期濟事。
而宋祖之武功政略，又遠不及唐。開國之局，原極微弱。而仍足以
維持三百年者，則學術文化之力也。故宋之國勢雖弱，而文化則極
高，與唐恰相反。而儒學亦於此表現為極光輝極深遠。是為自孔、
孟、荀至董仲舒後之第二期之發揚。明代繼宋學而發展，又開一盡
精微之局。王學之出現於歷史，正人類精神之不平凡，儒家之學之
煥奇彩也。滿清入關，民族生命乃受曲折。降至清亡，以迄今日，
未能復其健康之本相。吾人今日遭遇此生死之試驗，端視儒學之第
三期發揚為如何。且今日問題，又較以往任何時期為困難。禮俗傳
統崩壞無餘。儒家思想湮沒不彰。是以人喪其心，國迷其途。而吾
人今日所必欲達之階段，又為一切須創造之階段。國家須建立，政

此其所以眞爲嚴重關頭也。

　　然衝出此嚴重之關頭，開出創造之坦途，又非賴反求諸己不爲功。而反求諸己，正有其可反之根據。此則必須有儒學之第三期之發揚。而此期之發揚，又必須能盡實現一切創造之責任。吾人必須知眼前所需要之創造，乃以往二千年歷史所未出現者。以其未出現，故必爲創造。然而所謂創造，亦必爲歷史自身發展所必然逼迫其出現之創造。是以今日之創造，必有自家之根據，而不能純爲外鑠者。所謂自家之根據，普泛言之即儒家之傳統，亦即儒家必有其第三期之發揚也。而第三期之發揚，必須再予以特殊之決定。此特殊之決定，大端可指目者，有二義。一、以往之儒學，乃純以道德形式而表現，今則復須其轉進至以國家形式而表現。二、以往之道德形式與天下觀念相應和，今則復需一形式以與國家觀念相應和。唯有此特殊之認識與決定，乃能盡創制建國之責任。政制既創，國家既建，然後政治之現代化可期。政治之現代化可期，而後社會經濟方面可充實而生動，而風俗文化亦可與其根本之文化相應和而爲本末一貫之表現。此則必有健進而構造之文化背景而後可。此非嚮壁虛談。漢代其例也，宋代其例也，德國亦其例也。而吾人今日之局，則非走此路不能衝破此難關。

　　欲實現儒學第三期之發揚，則純學術之從頭建立不可少。新時代之創建，欲自文化上尋基礎者，則不得不從根本處想，不得不從源頭處說。從根本處想，從源頭處說，即是從深處悟，從大處覺。依是儒學之究竟義不能不予以提練，復不能不予以充實。充實之，正所以使其轉進至第三期，而以新姿態表現於歷史，以與今日在在須創造之局面相應和。充實之之道，端賴西方文化之特質之足以補

吾人之短者之吸納與融攝。於此吾人特重二義。一、在學術上名數之學之足以貫徹終始，而爲極高極低之媒介，正吾人之所缺，亦正西方之所長。儒學在以往有極高之境地，而無足以貫徹之者，正因名數之學之不立。故能上升而不能下貫，能侔於天而不能侔於人。其侔於天者，亦必馴至遠離漂蕩而不能植根於大地。其所以只能上升者，正因其系屬道德一往不復也。而足以充實之之名數之學，則足以成知識。知識不建，則生命有窒死之虞，因而必蹈虛而漂蕩。知識不廣則無博厚之根基、構造之間架，因而亦不能支撐其高遠。故名數之學，及其連帶所成之科學，必須融吾人文化之高明中而充實此高明，且必能融之而無間也。是則須待哲學系統之建立與鑄造。二、在現實歷史社會上，國家政制之建立，亦正與名數之學之地位與作用相類比。此亦爲中國之所缺，西方之所長。國家政制不能建立，高明之道即不能客觀實現於歷史。高明之道之只表現爲道德形式，亦如普世之宗教，只有個人精神，與絕對精神。人人可以與天地精神相往來，而不能有客觀精神作集團組織之表現。是以其個人精神必止於主觀，其天地精神必流於虛浮而陰淡。人類精神仍不能有積極而充實之光輝。故國家政制之建立，即所以充實而支撐絕對精神者，亦即所以豐富而完備個人精神者。凡無國家政治之人民（如猶太人）其精神不流於墮落與邪僻，即表現爲星月之清涼與暗淡。其背後，決無眞正之熱力，與植根於天地之靈魂。朱光澈地與月白星碧之別，正在其有無客觀精神之表現，有無國家政治之肯定。故國家政制之建立，亦須融於吾人文化之極高明中而充實此高明，且亦必能融之而無間者。是亦有待於偉大之歷史哲學與文化哲學之鑄造也。

　　西方名數之學雖昌大（賅攝自然科學），而見道不眞。民族國家雖早日成立，而文化背景不實。所以能維持而有今日之文物者，形下之堅強成就也。形上者雖迷離惝恍，不眞不實。而遠於人事，則於一般社會群體，亦不必頓感迫切之需要。然見道不眞，文化背景不實，則不足以持永久，終見其弊。中世而還，其宗敎神學之格局一經拆穿，終不能復。近代精神，乃步步下降，日趨墮落。由個人主義而自然主義，自由平等博愛之思潮興，近代英美之政治民主，即由此而孕育。然個人主義自由主義，如不獲一超越理性根據爲其生命之安頓，則個人必只爲軀殼之個人，自由必只爲情欲之自由。因以盲爽發狂，而不能自持，終必逼出共產黨之反動而毀滅之。共產黨以無產階級革命相號召，以泯滅人性之集體主義對治軀殼之個人主義，以機械之物化系統對治情欲之自由主義。豈非步步墮落，非全部物化而毀滅之不可而何耶？此尙非人類之浩劫乎？然則有堅強之形下成就，而無眞實之背景者，雖曰日益飛揚，實則日趨自毀耳。然非局於現實而爲其文物所惑者所能洞曉。世人方欣羨其成就，而不知其大苦痛即將來臨也。彼若不能於文化之究竟義上，有眞實之體悟，將不能扭轉其毀滅之命運。名數之學與民族國家將徒爲自毀之道，又何貴焉？故就西方言，民族國家誠可詛咒。名數之學，或知其不負利用之責。然而眞負利用之責者，又不能建，則亦無安頓名數之學者。名數之學，不能安頓，則利弊相消，亦同歸於盡而已。人不能建其本，則科學之利正不能見其必多於其弊也。而飛揚跋扈所以震炫世人耳目者，亦正人類自娛於精神之播弄，陽焰迷鹿，麻醉一己而已。故對吾人之文化言，則名數之學與民族國家正顯其充實架構之作用，而自西方文化言則實日趨於自

毀。然則西方文化之特質，融於中國文化之極高明中，而顯其美，則儒學第三期之發揚，豈徒創造自己而已哉？亦所以救西方之自毀也。故吾人之融攝，其作用與價值，必將爲世界性，而爲人類提示一新方向。

　　以上略說三時期之劃分。今日所需要者，正是其尚未出現之第三期。儒家思想本非造成某一特殊時代之特殊思想，事過即完者。此義，自孔子起即如此。孔子雖爲春秋時人，而其所貢獻之眞理，並不爲春秋時代所限。彼雖謂「郁郁乎文哉，吾從周」，然其思想之涵義，並不單就周之貴族政治而言，亦不爲貴族政治所限。周之貴族政治往矣，而孔子思想並不隨之而俱往。此即表示儒家思想並非造成某一特殊時代之特殊思想也。《論語》中多言仁，仁之境界極高。然專就《論語》之仁觀孔子，觀者或不能盡孔子之全貌，亦不必能盡孔子仁之極致。《春秋》爲孔子所作，乃不容疑者。《史記》稱《春秋》爲「禮義之大宗」。由此一語，吾人可知：一、孔子實是仁義並建。《論語》中不常言義，而《春秋》卻爲義道之大宗。孟子主仁義內在，正式言仁義。實則仁義並建，自孔子而已然。惟孔子《論語》中言仁，就日常生活而言之，《春秋》中言義，就當時之政治社會生活而言之，不似孟子之直就人性言仁義而道性善也。惟仁義俱是生命充沛之所發，人性中神性之流露，故仁不離義，義必根仁。亦猶《論語》中或仁智並言，或聖智並言。就此而觀之，可知孔子乃在啓發人之心性之全德也（此心性之全德亦曰仁德之全）。孟子即就此而發揮，遂成盡心知性知天之道德形上學。宋明儒者亦順此路而發展。吾人名此步開拓曰「由人性以通神性」，藉以規定人類之理性。吾人亦名此曰普遍之理性，或主動之

理性。由此遂成功理想主義之理性主義，或理性主義之理想主義。
然適言，《春秋》中言義，是就政治社會生活而言之，故曰禮義之
大宗。「禮義」一詞乃廣義的，荀子於此名曰「禮義之統」（此統
乃系統義）。不只嚴格的道德意義之「義」，而一切典憲（即典章
制度）亦概括於其中。孔子言義就典憲而言，故由「禮義之大宗」
一語亦可知：二、孔子之言仁義實扣緊歷史文化而言之。此意即函
說：孔子之仁義不只是道德的，且著重其客觀之實現。一切典憲皆
是理性（上所規定之理性）之客觀化，客觀精神之表現。《中庸》
稱孔子「祖述堯、舜，憲章文、武」，以及後來所謂堯、舜、禹、
湯、文、武、周公、孔子之統，皆指孔子就歷史文化意義之典憲之
統（亦即禮義之統）而應世而言。孔子之振此統於不墜，以及其垂
統於來世，皆不指往時之陳迹言，乃指此陳迹所顯示之「意義」。
陳迹不可為統，意義乃可為統。此「意義」乃孔子就典憲之發展予
以批評的反省以得之。固非一時可喜之論，一家之言，乃實心所同
然，而具有客觀性與普遍性也。其批評的反省，乃於褒貶中見之。
中國歷史，發展至孔子，實為反省時期。此種反省，吾人名曰人類
之覺醒。就史實言，亦曰歷史發展之點醒。此種點醒，為功甚大。
乃人類之眼目，歷史之光明也。經此點醒，意義乃顯。意義顯，則
可以明朗過去之潛在，並可垂統於來世。此意義即古人所謂「道」
也。此道之涵義即為上所說之一、仁義並建之主動的理性，由人性
通神性所定之理性；二、即此歷史文化之肯定，視歷史文化為實現
「道」者。道不空懸，必須實現。不實現，不足以為道。實現必通
過家庭國家之客觀存在以及歷史文化之曲折婉轉而實現。而歷史文
化以及家庭國家或民族國家亦正因其為道之實現之憑藉，始有其被

肯定之價值或客觀之價值。孔子曰：「文王既歿，文不在茲乎？」此所謂「文」即是人性通神性所定之理性，以及此理性之實現於歷史文化民族國家之綜稱。孔子就歷史文化意義之典憲之發展而抒發其意義，即是其以「斯文」爲己任。文之統曰文統。孔子之言「道」完全扣緊「文統」而言之。非若耶穌之專爲宗敎的，釋迦之專爲趨寂的，蘇格拉底之專爲哲學的。此種立場，名曰人文主義，亦無不可。古有「人文化成」之成語，此可爲儒家人文主義之確界。人文化成者，以人性通神性所定之理性化成天下也。就個人言，以理性化成氣質，所謂「克己復禮，天下歸仁」也。就社會言，則由理性之客觀化而爲歷史文化以化成天下也。化成之義大矣哉。試思若不經人文化成，則洪荒而已矣，自然而已矣。何有於歷史？此種立場自不能容忍毀滅人類之唯物史觀。何今人之淺陋而必予以詬詆哉？孔子言道之立場，荀子能知而守之。故曰：「道者非天之道，非地之道，人之所以道也，君子之所道也。」（見《荀子·儒效篇》）。科學亦言天道，亦言地道，而儒家本爲仁義並建之人性的，本爲歷史文化的。然儒家思想並不排斥科學也。故在今日觀之，言第三期之轉進，有名數之學之融攝。若謂儒家重人道，妨礙科學之發展，因而歸咎於儒家，則不知道之實現本有其時代之限制與夫歷史發展中之形態。徒歸咎於以往，何若從發展上觀其將來之轉進。一切眞理豈必一時皆實現耶？從發展觀其轉進，則視其函攝性如何而已耳。此本不值辯，徒因時風中讕言甚多，故略予提過。又儒家人文主義之立場，《中庸》亦能概其全，曰：「君子之道，本諸身，徵諸庶民，考諸三王而不繆，建諸天地而不悖，質諸鬼神而無疑，百世以俟聖人而不惑。」夫何以能此哉？豈不因由人

性通神性而定理性以及此理性之必求實現於歷史，故能如此耶？此即言儒家之道爲常道，爲時時在實現中，爲時時在轉進其形態也。

原儒家學術之所以爲常道，乃因其本質本爲教化的，而其所以爲教化之本質則在主重提撕人之覺醒（從現實推移中覺醒）。自孔子之爲素王起，君師兩系即已分途。此如耶穌之謂其國在天上不在地下同。孟子謂「君子所性，雖大行不加〔焉〕，雖窮居不損〔焉〕，分定故也。」又謂君子所性，仁義禮智根於心，盎於背，睟於面。足見儒學中心自有所在。儒家言學，以此爲宗，實欲在現實混沌之中透露一線光明，而爲現實之指導，人類之靈魂。故其在現實社會中之作用與價值，常居於指導社會，推動社會之高一層地位，而不可視爲成功某事之某一特殊思想也。孟子言分定之「君子之所性」即就此儒家學術之普遍性而言。既爲常道，又有此普遍性，故可以居於高一層地位而爲推動社會之精神原則也。若將其僵化而凝結於某一時代，視爲歷史之陳迹，過時骨董，則謬矣。

然社會演進，歷史發展，其每步總期有一特殊之成就。特殊之成就必有特殊之思想。如商鞅變法，即爲旨在成某事之特殊思想。作爲現實中之指導原則者，因現實有特殊性，故亦不能不有特殊性。世無專靠普遍性之原則而可以成事者也。世人即依此譏儒家爲迂闊，爲博而寡要，勞而少功。若專就成某事言，則儒家學術固可謂少功。然適言儒家學術中心固非在成就某事之特殊思想也。其本身有推動性與發酵性，此其本性之所在。又成就某事之特殊思想，即指導現實之特殊原則，不能不有普遍原則爲其根據。普遍原則與特殊原則合，遂成功某一特殊運動與夫此運動之特殊事業。儒家學術之責任即在擔負普遍之原則。（學術與秉承此學術之人不同。

「學術」旨在普遍原則，而秉承此學術之人即儒者亦可同時有特殊原則，甚至有特殊才能。）此普遍原則作爲特殊原則之根據，然後可以用心不濫。商鞅變法，旨在成事，儒者不反對，而以法家精神爲根據，即以之爲變法時之特殊原則之普遍原則，則儒者必反對。推之革命，儒者不反對，然以唯物史觀爲根據，則必反對。使人民有飯吃，儒者不反對，以人民爲號召，儒者尤不反對，然只是吃飯，或盜竊以食之，或依唯物史觀而行清算鬥爭以食之，則儒者必反對。只是人民而忘其國，而剝奪其歷史文化，使之成爲光禿禿之「人民」，則儒者尤反對。爲其與禽獸無以異也。清算鬥爭，儒者亦非一往反對。以古語言之，不仁不義不忠不孝，貪污瀆職，罪大惡極，法所必誅，豈止清算鬥爭而已哉？然鬥爭無辜之農民，而又出之以殺戮，則尤罪大惡極，天理難容。依此衡之，孰謂儒家學術無功於人類？人不防濫，必歸於禽獸；人無所守，必致於濫行。普遍原則之功效即在防濫也。小之，防一身一家之濫，大之防一國之濫，再大之防人類之濫。要之，使其不歸於禽獸而已。近世時風，濫行不可遏止，共黨承之，以理論成就其濫行，人類之歸於禽獸，趨於自毀，豈是吾之杞憂？

儒家學術主要在表現推動社會之普遍原則，已如上述。此普遍原則，經過宋明儒者之講論，益形彰著。順此路而言，其本義即吾人上文所說之由人性通神性所定之理性。此理性，儒家嚮往其爲一普遍之理性。其嚮往也，非憑空之抽象的嚮往，乃由實踐的證實而成之嚮往。依此，其嚮往轉爲超越之崇敬。此種理性的普遍性，不獨限於人類之歷史，且大之而爲宇宙之原理，依此而成爲儒家之形上學。此具有普遍性之原理，儒家名之曰「仁」。吾人現在亦可轉

名之曰「絕對理性」。此絕對理性在人文的實踐過程中彰著其自己。吾人即由此實踐而認識其為指導歷史或貫穿歷史之精神原則，即吾人上文所說孔子經由反省而顯之「意義」。黑格爾名之曰精神。黑格爾謂此精神之本質曰「自由」。此所云之「自由」與時下「自由主義」中之自由不同。下文再稍論此兩者之關係。此言自由乃係於精神自己而言。即人類在實踐過程中亦即歷史發展中，自我之覺悟所透露之精神之自己。此精神自己，在實踐中不斷彰著其自己，同時亦即不斷顯示其自己。彰著其自己，顯示其自己，即表示其推動歷史，貫穿歷史，而歷史亦即為其實現之過程。故黑格爾《歷史哲學》結語云：「世界底歷史，具著其年曆所呈現的變化之各幕，即是精神之『發展及實現』之過程。此是真正之神統紀，即歷史中上帝之證實。只有此種透視始能將精神與世界之歷史消融於一起，即凡已發生者，以及每日正發生者，不只是不會『沒有上帝』，且本質上就是他的作品。」

　　茲就儒家而言絕對理性在實踐過程中彰著其自己。儒家學術就人性人倫歷史文化而言道，已如上述。此種型範已為孔子所確立。孔子在其個人之生活實踐中以及《春秋》之批評的反省中，將「道」全幅呈現給吾人。讀《論語》，可知孔子之生活透體是智慧之呈露，因而可知其人格全幅是「仁」之人格。仁之為普遍理性與孔子透體是智慧之人格打成一片。在孔子，仁全幅實現於現實之個人，而孔子之個人亦即是仁之證實。孔子不敢以聖智自居，只謂是「發憤忘食，樂以忘憂，不知老之將至」之人，「學而不厭，誨人不倦」之人。既多能鄙事，而又不以有所成名自居（執御執射即是有所成名）。試思此是何種人格！吾人即謂此即是透體是智慧之人

格，全幅是仁之人格。何謂仁？就此簡單言之，即是生命之不滯。
「人之生也直，罔之生也幸而免。」仁就是「直生」。孟子言「道
二：仁與不仁而已。」直生是仁，罔生是不仁。只有此兩種生。芸
芸眾生，大都是罔生。勿謂「直生」是易事也。故孔子為「肫肫其
仁」之人格。而《中庸》於此語後直繼之以「淵淵其淵、浩浩其
天。」惟肫肫其仁，始能淵淵其淵，浩浩其天。故孔子曰：「不怨
天，不尤人，下學而上達。知我者其天乎？」下學上達，自知天
知，即是人格之與天接、之與天契。此就是淵淵其淵，浩浩其天
也。故顏淵贊孔子曰：「仰之彌高，鑽之彌堅，瞻之在前，忽焉在
後。」此就是淵淵其淵，浩浩其天之茫無涯岸。後來揚子雲云：
「觀乎天地，則見聖人。」程伊川對此語不謂然，曰：「不然，觀
乎聖人，則見天地。」讀者勿謂此一顛倒，不關重要。實則惟有實
踐而不玄談之伊川始能見出揚子語之不妥。儒者由實踐而踐仁，由
仁之呈現而見天道。未有離開仁之實踐而空言天道為如何如何也。
由仁之實踐而表現仁，仁為人道，亦為天道。故仁為普遍之理性。
以仁為道，道顯然必為精神也（心理合一之絕對精神）。由孔子仁
之人格可以見其上與天接，由其歷史文化之擔負，以「斯文」為己
任之客觀精神，更可見出其「淵淵其淵，浩浩其天」之絕對精神。
觀乎聖人，則見天地，聖人與天地為一也。而天地之本質（即道）
卻必由聖人之踐仁而彰著。（科學由經驗而研究自然，而聖賢之學
卻必由仁之實踐而證天道。兩者原不同科，而不相代。然而本末有
別也。）後來孟子私淑孔子，而言盡心知性知天，遂將此人天同道
之「仁」（普遍理性）由仁義內在所示之「性善」一語道破。荀子
則繼承歷史文化之典憲（禮義之統）一面而言客觀精神。孔、孟、

荀所彰之道雖未及身而見於國家政治，然而發展至董仲舒，則收其功效於漢帝國之建立。此爲此道之實現之第一期的形態。經過魏晉南北朝之混亂時期，此道便隱。隋唐再造，其根本動力亦不本於儒學。唐之精神當別論。（此所謂當別論指其精神原則言，非指文物制度言。）宋繼承無復人味之五代而興，此爲此道之第二步彰著時期。此期彰著之因緣乃在五代之混亂，故宋學之精神首在重人倫、立人極。亦惟因殘唐五代太不成話，重人倫、立人極之心重，故宋學之彰顯此道乃爲純反省的：由主靜，主敬，向裡收歛，反顯此普遍理性之絕對主體性。因爲要顯此理性之主體性，故一方超越意味重，一方克制物欲之功力亦重。不將一切物欲克服下去，一切屬於氣質屬於「自然」者滌除淨盡，則主體性不顯，普遍理性之自體不立。耶穌說教，必須刊落一切俗世之牽連，方能進天國，亦是此意。經由耶穌之敎訓，上帝之絕對性及純淨性方顯。宋儒講學，其成就亦類此。然單顯此主體性，則一方在現實上，較爲消極，一方將形下之自然（外物）剌出去，而爲理性之反，尚未能至乎兩者之綜和而成爲飽滿之現實之建構。普通據此譏宋儒之拘謹無能。然此乃就功利上說。若就文化史或精神發展史上言，則此步正反之對立，主體性之彰著，乃爲必然應有者，且亦是極大之心力。而何況宋儒重人倫、美風俗，亦有其現實上之實現。宋亡後，元明間猶能憶及宋末風俗之美（此見之於方孝孺《遜志齋集》），此決非偶然。

第一期與第二期兩形態不同。第一期之形態，孔、孟、荀爲典型之鑄造時期，孔子以人格之實踐與天合一而爲大聖，其功效則爲漢帝國之建構。此則爲積極的、豐富的、建設的、綜和的。第二期

形態則為宋明儒之彰顯絕對主體性時期，此則較為消極的、分解的、空靈的，其功效見於移風易俗。（兩形態皆就文化史言，不就學術內部問題言。又宋明儒及兩時代之精神亦各不同，但此亦因就文化史或學術之時代使命言，故不及細論其中之差別。）

　　現在再就吾人所欲說之第三期而言之。明亡，滿清以異族入主中國，儒學之根本精神完全喪失。故自清末以至今日，問題愈演愈繁，愈趨愈難。混亂墮落可謂達於頂點。步步下趨，遂有共黨之決裂。吾人於此思所以自救之道，遂有儒學發展轉進至第三期形態之嚮往。此第三期形態之內容，吾人在首段已略提及。一、自純學術言，名數之學之吸取以充實最高之原理；二、自歷史文化言，民族國家之自覺的建立以豐富普遍之理性。由道德形式轉進至國家形式，由普遍理性之純主體性發展出客觀精神。此皆為儒家精神所易函攝或所易轉至者。只須吾人一意識到儒家學術之實踐性，則在發展之逼迫中即必然轉到此。蓋孔、孟、荀立教，本自人性人倫歷史文化而為言。夷夏之辨為儒家所固有。由歷史文化之夷夏之辨最易轉至民族國家之自覺建立。（人性人倫所以辨人禽，歷史文化所以辨夷夏。此兩義最為儒學之本質。）此第三期，經過第二期之反顯，將有類於第一期之形態。將為積極的、建構的、綜和的、充實飽滿的。惟此期將不復能以聖賢之人格為媒介，而將以思想家為媒介，因而將更為邏輯的；而在功效之建設方面說，經過共黨之剷平，則將為全體的，而不復只是聖君賢相的。

　　今因共黨之殘暴與專制，方以「自由」相號召。故承此機略說今日之自由主義。自由主義在反共上，為一顯明之口號。此不容疑。但吾默察今日之自由主義已不復能作為領導時代之精神原則。

在文藝復興時，自由之實踐具備其充分之精神性，因而下開近代之西方文明。然而演變至今日言自由，已具體化而爲政治之民主制度、經濟之資本主義，而今日之自由主義者其心思亦粘著於政治經濟之範圍而不能超拔。自由主義顯然已失其精神性。自由固是必須者，自由主義固是對抗共黨之不自由之最佳口號，然而問題乃在如何能恢復其精神性。自眼前言，自由主義有其應付現實之時效性，此儼若對付特殊問題之特殊思想。然特殊思想必有普遍原則作根據。其精神性之恢復，端賴此普遍原則之建立。此普遍原則即儒家學術所代表之推動社會之精神原則也。惟精神透露，自由主義始能恢復其精神性，變爲可實踐者。精神（即吾人所說之心理合一之理性或仁）之本質曰「自由」（此黑格爾所說之自由）。惟此「自由」得其呈露，現實之自由，即自由主義所函攝之自由，方能得到。

吾以敬畏之心撰此文，掛一漏萬，意不能盡。但望不獲罪於先聖。時人之詆毀孔孟及理學家者多矣。吾不暇辯白。吾人有時相互論辯，遇彼不堪者，且謂一笑置之，或不必與辯，而謂詆毀聖賢者，可與之論辯乎？子貢曰：「仲尼不可毀也。他人之賢者，丘陵也，猶可踰也；仲尼，日月也，無得而踰焉。人雖欲自絕，其何傷於日月乎？多見其不知量也！」

原載《民主評論》第1卷第6期（1949年9月1日）

理性的理想主義

「理想」的原意根於「道德的心」。一切言論與行動，個人
的，或社會的，如要成爲有價值的或具有理想意義的，皆必須依據
此原意的理想而成爲有價值的，成爲具有理想意義的。「理想」不
只是一個「未來的未實現」。如果只是如此，則強盜之想劫財而未
劫成者，貪官之想發財而未發成者，皆可說理想，皆可說有價值。
此不應理，人所周知。依此，一種社會行動，其爲有價值的，爲具
有理想意義的，亦不能只拿它有一個未來的嚮往或憧憬而決定。有
人說，共產主義者亦是理想主義者，因爲他們以共產爲未來社會的
嚮往，他們嚮往那個無階級的社會。然而須知：他們堅主唯物論，
而唯物論不是理想主義；他們又必否決那個「道德的心」，而道德
的心是發動理想的一個最根本的源泉。依此，他們雖有未來的嚮
往，而不可說理想主義。因而他們的嚮往與行動，俱不可說爲有價
值，說爲具有理想之意義。理想不只是一個「未來的未實現」，此
種道理，一經說破，人人皆可以明白。它所以這樣顯明，是人人心
中皆有個合理不合理的判斷，而這種判斷卻正是根於「道德的心」
的。依此，「道德的心」是普遍地存在著的。而且是隨時可以指點
出的。這就是我們一切言論行動以及判斷一切言論行動的起點與標

準。

　　道德的心，淺顯言之，就是一種「道德感」。經典地言之，就是一種生動活潑怵惕惻隱的仁心。生動活潑，是言其生命之不滯，隨時隨處感通而沛然莫之能禦。怵惕惻隱是生動活潑之特殊化，或說是它的內容。在不滯之心之感通中，常是好善惡惡，爲善去惡，有所不忍，遷善改過。依是，生物生理的活潑，不是此處所說的活潑；機變智巧的伶俐不是此處所說的生動。如果沒有怵惕惻隱之心爲本，則這一切聰明才智都是在陷於物欲的機括中耍把戲，其生命已經是呆滯而被窒塞了，那裡還能說生動活潑？

　　此種生動活潑怵惕惻隱的心，吾人以「覺」與「健」來概括。《孟子‧盡心上》云：「孟子曰：舜之居深山之中，與木石居，與鹿豕遊，其所以異於深山之野人者幾希。及其聞一善言，見一善行，若決江河，沛然莫之能禦也。」此是言「覺悟」的一段最懇切的話。

　　《荀子‧哀公篇》云：「魯哀公問於孔子曰：寡人生於深宮之中，長於婦人之手，寡人未嘗知哀也，未嘗知憂也，未嘗知勞也，未嘗知懼也，未嘗知危也。孔子曰：君之所問，聖君之問也，丘小人也，何足以知之？曰：非吾子無所聞之也。孔子曰：君入廟門而右，登自阼階，仰視榱棟，俛見几筵，其器存，其人亡。君以此思哀，則哀將焉而不至矣。君昧爽而櫛冠，平明而聽朝，一物不應，亂之端也。君以此思憂，則憂將焉而不至矣。君平明而聽朝，日昃而退，諸侯之子孫，必有在君之末庭者。君以此思勞，則勞將焉而不至矣。君出魯之四門，以望魯四郊，亡國之虛，則必有數蓋焉。君以此思懼，則懼將焉而不至矣。且丘聞之，君者，舟也，庶人

者，水也。水則載舟，水則覆舟。君以此思危，則危將焉而不至矣。」這是當機指點使人覺悟，使人恢復其怵惕惻隱之心。

《荀子・大略篇》又云：「子貢問於孔子曰：賜倦於學矣。願息事君。孔子曰：《詩》云：『溫恭朝夕，執事有恪。』事君難，事君焉可息哉？然則賜願息事親。孔子曰：《詩》云：『孝子不匱，永錫爾類。』事親難，事親焉可息哉？然則賜願息於妻子。孔子曰：《詩》云：『刑於寡妻，至於兄弟，以御於家邦。』妻子難，妻子焉可息哉？然則賜願息於朋友。孔子曰：《詩》云：『朋友攸攝，攝以威儀。』朋友難，朋友焉可息哉？然則賜願息耕。孔子曰：《詩》云：『晝爾於茅，宵爾索綯，亟其乘屋，其始播百穀。』耕難，耕焉可息哉？然則賜無息者乎？孔子曰：望其壙，皋如也，嵮如也，鬲如也，此則知所息矣。子貢曰：大哉死乎！君子息焉，小人休焉。」這是言健行不息的一段話。孔子就現實生活指點自強不息之心。有生之日，即不可言息。何時可息？孔子指之以壙（墳墓），子貢言下大悟。

覺與健是怵惕惻隱之心的兩個基本特徵。我們也可以說，人由覺悟而恢復其怵惕惻隱之心，則自能健行不息。從行為方面說，健行不息是惻隱之心之後果。然從惻隱之心本身說，則健就是其常德之一。此心「於穆不已」就是它的健。心健，行為上始能不息。在此，心健與行健是一會事。亦即本體與工夫是一會事。同理，由覺悟而復惻隱之心，即由思哀思勞思危思懼而復惻隱之心，則是由思慮之覺而恢復其不思不慮之覺，後者是本覺，前者是工夫，而工夫亦就是此本覺之發露，故在此，本體與工夫亦是一會事。故當大舜聞一善言，見一善行，沛然莫之能禦之時，就是其本心呈露而充其

極之時，亦就是即本體即工夫之時。王陽明於此講「良知」，故吾
人亦可說，此時亦就是知行合一之時。覺之時即是行之時。「沛然
莫之能禦」不只是覺，亦賅括行。故怵惕惻隱之心就是道德的實踐
之心。此心函萬德生萬化（業師熊先生常說之語），又豈只覺健之
兩目？陸象山云：「萬物森然於方寸之中，滿心而發，充塞宇宙，
無非此理。孟子就四端上指示人。豈是人心只有這四端而已？又就
乍見孺子入井皆有怵惕惻隱之心一端指示人，又得此心昭然。」故
不惟不只覺健之兩目，亦不只四端之四目。然由此兩目或四目，亦
可得此心之昭然。只要吾人於此能覺能行，便可證實此義之不虛。
此義不虛，則「函萬德，生萬化」，象山所說「滿心而發，充塞宇
宙」，亦自不虛。儒家的道德形上學（即吾所謂理性主義的理想主
義），完全由此而成立。此由兩目或四目所指示之「心」，吾人即
名曰「仁心」。人能肫肫其仁，自能淵淵其淵，浩浩其天。人能順
道德的實踐之心而健行不息，自能證實（實踐地證實）此人天所同
之道之為「仁」，仁為宇宙萬物之本體。在宇宙萬物方面且不說，
人的一切活動，一切實踐，皆不能離此道德的實踐之仁心而別有其
本。離開此本，沒有一事是值得稱讚的。公然否定此本，沒有一事
不是罪惡的。

此「仁心」何以是理想主義的？因好善惡惡，為善去惡，皆根
於此故。「惡」的最基本的意義就是人心之陷於物欲，亦就是「順
軀殼起念」（陽明語）。「軀殼」，用現在的話說，就是生理的機
體。人的心思，若順此機體而被誘惑而追逐下去，無窮的罪惡皆從
此出，一切皆不能說有價值，有理想。亞當的犯罪，也就是因為不
聽上帝的訓誡而被誘惑去追逐那軀殼的物欲。但是，亞當是上帝的

一個最直接的被造的人，是人類的元祖。蛇惑在旁而被誘惑，就是人類的「原罪」。然而因爲他靠上帝最近，所以一旦覺悟，回頭是父。在他的旁邊，一方是上帝，一方是誘惑。他一刹那間，可以陷於罪惡，一刹那間，也可以歸順上帝。這個宗敎的寓言，就象徵我們的心，一轉眼可以陷溺下去而至於大地陸沈，此時即無理想價值可言。（現在，以馬克思爲宗主的那個思想與行動就是如此。）但一轉眼也從此超拔出來而截斷那個物欲的誘惑（即不順軀殼起念），而發露出惻隱之心，而至於日月有明，容光必照。當惻隱之心呈露之時，吾人即能好善惡惡，爲善去惡。所惡的惡就是順軀殼起念以及由此所表現的一切，所去的惡也就是這一切。從克服這一切而使吾人的現實生活生心起念皆順怵惕惻隱之心走，這方面說，此時便有理想價值可言。因爲它可以克服或扭轉眼前的陷溺，而引生未來的不陷溺，所以它是抒發理想的根源，也是價值的根源。依此而言，惟由道德的實踐之怵惕惻隱之心處始能說理想主義。這是就惡惡去惡一方面說。若就好善爲善一方面說，則吾人可問：善的根本主義在那裡？惡的根本意義旣在於陷溺其心，則善的根本意義就是從陷溺中超拔出來而歸於那個怵惕惻隱之心之自己。吾人所好的善就是這個惻隱之心之不死，之於穆不已，以及由之而出的一切行動；吾人所爲的善也就是爲的這個善。除此怵惕惻隱之心之自己以及由之而來的行爲，無純善之可言；離開此心之自己，吾人不能向外面的任何物事找善之標準。對克服「陷溺的心」言爲理想，而理想之所以爲理想，則是因爲根於善，根於怵惕惻隱之心之自己。

　　此怵惕惻隱之仁心何以又是理性的？此所謂理性，當然不指理論理性，即邏輯理性而言。如果此「仁心」是理性的，則吾人欲了

解它何以是理性的，首先須了解與此理性相反的非理性。如果吾人
的行動是順著生理的物欲衝動走，即順著誘惑而衝動下去，便是非
理性的。如果吾人只透視到生物的生命，比生理軀殼的活動進裡一
層的那個赤裸裸的生命自己，一味順著它而前衝，也仍是非理性
的。因爲這個生命是把生命當作生物生命自身（biological life as
such）而觀之，而未有通過怵惕惻隱之心之潤澤。依是，它仍是自
然生命，而不是通過道德的心之安頓的眞生命。它的衝動（柏格森
名曰創化，實即是衝動），雖可以衝破空間化的物質及其機械運
動，因而可爲此空間化的物質現象背後之眞實，然而這個眞實卻仍
是非理性的。因爲它是非理性的，所以柏格森於此，一方反理智主
義，即以爲對付「空間化的物質」之僵化的理智不能把握實在，一
方又只能主直覺主義，即以爲要把握此生命衝動之眞實必須用直覺
而不能用僵化的理智（即邏輯的理性）。這種思想亦帶點理想主義
的情調。但吾人只能說它是浪漫的理想主義，而不能說它是理性的
理想主義。它是一種無歸宿、無安頓的盲爽恍惑，而不是一種切實
可實踐的至誠之道。又，若只知反柏格森的直覺主義，而不知進至
怵惕惻隱之仁心，而只停止於邏輯理性之理智主義，此如以數學與
邏輯爲主所建立的系統，則亦不能達到道德實踐的理想主義之境
地。依是，吾人此處所謂理性是指道德實踐的理性言：一方簡別理
智主義而非理想主義邏輯理性，一方簡別只講生命衝動不講實踐理
性的直覺主義、浪漫的理想主義，而非理性的理想主義。我們如果
明白了此所說理性不是邏輯理性，又明白了與此理性相反的非理
性，則怵惕惻隱之心何以又是理性的，即可得而解。這個仁心之所
以爲理性的，當從其抒發理想指導吾人之現實生活處看。仁心所抒

發之每一理想皆表示一種「應當」之命令。此應當之命令只是對已
現實化了的習氣（或行為）之需要克服或扭轉言。此應當之命令所
表示之理想，一方根於怵惕惻隱之心來，一方跨越其所須克服或扭
轉之習氣。依是，它顯然必是「公而無私」的。凡順軀殼起念而追
逐下去的一切念頭與行動皆是私利的、主觀的。如果應當之命令所
表示之理想是公而無私的，則必是正義的、客觀的。自其足以指導
吾人之行為言，即自其足以指導吾人革故生新言，它是一個
「理」。這個理是從怵惕惻隱之心發，所以是「天理」。天理即是
天定如此之理，亦即無條件而定然如此之理。自其為公而無私的、
正義的、客觀的言，它是一個有普遍性之理，即它是一個普遍的律
則。凡公心而發的皆有公性，即皆有普遍性。此即王陽明所謂「良
知之天理」。此如跟怵惕惻隱之心來而說「應當仁」、「應當
義」、「應當有禮」、「不應當侮慢」、「不應當順軀殼而追逐物
欲」等等，皆是普遍的律則，放之四海而皆準的；不只對我個人有
效，對任何人皆有效，如果他墮落時。但在此，須有一個簡別。道
德的實踐不能離開現實的生活，尤其不能離開歷史發展中的集團生
活。如是，在隨特殊環境的屈曲宛轉而實現或表現理想時，就不能
不有特殊性。譬如當戰爭時，不能不殺敵。勇士殺敵是他那個時候
的最高道德。此儼若違背「愛人」一理想。然在歷史發展中實現理
想，此亦可說是「易地則皆然」。如是，在那個階段中，此理想仍
有普遍性、客觀性。又如，當忠孝不能兩全時，或捨孝存忠，或捨
忠盡孝，然無論如何，當他公心而發時，皆是客觀的、普遍的。隨
歷史發展中的特殊環境而表現理想，理想因所受之限制而成之特殊
性不傷害其普遍性與客觀性，此與隨軀殼起念的私利的主觀性不

同。吾人不只有道德生活，或宗教生活，而且有政治生活，社會生活。吾人現在提到在特殊環境中實現理想，就要表明道德實踐理性之理想主義之徹頭徹尾的實踐性。此將在下兩文中明之。又，凡公心而發的理想皆是客觀的普遍的。即由此吾人亦說皆是無條件的。其為善，其為理，皆是無條件的。此無條件的必須與有條件的區別開。康德說：某一善行若只是達到某一件事的工具，便是有條件的。此時，其應當之命令所表示之理想不是公心而發，所以它不是本質上就是善的。此如五霸假仁假義，便是有條件的善。故孟子必賤霸。「將欲取之，必姑予之」，亦是有條件的善，而且甚至是壞。故道家落於權術，終必歸於法家。孟子所說孺子入井一例，非要譽於鄉黨，非討好於孺子之父母，便是無條件的善。這就叫做稱心而發，毫不假借。耶穌說：「不可起誓。不可指天為誓，因為天是上帝的寶座。不可指地為誓，因為地是上帝的足蹬。也不可指耶路撒冷為誓，因為耶路撒冷是大君的聖都。同時，又不可指自己的頭起誓，因為你不能使你的頭髮變黑變白。你們的話是則是，非則非，過此以往，便不是純正的。」是則是，非則非，就是無條件的善。此是本質上即是善的，故為絕對的善。故康德說：除善意以外，世上無絕對的善。

絕對的善，是稱「怵惕惻隱之心」而發的。由此所見的理性是理想的，由此所見的理想是理性的。由此吾人極成理性主義的理想主義，或理想主義的理性主義。怵惕惻隱之心，同時是心，同時也就是理。此心理合一的心，就是儒家所說的「仁」。孟子即於此言性善，王陽明於此言良知，康德於此言「善意」。吾人如不說人性則已，如要說人性，必須從此心理合一的仁處言人的性，了解人的

性。孟子就是剋就這個「性」而言善，康德亦就是剋就這個性而言絕對的善意。這是隨時可以指點的，也是隨時可以呈現的，決不是一個抽象的概念。

自馬克思出，以其生產力與生產方式兩概念所成的歷史唯物論來否決一切形上學，否決一切傳統哲學中的問題與思考方式及解答路數之價值性與意義性，人類的心思及一切精神活動遂被他判決為皆是資產階級的，被他的排他性擠到於一邊而成為皆是自覺或不自覺地有所私的有所隸屬的。他把這一切瘋狂地擠到某種私的隸屬性裡去，如是他才能公然揭出他的私心之所藏，公然宣說他的屬於另一方面的私的隸屬性的道理，即史底唯物論（或唯物史觀），說他所講的道理是屬於無產階級的私利的。他自別於人類自有史以來的一切傳統而另鑄造他自己的傳統。我們自然不能不佩服他的野心的偉大，以及由之而來的成就之果然不凡，譬如今日所行將演出的大悲劇。然而客觀而有超越性普遍性的真理被他否定了，人性中的理性之公性與仁性以及一切善的動機被他咒罵了，一切價值與理想之客觀獨立性被他抹殺了，一切表示人性尊嚴的自由與向上也被他一筆勾銷了。這真是千聖同悲，大地含冤，上蒼也吞聲的孽孼。

另一方面，自希臘而來的哲學傳統，其問題與思考方式及解答路數，皆是由理智的好奇，理性的追求，以期對於世界作邏輯的解析而決定成的。其目的在滿足吾人的邏輯要求以及形而上的要求，而期對於邏輯理性找一歸宿，找一所以可能之形上根據。它自然是思辨的與觀論的（theoretical），而對於穿衣吃飯的實際生活與現實的實踐生活是不甚相關的，縱然有影響，也是迂遠得很；它並不能替無產階級解決問題。依是，馬克思絲毫不能給它以價值，肯定

其有意義。它只是人們以「抽象能力」在製造抽象的概念,排列空洞的範疇,毫不能解析具體的事物。然而那些形上學家卻以為玩弄範疇的把戲就算解析世界了,所以他們都是在唯心論的玄想泥坑裡,因而也都是布爾喬亞的。我現在只這樣說:馬克思的輕侮雖然無有是處,然而這種哲學遠於人事,與實踐無甚關係,卻無問題。我還可以說:馬克思如果稍微了解一點哲學,他不至造孽如此之深。

同時,自希伯來而來的宗教傳統,一方雖是與實踐或生活有關係,然而它又只是教人皈依上帝,仍不能解決現實的吃飯問題。而教徒們的說教又足以麻醉無產階級的階級自覺,所以也是有害的,也是布爾喬亞的,也非否定不可。馬克思不能給宗教以絲毫的價值與意義。我們可以這樣說:馬克思的侮蔑雖然無有是處,然宗教的本質總是向往天國用心於來世,對於人間世的政治社會總是消極的(這卻不是說宗教對於人間的各方面無貢獻、無價值)。我們還可以說:馬克思如果稍微了解一點宗教,亦不至造孽如此之深。

又,哲學,自康德始,順希臘的傳統,進一步,提出實踐理性優越於理論理性,把握住善的意志及意志之自由,此可謂大有關於道德的實踐。下屆費息特、謝林、黑格爾,皆重視精神生活之發展,大有造於德國國家之建立,甚能表示哲學之在歷史文化上所起的作用。故至黑格爾遂正面建立歷史哲學及法律哲學。此希臘傳統之為「觀論的」稍不同,而已進於道德的實踐之精神生活及其歷史文化之客觀的意義。此可謂康德所開啓,而充其極於黑格爾。然而馬克思對於康德的「善的意志」卻視為抽象的虛構概念,實際上是沒有。他以為康德的幻想只是代表某一階級的「虔誠的希望」,只

是十八世紀末年德國落後的資產階級的經濟狀況之反映。他的「善意」一觀念，確切地符合德國資產階級之無力的、艱困的狀態。凡是講到任何東西之內在的意義，其自身充足而爲無條件的自立體者，馬克思皆不能了解，皆視爲空想。他對於黑格爾比較客氣。但否定了他的一切，而只取了那個辯證法的空殼套在他的那個「物質」上。至於這些唯心哲學之不能作爲領導無產階級革命的理論，因而構成它們的罪狀，必須加以否定，則更顯然。

　　不但哲學宗教，他不能了解，就是科學他也認爲有階級性。後來列寧已經對於近代理論物理學施攻擊了。今日的史大林仍在那裡指揮他的科學家來征討布爾喬亞的生物學及理論物理學。愛因士坦及波耳都被目爲物理學的唯心論者。這雖然不是馬克思所親自動手的，然而他的原則，列寧、史大林並沒有運用錯。科學，自希臘以來，就是以邏輯數學的形式性隨著知識的追求而解析自然現象以提練出其中之普遍原則的。它雖起於感覺經驗，但它不能停於此。它若不進至理解的抽象性，它是不能形成其爲科學的。沒有高度的數學，不能有高度的科學，而數學正是極端抽象的、形式的。因之，也提高邏輯的獨立發展，而邏輯之發展到今日，也正是達到其可觀的抽象性與形式性。這些都是馬克思派所不能容忍的。也必須視之爲布爾喬亞的。他們早已在那裡征討布爾喬亞的形式邏輯了。

　　我們以上的縷述，不只是在表明馬克思的荒謬與瘋狂，而且積極地想指出一個可以指導我們作社會的道德實踐之文化系統。馬克思的攻擊，我們可以不管它，只當作他發瘋罷了。然而他還有個積極的意義。無論他的動機如何，他有個社會問題在，他正面接觸到一個社會的勞動大眾問題。他環顧以往的一切思想學術都未曾對此

問題正面措思，因而都不能作為無產階級實踐的指導原則。如是，他想在一切系統以外，建立一個可以指導我們作社會實踐的思想系統。他如此用心，自然對於人類有他的貢獻。（然而須知他所想出的系統正足以消滅他的貢獻。可悲。）因為科學家之獻身於科學，其所成就在科學，自然對於政治社會問題不能有指導。由希臘傳統而來的哲學是思辨的、觀論的，對於政治社會的實踐亦不能有積極的指導。基督教是宗教，它對於個人的生活有指導，而不能作政治社會問題的解決之積極原則。康德、黑格爾這些哲學家究竟只是哲學家。他們的思想雖可以對於歷史文化以及實踐有積極的意義，然而它究竟是思辨的、哲學的；他們個人究不是孔孟以及理學家那樣躬行實踐以天下為己任之實踐的積極性，以及那樣以其學術為個人的與政治社會的實踐之指導原則之積極性。所以他們是哲學家，而這些人物卻被我們稱為是聖賢。復次，佛教亦是一文化系統。馬克思的攻擊尚未光顧到它，然而他的徒弟們也不能饒了它。這也不必管。可是它對於人生的指導究竟是出世的，對於社會的實踐也不能有幫助。馬克思自然不會看得起它。這還能希望佛學來作為指導社會實踐之原則嗎？這樣一來，馬克思可以稱雄了。自然，孔孟以及理學家也在被否定之列，不待言。

但是，我以為在傳統的一切思想學術中，只有儒家的文化系統可以作為我們社會實踐的指導原則。如果這個原則提不起來，馬克思真可以稱雄了。儘管馬克思不懂科學哲學宗教藝術之價值，然而他的史底唯物論卻可以鬧得你天翻地覆，你這一些真理亦只好擺在那裡搖首嘆氣。現在，剩下的可以作為社會實踐的指導原則的只有自由民主了。然而這個原則在現在已抵不過歷史唯物論的積極性系

統性以及其兇猛性。所以現在，「自由民主」一原則必須靠一個更高一層的較爲積極而有力的文化系統來提挈它、維護它。維護住了自由民主，才能救住科學、哲學、宗敎、藝術乃至佛敎。這個更高一層，更積極而有力的文化系統，就是儒家的文化系統，其核心思想就是理性主義的理想主義，簡言之，就是道德的理想主義，切實言之，就是道德實踐理性之理想主義。這個理想主義可以徹上徹下徹裡徹外來成就我們人類的一切實踐的：個人的及社會的。

　　馬克思說：「以往的哲學只是不同地解析了世界，現在我們要變更這世界。」他依唯物論變更這世界。解析是觀論的事，而變更則非實踐不可。所以變更世界的唯物論，就叫做實踐的唯物論。人們可以改變社會，我們不知馬克思將如何來改變世界。現在我引一段羅素的話：「似乎蘇聯政府在威嚇人類這一點上獲得極大的成功後，現在卻進而決定要去威嚇自然。但自然和人類不同。我們很難把自然放到集中營裏去。而我想我們也可信賴自然，去抵抗全蘇聯的命令。」（錄自《國際文摘》民國三十八年八月號，羅素作的〈蘇聯科學行將衰敗的理由〉）我想馬克思的改變世界，就是想把世界送到集中營裡去。儒家的文獻《中庸》裡說：能盡己之性，然後能盡人之性；能盡人之性，然後能盡物之性；能盡物之性，然後可以參天地贊化育。這是根據道德的實踐而說的。這裡所說的參贊化育，境界極高。這是「道德實踐之理想主義」的最高理境。改變世界，從道德實踐的立場上說，不是不可能的。（從科學上說自然不可能。）然而從史底唯物論的立場上說，卻只有作那「把自然放到集中營裏去」的不可能的狂妄。我下文將繼續證明，若順馬克思的史底唯物論下去，必將人類全毀滅或者全變成動物歸於原始的洪

荒而後已。

道德的理想主義與人性論

我們已說「怵惕惻隱之心」是「道德的實踐」的先驗根據，是「道德的理想主義」所以必然極成之確乎其不可拔的基礎。離乎怵惕惻隱之心，不可說道德的實踐，甚至不可說實踐。「實踐」是人的分內事，不是物的分內事。人的任何實踐皆不能離開「怵惕惻隱之心」這個普遍條件的籠罩。若是離開這個普遍的條件而尙可以為實踐，則那實踐必不是實踐，只是動物性的發作，在人間社會內必不能有任何價值或理想的意義。當然，在政治或社會的實踐中，必不只是這個普遍的條件，而且常亦不能很純地表現這個條件，即其中必有夾雜，但無論如何，總不能公然否定之或離棄之，總必自覺或不覺地以此普遍條件為一種超越的根據。這個就是「人」之所以為人處。

我們又說過，「怵惕惻隱之心」底兩個特徵曰覺曰健。其中「覺悟」尤其是要緊的關頭，古人名之曰覺關。因為人禽之辨就在這個關頭上見。孟子說：「人之所以異於禽獸者幾希。」這「幾希」之差就在覺不覺。當大舜居深山之中，與木石居，與鹿豕遊，其所以異於深山之野人者幾希？「幾希」言差不多也。這個時候，他只是混混沌沌，不識不知，順帝之則，就是順自然的生命滾下

去。但當他聞一善言，見一善行，便若決江河，沛然莫之能禦。這就是他的覺悟，而且一覺便全盤開悟，覺之充其極。這個時候，他與野人大不相同。但「野人」仍然還是「人」，不是禽獸。因爲孟子說的「人之異於禽獸」之人並不單指覺悟了的人言。野人或未覺悟的人在原則上是能覺悟的，他是有覺有感之良知的（覺悟的程度是另一會事）。野人不即是禽獸，就靠這個「原則上能覺悟」來區別。但這個「原則上能覺悟」並不只是永遠是一個空懸的原則，而不實現的。它是隨時可以實現的，而且每一人的四端之心皆隨時可以例證這個原則之實現。人的四端之心（惻隱、是非、羞惡、辭讓）常時呈現，即表示人常常實有其覺也。這個覺就是人的良知。決無一人一生永不呈現其良知的，除非他是死。所以王陽明「致良知」的起點就是良知。這「良知之覺」的程度可以很小，但一隙之明就是普照之端。大舜可以沛然莫之能禦，一般野人亦並非無此一隙之明，只是不能擴充而已。所以人之所以異於禽獸就在這個良知之覺，由此進一步即說就是這個怵惕惻隱之心：這是人人都有的，也是人的一個特點。人之保持與改進其生活都是靠這個怵惕惻隱之心爲其必要的普遍條件的。因爲有此怵惕惻隱之心，才能抒發理想改進其生活，因而其生活才可以繼續下去，此即是《易經》所說的「生生不息」。人的生活能生生不息地繼續下去，才能說保持其生活。否則，很可以死水不流而被淘汰。

　　良知之覺，怵惕惻隱之心，既是人的特點，所以這就是人的性。人的性就從這裡說。《中庸》說：能盡己之性，然後能盡人之性，盡物之性，以至於參天地贊化育，都是就這個人的性作起點而說的。盡己盡人之性就是盡的這個「性」。由此說下去，理境無

邊，如參贊化育便是。但在此可以停住，不必往下說。現在須要注意的一點，就是：人既然皆有那一隙之明，而所謂「原則上能覺悟」，此中所謂覺悟是指開擴那一隙之明的覺悟言。現在，我們可問：禽獸是否也「原則上能有那一隙之明」（不必言開擴的覺悟）？就道德的理想主義之形上學言，原則上是可能的。但就現實宇宙的進程之現實的階段上言，它尚未能。我們現在即可就這「現實的未能」與「人的已能」來區別人與禽。由這一點來說人的價值與人的特點，已經足夠。

從怵惕惻隱之心來說人的性，說人性之善，乃是顯明而必然的真理。無人能否認之。但是，馬克思偏要來否認它。他偏不就此說「人的性」。我們現在可以就他批評康德的「善意」（good will）來證明此點。（因為他不了解中國的學問。但道理是相通的。）馬克思不能了解「怵惕惻隱之心」之發心動念之為「無條件的純善」、絕對的善。康德所說的絕對善的善意，他也不能了解。這或許因為康德那種概念的思辨所成的大廈阻礙了他。但是，我們可以認為他的善意（由他所解說的），就是這個怵惕惻隱之心之發心動念。馬克思認為人的「實際的意志」都是「物質地機動化的意志」（materially motivated will），並沒有那種與現實無關的絕對的善意。那種善意只是一個抽象的概念，並非實際的人性中所有，所以也只是康德的幻想。馬氏所謂「物質地機動化」，此中之「物質」是指生產方式所成的經濟基礎言。人的生存方式是脫離不了那個生產關係的決定的，依是，人的生存方式就是他在生產方式所成的生產關係中之地位。他是受生產關係這個物質的條件決定的。他的生存受這個決定，所以他的生心動念都是受這個物質條件來決定的。

這種決定，就叫做「物質地機動化的動念」。「物質地」本可以譯為「實際地」。但總是指那個物質的生產關係言。假若我們的生心動念都受這個物質條件的決定，則我們的意志自然是「物質地機動化的意志」。馬氏認為就是如此。他認為此就是實際的意志。意志如此，實際的人性亦如此。

但我可以指出，我們的意志活動不都是「物質地機動化的意志」之活動。絕對的善意也不只是一個抽象的概念，而確是在現實生活中呈現的。「無條件的命令」也不是幻想，亦確實是有的。一般人不常有，但不常有，並不能就說它只是抽象的概念。很少有人能奉行，但不能奉行只是因為私欲間隔。不為私欲間隔的，就能奉行。假若有能奉行者，它就不只是一個幻想，而是實際上呈現的。如果是實際上呈現的，如何便把意志普遍地定為「物質地機動化的意志」呢？「善意之為絕對的善」之有無是墮落與否的問題，不是原則上沒有，單憑抽象能力所製造的一個虛構的概念。我們已決定其原則上有，而且是隨時呈現的。然則如何能說它不是實際的意志？譬如，見孺子入井，人皆有怵惕惻隱之心匍匐而往救之，不為要譽於鄉黨，不為討好於孺子之父母，這不是絕對的善意是什麼？你能說他為的階級的私利嗎？馬克思何不就此善反而見人性？假如你滿肚子是髒東西，見了偏不去救，那只是你個人此時失掉了人性，並不是人的性就是如此。又如曾子臨終易簀時的話，你能說這不是「絕對善意」的呈現嗎？他為的什麼私利呢？他為的什麼階級呢？只為的自己不是大夫，便不該用大夫的簀，便不應躺在上面以作臨終時之飾典。這種不苟的精神，只為的理上不應如此，所以便決定不如此，並不因為自己在病困之時就可以馬虎過去，此不是無

條件的命令，其本質上就是善的，是什麼？假如你自己貪圖虛榮，裝聾裝瞎，混過去算了，那是你自己的私心自利，並不能因之就說無條件的命令只是一個抽象的概念。又如耶穌說：不應起誓，你們的話，是則是，非則非，過此以往，便不是純正的。這種「稱心而發」的善意豈不是人間常有的嗎？耶穌說：「你們不背起你自己的十字架，便不配作我的門徒。」他開始作宗教運動時，即決定上十字架捨命，這種意志的決定，你說他為的什麼私利，為的那一階級？難道這也是一個抽象的概念嗎？當撒旦試探他說：「假如你是上帝的兒子，你可以叫石頭變成麵包。」耶穌回答說：「人活著不但為麵包，亦要靠上帝口中所說的話〔即真理〕。」這種服從真理的意志，為真理而活著的意志決定，不是絕對的善意是什麼？撒旦又說：「假如你是上帝的兒子，你從山上跳下來，上帝托著你，不使傷你的足。」耶穌說：「撒旦退去，不可試探主，你的上帝。」這種意志的斷然決定，一方截斷撒旦的糾纏，一方就是善意、無條件的命令的呈現：直接喝令它退去，連辨訴理由都不要，此時只是一個絕對善的絕對意志之透體呈現，壁立千仞，停停當當擺在那裡，你看還有什麼邪魔能夠混進來？只有絕對善的絕對意志之透體呈現方能瓦解魔鬼的一切誘惑。一切次級的居間的辯論與理由俱不必要，因為這些徒惹葛藤。在葛藤之中，魔鬼就可以乘隙進來。理由的層層前進而不搖動的最後根據還是這個絕對善的絕對意志，此就是最後的理由。我們要瓦解馬克思的一切試探，最後還是這個絕對善的絕對意志之透體呈現。這個絕對善的意志，我們相信馬克思也是有的。因為撒旦只是一個象徵，不是一個現實的人。馬克思是一個現實的人。只因為他的墮落的心所成的「意見」把他的善意淹

沒了。譬如他感到了無產階級的痛苦，發心動念想解決它，這最初一念就是善意的呈現。你為什麼不就此肯定你的性與人的性而見其與禽獸不同呢？我在此問馬克思，你試在此反省一下，你此時的一念是私的，還是公的？是善的，還是惡的？是有條件的，還是無條件的？假若你說：我那時的一念也是「物質地激動化了的」，也是私的，只為的保持我那個經濟學專家的聲名，只為的好宣揚我的《資本論》，增加它的銷路，我是為我的生存方式之保持與改進打算，並不為別的，我沒有絕對的善意，那麼，我說：若真如此，你這個人簡直就不是人，連禽獸都不如，因為禽獸雖無一隙之明之良知之覺，然而它並不有意地作惡，它不過只是順自然生命任運而轉，你現在既不承認你有善意，又不順自然生命任運而轉，卻有意地使壞，所以你既不是人，又不如禽獸，只合一棒打殺，給狗子吃。我不相信馬克思真地敢那麼說，真地忍得那麼說。我的「假若」只是個「假若」。我斷然敢肯定馬克思最初的那一念是個善意，是客觀的，不是主觀的，是無條件的，不是有條件的。這個善意以後漸漸埋沒了，是因為次起的念頭，紛馳下去，想到社會上，愈想愈不合理，愈思愈氣，愈想愈恨，遂以為人間沒有善意，只有私心，因而轉過來把自己的那個善意間隔了，堵住了，埋沒了，遂以為人性不過是階級的私利性，意志不過是「物質地激動化了的意志」。造作系統，否定一切，這就叫做惡惡喪德，成為一個「純否定」（pure negation），結果連自己也否定了。這才是橫撐豎架的抽象虛構，虛構人性，不是如實的真實人性。這就叫做「意見」作祟。一念之差，流毒如此。佛氏教我們愼諸三業（身、語、意），其哀思人也深矣。一切謳歌馬、恩、列、史的人們不應當在

此坦白地反省一下嗎？

我說此話，並不是閉著眼不承認現實上人的私利性。但要講人之所以為人，所以異於（事實上的異，不只是理論地）禽獸，卻必須就「怵惕惻隱之心」或「悱惻之感的良知之覺」上決定人的性之不同於禽獸。這個，不是一個人的理想，想人當該如此，而是事實上已經如此的；亦不是說：人間已經是天國，全體人類已經永恆地呈現了這個性，而且已經互相間諧和地實現了這個性。我們界定人禽之事實上的區別，並不須拿這個到了飽和程度的實現作標準，只須拿人事實上已有，隨時可有，原則上可有而且事實上亦能有，作標準即可。這種人的性是不能否認的。而且進一步，人間有缺陷，我們亦唯有根據這個人的性始能改進缺陷。這個人的性，是人類想保持與改進其生存方式之必要的普遍條件。若沒有或否定這個條件，缺陷亦不能說，保持與改進亦不能說。因為，若沒有善意之抒發理想，悱惻之心之好善惡惡，何能對照出缺陷？何能改進其生活？生活不能繼續改進，則死水不流，何能保持其生存？這個顯明的真理，為什麼一定要千曲萬轉來否認它呢？（假定人的性真是清一色的私利性，則一、不能有別於禽獸，而且甚至更壞於禽獸，我們既然講人的性，當然不能落於人禽無別，亦當然不能以「更壞於禽獸」之別為滿足，為足以沾沾自喜處，我想馬克思亦不至如此。二、清一色的私利性不能說改進與保持，此如適所說者。）

馬克思不能就他的「悱惻之感的良知之覺」處見人的性，他把人（包括他自己）推出去作一客觀的事實，物質的存在，而客觀地解剖之。他的客觀就像醫生播弄病人那樣客觀，人是物質的存在，而其存在又都是在一定的生產方式所成之生產關係中的存在。此種

存在就叫做人的存在之物質的形態,或亦曰「生存之物質形態」。
這是他的一個基本前提。他由此而講他的人性論:

一、一般的人性:人類乃是本質地且永遠地具有一種保持及改
進其「生存之物質形態」的傾向。他說這是「一般人性」的根本規
律,這個規律是一「自然法則」。凡自然法則皆不能取消。所以這
個規律所表示的人性是人類之內在的、永久的性,是與階級的地位
及利益無關的。

二、一般人性之「方式」底變化,或階級性的人性:因為人皆
有他的「生存之物質形態」,他不只是一個「生存一般」(exist-
ence in general),而是在特殊的物質形態(經濟關係所決定的)
中生存。保持或改進就是要保持或改進他們各自的物質形態,依
此,生存之物質形態必是可變化的。某一定的物質形態就決定屬此
形態的人之性,這種所決定的人之性就是人之階級中的性。人的物
質形態可變化,這個階級中的性當然也可變化。這種變化,就叫做
一般人性之方式的變化。我們可以說,這種階級中的性是一般人性
在歷史中的表現方式。這種「表現方式」底變化就是一般人性在歷
史進程中的特殊模式之變化。一般人性是抽象地說,它的「表現方
式」卻是具體地說。前者指示內在的、永久的性,與階級無關的
性,而具體地說的性卻是變化的,與階級的地位及利益有關的。實
則馬克思所著重的性就是這個性。所以他說:「一切歷史不過就是
人性底連續不斷的變形」(All history is nothing but a continual
transformation of human nature)。

馬克思所說的一般人性是無所謂的、無作用的。它只不過指出
「人類的一般欲求」這一事實。我們也不否認這一事實。但這一事

實所表示的人性，我們難說它是善是惡，此就是吾人所謂無所謂或無作用。求保持或改進其生存之物質形態，無問題（但吾人可不爲馬氏所意指的物質形態所限）。要者，在使保持或改進其生活形態（我們用此詞因它涵義廣），爲可能的那個「必然而普遍的條件」之指出。若憑空問這個條件，你可以想出許多來塞責。但我們現在則以爲那最根本、最普遍、最必要（不可離）或必然（必須如此）的條件卻就是隨時呈現的「怵惕惻隱之心」，「悱惻之感的良知之覺」。這是有所謂有作用的。我們就在這裡說人的性，卻不在那「求保持或改進」處說人的性。因爲這樣說，幾乎等於是廢話。它又涵蓋的太廣，因爲保持與改進亦可用於禽獸（在此，保持無問題，改進若無限制，在某義上，亦可用於禽獸。若加以較高級意義的限制，則改進必有其所以可能的條件，因此必逼迫吾人到悱惻之感的良知之覺，而不能只說保持與改進是人的性）。但馬氏不能再進一步了解人的性，此所以必降而特著重那階級性的私利性也。

　　階級性的人性，即在「生存底物質形態」中的人性，是各自爲其私利的性。馬克思說：「當資產階級統治社會時，法律、道德、宗教，在無產階級看來，都是充滿了資產階級的偏見的。在此諸偏見背後，隱藏著如許資產階級的利益。」這還說的一面的偏見化，即道德、宗教等之資產階級的偏見化。這個道理，更可推進一步，成爲一般的規律，即：「道德之階級偏見化，不拘那個階段。」此即表示以「私利性」爲人性。首先是資產階級偏見化了，然後無產階級也跟著偏見化。關於此兩層，我們俱可從兩方面看。先從資產階級方面說。一、資產階級之講道德是動機地爲其自己之利益。比如勸工人勤儉乃爲的可以替資本家多生產，勸人守秩序不要搗亂乃

為的可以保持資本家的機器輪子繼續動轉永遠得利。假若如此，此乃根本不道德，根本是惡，此乃所謂有條件的。二、資產階級也是人，假若他站在人的立場上，動機地不為其自己之利益而講道德，而是從人性上說人人應該勤儉，自強不息，不應當偷墮頹靡；人人應當守秩序，維持公德正義，不應當隨意動亂，殃及他人。假若如此，他是善意的，在他也呈現了良知之覺。我們不應當隨便加以歪曲。當然，馬克思是不肯承認這種善意的。他可以巧辯地說：落在實際的效果上，這種道德還是於他自己有利。可是，我們雖說不應當隨便歪曲其動機，而亦可肯定他是道德的，然而我們仍可退一步說：他雖然也是人，他究竟又是資產階級，他的道德感事實上不免仍是消極的，他究竟不肯（或未進到）替無產階級著想，去接觸到這個社會的嚴重問題而思有以根本解決之。（在此，須知人的道德感是有程度之差的，其或強或弱，或高或低，不完全為他的資產所決定。平庸人，就是窮得淨光，仍然不強不高，推拓不開。然而這些，可都不管。）如是，我們再轉而從無產階級方面說。一、無產階級之發動革命，改造社會，雖是自己起來解決自己的問題，然而是動機地為公平為合理為正義，為萬世人類而著想。假若如此，他是絕對善的，乃是最高的道德。其發心動念乃是根於一個「不忍之心」。於是，我們在這裡，見到了「悱惻之感的良知之覺」之切實的表現，「人之所以異於禽獸」的最顯明之處，「人的性」之最彰著的透露。所以他的事業與行動乃是最有價值最有理想意義的。如是，他應當而且必然地歌頌耶穌、孔子與釋迦。然而孰知大謬不然。二、馬克思說：無產階級的發動革命動機不是為的公平合理正義，乃是為的其階級之私利。而作為無產階級之先鋒隊的共產黨，

馬克思主義者也不承認他們的發動革命是發於不忍之心，馬克思自己也不承認有這種不忍之心。所以他們必罵耶穌、孔子與釋迦。他們的革命只是報復。他們不承認人世間有那種絕對善意的道德事業，有那種順無條件的命令而來的驚天地泣鬼神的崇高行為。你們在這裡可以見出，馬克思發動了革命，汙辱了革命，對於一件具有極高道德價值的事業貶視為魔鬼的事業。無窮的罪孽俱從此出。

這無窮的罪孽就是他的理論必然地要成為「純否定」。

馬克思把人類以及其全部事業抽象地並且攜著其壞的動機劃分為兩類：壓迫者與被壓迫者。歷史只是階級壓迫史，因而亦只是階級鬥爭史。他極端抽象地如此分，所以：一、毫不能承認有對於人類有客觀價值的任何事業。他把一切事業皆隸屬於階級的偏見上。他這樣隸屬，其深文周納的程度可以像數學微分那樣地牽連下去。二、他對於階級壓迫的劃分，剝削被剝削的劃分，其錙銖較量的程度也可以像數學微分那樣地分下去，百畝對五十畝、五十畝對三十畝、三十畝對十畝、十畝對五畝、五畝對兩畝、兩畝對一畝、一畝對零畝，都是壓迫剝削，這叫做階級意識的自覺。可不是嗎？這樣地自覺下去，能不到微分的程度嗎？而且他以極端壞惡的動機來固定這樣劃分出的階級中之人性。依是，凡發自這種階級中的人性之一切事業（心思與行動）皆必須為他那壞惡動機的殘酷顏色所沾染。他否定了他自己，他否定了一切人。歷史就是各階級各攜其私利性的相壓相爭史，壓過來壓過去的相翻史。沒有一件事是有客觀的道德價值的，是發自不忍之心的動機的。但是他卻又美麗地預測說：當無產階級翻過來壓過去的時候，就是無階級社會的到臨，大同世界的實現。到那時候，一切代表階級利益的工具，如政黨（共

黨亦在內）、國家、特務、警察、法律等都要消滅。他們說：資產階級不敢說消滅階級，以及代表階級利益的一切工具，他們敢說。可是，他們也不敢說，那時候也把道德宗教一起消滅。因為他們幻想那時是天國，當然是有道德的。可是我順馬克思的人性觀卻這樣說：到那時候，不全部毀滅，即全歸於更狡詐的禽獸，歸於更狡詐的有類於他們所說的原始共產社會，階級以及壓迫剝削更不能消滅。如是，歷史再從頭起。這樣循環下去，馬克思的歷史唯物論遂可永遠適用。這樣循環，你不要說只是重複。因為外延地說重複，而內容地說，卻一次比一次壞，一次比一次兇。所以決不能永遠循環下去，結果總歸於全毀滅。那時馬克思才可說是勝利，他可以帶著勝利的微笑，鬆一口氣說：我現在才真的克服了人類。他所想的天國，當該是如此。這個就叫做純否定，撒旦的天國。

　　夫改進缺陷，消滅階級，原是應當的。既是人，就不應當有壓迫。被壓迫的人自求解放，改造其自己，藉以改造全社會，有功於人類，那更是應當的。社會上有惡，便應當惡惡。但惡惡必須根於悱惻之感的良知之覺之好善惡惡為善去惡之心。如是，方能說改進，方能說有功於人類，人類才有進步。孔子曰：「惟仁者能好人能惡人」。這句話是儒家全副精神的所在，是一普遍而必然的真理。「好人」是肯定（好善），「惡人」是否定（惡惡）。惟「仁」（怵惕惻隱之心）這個普遍而必然的條件，始能成就否定的道德判斷與肯定的道德判斷。沒有人敢公然否認「惟仁者能好人能惡人」一真理，惟馬克思能之。所以他既不能成就好善（肯定），也不能成就惡惡（否定）。他所成就的是一「純否定」，絕對的否定。凡肯定或否定皆是「指謂的」（predicative），針對一實際存

在的某一缺陷或某一美德而惡之或好之。譬如對方偷人或貪汙，我罵他是小偷或不廉潔的人，我是對他某一缺陷而惡之，我並不能否認他的「人性」。這種否定，就叫做指謂的：相當於邏輯中的特稱命題。假若對方所表現的一切特性都是壞的，我說他是一個全部要不得的人，則我此時是對於這一個人的全部否定，即在這一個人身上，我作了一個全稱否定命題，而全稱否定可以化為無窮數的特稱否定之絜和式，所以我這個全稱否定仍是指謂的：一方是專對這一個人講，故為指謂的；一方是指這個人所表現的全部特性講，故為指謂的。如果他這樣的壞是根於人性的喪失，則我之否定他的全部表現就等於連他的人性也否定了。但這只是他這一個人失掉了人性，他自己的歸於毀滅，並不牽連其他。如果他的人性尚潛在，則對於他的全部表現之否定不等於他的人性之否定：如果他的人性一旦恢復過來，則我對於他的表現即無法再作全稱否定，只能作特稱否定，如果他有某種缺陷時。所以，否定，無論是全稱的或特稱的，如要成就其為否定，必須是「指謂的」。但是馬克思的否定，則不是指謂的。他是根據於一個理論把全體人類的人性加以否定，而人性是一個普遍的原則，決不只包括他人，而不包括馬克思。所以他的否定一切人的性也必函著否定自己的性；他刬狗了一切人，也刬狗了他自己。這是「非指謂的」絕對否定，所以結果必全部歸於毀滅。他不能收到「去掉資產階級的惡」的效果，他所收到的效果是全體人類的毀滅。看吧，他的信徒沒有打倒孔、宋，卻首先殺了無數的農民。及至原子戰爭一發，便全體毀滅，蘇俄決不能倖免。假若旁人可以剩下來，這只是「人性」的勝利，抹殺人性的人先毀滅。因為他自動地先否定他自己的性，而他人卻不一定隨著他

的理論也來否定自己的性。所以馬克思的理論之事實上的效果，不是全歸毀滅，即是他自己先毀滅。他的理論既不能成就肯定（好善），也不能成就否定（惡惡）。未有自己在人性之中而其肯定否定尚不是指謂的。只有馬克思的否定（惡惡）才是「非指謂的」。

他攜著「絕對否定」的人性論來誇大他那偉大的事業，革命事業。列寧且以 " first cause "（按：即第一因，西方哲學用來指示上帝者）這個名詞來名這種事業。佛為一「大事」因緣出世。他們也是為這件大事出世。這件事誠然是偉大的、神性的。然而出之於唯物論者、否定人性者、純否定者，這件大事卻給糟塌了，神性的變為罪惡的。所以他那口頭的偉大只是虛偽的陰影。因為私利的動機決不會有莊嚴偉大的事出現。這不過是撒旦口中的偉大而已。馬克思主義者慣會使用這種伎倆以迷惑世人。

馬克思的歷史唯物論不能領導並成就我們的社會實踐。他很能認識實踐的政治意義與社會意義。但是他的絕對否定的唯物論不能成就這種意義的實踐，因而亦不能解決任何社會問題。他反是需要被解決的一個社會問題。他的思想所引起的社會性的問題以及已有的任何社會問題之解決，皆需要儒家的「道德理想主義」作人類社會實踐的指導原則。這個原則的最基本的兩個前提如下：

一、「怵惕惻隱之心」或「悱惻之感的良知之覺」為一切實踐，個人的及社會的，所以可能的普遍而必然的條件。

二、「惟仁者能好人能惡人」是一個足以成就肯定（好善）與否定（惡惡）的普遍而必然的真理。

馬克思說：共產主義者並不宣傳道德，他們並不希望把「私的個人」變成一個專門「為博愛而犧牲」的動物。因為共產主義並不

是用道德的宣傳可以達到的。恩格斯認爲用道德的證據來證明共產主義，不過是一首「社會的詩」。我們也認爲一個社會的問題並不是靠講道德說仁義所能解決的，也不是靠勸人爲善所能濟事的。但我們卻以爲：道德不是講說的，而是實踐的。道德家、慈善家、說教者，我們也不菲薄，並不像馬克思那樣隨便加以汙辱。但我們知道一個社會問題並不是慈善家所能解決。孟子批評鄭子產「惠而不知爲政」，也是此意。但孟子卻並不因而否認性善。所以道德家、慈善家，並不同於作爲一切實踐之基礎的「怵惕惻隱之心」。個人的實踐，如道德家、慈善家的，不能解決社會問題，而你的社會實踐卻也不能離開那個怵惕惻隱之心而成其爲實踐。我們正要本著這個「怵惕惻隱之心」來推動社會改造社會。道德的條目，若擺在外面，只是空文，道德的願望，若不去行，只是一首「詩」。但是「怵惕惻隱之心」卻不是空文，也不是一首詩。而是有客觀的實在作用的，它能成就一切實踐。任何驚天動地，神性莊嚴的事，都從這裡發，都必須以它爲普遍的條件。

馬克思復認爲，資產階級社會的道德學說對於人的行爲只能零零碎碎的估價（a piecemeal valuation），或只能作個人的估價，而不能是全體的或社會的。所以他們的倫理學只是「德目的倫理學」（ethics of virtues）。這個批評我們認爲是對的，雖然我卻並不否認它的價值。我也不像馬克思那樣否認實行這種德目的人的動機。但這種道德學說及倫理學是沒有積極作用的。講這種學問的人，其道德熱情及燭理之智也並不高。我向來不喜歡西方人所講的倫理學。就是因爲那種德目的倫理學幾乎都是淺薄庸俗，廢話連篇。這些人好像是孔子所說的小人儒。孔子曰：「汝爲君子儒，毋爲小人

儒。」荀子也有賤儒、陋儒、偷儒、俗儒，種種名稱。而其所謂大儒，卻是舜、禹、周公、孔子之類。今日的知識階級大半也是那種俗儒、小人儒，所以甘受共黨的汙辱玩弄而不知恥。人民被戮殺，他們懵然不覺；國家被送掉，他們不以為非。大學生只知扭秧歌而不知痛。胡元列人為十等，而七優八娼九儒十丐，儒居第九。共黨之視知識階級亦無異於此。然而他們仍無悲痛感迫切感，不知奮起自救。生人之痛，無過於此。此真所謂喪其心者也。失掉怵惕惻隱之心，未有不「苟合偷容」，自趨卑賤者。馬克思看不起那些講德目倫理學的人，自己就應當居於怵惕惻隱之心上作那更高的道德實踐，提出那對於人類事業作全部道德估價的道德標準。然而他不。他反而否定了此怵惕惻隱之心，否定了道德估價。他也不比小人儒更高一籌。

儒家的道德理想主義，本怵惕惻隱之心作實踐，並不是那種德目倫理學，也不是講這種倫理學的人。他們從家庭起，以至國家天下，都是在「盡性」「盡倫」中負起道德實踐的責任的。父子、兄弟、夫婦都是天倫。既都是天倫，則每一倫就有一個一定的道理，此曰「天理」。家庭並不只是一個生物學的團聚，並不只是一個生產結合。在生產結合、生物學的團聚以上，有一種普遍的道德實在（天理）為其所以有價值之超越的根據。人人都當在此盡倫。盡倫即盡其性，盡其性即是在此踐仁。在盡倫盡性踐仁的實踐中，他們證實了怵惕惻隱之心以及此心中之天理，並且就根據這個心與理來成就了他們的實踐。朋友也是一倫，這是處社會的。他們也在此盡倫盡性踐仁。君臣也是一倫，這是處國家政治的。也在此盡倫盡性踐仁。從家庭起以至處國家政治，乃是他們的實踐之層層擴大、層

層客觀化。就是不處國家政治，他們在日常生活中，也是「居處恭、執事敬、與人忠」，這也就是盡倫盡性踐仁。儒者就此立言而建立他們的學術，並且就此實踐而領導社會。所以儒家實踐是有客觀的原則，而其原則也是在實踐中建立與證實。所以他們的學問，既不同於宗教，亦不同於西方的哲學。而一切哲學要必匯歸於此，而宗教的眞理亦函在這裡面。

因爲他們的躬行實踐以天下爲己任的「實踐之積極性」，以及那種以其學問爲實踐之指導原則的「理論之積極性」，所以他們是滿腔洋溢著理想，來領導社會、鼓舞社會。儒者並不是勢利眼，也並不是替「芻狗人民」的人張目。所以他們固然不替資本家代言，同樣也不贊同共黨的殺戮農民。惟他們也不是專門反對派。他們有其肯定，從大處爲全體著想，需要肯定；同時也函著：從大處爲全體著想，需要否定。這是眞正地從「全部」來估價一切事業一切行動，處於更高的道德標準來作整個的估價的。這不只是未曾實現的原則。在歷史上，儒家所表現的事實，歷歷在目。不要說孔、孟、荀、程、朱、陸、王、亭林、船山這些建體立極的聖賢人物，且就社會上一般的一命之士講，他們讀了幾句聖賢之書，便可立志不同。他們常常是除暴安良，扶持正義。東漢末年的黨錮之禍，也表示了他們與朝中的惡勢力鬥爭之氣節。北宋亡國，程伊川門下殉國的亦正不少。東林黨也正是以講學來批評政治的。南宋亡國，文天祥、陸秀夫等人不要說，就是鄭所南那種人物亦是不可多得的。明亡，就是販夫走卒，樵夫漁父，也能慷慨一死，爲兩間存正氣：他們愛民族愛文化，不似今日知識階級之甘心作奴。這是表現於高一層的界限上的（民族大義，以及文化政治），在社會上，同情於窮

苦的人，替被壓迫的人說話的，也總是那些讀聖賢書的窮秀才。
「義氣」兩字，無論高級低級的儒者（儒者的高低不在識字多
少），都能予以讚賞。一般社會上爲什麼崇拜武松以及關公，這就
是因爲義氣，這也是一般讀書人所培養成的。崇拜包文正及海瑞，
是因爲他們除暴安良。這後面都是有一個「道德的仁義之心」作背
景的。這是儒家的文化系統所領導的。共黨的那種以唯物論階級私
利性爲底子的虛僞欺騙終必爲這個社會所揭穿所唾棄。復次，凡眞
正儒者都有豪傑氣，其講學也可以普及於大衆。泰州門下，若顏山
農、趙大洲、何心隱、羅近溪，都有俠氣，他們講學，愚夫愚婦，
販夫走卒，都可以聽，都可以懂。這就表示儒家學術唯在使人立
志，盡性盡倫，並不是今日大學裡面那些專學、術知。唯因如此，
它才可以領導社會、鼓舞社會，而作爲社會的道德實踐之原則。在
注意社會問題方面，重農抑商，是中國的傳統政策。這不只是經濟
學的理由，而且是有儒家的學術理想在裡面的（如重樸誠，戒奢
華，以及由此所函的各方面的無窮意義，在此不必多說）。漢朝以
儒家學術領導其建國：孝弟力田，重農抑商，確實是作到了的。就
是王莽之迂固地實行古典意味的社會主義，也是本於儒家理想的。
由此可見，儒家的「道德的理想主義」實是可以作爲解決社會問題
的社會實踐之指導原則的。它確有其政治社會的客觀意義。孝弟力
田，重農抑商，後來漸漸凝結成爲社會上的一般風俗，由「耕讀世
家」一語，你就可以見出其力量之大。不幸，演變到今日，卻被共
產黨視爲封建勢力而連根剷除之，成爲殺戮農民的藉口。你須知這
不是爲的解決土地問題的經濟理由，乃是爲的要實行馬克思的否定
人性的魔鬼理由。這種人工製造的冤獄無法能饒恕共黨的。

　　由以上的事實，我們現在要實行土地改革，無產階級的社會革命，爲什麼不可以本著儒家的道德理想主義來作積極的實踐呢？我們絲毫沒有理由說儒家學術與社會革命不相容，而必排斥之。

　　一般人常說，馬克思主義確是牽連到了人性問題，遂發問說：它是否能改變人性呢？我現在告訴大家：它不是改變人性，它乃是根本否決人性；不是人類全毀滅，就是奉行它的人先毀滅；人性終於要勝利。

　　我現在鄭重告訴大家：這個時代是道德比賽的時代，一切社會問題都要解決，都要正面去接觸，絲毫不能迴避或躲閃。你們的道德實踐若不比共黨高，你就不能克服他。

原載《民主評論》第1卷第11期（1949年11月16日）

理想主義的實踐之函義

理想主義在以往實踐之規模

我們已知，儒家的傳統精神是在盡倫盡性踐仁：在此種實踐中，顯示出「仁」這個普遍的原理、形上的實在，即「悱惻之感的良知之覺」這個「心理合一」的形上實在；顯示出這個實在，即表示在實踐中實現這個實在；因而反過來，藉這個實在成就一切實踐，使一切實踐成為有價值的、積極的、有理想意義的。所以，他們的實踐是積極的，從家庭社會的日常生活起以至治國平天下，所謂以天下為己任，層層擴大，層層客觀化，都是在實踐中完成，所以是積極的實踐，而實踐必本他們由踐仁中所顯示的學術或原則，並非一氣流走，氾濫無歸，所以他們的實踐又有理論的積極性，即有學術或原則作指導。由此，我們還可推出兩層意思：一、實踐與理論是合一的。（這個理論當然是指他們在踐仁中所顯示的學術之講論言，不指普通哲學理論言。普通哲學理論不一定是可實踐的，也不必與實踐有關。）二、實踐是理論的實踐，有原則而不氾濫，故為積極的；理論是實踐的理論，可實現而不空懸，故為積極的。

以上是儒家理想主義的實踐之基本精神或基本型態。

由此基本型態，我們見出孔子與耶穌的一個基本不同之點。（本文只取這個比較，至於與佛家不同處可不論。）此不同點就是：孔子以「唯仁者能好人能惡人」爲一大前提，爲一切實踐之所以爲積極的之普遍而必然的條件，而耶穌的實踐則唯在顯示一個「絕對實在」（即上帝這個純粹而絕對的有）之肯定。因爲耶穌的目的唯是在顯示這個「絕對」，所以俗世的一切都無足輕重，都必須捨棄。他從決心傳教起，即決定捨命，決定上十字架。這個與普通的殉道，或儒家的殺身成仁，不同。他以爲如不捨命，不作犧牲的羔羊，即不足以放棄俗世的一切牽連，不足以顯示出絕對實在之純粹性（即不足以顯示出眞理之標準）。絕對實在、眞理標準，顯不出來，則人間的罪惡亦對照不出來。（由此即可推出宗教的解析，即耶穌的捨命是爲衆生「贖罪」。）耶穌一生所成就的及其對於人類的貢獻，即在顯示這個標準之純粹性及超越性。依此，耶穌的實踐是離的，他的教訓是離教，而孔子的實踐則是盈的，他的教訓是盈教。因爲是離教，所以俗世與天國是對立的，而不是圓融的綜和的。由此決定西方歷史的發展形態之特性。關此本文暫不論。我現在只說：這種離教所顯示的絕對，在耶穌手裡，尚不能獲得其現實的客觀妥實性（objective validity），即內在的客觀妥實性。它只有超越的客觀妥實性。因此，耶穌尚不能成就現實生活中的道德判斷，即現實生活中的肯定（好人）與否定（惡人）。他所顯示的是一個「絕對肯定」（pure being），而不能成就現實生活中的特殊肯定與特殊否定，即不能成就「指謂的」肯定與否定。依此，耶穌與馬克思是兩極：一爲絕對肯定，一爲絕對否定。前者是

「一」，後者是「零」；前者是上帝，後者是撒且。（此猶太人之所以為猶太人也。豈不悲哉！）耶穌的愛仇敵；打左臉，給右臉；剝裡衣，給外衣；讓死人去葬死人，你跟我來；以及誰是我的母親，誰是我的兄弟，等等：都是表示他的絕對離的偉大，由此反顯那個絕對實在，而不是表示他在現實生活的特殊環境中的偉大，所以也不能把他這些實踐看成是現實生活中的積極道德。儒家則是由盡倫盡性踐仁中，同時顯示那個絕對實在，同時即本那個絕對實在以作積極的實踐，成就特殊的肯定與特殊的否定，即成就現實生活中的道德判斷：它一下子即是盈的圓教，故絕對實在必為「仁」，而不是上帝，故劈頭即說出「唯仁者能好人能惡人」這一個普遍而必然的真理以為一切實踐所以可能之普遍條件。依此，「仁」既有超越的客觀妥實性，復有內在的客觀妥實性。（在宋明儒者中，程朱一派比較顯示前者，陸王一派比較顯示後者。）此是孔子的偉大所決定的文化型態，由此乃決定中國歷史發展的特殊性。我們必由此始可了解中國的歷史。

作此比較訖，我們再進而略說儒家在以往的實踐之規模。

儒家在以「仁」為實踐的普遍條件下，故一方愛民，本其惻惻之心，決不芻狗人民，視人總為一人，保住其自尊自愛之人性；一方重人倫，視一切等級皆為親親之殺、尊尊之等，皆為屬于禮義之統者。人之居于其等級是其位，以德智才能分，不以財產分，故輕視錢財，而重價值，重貴不重富，重義不重利，視整個社會之組織為實現客觀價值者。故孟子說：君子所性，仁義禮智根於心，盎於背，睟於面。又云：「君子所性，雖大行不加，雖窮居不損，分定故也。」人之心思之注於此，一方可以減殺或忽略人之私利性及勢

利性，一方可以緩衝或拆散財富所成的階級之相翻與相壓。這種歷史的客觀精神所表現的對於現實的作用甚大，它在不斷的實踐中確足以拆散「物質的勢力」之集中與僵化。雖以曹丕之為皇帝，尚可以說出「未若文章之無窮」的話；雖以納蘭性德之為世家闊公子，尚可以說：「德也狂生耳，偶然間緇塵京國，烏衣門第。」皇帝與門第算得什麼？這都是無根的偶然，總有一個超越於此以上的實在東西。李鴻章居喪，官吏弔，不親送，以孝孫代，而平民弔，則必親送。可見耕讀的農民是高貴的、尊嚴的。這是社會上的普遍意識，乃由一個文化系統作背景陶養成的。

復次，真正儒者的實踐乃在表現一種精神生活。此種生活是由覺悟所顯露的理性的主體，即由內在的道德性，而轉出。凡是與感觸的或物質的混雜的東西都要在道德的實踐中磨煉掉。這種磨煉是後面有一種悱惻之感督促著的，因而亦就是因為不甘於墮落或陷溺，故必然地有這種不斷的磨煉。在此種磨煉中，一方將感觸的或物質的東西剌出去或克服掉，將那原始的直覺渾淪或圓融予以打破，而行自我超轉，一方亦即因這種超轉而顯示那超越的道德實在，即所謂「天理」，或程明道所說的「卒殄滅不得」的那點之「秉彝」。在覺悟中顯露了這個道德的實在，是真正的「主體的自由」，本著這道德的實在而去實踐是真正的精神生活。由此而成的圓融或諧和，不是那原始的直覺渾淪，停在感觸狀態中的，而是通過道德的實在之光之照射的，是通過「立於禮」而來的「成於樂」。所以這種精神生活所表現的人格是「莊美」，而不是「幽美」。其所以為莊美，乃是因著內在的道德實在之神性與莊嚴，以及與此相反的墮落與現實的眾生之私利推移之可懼與可悲，這一方

面可懼可悲，那一方面可敬可畏，因而虔敬之心油然而生，而正義之理想，濟世救世之願，即沛然莫之能禦。此程、朱所以必講居敬窮理之故也。依此種實踐立場言，文人風流俱次一等。程明道批評司馬光，以爲他只是天資厚，不能說見道。這裡所說的「不見道」，就是沒有透徹那個內在的道德性，因此他的爲人之誠實忠厚大半是順天資來，不能說是一種真正的精神生活。他的讀破萬卷書，修《資治通鑑》，都不能幫助他透徹那個道德的實在，結果只成就了他的固執，以史變爲常法，或亦可說「文勝質則史」。吾友姚漢源先生說他「體史而用經」。人們固不必喜王安石那一套，但旣行之已久，而必紛紛變之，以復其所謂舊，則人們亦不必喜。此即「以史變爲常法」，「體史而用經」也。程明道又說邵堯夫天資高，不免流於玩，玩就是不敬，他那種灑脫亦不能算是真正的精神生活。程伊川平生不讀《莊》、《老》，有人請他品茶觀畫，他即說他平生不吃茶，也不識畫。竟不往。這些情形，就此細節表面看來，好像是太迂固。實則此種迂固不同於司馬光的固執。我們若從他的學術整個看來，他後面實有一種莊美人格作背景，他確乎認得要作到真正的精神生活必須透過那內在的道德性之呈露，而此內在的道德性之呈露卻必須在不斷的敬畏實踐中方能透徹。這種道理當然不是蘇東坡、黃山谷那些名流文人所能了解的。詩人文人的精神生活是感觸的、直覺的。假若可以說是美，也只是「幽美」（大分類的幽美），而不是莊美。儒者的理想主義，雖可以承認他們的客觀價值，然而他們的實踐卻不能領導社會。他們可以憑其靈機一動參與某種社會的實踐，此如拜命之從軍希臘，然而也只是暫時的一動，他們是不顧及那種實踐的綜和意義與積極意義的，他們也不想

領導或發動某種社會的實踐。這就是藝術性格的表現。（這當然指典型的或高級的藝術性格言，中國的那些詩人文人，名士風流，常不足以語此。）他們所以落到只是藝術性格的，就是因爲他們的精神生活停止在感觸的、直覺的狀態中，他們沒有植根於「內在道德性」的那種大悲願，也沒有那種發自於「無條件的命令」的堅定意志。感觸的、直覺的，亦並不算是壞。假若我們不是耶穌之純返於絕對，則我們不能一往否定感觸的、直覺的。孔子所規定給我們的「仁」之盈的圓敎就是要歸於直覺的具體的。但是這種直覺的具體的圓融不是原始的，而是經過盡倫盡性踐仁所透露的內在道德性之調節的，所以是聖賢人格，而不只是藝術人格，雖然也含有藝術性在內。宋儒就是把這種聖賢人格的全幅歷程講說出來的，而其中要關之把住以程、朱爲典型，尤其是程伊川表現的最切實而顯明。凡不能把住這要關的，便不足以語於儒者的領導社會之實踐。王安石的入相變法，當然是政治的大事業，此人也是有志氣的，但終於成就不多。世人對於他的失敗當然有種種說明。失敗亦不就是一人的不行。但此人本質上是有個缺點的。吾友姚漢源先生說他是「體文而用經」。此語可謂高人一等。王安石本質上還是個文人的底子。所以他不能擔當一個大時代。儒者的實踐是綜和的、指導的、更高級的，所以他們對於人格及事業常有鞭辟入裡的透視，能作全部的估價。我們從二程的日常生活中評司馬光、王安石、邵堯夫，以及不喜蘇東坡等文人，就可以看出他們的學問及人格之底蘊。由此你可以進一步看出他們爲什麼一定排佛老。佛老在根本思想上不同於儒者，因而通不過他們的允許，關此，我們本文不論。佛老的思想之形成社會上的那種山林氣、清談風，根本是儒者所反對的。這種

風氣皆帶有一種藝術性格，光風霽月、流連光景，自以爲是很淸高
的，人們亦說它是很高雅的精神生活。其實在儒者看來，只是一種
放縱恣肆，並不眞是精神生活。放縱恣肆有兩型：一是軟性的，一
是硬性的。和尙道士、魏晉淸談、名士風流、《紅樓夢》裡的賈寶
玉，都是軟性的放縱恣肆。今日的共產黨、左傾的浪漫，則是硬性
的、粗暴的放縱恣肆。有以往的那些軟性的放縱恣肆，右傾的浪
漫，隨時代所趨，就一翻而可以有今日的共產黨。有軟性的那種夢
幻生活，感觸的、直覺的光風霽月，淸涼散，一經揭穿，就成爲那
種物質的、肉欲的、頂現實的粗暴。這兩種常常是互相翻轉的。這
都不是眞正的精神生活。因爲他們根本就未認識精神之所以爲精
神，他們的精神根本就未掙扎出，他們是停在感覺的直覺的自然狀
態中。他們都作了「感覺」的奴隸，而沒有解放出。他們的解放只
是放縱恣肆。所以結果皆流入虛無，全體毀滅。他們的成就皆是
「純否定」：佛家要出世，把一切衆生皆放進「無餘涅槃」裡；道
家要成仙，也想到另一個世界裡去；共產黨要幻想他那個撒旦的天
國，由他所取的路徑而達到的無階級的社會。他們異曲同工，皆想
整個的翻，以爲不如此不能算徹底，不能算眞解放。其實他們的解
放即是毀滅，他們的徹底就是絕對否定。這些皆不是儒家的理想主
義所能許可的。

以上是深度地講。現在，再廣度地看儒家的道德實踐。這一方
面便是綜和的、構造的實踐。用《大學》裡的話說，便是治國平天
下。人的精神生活在不斷的構造的實踐中完成。荀子批評孟子說：

略法先王而不知其統，猶然而材劇志大，聞見雜博。案往舊

造說，謂之五行。甚僻違而無類，幽隱而無說，閉約而無
解。案飾其辭而祇敬之曰，此真先君子之言也。子思唱之，
孟軻和之，世俗之溝猶瞀儒，嚾嚾然不知其所非也。遂受而
傳之，以爲仲尼、子游爲茲厚於後世。是則子思、孟軻之罪
也。若夫總方略，齊言行，壹統類，而群天下之英傑，而告
之以大古，敎之以至順，奧窔之間，簟席之上，歛〔歆〕然
聖王之文章具焉，佛〔勃〕然平世之俗起焉。〔……〕是聖
人之不得埶者也。仲尼、子弓是也。（〈非十二子篇〉）

孟子是深度地顯示道德實踐，荀子是廣度地顯示之。荀子不解孟子
之精粹，故其批評多非是。然而荀子正面所顯示之廣度的精神，孟
子實稍欠缺。此廣度的精神即荀子所反復常言之「統類」是也。他
說孟子「略法先王而不知其統」。若是外部地看孟子之道說往古，
實可以如此說。蓋孟子並不從歷史文化意義的典章制度之累積處而
立言。法先王非必定非。故荀子非惠施、鄧析云：「不法先王，不
是禮義，而好治怪說，玩琦辭。」此即以不法先王爲非。雖以不法
先王爲非，然亦不可空道上古。故《荀子・儒效篇》末云：「言道
德之求，不二後王。道過三代謂之蕩，法二後王謂之不雅。」（此
中「二」爲動字，歧出義。）孟子略法先王而不知其統，是其非不
在法先王，而在「無統」，亦在其「過三代而爲蕩，二後王而不
雅。」統實不易。荀子特重之。〈非相篇〉云：「欲觀聖王之迹，
則于其粲然者矣，後王是也。」此亦孔子「吾從周」之義。由此爲
本，則上推往古，下開來世，莫不同條而共貫。亦孔子損益三代百
世可知之義。而歷史發展之迹，禮憲隱顯之義，亦俱可得其脈絡

矣。此即〈王制篇〉所謂「有法者以法行，無法者以類舉」之義
也。所謂「知其統」也。以「知統類」為準，則法先王法後王並無
一定不可移者。荀子雖言「道過三代謂之蕩」，然亦說「上則法
舜、禹之制」，可見其並無一定不可移也。要者在「知統」，而知
統要必本於其燦然者。有明備者為本，而後「以類舉」，則舜、禹
之制亦可法。故稱仲尼、子弓為「總方略，齊言行，壹統類。」是
則孔子實有其廣度一面，而荀子承之，孟子則發展其深度一面。
〈儒效篇〉又云：「法先王，統禮義，一制度，以淺持博，以古持
今，以一持萬。苟仁義之類也，雖在鳥獸之中，若別白黑。奇物怪
變，所未嘗聞也，所未嘗見也，卒然起一方，則舉統類而應之，無
所儗怎。張法而度之，則晻然若合符節。是大儒者也。」荀子所說
的大儒，得勢的舜、禹、周公與不得勢的孔子俱在內。荀子注意到
這一面，不能不重視實踐之政治社會的意義。此為客觀的實踐，亦
即客觀精神之表現。我們就要拿著這種精神來構造政治，來改造社
會。這就是「人文化成」之積極的意義。有這種實踐的民族是有文
化的民族。保持民族即是保持文化。沒有這種實踐的，則是野蠻民
族，當時所謂夷狄是也。孔子時還是夷夏雜處。故孔子必主張用夏
變夷，決不可用夷變夏。用夏變夷，使其沐浴於文化禮義之中，是
莫大的功德。若用夷變夏，則人將禽獸，是人類的大墮落，是華夏
的罪惡，同時亦是自己的罪惡。凡有悱惻之感之仁心的人，決不肯
目睹而不救。故孔子說：「鳥獸不可與同群，吾非斯人之徒與而誰
與？」可見孔子很重視文化，重視人之所以為人。保持文化不但是
保持民族，亦是保持人道。故孔子一方雖說管仲之器小，而又大其
功。其功即在能救住人類使其不變為夷狄。故有文化的民族之自尊

即是「人之爲人」之自尊。若單從生物的立場來看民族，則民族之自尊好像是自私的誇大。然從保持人道講，則自尊是客觀的、公心的。若是野蠻民族，而又不知進於禮義文化，則是自甘墮落，不可說爲自尊。自尊不是動物的觀念，乃是人的觀念。人與民族，一旦有自尊心之表露，即是有文化之表露。於是，人與民族即有對於眞理之責任。他的責任即在「用夏變夷」，維護人類。儒家的「夷夏之辨」，不完全是種族觀念，乃是文化觀念。他們看夷狄，亦不以種族的眼孔看，而是以文化的觀點看。華夏的自尊亦不完全是種族的自尊，乃是文化的自尊。但文化不是抽象的空頭的文化，而是有某種氣質的民族所實現出的文化，在實踐的歷史中實現出的。故保歷史文化即是保民族國家。歷史文化不能消滅，民族國家亦不能消滅。我們只應在歷史文化所貫串的各民族國家中，異質地實現大同（大同即是大通，異中之同）。不應當毀棄他人的歷史文化民族國家而強迫著求同質的大同。這不是大同，乃是大私。故孔子爲吾人定下一敎訓，即「興滅國，繼絕世」。人不能毀棄他人的自尊，毀棄他人的自尊，即是毀棄自己的自尊。必先自己已墮落不堪，才能以芻狗看人。現在的蘇俄想以其毀滅人性的馬克思主義來強迫世界成爲同質的大同，這正是用夷變夏。決不可恕。

　　以上，深度地講，是人禽之辨（函義利之辨），廣度地講，是夷夏之辨。這是孔、孟、荀的客觀實踐所給我們的敎訓，所給我們定下的道德實踐之規模。後來，無有一個眞正的儒者能放棄這種規模的。我們現在以及無窮的未來，仍然不能違背。誰違背，誰就是自遠於人類。現在青年們嚮往著共黨的社會主義之美夢，但是你們須知：實行社會主義亦必須在此規模下始能實行。離開這個規模，

沒有一件事是可以實踐成功的。

　　以下我們再說儒家的理想主義在現在的客觀實踐或社會實踐中，所函攝得到的。

理想主義的實踐之現代意義

一、民主的與社會的

　　理想主義的實踐之現代的意義，我們總提兩點：一、民主的與社會的；二、國家的與文化的。這兩點是表示充實以往的規模而為進一步的實踐。茲分別略說如後。

　　在以往，政治的中樞在聖君賢相。君是國家社會的一個常數，相所代表的那一個系統是變數。變數的出身，從漢朝起，由徵辟、選舉，漸漸演變成唐朝的進士及明經，終至於明清的科甲。這一個系統就是士。士的家庭背景無論是農或工商，皆無關係。一成為士，便套於相的那個系統中，這就是知識階級。這一部分，或從政，或講學，而兩者皆是緊密相連的。這本由於儒家的精神所貫注，故以往的讀書人皆集中其心力於政治社會的實踐。范仲淹為秀才，即以天下為己任，這是相的系統中的一個典型。這一個系統既是變數，故無政治上的特權階級。君所代表的那一個系統，自取得政權以後，便常是外戚宦官宗室的一個大集團。這個集團常是腐敗的中心。惟賴相的系統代表一點光明。聖君賢相是治世，昏君奸相是亂世。君是常而不常，此為改朝換代；相不常而實常，此即相的系統總是持續下去而為社會之中堅。然政治的實權既在相的系統，

而這個系統也是一個固定的士的階級，即無異於政治的運用專限於這個階級上，而農工商便是民，民與政治是相忘於江湖的。依此，儒家的政治社會的實踐，在以往的形態下，是治民安民愛民，視民如赤子。尚未進至興發民，使其成為一「公民」，積極地與政治生關係。這就是儒家的理想主義之實踐尚未進至充實的境地。我常說，儒家在以往，對於君與民這兩端是無積極的辦法的，由此，你可以了解以往的歷史何以是那樣。現在既有民主政治，此雖發源於西方，然總是人類一大進步。我們既處在現在這個社會裡，則我們的社會總已進至與世界其他民族的社會息息相關的境地，總不會完全是以往那個樣子，所以民主政治也適宜於我們。無論我們運用的方式及所作到的程度為如何，然民主政治的切實內容，如思想、言論、集會、結社、宗教、信仰等之自由，及其依憲法而施行的制度基礎（此制度基礎保障那些自由），卻為普遍而永久的真理。這個真理，在儒家的理想主義之實踐上，必然要肯定。它若不肯定這個政治制度，則人的尊嚴，價值的實現，即不能保存。即用共產黨的名詞說，無論是資產階級作主的社會或無產階級作主的社會，民主制度皆必須肯定。此誠如陳獨秀所說的：「無產階級民主不是一個空洞名詞，其具體內容也和資產階級民主同要求一切公民都有集會、結社、言論、出版、罷工之自由。特別重要的是反對黨派之自由，沒有這些，議會或蘇維埃同樣一文不值。」他又說：「政治上的民主主義和經濟上的社會主義是相成而非相反的東西。民主主義並非和資產階級及資本主義是不可分離的。無產政黨若因反對資產階級及資本主義，遂並民主主義而亦反對之，即令各國所謂無產階級革命出現了，而沒有民主制做官僚制之消毒素，也只是在世界上

出現了一些史大林式的官僚政權：殘暴、貪汙、欺騙、腐化、墮
落，決不能夠創造什麼社會主義。所謂無產階級獨裁，根本沒有這
樣的東西，即黨的獨裁；結果也只能是領袖獨裁。任何獨裁制都和
殘暴、蒙蔽、欺騙、貪汙、腐化的官僚政治是不能分離的。」（陳
氏〈我的根本意見〉一文）但是，這種常道的民主主義卻是共產黨
所不能承認的，也是馬克思主義所不能承認的。陳氏能說出這段
話，就表示他已非馬克思主義者。根據馬克思的毀滅人性的歷史唯
物論，史大林、毛澤東都是正統的實行家。所以，如要肯定民主主
義之普遍性及恆常性，必須否定馬克思的人性論，及歷史唯物論。
但這卻不必否定無產階級的社會革命。唯有理想主義的實踐始能保
持民主主義及社會主義。使民主主義與社會主義相成而非相反的，
是道德的理想主義，而非歷史唯物論。

　　我現在所要特別重視的一點，就是：在理想主義的實踐中，我
們肯定民主主義，是為的保障天才而卻不許有獨裁。民主制度保障
一般人民的集會、結社、言論、出版、罷工等之自由，是廣度地
說，保障天才是深度地說。共產黨之成為獨裁，是由無產階級專政
一思想而來。他們以為無產階級起來革命，打倒資產階級，必須經
過一個專政的階段。專政的目的是在排除資產階級的自由，防禦他
們的參與政權。無產階級可以有自由，資產階級不能有。但須知，
資產階級一旦被打倒，資本主義的社會便不存在，而此時還說無產
階級專政便成為無意義的，除非革命永不成功，永在與資產階級的
對立鬥爭中。但資產階級既被打倒，則他的資本家之資格被取消，
而其為人之資格並不能取消。此時還要說專政，那根本是一部分人
把持政權。而何況「無產階級專政根本是沒有這樣的東西」，結果

只有共產黨的獨裁，而「黨的獨裁結果也只能是領袖的獨裁」。不但已被打倒的資產階級沒有自由，即任何階級也沒有自由。因為它要訓練人們都成為歷史唯物論者，否則就是反動分子。你須知共黨領袖的獨裁不專是經濟的、政治的，而且是思想的、人性的。這樣地管制起，誰還能有自由？所以「無產階級專政」的思想必然流於個人獨裁，必然只是促成達於瘋狂狀態的權力慾。或者說，一國的社會主義並不算革命成功，必須全世界的資產階級都打倒才算成功。在社會主義未擴至全世界前，無產階級專政仍然是有意義的。一旦擴至全世界，便成為無階級的社會，世界大同，那時專政的一切工具便可不要，當然也無所謂獨裁。但是須知民主不可一日離，專政不可一日存。資本家固須隨時打倒，而民主亦不能隨時期待。那種期待之說完全是欺人的夢想。馬克思主義的獨裁者所要改變的不只是經濟問題，而是從根本上起要改變人性，使人不成為人（他甚至要改變世界）。他要像上帝那樣重新來創造人。這樣的獨裁永遠放不下，好像這個世界不能一天沒有上帝一樣。馬克思主義者慣會拿這種犧牲長時間距離的一切人的自由幸福甚至生命來給人一個不可能（順馬氏主義而不可能）的無階級社會的美夢。可是上帝監視著他，等他的權力欲發展到快要發瘋了，他就要被毀滅。

希特拉的主張獨裁，一方是因為反馬克思主義的毀滅人性與個性以及否定價值與理想，一方是因為反民主政治的庸俗淺薄，苟且虛偽。所以希特拉的純德國主義不但厭惡馬克思主義，而且亦討厭他那時德國特殊情況下的民主政治。他之所以風起雲湧，亦實因他的號召與思想背景能打動德國人的民族性以及有契於德國的思想傳統。平心而論，希特拉對於馬克思主義的影響，猶太人的性格，以

及民主政治的流弊，確有其獨到的體會。此人不能不說是一個天才式的英雄。他能體悟到個性與價值之可貴，因而反馬克思主義，這就是他的不平凡處。不但個人有個性之尊嚴，要實現價值，而且一個民族亦有其個性，亦要實現價值與理想，（至希特拉主唯日耳曼民族是優秀民族，則是其狂妄。）而且個人亦當爲實現全體之理想而犧牲，其犧牲亦即因通過全體之理想而成爲其個人之理想，個人之價值。這種思想之大義，本爲黑格爾所發揚，而亦爲德國民族之所喜。希特拉即以此思想爲底子，遂著重全體之通籌。能綜合全體而通籌全局者，必須有超於庸人之天才與智慧，居於綱領之地位，而指揮全體，端其理想，以實現價值。這個意思，一般觀之，亦並無錯誤，但亦不必因而至於獨裁。惟希特拉則於此以「超人」自居，配合尼朵之哲學，而斷然主張獨裁，反對民主政治。彼只見民主政治之弊，而未見其利。少數人獨裁，運用智慧，通籌全局，眞得民心，爲民興利，亦未始不可。吾人固不必以成敗論英雄。但此種獨裁本質上即有毛病。人之智慧確有高低。但最高之智慧即是理性與法度。超人以其理性法度的智慧而爲超人，不能以其強力的英雄氣概而爲超人。英雄亦有其天才與「億則屢中」之聰明，但此不必說爲智慧。即可說爲智慧亦不是高級的。故眞正的超人只有是「上帝」。人而不能成爲上帝那樣的智慧之運用，便不可以超人自居而行獨裁。行之，必至於權力欲之發展，直情徑行而至於瘋狂之狀態。中國以往之視皇帝亦可以說是超人。但儒者之視此種超人不是尼朵、希特拉的看法，而是從他所居之「位」而視之爲神性；其居之位爲神性，儒者即以「神性之學」敎之。故皇帝曰天子，言其必須法天也。法天即必須如天道之汪洋，如天德之無量，垂拱而

治，無為而無不為。儒者之教皇帝如此，顯然不是希特拉之獨裁。因為獨裁要賣弄本事，而儒者所教之皇帝正是不要他賣弄本事。這才是超人之神。依是，皇帝居天子之位而為神，儒者即以神視之，而不以人視之，向神德方面教他，不向人德方面教他。當然皇帝也是人，但人而必須神，方合君德。所以儒者並不主獨裁。皇帝居超人之位，儒者即向超人之神方面教他。這就給了他一個很大的限制。但人究竟是人，他不能成為神。儒者的教訓，對於皇帝的性德及行動，不能說無影響，但他不能成為具有神德之君，而一味向下墮落，則儒者於此究無妥善的辦法。依是，必具有神德，方可說為超人。而神之為超人，則亦無所謂獨裁。上帝無所謂獨裁，儒者之視皇帝當該是「無為而無不為」，這也無所謂獨裁。不能成為神式之超人，則說獨裁必流於權力欲而趨於自毀。依是，政治必不可言獨裁。通籌全局是一回事，獨裁又是一回事。兩者決無連帶關係。希特拉之自毀而毀其國，正是食獨裁之惡果。此亦浪漫的理想主義不可為正道之故也。

政治必不可言獨裁，必須是民主主義的。惟民主政治可以保障天才。這是什麼意思？一、人的天才不能以作政治領袖為唯一的出路。天才的充分發展可以讓其轉為科學、哲學、藝術、宗教方面的，即轉為文化的，此是在社會文化上以追求真理而充分發展其天才，而實現其對於人類之貢獻。而這種天才之能在社會上得其充分的發展，惟有民主制度的政治始能允許之保障之。如果人的天才在文化上不能得其出路，則只有集中於政治權力之爭奪。此決非人類之福。自馬克思主義出，本哲學以從事政治，而又以政治生活為蓋盡一切者，莫過於共黨。故一方面必流於獨裁，一方面又消滅了文

化的獨立價值，否定了追求眞理者之獨立的人格，將一切人俱牽連
於階級政治之私利與鬥爭中。吾不知其於人類究有何種貢獻。此是
毀滅之道，不可以爲法。惟民主政治方能保住人類及文化。二、民
主政治不但保住社會上天才之文化的發展，而且在政治上亦不許有
以天才英雄自居而得以充分發揮其權力欲者。這句話的意思是說：
「天才」二字直不許用於政治領袖或政治家，而只許用於科學、哲
學、宗敎、藝術家等方面。普通說，某人有政治天才，可以作政治
家。但是有可以作政治家的天才，卻不同於那種以超人自居的獨裁
者之爲天才。主張獨裁的人，始把天才用於政治上。然而吾人說於
政治上必不可說獨裁。故天才亦不可用於政治上。這是因爲政治的
本質限制了他。天才的性格是孤峭獨特的，此最易於向文化學術方
面發展，亦最易於在這方面表現。而政治家不能孤峭獨特的，他必
須順俗從衆，謀及庶人。他必須爲公共利益而守法尊制度，依法而
退，依法而進。他的境界不能太高。政治不能不講法度，法度就限
制了他不能爲天才。他有政治的天才，只能說他有適應法度運用法
度的本事，他是在限制中運用他的才具的。只有獨裁者才毀棄一切
法度，而自認他本人就是法度。依是，他必超過政治的範圍。史大
林要毀滅人性，要使一切人成爲歷史唯物論者。希特拉要作超人，
他的感覺可以指揮一切。但是這一些妄人終必毀滅。所以要說政
治，就不能說天才。讓天才在文化方面發展，間接地鼓舞社會，督
導政治。人類的向上，天定要繞個圈子的。若從政治權力上直接指
導，必不能向上，而只有墮落。民主政治就是一方面讓天才轉爲文
化的，一方面禁止政治權力欲之無限的發展。此其所以獨爲可貴
也。政治家，在天才上，轉爲聖人，理論上也是可能的。聖人作政

治領袖也是最好的。因為聖人之德也能順俗從眾,不露鋒芒。但在政治上,政治家轉進而為聖人,必不獨裁,必不以天才自居,因為他超過了天才。聖人而作政治領袖亦然。柏拉圖所想的「哲王」(philosopher king),以及以往儒家所想的君,皆有此理想。但究竟在人類自有歷史以來,這類的哲王從未出現,聖人亦從未作過皇帝或政治領袖。我想,聖人已超過了皇帝的階段。及其成為聖人,他便事實上很難作皇帝,雖然並非邏輯上不可能。孔子只成了個素王。耶穌自覺地說他的國在天上,不在地上。釋迦牟尼則並皇帝而不為。我想,聖人若作了皇帝,那時便是天國,而不是地國,而亦就無所謂政治了。在天國未實現以前,民主政治仍是最可貴的制度。我們還是讓聖人掌教化,而亦唯民主政治始能保障聖人而尊仰之。

以上說儒家的理想主義之實踐在現代必承認民主政治,必須是民主的,以下再說其必須是社會的,必承認社會主義。

以前儒者雖主張安民愛民富民,以及「不患寡而患不均」、「重農抑商」諸義,但究竟是教化意味重,並沒有正面地當作一個社會問題而處理。土地問題,每代時有擬議,但究未能積極地見諸實行。這也許因為歷史的發展以及種種條件的配合,尚不足以形成一個吸引人注意的客觀的主要問題,尚可以適合於儒家的實踐之教化形態。即譬如在今日,落後的中國,社會主義仍然尚不是一個主要的問題。不過在今日套在世界的大局上而觀之,思想的風氣既吸引住人的心思而集中於此,則也便是到了可以實行的時候,吾人便不能不正面地接觸此問題。儒家以往用心於此,雖說是消極的,但不能不說它在本質上是肯定社會主義的。聖賢用心,「一夫不得其

所，若己推而納諸溝中。」豈有不承認社會主義之理想的？而且從
其用心上說，其悱惻之心實亦不只是空想，這確是一個迫切之感，
而爲其仁心之性德所必然函攝的。惟因歷史的發展，此問題尚在潛
存中，故其仁心表現之方式尚未至於以此爲主要問題而思及解決之
表現方式。然在今日，則固可轉至此也。

以儒家的理想主義之實踐而接觸到的社會主義決不是空想的社
會主義。一、儒家以盡倫盡性踐仁的實踐之積極性爲基礎，他們本
質上就是實踐的，而他們的實踐復有原則之積極性，決不是一時的
靈感，而他們的原則就是從其盡倫盡性踐仁中所顯示的道德實在，
所建立的學術。他們的理想主義是內在地必然要行動：所謂「內地
地」是說他們在盡性踐仁中所顯示的悱惻之感，心理合一之仁，不
容已地要推動他去實踐。這決不只是慈善家的小惠，道德家的宣
傳。馬克思說社會主義的成功決不要靠道德的宣傳，他並不希望把
「私的個人」變成一個「專門爲愛而犧牲的動物」。但是儒家的實
踐並不只是道德的宣傳。光宣傳而不行動是沒有用的。一個客觀的
社會問題，豈是宣傳所能解決？任何事業，任何理論，若不實踐，
皆不能成爲實現的。儒家的第一步即是要建立實踐之本的，要內在
地極成實踐之爲必然的。這是人類的一切行動與嚮往之骨幹，是壁
立千仞的一個「體」、一個「極」。我們若因「光是道德的宣傳不
能成事」，便否認這個「使任何實踐爲可能」的普遍而必然的條
件，這就是馬克思的毀滅人性，也就是他的主義之所以不能成就任
何實踐之故。我們若了解儒家的第一步便是要「內在地極成實踐之
爲必然」，則即可知它不是「道德的宣傳」那一類型，因此，它所
接觸到的社會主義亦決不是空想的社會主義。二、內在地要實踐，

這是從「主體」方面說，這是一個骨幹，即建體立極。從客體方面說，要達成其實踐，必須還要了解社會方面之問題性，以及該問題的歷史發展之客觀性，即外在的某方面史實發展之客觀性。關於此點，我們承認馬克思的經濟史觀有他的貢獻。但必須揭穿他那兩個前提：甲、「存在決定思維而非思維決定存在」，這是一個含混籠統而又以偏概全攪擾層次的命題，是馬氏的「洞窟之蔽」（idol of cave）。我們必須予以揭穿。乙、以階級的私利性，即階級性，定人性，須知這是毀滅人性，不是改變人性，因為他否認了那個「使任何實踐為可能」的普遍而必然的條件，即悱惻之感的良知之覺。這個我們必須徹底反對。馬氏拿「存在決定思維」與「思維決定存在」兩句含混籠統的話劃分一切哲學。拿「思維決定存在」一語論謂一切唯心論的哲學，一切正宗的偉大的哲學系統，說它們皆是反動的、反革命的，把它們擠到一邊，說它們皆是資產階級的哲學。而不知唯心論者（或理想主義者）在何層次上主張「思維決定存在」，在何層次上亦可不主張「思維決定存在」，又不知彼等主張「決定存在」之思維是何種思維，「不決定存在」之思維是何種思維。而只含混籠統地概括之，殊為「無知妄作」，大有悖於「知之為知之，不知為不知」一原則。而吠影吠聲，欺惑愚眾，堵塞慧根，阻礙學子向上之心，此實為難以原諒之過舉。彼又拿「存在決定思維」一語論謂一切唯論的哲學，這且不管，而又用之於歷史社會上，遂視人之「物質的生存方式」為能決定者，一切法律、哲學、宗教、藝術為被決定者，為隨之而變者，又推進一步，說人性即是階級性，或階級的私利性。他把這一套皆視為「存在決定思維」一原則下的思想，皆是革命的。這些推理，若詳細考慮起來，

沒有一步是對的。我現在只說：他不能承認有永恆而普遍的真理；他不能承認有人性，而只承認有動物性。他這兩步歸結，顯然是錯誤的。我們則承認有變的真理，有不變的真理；人固有動物性，亦有人性，而人之所以為人在人性，不在動物性。我們承認人性，即悱惻之感的良知之覺，好善惡惡，為善去惡的怵惕惻隱之仁心，為什麼就不能革命呢？若如馬氏所說，則革命事業勢必是壞心私惡心不仁之心所發的。又，我們承認人性，為什麼便到處即是「思維決定存在」呢？為什麼就不能承認社會史實之客觀性以及其發展之相當規律性呢？一個社會問題，譬如資本家所造成的罪惡以及勞資階級的對立與不平，我們承認有它的客觀的發展，始、壯、究，三階段的曲線發展或強度的發展：在其開始時，欣欣向榮，造福於人類，不具備問題性；在其壯大時，問題性的趨勢即表露；在其究結時，解決此問題的歷史條件已具備已成熟，問題必然要解決，社會必然要轉變而向新的形態走。凡此一切，我們為什麼不能承認呢？凡是誠懇的實踐者，踐仁的實踐者，皆一方必肯定人性為體，一方必肯定智之默察事變為用。為何一肯定人性，便流於空想的社會主義呢？在實踐中，一方是科學的，這是智之事；一方是道德的，這是仁之事。這兩者為什麼必不相容呢？然而唯有道德的理想主義始能融合之，只有歷史的唯物論才必排斥仁。排斥仁，就是不能成就任何實踐的。又，在我們承認智之事中，我們的實踐是客觀的、社會的、集團的。唯有社會的實踐始能解決社會問題，轉變社會形態，使之向上。在此，就是說：一切過去的社會歷史皆是階級鬥爭史。我們為什麼不可說：皆是為自由平等，為公平合理而鬥爭的階級鬥爭史呢？為什麼一定要說：皆為私利而鬥爭呢？自己被侮辱被

壓迫,就應當鬥爭。這種鬥爭雖是爲自己,但是爲自己的被侮辱被壓迫,這就是爲公道爲正義,不是爲私利。如是,我們爲什麼不能承認一切文化的客觀價值,一切傳統哲學及聖賢言行的有功於人類,有功於眞理,而必予以侮辱抹殺呢?人的私利可以被壓迫,而且應當完全去掉,但是人的正義眞理不能被壓迫被侮辱。正義眞理被侮辱,這是最大的不公平、不道德。耶穌說:「人們的一切罪,一切褻瀆的話,都可得赦免,惟獨褻瀆上帝的靈,就萬不能赦免了。」侮辱正義眞理是不可饒恕的罪惡。還講什麼社會革命,成就什麼社會主義呢?馬克思說:「資本家階級已把人們所尊崇的及敬畏的職業給剝去皮了。他已經把醫生、律師、僧侶、詩人、科學家,給變成他的工資勞動者了。」又說:「金錢和商品的流通,就好像一個社會的大蒸餾器,一切東西都禁不起這個煉金爐的錘煉。連聖人的骨頭都要給它化爲灰燼。」馬氏說這些話的立場,不能高於「有錢使著鬼推磨」的立場,亦不能高於蘇秦發達後所說的「人生富貴豈可忽乎哉」的沾沾自喜以及回想當年所受的父母妻子兄嫂之氣之發洩之立場。這本來是一些事實,我們並不想否認。但是,就因爲這樣壞,所以我們才改造社會。我們並不能連我們改造的心也爲資本家變成工資勞動者,也變成私利的了。但是馬克思反而連改造的心之正義性也給否認了。這比資本家的洪爐都兇。無怪流毒如此之深,苟偷無恥之輩如此其多。我在此並不能見出他能創造出什麼對於人類有幸福的社會主義來。所以唯有道德的理想主義才能使民主主義與社會主義成爲相成而非相反的。它能綜和此兩者而亦成就此兩者。馬克思的社會主義並非科學的,亦非道德的,乃是洩憤的、魔術的。

二、國家的與文化的

在道德理想主義的實踐中，既綜和了民主主義與社會主義，我們現在再進而就「國家的與文化的」一點說明社會主義與國家主義之相成而非相反；說明我們的實踐必須匯歸於「國家的與文化的」，然後始能透露其價值性與理想性；說明民主政治與社會主義必須立於「國家的與文化的」一大界限下，然後始能不墮落不物化；說明世界大同必須透過「國家的與文化的」一大界限，而後始能為異中之同，異質的大通，而不是同質的大私。

社會主義增進人類現實生活的幸福，民主主義保障人類精神生活之自由，使天才有其充分之發展，在文化內之發展。這後面的基本精神是道德的理想主義。若為現實生活的幸福而必否決民主主義，則現實生活的幸福亦不可得，社會主義亦必不可實踐，而所謂麵包第一，其所成者亦不過是齊於物的純然動物而已，結果，麵包亦吃不成。說到保障天才之發展，必須歸結到文化的。民主主義保障文化，亦返而必受文化之指導與鼓舞。民主主義若不能作到含有保障文化、受教於文化之理性的成分，則必成為暴民政治，成為虛偽欺騙、苟且頹墮、結黨營私的政治。故民主主義之內在的本質：一、允許人們有思想、言論、出版、結社等之自由，二、依憲法而施行的制度基礎之確立。然除此內在的本質，還當有外在的開明之德量，此即是保障文化而且受教於文化之理性的成分。此內在的本質與外在的德量合，始能形成健全的民主主義。這個健全的民主主義，從其外在的德量方面說，必須歸結到文化的，而「文化的」不能離開精神生活之自由。精神生活之自由，一方有個人氣質的限

制，一方有民族氣質的限制。人的精神生活不能不在氣質中表現；因爲人不是「純靈」（ pure spirit ），不是純理純型（ pure form ）。故人的精神生活必須在限於氣質而又改變氣質之中表現。此義，轉進一步即爲：人的精神生活之表現必須是普遍的與特殊的兩者之合一。再轉進一步，則爲：文化的發展必須是理想或精神（普遍的）受限於現實而且實現於現實；離開在現實中而且實現於現實，不能有文化。上帝是精神或理想之自己，而他本身無所謂文化。他亦須實現於現實中，而他之實現於現實，必須靠人。人之神性及精神性必須返而充其極而上齊於上帝，即理想或精神之自己。此義即函說：上帝必須由人之神性或精神性來證實，而上帝亦必須轉爲一個純精神的主體。由此，他的實現即是文化，經過人之受限於現實而且又實現於現實之理想或精神而形成之文化。在上帝本身無所謂文化，人才可說文化，而隸屬於他的文化，即是人的文化。而人的文化不能離開現實。此所謂現實即是民族氣質，或民族的現實生活。因而文化亦不能離開民族國家。民主主義與社會主義，若必歸結爲文化的，則亦必歸結爲國家的。所以，道德的理想主義不但使民主主義與社會主義爲相成而非相反，而且亦使此兩者與國家主義亦相成而非相反。其中之關鍵，則爲「文化的」一義。「文化的」一義即由道德的理想主義而直接透出。是即不啻於說：道德理想主義必然要肯定國家之存在以及其獨立性。

國家主義既不是封建的狹隘的，亦不是侵略的，而「國家」更不是壓迫的工具。它之建立，除由文化之實現上說，還可以由人之自尊上而顯示。一切文化離不開人性之尊嚴，人道之尊重。自尊其人性，即須尊人之人性，自尊其獨立，即須尊人之獨立。凡稍有自

尊心者，何能不尊其國，不尊其文化；凡稍有人性者，何能不尊人之國，不尊人之文化。侵略與壓迫何關於國家？病從口入，豈便因而閉口不食？凡發此論者，慣會株連無辜，抹殺一切。此乃洩憤狠愎之心理，故流入純否定而不自覺。

或者說：一言文化，何必肯定國家？從事真理之探討以及文化之工作，皆期有功於全人類，文化與真理皆是普遍的或普世的，並不對某一國家而言。故社會與文化可以連於一起，而文化與國家卻不必連於一起。曰：真理固是普遍的，文化固亦期其有普世之作用，而從事文化工作及研究真理者亦不必念茲在茲說這是為國家。而當專心於真理之探討時，很可以除真理以外，什麼都不想到。但這並不礙國家之肯定，亦不礙文化之創造必連繫於國家。蓋因真理雖是普遍的，而追求真理之真誠卻是基於人性，基於理想之熱愛，因而可以發出追求真理之德慧。凡是基於人性而有德慧的人皆必尊人性而重人道。國家的肯定正是在此種重人道尊人性的自尊尊人處而彰著。我尊重我自己，我亦必尊重他人。我尊重我自己民族的聖哲及其所鑄造之文化，我亦必尊重他民族的聖哲及其文化。真理之為普遍的，豈必即因而抹殺國家乎？橫逆之來而無動於中，這種人根本無悱惻之感的良知之覺，根本是陷溺於個人的自私而無客觀精神。無悱惻之感，無客觀精神的人，根本說不上追求真理。因為他的心已經死了。否定自己的國家而甘心媚外的，那是自己卑賤，根本不用說。復次，真理固有普遍性，文化固亦期其有普世之效用，而專心於真理之探討的人，當其探討時，亦很可以什麼都忘掉，不如此，其心不能專。然而這只是了解或探討真理，文化之期其有普世性亦只是從其效果方面說。這尚沒有注意到真理之實現與文化之

創造。倘若注意到實現與創造，則民族國家必然被肯定。蓋眞理是普遍的，而其實現則不能不與特殊的結合。從形而上學方面講，普遍的理實現於特殊的東西中，方能成「個體」；理雖是普遍的，而說到其實現，則不能不肯定個體。離開個體，理之普遍徒顯其空掛。從人類社會方面講亦如此。個人、家庭、國家都是實現理者。理實現於個人的實踐中，因而肯定個人；亦實現於家庭的關係中，因而亦肯定家庭；亦實現於國家的組織中，因而亦肯定國家；凡其所實現之處皆是一「個體」。個人是一個體，家庭國家亦是一個體。皆有它的個體性（individuality）。凡是說到實現，必有特殊者之糾結或結聚。每一結聚即是一「個體」。家庭是骨肉之親之結合，藉之以實現仁，即仁之「情的表現」。因它實現仁，所以它有被肯定之價值，因而它是一個體。從其實現仁而爲一值得被肯定之個體方面說，它不是一和合假，如章太炎援用佛學之所說者。它不是一「和合假」，故於父子兄弟夫婦皆說爲天倫，天倫即依據「天理之仁」而爲天倫。從天理天倫方面說，它之爲個體有一超越的根據。吾人即由此超越的根據而證明家庭不爲和合假，此即是予家庭以「超越的證明」（transcendental justification）。國家是家庭以外的實際生活之結合，藉之以實現仁，即仁之「義的表現」。因它實現義道，故有肯定之價值，因而亦是一個體。因此，它亦不是和合假。於此處而有仁之義的表現，故國家亦有超越的根據。離開仁這個超越的根據（即天理天倫），家庭國家都要毀滅，亦無被肯定之價值，而人類亦必歸於洪荒。眞理之普遍性，文化之普世性，只能引導我們作實現之擴大，而不能有助於家庭國家之取消。由國家再擴大一步，便是人間之「天下」，即「大同」。這個亦可說爲一

種組織,乃國與國間的實際生活之結合。在此,我們要實現一個國家間的諧和,即仁之國家間的綜和,仁之人類方面的絕對綜和。所以「天下」若是一個組織,它亦是一個體,不是一和合假,它亦有超越的根據。(它與國家不同處,見下。)但這個絕對綜和還是人間的,所以可以是一個組織。但仁的擴大並不停止於人類,它亦必擴至宇宙萬物。故云:「仁者與天地萬物為一體」(程明道語)。仁者精神生活必發展至與天地合德,與日月合明的境地而後已。到此便是聖賢人格的絕對精神、天地氣象;由此而亦證明宇宙的本體便是仁。到此而說的仁的絕對綜和便不是一個人間的組織,而是作為天地萬物的生化之理的仁本身之組織。此組織便是宇宙。到此便是一體平鋪,各正性命。我們由此亦能肯定宇宙。宇宙亦不是虛幻。仁之擴大實現,精神生活之發展,以及聖賢人格之德量,必至此而後止。我們由仁之實現,即可明家庭國家天下宇宙四層無一不是真實。而佛家偏欲一切破滅之,則其非為正道可知。章太炎援引其說以明家庭國家都是「和合假法」,徒見其狂悖乖謬而已。馬克思主義者則欲由否定家庭國家歷史文化而製造其無階級社會之大同,則亦除歸於毀滅之一途,不能有其他。或者說:你所說,普遍真理,乃指仁(即實踐理性)言。此固可如公所說。但科學的真理、數學的真理等,此如何言實現?這些真理與實踐理性可無關,而發明這些真理亦與民族氣質無關。這些真理的實現亦與家庭國家無關。此將如何說?曰:吾人的問題是由學術文化真理之普遍性與國家有關而起,自然須就有關者而言。此其一。人的生活不能只是科學家、數學家,而必須從全體看其大前提、籠罩者。科學家、數學家及其所研究的真理亦必須套在仁的實踐這個全體系統中始能有

意義有價值，而唯這個系統始能保住他們不關心的研究。此其二。
這些眞理的實現與發明雖與家庭國家之肯定無關，但亦與仁的實現
有助益；它有助於這個系統，而亦不能外於這個系統而獨立。言各
有當，豈必以科學數學衡量一切耶？豈必因國家之肯定故，而即排
斥與此無關者耶？此其三。學術文化的總發源在仁的實踐。科學數
學等只是這個文化大系中的一員。我們說文化的創造，眞理的實
現，就是從這個文化大系的本源處說。而從此本源處說，即可直接
建立起家庭國家天下等之肯定。由此亦可見出此三者之根本之直接
與此文化大系相連，此三者就是文化大系之骨幹。由此，我們可以
說：

> 從文化的創造，眞理的實現方面說，民族的氣質，個人的氣
> 質，是它的特殊性，是它實現之限制而又是它實現之具體的
> 憑藉，因此，家庭國家就是實現眞理創造文化之個體，它們
> 是普遍者與特殊者結合而成的。普遍者作爲構成它們的一成
> 分，因而亦即是在它們之中呈現。呈現即實現。實現眞理即
> 是創造文化。普遍即是它們的理性根據，即上文所說的「超
> 越的根據」。此即是仁，或道德的理性。我們根據這個理性
> 的實踐，旣能成就文化的創造，亦能成就家庭國家天下等之
> 肯定。以上的說法，是家庭國家等之形而上學的證明。以下
> 我們再從道德的實踐方面證明。

依是我們現在即根據道德實踐的客觀精神以明民族國家之必然
被肯定。在道德實踐的過程中，道德理性的實現，必然要經過家庭

國家之肯定始能擴至於天下，即大同。近代人習於外在的觀點，並習於外部的時間階段之觀點，以為家庭國家的階段都已過去，以為要實現大同，必須否定已經過時的家庭國家之封界，以為大同為時間上一個可以獨立的階段，一個可以不要家庭國家為其充實之內容的階段，把大同完全看成是一個外部的虛懸階段，以為到那時，家庭國家全已泯滅，小孩送孤兒院，老人送養老院，人死了燒成灰作肥料：完全社會化，即完全外部化（或外延化），人們都成了孤零零的個體，只是成了穿衣吃飯的量的生活，情感正義都失去其道德的意義、精神的意義，都變成量的、物質化的。他們說這是均平，而這種均平須知也只是量的、外延的。如是，那時，除物質的享受外，一無所有。人們都好似機器中的零件，早已安排好了的。這是他們所嚮往的美夢。康有為只是夢想，共產黨想用階級鬥爭來達到：所以他們現在什麼都不要，都要否定，以期來實現他們那個純量的享受生活。我告訴大家，這是完全不可實踐的。除毀滅一切外，不能有任何所得。他們把人的一切都剝掉，只剩下一個孤零零的個體，私的個體。但是這個私的個體注定要套在一個系統內，它必然需要一個普遍性的東西來安頓它，它需要裝備，需要文飾，需要一個東西來潤澤它。但是現在，凡足以安頓它、裝備文飾它、潤澤它的普遍性的東西或超越的東西都已剝掉，然則這個私的個體將靠什麼來維繫呢？若無維繫之的東西，它必頓感惶惑，茫然無所措手足。夢想那種大同的人，想把人看成機器的零件，但人究不是機器的零件：你把它剝掉一切時，他仍然會感不安。這就是他不同於機器處。共產黨有辦法來對付這種不安。一、從現實方面說，它把他們套在一個極端專制的機械系統中，這就是共產黨的組織，以及

其所謂只有黨性，沒有個性。（下面是極端散的私的個體，上面非極端專制不可。）二、從未來方面說，它給他們一個希望，這就是未來的「大同」，純量的享受生活之大同。然而須知一個極端專制的機械系統所造成的大同只是一個「大私」，隸屬於共黨的私意，清一色的，不容有異己的大私。這個大私的大同完全是個影子：一、對人們說是一個影子，剝奪一切的「私的個體」，只有嚮往未來的大同作其停止之所，寄其安慰於未來的不可實現的幻境，齊於物的，爽然若失的痴呆生活。這個毀滅一切的痴呆大同是私的個體所投射的一個影子：一面是極端的私，赤裸裸的個體，一面就是極端的公，沒有價值，沒有意義的齊於物的大同。這兩者是一而二、二而一，而且是互為因果的。在現實上以其氾濫衝破一切而無安頓的人就憧憬那個大同，而憧憬那個大同的人，一落到現實上，就是不顧一切極端自私的人。這是近一二十年來由社會風氣所形成的社會病所可看出的。而在現實上這種氾濫無歸的人，好似極端的進步，極端的精采，而其實是盲爽發狂（我曾名之曰大浪漫）。這種呈盲爽發狂的精采的人，一旦停止其精采，便儼若癡呆。這便是他們的大同。這種精采正助長了共黨的滋長，而共黨亦正投了這個機。不投這個機，不能為人喝采。反過來，共黨就利用這部分人來使天下人都成為盲爽發狂，到那時，精采便可停止，因而一起癡呆，這就是他們的大同的實現。所以這個癡呆大同就是呈盲爽發狂的精采的人的影子。二、對共黨說，亦是一個影子。它的極端專制，使天下人成為清一色的唯物論，這種管教人的權力欲之發展是完全放不下的，因而那個大同是永遠不可實現的，它的社會主義是永遠不可實踐的。然而它卻投映一個虛影在那裡以吸引那些盲爽發

狂的人。然而共黨自己卻是清楚的。他們是在剟狗人。所以對於共黨之爲影子與對於一般私的個體之爲影子稍有不同。而他們兩者的結果是如此：對一般人說，精采停止，便是癡呆；對共黨說，他們的剟狗人不會停止，除卻毀滅。

人們如果察識了以上所說的病痛，便知「大同」完全不是那回事，便知要實現大同，完全是在另一個途徑上，而不在盲爽發狂的途徑上，不在極端專制使天下人都成爲歷史唯物論的途徑上。這另一個途徑便是家庭國家都要肯定的途徑。家庭是人倫人道的起點，因而也就是表現道德理性最具體而親切之處。故孔子曰：「孝弟也者，其爲仁之本與？」而儒者的盡性盡倫踐仁之實踐也必不能越過這一步或否定這一步而可以稱得起爲道德的實踐。在必然不能否定這一步上，就必須肯定家庭之存在。但是，道德理性（即仁）雖在這裡表現，而在此處的表現精神卻尙未進至於客觀的境地。因爲家庭的關係是骨肉至親的關係，是一個情的分數居多的關係。也可以說道德理性是在「情之至親」中表現，尙未進於在「義之分位」中表現。人的生活不只限於家庭，尙有家庭以外的。因此，我們的實踐就必然須擴大至家庭以外。但家庭以外不就是一個莽蕩的無涯際，不就是一個空無落足處。若然，家庭以外，即無生活，因而亦無可表現。依是，家庭以外必有一個實在的獨立組織體，即必有一個供家庭外的生活成爲實際的生活的實在處。既然有個實際生活的實在處，故道德理性亦須在這裡表現。而在這裡的表現就是在義的分位關係上的表現，而其表現精神就叫做客觀精神。這個義的分位關係就是國家政治的組織，而道德理性之客觀的表現，就在這裡彰著，而客觀精神亦在這裡發揚。道德理性之表現，人的精神生活之

發展，是不能封在一個一定的界限之內，單允許其在某一界限內活動，而不允許其在另一範圍內活動。凡有實踐生活處，皆應為道德理性所貫注。否則，就有一部分生活為非理性的，為無價值的，因而亦就不成其為生活。故由家庭之情的表現必須進至義的表現。而義的表現就是客觀的表現。人類之實踐若無客觀的表現精神，則連家庭之情的表現亦不能維持於永久，必馴至枯餒以死。故客觀精神之必須表現就函著國家之永恆存在，必然地被肯定。客觀精神是一個重要的關鍵，是由家庭過渡到天下（大同）的重要而不可少的通路。它是使吾人的價值生活出乎家庭骨肉以外而擴大至天下的一個媒介。沒有這個媒介，天下是一個荒蕪的觀念，完全是無生活意義的，而家庭亦必枯槁困頓委靡以死。馴致一切歸於荒烟蔓草，此即所謂天地閉，賢人隱。癡呆的大同就是這個境界，共黨就是向此而趨。

但是，天下（大同），從現實社會方面說，就是國與國間的協調觀念，大一統的全體觀念。在春秋時，就是周天子所代表的觀念。在現在，則是國際聯合機構所代表的觀念。《大學》所謂齊家治國平天下，所謂平天下就是平國與國間的複雜關係而使之協調，所謂「和協萬邦」是也。這個平天下的精神是與「絕對精神」相應的，也就是道德理性之在人間現實上的絕對實現。它既與絕對精神相應，它自然與客觀精神不同。因而現實方面表示天下的組織亦與國家不同。國家有其民族的來歷，有其歷史文化的縱貫之根：這是表示一條一條的縱貫線的。而天下則是現實上的一個絕對的綜和；在現實上是無外的。它是一個橫的系統，它的內容就是各縱的系統；它必須通過各有其「縱的根」的國家而始有根。它的組織不能

像國家那樣強而密,因為:一、它是國家間的一個綜和,它是容許「各自發展的異」中之同,它是承認它們而又處於它們之上的一個諧和,它不是由一個國家而強制其他,因此,它不能不王道,不能不代表理性。若是由一國而強制其他,則它是代表力,抹殺他人的個性,這不是異中之同,而是侵略的同。因此,它的組織不能強而密。二、它代表理性、王道,而又是現實上的至大無外(現實上是指現實的人類言),所以它所代表的理性是絕對理性,而它表現此種理性的精神是絕對精神,雖然是現實的,限於人類的。代表「絕對」的東西是各種歧異間的諧和,它不能再自處於對待中,所以它不能表示力的強度,而只能表示理的強度,精神的諧和。三、因為它是那樣的大而無外,所以人們的實際的實踐生活,對於它是間接的,而對於國家是直接的,只有少數領導人類社會而有高遠理想能表現絕對精神的政治家,其實踐生活對於它才是直接的。所以這個組織不能不代表理性,不能不王道。而國家對於一般人們的實際生活之影響太繁密而直接,故人們的實踐對於國家的關係亦不能不密切而為直接的。以上三點,即可區別現實的人類中的天下與國家之不同。但說「天下」之為組織不能像國家那樣強而密,這卻並不是說國家必須是代表武力,必須是侵略的。國家及其法律亦同樣代表理性。國家是道德理性在客觀精神的表現下而被肯定被建立,法律則是道德理性的客觀化,藉客觀精神的表現而客觀化。國家及法律同是表現道德理性的客觀精神之所肯定。這是它的本質是如此。國家不能代表理性,就要被毀滅,或他毀或自毀。法律不能得到客觀精神的允許,就要去掉,而另制行。沒有客觀精神的民族不能建立國家,不能遵守法律,不能處公共生活。只因它與一般人們的實在

生活太密切，而一般人們又萬有不齊，利害錯雜，常常惹故生非，故國家的組織不能不強而密，至少要比天下之爲組織強而密，而又不能不重義道，這就是它的爲客觀精神處，不同於家庭及天下處。它須要有力，但是力是它的用，而理是它的體。故國家政治，對於人民，一方有強力性，一方復要維持人民的自由民主。這兩種相反的性質，就要靠理性來綜合。若不能以理爲體，而以力爲體，它就要被毀或自毀，這也是人類的道德理性所給它的懲罰。由此，你可以看出，理性處於家庭國家之中而又常超出於家庭國家之外，爲其內在的「普遍性的根據」，而又爲其外在的「普遍性的籠罩與涵育」。一國的人民，愈是理性高，客觀精神強，則國家的強力即愈減。然而國家仍是永恆存在：這是由人們的生活之繁密，及在此繁密中的實踐之客觀精神所肯定。由經濟中擴張性而引起的國家之侵略性，並不能因而即謂國家的本質即是侵略的，即謂必須否定國家，因爲那明明是經濟問題。我們的實踐可以來改變經濟的制度。這就是我們承認社會主義而不否認國家之故。社會主義與民主主義相成，而此兩者復與國家的存在相容相成。這些相容的綜和都要靠道德理性的實踐來完成。

　　復次，人類的道德實踐不能停於客觀精神處。因爲由客觀精神而肯定的國家是表示個個縱的系統。精神若只限於自己的國家內，必流於侵略。故必超乎此而期有一綜和之系統。綜和之，即所以諧和之。理性必超乎縱的對待而趨於諧和的絕對。人類的精神不發展至絕對的諧和，便不能算圓滿，因而亦不能停止。因爲現實的一切，譬如各縱的系統，不能有一個在理性的貫徹之外，而不爲其所涵蓋所潤澤。因此，精神亦必須發展至絕對精神始能滿足。但是絕

對精神所表示的絕對諧和不能離開家庭國家之存在而有其內容，即不能離開道德理性之情的表現與義的表現而有其內容。人類的精神發展要越過此兩層，但不能否定此兩層。所謂越過，即諧和之；諧和之，即圓融其衝突與矛盾。而它所圓融的就是它所有的充實內容。它不能離開這些內容，而別有內容。家庭國家亦必須融於天下而始得其價值之最後的歸宿，而天下亦必須以這些價值為內容而始成為有價值的。天下一觀念之有意義，完全在其對家庭國家之肯定而期有以融和之上而有意義。若謂天下離開家庭國家而可以自成一階段，則它那個階段便是空乏的、荒蕪的，如上所說。能把握住這個「綜和的大系統」的只有儒家的理想主義；佛教不能，耶教亦不能。它們都表示絕對精神（雖然有不同），但亦只是表示絕對精神之一面。它們的表現之價值性還得綜和在這個大系統內始能見出。耶佛都不應反對孔孟之教。而我們則必反對共黨的荒蕪的大同，而救住耶佛之在人類文化上的貢獻。

從人類社會上所說的大同（天下）尚可以說為人間的一個組織，由此而表現的絕對精神，即吾人上文所屢說的現實上的絕對精神，即限於現實的人類而言的絕對精神。這個組織雖是至大無外，因而可以說為現實上的絕對精神，然而其大無外亦是指人類言。人類以外尚有天地萬物，並不含在這個大同的組織之內。而絕對精神的函義及其涵攝卻並不為這個現實的人類所限，因而亦並不為這個人間的大同組織所限。在這個大同上所表示的絕對精神尚不是最後的，因而亦只是現實人類上的，此可曰相對的絕對，或有限的絕對。真正的絕對精神必須超過這個限制而擴至天地萬物。此在西方，就是宗教所表示的，在儒家就是「仁者與天地萬物為一體」。

這個境界，在西方，是上帝所管轄的，在儒家，就是作為生化之理
的仁所管轄的。必至此，道德理性始得到其最後的普及，而絕對精
神始得到其最後的圓滿。即人類的精神必須在上帝前，在作為宇宙
萬物之本體的「仁」前完成。但是這個為上帝所管轄的宇宙，卻不
是人間的一個組織，它是神或仁的一個組織。所以絕對精神之在這
裡表現是宗教的、藝術的，而不是政治的。而生活的實踐在此亦必
須是聖賢的人格，而不是政治家的人格。在人間的大同組織上，尚
是政治的，故生活的實踐在此亦是政治家的人格。聖賢的實踐必須
是仁德無量，故與天地合德，與日月合明。絕對精神在此是充其極
的發展。故孔子、耶穌都可以是神而人，人而神。他們都表現絕對
精神。人間的大同組織以及在此所表現的絕對精神只是那個絕對精
神自己在人類方面的具體實現。人間的學術眞理之普遍性，一方指
點超越家庭國家的人間大同之必然性，一方即引導我們必歸宿於最
後的絕對精神之自己。科學、宗教、藝術、道德以及聖賢人格都是
如此表示。但是，這一切都不能否定家庭國家的存在，都不能否定
它們在絕對精神的系統中之價值與地位。客觀精神可以不及絕對精
神之高，但絕對精神必含有客觀精神爲其充實之內容。沒有客觀精
神，絕對精神亦無從表現。從這裡，你可以看出人在兩間的地位。
此所以儒家必主立人極而參贊化育也。若謂否定人性人道，仁之情
的表現（家庭），義的表現（國家），而可以講大同，那大同必是
物化、墮落、荒蕪、癡呆的大同。

　　由上我們可以總結說：

　　一、只有依據道德理性的實踐，始能使民主主義與社會主義相
成而非相反，並使此兩者與民族國家的肯定相成而非相反。

二、民族國家世界大同（國際主義）在道德實踐的精神發展下綜和起來，統一起來。

三、民主主義與社會主義，只有在家庭國家天下同時肯定而成的精神發展之系統中，始能不墮落不物化。

四、一切學術文化，都必須在家庭國家天下同時肯定而成的精神發展之系統中，始能獲得其價值性與理想性。

原載《民主評論》第1卷第12、13期（1949年12月1日）

闢共產主義者的「矛盾論」

一、作本文的大體意向

　　共產主義者有兩種重要的思想，一為「矛盾論」，一為「實踐論」。實踐論要義是講認識在實踐過程中完成。我將另文闢之。他們的矛盾論主要的是講所謂唯物辯證法中「對立統一」一法則。他們的講法，並無甚麼新鮮，亦無甚麼獨創。只是馬克思、列寧的代言。千篇一律，聞之熟矣。平常，他們拿這套東西迷惑青年智識份子，收效已不小。現在他們控制著整個大陸，他們的威權統馭著大陸上的一切。正在復拿這套東西，作上帝的事業，來改變人類，改變萬物。人民觳觫於他們的恐怖之下，見了這類文字，更易於誠惶誠恐，視若神聖。同時，他們的虐政，已到了鑿喪生命，堵塞慧根，逼得人人受不了的時候。「作於其心，害於其事。作於其事，害於其政。」他們那套思想觀念，沒有一個是可實踐的。一落實踐，便趨毀滅。因為他們最基本的靈魂是徹底的虛無主義，他們的最基本的原理是「純否定原理」。所以當他們的行動已暴露出來，披露到全社會的時候，他們的思想，我們仍須加以疏導刊正，以闢

其謬，使世人明白他們何以是生心害政。由是以開啓慧根，突發新生，灼然了悟於邪說奸言之不可信，歸於大方大正，伸大義於天下。

　　我之批評他們的「矛盾論」，不在糾纏於他們用「矛盾」這個字眼所意指的事實，而在這種事實是否可以用辯證法去說。又，宇宙是否只此一面。又，他們所意指的這種事實，其意義與層次究竟如何去規定。

　　他們所沾沾自喜的從變動的、關聯的觀點看事物，亦無甚麼不對處，亦無人反對。他們所講的對立統一，亦無人反對。事物有對立，有不對立，對立的有衝突的，有不衝突的。這些原都可以說。具體存在的事物原有無窮的複雜性，若有所當，從那一面說都可以。沒有糾纏較量的必要。時下講辯證法的人多得很。他們所用的矛盾一詞之意義，所意指的事實，所講的對立統一，都和共黨的唯物辯證法所講的大體無二致。天地間不只一物就有不同。有不同，縱有不對立，亦有對立，縱有不相反，亦有相反。相反的，縱有不衝突，亦有衝突。你要在衝突的地方說矛盾，說就是了。無論衝突不衝突，只要相反就說矛盾，你要這樣說，我也無可如何。反正事實如此。這種事實，共黨講，非共黨的人亦講。就是程明道當年也說：天地間無獨有偶，靜夜思之，不知手之舞之，足之蹈之。共黨看見必以爲這就是講的唯物辯證法。但是程明道決不是唯物論者，亦決不會贊成唯物史觀。他若生在今日，必反共。可見若是唯物辯證法所講的就是這一類的事實，沒有反對的必要，也不必怕。他講，你也講就是了。要者單看誰運用的好，誰觀察的巧。但是你卻不要以爲這就是「辯證法」的本義，辯證法只是此，只如此。你也

不要隨著共黨胡說，說黑格爾的辯證法是頭在下，腳在上。

黑格爾講辯證法的層次並不錯。他不在「知性」一層上講。他從「知性」以上「主動的理性」（active reason）一層上講。他從這一層上所發的精神表現的發展過程上表現辯證的發展。這是辯證法的本義。要懂得這種辯證法，必須懂得精神生活的開發。否則，只看辯證法本身中的那幾個名詞，毫無意義。若懂得精神生活的開發，你真可以見到其中辯證發展的必然性與真實性，反而這種辯證的發展更可以使你更深入地更嚴肅地認識精神生活之豐富性與廣大性。這是馬克思派所完全不能了解的。

復次，黑格爾並不注重從外在的具體事物上講辯證。精神表現必須從實踐上見。他是從精神在實踐中貫徹著物質（自然）上顯出「精神表現」的辯證發展。所以，嚴格說，辯證法並不能單從物一面講，或單從心一面講。馬派完全不了解此義。他們只把辯證法的那些名詞襲取來用於外在的具體事物上，這只是辯證本義的應用與比附，在具體事物的對立相反上比附。他們這種比附應用究竟有何意義？他們所意指的事實很簡單，只是「天下事無獨有偶」，只是「對立統一」一句話，只是變動的關聯的看事實。若單從這裡繁為推演，只是浮辭濫調。它不能解決任何問題，它不能成就任何學問。我在本文裡願意確定它的層次與意義，我不必在「無獨有偶」這種具體事實上去糾纏。

復次，他們從外在的具體事物上講辯證，復開為三大法則：一為質量互變法則，二為對立物的統一法則，三為否定之否定法則。並謂此三大法則已由黑格爾所確立。並謂由黑格爾《邏輯學》中「存在論」引出質量互變法則，由「本質論」引出對立統一法則，

由「概念論」引出否定之否定法則。此皆亂說。黑格爾的《邏輯學》是想從「絕對之有」起，藉辯證的發展，把知識對象的各種領域中的基本範疇推演出來。他這部工作實在是一個大把戲。質量不過是許多範疇中的兩個範疇。他何曾把質量在辯證發展中的轉化列為辯證法中的一特殊的大法則？辯證的法則只是對立之統一與否定之否定，而此兩句實是一義。這個辯證的意義，在他全書中到處表現，何曾如說者所安排？本文關於黑格爾的學問，不多說。在此只一提耳食者之謬。

二、數學、具體事物，俱不可用辯證法去說明

他們從外在的具體事物上講辯證法，這還是我給確定的。但是他們講起來，卻是極端的氾濫，無層次，無範圍，而且又是只拿這一副眼孔看世界，泯一切，混一切，外乎此者一概不能承認。

何以說極端的氾濫，無層次，無範圍？

他們常引恩格斯的話說：「高等數學的主要基礎之一，就是矛盾。」「就是初等數學，也充滿著矛盾。」又引列寧的話說：「在數學中，正和負，微分和積分。在力學中，作用和反作用。在物理學中，陽電和陰電。在化學中，原子的化合和分解。在社會科學中，階級鬥爭。」物理化學及社會科學方面還是說的具體的事物，至於數學方面便不是具體的事物。他們對於數學，可以說全不懂。只是閉著眼睛隨口亂說。數學若是以矛盾為基礎，還成其為數學嗎？若有人說：「全部初等數學都充滿著矛盾」，這必令人驚得發呆。但是馬派的人可以不負責任地這樣瞎說。我們可以說數學（無

論高等或初等）的基礎之一是邏輯中的「矛盾律」，但不能說是矛盾。矛盾律是禁止有矛盾，不是主張矛盾。數學就是不矛盾的、自身一致的一個推演系統。邏輯中的矛盾是說的命題，不是說的具體事物。其中的矛盾律是應用於命題，不應用於具體的事物。「凡人有死」與「有人不死」是矛盾的對當關係，即是說，此兩命題不能同眞同假，此假彼必眞，此眞彼必假。「白筆不是白的」是自相矛盾的命題，其值爲絕對假，即，不可能。矛盾律用於數學，就是禁止命題以及命題間的關係有矛盾，而作自身一致的推演。若說有正與負（還有一與零），但正負的對立無所謂矛盾。正負是兩個運用的符號。不是具體的事物。它沒有情感，沒有意識，也沒有力學中的動力。何來矛盾？何來鬥爭？亦無所謂對立的統一。肯定正，就不能肯定負。反之亦然。譬如 a 與 $-a$，如果肯定 a 是眞的，$-a$ 就是假的。反之亦然。而「a 是眞的」，「$-a$ 是假的」，都是命題。若「a 眞」，同時「$-a$ 亦眞，」便是矛盾。數學只是藉這兩個符號來作一致的推演。a 不能等於 $-a$，但可以等於 $-a$ 的否定。而 $-a$ 的否定等於 a，並不等於辯證法中對立物之統一的否定之否定。這裡邊並沒有奧伏赫變，並沒有淘汰與保留。一加一等於二，非「非二」還是二。這裡只有量，沒有質。同時，在數學上，

$$a \cdot -a = -a^2$$

$$a + -a = 0$$

而在邏輯上，

$$a \cdot -a = 0$$

$$a + -a = 1$$

在數學方面，是數目式。在邏輯方面，則前式表示矛盾律，後

式表示排中律。故邏輯表示軌範。數學即依此軌範而為自身一致的演算。故 a 乘-a 等於-a 的平方，歸於負數一面，而 a 加-a 等於零，即表示正負相消等於「無有」。無有是無有正數或負數，而只是零數。而若一有決定數，則必是歸於一面，或正或負。決不能既正又負。它不能既正又負，即表示它遵守邏輯中的矛盾律而為自身一致的推演。邏輯是軌範，數學是構造。每一步構造是一步決定，依矛盾律而來的決定。數學藉正負兩個符號的運用以成自身一致推演。正負不是兩個具體物，數學亦不是由正負具體物的對立統一而成。試問數學中的正負如何能綜和在一起而成一個高級的非正非負亦正亦負的新形態？這如何能用唯物辯證法中的矛盾法則來說明數學？如何能說全部數學都充滿了你們辯證法中的「矛盾」？他們還有這樣一句怪話：「除了運動的物質以外，世界上什麼也沒有。」這是加重唯物論的立場的話。渾一色的物質運動，渾一色的對立統一。但恰恰數學就不是物質，也不會運動。可是他們卻說數學充滿著他們辯證法中的矛盾。依是，我們有一範圍不是唯物辯證法所能應用的。這一層次與範圍，馬派的人亦當正面而視，虛心以求了解。庶幾有以轉化自己也。你們的心思亦當來一個辯證的發展，不應僵死在那個氾濫上。

依是，他們的辯證法當該限於外在的具體事物上。數學方面的，可以取消。

自然科學與社會科學都是以具體事象為對象。如是，我們轉而看辯證法在這一方的應用。首先，自然現象方面，在力學中的作用和反作用。這是牛頓的三大定律中之一所說的，即：有一與動，必有一反動。大小相等，方向相反。這是力的現象。譬如，我打出一

拳去，若不是打在空裡，我的拳頭必感覺到有一種震動或甚至痛疼。這種震動或痛疼就是外物的抵阻力之反擊。這就是反作用。石頭之相撞亦然。作用與反作用，其相反以方向來規定。這只是「與動」所引起。與心理學上的刺激反應同。我們能於刺激反應上說矛盾嗎？能在這裡說對立之統一、否定之否定、辯證的發展嗎？我看完全不能。「與動」與「反動」也不是一物自身之矛盾，兩者也無所謂統一而成一較高級之形態。各發其所當發，各止其所當止。如無外力之施，它又依然故我。這裡並沒有「否定之否定」之無窮的辯證發展。此所以為機械力學也。那末，再看物理學中的陰電子與陽電子。我們從原子核的構造裡，只聞同性相斥，異性相吸。只聞陰陽電子的數目有定，配合而成均衡。只聞跳出一個或擠進一個，而失均衡，必求恢復定數而復原狀。陰陽電子雖其性相反對立而並不矛盾。其電子數之出入而得失均衡，也不是原子核內部之必然的矛盾，而向對立之統一、否定之否定之辯證的發展走。電子的跳動有一定的軌道，其出軌或入軌，或由於偶然的機會，或由於外力的干擾。這都無所謂辯證的。化學中原子的化合與分解亦然。我們當然亦不能說化合與分解是矛盾的。這只是兩種不同的手術。依此，自然現象無可說辯證。具體的事物當然有變動，有關聯。但變動與關聯不必是辯證法的。辯證法中的概念，如原始諧和、精神與自然（物質）的正反對立、對立之統一、否定之否定、奧伏赫變、再度諧和，以及無窮的發展下去，一個用不上。在有機的生物現象上，亦復如此。一個穀種，放在那裡仍是個穀種。放在土裡，加上水的滋潤，它可以發芽生長，生長到成熟，它停止了。一棵穀乾枯了，它變成乾草，變成灰塵。它固然轉變了，但它已不是一棵穀了。這

些發展轉變，都不是辯證法的。都不是穀種或一棵穀自身的無窮的
辯證發展。穀種加上土和水，它才腐爛而生長。並不是其自身內部
起了對立物的矛盾，而為辯證的發展。穀種在土水裡，其自身內部
如何矛盾對立，這是無人知其秘密的。如果可以解析，也不過是生
物學物理化學的解析，而這種都提供不出一個辯證法發展的確定意
義，提供不出一個矛盾對立的確定意義。說矛盾對立，說辯證法
的，都是望風捕影之談。一個穀種不放在土水裡，放在桌子上，放
在石頭上，空氣的侵蝕，雨打風吹，太陽的蒸曬，也可以使它乾
枯，枯朽，化為無有。但它自身內部如何起矛盾對立而化為無有，
也無人知其秘密。如有，亦只是生物物理化學的解析。

　　依是，自然現象決無可說辯證處。在這裡說辯證，只是望文生
義，望風捕影，隨便比附而已。如是，我們再轉而看社會現象。

　　共黨的唯物史觀就是「歷史之唯物辯證觀」。歷史是人或一個
民族的集團實踐過程，如何能只是唯物的，即，只是經濟的看法？
就使只是經濟的，而經濟活動也是人的實踐之所表現，也不能如外
在的自然現象之為現成的，擺在人的實踐以外。但是馬派的人卻把
它看成如「外在的自然」一樣，完全是外於人的實踐之物類，把它
擺在那裡，看其自身之發展，美其名曰客觀。依是，社會集團的活
動完全沒有「精神的提撕」在其後，完全不以發自道德良心的理想
理性正義為其調節，為其指導。依是在生產關係中所分成的各集團
完全是物類的概念。他們所謂「階級」就是一個物類概念。階級當
然是人集成的。但是在他們所謂階級中的人之「人性」只是其階級
的私利性，各為其階級的私利而保存而爭取而改變。毫無所謂道
德、理想、正義之可言（參看前面拙作〈道德的理想主義與人性

論〉一文）。依是，人完全是一個自私自利、形而下的軀殼的人，聰明才智只成就一個壞，比其他動物還要壞。依是，雖有聰明才智，亦只是物類。在這種物類的集團觀，有時對立，有時不對立，其對立也，有時矛盾，有時不矛盾。其對立而矛盾是以「利害衝突」定。如是，當然可以說「矛盾」，矛盾只是利害的衝突，不能並立。但是物類概念的集團（階級）何以必是辯證的發展，無窮的發展下去，是沒有理由的。它可以有若干階段的對立統一，顛倒下去，但不必能無窮地發展下去。一個物類的集團很可以墮落腐敗，完全停滯下去，由停滯也可以全毀滅死亡。同時，一個階級私利的集團，順其仇恨的狠愎之心推至其極，很可以完全消滅對方，所謂斬盡殺絕。而凡此種完全消滅對方的狠愎之心自己亦必流入瘋狂狀態而滅毀自己。必流於全體毀滅而後已，這就是徹底的虛無主義。這不只是推論，亦是事實。以前洪秀全集團的末路就是如此。現在的共黨亦必向此趨。它的理論與行動都是向此趨。若是人類真地只是如此，則只能有一時的對立統一之顛倒，而決不能無窮地辯證地發展下去。因此，也就不是辯證的發展。辯證的發展是生息向上豐富廣大之道，不是毀滅之道。生產力與生產關係，若只是物質的概念，其對立統一的顛倒，決不能無窮地辯證地發展下去。停滯不進而至於消滅的民族多得很。有何理由從物質的觀點看生產力與生產關係自身的矛盾對立即斷定其是無窮地辯證地發展下去？以往的歷史，從經濟觀點說，若真是由原始共產社會進到奴隸社會，再進到封建社會，再進到資本主義社會，而將來且向較為合理的社會主義的社會趨進（決不是共產主義所能至，其所至的只是毀滅），而此種轉變若真是向前發展向上進步，而且是辯證地發展，且是無窮地

發展下去，則社會集團決不只是物類，其中的個人之人性決不只是
階級的私利性，必有「精神的提撕」在其背後，必有發自道德良心
的理想、正義，為其行動的調節與指導，而生產力與生產關係所成
的經濟結構亦決不能如「外在自然」一樣，擺在那裡而外於人的實
踐，亦必是內在於「人的實踐」，而不只是物質的概念。如其然，
則歷史觀即不能是唯物的辯證觀，而必須是集團實踐中精神表現的
辯證觀。因為發到外部的物質生活背後有精神的提撕為其支柱，有
發自道德良心的理想、理性、正義，為其調節與指導。亦惟如此，
人的活動才可說實踐。實踐單是屬於人的：既不屬於上帝，亦不屬
於動物，自然現象更說不上。精神的提撕，發自道德良心的理想、
理性、正義，因為人的動物性，雖是不純，有夾雜（若是純了，人
間便是天國，但人的動物性不可免。），但它卻是使社會發展向上
的唯一動力。就因為這個動力，才說歷史是精神表現的發展史，而
其發展才是辯證的發展，而且是無窮地發展下去。何以是無窮地發
展下去？因為道德良心就是「不容已」的「願力」所在。人有此
「願力」，乃「自覺地」向上發展，向前引生，而不令其斷滅。所
以「無窮的發展」一主斷之成立，必於形而下的物質生活以上有一
個「超越的根據」始可能。而此超越根據就是不容已的願力自覺地
要如此。這是最顯明而不可移的道理。何以是辯證的發展？因為能
發理想、理性、正義的道德良心就是集團實踐中的「主體」，它的
「客體」就是實踐中隨軀殼起念的私利。這個主客體的對立通過道
德良心自覺而成立。誰腐敗下去而只有私利性，誰就是客體，就是
反。誰通過自覺而抒發理想理性與正義，誰就是主體，就是正。
「正」一定是作為主體的精神，「反」一定是作為客體的私利（腐

敗、物質、自然）。這是決不能隨便移動、隨便比附的。這個正反的對立是人的實踐中「不容已的願力」之自覺必然地要發出。這個對立的意義是確定而清楚的。因此，它的矛盾也是確定而清楚的，也是必然的。因為作為主體的精神不能容許私利的存在，而作為客體的私利一時轉不過來，亦必然是精神實現的障礙。但是精神之不容許私利，只是轉化對方的私利性，並不是消滅它的人性。依此，惟精神始能引發精神而成全對方。當它引發精神而成全對方就是轉化對方使它起了質的變化，它不與精神對立而為障礙，它統一於精神而為協調。同時，精神亦不與客體對立，而卻統攝客體亦成為協調。此就是對於對立的消融而成為一較高級的綜和，亦就是否定之否定。此一步亦是必然的，而且是確定而清楚的。此就是真正辯證發展，辯證的本義。在此辯證發展中，促使社會形態向上發展，向前進步，向較為合理的形態轉變。就是內在於人的實踐中的生產力與生產關係的對立矛盾統一，也必通過人的「不容已的願力」之自覺而形成。若是掌握生產力生產工具的一方只是瘋狂地為其私利，則必促成對方的自覺而抒發理想理性正義，以為主體，而使它成為客體，同時，當客體尚未轉化，主體尚在與之對立時，其瘋狂的私利行動即造成其生產力與生產關係的不協調而促使其崩解，轉化為新形態。所以經濟活動中生產力與生產關係的對立矛盾統一，是為社會集團通過不容已的願力，而形成主客體的對立的辯證發展所攜帶以成以趨。若是拉掉社會集團方面的「自覺」，其本身是無所謂辯證的。

　　以上，我從數學、自然及社會方面，說明共黨的唯物辯證法之不可通，即，辯證法不能用於數學，自然現象的變動關聯亦不是辯

證的,而於社會現象方面,若是物類集團觀,亦不是辯證的。最後我即說到社會現象必須拉入人的實踐中,歷史必須是精神表現的發展史,因而唯在此才是辯證的發展。此決不可移,亦無所謂顛倒。此就是黑格爾所表現的辯證發展。馬派的唯物辯證法既不是辯證法,則撇開數學方面不論,那麼在具體事物方面,它所說的那一套與其所謂唯物辯證法所意指的事實是甚麼意義?這個問題須留在後面第四段詳細說明。

三、形而上學中體性學所見的「不變者」不能否認

現在我先解決下面一個問題,即:

何以說馬派的唯物辯證法是只拿這一副眼孔看世界,泯一切,混一切,外乎此者一概不能承認?因為他們是只承認變道,而且是他們所謂辯證的變道,而不承認常道,無論是科學的,或是形而上學的。

他們常說:「在人類的認識史中,從來就有關於宇宙發展法則的兩種見解,一種是形而上學的見解,一種是辯證法的見解,形成了互相對立的兩種宇宙觀。」又說:「所謂形而上學的或庸俗進化論的宇宙觀,就是用孤立的、靜止的和片面的觀點去看世界。這種宇宙觀把世界一切事物,一切事物的形態和種類,都看成是永遠彼此孤立和永遠不變化的。如果說有變化,也只是數量的增減和場所的變更。而這種增減和變更的原因,不在事物的內部而在事物的外部,即是由於外力的推動。形而上學家認為,世界上各種不同事物和事物的特性,從他們一開始存在的時候,就是如此。後來的變

化，不過是數量上的擴大或縮小。他們認爲一種事物永遠只能反覆地產生爲同樣的事物，而不能變化爲另一種不同的事物。」

這段話是什麼意思呢？在此，我願就這段話先說明形而上學的職責是什麼？如果這方面的常道，他都不承認，則反而即知他所只承認的辯證法的變道有什麼歸結出現。

一般地說來，形而上學的職責唯在於變化中顯示出「不變」來。形而上學內有兩部分：一爲本體論或體性學（ontology），一爲宇宙論。這兩部分常是關聯著的，不是截然分開的，亦都是要從變化中顯示不變者。惟本文對他們的論點說，則以體性學所注意的爲切。故我們可從這裡入手。

首先，有柏拉圖所講的「理型」。這是對具體的可變的事物講的。感覺所接觸的現象，經驗所遭遇的對象都是具體的、可變的。這無人不知，無人不承認。柏拉圖名此爲感覺世界。形而上學家何嘗不知道變化？惟柏拉圖所注意的是：如果只是感覺現象之變，而無「不變者」在，則任何東西不能說「是」（在），說「成」（形成），任何名詞及命題不能有意義。結果是一「虛無之流」。馬派的人，在哲學史上，所稱贊的海拉克利圖斯與普洛太哥拉斯，都是講變的。海氏是從宇宙論上說，任何東西都在變，整個宇宙是一變化流。但是他還有一個「洛哥斯」（logos），以及由「洛哥斯」（道）所顯的「理性法則」，這卻是不變的，這一面我且不說。普洛太哥拉斯是所謂詭辯派（sophism），他是從感覺知識上說現象之爲變爲相對。凡現於我者爲是，即對我爲是，現於我者爲不是，即對我爲不是。是與不是（在與不在）都是對我而言。所以說「人是萬物的尺度」。這裡所謂「人」是指各個「具體的我」講，即生

理機體的我（不是心靈的我）。所謂尺度，就是以這個「我」為標準來衡量感覺現象之「是」或「不是」。但是，柏拉圖在這裡就和他辯，說：如果只以生理機體的我為尺度來衡量感覺現象之「是」，結果即無「是」可言。你以為還可量出個「是」來，不管是變的，或相對的，其實連個「是」亦量不出來。因為你的「生理機體的我」所接觸的感覺現象是永遠在變的，而且一變，就必須變到底，決不會有一瞬的停住。如果能停一瞬，我們還可以說在一瞬裏為「是」。實則就不能停一瞬，結果是永遠「是而不是」，馴至於無所謂是與不是，只是一虛無流。而且你生理機體的我也是一大堆具體的事象，也必須在不停地變。也只是一虛無流，兩頭無掛搭，決交涉不出一個「是」來。因此，你開始說：凡現於我為是者，即對我為是。到此，你是否定了你自己的主張。你量不出一個「是」來。因此，任何變化的現象必須預設一個不變的「理型」為標準，才能使吾人說是或不是。因此，吾人的名詞與命題才能有意義。「白的」必須依照「白之理」而為「白的」，「方的」必須依照「方之理」而為「方的」，人必須依照「人之理」而為人。具體的人、具體的白的、方的，儘管可以變，而其所依照之理不能變。唯柏拉圖對於他所逼出的「理型」（不變者）是超越而外在的看法，不在具體物中，具體物是依照它而成。他對於萬物所持的觀點是認其為被創造的，他於宇宙萬物持創造說，最後的創造者就是造物主（上帝）。造物主是依照理型而造萬物，一如匠人之依照其心中之理型而造桌子。依此，具體物所依照之理型，最後，都在上帝心中而為其內容。上帝除理型以外，無內容。這是給「理型」以形而上的理性歸宿。假若你不滿意他的外在說與創造說，你可以另有

令人滿意的說法，但你不能否認追求「不變者」之意義與價值以及其必然性。這種追求「不變者」之形而上學家有何罪過而必欲詆譭之，打倒之，連「不變者」且一起否定之而不予以承認？且何以必是資產階級的？我以爲他們的問題與所追求的「不變者」，無產階級亦得承認。革命與不革命都得承認。共產黨必須「是」一個共產黨才能說別的，必須守住自己才能革他人之命。若只是「是而不是」，馴至於無所謂是與不是，而只是一虛無流，則亦無所謂革命矣。（實則共產黨的革命亦只是本其徹底的虛無主義而自毀毀人的虛無過程。其堅持守住其自己實亦只是堅持自毀其自己。）

假若你不滿意柏拉圖的外在說，你可以看亞里士多德的內在說。依亞氏，理型，轉爲形式，或普遍者（共理，普通曰共相），必須內在於具體的個體物中，即必須內在特殊的東西中，而爲成就此特殊的東西之形式。同時，亦必須承認有此形式，而後對象始爲可理解的。其如何表現爲可理解？曰：即在邏輯定義中。凡一具體對象，依邏輯中定義的手續，對之可有一眞實定義（不是名言定義），它即是可理解的。而此眞實定義所成的理解就是把對象的形式或普遍者表彰出來，而對所界定之具體物言，此形式或普遍者就是此具體物中之「本質」（或亦曰「體性」）。如果不承認有此體性，則任何物不能下定義。如果你說：這不過是依邏輯中定義的手續而只「是其所是地」擺出來的體性（本質），這體性在存在方面究竟有如何的眞實根據，它與具體物中一大堆的具體事象（假若把具體物即看成是一大堆的具體事象），究竟在如何的關係中或方式中呈現，這還不能令人親切可解，則亞氏是這樣答覆你，即：亞氏把任何具體的個體物都看成是依生長發展的過程來完成其自己，這

其中就含有他有名的四因說。(一為形式因,二為材料因,三為因致因或運動因,四為目的因或終成因。)依是,「形式」即在具體物的生長發展過程中所自具,而其最後的根源必落於「因致因」中。因致因,從生長的觀點說,就是生機(恩得來希)。如果再推進一步,我們很可以說是「心靈」(宇宙論上的),或至少我們可以說是「非物質」的,因為「生機」就已是「非物質的」。因為純物質的材料不會動,它純為被動。那麼使它動的,使它套於形式中成為一個具體物,即實現為一個具體物的,決定是「非物質的」。「形式」的最後歸宿或來源就在這個生機或心靈或作為因致因的非物質的東西處。因為純物質的材料不但是純為被動,而且其本身只是漆黑一團,是混沌(chaos),那麼表示秩序與條理的「形式」決定不從純物質的材料出,而必須是從「非物質的」生機或心靈出。這就是形式內在說所說的「形式」在存在方面的真實根據。

假定你還不滿意,你不願意推到這麼遠,推到心靈上,你乾脆就把一個具體物先看成是一大堆具體事象之結聚,然後再說這一大堆事象如何結聚起來而成一堆,成一個體。如是你必須如羅素所說,連結這些事象而結聚起來的是因果關係。如是,你說一個具體物就是一大堆因果關係所結聚的「事象群」。所結聚的事象可以變,可以消逝,所結聚成的「個體物」可以變,可以消逝,但是結聚它們於一起的因果關係卻不變,而它們一成為個體物,由因果關係所呈現的模型或形式卻不變。這由因果關係所呈現的模型或形式就是使這個具體物成為具體物(石頭成其為石頭,草木成其為草木),亦就是使這個具體物成其為可理解的。你總得承認有一個「不變者」。就是佛家把一切東西看成是因緣和合而生而成,因緣

離散而毀而滅，因此，一切東西皆無自性，由此以觀空，萬法無自性，以「空」為性，然當其以因緣和合而生而成說此物之生成時，則此物之成為此物亦必由因緣和合所呈現之樣子而成其為此物而不為他物，因此吾可以說是此物而不是他物。順真諦，萬法皆空，當下即如；順俗諦，不違比量，山是山，水是水，石頭是石頭。萬法皆空，不是萬法皆混也。

依是，形上學中的體性學，不管是那一派，那一系統，如何講法，總是要說明具體物之成其為具體物，總是要在變化中顯示出一個「不變者」。如果不承認有不變者，個體物之成為個體物即不能說明，即無個體物之可言。個體物可以變滅，但當其一成為個體物所呈現之模型或形式，則一成不變，永恆如如。縱然將來再不實現，亦是掛在那裡而不會變滅。人一成其為人，就有人之理。人可以死，人類可以淘汰，而一旦有人，既成其為人，則人之理即永恆不變，縱然人類淘汰了，而人之理亦掛在那裡而不會變滅。不過不實現罷了。具體物會變，「理」不會變。若再有人出現，而還是個人，則還是此個理。這就是荀子所說的「類不悖，雖久同理。」若類悖了，則成為另一理，而不是此類之理矣。這就是形而上學的職責，這個道理如何能否定？形而上學家由個體物之形成而見「不變者」對於你的革命有何妨礙，而必予以抹殺？形而上學家講「不變者」，何以就是只知「不變者」，而不知「變者」？你何所據而云然？

若如馬派所說，只承認那種辯證法的變道，而不承認由個體物之成為個體物所見的「不變者」，則個體物之形成，以及物類之形成，統不能說。但是說辯證的變化，亦是說一個東西在辯證地變。

而一個東西就得要成其爲一個東西。他們說：我們能說明一個東西之成，我們是以辯證發展中「對立之統一」來說明一物之成。所謂「一物之成」就是對立之統一（或同一）。但是他們引列寧的話說：「對立的統一是有條件的、一時的、暫存的、相對的、互相排斥的，對立鬥爭則是絕對的，正如發展、運動是絕對的一樣。」他們解析說：「一切過程都有始有終，一切過程都轉化爲它們的對立物。一切過程的常住性是相對的，但是一切過程轉化爲他種過程的這種變動性則是絕對的。」又說：「爲什麼雞蛋能夠轉化爲雞子，而石頭不能夠轉化爲雞子呢？爲什麼戰爭與和平有同一性，而戰爭與石頭卻沒有同一性呢？爲什麼人能生人不能生出其他的東西呢？沒有別的，就是因爲矛盾的同一性要在一定的必要的條件之下。缺乏一定的必要的條件，就沒有任何的同一性。」好了，我們先就他以「對立之統一」說「一物之成」來衡量他這些話的意義。

雞卵之成爲雞卵，是由雞卵中一大堆事象之「對立的統一」而成。而此「統一」是有待於一定的必要的條件的，而且是暫時的、相對的。人成其爲人亦是如此。如是，假定把一定的必要條件拿去了，雞卵就不成其爲雞卵，人就不成其爲人，而且其由「統一」而成爲雞卵成爲人是暫時的、相對的，隨時可以破裂而不成其爲雞卵，不成其爲人，轉化而爲另一過程。現在，我們可以考量這個思想的函義。

屬於某一類的個體物自身之變化是一回事，由其死亡或破滅轉化爲另一物，如人死化而爲灰塵，又是一回事。這兩者不能混爲一事，一概由對立鬥爭對立統一來說明。現在，他們既不承認由屬於某類的個體物之形成而見的「不變者」，斥之爲形而上學的見地，

則是一概以對立鬥爭對立統一視一切，只有這個一律的觀點，清一色的顢頇看法。問題就在這裡。當然毛病不在「人死後轉化為灰塵」一面，因為這一面，無人不知，無人不承認。毛病是在「個體物之形成與當其尚為此個體物時自身之變化」一面。「人成其為人」既由其中的成分的對立之暫時的統一而然，且有待於一定的必要的條件而為暫時的統一，那麼試問：這個必要的條件是什麼？其中的成分如何成為辯證地對立的？從屬於某類的一物之成上說，我想這是無人能知的。只有上帝能知其中之秘密。就照朱子疏解〈太極圖說〉而言，光是陰陽二氣並不能說明個體之形成，必須再加上五行。但是五行仍是一個普遍的原則，同是五行，究竟如何糾結而成為此物，又如何糾結而成為彼物，這還是不能說明的。其中的秘密亦只有上帝知道。及其一成為某類之個體，還得承認其有為個體之理。陰陽五行不過是宇宙論的普遍陳述。現在他們竟然居於條件論的立場上，輕輕說一個有待於一定的必要條件而成為一時的統一，成為一物。這竟是以上帝自居，以條件論為原則，實是一個無定準的「隨意原則」。他很可以隨意放上這個條件，隨意抽去這個條件。而且他也知道這個條件是什麼。當他願意叫你成人時，他放上這個條件，當不願意叫你成人而要改造你時，他抽去這個條件。這實是目中無人，目中無物，只有他那個隨意原則的條件論。條件的辯證發展混了一切，毀了一切。照他這個無上的權威，當一個具體的個人尚在生存的時候，其由一時的統一而成為人，他們很可以把那個必要的條件抽去而使其中的對立不統一，再加上他心目中的條件而使它們統一起來再成為一個「非人」，尚在活著的「非人」。這和人死後化為灰塵不同。這好像魔術師喝聲變，這個人便

立即變為人面獸身，或人身獸面、或四足垂尾、或腦後生目一樣。本來共黨就是這樣看人與物，也就這樣去行動。他們以上帝自居。所以蘇俄的生物學家李森科可以依條件論硬叫後天的習得性遺傳，這是辯證法的科學、無產階級的科學。但是仔細想想，他們真能依條件論叫人成為非人嗎？他們真能隨意放上條件抽去條件，叫你成叫你變嗎？曰：能！不過他所能的只是叫你毀滅，叫你死亡，並不是叫你成。他可以隨意放上條件，就是把你關在集中營裡，勒刻死你。他能隨意抽去條件，就是控制住你的胃，不給你麵包吃。他不能像魔術那樣叫人成為非人，他能叫你死亡成為灰塵的「非人」。所以條件論的對立統一只是混人混物、毀人毀物、無人無物。他能預備好條件叫石轉化為小雞，他也能預備好條件叫人不生人而生其他東西。天乎！人乎！他真能嗎？他所能的只是毀滅而已。

依是，個物之成決不能拿辯證法中一時的對立統一來說明。依是，必肯定體性學及其所見的「不變者」。而肯定此「不變者」，亦並不妨礙現象的變動義與關聯義。如是，像馬派辯證法中所說的矛盾、對立、統一、轉化等，在某一面亦並非不可說。但只不可只有此一律的觀點以否定其他一切，以混抹其他一切。這是有層次、有分際、有界劃的。依是，我們可以說：一、像海拉克利圖斯那種變的宇宙觀是一面的意義；二、像亞里士多德以四因說所解析的生長發展的宇宙觀也是一種不可反駁的意義；三、《易經》也是一個偉大的系統；四、柏格森的創化論也有所見；五、僧肇的遷即不遷，當體即如，又是一義；六、業師熊十力先生的由功能翕闢剎那滅以言生化，亦是一義；七、馬派的辯證法所見的也是一面。當然還可以列舉出許多來。但是這已夠了。我看這些主張都不是互相矛

盾的，因而也不必「真其一必假其他」。假若凡講變的（其中也含有宇宙論的不變者）是縱貫的經，則必有體性學的「不變者」以為其緯。如是，便形成了層次分際與界劃，而經緯釐然，脈絡分明。

　　如是，他們所說的：「形而上學的宇宙觀是用孤立的、靜止的和片面的觀點去看世界。」這話有絲毫根據嗎？可謂不學之甚矣。又說：「形而上學家認為，世界上各種不同事物和事物的特性，從它們一開始存在的時候就是如此。後來的變化不過是數量上的擴大或縮小。他們認為一種事物永遠只能反覆地產生為同樣的事物，而不能變化為另一種不同的事物。」這幾句話，我可以解析答覆如下：一、屬於某類的個體事物，它一經成為此個體（即一開始存在），它就終其生或終其存在是此個體。它死了，或毀了，轉化而為別的，難道形而上學家不知道這點嗎？至於此個體之特性有本質特性與偶然特性之別。本質特性是隨此「個體之成」之本質而來，為不變者；偶然特性則是可變者。亦未嘗不知其有質變。唯來布尼茲主張：凡被造的個體，當其一被造時，它所已有與未來所可能有的一切變化，俱已含在此個體內（這同於中國所說：一飲一啄，莫非命定。不管怎樣變化，都已注定。）他又主張：凡一有現實存在的個體都是無窮的複雜。不管怎樣複雜，都含在此個體內。所以如果你有清明的心靈與無窮的時間，都可以把它分析出來。唯人的知覺不能常清明，人亦不能有無窮的時間。所以能作這部工作的只有上帝。他這些思想都不是無理的。二、「類不悖，雖久同理。」人永遠生人，猴子永遠生猴子。種瓜得瓜，種豆種豆。這真理能反對嗎？如何不可說「永遠反覆地產生為同樣的事物」？至於轉化為另一種不同事物，事實上也有。如人死了化為灰塵。難道形而上學家

不知道這點嗎？當然，類之悖不悖是很難有先天保證的。凡宇宙存在的個體類，連人類在內，邏輯上都不能保其必然如此。也許被淘汰了，也許從此永遠不存在了。也許變了，不是原來那個類的樣子。但這些都不是我們人力的事。也許是自然冥冥中的事，也許是上帝的事。我們不管。但無論如何，不是辯證的對立統一所能說明。三、「就是變化也不過是數量上的擴大或縮小」，形而上學家沒有這樣愚。科學化質歸量，以求一定之則，自然注意量一面，你不能否認，也不能反對。只有機械唯物論，隨科學放馬後炮，擴大而為整個的人生觀宇宙觀，或許如此。你們那種辯證的唯物論，雖說量變質變，其實所抹殺的「質」已太多了，還有什麼臉來詬詆形而上學家？

本段所接觸的，只求足以遮撥謬誤即足，過此以往，不必多談。

四、從主體方面確定馬派辯證法所意指的事實之意義與層次

現在所剩下的問題就是：馬派的辯證法及其所觀的具體事物方面的理境究竟是什麼意義？這個問題，我須從「主體」方面確定它的層次與意義。

人心的了解外物，第一級是要通過「感覺」的。接於耳而知聲，接於目而知色。此名曰「感性層」。感性層之接外物是「直覺的」，惟此直覺是感觸的直覺。名曰直覺，是說未經過邏輯數學思想的辯解過程的。

第二級是「知性層」。人心之表現為「知性」即表示其轉為

「思想主體」。感性層次是表現「生理主體」，人心附着於生理主體而只成爲感覺。「知性」是表示人心要從「生理主體」的束縛中解放出來，超拔出來，因而成爲思想主體。人心必得轉爲思想主體，才能說是理解外物，才能說是進入思想階段。思想，知性的理解活動，是以「邏輯數學的運用程序」來規定的。我們可以說凡遵守邏輯數學的運用程序的思想是知性層的思想。惟此思想活動始能成科學。遵守邏輯數學的運用程序的思想有一定的「對象」，外物是作爲對象而被了解（通過感性而成爲對象）；我們對於它不是一種直覺的「通觀」，而是使用概念的「分解的理解」。在使用概念上說，我們要通過一些基本概念，如質、量、關係等，復由之以成經驗概念以類族辨物。這些概念都是有所當的，同時亦表示封域與界限。都是方方正正，層次分明的。所以成科學。反而亦說這種「知性活動」是科學的。

第三級是「超知性層」，亦曰「智的直覺層」。此中所謂「智」不是邏輯數學的，不是使用概念的；所謂「直覺」，不是感觸的，而是理智的。因此，它對於外物不是使用概念的理解，而是直覺的通觀。外物在此種「智的直覺」前亦不是以「一定的對象」之姿態出現，而是以往復循環、盈虛消長、曲折宛轉之虛的脈絡姿態出現，或以大化流行、恆自如如的姿態出現。所以此種「智的直覺」之通觀萬物之變與化，亦無一定的對象，它是一種虛靈不昧之心知而直接與萬物爲神遇：隨感而應，隨化而逝，隨幾而轉，過而不留，因應無爲，不爲物先，不爲物後，冥契獨化，而與造物者遊，天地與我並生，萬物與我爲一。雖無一定之對象，而亦無微而不至，無幾而不應，無纖細而可漏。通一亦即通全，通全亦即致

曲。此即冥應符契之神遇。邏輯數學在此全用不上，固定的對象在此亦全化而爲虛脈。此種神遇，可名曰「觀照」。知性的活動可名曰「觀論」（theoretic）。觀論成科學，亦是科學的；觀照，既不能成科學，亦不是科學的。但是它卻有一種最能把握眞實的神解。人心轉爲此種「觀照」，即表示其從思想主體的概念圈套中解放出來，超拔出來，而成爲「智的直覺主體」。這種從概念圈套中解放出來，超拔出來，在以前道家，就是要作「致虛極，守靜篤」的工夫，把心訓練成虛一而靜、虛靈不昧的心，只是一片清淨的鏡子。但仍只是「認識的心」，智的直覺之認識的心。凡認識的心都是靜態的。在觀論層上，思想主體是靜態的，外物亦是靜態的。在觀照層上，智的直覺主體是靜態的，而外物是動態的（亦可以是動靜一如的）。

了解此義，即可刊定馬派的辯證法及其所觀的具體事物方面的理境之意義與層次。

首先，它的意義與層次必須規定在「智的直覺層」上，因此，它既不能成科學，亦不是科學的。我必須把「科學的」這個形容詞從馬派的誇大欺惑中剝下來。他們藉這個字眼來虛張聲勢，欺惑愚人。他們知道「科學」一詞足以聳動這個時代的人。其實，不是「科學的」，並不一定壞。沒有一個科學家能從「矛盾對立鬥爭統一」的觀點觀具體事象能成就出科學來，亦沒有一個科學家能不遵守邏輯數學的思想程序而可以完成科學知識。這是必然不可移的道理。所謂依照唯物辯證法這最高原則的指導而來的唯物辯證法的科學、無產階級的科學，這都是政治權威教條高於一切的隨意胡說。

其次，他們從「變動、關聯、轉化」的觀點看具體事象，並把

此觀點特殊化之以「矛盾、對立、鬥爭、統一」。我在上面第二大段中已指出這不是辯證的發展。他們是把人的意識生活中的衝突矛盾理欲交戰之意義擴大化普遍化而用於一切自然現象，這是一種文學的浪漫情調之聳動。人間的社會活動，因為有人的意識利害貫穿其內，所以有衝突矛盾鬥爭協調，他們也把這個概括化而用於一切。現在，我必須指出，在自然現象方面，他們用矛盾、對立、鬥爭，統一所規範的變動、關聯、轉化，不是辯證法的，辯證的發展在此用不上。但是，他們藉用辯證法中的名詞，其心目中所意指的變動、關聯、轉化之事實，卻也實可以成一面之觀。可是在這裡，我們可以觀大化流行，也可以觀只有新新而無故故。可以觀幾動之微，與轉化之勢，也可以觀無獨有偶，參伍錯綜。可以觀往復循環，盈虛消長，也可以觀「一入於一切」，「一切入於一」。可以觀一切如如，一體平鋪。也可以觀遷即不遷，動靜一如，一切皆是相忘之獨化。（《莊子·大宗師》云：「朝徹而後能見獨，見獨而後能無古今，無古今而後能入於不死不生。」）這裡邊境界多方，妙義無窮。但是他們站在有用於他們的革命立場，他們只限於觀幾動之微，轉化之勢，無獨有偶，參伍錯綜，而圈套之以矛盾、對立、鬥爭、統一。在智的直覺層次上，本可以大洒脫，無義不收，但是他們有物結之，而不能自解。我現在剝掉他們的文學的浪漫情調之聳動，剝掉他們的「辯證發展」一詞之使用，則知其所觀的一面實是「物變之幾與勢」。這不是辯證觀，而是幾勢觀。無所謂唯物辯證法（詳言之，即唯物主義的辯證法），只是具體事物之辯證觀，而辯證不可用，則只是具體事物之「幾勢觀」。

在人間的社會活動方面，如果不管如何以理調節其意識生活之

衝突矛盾，如何以理調節各個人各集團之利害衝突矛盾，而期轉化人的意識生活而使之向上，轉化各個人各集團的衝突矛盾，而使之向上，而只把這種社會活動推出去視爲客觀現象，而只客觀地外在地如如而觀之，則亦只是「幾勢觀」，而無所謂辯證觀。因爲，如果一注意到以理調節，則即把社會活動社會現象拉進於人的實踐過程中，拉進於人的精神生活中，而以理制欲，以理節私（個人的、集團的都在內）。有人的悲心宏願（即上第二大段中所說的「願力」）在其後，有理與欲，理與私的確定的對立，可以意識得很清楚的對立，呈現於人之前，有「願力的不容已」的推動與其所湧現的理想爲克服此對立的發展目標，故而辯證的發展出焉，而且是無窮的發展。此即爲精神表現的辯證發展，辯證發展只有在此成立，在此有意義。今把社會活動、社會現象推出去，而外在地如如而觀之，則即只可以觀其幾勢，而不可以於此說辯證。

觀幾之微，勢之向，是極深微，極不容易的。故《易・繫》云：「極深研幾」。又云：「見幾而作，不俟終日。」又云：「知幾其神乎？」又云：「知至至之，可與幾也。知終終之，可與存義也。」（馬派只有幾勢，沒有「義」，須注意。）故極深研幾，必呈露「智的直覺主體」，即必須致虛極，守靜篤，把心打掃得乾乾淨淨，空空蕩蕩，而成爲虛靈不昧的一片鏡子。（此處把心掃得乾淨，不是道德的意義，而只是純智的。注意。）它只是冷觀、靜觀。冷得人情味都沒得，靜得一點意志理想都沒有。故老子云：「天地不仁，以萬物爲芻狗，聖人不仁，以百姓爲芻狗。」只知自然幾勢，不知人文化成。《易經》之言「幾」，還有敬以直內，義以方外。不只是一條鞭的。故《禮記・經解》篇云：「絜靜精微，

《易》教也。」又曰：「《易》之失賊。」又曰：「絜靜精微而不賊，則深于《易》者也。」極深研幾，固是絜靜精微之學，但若沒有敬義在內以經緯之，則便是「賊」。流入道家、法家，便是「《易》之失賊」。流入共黨，更是「《易》之失賊」。

我承認毛澤東、史大林等在主體方面，對於冷觀靜觀都有極深的訓練，觀物變之幾勢亦有獨到之表現。此其所以身居窰洞、克里姆林宮，而能聳動世人，恐怖天下者。但是，他們之所以流入「《易》之失賊」，是在他們堅持唯物論與唯物史觀。有物結之，而不能自解。唯物論與唯物史觀這兩物把他們的「智的直覺主體——心」結縛住了，變為漆黑、變態，而流入狠愎。這兩物是他們的「幾勢觀」之經緯。他們依這個作為經緯的敎義而聳動天下，亦因這個敎義而賊害天下，賊害其自己，而歸於徹底的虛無主義。因此，由他們的冷靜之心所發出的智之直覺，以及由之而觀的物變之幾勢，徒成為穿鑿之惡智（乾慧），賊害之資具。好善惡惡是理想之根源，是當該有的。但是他們惡惡太甚，流入喪德，因而其由好善惡惡所顯之「理想」全轉而為非理想，成為自身之否定。因為，為無產大眾請命，這是救苦救難的菩薩心腸，本可成一理想。但是因為唯物論與唯物史觀兩物作梗，先已使自己之心變為黑漆、變態，而至於狠愎，故為「無產大眾請命」一理想，通過斬盡殺絕之階級鬥爭，而鬥爭已失掉互相磨蕩，刮垢磨光，以求公平與合理之義，而卻成為祖宗三代都牽連在內之摧殘與屠戮，而階級復不只以財產規定，凡意識形態、人格價值，都在內，一切都化為物類概念之階級，除此以外，任何眞理標準不能承認（譬如父子兄弟夫婦之倫常），遂使其原來之理想全成為掛空不能落實之死概念，成為殺

人之工具，結果遂以鬥爭殺人爲目的爲興趣，而原來之理想早已失其爲理想，全成爲空無內容之虛無的影子，鞭策天下，如陽焰迷鹿，燈蛾撲火，向之而趨。我以大悲心懇問毛澤東、史大林，由子之道（唯物論與唯物史觀），是如此乎？不如此乎？你們若於此捫心自問，從頭反省一下，亦必惻然有所覺，將百口不能興辯。在老、莊，其冷靜之心之觀物變之幾勢，雖無敬與義以爲經緯，然尚有其他諸義以沖淡之，尚可不爲害。如自然無爲，恬淡自守，慈儉簡以安天下，逍遙乘化，物我兩忘，過而不留，以與造物者遊。其爲道，往而不返，雖屬異端，亦未始非人間一付清涼散。若其爲法家所用，結之以權術，滯之以齊一之法，鑿喪生命，堵塞慧根，始大害乃成。故董仲舒云：「自古以來，大敗天下之民，未有如秦者也。」共黨即近代化之法家。亦結之以權術，滯之以唯物論與唯物史觀之教義，其不同者，尚無法家之齊一之法，故其賊害天下之民尤烈於秦與法家。然則，「《易》之失賊」一語之義，其憂人也深矣。凡眞有大悲宏願以救民者，都不能不於此想一想。

在此一想，即是轉化之機。這個關鍵是什麼呢？即，仍屬於認識心的「智的直覺主體」，即只是智的虛靈不昧之心，尚不是最後的。你在此，必須再轉進一層，來認識孟子的由惻隱之心以見仁，由羞惡之心以見義，由辭讓之心以見禮，由是非之心以見智：總之，由心以見仁義禮智之性。這一層是道德實踐的心，不只是智的直覺之認識的心，而智的直覺亦含於其中。這就是攝智歸仁，仁以養智。敬與義俱由此出，人文化成俱由此立，智的直覺之妙觀察而不失之賊亦由此定。一切理想與實踐俱依此而完成。智的直覺之觀物變之幾勢，離開此道德的實踐的心，即爲賊，潤於此道德的實踐

的心，即成德：繁興大用，德業無疆。如是，孔、孟之教以及宋明儒者所繼承而日夜講習不輟者，其關係人群之成毀亦大矣。你們應當洞開你們的心胸來接受此真理。

　　假若你知道觀物變之幾勢，其意義與層次是繫屬於「智的直覺主體」一層，則你當該鄭重認識此「主體」之意義，並反省其如何由「知性層」（思想主體）超拔而來。你若能鄭重認識此主體之意義，你也必能鄭重認識「思想主體」一層之意義與成就。如是，你層層轉進，而知「智的直覺層」如何不是最後的，必再向「道德實踐的主體」（仁智合一之心）轉進。這是從主體方面說。至於從客體方面，你必須知道觀物變之幾勢只是一層一面之理境，決不能只認此義而排斥其他。如是，自然逼著你必承認體性學所見的「不變者」以為經緯。這是上段之所講。我如此開闢疏導，為的希望洞開你們的心胸，正視中外學術之大宗，以向廣大之理境悟入。客觀方面的「理」與主觀方面的「主體之心」都為你們敞開著。陸象山云：「宇宙不曾限隔人，人自限隔了宇宙。」如今蒼生已苦矣，劫難已深矣。到處有啼痕，家家有冤氣。毒霧迷天，是誰造成？中夜思之，能不惻然。你在這裡，把你們的教義從頭反省一下，能免於「生心害政」之罪戾乎？在真理面前，無畏無怖，勇於改過，是謂大善。

闢共產主義者的「實踐論」

我旣作〈闢共產主義者的「矛盾論」〉於前，今再取其「實踐論」，辭而闢之，以端趨向。他們的實踐論，消極方面是在對治他們黨內的教條主義與經驗主義的錯誤思想，積極方面是在說明：「認識和實踐的關係──知和行的關係。」他們的主要意思是講「認識在實踐中完成」。本來，一般地說來，這個意思是不錯的。沒有人能反對。但是「實踐」，有是道德的實踐，有是政治活動的實踐，有是成就科學知識的科學實踐（實驗）。因此，知識或認識，亦因而有聖賢學問中的知識，有政治活動中的知識，亦有科學的知識。這三者是不能混爲一談的。但是，他們的實踐論卻是只拿成就「知識」中「了解客觀對象的認識過程」這一認識爲唯一的意思，而復將此意義的認識束縛於政治經濟的活動中而不予以解放；同時，復只以成就「了解對象的知識」中之實踐這一實踐義爲唯一的意思，實踐只成了「去了解」的實際活動，而不能標明道德的實踐、政治的實踐之特殊的意義與價值。因此，從其將「認識」束縛於政治經濟的活動中而不予以解放方面說，他不能救住科學知識的獨立性、學術的獨立性；從其將「實踐」只限爲「去了解對象的實際活動」方面說，他不能救住實踐的行爲意義與道德意義，他只能

說明「了解的實踐」，而不能說明「道德的實踐」。因此，他既不能救住「知」，復不能救住「行」。盜亦有道，盜亦有他的知，有他的行。而他的知亦必須在他的行中真切完成。但是，所完成的是盜的知，不是有貢獻於人類的科學知識；他藉以完成其知的行是盜的行，不是使人向上足以成就學術文化提攜人間的善的行。這就是他們的實踐論的歸結。本文即想說明這些意思。

一、「認識對生產與階級鬥爭的依賴關係」之謬

他們開頭就說：「馬克思以前的唯物論，離開人的歷史發展，去觀察認識問題，因此不能了解認識對社會實踐的依賴關係，即認識對生產與階級鬥爭的依賴關係。」

首先，我們須知他們所說的「馬克思以前的唯物論」，主要地就是指費爾巴赫的唯物論講。這種唯物論，他們叫它是機械唯物論，我們或者也可以叫它是「自然唯物論」。遠自希臘的原子論者的唯物論不必講，就是費爾巴赫的這種唯物論也是順著「知性」解放後科學知識成立而來的人生觀與宇宙觀。自然科學，單是在希臘精神下並不能完成。因為希臘精神是審美觀點的藝術精神。光是柏拉圖的理型，柏拉圖的愛好數學秩序的審美精神，並不能完成自然科學。就是原子論者的宇宙觀，也只是順希臘早期自然哲學家的「好奇的想像」而來的一個系統。希臘精神畢竟是質的，而不是量的，其心靈是依於審美精神而向上，而不是轉為冷靜的理智落於「實然」而向下。由希臘的審美精神轉到中世紀的宗教精神，這都是向上的，其本身俱不足以形成自然科學。自然科學，必須是在哥

白尼、葛利略、蓋伯勒、牛頓這一傳統所代表的精神下完成。而這一傳統所代表的精神就是以前向上浸潤或向上昂揚的精神之冷靜下來。這一步冷靜，我們依精神之辯證的發展說，也可以叫它是一步坎陷，坎陷於「實然」中而實事求是。所以這一步坎陷是有成果的，與墮落的物化不同。這一步坎陷，從心靈方面說，不是向上求清淨解脫，而是轉爲冷靜的理智向下落於實然中以成對於外物的理解。從其所理解的外物方面說，必須把屬於質的完全抽掉，而只剩下量的。這就是科學的化質歸量。因此，這一步成科學的坎陷精神，就是一步量化的精神；其成就科學的主要原理就是：數學與經驗的合一。在冷靜的理智，量化的精神下，所看的一切，自然都是量的。科學家在這種精神下發見了自然宇宙之機械系統一面，這就是物理化學所代表的自然系統。但是科學家本身卻不必只承認這一面。牛頓就是一個虔誠的宗教信仰者。科學家本身不必就是唯物論者。科學知識本身也無所謂唯物，也無所謂唯心。科學知識與唯物論是兩層。在這裡說唯物論，是對於科學知識加以反省，反省的結果是只承認物理化學所代表的自然宇宙之機械系統一面爲基本眞實，而不承認其他方面的眞實性。這是跟在科學後面放馬後砲，把科學家所不敢說的話，卻利用科學知識來放大，概括一切自然與人生，俱視之爲自然宇宙之機械系統。這就是作爲哲學家的費爾巴赫手中的唯物論。所以科學知識不爲害，而居於另一層的哲學家的唯物論卻爲害不淺。

但是，就是這種唯物論也是隨著學統的獨立性而成的，即順著「知性」解放後科學知識成立而來的。我們只能說執持這種唯物論的人淺薄無知，膠著於科學知識、膠著於科學中的量化。他們的反

省不能開闢科學知識以外的領域，經過這步反省，倒把有限的瀰漫成為無限的。其罪過只在不能反省主體，順主體向裡深入，以開闢另一個領域。但是，這種唯物論畢竟還是順學統的獨立性而來。我說這話，為的點醒讀者，鄭重認識此義，認識學問自身內部的問題。馬派的人卻完全不識此種學問獨立性。他們之批評費爾巴赫的唯物論，也不就他的膠著於科學中的量化、他的為科學知識所限，而疏導批評之，卻說他離開人的歷史發展而講認識問題，卻說他不能了解認識對社會實踐的依賴關係，不能了解認識對生產與階級鬥爭的依賴關係。這種批評，可以說完全文不對題。因為費氏的機械或自然的唯物論是順學統的獨立性而來，不是順政治鬥爭而來，是順自然科學知識的成果而講認識問題，而成立自然主義唯物主義的人生觀宇宙觀，不是順階級鬥爭的歷史發展，政治社會的實踐，經濟生產的活動關係，而講這些東西中的認識問題與真理問題。這完全是兩回事。人的歷史發展有它的道理，政治社會的實踐有它的道理，經濟生產的活動關係亦有它的道理，因此，我們都當該認識它。這種認識依賴於社會的實踐，依賴於生產與階級鬥爭，並不是一切認識都依賴於政治社會的實踐，依賴於生產與階級鬥爭。數學真理的認識，自然科學中的認識，與這些東西並無依賴性。就是費氏的唯物論也是順自然科學的知識來講認識問題，與歷史發展、社會實踐，並無關係。它之對不對是另一問題。為什麼文不對題地硬拿「認識對社會實踐的依賴性」來批評它？為什麼把學統中自身內部的問題，把科學知識中純認識的問題（主體如何去了解自然外物的問題）硬拉進人的歷史發展中、政治鬥爭中、社會實踐中，而強說其依賴性？這是一個極端罪惡性的束縛。你去在你們的社會實踐

中認識歷史發展的道理，政治鬥爭的道理，經濟生產的道理，就算了，爲何定要把一切東西束縛在這些東西中？

馬派的唯物論是從「理解」轉到「實踐」，從自然轉到社會。綜起來說，就是：從對於自然的純認識問題轉到社會實踐上來。這一轉本是可以的。因爲認識眞理的方面本無窮盡。但是，一轉到社會上來而主唯物論，則必禍害人群。馴至把實踐的崇高性與價值性完全否定，實踐不成其爲實踐，而只成爲惡智所指導的狡猾行動。

以上兩層意思，我首先說到這裡。以下將隨文明之。現在我即轉而論「人的認識主要地依賴於物質生產活動」之謬。

二、「認識依賴於物質的生產活動」之謬

他們說：「馬克思主義者認爲人類的生產活動是最基本的實踐活動，是決定其他一切活動的東西。人的認識，主要地依賴於物質的生產活動，逐漸地了解自然的現象、自然的性質、自然的規律性、人與自然的關係；而且經過生產活動，也在各種不同程度上逐漸地認識了人與人的一定的相互關係。一切這些知識，離開生產活動是不能得到的。」

他把「人的認識主要地依賴於物質的生產活動」作爲一般認識的涵蓋原理，就是科學知識的純認識問題，也在此原理的限制下而形成。這個原理成了一個不可離的必須條件。好像科學眞理、數學眞理，俱依賴於物質的生產活動而成立。若說與「物質生產活動」有關的眞理、有關的方面、或有關的關係，依賴於物質的生產活動，始能被認識，這是可以的。若說自然科學的眞理、數學的眞

理、幾何學的眞理，也必須依賴於物質的生產活動始能被認識，這是無人能承認的。若說人與人間父子兄弟夫婦師友的倫常關係，也必須依賴於物質的生產活動始能被認識，這尤其罪極惡極。若說聖賢人格所蘊發的道德眞理、宗教眞理，也必須依賴於物質的生產活動始能被認識，尤其荒謬之至。

具體的人是現實的存在，當然有他的物質生活，有他的尋找食物的直接活動或生產的活動。在此活動中，對於他所接觸的物質對象，當然有他相當的認識。譬如嘗百穀、鑽木取火之類。但是，這種認識，永遠是停在感觸的狀態、實用的狀態中。就是說「逐漸地了解自然的現象、自然的性質、自然的規律性」，也是感觸狀態中的自然的現象、性質及規律性。譬如月暈而風，礎潤而雨的這種規律性，就是感觸狀態、實用狀態而未經過科學洗禮的經驗聯想中的規律性。這種了解只是粗糙狀態中的當然，而不是精確狀態中的理之所以然。這種認識不能成爲科學，也不是「學之爲學」的成立處。學之爲學的成立，科學之成立，必須暫時離開感觸的狀態、實用的狀態，而進於「知性」的解放，從感觸狀態中解放出來。知性解放出來，成爲純粹的理解，即對於外物成爲純粹理性的理解，然後科學始能成立，科學之「學之爲學」始能成立。是以「學之爲學」的基礎必須是在：內而純粹「知性主體」呈露，外而純粹的「理性理解」成立。就照西方科學的發展史言，亦是如此。譬如，我們大家都說幾何學起源於埃及的測量土地。測量土地與「物質的生產活動」有關。但幾何學究竟未曾成立於埃及，而成立於希臘。中國亦未嘗不知測量土地，亦未嘗無些暗合於幾何學的勾股的知識，但中國亦究竟未出現幾何學。這就表示與「物質生產活動」有

關的測量土地中的認識是停在感觸狀態、實用狀態中。測量土地只是外緣，說幾何學起源於埃及的測量土地，亦只是歷史的外緣的追述，究竟不是幾何學成立的內因。停在實用狀態中，便為實用所限。目的在利用一些知識測量土地，而不在所利用的知識本身之追求。或由「試驗錯誤」的測量中啓發出些知識，而測量完畢即工作完畢，目的亦在測量，不在知識本身之追求。此其所以為實用所限。蓋興趣有專注，工作有層次。如果測量土地是第一序，則對知識本身有興趣是第二序。而第二序的興趣與工作是反省的。在「反省的」層次上，就表示已脫離實用狀態。脫離實用的羈絆而歸於「純知性」，始能發出「純粹理性的理解」。這就表示已脫離感觸的狀態。希臘人之治幾何學，即在此種精神下進行。從「了解」方面說，內而是純知性呈露，外而是純粹理性的理解。而此背後尚復有一種審美興趣的鼓舞，發而為對於形式之美之欣賞。「純知性」的活動以及審美興趣的鼓舞就是幾何學所以成立乃至「學之為學」之所以成立之基本精神。所以，認識而達到科學的境界，成為「學之為學」的境界，無論是純形式科學如數學幾何，或自然科學，如物理化學，都必須從「實用」層次上反回來而歸於「反省」層次，基於「純知性」的呈露，發而為純粹理性的理解，始可能。這就是脫離實用狀態、感觸狀態的關鍵。在這個關鍵上，就表示已脫離「物質生產活動」的束縛。這個關鍵就表示從這束縛中而來的解放。科學的認識必須經過這一步解放始能成立。這表示：倒不是依賴於物質生產活動，反是不依賴於物質生產活動。在這步解放上，始能說學術的獨立性客觀性，而學統於焉成。馬派的人完全不能了解此義，卻把一切認識束縛於「物質生產活動」中。解放出來的科

學認識與科學之成立再拉下來而泯滅於物質生產活動中、感觸狀態中、實用狀態中，而消滅了科學，消滅了學之為學，消滅了學術之獨立性與客觀性。

中國的文化精神就是因為「知性」不能從實用狀態、感觸狀態中解放出來，所以邏輯、數學、科學才不能出現。譬如從中國文化生命中湧現出來的最古的文化模型是「正德、利用、厚生」，這是一個道德政治的觀念模型，是一個「仁的系統」。仁是一個籠罩系統。在利用厚生中，未嘗沒有對於外物的粗淺認識。但是這種認識，因為停在實用狀態中、感觸狀態中，所以「智的系統」始終隱伏於「仁」中而未彰著其自身，未轉出「知性形態」，獨立發展其自己，使其自身有獨立之成果（邏輯、數學、科學即是其獨立之成果）。古天文律曆正是表示對於自然之窺測，屬於「智」之事。但因為在道德政治的觀念模型下，由利用厚生而接觸及，所以中國之天文律曆終未轉至科學之形態。中國這個以「仁」為籠罩系統的文化模型，經過孔、孟及理學家的發展，將「智」統攝於仁中，成為直覺妙用，轉為智慧之圓。這是智之「向上」收，聖賢人格中之「智」，固已脫離感觸狀態、實用狀態，但是它跨過「知性形態」而直升至「超知性形態」，收攝於仁中而為直覺形態。（這個直覺不是低級的感觸的直覺，而是超知性的「智的直覺」。）而高於感觸直覺的「知性形態」則始終未轉出。所以中國的「智」只有為實用所限的「智」，或聖賢人格中仁中的「智」。這是兩個極，而中間一層的「知性」之智，則始終未轉出。這個知性之智，既須從「實用」中解放，又須從仁中轉出，而為有其自身獨立發展獨立成果之「知性形態」。這是西方文化生命所首先表現者，故有邏輯、

數學、科學之成立，而中國則始終未轉化出，故亦無邏輯、數學、科學之出現。今疏通文化生命，指導中國之國運，捨於此著眼定趨向，別無他途。（當然疏通中國文化生命，這只是一面，尚有國家、政治、法律一面。這兩面是相通的。本文不具論。）而馬派的人於此茫然無所知，全不予以重視，而卻只以「認識依賴於物質生產活動」的邪謬思想來泯滅知識之追求，消滅學術之獨立，其歸結只有使人類黑暗毀滅。至於中國之國運將導致於何所，更不必問矣。

由上所述，明乎西方「科學認識」之所以成立，與夫中國科學認識之所以不出現，則「一切認識主要依賴於物質的生產活動」一思想之謬，不問可知。

夫人有物質生活，有生產活動，自不待言。但是馬派的人卻一眼瞅定物質之只爲物質，生產之只爲生產，全不知在物質生活、生產活動中，有文化生命、文化理想的綱維作用，有道德政治的觀念模型之指導作用，而卻把物質生產活動偏面地抽象地提出來，擺在一面，視爲決定者，把文化生命、文化理想、道德政治的觀念模型又抽象地擺在另一面，視爲被定者，此本是唯物史觀之僻執，其內心漆黑，中心無主，而善於一面倒，固無足怪。其把「認識」束縛於物質生產活動中，亦視爲被決定者，全不知科學認識之所以成立，全不知「知性」之須要解放，亦無足怪。其所以不知道這些，主要地還是由於他們不知道人們在茫昧的物質生活中，本能的生產活動中，忽然有靈光爆破的自覺性。因有此自覺性，所以才於現實活動中，湧現出不依於物質生產活動的「觀念模型」以指導現實，推動現實。這根本指出人在本質上是一精神生命、文化生命之存

在。復次，因有此自覺性，所以才能於外向的現實活動中反回來自覺到人之所以爲人的所在。而立出不依於物質生產活動的人倫人道，如父子兄弟夫婦的關係，而樹立起不依於物質生產活動的道德宗教的聖賢人格，以爲人間向上實現價值的規範。同時，因有此自覺性，所以從認識方面，才能反回來呈露知性主體，發爲純粹的理性理解，立出不依於物質生產活動的科學認識，邏輯、數學、科學之「學之爲學」。

以上由闢「認識依賴於物質生產活動」之謬，而明科學認識之成立，「學之爲學」之成立。此而成立，則哲學上順此而來的「認識論」亦成立，亦有其確定之意義。

三、他們所說的感性認識、理性認識之意義及其 據之以駁經驗論及唯理論之謬

他們的實踐論主文是在說明：感性認識與理性認識在實踐過程中的統一發展。這，一般說來，是不錯的。感性認識起於感官經驗，只認識外物的現象、外物的片面、外物的外部聯繫。理性認識則屬於「概念、判斷、與推理的階級」，認識了「事物的本質、事物的全體、事物的內部聯繫」。發展到理性認識，了解了「客觀世界的規律性」，復拿「這種對於客觀規律性的認識去能動地改造世界」。這又是歸於實踐。這三步在實踐中循環無止地發展下去。這就是他們主要所說的認識過程與實踐過程。第一、第二步是解析世界，第三步是改變世界。這是根據馬克思所說的「以往的哲學只是解析了世界，現在則須要改變世界」而來。現在，我們看出，只在第三步上，才是「實踐」這個字的眞意義。在解析世界中的「實

踐」只是認識上的實際接觸，不是行為上的實踐。在感性認識、理性認識的統一發展中的認識過程，有類於哲學上的認識論。但是，它所類的是認識論反省的題材，而不真是認識論。現在，我首先說明這一點。

何以它所類的只是認識論反省的題材，而不真是認識論？

因為他們所描述的認識過程只是事實上的「實然」，實際求知識的過程的實然。這是「作」之事，而不是「論」之事。實際求知識的人，如科學家，已是這樣「作」了。這不是問題之所在。「作」之事是第一序，「論」之事是第二序。第一序是構造的，第二序是批評的，也是反省的。此如康德所說，知識已經可能了（此即是「實然」），問題單在「如何可能」。在此步反省上，才成立了哲學上的認識論（或知識論）。這是順科學認識之成立，「學之為學」之成立，而來的哲學上的理論，因而亦形成了西方全部哲學史。從「純知性」的解放，向前「作」，就形成了科學的認識，這是科學的學統；向後「論」（反省），就形成了哲學的活動，這是哲學的學統。這兩個學統，在蘇格拉底以前，尚不顯明。到蘇格拉底時，就已經顯明了。現在他們只指出了實際求知識的事實上的實然，這只算指陳了一件「事實」，如何能算是認識論？譬如「今天下雨」，你說「今天下雨」。這只是說了一件事實，並沒有把「下雨」的原因原理說出來。尤其不能拿「這一件事實的指出」來推翻隨哲學學統而來的一切理論，抹殺它們的價值，一切皆詬詆之為資產階級的，為反動的。因為這些理論對錯是一回事，至少它們已進入解析「事實」的境地，而你只是指陳這事實，尚未進入解析的境地。你有何資格來抹殺？

感性認識理性認識的統一發展既是事實上的實然，沒有一派哲學能反對。就是洛克、休謨等的經驗主義，也未嘗不知道從感覺知覺或印象發展到概念判斷及推理。那麼，他們說：「如果以爲認識可以停頓在低級的感性階級，以爲只有感性認識可靠，而理性認識是靠不住的，這便是重複了歷史上的經驗論的錯誤。」這話有根據嗎？你這種批評，洛克、休謨能接受嗎？他們聽之，必覺得莫知所云。須知他們的經驗主義並不是你所罵的你們革命行動中的「庸俗的事物主義」，膠著的經驗主義，只「尊重經驗而看輕理論」的那種行動中的經驗主義。他們的經驗主義倒是反省認識過程而來的認識論裡的經驗主義。洛克經由自感覺而來的單純觀念，加以心的反省聯想之活動，而至複合觀念、抽象觀念，由之以說明自然科學中的基本概念，以及數學中的基本概念。（此即是由經驗之一根的發展而說明，故爲經驗主義。）這不是已進到概念判斷推理的階段嗎？這不就是在說明理性的認識嗎？不發展到複合觀念、抽象觀念，如何能運用概念判斷及推理呢？他何曾停頓在低級的感性階段？何曾「以爲只有感性認識可靠，而理性認識是靠不住的」呢？在經驗主義，大體都以爲感性認識是親知，而理性認識是推知。推知必以「感覺與料」爲根據，而推的愈遠，當然其可靠性就有問題。可靠與否以及可靠與否的程度最後還是以經驗現象來核對。一說「經驗知識」，這點能反對嗎？所以認識論必接觸到「是否能認識外界實在」以及「眞理的標準」諸問題。至於洛克的經驗主義，除其正面「由經驗之一根的發展而說明」外，消極方面則不承認理性主義的固有觀念、先天知識。以爲心如白紙，一切都由經驗來。並無內在而固有的觀念、先天的知識。由此正反兩面，遂成其爲經

驗主義。但洛克並不解理性主義者所執持的內在而固有的觀念與先
天的知識何所指以及其是何意義。這點即表示經驗主義對於表示各
種眞理的各種命題的認識不及理性主義，其程度還淺。理性主義者
以爲除代表經驗知識的經驗命題外，尚有代表先天（或先驗）知識
的必然命題（或曰分析命題）。他們所謂內在而固有的觀念以及先
天的知識即是指這類的命題言。而這類的命題也是有一定的範圍
的，其實就是指邏輯數學的命題言。而他們之說這類命題是先天知
識，也不是說人生下來就知道。從學習的立場說，小孩或白癡並不
知道數目或數目式，也不知道同一律及矛盾律。但是理性主義者說
它是先天的，乃是說它的值是必然的眞。並不是從學習立場說。以
此，洛克從「人生下來心如白紙」的立場來反對先天的知識，無有
是處。一個數學命題的值是必然的眞，乃是說，不如此，便是自相
矛盾的，便是不可能的。二加二如果不等於四，便是自相矛盾，不
可能。經驗命題沒有此特性。「太陽不從東方出」是可能的，並不
自相矛盾。吃砒霜不死亦然。經驗命題的值是靠經驗來證實。先天
命題的值則不靠經驗來證實，而靠矛盾律來決定。這就是理性主義
者所說的先天，所說的內在而固有的觀念。至於同一律、矛盾律，
亦是「理論理性」上必然的，故亦是內在而固有的觀念。此在今日
已成常識。毛澤東何曾知道這些？而理性主義者由此指點「理
性」，有何過患，而必詬詆之？這還是說的邏輯數學的理性。至於
說到實踐理性，則孟子所說的「仁義禮智，非由外鑠我也，我固有
之也」，亦是不可反駁的。關於理性主義，我稍後再說。我現在且
略說休謨。

　　休謨亦從感覺印象說起，而且亦順此一根而前進。他亦未嘗不

知道概念判斷推理之階段。不過他的問題是在反省你「推理」的根據。一切經驗知識靠歸納,而歸納推理的根據在因果律。但是因果律能證明嗎?順經驗一根而前進,休謨的答覆是不能證明。這才真正是認識論的問題。共黨們何曾知道這些?你可以批評他,你可以說他太狹,你可以另有辦法。但你必須接觸到這問題。這不是只是「從感性發展到理性」所能罵倒的。而從經驗上不能證明「因果律之必然性」亦是真的。所以,為說明經驗知識之可能,必須找出他的「先驗根據」來。經驗主義者只知向外向前看,所以他們的反省尚不夠。能向「先驗根據」方面想,才真接觸到「反省」這個字的意義。「經驗」是向外的一個矢頭,而找它的先驗根據,則矢頭反而向裡向後,這才真是接觸到認識論這一詞之意義,因而開闢了科學知識外的一個領域,這就是哲學的立足處。找經驗知識的先驗根據,就是康德的工作。而康德之言「感性」與「知性」之綜和的統一,亦與他們所說的感性認識與理性認識的統一發展不同。康德不是外在的、經驗的、實然的順著說,而是找先驗根據的說法。關此,我不必多說。

我現在再反而略說康德前的理性主義(唯理論)。此則大體指笛卡爾、來布尼茲、斯頻諾薩三人而言。這三人思想豐富,系統偉大。且都是就科學的學統繼承哲學的學統而來。我在本文不必一一講述。我只大體指出其系統之方向與意向即可。我前面已提到他們就先天的知識,內在而固有的觀念,指點「理性」。(此則大體就笛卡爾、來布尼茲說。斯頻諾薩又特別。)他們這是徹底從感覺經驗向後反,建立形而上的理性系統,屬於存在的理性系統。他們之言理性,主要地是就邏輯數學說,尤其是數學,而所謂數學亦不是

現代人所講的數學的意義。他們大體是把數學看成是意指一個存在的客觀系統。（這是從柏拉圖傳下來的一個古典的意義。到現在數理邏輯興始變。）凌空的、虛空的邏輯思考是以落實的、存在的數學系統爲底子。邏輯代表「思」的理性，數學代表「所思」的理性。他們所講的理性是經驗現象後面的那個理性系統，這是他們後反建立形上的理性系統之方向。他們反顯出這個理性系統，爲的給經驗現象、自然宇宙，立出一個經常之大本。經驗現象、自然宇宙，只有其後面是一理性系統，才是可理解的，科學知識的追求才有根據，才有可能。這是他們建立形上的理性系統之意向。笛卡爾由此意向與方向，建立心─本體、物質─本體、上帝─超越本體。這都是建立這個理性系統的關節。斯頻諾薩，通過一物的「體性」之認識，在永恆的方式下看萬物（體性即是永恆的），把整個的自然宇宙澄清而爲一必然的理性系統。來布尼茲則依據矛盾律與充足理由律這兩大原則進行其現實宇宙之爲一理性系統之證明。他們所講的理性是如此，並不是實際求知識的從感性認識發展到理性認識的這個經驗的實然過程中的「理性認識」。而這個經驗的實然過程中的理性認識，卻正要靠後面的那個理性系統始有根始可能。如是，你何能拿你實然過程中的理性認識來代替唯理論所講的？

從知識方面說，唯理論者有時以爲理性認識不從感性認識來，這裡所說的理性認識是指認識數學命題言：二加二等於四，並不靠世界上有兩棵樹兩個桃，所以它的值之爲眞爲假；亦不靠經驗來決定，而是靠矛盾律來決定，此即爲純理性的認識。這不是從小孩之學習數學的立場上說，而是從這種命題之值之爲「必然眞」的立場上說。所以這裡所謂「純理性的認識」並不是實際求知識的經驗發

展中的理性認識。你何能拿這種「理性認識」來曲解理性主義者的思想？

又，他們說：「哲學史上有所謂唯理論一派，就是只承認理性的實在性，不承認經驗的實在性，以爲只有理性靠得住，而感覺的經驗是靠不住。這一派的錯誤在於顛倒了事實。理性的東西所以靠得住，正是由於它來源於感性。否則，理性的東西就成了無源之水，無本之木，而只是主觀自生的靠不住的東西了。」感覺經驗是變化無常的，它所接觸的只是特殊的事，不是普遍的理。這是它的本性是如此。就感覺而言感覺，它不能成爲確定的、有系統的知識。它之所以被說爲靠不住，就是依此而言。正因如此，所以才須我們透過感覺經驗，用理性的思考來把握普遍的理。從自然知識方面說（不是數學知識），沒有「一個閉目塞聽，同客觀外界根本絕緣的人。」理性主義者在此，亦不是抹去經驗，而是以經驗爲引子，透過經驗。從數學知識方面說，它之所以爲必然眞，正是由於它不來源於感性。它也不是無源之水，無本之木。它另有源，另有本。而且亦是頂靠得住的客觀而普遍的眞理。這原是兩方面的事，你何能混爲一談？

這三位理性主義者或與牛頓爲同時，或稍前稍後。純力學到牛頓才完成。這個時代的議論，皆有其學統的根據。何至如毛文所說之無知？笛卡爾是個數學家，解析幾何是他發明的。他由物質、廣袤、運動來建立自然世界之爲數學的理性系統。透過經驗，用理性的思考來把握此系統，正和牛頓的純力學之形成相應。來布尼茲亦是數學家、邏輯家。微積分的發明，他也有份。近代的數理邏輯正由他開始。他說：晦暗知覺表象世界，清明知覺表象上帝。他所說

的晦暗知覺就是後來所說的感性知識。他用「晦暗」一詞，很少有知其切義的。他所謂晦暗是指與物質性、廣袤、空間性等，結在一起而言。在後來，此正是科學知識之範圍，當然不認其爲晦暗，遂視來氏此語爲怪異。可是來氏明說：晦暗知覺表象世界。來氏此語實函有古典的意義，且保留向上一機。無論後來的人以爲這就是科學，確定的很，而來布尼茲卻總說它是晦暗：科學知識亦總是晦暗的。「清明知覺表象上帝」，這就是向上一機。此層古典的意義，近代的人很少知道。清明知覺就是與物質性（墮性）完全脫離，純以虛靈之心把握「純形式」之理，不與物質、廣袤、空間連在一起的「理」。此其所以表象上帝也。他所意中計劃的「普遍代數」就代表這種知識。這是哲學家順學統向後反顯所開闢的境界。斯頻諾薩在永恆方式下觀萬物，一切皆永恆如如，這更是科學以上的修道境界。這不是近代人習於感性經驗，一味向前向外向下趨所能企及。

四、馬派的唯物論在什麼地方成立？──論人的 基本立場

哲學家就科學的學統，繼承哲學的學統，作反顯的理智活動，來開闢科學知識（表象世界的知識）以外的領域。道德宗教的聖賢人格，則從道德實踐上開闢科學知識以外的道德宗教之境界。哲學家所反顯的是由理智活動而開出，而其眞實意義即是道德宗教之聖賢人格所證實的意義（境界）。這是智（哲學家所擔負的）與仁（聖賢人格所擔負的）由向外的經驗知識反回來所共建立的大本原。以前孔、孟立敎以及理學家所講的見體立極，亦就是說的這個

本原。達到這個本原境界的唯一關鍵,就是反回來。這就是中國聖哲所說的「順之則生天生地,逆之則成聖成賢」中的「逆」。因為逆之而反回來,所以不是向前向外有取的求知,而是向內向後無取的反顯。在此關節上,就要暫時「閉目塞聽,同客觀外界根本絕緣。」。這是「逆」的關鍵上的閉、塞、絕。亦就是佛家大德(雲門禪師)所說的「截斷眾流」句。唯經過截斷眾流的閉、塞、絕,才能反顯出現象世界的大本,而至「蓋天蓋地」句(或亦曰:涵蓋乾坤)。哲學家是由理智活動達到此,道德宗教的聖賢人格則是由實踐達到此。當其達到此而又下俯塵寰,貫通現象也,則又閉而不閉,塞而不塞,絕而不絕。這就是「隨波逐浪」句。當我們順科學的學統,「知性」的解放,而作向外有取的求知時,我們成就了科學。當我們順哲學的學統以及道德宗教的道統,逆回來而見本原時,我們安排了科學,而亦找得了「實踐」的根源。

由這樣而開出的科學知識以外的境界的唯心論者(理想主義者)正是古今中外學術大傳統的所在:人道由此立,理想價值由此出,學術文化由此開,一切現實的實踐都在這裡得其方向,得其意義。繁興人間一切正面的光明的大用,有百利而無一害。你們抵死反對,有百害而無一利。吾不知你們必詆詆唯心論,是何心腸。實則說起來可憐得很。只是由於無知。無知而不肯虛心以求,以條暢自己之生命,而必死陷於泥坑,狂鑽於牛角,以自粘自縛,遂愈黑而愈乖,其為可悲更甚。其自粘自縛的膠著點,便是甘心自居於唯物論。但是,在這裡,我必須指出馬派的唯物論是什麼意思,他們在什麼地方成立其唯物。

首先,我必須指出:感性認識、理性認識在經驗的實然過程中

的統一發展不是辯證唯物論的，即旣不是辯證的，亦不是唯物論的。他們說：「理性認識依賴於感性認識，感性認識有待於發展到理性認識，這就是辯證唯物論的認識論。」這最後一句話，或者是說：這是「辯證唯物論者」的認識論，而辯證唯物論的建立則不在此統一發展上說，亦不說此統一發展是辯證的、唯物論的；或者是說：此統一發展就是辯證的、唯物論的。如果是前者，則其辯證唯物論（其實就是唯物論，辯證一詞要剝掉）的建立點當別有在。如其是後者，則不可通。何以故？從感性發展到理性，這只是經驗發展的實然過程。並不是一切發展都是辯證的。感性與理性，在認識過程中，雖是相反的、異質的，但並不對立，亦不矛盾。概念、判斷、推理的思考與感覺經驗有何矛盾的對立處，而必待鬥爭以克服之以成其爲統一？若說一個人只停在感覺的階段，這只是他的淺薄，而他的理性認識尚未出現，又何來矛盾對立？在這裡說辯證，只是他們把辯證一詞說滑了口，遂隨意應用而不究其切義。復次，它亦不是唯物論的。何以故？這只是經驗的實然過程，並不就是唯物的。「實然」並不等於唯物。今天下雨，我說今天下雨，這是指示一件「事實」。指示事實，不等於唯物。他們說：「認識開始於經驗——這就是認識論的唯物論。」開始於經驗，並不就是唯物論。經驗、事實、實然，其本身是無色彩的，是無所謂立場的。同時，認識客觀世界的規律性，也不就是唯物論。客觀不等於唯物。依此，他們把「從感性發展到理性」這個經驗的實然過程，說爲辯證唯物論的，毫無是處。

然則，他們的唯物論是什麼意思？在什麼地方成立？曰：決不在「外在的物」上。外物是物，就說物。這不是唯物論。它是從外

在的物反回來落在內在的非物質的精神生命上，把「非物質的」物質化，窒塞自己之生命，逼到一個黑暗的角落裏，使全部精神生命成為漆黑一團，而成立。這就是他們的唯物論的本義以及其成立處。他們把內心生命成為漆黑一團，不承認人性人道，不承認道德價值，（只承認階級），不承認由至誠無妄的真實生命開發出來的精神生活、理想與光明，而齊人於物，視人為物為芻狗。故其為唯物，是在這裏唯。不是在向前向外看所見的「外物」上唯。可是，因為他們裏外都是物，所以到處說唯物，雖在「外物之本是物」上亦唯物。這樣的唯物，只成了毫無實義的咒語。世人不察，遂為其所迷惑。以為說「事實」，說「外物是物」，就是唯物論，那麼你們為什麼主張唯心論呢？遂使天下人絕口不敢提唯心論，一犬吠影，百犬吠聲，其貽誤學術，引人入邪僻，有如此。其實他們的唯物只在「內心生命之本非物質的」上面唯。其否認人性人道、道德價值，是它唯一的特徵。並不是說他們否認意識與理智。但是否認了人性人道與道德價值，意識只是狡猾，理智只是惡智。他們的唯物正是在他們後面看不見的生命上唯。他們始終不自覺。我們在這裏反對唯物論，正是要開生命之光，反對物化，反對齊人於物，視人為物為芻狗，肯定人性人道與道德價值。所以，要說立場，必須是唯心論（理想主義）。否則，或者如科學，無所謂唯心唯物，只說事實，亦無所謂立場；或者只是齊人於物的毀滅，以毀滅一切的魔道為立場。前者就是近來一般知識分子或技術專家的態度。他們後面不自覺的根據亦是唯心論的文化系統。但是他們意識中亦反唯心論。後者就是共產黨的立場。說到這裏，吾言之而悲也。共產黨否定學術的獨立性與客觀性，而一般時風中的知識分子又不能自覺

其後面的文化系統而肯定一立場，馴至於在現實生活上無立場，而以科學技術爲自足，遂遭共黨之荼毒而必給你填上一個毀滅之道的立場（唯物論）。夫人之精力有限，不必皆能自覺。爲政者必須承認學統之獨立性與客觀性，即技術專家亦須涵育其興趣而不必橫施干涉，將一切強拉於政治鬥爭中。此爲政者維持文化之通義。不幸生於今世，遭逢共黨之魔道。此固共黨之罪惡，亦知識分子之可悲。反過來，際遭共黨劫難之時，知識分子亦應反省自覺：自覺其後面的文化系統而肯定一立場，不可以科學技術爲自足，亦不可隨共黨而亦反對唯心論。如此，方能護住自己而抗共黨之魔道。我如此責備今日之知識分子，不爲過分。蓋知識分子究非如開汽車裝電話者之爲技術專家也。

　　話已說遠，茲再回來略作綜結。我以上之縷述，並不在與他們爭短長，炫記聞。這不是粘牙嚼舌的事。知之爲知之，不知爲不知。一個從事政治活動的人，本不必籠罩一切學問，強作解人。他必須有承認文化傳統的雅量，有承認「學統」（科學的及哲學的）的雅量，有恭敬道德宗教的聖賢人格所表現的「道統」之虔誠，有認識人類現實政治活動所表現的政治形態之轉進發展之精神表現上的理路所表現的「政統」之公心。但是共黨以馬克思思想爲敎義，立出一個原則來，對於這些都不能承認。故吾不憚煩而闢其謬。蓋此所關甚大，非粘牙嚼舌爭講一點哲學知識也。他們稱述馬克思主義，首先立出「認識對生產與階級鬥爭的依賴關係」、「認識依賴於物質的生產活動」，這兩義爲籠罩原則。即此，便是否認學統的獨立性與客觀性，便是泯滅知識。因此，他所講的感性理性的統一發展也不是繼承學統而來的認識論，而只是實際求知識的「經驗的

實然發展」。他只是藉感性、理性這兩名詞來描述「實際求知識」的通義。既是通義，便到處可以應用。無論什麼行動中的「知」，都可以此來說敎。就是讀一本書，拿一塊石頭，也要認眞去讀，實際去拿。這誰能反對？要者不該立出一個原則，來毀滅學統的獨立性與客觀性，因而亦毀滅客觀的知識，而只有隸屬於個人或集團的特殊活動中的知識，照他們說，亦就是政治鬥爭的知識。依此，雖有了「實際求知識」的通義，而卻是等於毀滅知識。夫以人民為芻狗，視人為物，未有不堵塞慧根而愚民者也。此吾以上所辨者。

復次，他們在認識中所說的「實踐」，只是實際求知的活動。嚴格講，這不能算是「實踐」一詞之本義。這種太廣義的實踐就等於「活動」。這也不能算是知行問題中的「行」。廣義的「行」，也就等於活動。如此講實踐，就等於毀壞了實踐，而只成了無是非善惡的濫動。有人從行為主義的心理學中的刺激反應之動即知，知即動，來說明知行合一。眞是天乎人乎。又何怪於共黨。實踐有方法上的，有意志上的。他們所說的實踐，除實際活動義以外，也只是方法上的實踐。方法上的實踐也是無色的，到處都可以說。講實踐問題也不能從這裡講。

他們說在實踐中完成認識，此中的實踐就是實際活動。此既不是實踐的本義，故實踐問題亦不從這裡講。完成了理性認識以後，還要「能動地去改變世界」。這裡才算眞正是實踐問題之所在。這是意志上的實踐。完成認識的實踐是實際求知的活動。「能動地改變世界」的實踐是意志上決定立場的實踐。這當該是兩層。他們的意思好像是一層：實踐認識理論，理論歸於實踐。我在這裡不糾纏他的歸於一層的意思。無論如何，你總有個意志的決定：你決定相

信馬克思主義，你決定作共產黨。屬於此種決定方面的實踐，是眞正實踐問題之所在，而他們卻不從這裡立言。這或者因爲他們都已決定了，已無問題，所以才只講方法上的實踐。

我現在告訴大家，方法上的實踐，實際求知活動的實踐，是沒有問題的。而若不講意志上的實踐，則對於一切活動即無是非善惡的判斷，無方向的指導，不成其爲實踐。實踐既不屬於上帝，亦不屬於動物。單屬於人。這就表示：人的實踐不能不透視到意志的善惡上。（因爲上帝純善而無惡，純理而無氣，動物無善惡之覺，唯人始有善惡之覺。）而若將內心生命物化，以唯物論爲立場，則只有趨於全體毀滅，而歸於無實踐。吾下文仍將本反回來，歸於「主體」之呈露上，以明此義。

五、認識主體與實踐主體之呈露及實踐形態之開合

「主體」可分兩層說：一是認識主體，一是實踐主體。

他們說：理性認識是屬於「概念、判斷與推理」的階段。我們可就他這意思來指點「認識主體」之呈露。他既然承認「理性認識」，即好辦。但是，他只知道附著於「外用的概念判斷與推理」的「理性的外用」，卻不知反回來認識發這「理性外用」的認識主體，即「認識的心」。這才成了無本之木，無源之水，外用的理性掛了空，成了虛位字。從感性發展到使用概念，而概念之形成，一方固須有「經驗之與料」，一方亦須有理性的運用。判斷與推理之形成亦然。「理性的運用」，即從「認識的心」發。故認識的心亦曰「思想主體」也。此即是康德所說的「知性」。知性，康德定爲

「判斷之能」。理性認識的根（內在的根）必須落在這裡。這無論如何，不能不承認。只要一反回來，從理性的運用，即可指點此主體。一指點出此主體，即可見出它是由感性脫穎而出。此就是它的解放，從感性中解放。它一解放出來，即可見出它的「自發性」。它的認識外物，不只是被動的接受，而且是主動地創發出一些形式的條件。這就是「認識的心」（知性）之內容。它的內容完全由它的自發性見；它之為主動，亦完全由它有內容見。這就是一個「邏輯的我」（不是感性上生理機體的我），康德名之曰「超越的統覺」。惟依此「主動的知性」，然後經驗的理性認識才可能。

「知性」的這種特性，惟到康德才說出。我前文已說明確定的知識、科學的認識、「學之為學」之成立，惟賴「知性」之解放發而為純理性的認識始可能。這在希臘已如此。但是「知性」的這種特性，希臘尚不具備。康德前的理性主義者，如前所述，亦是知性之解放。惟由他們的反顯而見的理性系統是一個外在的形而上學的系統，亦可以說是從客體方面反顯出一個形而上的理性系統，而從「知性主體」方面，扣緊認識關係，而反顯出一個「理性系統」，由知性本身所發的形式條件所組成的理性系統，則並不具備。是以「認識主體」之真正呈露，惟到康德的路數始成立。康德哲學的內容容或有可商量的地方，不必完全如他所講，但是他呈露「認識主體」的路數，則不可反駁。同時，他的哲學的詳細內容，你可以不必詳知，而這個「認識主體」的呈露，你必須知道。我在本文說康德，亦只說這一點。我之所以單說這一點，為的是叫你順你的「理性認識」來反顯「認識主體」，藉以撐開你們的心胸。這一步撐開，是使你們內心有主的第一步光明。同時，它也使你們認識學統

的獨立性與客觀性的內在根源,即邏輯、數學、科學的內在根源。這不是隨便可以抹去,隨便藉物質生產活動可以泯滅的。

「認識主體」尚是一個邏輯的我,由內心生命中所湧現出的一個邏輯理性的剛骨建築物。這還不是實踐(行)的根源,而只是認識(知)的根源。但是我們的生活,天天在認識中,亦復天天在行動中。是以,在認識中,須反顯認識主體,在行動中,更須反顯「實踐主體」,這一步更重要,關係更大。

實踐主體,就是從「認識的心」再向裡轉進一步而見「道德的心」,即「性情的心」。這個主體,就實踐說,我們叫它是「意志主體」。這個主體,我們必須徹底透出,因為這是實踐的根源。康德的《實踐理性批判》,就是從這裡講。從認識主體處所建立的那個理性系統,康德名之曰「內在形上學」(immanent meta-physics);從實踐主體處所建立的那個理性系統,康德名之曰「超越形上學」(transcendent metaphysics)。所謂「超越」者,即,其中所講的意志自由、靈魂不滅及絕對存在(上帝),在感觸世界中都是不能證明的,甚至是無意義的。它們是屬於超感觸世界的。那麼在「超感觸世界」,我們如何講出它們的意義來,甚至它們的客觀妥實性?曰:只有從「道德實踐」上講。首先,道德生活若可能,就必須先假定「意志自由」。否則,道德律就建立不起來。但是,意志自由,在經驗界或感觸界,就是發現不出來的。所以,為道德生活之可能,在思辨上說,就須假定意志自由。充其極,也須假定靈魂不滅與絕對存在。康德在此思辨的立場上,把意志自由、靈魂不滅、絕對存在,都說為「設準」(postulate)。我們現在可單說意志自由。從思辨上,可以說為設準,這是理論地證

明其必然，即有此設準；但是從踐履的工夫上（儒者所謂聖賢工夫），則不是設準，而是「定然」，這是由踐履上證實其徹底呈露。由此觀之，康德雖已接觸到「實踐主體」之建立，這在西方是前人所未有的，但是尚未到從踐履上證實其定然性（徹底透出）的境界，這是孔、孟之教以及宋明儒者所已作到的。在此，須知聖賢學問與聖賢工夫是一。不能光從思辨上成就它，亦須從踐履上成就它。這是中國儒者所具備的最高智慧。依此，我們在這裡，可以把意志自由轉一個說法來表示。即，人心（從性情一面說，不從認識一面說）若陷溺於生理心理的情欲鍊子，即陷溺於軀殼的機括中（這就是康德所說的經驗界、感觸界），它就是全落於被動中而不得解脫，這就是它的不自由，落實說，也就是它的意志不自由。所以意志自由就是「性情的心」澈底從軀殼機括中解放出來：順軀殼起念就是不自由，不順軀殼起念，就是自由。自由就是性情的心自我作主，純然地自發自動，落在現實生活上，就是以性導情，以理導欲。性即理，理即是由它自發自動所表現的，也就是孟子所說的由惻隱之心見仁，由羞惡之心見義等，總之即是「即心見性」，故王陽明亦說心即理。性即理，「即」字為等字；心即理，則表示純然自發自動的本心所表現的理。此「理」亦就是康德所說的「道德律」，無上的命令。康德從思辨上講，儒者則從踐履上證實到，亦即認識到，所以亦即思辨到。儒者於此亦說「天命之謂性」。「天命」即「無條件的定然如此」義，此即是人的性。（這是道德實踐的講法。當然此語還有宇宙論的講法。衡之儒學，後者迂曲。）亦就是意志領導吾人現實生活所發的「無上命令」（理）。「所欲有甚於生〔者〕，所惡有甚於死〔者〕」。都從這裡得其根據。此即

是「意志自由」（實踐主體）之澈底透出。所以它不是設準，而是「定然」。

講「實踐」，必須透到這一層才能算。「認識主體」的呈露，是以「邏輯理性的剛骨形態」來撐開我們的心胸，以「理智之光」來光明我們的生命；而「實踐主體」的呈露，則是以「繼天立極」的形態來撐開我們的生命，以德性的函量，智慧的圓融，來潤澤我們的生命。

依是，根據實踐主體而來的，首先是個人的道德實踐，表現而為道德宗教的聖賢人格。其在文化文制上的意義，是樹立人間的教化，護持人性、人道、人倫於不墜。此為一本源形態，亦為一籠罩系統。此是「道」之統緒，簡名曰「道統」。

其次，是集團的政治實踐，在現實歷史中，去表現道德宗教的聖賢人格所證實的「道」。它表現的方式，可以從其在現實歷史的演進中所發展至的「政治形態」來指明。譬如就中國歷史講，周公如何繼承夏商而制禮，形成周之貴族政治。再從周之貴族政治，經過春秋戰國之轉變期，如何形成秦漢以後的君主專制的政治形態。貴族政治形態，其內容如何。君主專制的政治形態，其內容如何。在君主專制的政治形態下，君是什麼地位，其特性如何？士人是什麼地位，其特性如何？民是什麼地位，其特性如何？君得其客觀化否？士得其客觀化否？民得其客觀化否？二千年歷史何以是一治一亂，重複而無進步？以前所講的「外王」夠否？如何轉出一新講法？如何轉出近代化的國家、政治、法律？這些問題都說通了，然後可以知，從君主專制的政治形態發展到民主政治的形態，何以是「道」之更進一步的客觀實現。此集團的政治實踐是隸屬於本源形

態下，而亦有其獨立之特性、自身之關節。我們可以叫它是實踐之客觀形態。聖賢人格則是實踐之獨體形態，或曰絕對形態。客觀形態的發展就形成「政」之統緒，簡名曰「政統」。一個政治集團，必須認識這個政統，才能說政治實踐，才能指導自己之國運，指導華族發展之方向。

在「道」之客觀表現上，除集團實踐一客觀形態外，還有一個客觀形態，此就是上文所說的知性解放後所成的「認識形態」。「認識形態」這一客觀形態的發展就形成「學」之統緒，簡名曰「學統」。這一形態與本源形態的關係，與集團實踐一客觀形態與本源形態的關係同：不能拉得太緊。認識形態必須從聖賢人格的「獨體形態」中暫時解放出來，如是學統方能成立，一如其必須從政治實踐中解放出來一樣。不解放出來，則智之「知性形態」不能轉出，而吞沒於聖賢的獨體人格中而為智慧之「直覺形態」。此中國之所以無邏輯數學科學之故。但是，它吞沒於聖賢人格中與吞沒於政治實踐中不同。吞沒於聖賢人格中，在聖賢人格方面說，無虧無欠，但在社會文化上說，則只有德化之覆育，使人民成為羲皇上人的睡眠狀態而停滯不醒。此則於涵育生命有利，而興發不足。然吞沒於政治實踐中，譬如吞沒於共黨的「物質生產活動」中、階級鬥爭中，則必流入極權統治，摧殘生命，鑿喪慧根。是以認識形態既須從聖賢人格的獨體形態中解放，又須從政治實踐中解放，而為一有其自身之獨立性與客觀性的獨立形態。其從聖賢人格的獨體形態中解放，是一個本末的轉出關係；其從政治實踐中解放，是一個並列的對立關係。這兩步解放，名曰道之客觀表現上之「大開」。有此大開，則在整個社會文化上，即有其「大合」。集團的政治實

踐者必須了解此種大開大合，方能恭敬道統，尊重學統，而保住其自身在整個文化中的地位與價值。

集團的政治實踐這一客觀形態，在整個文化中的地位就是「政統」之繼續，而它的價值就是使「道」作廣度的客觀實現。它對於聖賢人格的獨體形態之關係亦是本末的轉出關係。須知，從政治形態的發展所成之「政統」上說，政治實踐這一客觀形態，在君主專制的政治形態下，並未充分達到其「客觀化」的境界。這就表示說：君、士、民，俱未在一個政治法律形態的制度中獲得其客觀化的地位：民為羲皇上人，不成一有個性之個體，則對於國家、政治、法律無責任無地位；君是一個無限制的超越體，則其本身即為非理性的（即不能客觀化）；士人居於兩端之間，其客觀化的地位無保障，亦終於不能客觀化。這即表示：客觀的政治實踐，在以往，亦是吞沒於聖賢人格的獨體形態中而為一聖君賢相之形態。（君主專制形態即是聖君賢相形態。）它沒有解放出來。它停在道德形態下，而未進至政治法律的形態。此中國所以未進至近代化的國家、政治、法律之故。但是它吞沒於聖賢人格的獨體形態中又不能與吞沒於馬克思的魔教中相提並論。前者，在社會文化上說，只是興發不夠，而後者則必摧殘生命，堵塞慧根。現在，我們順獨體形態而轉出客觀政治實踐，使其落於政治法律的形態下而充分客觀化，這也是一步「大開」。又，彼既與認識形態為並列的對立關係，則彼尊重學統，而學統轉而亦可有助於政統之發展。此也是一步大開。這兩步大開都在整個社會文化上「大合」。

本源形態、認識形態、政治實踐形態，這三者的大開大合形成社會文化有機統一的向上發展。一個有悲天憫人的思想家政治家，

必須在這個大開大合的系統上找得他領導政治實踐的規矩，決定他政治實踐的意向。不能在馬克思唯物史觀階級鬥爭的魔教上找。這個大開大合的系統，是任何政治實踐社會實踐所不能違背的。在這個系統綱維下，才能講社會主義。所以社會主義，此後在原則上必須有一個新講法。此則非本文所能論。

原載《民主評論》第3卷第18期（1952年9月1日）

論無人性與人無定義

一、薩特利說之大義

　　法國存在主義者薩特利（Jean-Paul Sartre）在其《存在主義與人文主義》一小書內，有以下兩段話：

> 當我們認上帝爲一創造者時，我們想他是一最高的工藝匠。不管我們所考慮的主張是什麼，不管是笛卡兒的主張，或是來布尼兹的主張，我們常是這樣想，即：意志，多或少，是隨理解走，或至少是伴同理解走。因此，當上帝創造的時候，他確定地知道他所創造的。如是，人底概念在上帝心中就好像裁紙刀底概念在藝匠心中。上帝造人是依照一種程序及一概念而造人，恰如藝匠依照一定義及公式而製造裁紙刀。如是，每一個體人是那藏在神心理解中的一定概念之實現。在十八世紀的哲學的無神論裡，上帝底觀念是被減殺了，然而「體性〔本質〕先於存在」（Essence is prior to existence）的思想，則仍到處表現，表現在第德洛

（Diderot），在福祿特爾（Voltaire），甚至在康德。人具有「人性」。人性就是人類底概念，是見之於每一個人中。此即表示說：每一個人是一普遍概念即人底概念之一特殊的例證。在康德，這個普遍性甚至擴張到森林裏的野人、自然狀態的心以及市民階級的人都含在同一定義中，且有相同的基本特性。在這裏，你又可以看出：人底本質〔體性〕是先於我們在經驗中所見的歷史存在。

無神論的存在主義（我是其中一代表），則宣稱：如果上帝不存在，則至少有一種實有，其存在是前於它的本質。此實有，在能用任何它的概念去規定它以前，它即存在。這個實有就是人，或如海德格（Heidegger）所說，就是人類實在。我們所謂「存在先於本質」，是什麼意思？其意即：人，首先是存在，遭遇他自己，如波濤然，隆起於世界中，而規定他自己是以後的事。如果人，如存在主義者之所見，是不可定義的，那是因為開始他根本是一無所有。除他後來之所是，他不能是任何東西。他所創造的他自己是什麼，他就是什麼（他將是他所創造的他自己）。如是，這並無所謂人性，因為並無一個上帝對他有一個概念。人只是「是」〔在〕。〔……〕人不過是他所創造的他自己。這就是存在主義底第一原則。而也就是人們所叫做的「主觀性」（主體性 subjectivity），用之以反對我們者。

這兩段話，有它的精義，也有它的誇大處。有它足以鼓勵人處，亦有它足以遺害人處。我願疏導其意義。現在先從薩特利自己

正面的意思說起，再進而說明「人性」是什麼意思，人的「定義」是什麼意思，以及「本質先於存在」是什麼意思。

首先，人從其開始只是「一無所有」的「在」，進而創造其後來之所是，這是否即足以否決「人性」一概念之成立以及人之可定義？反之，人之可定義以及「人性」一概念之成立是否即妨礙人之創造其後來之所是？其次，人之創造其後來之所是，其趨向之變形是否是無限多而漫無範圍？這是兩個關鍵的問題。關此兩問題，我俱答以否。由此否定的答覆，即可以顯出人是可定義的，「人性」一概念是可成立的。

二、人之創造其所是並不函人性之否決

薩特利的意思是如此：人開始一無所有，只是在；他由他的「意志自由」創造他後來之所是。這兩點都是不錯的。但這並不妨礙人性之成立。人開始一無所有，只是在。但他是俱有「一定形體」即「人的形體」之「在」。他的形體不是石頭，不是草木，不是犬馬燕雀。這個形體是他的一個括弧。這個括弧並不函他後來所創造的什麼形態。然在他未創造出什麼特殊形態以前，他總有一個形體形態。這形體形態不是一個抽象的概念，乃是一具體的存在。這得承認。復次，他後來所創造的特殊形態，當然是指特殊的「生活形態」言，而不是指「形體形態」言。他可以創造變更他的藉形體以表現的「氣象」，但他不能創造變更他的「形體」：他不能隨意變犬變馬變石頭。而藉形體以表現的「氣象」是屬於精神的，也就是屬於「生活形態」的。生活形態的形成與變化是由於意志的決

定，是跟意志決定而來的精神生活之表現。如是，由生活形態，我
們必然追溯到意志自由。他由他的意志自由創造他後來之所是。但
「意志自由」不是他後來所創造的特殊形態。因爲它是後來創造的
根源，它不能再是所創造的特殊生活形態。意志自由是通過自覺而
來的心靈表現，簡言之，亦可以說是「心覺」的表現。這心覺，這
意志自由，雖有隱顯，但不能說是由我後來所創造出的。當一個人
初生時，或如海德格（Heidegger）所說，被投擲於世界中時，或
如薩特利本人所說，如波濤然，隆起於世界中時，他可以渾渾噩
噩，不識不知，他的心覺，他的意志自由，可全不彰顯。然他之有
「心覺」是無疑的，即是說，他有心靈，他有靈性。當然進到「自
覺」是後來慢慢有的，意志自由尤其是後來慢慢有的。如何樣的自
覺，如何樣的意志自由，這都是無限量的，但也都是心靈的發展。
心靈在發展中彰著其自己。不但小孩如此，即孟子所說的大舜，當
其居深山中，與木石居，與鹿豕遊，其所以異於深山之野人者幾
希？然及其聞一善言，見一善行，若決江河，沛然莫之能禦。這個
「沛然莫之能禦」的心靈開悟，一悟全悟，一覺全覺，這固然是大
舜之不可及，然心靈之有，而爲後來創造之本，則無可疑。此無關
於開悟之大小與廣狹。當其不覺，與深山之野人無以異，然非心靈
無有也，而只是不彰顯不開拓而已。所以心靈之有，是當具有如此
形體之人被投擲於世界中時，即已隨之而俱有。如是，人，當其一
無所有而只是「在」時，形體是其一括弧，心靈又是他的一括弧。
就是因這兩個括弧，遂形成「人性」一概念，亦使人之定義爲可
能。本來西方傳統思想中，從邏輯定義所了解的「人性」，就是就
這兩個括弧而說的，人的定義亦是就這兩個括弧而成的。這樣所了

解的「人性」與所成的人的定義，並不妨礙人開始時於特殊生活形態方面之一無所有，亦不妨礙其未來之無限量的創造。若以爲人開始時於特殊生活形態方面一無所有，即認爲人無所謂「人性」，人是不可定義的，則是誤認前人之所謂人性是就後來所創造的特殊生活形態而言也。實則前人所謂人性無有就此而言者。若就特殊生活形態言，當然人個個不同，隨時不同，並無所謂普遍之人性，亦無所謂普遍之人的概念。然無有如此愚笨者。薩特利的粗心輕浮只是在：於人之開始時之一無所有，便只簡單地眞認其一無所有。殊不知他有一具體的形體，且有一具體的心靈，就是此兩者，遂使我們有普遍的人性一概念。具體的形體一面且不必言，假使無人人俱有之普遍心靈，則後來之創造亦不可能。

三、人之創造其所是不能漫無限制

復次，關於第二問題，人之創造其後來之所是，其趨向之變形是否是無限多而漫無範圍？關此，我答以有一定的範圍，在此範圍內，細分之，可以無限多，但不是無範圍以冒之，而成爲空頭的無限多。上帝無定義，因爲上帝是「純心靈」，而無物質之成分。上帝就是一個無限的心靈之自己，他是一個無限體，而其爲無限單只是心靈之一面，他並無物質一面與之相對。他是一個全幅敞開的心靈之無限，無限的心靈。他無所謂一，亦無所謂多。他是純一而神用無方，他神用無方而不是分裂的多。他是全幅敞開，而無任何限制。故無定義。但是人的心靈則必須在其形體形態中表現，必須與其形體形態合在一起。此人之所以爲物質與心靈之組合體，此其所

以爲有限存在也。假定他的心靈完全脫離他的形體，而成爲一無形體與之俱的心靈，則或者是古人所說的靈魂不滅，魂歸天堂，此時就是人之死，而無現實的人生，或者是一全幅敞開絕對無限的純心靈，而與上帝無以異。此時是一無限存在，而不是一有限存在，亦即不是人。假定他純是物質而無心靈，則即與其他物質的有限存在，如石頭草木，無以異，而亦不是人。假定他雖稍有靈覺，而不能開拓變化，則亦與其他有靈覺的動物，如犬馬猿猴，無以異，而亦不是人。如是，他有心靈，而他的心靈一面不能成爲絕對無限的純心靈，因爲他有形體以限之。他有物質，而他的物質形體一面亦不同於草木瓦石，因爲他有心靈以動之。而其心靈復亦不只犬馬猿猴之靈覺，因爲他的心靈能開拓變化創造擴充，役物而不役於物。所以他既與上帝異，亦與其他動物異。是以其如是之心靈與其如是之形體就是他的兩個括弧，而此就確定他後來創造變化之範圍。他有此範圍以冒之，所以他不能漫無限制地以爲無限多之變化。假定他既有此兩括弧，而復漫無限制地以爲無限多之創造變化，他可以由其「意志自由」而爲犬馬燕雀，而爲蟲肝鼠臂，而爲日月星辰，而爲江河山嶽，則他自然無定義，亦無所謂人性。此時他既不是上帝，亦不是任何其他有一定形態之有限存在，他必然是一個有限而又無限的怪物。但是他的「意志自由」不能有這麼大的威力，不能有這樣的如意變化。他的意志自由只能在他的具體的形體形態內決定創造他的精神生活形態，即特殊的生活形態，而不能改變他的形體形態，以決定或創造出其他樣子的形體形態。是則其意志自由之決定與創造單是屬於而且表示人之精神生活，並不屬於而且表示其形體形態之無限變化。是則人之意志自由所表示的人之心靈本身就

是一有限制的而且具有內在律則的實在。即此具有內在律則的心靈實在本身就是人的一個範圍。因為它本身就是一個決定，其為決定是由於它對於人的現實生活投映出一種指導、一種原則、一種理想，而反顯出其本身即為一種具有「內在律則」的決定。它不能在決定、創造、改變人的形體形態方面表示其律則。它只能在其具體的形體形態內，於決定、創造、改變其精神生活形態或行為生活形態方面表示其內在律則。其心靈受其形體的限制，因而形成其自身即為一有內在律則之決定，即此便是人之性，人之範圍。如是，如果他不能在形體方面隨意變化，則人就是有「人性」可言的，是可定義的。本來普通所謂有「人性」以及人可定義，就是就人的形體形態與人的心靈表現之內在律則兩者合起來而言的。譬如說「人等於理性的動物」，此中「動物性」一概念即含在人的具體的形體形態下的，而「理性性」一概念即含在人的心靈表現之內在律則下的。這兩個括弧決不能由「後來之創造他自己是什麼，他就是什麼」一觀念而推翻。因為他不能超出他的形體形態而把他自己創造成一塊石頭。而如果他不能把他自己創造成一塊石頭，則此兩括弧即不妨礙他後來之創造。如是即有人性可言，人是可定義的。若必因此兩括弧不能使他變為石頭，因而遂視之為妨礙後來之創造，遂必抉去此兩括弧而謂人無所謂人性，則勢必使人不是人而成為一個怪物。人的意志自由，人的主體創造性，不是這樣講的。人的意志自由，人的通過其意志自由而對於其後來所創造之「行動生活形態」負責，即此便是人的性。上帝無之，其他動物無之，其他物質的有限存在亦無之。此尚不足以限制出人的性乎？

但是何以說在此兩括弧下，細分之，便可以無限多呢？須知在

具體的形體形態一概念下，我們有「氣質」一觀念，此中就有無窮的複雜。在具有內在律則之心靈表現一概念下，我們有「心德」或「精神內容」一觀念，此中亦含有無窮的複雜。此兩者都是具體的眞實，不是抽象的概念。若合在一起而成爲現實的人生，則更見其爲具體、眞實。即此具體的眞實，便有無窮的複雜。因此，人之創造其行爲生活形態亦必爲無限多。若就社會生活，外在地觀之，當然不能無限多。譬如士農工商，或如許普朗格（Spranger）論人生之型式，如經濟型、政治型、道德型、宗敎型、哲學藝術型等。這還是分類的說法。在現行人間的作業範圍內，這當然不能無限多。但若內在地細察之，則頓時便覺其爲無限多。士有各式各樣的士，甚至個個不同。其他亦然。人的具體形體，在其有生的過程中，便有無限的姿態。（死了，便無姿態。）所謂人心不同，如其面然。則人之面部姿態必是個個不同。雖雙生子，亦必有其不同，雖不必能爲吾人之肉眼所覺察。由此具體的形體，再進而說到「氣質」，則更複雜。氣質還是屬於材質的（material），跟形體走。當然不是跟形體的形狀走，而是跟構成形體的內在的物質質素走。光是物質質素亦並不能說明「氣質」。「氣質」的表現必須牽連著才、情、氣。而才、情、氣，雖說亦是「材質的」（對「純道德的心靈」言），但亦有心靈活動含在內，此即含有精神的活動，不純是構成形體的物質質素的活動。否則，不能說才、情、氣。大體愈低級的才、情、氣，愈接近於物質質素的活動；愈高級的才、情、氣，愈遠於物質質素的活動，而近於精神的活動。但無論如何高級，不能截斷其與物質質素的關聯。否則，不能說才、情、氣，不能說氣質，亦不能說才、情、氣是「材質的」。這種材質的才、

情、氣或氣質的表現是無窮的細微，無窮的複雜。人生的具體性相，大底是從這裡說，從這裡表現。由「氣質」領域，再進到純道德的心靈（即古人所說的純義理的心靈，或義理之性），以道德心靈為主宰，而觀跟此心靈而發的一系，則更深微無限量。此就是「心德」或「精神內容」之無窮無盡。單說此「純道德的心靈本身」（譬如王陽明所說的良知），則只是一現成的純一的靈明，無所謂無窮無盡，當然亦無所謂有窮有盡。因為它只是一不增不減的現成的純一。所謂無窮無盡，是就其在現實生活中，與才、情、氣的關聯中的表現與發展而言。由此表現與發展中的抽引所見之無窮無盡，反而說此心靈本身無窮無盡。實則此心靈本身只是圓滿自足，現成的純一。而反說的無窮無盡只是它的潛蓄。它本身是超出有窮無窮的對顯而為一「純無限」。我們說上帝之為純心靈之無限，亦是此義的無限。如果我們說上帝之德無窮無盡，深微無限量，則亦是由人之純道德心靈生活之表現與發展所見之心德或精神內容之無窮無盡而印證其為如此，而歸之為如此。此義既明，則與形體、氣質合起來看，人之行為生活形態當然是無限多，其後來之創造亦無限量。凡是具體的真實的，即存在的，我們用來布尼茲的話說，都是「無窮的複雜」。形體、氣質、心靈，若不作外在的、邏輯的、抽象的陳述，則都是具體的、真實的、存在的，是以都是無窮的複雜。

　　但由此三方面而觀，不管它是無窮的複雜，由之而生的行為生活形態，亦不管它是無限的多，而人總不能超出形體與心靈這兩個括弧。人儘管可以成聖、成仙、成佛，假若他還帶著肉體，他還是個人。假若他脫離肉體，而單只是聖德、仙德、佛德，則另說另

講，簡言之，他已是神，而不是人矣。所以若人而是人，則必在形體心靈這兩個括弧下。就是眞人、至人、天人、聖人、乃至仙佛，亦都是在這括弧下人所創造出來的。人只能創造他的境界，不能變更他的形體。薩特利的意思，亦只是唐朝李泌所說的君相可以造命，而不受命。是以君相不可相信命。這只是說：人不要爲一定的「生活習氣」所限住。一般人爲一定的生活習氣所限住，而不能開拓變化，創造其自己，此即爲一定的生活習氣所命定。此即是相信命。此時他的生命全成被動的。李泌說君相可以造命，亦只是就其位而從理上說應如此，即應當隨時開拓變化，創造其自己之命運，而不應當使生命全成爲被動的。其實庸俗的君相比一般人還不如。這也表示說：不但君相應如此，人人都應當如此。但人人都可創造其自己之命運，這並不能推翻人的兩個括弧。而那兩個括弧也並不妨礙人的創造。

四、形成之理與內在於人的實現之理

　　形體與心靈這兩個括弧所成的「人性」，所成的人的定義，實在是普泛的很。它並沒有涉及在這兩個括弧下種種特殊的生活形態。所以對特殊生活形態言，可以說，那兩個括弧所成的人性以及人的定義實並沒有說什麼。但是，雖普泛的很，並沒有說什麼，它卻盡了劃類的責任。凡有限存在俱可劃類。人是有限存在，這似乎是無可爭議的。那兩個括弧即是說明其所以爲有限。本來，對於一有限存在所作的邏輯定義就只是在劃類，而對於此有限存在所說的「性」，亦就是在此邏輯定義中所表示的「性」。就人言，人性與

人的定義是一事。如果無所謂人性，則人自然是無定義的。但是人的定義中所說的人性就只是形體與心靈那兩個括弧。這雖然是普泛，對於特殊生活形態並沒有說什麼，然並不是虛構。人的形體，在其有生之時，自然有無限多的姿態，形體自然不能脫離其姿態而獨存（除非是死），然總是這個形體，其姿態總是屬於這個形體，這是可以說的。光說這個形體，雖是有點抽象，但不是虛構的抽象。這點抽象是可以允許的。因為邏輯定義原只在劃類，所以其內容不能不抽象。人的形體究竟是具體而真實的，心靈亦然。雖然不涉及其種種內容與姿態，然究竟不是一虛構。從這裡說人性就是想給人以定義，而定義的責任只是在劃類。所以我們說形體與心靈是兩個括弧。它只盡括弧的責任，當然不必涉及其中之種種內容與姿態。

這邏輯定義中的人性當然不能盡人性之全與真，因為它並沒有接觸到具體而真實的生活。它是由以「人」為對象而對之作外在的了解，作邏輯的了解，而形成的。這時人只把人作一存在看，而客觀地了解之，人並沒有收進來而歸於其自己之「主體」，而落於實踐上，視自己為一實踐之主體。所以定義中的人性是客觀了解中劃類的人性，而不是歸於主體在實踐盡性中的人性。客觀了解中劃類的人性是表示「人」這一有限存在之「形成之理」（principle of formation），而歸於主體在實踐盡性中的人性則表示人的「實現之理」（principle of actualization）。

當人一隆起於世界中或被投擲於世界中時，這兩個括弧，他即具備了。當他開始一無所有而只是「在」時，他卻即已有了這兩個括弧。這便是他的「形成之理」。告子說：「生之謂性」。實即

「成之謂性」。人，當其「在」時，成其爲人。桌子，當其在時，成其爲桌子。就其成而言其「性」，此性即是定義中之性，故曰「形成之理」。對於一具體的存在，而言「成之謂性」，此語，從對象方面說，實是一「體性學或存在學的陳述」（ontological statement），而從人之客觀了解方面說，則同時亦即是一「邏輯的陳述」（logical statement）。當然，廣泛言之，體性學的陳述必函有一邏輯的陳述，而邏輯的陳述不必函有一體性學的陳述。可是，若就具體的存在言，如「生之謂性」、「成之謂性」一類的話，則邏輯的陳述必含有一體性學的陳述，故能表示一物之「性」也。這種陳述，無論是體性學的，或邏輯的，總只是「形式的」。所以其所表示之「性」，亦只是一物之括弧。除此，再無所說。這自然只是表示對於一物之靜態、客觀的、綜持的了解，亦即是劃類的了解。所以既是「形式的」，亦是「外在的」。這種了解亦可以說是知識上的了解，或「觀解的了解」（theoretical under-standing）。在此種了解下，人與其他有限存在是一樣的，即在同一層次上。故「生之謂性」一原則是普萬物而爲言的：落在人上，是人的定義，表現人的性，落在石頭上，是石頭的定義，表現石頭的性。譬如落在人上，則「生之謂性」一原則即特殊化而爲人的定義，如說：「人是理性的動物」。這個定義所表現的對於人的了解實在是可憐的很。要眞盡人性之全與眞，這當然不夠。人性，當然亦不能限於或止於此定義之所說。然須知邏輯定義所了解的亦只是此一點，外此當然不能要求它。此所以要講人生之全幅意義，必別有學問，必另換一觀點，而不能止於邏輯陳述也。沒有人以邏輯陳述的定義爲人生哲學，或以爲如此即可以盡人生之全幅意義。然此

邏輯定義所表示之括弧人性卻並無妨礙。凡今日存在主義者，如薩特利、海德格等，都是想在邏輯定義以外而另行考察真實的人生。這是對的。然如薩特利那樣（海德格不如此），必否決人性，必以為人不可定義，則輕浮而悖矣。

如是，吾人進而從人的「實現之理」看人性。

人之所以為人，此中之「所以」，有從「形成之理」方面說，有從「實現之理」方面說。這兩者決不可混。而「實現之理」又有從成為人以後或內在於人方面說，有從在其成為人以前或外在於人方面說。這亦不可混。

從「形成之理」方面說的「所以」，即是邏輯定義中所表示之「人性」。從「實現之理」方面說的「所以」，即是歸於主體在實踐盡性中的「人性」。而在實踐盡性中的「人性」之為「實現之理」，即是成為人以後或內在於人的「實現之理」。我現在先就這「內在於人」的實現之理以說「人之所以為人」。此即孟子所說的「人之所以異於禽獸者幾希」的人性。此種人性是由歸於主體而在實踐盡性中所表現的人性。了解人生的全幅意義，即盡人性之全與真，必從這裡入手始可。形成之理所表示的人性是由於外在的了解邏輯的定義而成。這只是表示人這一類存在的一個形式括弧。所以在這「形成之理」處，我們有以下的說法：有一具體的人必函有所以為此具體的人的形成之理（即本質或體性），而有所以為此具體的人的形成之理卻不必函有此具體的人。此即西方哲學中所說的「人的本質不函人的存在」。在這裡，本質與存在是可以離的。這是從柏拉圖、亞里士多德，以及經過中世紀的聖多馬而傳下來的一個公認的道理。這裡所了解的人的本質胥是由邏輯定義而了解的，

亦即由「成之謂性」一原則而了解的。而其體性學所講的「性」亦
胥是這一類的性。人們習於這一傳統，一講到人的本質或人性，就
採用這個說法。若從「形成之理」說人性，亦確是如此。而西方哲
學傳統對於人性之哲學的了解亦止於此。所以他成為外在的、形式
的了解。而人的本質既不函人的存在（推之，任何有限存在皆
然），所以要想使本質與存在合一，即使本質實現，則必須講一外
在於人的宇宙論上的實現之理。如是，人性問題胥吞沒於一外在的
觀解的形上學中。這一層意思是可以有的。但卻無根。他們不知從
「內在於人」處講實現之理，由這裡再透示「外在於人」的實現之
理。所以對於人性既無善解，而於實現之理亦講不妥實。現在存在
主義胥對這一傳統而發，然未能盡其中之曲折。薩特利即其一例。

　　在「形成之理」處，人的本質（即人性）不函人的存在，然而
內在於人的「實現之理」處，則人性與存在永遠合一。此即歸於主
體而在實踐中盡性一路所見的。由此所見的「性」完全是從邏輯定
義中那兩個括弧的「心靈」一面而說。而此心靈又從邏輯定義中外
在的、靜態的、泛說的心靈，轉而為內在的、動態的、實指的道德
實踐心靈。孟子說：「人之所以異於禽獸者幾希」，這幾希一點完
全指的這道德實踐心靈言。從這裡言人之「心性」當然不同於邏輯
定義處所表示之「人性」。這幾希一點固然是異於禽獸處之「差別
點」，然此「差別」不同於邏輯定義中綱差之差。在定義中的「人
性」必須就兩個括弧言。就形體一面而言動物性，是謂綱，就心靈
一面而言「理性性」，是謂差。這是定義中與綱合在一起的差。而
孟子所言之幾希一點，雖也是從心靈一面而轉出，故有「差」義，
然不是與綱合在一起的那定義中的差，而是即以此「幾希一點」為

人性。「差」從定義中透出而為實現之理之人性。故此人性不同於邏輯定義中表示形成之理之人性也。形成之理之人性表示劃類，而實現之理之人性則歸於每一個人之自己而言其具體的實踐生活之本源或動力。此不表示劃類，而是言人之每一個體自己之「主體」。孟子所說之「性」就是人之每一個體自己之主體，道德實踐之主體。後來宋明儒者所言之心性亦皆是此每一個人自己之道德實踐主體。此皆不可以邏輯定義中形成之理之來講。（近人馮友蘭以形成之理解析宋明理學而成「新理學」，故全成差謬。）

這作為每一個人自己之「主體」之性，因不表示括弧劃類，故自始至終即是具體的、真實的、存在的（existential）。這是個創造的、動的主體。故革故生新，悉由此出。因為這是個人的道德實踐主體，故有此心性，即有此心性所引生之存在（一舉一動，睟面盎背，皆是存在）。然當人墮落，而此心性不顯，則有存在，不必有此心性。可是若終無此心性，則其存在必因墮落物化而歸於毀滅，成為非存在。故此心性實即生化之理（故云實現之理）。其本性即在引生存在，實現存在，完成存在。而若存在要成其為存在，不至歸於毀滅而成為非存在，則有此心性，即有其所引生之存在，而有其所引生之存在，亦即有此心性，可以說其所引生之存在即表現此心性，亦可以說體現此心性。此即宋明儒者所謂理生氣，氣體現理也。（此所謂體現，意即一舉一動，睟面盎背，皆此心性之流行。非云心性掛在那裡，要氣去實現它也。因為此心性〔生化之理〕根本是「存在的」，與邏輯定義中劃類之理不同也。）

此實現之理之人性，無論如何創造變化，不能超出形成之理之人性所定之範圍。此即前節末所謂人只能創造他的境界，不能變更

他的形體也。但是由實現之理之人性，吾人始能接觸人生，了解人生。薩特利想說這一面而不能透，而對於括弧劃類之人性又冒昧而去之，說人無所謂人性，人不可定義，則眞成悖謬之論矣，輕浮而誇矣。在道德實踐中，一說實現之理之人性，即同時要說此實踐中「氣質之性」。然在道德實踐中說人性，必以實現之理之性爲性，而不以氣質之性爲性。此即張橫渠所謂「氣質之性，君子不謂性也。」（此義宋明儒者皆公認。而孟子亦只就實現之理之心性說人性。）因氣質之性跟形體走，在歸於個人自己之主體而言道德實踐中，自不以之爲主也。然實現之理之人性與氣質之性，一落下來，即成爲邏輯定義中括弧劃類之人性。一成爲括弧劃類之人性，即是靜態的、外在的、觀解的，就人類存在而爲普遍地說。而實現之理之人性，則是動態的、內在的、實踐的，就個人自己之主體而爲獨體地說。普遍地說者，是邏輯的言辭（logical speaking）。獨體地說者，是「存在的言辭」（existential speaking）。

五、形成之理與外在於人的實現之理

吾人現在，再就「邏輯的言辭」以論「本質先於存在」，上帝心中有一「人底概念」，以及外在於人的「實現之理」等問題。

現在就「成之謂性」一原則，而爲邏輯的言辭，則當人被投擲於世界中時，即可對之作一定義而表示其括弧劃類的「形成之理」。假定此形成之理即人之本質（定義中所表示的），則即可以說：有一存在之人，即函有人之本質。此邏輯的言辭並不表示此本質一定先於存在或不先於存在。若就「成之謂性」說，就對於一

「存在的人」作邏輯定義說，則人之存在與其成之之性是同時有的，故云：生之謂性或成之謂性也。亦不表示此本質即是上帝心中所預先有的一個概念。薩特利說：「這並無所謂人性，因爲並無一個上帝對他有一個概念。」有人性（人之本質）並不即表示在上帝心中有一「人底概念」，所以雖無上帝對他有一個概念，也並不妨礙仍然有「人性」。薩特利此辯論是非理的。然則此邏輯的言辭所表示的人之「本質」，在什麼時候才進到「本質先於存在」一思想以及「上帝心中預先有人底概念」一思想？

「本質先於存在」之「先」有是邏輯的「先」，有是體性學的「先」。當吾人說人之存在與其成之之性是同時有的時，此時性（本質）無所謂先後。然此時之性只是括弧劃類之性，所以只是一個「一般的性」，是就人類而一般地言之，並不是歸於個人自己之主體而存在地言之。所以它是一個類名的性。依是，有一具體存在之人，即有此類名之性，然有此類名之性，不必即有一具體存在之人。此甚顯然。蓋就「成之謂性」言，此類名之性只是就既成事實而抽出的一個一般的概念，而此一具體存在之人之成或出現顯然須靠一個血統概念或生物學的生命概念，決非此類名之性所能使然。譬如，一枝粉筆，你可以說它的定義所示之性即是一個化學公式，然而此粉筆之出現，決不是此化學公式所能致。必須靠實際的化學成分之化合力。此所以人之本質不函人之存在也。如果以此本質爲一個一成永成之空懸的理，而待實現之於個個人，如不實現，則此理仍潛存，縱使此後人類被淘汰，而那一成永成之理亦仍潛存而爲有，如是，你可以說此理（本質）先於存在。然此種「先」只是由類名之性對個體存在的邏輯關係而顯，故爲「邏輯的先」，而無實

際的意義，即無體性學上的意義。而那類名之性亦只是由邏輯言辭而表出。其本身本不是一具體存在之「實理」，如由存在言辭而表出之實現之理之爲「實理」。如此而表出之「類名之性」即必然函有那種邏輯關係上的「先」。此種「先」顯然無實際的意義。然「成之謂性」本含有實際的意義，即體性學上的意義，不只是一個主觀方面的邏輯言詞。所以我們亦名之曰「形成之理」。是以由邏輯言辭所表示的括弧劃類之性，我們總想它是一個有實際意義的「模型」（pattern），縱然其本身不是一具體存在之實理。如是，我們亦總想由邏輯的「先」使它成爲體性學的「先」。然由邏輯言詞所表示的括弧劃類之性本身不函有「體性學上的先」的意義。而彼雖有實際的意義，究非一「實際的存在」。如是，在何種關節上，能使我們將此有實際意義而並非實際存在的「邏輯上的先」之模型推進一步而使它轉爲「體性學上的先在」呢？曰：這個關節完全是在：就此類名之性而言個體所以實現之「實現之理」。類名之性本不函個體的存在：人之本質不函人的存在。依是，具體存在的個人何以會出現，實在需要說明。這就是外在於人的「實現之理」之點出。凡實現之理皆是由存在言辭而言的「實理」。因爲要講這個實理以說明具體存在的個人何以會出現，所以才把那只有實際意義而究非實際存在的類名之性帶上去，因而遂使它由邏輯上的先轉而爲體性學上的先。一進到體性學上的先，「本質先於存在」一思想才成立，才有實際而確定的意義。這就是西方傳統哲學中外在的、觀解的形上學所以成立之理路，即由類名之性而言個體所以實現之「實現之理」所成的外在的、觀解的形上學。此可謂由虛（類名之性）以點實（實現之理），由實以帶虛。

　　由實現之理之點出，將類名之性帶上去，而予以體性學上的先在性，首先要問的是：先在於何處呢？最顯明而典型的說法就是柏拉圖的傳統，即，先在於上帝的心中，猶如工匠之製造藝術品的創造萬物的上帝心中。就人言，此即是上帝心中有一「人底概念」。上帝依照一個「理型」（idea, form）以造物。就「成之謂性」言，是一物之形成之理，或類名之性。就在上帝心中言，就是柏拉圖的「理型」。神心以理型爲內容。除理型外，無其他內容。這是創造說中的上帝，以及以此說爲背景而言理型，而言實現之理，創造意義的「實現之理」。此外，便是亞里士多德。他以四因解析一個體物之生成。而四因中之「因致因」（efficient cause）就是「實現之理」之所在。因致因亦曰運動因。就整個宇宙言，最後的運動因就是那「不動之動者」（unmoved mover），此即是第一因或上帝。在此說下，實現之理比較顯明，而上帝對於萬物亦非創造關係。中世紀的神學家，例如聖多馬，雖以亞氏的哲學系統爲主，然因基督教必取上帝創造說，故在此點上，亦必吸收柏拉圖之主張。中世紀的正宗神學是柏、亞二氏的綜和品。到近代來布尼茲，由充足理由以言實現之理，而言充足理由則仍歸於上帝之創造。當然，形而上學有各種理境，亦可從各方面去講，而系統亦多端。不必皆與本文所討論之問題有關。然中心問題及主要之骨幹，則固不離形成之理與實現之理之討論。即適所舉之諸大系統，其內部問題亦皆可從長討論。本文不欲涉及。然有一點須說明者，即，彼諸大系統之所以就「形成之理」往上講，對人言，實欲說明人之定然之性，實欲給人性以本源上之定然性。人之定然之性並不妨礙其後來之創造，而且正因此定然之性，始可開啓其後來之創造（假如歸於實踐

主體而見內在於人之「實現之理」之性時），如是方可見出人之可
貴（即孟子所說的「人人有貴于己者」之貴）。人性之可尊，而不
可以隨便荼毒播弄以至於芻狗生民也。惟西方哲學尙未能就個人自
己之實踐主體以言性，故其言人性之定然性只是外在的、觀解的形
上學中之定然性，即，只就「成之謂性」之形成之理（類名之性）
向上推進一步以言人性之定然性，此尙不足以眞能見出人之可貴，
人性之可尊，故人亦易於以一套理論視之也。吾今願就內在於人之
「實現之理」之性以觀中國儒者對於形上學之智慧。但略言而已。

　　吾於前節已明孟子言「人之所以異於禽獸者幾希」，從此幾希
一點上言人之性，雖亦說出人之特點，然不是邏輯言辭中對於人下
定義所表示之類名之性，而是存在言辭中歸於個人自己之實踐主體
所表示之實現之理之性。因其亦能標舉人之特點，故如落下來而爲
邏輯的言辭，則亦必不反對那括弧劃類之類名之性。惟以往中國儒
者講學未有邏輯言辭一路，故亦未說到那類名之性。（若在今日觀
之，即使說到類名之性，此亦不能接觸人生之眞義，更亦不能代替
之。惟此兩者並不相礙耳。）因無邏輯言辭一路，亦未說到類名之
性，故亦不由類名之性（形成之理）而言外在於人之實現之理。其
言外在於人之「實現之理」即由內在於人之「實現之理」之性以通
之。此爲以實通實，而不是以虛點實、以實帶虛。故無外在的、觀
解的形上學，而惟是一內在的、實踐的形上學。

　　歸於個人自己之實踐主體以言實現之理之性，則此性惟是就人
心之靈覺言，而心之靈覺，此時，又不注意其爲觀解的認識的靈
覺，而是注意其爲實踐的道德的靈覺。此即是孟子就惻隱、羞惡、
辭讓、是非之心以言仁義禮智之性。此仁義禮智之性即是那實踐的

道德的靈覺之內容，亦即心之「德」也。此道德的靈覺之心與其所固具之德合起來即是人之實現之理之「性」。此是人之定然而不可移之性。故云「天命之謂性」，而不云「生之謂性」或「成之謂性」。此天命之性實即是從「心」上說的「於穆不已」之眞生機。（注意不是生物學上的生機。）故可總名之曰「仁」。仁，內在於人，是人之實現之理之性，通出去，便是普萬物而爲言的生化之理，亦即外在於人而不限於人的「實現之理」。此即所謂天地之心也。天地以生物爲心。故天地之心亦即是作爲「生化之理」之仁。此作爲天地之心之仁與內在於人而爲人之性之仁是一。若從天地處說下來，則天以此仁理賦與人而爲人之性，此即是人之本在天。不但是人之本在天，通萬物皆以此「仁理」爲本。此即後來朱子所謂物物一太極，統體一太極。此當然就是人與萬物之實現之理，而不是人與萬物之定義之「形成之理」。人與萬物，可謂皆具此仁理以爲性（太極）。然而不是定義之類名之性。惟人與萬物雖同具此仁理以爲性，而落於人之形體下，則仁中之心義與理義能全幅恰如其性而彰著於人之道德實踐之心性中。此即是人之道德實踐之心性能恰如仁之爲生化之理、實現之理，而善繼之而爲內在於人之實現之理。而落於其他物之形體下，則無此心性而不能善繼。是則爲人與萬物之本之仁理，在萬物處，只爲內在於其爲仁理之自身，而潛存地外在地爲萬物之本，而萬物不能開拓善繼，使之爲彰著地內在地以爲萬物之本。故人與物，雖同此仁理，同本於天，而仍能嚴人禽之辨，不泯人爲物。此益足見人之可貴，人性之可尊。人之可貴，人性之可尊，固在其本於天道之仁理，以天道之仁理之可貴可尊而爲可貴可尊，然又在其能體此仁理，繼此仁理，而即彰著之於己身

中，而爲內在於人之實現之理，而即以之爲己性。此則爲他物所不能者。人之體此仁理，而在盡性踐形中，可以爲大人、爲聖人，以至於與天地合德，與日月合明，與鬼神合其吉凶，然不能即是此天道仁理之自己。故一方既嚴人禽之辨，不泯人以爲物，同時亦保持天人之距離，不亢人以混於天。此即人在宇宙中之地位之殊特。即此殊特之地位，益足見人之可貴，人性之可尊。雖不亢人以混於天，然人因此而有殊特地位，亦益因此而見人之重要與作用。天道「顯諸仁，藏諸用，鼓萬物而不與聖人同憂。」（《易・繫》語）。然人體之以爲己性，善紹善繼，能恰如天道仁理之爲生化之理、實現之理，而彰著之於己身中，以爲內在於人之實現之理，則不能無憂患。憂自己之不能盡性踐形，不能開拓變化，則天地閉，乾坤息，天道仁理之爲生化之理、實現之理，亦不可見。憂自己即悲天憫人也。而亦即在憂患中，始能盡性踐形，以彰著天道仁理之爲生化之理、實現之理也。此悲天憫人之憂患心即貫通內在於人與外在於人之實現之理而一之。故儒者之學惟言盡性踐形，即歸於個人自己之實踐主體以盡其實現之理之性，由此以證天道，而天道不爲觀解之擬議，而爲實踐之眞實。故無外在的、觀解的形上學，而有內在的、道德實踐之形上學。故《中庸》云：「能盡己之性，則能盡人之性。能盡人之性，則能盡物之性。能盡物之性，則可以贊天地之化育。可以贊天地之化育，則可以與天地參矣。」而孟子亦言：「盡其心者，知其性也。知其性，則知天矣。」故雖不亢人以混於天，然不礙其可以知天，可以參天地贊化育，而與天地合德。雖不泯人以爲物，然本此天道之仁心仁理，則不能不悲物、憫物、愛物、惜物，以護持之，而不欲其毀。此爲中國儒者知性盡性學問

之極致。

六、無人性說之惡果

以上由歸於個人自己之實踐主體而知性盡性，如是，則不但人可貴，人性可尊，而且亦說明了人有其定然不可移之人性，人亦是可下定義的。此定然不可移之人性不是外在的理論，亦不是一個一般的概念，而是歸於所顯之眞實。如當下歸於個人之實踐主體，即當下有此必然而不可移之肯定。宋明儒者所言之義理之性與氣質之性，就是歸於個人自己之實踐主體，而在盡性踐形中以言之。此不是括弧劃類的定義所述之性，然落下來而外在地理解之，則予以括弧劃類之定義亦無妨。惟此爲無關緊要而已。惟依儒者之學言，即有此括弧劃類之定義，亦不就之而上推以撰成外在的、觀解的形上學。而乃就之以內攝而上提，歸於個人自己之實踐主體以見內在於人之實現之理之性，以此爲定然而不可移，並由之以通於外在於人之「實現之理」，以盡性知天，以成功內在的、道德實踐的形上學。此爲一徹底之翻轉。（由此翻轉而成之形上學之全幅意義以及於人文與宗敎意識方面之全幅意義不在本文論列之內。）近時西方「存在主義」一派，不滿意於其傳統之在邏輯言詞中所成之外在的、觀解的形上學，而欲翻轉之在「存在言辭」中歸於具體而眞實之人生以考察全幅人生之意義，此雖在西方文化中表示一新方向，甚可喜，然而大都思不能透，理不能達，未眞能歸於個人自己之實踐主體以知性盡性，以見人性之定然而不可移，以及其全幅之意義。此派中之薩特利尤其悖謬。竟謂並無所謂人性，因而亦不可定

義。此如本文以上所辨。彼欲跳出邏輯言辭中之本質先於存在，上帝心中有一「人底概念」等觀念之圈套，而期另轉一方向以觀察人生，本無不可，然其遮撥一面之措辭甚輕浮而不如理，而其正面所觀察之人生又全從習氣（即人之負面）以立言，是其不知性、不知人，彰彰明甚。關此本文不欲追論。然其無「人性」、人不可定義之說，以及其正面之不能知人性、立人性，則人真成無根底之飄萍，悖謬不可解（absurd, irrational）之東倒西歪，橫衝直撞之孽障。此表現在「存在主義」一派中，尚不甚見其弊。然而無人性，無定義之說，尚不只到現在才表現在較為精微之薩特利思想中，馬克思早已言之，即杜威亦推波助瀾而早言之。

杜威完全從現實生活形態之多端方面，言無邏輯定義中一般之人性，彼亦更不能了解實踐盡性中定然而不可移之人性。彼所了解之人性完全是現實生活趣味之方式，即只是習慣之方向。此當然個個不同，隨時隨地不同。從此說人性，當然無一般之人性，無定然而不可移之人性。彼立言之動機，雖在解放人性，重視自由，開啓現實生活之途徑，然其前人之肯定一般人性豈即拘束人之生活途徑乎？彼之先人豈不亦說：在上帝面前人人平等？此豈不顯出不為階級所限之「一般人性」？今完全從習慣方向、現實生活形態方面說人性，即只落於習氣中說人性，則雖自由，而人格價值何由立？隨風飄轉，漫無定準，人生無定然而不可移之大本，則雖自由，豈真自由乎？捲之轉之，有何不可？自由不能光從習氣之無拘束的紛馳，現實生活途徑之無拘束的轉移上而建立。人生純落於習氣機括中，純落於外在的社會中，即讓你無拘束的紛馳，無拘束的轉移，亦不見得是自由也。一個哲人論人性到這種地步，直是墮落。不過

杜威在美國社會背景中說此話，尚不見其弊。試看馬克思的說法。

馬克思亦不承認一般的人性，當然更不能承認實踐盡性中定然而不可移的人性。他認一般的人性只是一個抽象的概念，亦不承認人有純粹絕對的「善意」。他所見的人性只是階級性，以及各爲其階級的私利性。再加上實踐的唯物論、唯物辯證法，任何東西無其固具之本性，人亦然。只是加上條件，抽去條件，所成之矛盾之對立與對立之統一。因此，任何東西無有不可改變者。無定然而不可移之人性，人亦可以隨意加上條件，抽去條件，而予以改變，實即予以荼毒，予以毀滅，而芻狗生民也。此其標榜坦白學習，極盡侮辱人之能事，而不以爲非也。然則無一般之人性，無定然而不可移之人性之說，至此而見其罪孽深重矣。立言豈可不慎乎？如是，無論是薩特利的說法、杜威的說法、馬克思的說法，皆須廓而清之。不能在馬克思則反之，在杜威即以爲眞理也。（關於馬克思的說法，參看拙作〈理性的理想主義〉與〈關共產主義者的「矛盾論」〉。）

原載《學術季刊》第2卷第2期（1953年12月31日）

自由與理想

一、時代在歧途中

一個沒落的時代，一個從根上出問題的時代。只有一個觀念造成這局面，那便是經濟平等、無產大眾。這個觀念造成人類的歪曲，使人類的生命完全脫離了它的健康的道路，而投入了一套架空的虛構。「人之生也直，罔之生也幸而免。」一個觀念造成人間的罔生。人們套在這罔生中，卻覺得是時代的寵兒，他們覺得自己是進步的、是有前途的、是有理想的。凡不套在那罔生的虛構中的，他們便認為是沒落的、是灰色的。這個罔生的虛構形成了新時代。他們認為人類的新紀元已經降臨了。在這新紀元新時代中，張東蓀先生說了話：「日月出矣，而爝火不息，其于光也，不亦難乎？」（莊子語）。他引這話的涵義是：這確是一新時代，你們或者完全相信，或者完全不信。一點一滴的贊成與不贊成完全是無用的。不但無用，也象徵你完全不解。你不解這新紀元的全幅來歷與全幅內蘊。

我這完全不信的人，當在大陸時痛苦極了。上堂講書，簡直是

受罪。學生不以先生看你，以政治敵人看你。他們的心思完全爲政治鬥爭中的敵對意識所佔據。你一講話，他們不就所學的課程來了解，他們是就政治鬥爭來聯想。當我講邏輯的時候，講到了「全稱命題」，我要使他們了解，便舉了「殺人者死」一個例。他們不就此來了解全稱命題（普遍命題）之意義，他們卻來追問「殺人者死」這條法令是誰定的。我的答覆是：我這是講邏輯，你的意思我懂了，但你的追問在這裡卻是不適宜的。他憤憤不平，好像就要革我的命。在一個失掉了理性的時代，是無法說理的。

當共黨過江的時候，我離開了學校，走上了車站。一個學生趕了來，要留住我。我當時告訴他說：「眞理不止於今日，亦不盡於今日。你們現在是在昏迷中，你卻以爲是進步。你將來要從頭翻悔。」他不服。他說：「我們分道揚鑣吧。」我說：「你有道路嗎？你的道在那裡？」

這一個歪曲的時代，他們佔了上風。現在的日本知識分子聽說和中國大陸時差不多。理想正義簡直爲他們所佔有了。記得前幾年英國工黨首相阿特里還有這樣的不平語：「正義不都在你們蘇俄那裡。」我看見這句話，有說不出的難過。我覺得他又是憤懣，又是委曲，好不容易衝出了這一句。然而這總表示正義理想已經爲他們所佔有了，我們的話總是吞吞吐吐的，我們眞是沒落了嗎？那個似是而非的進步，倒顯得我們眞沒落了。我們的理想衝不出來。

逃在海外的人眞感覺到「自由」的重要。我們呼喚自由，亦痛恨奴役。對於自由的呼聲與對於奴役的痛恨，這好像理想正義又在我們這裡。我們很能理直氣壯地神聖地嚷出來。但這是無對手在眼前。若一有對手在眼前，你的理直氣壯馬上就要打折扣。不要遠，

只看近鄰的日本。你在日本，就不見得能佔上風。我的意思是表示：要在理想正義方面爭取主動是不容易的。若翻不上來，則他們雖是架空的虛構，然尚可以是一個疑似的理想與正義，足以欺惑愚眾，而你則並此而無之，則這個時代究竟不是你的，雖然你生存在這裡。不是我們的，我們沒落；是他們的，亦不是正果，亦仍是沒落。這時代整個是沒落。可是關鍵單在我們這似沒落而不必沒落的自由世界的覺悟如何。不覺悟，真沒落下去。覺悟，則太陽從這裡升，真正的新紀元要從這裡開始。

這個問題是個體性與普遍性的問題。

二、普遍性表示超拔：共黨所以顯似有理想之故

一般言之，普遍性代表理想，個體性代表自由。這兩者究竟是對立呢？還是可以融通，使自由成為真自由，理想成為真理想？

普遍性是由衝破現實上的限制與障隔而見。知識上的概念表示一普遍性，但此普遍性卻就是由衝破感覺經驗的限制而表示。人的思想心靈進到概念的境地，便表示它已躍進了一步，從感覺的束縛與限制中超拔出來。它把握了普遍性。但此普遍性，因為是知識上的，尚不能表示人生踐履方面的理想。它是知識上的概念或觀念，但卻不是生活踐履上的理想或觀念，但它卻總表示了思想心靈的解放，它表示了「普遍性總表示一種超拔」。此義幫助我們了解在實踐生活方面普遍性之可以為理想。

人的生活落於現實上總有種種限制與障隔。因為人的現實生活總不離人的生物本能：趨利避害。人各挾其私利欲望以前進，則互

相間的限制與障隔不可免。這限制與障隔是由私利的主觀性與特殊
性而形成。這裡並沒有一個公共的紐帶可以使人超越其自己之私利
之主觀性與特殊性。如是，人陷溺於主觀私利之無厭足的追逐中，
必見互相是障礙，互相是限制。人各順其主觀私利之無厭足的追
逐，必欲衝破對方，而對方亦復順其主觀私利而又衝回來。互相衝
擊，而又衝擊不下。這裡一切唯機詐是視，唯力是視。或者亦無機
詐，亦無力，而唯是癱瘓下去。如是，人純落於現實中而一無理想
可言，這是有性情有志趣的人所不能耐的。人不能安於純現實，不
能安於純主觀私利之無厭足的追逐下去而流於癱瘓，故必賴有道德
心靈之躍起，而呈現一道德的普遍性。這道德的普遍性一方超越於
主觀私利之上而轉化之，一方即為公共紐帶而破除主觀私利間之限
制與障隔，而使人之心志可以通。是以此道德的普遍性根本是由自
覺的心靈而湧現，而為理想所託命。普遍性是表示自我之超拔。人
在此普遍性前，生命始能客觀化，始能從自己之軀殼私利中拖出
來。普遍性即是理想性。人在此超拔中而呈現普遍性便是自我之解
放。莊子說：「道未始有封，言未始有常。」封是封域、封畛，亦
即界限或限制。衝破這些封畛即顯道體。故道即代表普遍性，亦即
理想性。同時亦表示自我之解放（解脫、自在）。

　　順此而言，凡現實上的種種限制界限，甚至人文世界中的現實
的禮文，在某時都可以成為外在的桎梏。人若不能內在化之使其與
自己的生命相順相適，而認為是對立，則人之自覺必進而衝破這些
桎梏以顯一超越的普遍性。此時此普遍性亦仍是既表示一理想，亦
表示自我生命之解放。人在此普遍性前，生命得解放，故在未得之
之時，即為此而奮鬥。人之生命在此奮鬥中得到一客觀的意義與理

想的意義。

依此義而言，共黨的思想中有其很顯著的似是而非的普遍性與理想性。當它看到自由經濟之轉為資本主義而有種種慘酷的事實時，當它看到民主政治受資本主義之重大制約而表現其庸俗與虛偽時，當它看到家庭中之種種病態時，當它看到因國家而生之種種災禍時，當它看到人之自私自利以及種種順勢順利之偏見時，它的怨毒仇恨之心即在惡惡之情中不期而熾烈。它所看到的都是現實，都是人所創造的人文世界中種種現實了的成果上之弊端。這些現實的成果，如其為現實，如其為弊端，都成了它的限制與障礙。而且每一現實本身都是某一特定的圈套、特定的機括，因而亦都是些限制。當這些圈套、機括、限制，不能與自己的生命相順相適時，便都成了生命的障礙與桎梏。這一切人文世界中的成果，它都只作現實看，只作全幅是病是弊看。它看不見此中的真理性以及其背後之其所由來的觀念性或理想性，因而它亦根本抹殺之，造作一理論一原則以抹殺之。此理論即是唯物論與唯物史觀。它根據此理論，遂認人的生命全幅是偏見，是自私自利，因此沒有普遍的人性，只有階級性。它看家庭只是封建的產物，並無所謂倫常。它看國家只是階級壓迫的工具，並無道德性上的真理性。它看民主政治只是資產階級的，並無超然的定常的政治架子上的真理性。它看自由經濟只是著眼於資本主義之罪惡，而並不認自由經濟與私有財產有其人格獨立與人格保障上的價值。因此，這一切必須根據唯物論全部予以抹殺。它衝破了這一切現實的障礙與桎梏，它也顯出了一個普遍性，這個普遍性就是他們所嚮往的無階級對立的大同社會，這也就是他們的理想。這理想就寄託在這普遍性上。他們衝破那些障礙，

要為那理想而奮鬥。在此衝破奮鬥中，他們的生命取得了客觀的意義與理想的意義。他們的生命客觀化於此普遍性前，而可以生死以殉。

但是他們行動的結果是奴役，把社會窒息成一架機器，而個個分子是螺絲釘。他們的行動過程是奴役過程。那麼他們那個大同社會若一旦實現，人民必只成了一個只是吃麵包的動物。依是，它那個普遍性與理想性必是似是而非的，必只是一個虛幻的影子。人們不就此而揭穿它，正視真實的普遍性與理想性，而卻因它那極權專制的奴役過程，遂並普遍性而亦反對之，只退到那實然的原子的個體性、知性上的多元論，只是知識意義的是非論與價值論。吾人現在必須簡別出什麼是造成奴役的虛幻普遍性，什麼是保住理想、價值與個性的真實普遍性。

三、虛幻的普遍性之造成奴役

原夫共黨所顯之普遍性所以是虛幻的，並且因之而形成極權專制，奴役人民，乃是因為它把人文世界中一切價值性與真理性全部予以否定之故。它如何能全部予以否定？首先，它把人文世界中由人之實踐以成就的各方面都視作外在的現實，全幅是病是弊的現實，而毫看不出其中的價值性與真理性。本來，人之本道理理想以實踐，一成為現實，自不能全如理想，流弊乃所不免。但是他們根本就不承認「本道德理想以實踐」這句話，故亦根本不承認這個方面的實踐中之價值性與真理性。其次，它以普遍的唯物論再把人之生命全部予以物化，從根本上把道德心靈這個價值主體予以抹殺。

如是，他們手中的普遍性只是由對於外在的現實之連根否定而投映，根本不是植根於人之自覺之道德心靈中。依是，那普遍性根本是由量的精神而投射，毫無質的意義，即，毫無道德價值的意義。其為普遍性只是一個外在的虛映，若一旦落實，便只有窒息全社會而成一架機器，而人民則只是吃麵包的動物、機器中的螺絲釘。但是，它如何能落實？他們使它落實的動力是黨的組織與仇恨的心理。這仇恨的心理能發出狂熱僻執的堅情。因為道德心靈這個價值主體已被抹殺，生命已被物化，人就只剩下了粗暴的激情與狡詐的機智。這激情，這機智，為仇恨之心，為「惡惡喪德」之心所牽引，而直向那虛映的普遍性以趨。這是他們的行動過程，在黨的組織中以前進的行動運程。他們把那虛映的普遍性用來籠罩人間的一切，用這普遍性把人民個個吊起來，使他們脫離其生命之根，而全懸繫於這普遍性上以成為物化的螺絲釘。人本是人。但是要把人轉為物化的螺絲釘，這就非奴役不可，使之起種類的改變：使人喪失其獨立的情感，喪失其獨立的意志、獨立的思想，總之喪失其個性，而成為無個性。如是，人其形而螺絲釘其實。要奴役，非極權不可，非專制不可。把那虛映的普遍性硬壓下來落在人之生命上，這是人之所不願受不能受的。但是他們非強迫你受不可。如是那普遍性轉成奴役人民的教條，那發動激情機智的唯物論也轉為奴役人民的教條。他們的行動過程就是奴役過程，而最後則是窒息全社會為一機器，而人民則成螺絲釘，如是人間平等矣。此便是那普遍性之落實。

試就以上所述，整個以觀，共黨的虛偽造作確是代表一新文明，不是文明，是混沌，是新混沌的紀元。「日月出矣，而爝火不

息，其於光也，不亦難乎？」這新紀元，張東蓀先生解析爲徹頭徹尾一貫的科學文明。他用科學一詞有掩護的作用，因爲在這時代，科學是一個普遍好聽的名詞。其意是以科學的機械知識之本性爲模型，盡量擴大化，用於人間的一切行事，亦使人間人文世界整個成爲一機器。這是以普遍的唯物論吞沒科學的唯物論，亦可以說是以科學的唯物論爲模型，而盡量擴大化，以成一普遍的唯物論。故徹頭徹尾爲一科學一元的機械文明——混沌。這個新文明，其爲新是對舊的說。依張東蓀先生的意思，舊文明是承認有許多眞理標準的，故是多元的，如道德宗教是一標準，民族國家是一標準，家庭倫常是一標準，政治上的自由民主是一標準，科學知識亦是一標準。這無異於科學知識之「是什麼」以外，還承認有質的價值世界。這些標準中，只科學知識是量的，其餘都是質的。在以前儒家，天地君親師並建，這全屬人文世界與價值世界的。這裡就有四個標準：天地是一標準，君是一標準，親是一標準，師是一標準。這皆有其獨立不可化歸性。故儒家對於只有個人而無政府與社會之道家，只有社會而無個人與政府之墨家，只有政府而無個人與社會之法家，皆所反對，而對於法家反對尤甚。儒家這四個標準並建，故雖在君主專制政體下，人間猶有相當的疏朗，人民仍保有相當的自由。雖其自由並未進至民主政體而以法律形態予以積極的保障，並開出政治方面之更多的自由，然在此四標準並建之下，人間之疏朗性實潛隱著許多自由之可能。這四個標準實是綱維著全幅人間的大憲法，尤不只政治上的憲法而已。今之共黨極權實是新式的法家，只有一標準：政府。舊法家是以法爲教，以吏爲師。新式的法家以馬克思主義爲教，以幹部爲師。它的內容是那個虛映的普遍性

與普遍的唯物論，它所造成的是全部人間為機器，而人民為螺絲釘。只有這一個標準是真理。在此標準下，代表超越實體的「天地」沒有了，代表倫常的「親」沒有了，代表慧命相續的「師友」沒有了，代表客觀精神的民族國家、自由民主，亦沒有了。一切皆成為科學一元的機械混沌，皆組於科學一元的機械系統中而為一純量的整體。科學本是人之心靈之照察於自然界而成知識，今則以科學為模型反而物化人間，窒息人之心靈。把屬於質的價值的成素全劃除了。在物化的、機械的、純量的觀點下，天地是沒有意義的，倫常孝弟是沒有意義的，師友是沒有意義的，民族國家、自由民主、個性價值等亦是沒有意義的。但是他們以為凡是這樣行動能劃除這一些而使人成為螺絲釘才是合乎革命道德的、有價值的。他們的普遍唯物論是道德判斷的標準。他們竟也襲用道德、價值這一類的名詞，實是無奈他何。

四、在什麼情形下普遍性始是虛幻的？

如果問，在什麼情形下，普遍性始是虛幻的，始造成奴役人民、極權專制的，吾必答曰：

一、純否定所投映的普遍性是虛幻的。

二、不能植根於人之自覺之道德心靈中，而由道德心靈以透顯並反而能極成倫常孝弟、民族國家、自由民主、個性與人格價值的普遍性是虛幻的。

三、在脫離人之自覺之道德心靈而外在地置定或造作一概念或理論以為普遍之教條，此普遍教之普遍性是虛幻的。（共黨的由純

否定而投映之普遍性以及那普遍的唯物論都是虛幻的。西方中世紀教會所立之教條以及其自己對於《聖經》之解析所成之理論，與夫後來宗教改革中加爾文所立之教條，以及其自己對於《聖經》之解析所成之理論，其普遍性都是虛幻的。凡堅執此等虛幻的普遍性，而用之於政治，無不極權專制，奴役人民。此即王船山所謂「立理以限事」。中國宋明儒者對於《大學》亦有不同的解析，然無一派立為普遍教條，假借政治權力以殘殺異己，而只視為個人作聖之不同途徑。這裏亦產生不出教條。後來朱注雖定為官學，然人民對於儒家經典以及諸子百家仍是自由研究、自由信從。這即是中國人之明白。他們講學無論如何不同，皆知收歸於自家心身性命上來，不是放出去以為教條。這裏就顯出虛幻普遍性與真實普遍性之差別。）

　　四、以上是人生最後立場方面最典型的奴役人民的虛幻普遍性。其次，凡就人文世界之某一現象或某一方面而抒發理論表示意見，此等意見或理論只能是社會政策一類，它的應用或實現只能是經驗的、歸納的，在民主方式下隨時斟酌損益的。如果把此等意見或理論冒出經驗、歸納、或民主方式以上，凍結而為普遍教條，則其為普遍性是虛幻的。此是由培根所謂洞窟之蔽擴大化而為教條。由此推之，任何外在的特殊的主義或理論皆不能凍結而為教條。一凍結而為教條，其普遍性皆是虛幻的，皆可成為極權專制，奴役人民。民主方式中不能有任何外在的主義理論填於其中以為內容，以為教條，藉之以為普遍的定常。民主方式本身就是政治上普遍的定常。至於在民主方式下所措施或所運用的外在事務方面，則只能「即事以窮理」，不能「立理以限事」。

　　五、推之，凡在知性上主客關係中，從客觀方面所把握的普遍性皆只能是經驗的、歸納的、服從知識意義的。若用之於人事，轉而為行動之教條，其為教條之普遍性皆是虛幻的，皆為立理以限事。（西方基督教何以能成為制作教條，殘殺異己，假借上帝以行至不仁之事？宗教本是最內在性的東西，上帝亦只能由個人最內在的神明以遙契。但是他們卻把上帝推出去作為只是超越而不內在的外在體，這還不要緊，最要者，他們不注重講習修證，成立心性之學，如何使自己生命中的神明與上帝的神明相接通，而只轉而為外在地解析《聖經》，設立教條，以使最內在的，純從主體以昇進的宗教，成為知性上的對待關係，使吾人之生命與上帝處於一種主客的對待關係中。這其間的搭橋者就是教會的教條。這是其制作教條殘殺異己之最本質的關鍵。本是只干於己的，卻轉而成為干涉人的。這也是外在地立理以限事，立教條之虛幻之理以限真實的宗教之事。故凡不回歸於道德主體以顯普遍性，而只落於知性上的對待關係，自外面立教條以為普遍性，則未有不虛幻而流於殘刻者。此則與上帝不上帝，並無關也。）

　　可是若一旦沒有了那外在的教條，或教條不起作用，則他們就全陷落而為流俗之嘻嘻哈哈，其文化之精采只在科學與機器，而人的位分與貞信則全不見了。他們總是在激情的激蕩上討生活。

　　當人們見到了那外在的教條、外在的普遍性，足以造成極權專制，奴役人民，就不分皂白地深厭普遍性而不敢再談了。那外在的教條、外在的普遍性，都是有「絕對的」一屬性；並且還有兩個作用：一是「統一」（有普遍性才能統一），二是「整體」或「綜體」（有普遍性才能形成整體或綜體）。因此，並絕對、統一、整

體或綜體，亦深厭，而且凡講普遍性的，他們都名之曰絕對主義，視之與極權專制爲同類。能看到外在的教條與外在的普遍性之虛幻性與災害性，當然是睿智的。但不分皂白地抹殺人文世界價值世界中的普遍性，則亦有兩個窒息生機的歸結出現：

　　1.只剩下知識意義的普遍性，邏輯定義所把握的普遍性，經驗的、歸納的普遍性，而此則只是知識，並不可以作指導人生實踐的理想。

　　2.在實踐生活範圍內，只剩下實然的、原子的、個人主義的個體性，其自由是任意任性之主觀的、激情之衝動的。

　　在此兩歸結下，如果前一歸結作主，則人間必將只有知識意義與技術意義的是非價值，而不能有當然的、道德意義的是非與價值，如是人間必將只成爲科學一層知識一向的機械文明，而將自然地流於癱瘓狀態、停滯狀態。共產黨以其普遍的唯物論與那由純否定而投映的虛幻普遍性，大力奴役人以至此，今則只以科學一層知識一向的科學實然論（亦即唯物論）即可自然地而至此。如果後一歸結作主，則實然的、原子的、個人主義的個體性以及激情衝動任意任性的自由必將造成混沌暴亂而至於無政府狀態，由之而激起另一極權專制之反動。此在歷史上乃屢見不鮮者。中國近數十年來民主建國不成，自由民主不能向政治上用，脫離民主建國之中心課題，下落而爲日常生活之氾濫，遂有共產極權之反動。下面散亂放縱，上面即極權專制。此亦其一例也。

　　或者說，我們只要有民主政治就行了，不必再講什麼普遍性。我們在民主政治下，有權利有自由，我們也維護民主政治這個制度與軌道，因此我們也守並且盡民主政治所定的法與所給的義務。因

此我們的自由不是任意任性的，不是放縱氾濫的。曰：此正好。我們正要如此。但是須知民主政體，在人類歷史中，不是從天上掉下來的，不是現成取得的。乃是要人的自覺與奮鬥而創造出的。天然權利、天然自由、人生而自由，這只是所預設的「自然狀態」，抽象地說的「人之為人」。若在發展中看，在自覺奮鬥中看，這些都要在已創造出的有效的民主政體下得其充分實現與客觀而有效的（即法律的）保障。如是，民主政體本身（只是一個可以發出民主的運用的架子）即是一個普遍性，其中充分實現而有法律保障的種種權利與自由亦表現一普遍性。（雖落在個人身上，是我的權利、我的自由，但法律所肯定而保障的，卻是你如此，我如此，個個如此，這就透顯了公共性，亦即普遍性。）而肯定而保障這些權利與自由的法律本身尤其表現一普遍性。這普遍性，從其為名詞上說，好像很嚴肅，是一個很嚴肅的哲學概念，然落實了，則只是表示人在政治自覺中照顧自己，照顧他人，自覺地創造並維護民主政體之「理性的精神」或「客觀的精神」。可是這精神（如果不喜歡，就說這點意思亦可），就透顯一普遍性，在創造民主政體之實踐中透顯一普遍性。這普遍性不是自外立的，乃是從人性主體中，從道德自覺的心靈中，發出的。這是一個真實的普遍性，能相應民主政體而形成之的真實普遍性。人性主體，在人的主觀實踐與客觀實踐中，隨所要成的種種形態的成果，能發出與之相應的種種意義的普遍性。實踐如果真是人的、自覺的，則在實踐過程中，那種種意義的普遍性便都是些指導原則。依是，在我們知道了什麼是虛幻的普遍性後，仍須在實踐中從人性主體處透顯真實的普遍性。

五、真實普遍性與虛幻普遍性之本質的區別

　　真實的普遍性是不能沒有的。我們前說，普遍性是表示人之自我超拔，亦由人之自我超拔而顯示而透露。人不能安於物物交引中，即必有自我超拔。有自我超拔，即必然會透顯真實普遍性。真實普遍性就是理想之根據：理想由此呈現，亦因此而得規定。真實普遍性，從後面說，必須由人性主體（道德自覺的心靈主體）而發，即必須基於人性，植根於人性，而從前面說，則又必須落實了能成就並保住倫常、孝弟、民族國家、自由民主、個性與人格價值，並因之而引起歷史文化之創生不息，隨時調整現實、糾正現實，並創造現實。這是真實普遍性之所以為「真實」之基本原則。

　　真實的普遍性使吾人生命得到真實的客觀意義與理想意義。普遍性不能從外立，理想亦不能自外寄。但是人們若不能自內在主體透露真實普遍性，則那自外而立的虛妄普遍性亦可引人盲爽發狂，向之而趨，猶如陽焰迷鹿，撲火燈蛾，必至焚身而後已。虛妄的普遍性引生虛妄的理想：看起來好像是理想，其實不是理想，而只是一個影子。它是無體的，因為引生它的那普遍性是虛妄的、無根的。它是不能有所成的，因為一落實，它就被拆穿，因傷生害性使全社會窒息而歸於破滅虛無之故而被拆穿。因此就知它完全是一個似理想而非理想的影子，而根本是不能有所形成的。它之具有理想的作用，完全是在狂趨的過程中、半途中，而且這過程這半途是永遠不能停止的。一旦停止，亦如那理想之一落實，便會完全被拆穿，破裂撕滅而歸於虛無。因此，它是不能站住其自己，亦不能實

現其自己。它是不可實踐的，因而亦是不可實現不能實現的。它只有引著生命狂趨的作用，猶如飲鴆止渴，或望梅止渴，或畫餅充饑。這實在是不能止不能充的，而且徒耗傷自己的生命。它是一個不能見陽光的黑影，永遠吊著你，讓你去追。人在狂趨過程中，其生命也好像得著一種客觀的意義與理想的意義，其實不是。因為這狂趨過程是不能停止的虛無流。在狂趨過程中，那影子不可實踐，無所成，所成的只是毀滅與奴役，而在吾人之生命上，彼亦無潤澤之功德，而只有耗損之毒力，是則生命不能說有客觀的意義與理想的意義，而只能說是生命入魔、神不守舍，生命離開其自己之中心而「向外紛馳」而已。即在此向外紛馳上，似有客觀的意義與理想的意義，然而似之而非也。亦如那虛妄的普遍性所引生之理想之似之而非。

眞實的普遍性引生眞實的理想。此理想是可實踐的，因而亦是可實現能實現的。因此，它亦是有所成的，它亦能潤澤吾人之生命。因此，吾人之生命在此實踐過程中亦眞能取得一眞實的客觀意義與理想意義。凡有所成，始能說「觀」。故曰「貞觀」。生命因其人性主體之發露此普遍性，取得一眞實的主觀意義（或主體意義），即因其爲主而即自主以觀之，成爲主即能貞此主之觀。因發露此普遍性而即在實踐中實現此普遍性以期有所成，則生命即取得一眞實的客觀意義與理想意義。在實踐中實現此普遍性，即是此普遍性之客觀化、滿足化。普遍性客觀化，吾人之生命亦因而客觀化，有客觀意義。即以此普遍性之成爲客而即自客以觀吾人之生命，成爲客即能貞此客之觀。在實踐中生命向此普遍性之實現而趨，即具有理想的意義。因爲無論主客方面，皆可貞觀，故此眞實

的普遍性與真實的理想皆可潤澤吾人之生命而步步有所成。此非神不守舍向外紛馳也。紛馳不已而歸於虛無，旣無所貞，亦無可觀。在實踐中，真實的普遍性旣成主體與主觀，亦成客體與客觀，而且主客觀永在內在的凝一中以前進。至若那虛妄的普遍性，因其不由內在主體顯，故旣不能成主體（此時生命只是一混沌的狂馳，不成其爲主體），亦不能成客體，因只是一虛無之狂馳，毫無所成故。（教會外立教條以縛己而干人，視生命爲罪惡，不能接通神明以成修證，故主體不立，聖證不成，只落於激情之激蕩。此無可諱言者。）

六、真實普遍性之成就

前第四段末所說「人性主體，在人的主觀實踐與客觀實踐中，隨所要成的種種形態的成果，能發出與之相應的種種意義的普遍性」，此中主觀實踐且不論，茲就客觀實踐而言之。能發出與之相應的普遍性即是反而根據此普遍性要去成就它所相應的。此普遍性就是它所相應要成的之「超越的根據」，依此超越的根據，即予它所相應要成的以「超越的安立」。有此超越的安立，我們得以對於它所相應要成的有一「定然的肯定」與不可搖動的信念。例如：

1.對家庭倫常關係言，人性主體就要發出孝弟慈諸普遍性，以成就其爲天倫。此在宋儒名曰天理。有天理而後天倫成其爲天倫。天理是定然的、絕對的。（這裡用「絕對」，注意）。天倫亦是定然的、絕對的。我們總不能把家庭倫常關係只解爲生物學的（男女性慾）、經濟的（父親握有財產權）、政治的（父親統治子女），

以備共黨之以階級標準來化除而至於弒父殺兄。設把孝弟慈諸普遍
性之天理抹掉了，你有什麼理由維持你的肯定與信念而抵禦共黨之
邪行？孝弟慈諸普遍性之天理就是仁心之所發，亦是仁心之所存。
這是定然如此，無條件的，故亦爲絕對的。你沒有權利繞出去用成
科學知識的方法把它化除或抹掉。這些定然如此的普遍性使天倫成
爲天倫，使家庭關係成爲一諧和的統一與整體，這種統一與整體爲
何不可說？爲何便是與極權奴役爲同類？

　　2.對個性與人格價值言，人性主體就發出成就並肯定個性與人
格價值的普遍性。個性得以肯定之超越根據是在每一個體有其仁義
禮智之天理、仁心之天理，而且他這個體要去表現或實現這天理。
我不能私有天理，我就得肯定個性。我私有天理，我就封閉了天
理，貧乏了天理，扼殺了天理。我肯定個性，人人皆可獨立地實現
天理，則天理便敞開、便豐富、便活轉。個性之得以肯定是因它有
一價值主體，並且因它要在具體生活中實現價值。若把個體只解爲
一大堆細胞或原子之結聚，一串一串的心理現象、生理現象、生物
現象之結聚，則只成一物理的個性、生物的個性。如是你有什麼理
由得以抵禦共黨之視個性只爲小資產階級的鬧情緒，因而即予以抹
殺之、芻狗之、奴役之？個性不能肯定，人格價值又何能肯定？價
值主體之天理之普遍性，仁心之天理之普遍性，使吾人的人格爲一
統一的人格，使吾人的個性爲一獨特的整體，這種統一與整體爲何
不能說？爲何便與極權奴役爲同類？

　　3.對自由民主言，我們前面已說，民主政體本身就表示一普遍
性，各種權利以及保障權利的法律亦表示一普遍性。民主政體是要
自覺奮鬥以創造的，如是這些普遍性便不能不是從創造的道德心靈

（內在主體、人性主體）而發出。這些普遍性為民主政體之超越根據，亦反而成就這民主政體。民主政體就使社會成一諧和的統一與整體。沒有民主政體的，要創造，阻礙民主政體的，要打倒。若謂民主政體本身不表示社會為一諧和的統一與整體，則只有革命打架是民主，民主政體亦不表示一秩序。此可乎？如其不然，則為何不可就此說統一與整體？為何便與極權奴役為同類？當人自覺到民主政體是合理的、公道的，則成就民主政體的普遍性便是定然真的、絕對真的。

4.對民族國家言，國家是一民族的集團生命在民主政體之成立中而被建立起。國家既不是一個破碎，它當然是一諧和的統一體與整體。成就國家的普遍性與成就民主政體的普遍性是相同的。黑格爾說：「國家是主觀自由與客觀自由的統一。」在民主政體之成立上，我們亦可以這樣說。如果英、美的民主政體真已達到相當的程度，則此原則亦可用得上，並非單適合拉克、米爾、羅素等人的思想。人要自覺其是一個性，此即函種種權利與自由之肯定；亦要自覺地去設定法律以保障權利與自由。此設定法律之精神便是客觀的精神、客觀的意志。黑氏於此亦說客觀的自由。因黑氏本主精神之本質即是自由。精神之表現即是自由之實現。自由之主觀的實現即是主觀自由，此即人自覺其是一個性，自覺地要求有種種權利與自由之肯定，此自覺此肯定即黑氏所說的「主觀自由」。（此自由與「種種權利與自由」中之自由不同。）自由之客觀的實現即是客觀自由，此即是法律之設定。主觀自由是從個個主體本身之自覺，自覺其是一個性，而看的自由，客觀自由是從超越於個個主體以上之自覺，自覺要設定法律，而看的自由。這根本是精神的兩種自覺。

散開的種種權利與自由不能不通著人的自覺說，不能不通著精神的
表現說。黑氏所說的主觀自由與客觀自由是就人的自覺與精神的表
現而言的。這兩種自覺，兩種精神的表現，必須在統一中始能完成
民主政體。人之自覺要設定法律之客觀意志（法律既成便說是客觀
自由），並不是單繫於大皇帝一人之偏面的隨意的設定，若如此，
則法律便是停在主觀狀態中，停在大皇帝一人之主觀意志中，而不
能客觀化。人之自覺要設定法律是在各個體之自覺之主觀自由之制
約中或共許中而設定，是在各主觀自由中皆表現客觀精神而設定，
此即是主觀自由（意志或精神）與客觀自由（意志或精神）之統
一。這並無難解處。人只有主觀自由而無客觀自由，則其個性與權
利即不能有保障，亦即不能法律化或客觀化。民主政體之成立是如
此，國家之成立亦是如此。國家（如黑氏所說「知一切人是自由
的」之國家，亦即近代化的國家）是緊扣著民主政體之建立而建
立，故國家亦是主觀自由（意志或精神）與客觀自由（意志或精
神）之統一。不過民主政體是單就政體說，而國家則就此民主政體
以及其所籠罩之全社會整個說。國家既不是一個破碎，它當然是一
個統一或整體。但此近代化的國家之為統一或整體是各個體各部門
皆有其個性與獨立性而又互相照顧著所成的一個諧和的統一、異質
的統一。它後面的普遍性是發自人性主體，而又能相應國家內各分
子各部門而分別地成就之而又綜和地關聯之的普遍性。這不是任何
一個人所能強加的強制的，亦不是從外面立的一個教條或虛妄的普
遍性，為人民人性所不能接受，而硬壓下來加諸人民上。若如此而
成的統一與整體，則當然是奴役、是專制。然此統一只是對於抽象
的數量分子的統一，此整體亦只是約束抽象的數量分子而成的整

體。共黨對於人民社會即向此模型而趨。此豈可爲訓乎？（因人乃一具體的存在、質的存在。）近人只知統一是這種統一，整體是這種整體，無怪其深厭而不敢談矣。

以上列舉四項，可知梗概。吾人必須透徹眞實普遍性，然後始可語於理想。透徹普遍性成就人文世界以爲剛骨建築，然後始可抵禦共黨而克服之。在共黨之打擊下，吾人實應正視這一切而令其進入吾人之生命中，成爲不可搖動之肯定與信念。此本平常。然在共黨之打擊下，則重新覺悟，平常即奇特。當年宋儒爲抵禦佛教，而重講孝弟。孝弟本平常。然在佛教之迷惑下，則平常者即成剛骨矣。故理學興而佛教衰。人間有了新生命、新理想、新氣象，而可爲人世之貞觀矣。

調整現實、糾正現實、創造現實，以推動歷史文化，亦必本於由人性主體而透露眞實普遍性，在肯定並經過這些剛骨建築中以前進。決不能抹過去或繞出去而另有開端以前進。抹過去即毀滅，繞出去即歧出。不可不平心以察也。

人文主義的基本精神

　　吾人講人文主義，不外是把文化意識提高。文化意識之消沉，其徵象，一方為共產黨的唯物論，一方為時風中的理智主義。共黨的唯物論，不是哲學史上純哲學理論的唯物論，而是落到生命上，把不可以「物化」的而使之物化，視人純為一物質的機器，不把人當人看，把生命中的人性、正義、理想、價值，全予以否定，此不得不視人民為芻狗。惟物化人，才可以芻狗人。因此，文化意識之提高，即是反物化。這是人文主義的基本精神之一。

　　時風中的理智主義是只承認「經驗事實」為學問的唯一對象。而研究這經驗事實的機能就是「理智的分析」。理智主義者在主體方面，只承認「理智的分析」。因此，他們只成了理智一元論、科學一層論。在主體方面，理智活動以上的情意心靈乃至理智本身的內在根源，他們不視為學問的對象，也不認為這裡有大學問。因此，人生全部活動的總根源，成了人類心思所不及的荒地。你愈不注意它，它那裡便愈荒涼、愈黑暗，而人生也便愈盲目、愈混亂。以前的人，總是在這裡講學問。這就是所謂「明明德」。這是正本清源的學問，也是道德宗教的根源。在這裡始轉出聖賢的教化，而人間的一切人文活動也從這裡開出。但是你必須知道這不是經驗事

實（亦稱官覺事實），也不是理智分析所能排比爬疏的。時風中的理智主義者就因為不能承認這一點，所以才成為理智一元論、科學一層論。他們雖不像共黨那樣自覺地堅持唯物論的物化，但他們停滯於官覺事實與理智分析而不轉，也是流入只認有物不認有心的道地的唯物論。惟他們並不像共黨那樣自覺地從原則上樹立唯物論的立場，他們只是停滯於官覺事實之一層，因而不自覺地成為自我封閉的事實上的唯物論。這種自我封閉的事實上的唯物論，是理智主義的僵化。這種僵化也足以窒息人性、正義、理想、價值之開發，轉而成為價值觀念之泯滅。因為事實一層是沒有價值觀念的，理智分析是將一切外在化而為平面的。人性中的父慈子孝、兄友弟恭，是經不起理論的追問。正義、理想，這都發自於不容已的心願。在事實一層、理智一元的窒息下，這種提撕人間、樹立人道的立體形的心願都被抹平了。這種風氣正好是替共黨開路的。文化意識之提高，不但是根本上反共黨的物化，而且還要提醒理智主義的僵化。這是人文主義的基本精神之二。

消極方面是反物化、反僵化，積極方面便是價值觀念之開發。價值觀念之薄弱，有意無意地被糟蹋，無過於今日。價值觀念之開發是人文主義的基本特徵。

依此價值觀念之開發與點醒，吾人以為在人文主義的系統內，必須含有三個部門之建立：一、道德宗教的學問之綱維及其轉為文制而成日常生活方面的常軌，必須予以充分的重視。即必須在科學知識以外，承認有更高一層，更具綱維性、籠罩性的聖賢學問之存在。這方面的開發與承續，從學問方面說，名曰道統之不斷；從文制方面說，名曰日常生活方面的常軌之建立。二、作為政治生活的

常軌的民主政治，必須視為生命中生根的真實理想，疏導出其基本精神與價值，而促其實現。這裡含有人類客觀精神的奮鬥史。必須疏導出中國的文化生命裡何以未發展出，西方的文化生命裡何以會發展出，而且必通曉政治形態之發展與轉進。這方面的開發與承續，吾人名曰政統之不斷。三、科學代表知識，這是生命與外界通氣的一個通孔。吾人必須了解它的基本精神與特性，必須疏導出中國文化生命裡何以不出現邏輯、數學與科學，西方文化生命裡何以會出現。這是知識方面「學之為學」的問題。這方面的成立與繼續，名曰學統之不斷。但必須不要落於理智主義的理智一元論、科學一層論。因為這是反人文的。

以上三部門是這個時代的人文主義所必函攝。沒有一面是可缺少的。吾人以下試略申其義。

關於道德宗教方面，吾人必須知這是「人道之尊」之總根源，價值所從出之總根源。人性之尊嚴、人格之尊嚴，俱由此立，人間的理想與光明俱由此發。宗教不是外在的迷信，乃是人生向上之情，期有以超越其形限之私之不容已。而此不容已也就是人之「內在道德性」之發見處。是以道德也不是外在的乾枯條文之拘束，而是內在的向上之情，人之所以為人的「絕對主體」之透露，使人成為一真正的人，從為感覺的、形限之私的奴隸之中解放出來；乃是人格之大開展，心靈之大開擴。以前聖賢立教總是在這裡點醒人。這不是科學，也不是知識，這是德性之自覺。人一旦忘了這裡，這裡成了荒涼之地，則人們日趨於卑俗凡庸，而毫無高貴之念、價值之感。人生亦日趨於萎縮苟偷，而無天行昂揚之德，因而任何有價值的事業制度亦創造不出來。共黨必把人性中這一點光明之根，古

人稱爲秉彝，斬斷而使人化爲物，故其造孽如此之深。現在對共黨的荼毒，人性的覺醒，人道的覺醒，正是其時，而聖賢所開出的道德宗教之敎訓之須要開發與繼續，亦正是時代逼迫出的需要，大勢所趨人心迫切的要求。如何理智主義者尙僵化而不覺？

復次，聖賢學問，亦不徒學問而已（當然更不是知識的學問）。吾人之注意它，亦不只是作德性的呼喚，恢復吾人的天行昂揚之德。它還具有文制的意義，吾人亦注意它如何再轉爲文制之建立。譬如，在西方，宗教就不只是他們的德性生活的靈感之來源，而且爲日常生活的常軌，此就是其文制的意義。在中國，孔、孟的禮樂的敎化，亦不只是吾華族的德性生活的靈感之來源，而且亦成爲吾人日常生活的常軌，如倫常、喪祭之禮等，這也是其文制的意義。吾人今日開發承續聖賢學問的統緒，亦必須深切注意到如何再使其轉爲文制的建立。蓋人不能只有科學知識，即算完事。科學知識不是文制。吾人亦不能只有民主政治即算完事。因爲民主政治只是政治生活的制度。人不能不有日常的生活。無論科學家、政治家、智、愚、賢、不肖，皆不能不有日常生活。依是，就不能不有日常生活的常軌（文制）。在社會崩解的時候，道揆法守皆歸絕喪，則人即無日常生活的常軌。個個皆拔根，皆落空，其苦自不待言。而且不只苦而已，且橫衝直撞，氾濫決裂，生命即不能保。再茫然決裂下去，人類勢必歸於淘汰。「魚相忘於江湖，人相忘於道術」。有江湖爲其底子，則魚可相忘而保其活命。有道術爲其底子，則人可相忘而保其天年。日常生活的文制就是魚的江湖、人的道術。聖賢學問、道德、宗教方面的敎訓之不容忽視，就在這裡。此豈可以科學知識邏輯根據來衡量乎？吾人今日講人文主義，首先

注意到人性的覺醒、人道的覺醒，反物化、反僵化，把人的價值觀念開出來，其次就要注視到由這種覺醒如何轉爲文制之建立以爲日常生活之常軌。這兩面合起來就是張橫渠所說的「爲天地立心，爲生民立命，爲往聖繼絕學，爲萬世開太平。」現在生民實在是沒有命了。建立日常生活的文制就是爲生民立命。其餘三句都由此一句而彰顯。吾人之所以講人文主義，而不如俗輩之只注意於科學與民主，正因爲這個時代的問題是已接觸到根本的整個文化問題，不能不上下貫徹通到本源。道德宗教方面的道統之不斷，正是人文主義所必通徹的本源形態。僵化的理智主義者是根本不能了解這一點的。

關於民主政治，我們必須知道這是近代化的政治生活方面的常軌。這個常軌的建立之動機，就是人們已經覺識到，對於無限體的皇帝，有依照一政治法律形態的制度來限制他的必要。有這麼一個制度，則超越而在上的，是憲法，不是個人。社會的定常（國家政治方面的）是由具體的個人之世襲轉而爲一個虛的客觀的制度。這就是政治生活所依據的一個架子，或舞台。這個架子是虛的，而其所寄以有效的實體，則在政權之由在具體的個人之世襲處轉而在人民處。此即是所謂民主。政權在民，就是人民得以依據一個制度（憲法）來限制他們的元首與更替他們的元首。像這樣產生出來的元首，有時他可以專權，但他不可以專位。中國以前的治權是很民主的。《春秋》「譏世卿」，則治權之不得專（即開放），自古已然。惟政權則是由打天下而來，綿二千年之久，始終寄託在打天下的個人之世襲上。這點不轉即不能算民主。而我們必須知道這一層的轉出實在是很難的。辛亥革命以來，一直擾攘到現在所有共黨極

權專制之出現，還正是因為這一層未眞正轉出之故。而這一層之轉出，則寄託在人民之爲「政治的存在」之覺醒。人民不能覺醒其爲一政治的存在，不能算是眞正的公民，對於國家、政治、法律即不能算是有責任。關於這點，我們必須知道中國以前的人民是不曾在一個國家、政治、法律的組織之中的，他們只是羲皇上人。孔、孟立敎，及後人繼之而發展的儒家學術，其轉爲文制，只是日常生活的文制，始終未轉出政治生活的文制。其成爲日常生活的文制即是所謂五倫，而五倫之表現只是限於所親或所識者，這只是在有具體的關係處表現。君臣之間有忠，這是一倫。但是君與民間，臣與民間，便不是具體的關係。就在這一個非具體的關係上，始見出五倫對於近代化的國家、政治、法律之成立是不夠的。以前，在這一個關係上，沒有眞正的客觀的政治關係之建立，故政治形態始終是停在君主專制上。這即表示君是一個超越的無限體，而民則是被動的不自覺的羲皇上人。君與民這兩極端，民一端若完全沒有起來，則君一端即不能有政治法律形態的制度來限制。這兩端間的眞正客觀的政治關係不能建立，則以士大夫組成的宰相系統，掌握治權者，即不能有眞正的客觀化。這點是了解中國文化發展、儒家學術發展的大關節。以前的儒者、思想家，每至此而窮。須知光以道德敎化的形態來限制皇帝是不夠的，光是「自天子以至於庶人，壹是皆以脩身爲本」這一層，光是內聖的正心誠意這一層，對於君民之間眞正的客觀的政治關係之建立是不夠的。這即表示以前儒者所講的外王是不夠的，有推進一步的必要。

我們必須知道從周之貴族政治到秦漢後的君主專制是一大進步，從君主專制再進到民主政治又是一大進步。這一個政治形態的

統緒必須要認清。從儒家學術方面說，現在講外王一義必須函攝近代化的國家、政治、法律之建立。在從事政治活動的人方面說，必須了解這個政治形態的統緒，而以民主政治之實現爲其生命中眞實之理想。我們現在的人文主義必須含有近代化的國家政、治法、律之建立這一義，即必須含有外王之重新講這一義，這就構成今日儒家學術之第三期的發展這一使命。（第一期爲由孔子至董仲舒而建造漢朝大帝國，第二期爲宋明理學。）近代化的國家、政治、法律不能建立起來，儒家所意想的社會幸福的「外王」（王道）即不能眞正實現；而內聖方面所顯的仁義（道德理性），亦不能有眞實的實現、廣度的實現。我們必須了解民主政治之實現就是道德理性之客觀的實現。我們若眞知道道德理性必須要廣被出來，必須要客觀化，則即可知民主政治即可從儒家學術的發展中一根而轉出。只要知道政治之不斷，即可知道德理性之要求客觀實現之不容已，這就是民主政治之必然轉出之文化生命上的根據。

關於科學知識一面，我們必須知道，儒家在以前所確定的文化模型，雖是仁智合一的，然畢竟是以仁爲籠罩，以智爲隸屬者。這不要緊。仁當該是籠罩的，智當該是隸屬的。要者是：在以前儒家學術的發展中，智始終是停在聖賢人格中的直覺形態上，即智慧妙用的形態，圓而神的形態上；始終未彰著出來，成爲其自身之獨立的發展，因而亦無其自身之成果。即智沒有從直覺形態轉而爲「知性形態」。它總是上屬而渾化於仁中，而未暫時脫離乎仁而成爲「純粹的知性」。因此，邏輯、數學都出不來。智，必須暫時冷靜下來，脫離仁，成爲純粹的「知性」，才有其自身獨立的發展，因而有其自身之成果，這就是邏輯、數學與科學。智成爲純粹的知

性，才能與物爲對爲二。而中國以前則必講與物無對無二，這是王陽明所講的心理合一之良知的天理。在心理合一之良知的天理中，智是不能與物爲對爲二的，因而亦就不能成爲純粹的知性。智不能轉爲知性，則其所對之「物」（即「自然」）亦不能外在而爲純粹的客體，即不能爲研究之對象。「知性主體」一呈現，則運用不能不是邏輯的。此即爲「邏輯理性的我」之所在。因此，邏輯、數學都在這裡成立。此即爲純形式科學之成立。知性主體攜其邏輯、數學的理性的運用而觀解外物，則「自然」始成爲眞正的知識之所對，成爲純粹的自然物，只就其爲一物而理解之。如是，方能發見其律則，而自然科學始能成立。此就是西方文化所以出現科學的基本途徑，中國以前儒家講智是統攝於仁中的「神智」（即智慧妙用的直覺形態）。神智的表現是越過邏輯、數學的途徑的。孔子與孟子都講仁且智。此智即是聖賢人格中的「智」。《易經》亦言「智周（乎）萬物」，此智即儒家所謂「悲以潤慧」之慧，此種智或慧都不是「知性主體」之智。此義，經過理學家而發展到王陽明，完全徹底透出而確定。這只是本源形態中的智，或德性中的智，因以前儒者講學，唯在此用心也。此則只呈現「德性主體」，不呈現「知性主題」。德性主體中的智既必與物無對無二，而其表現亦是「非邏輯數學的」，故其所觀照之物（自然）亦不能外在化而爲知識所對的客體，它必內在化而與自家生命息息相通，因此，「自然」既富有藝術的情味，亦彌綸之以道德的意義。（案：本段有「觀解」與「觀照」兩詞，其意不同。須注意。）儒者講學所表現的「智」既是聖賢人格中的智，則在此文化生命中過生活的一般人的智便只是感觸的、實用的。從前者說，未轉爲知性主體，從後者

說，未進於思想階段，亦仍不表現知性主體。在此兩種情形下，邏輯、數學、科學是出不來的。這就是中國文化生命發展的限度，它未發展到這一環，因而亦可說缺少了這一環。與它未發展到民主政治（即近代化的國家、政治、法律）那一環，因而亦缺少了那一環同。我們今日的人文主義必須疏導出這一環，一如我們之重新講外王。這樣才眞能充實儒家學術而構成其第三期發展之特徵。

我們必須知道，在智未轉爲知性主體，邏輯、數學、科學出不來的文化形態下，知識方面的學統即「學之爲學」的成立及其相承的統緒，是不能出現的。此中國之所以只有道統而無學統之故。我們必須知道：道德宗教方面的道統及國家政治法律方面的政統都是「實踐的」，一是個人的、聖賢人格的，一是集團的、客觀組織的。唯邏輯、數學、科學方面的學統，則是「觀解的」。此是整個實踐過程中的一個通孔。這一通孔缺少了，實踐即成爲封閉的。照一個人的實踐說，一個文化生命裡，如果學統出不來，則在此長期道德宗教的文化生命中，聖賢人格的實踐很可能膠固窒塞而轉爲非道德的，而其道德理性亦很可能限於主觀內而廣被不出來，而成爲道德理性之窒死。照集團的實踐說，如果這個通孔缺少了，則眞正的外王是很難實現的。此中的病痛，在中國的文化生命裡已經表現的不少了。此今日之講科學與民主者並非無故也。惟如時風中的理智主義之講科學與民主，則斷斷乎一無所成也。

儒家學術的發展正需要有第三期的發展。吾人今日之講人文主義，正應此時代之要求而擔當此使命。此上略言其綱領。詳細闡述，則非此文所能盡。

原載《人文學刊》第2卷第1期（1953年11月）

人文主義的完成

日人三木清原著〈西洋人文主義的發展〉，曾由友人徐佛觀先生譯出刊於《理想與文化》第九期。三木清原縷述很詳確，而簡別提撕則不足。故再據以撰為此文，以應斯世之所需。

一、西方文化史中人文主義不彰顯之故

在西方學術思想傳統裡，人文主義不是主流。而且它也是潛伏在那裡，時隱時顯，因此它始終沒有彰顯出來，完成其自身之系統，以為領導其文化生命前進之骨幹。這原因是在：它的學術傳統是從「客體」方面說話，這是希臘下來的一個大傳統。從客體方面說話，其心思是在把握外物之理：從根據經驗以成知識言，就成功各種科學；從反省經驗而向上翻言，就成功哲學上的外在形上學，或是本體論，或是宇宙論。而這都是在企圖把握外物之理，不過有科學的把握與哲學的把握之不同而已。復次，從客體方面把握外物之理，主體方面最當行的機能就是「理智」；理智撲著外物以活動。主體，若只停在撲著外物以活動的理智上，是很難講人文主義的。理智限於經驗以成知識就是科學，反省經驗就成功外在形上

學。反省經驗,而主體之門不能開,只停在理智一層上,則外在形上學亦難站得住,如是或取銷形上學,或只限於智識論,這是現代西方學術的趨勢。惟一能開主體之門的,是康德。主體,有理智主體(亦曰思想主體),有道德主體。所謂能開門,就是能切實認識理智主體,而且又能透至道德主體。康德的純哲學唯是從主體方面說話。這在西方是很特出的。所以順康德的傳統下來能講文化與價值。這就開了人文主義之門。但是康德畢竟是一個純哲學家,他一生所從事的也是純哲學,他並沒有單講人文主義,也沒有自居於人文主義而說話。他的工作還是屬於純哲學的範圍內,不過與希臘的傳統不同而已。而凡是直接順希臘傳統下來,而不能再深入以致其內部之曲折的,亦總是不解康德。若再廣泛言之,凡是從客體方面說話,只停於理智一層上,亦總不能解康德,因而其離人文主義亦愈遠。康德雖是已開主體之門,因而亦開人文主義之門,然適已說過,他的工作畢竟還是純粹哲學的事。依是,凡是從事哲學活動的人,遊息於西方哲學的氛圍內,總是隔人文主義很遠的。這雖是學者的自限(不是理自身有什麼衝突),亦可見在西方學術傳統內,人文主義尚未到凸出的境地。

另一個原因是在基督教。耶穌的宗教精神是神本,不是人本。他自己的生命,就是在放棄現實的一切甚至其自己的生命而回歸於上帝,因而亦就藉其回歸於上帝的宗教精神,而歸證那個高高在上獨一無二的真神,即純粹的絕對。所以他所成的宗教自身,就是「非人文的」(non-humanistic)或超人文的。雖然他在顯一個真理的標準,而順基督教下來,亦可作人間的活動(因而形成西方基督教的文化系統),然而他之立教,究竟不是貫通天人而為言的,

即畢竟不是直下植根於道德主體而下貫於人上徹於神。他是一刀兩面的精神，此即吾所謂隔離的宗敎。吾友唐君毅先生名之曰偏至的聖賢型。（見〈孔子與人格世界〉一文。民主評論社，人文叢書之一。）耶穌在其宗敎精神上，亦沒有開主體之門，沒有從人方面樹立起主體來，沒有通過人的主體之樹立而上徹於神。他樹立了神這個主體，而沒有樹立起人的主體。在人這方面是個空虛。所以人文主義之門在基督敎裡並沒有開出來。

順基督敎下來是神本，順希臘傳統下來，從客體方面說話，停於理智一層上，是物本。這兩個本，在西方的文化精神下，學術傳統裡，特別彰著。而在這兩個本的夾逼下，把人本悶住了。所以人文主義在西方始終抬不起頭來。

二、西塞羅主義時代人文之特性

但是，人文主義，在西方文化史中，在時代精神或學風時風的轉變或形成上，總常起作用，因而時隱時顯，在隸屬的層次上，盡它時代上的使命。它所盡的責任，它的使命，不在科學、不在哲學、亦不在宗敎。所以若從這三方面說，它一無成就。由於它的起作用而下來的成就，大體可以說是在國家政治以及社會生活形態方面。這可以看出人文主義的特性。它是從外傾於物，外傾於上帝，而收回來，從觀解或默想對象而收回來，而歸於客觀的實踐上：國家建構的實踐，政治生活或社會生活的實踐。在中國，人文主義徹底透顯，成為領導文化生命前進之骨幹。所以中國文化以及其學術傳統也是成為道德政治的實踐形態。不過在中國是主流而且彰顯，

在西方未彰顯而成爲主流而已。然其意義作用與使命，則是相同的。

在西方，因爲人文主義不是它的文化生命之主流，所以它是在歷史的一定時期，歷史的一定條件下而出現、而發展。人文主義一概念，在希臘並未成立。其成立是在羅馬，而且是西塞羅時代的羅馬。西塞羅（Cicero, 106-43B.C.）是首先意識到人文主義之內容的人。人文主義的內容是人性與人的品位，而人性與人的品位，且不從道德實踐的深度處說，從其廣度處說，它不能離開社會生活中的言詞舉動，即它不能不在社會生活的實踐中表現。因此，西塞羅的人文思想就是注意社會生活各方面的禮節與正當不正當的規則。人當該要過一種有教養的生活，即是文化的生活。那怕是戰爭，也當該有戰爭的規矩與程序，譬如先禮後兵、宣戰重誓約等。西塞羅的人文思想，是相當於中國春秋時貴族社會所傳下來的有禮的、教養的生活。不過在西塞羅，他是意識地宣揚這種生活，他的人文思想代表一種運動，而在春秋時，則已經是風尚了。原西塞羅之所以宣揚這種運動，是由於羅馬原是一野蠻民族。西塞羅時代正是對希臘的文化、希臘的教養開始有廣泛要求的時代。因此他也好像中國北魏的漢化。這個要求正表示野蠻無文的民族開始自覺到自己之野蠻，自己之純爲赤裸裸的原始生命之不足，反省到自己之寒傖，而想要過一種有文化的生活。所以在對希臘的文化與教養有廣泛要求的時候，正是想接受另一種文化而改變自己之野蠻的時候。這種接受是從生活上來接受。西塞羅的人文主義，正盡了這個責任。他雖然只注意到廣度方面的禮節，沒有從深度方面發揮人文主義的思想系統，然而亦正可見他的人文主義之成就也是在客觀的實踐方面。

而且在這裡我可以點醒讀者：這種對於另一種文化的接受或消融是
健康的，即：要想接受或消融另一種文化，必須先有一種積極而健
康的人文主義的思想作領導以為根據，始可不舛馳而走邪。民初五
四運動以來，中國要想接受西方文化，然而在這三、四十年來，擾
攘於社會中者，卻正無積極而健康的人文主義，即不能從客觀實踐
上先站住自己的真實生命，而只是孤離地、腰截地要科學與民主。
自己的生命先頹墮而倒塌了，自無法接受或消融另一種文化，亦自
不能產生科學與民主。須知客觀實踐方面的人文思想，實是代表一
種健康的生命，一種自覺而清醒的生命，而不是那種炫惑於五光十
色的紛馳生命。因此，它是建構的、負責任的。而我們這三、四十
年來卻正是自然主義、唯物主義、現實主義、功利主義，在氾濫。
一切在無本中駘蕩。

　　人文主義之為一切建構一切成就之本，若再進一步看西方人文
主義之發展，即可逐漸明白。

　　但是，在這裡，我須首先再申述一點，即：普通常廣泛地以為
人文主義是希臘主義，而是與基督教的精神相對立的。在西方文化
史中，人文主義常與希臘文化有關，亦常與基督教精神為對立或接
不上，這是事實。西塞羅時代的人文主義是如此，（那時基督教尚
未出現，說不上對立，但就其節度而言，亦是接不上。至於與希臘
有關，則不待言。）文藝復興時的人文主義亦如此，而後來的德國
的人文主義亦如此。此於後便知。但剋就人文主義之當然內容有取
於希臘者，只在其現實生活之重自由、尊理性、富美感，這種廣泛
意義的生活情調。而在思想或學統上說，則希臘的文化精神總是偏
傾於物本或可演變而為物本的。其求真愛美向善亦常是偏傾於外在

的自然，從客體方面而為言，並未打開主體之門，從主體方面開而出之。蓋希臘文化尚是一種青年期的文化。其基本特性是藝術性的（artistic）與理智的（intellectual）。這一文化系統，在青年期的美學情調之氣氛或鼓舞中，含有兩方面的頭緒：一是求解自然，明辨形式；一是多神教下而言上帝（是眾神中一最高之神）。順前一頭緒言，則它不能不經過一步收歛凝聚的抽象化或嚴格化，否則，它不能成科學。而收歛凝聚的抽象化或嚴格化是順這頭緒下來必然有的一步發展。而此步發展之表現為思想學統，則即是物本的。這是希臘文化中主幹之一。此外，順後一頭緒言，則它本身尚不能成宗教。蓋其神尚不是獨一無二之真神，且亦未脫離感覺成分之夾雜，尚未從感覺中提鍊出來純淨化而為一絕對之純精神。（亞里士多德以「純思想」或「純形式」說上帝，好像已經純淨化了，然仍是理智的，仍不能說「純精神」，而且仍是眾神中之一神。）是以若有發展或來自另一源泉（如順希伯來精神下來的耶穌）而成宗教，則一方必高於希臘之境界，一方亦必是神本。這又是希臘文化中之一主幹。是以此兩項頭緒若有發展，則總是物本與神本。此兩本若彰顯出來，則其背後之美學情調即退縮而為現實生活上之情調。而人文主義之開始既不著眼於物本，亦不著眼於神本。依是，後來在時代發展中，人文主義若必通過希臘文化而成，則其有取於希臘而成為人文主義者，必只是這個現實生活的情調。這個作為人文主義之底子的現實生活情調在希臘乃是無本的。後來人文主義若只憑依這個底子而成其為人文主義，則必然亦是無本的。依是，人文主義亦必然透不出，樹立不起；亦必然與基督教為對立，或接不上；不特此也，且亦必然與承希臘下來的科學傳統、哲學傳統為對

立，或接不上。是以人文主義在物本神本以外必有其獨立的源泉，而不只是這個現實生活的情調。須知人文主義固含有藝術的與理智的兩特性，而只此兩特性，則不足以極成人文主義。

在這裡，西塞羅基於斯托噶派理性主義的哲學，點出了「普遍的人性」，不爲階級種族所限的「人性」，實比希臘進了一步。因爲希臘人，正如亞里士多德所代表的，常以自己和野蠻人之間，市民和奴隸之間，來劃分人類的價值。並沒有透過階級而言普遍的人性，以立人道之尊。西塞羅則經過了斯托噶的哲學而進到了這一步。此就是於「藝術的」、「理智的」兩特性外，點出了「道德的」一特性。然其所謂「普遍的人性」，一方是自破除階級而顯（即對外而顯），一方在其自身則只是抽象的泛說。（此只是一個邏輯的或形式的陳述。）並沒有落到「人」的分上，從人心中點出一「道德的人性」以建立這個普遍的人性之眞實義。此步作不到，則人文主義即無法透出而爲綜和的籠罩的指導文化生命前進之最高原則。因此，那個抽象的泛說的「普遍人性」，一落實，就是那渾淪的現實的「自然人性」（human nature），而其落實的具體表現處，遂不得不只在外在的禮節教養上、事業云爲上。因此，人文主義一落實就只成爲重視人間社會活動而已。此不足以爲領導文化生命前進之最高原則。此點，西塞羅時代的人文主義未能作到，文藝復興時人文主義以及德國的人文主義亦俱未作到。此點作不到，則代表更高級精神生活的基督教遂進來而爲羅馬帝國及新興蠻族所接受，而代替了西塞羅的人文主義運動。而基督教的精神卻是神本。希臘精神若收歛凝聚而爲思想學統，則是物本。西方的文化生命總是在這物本神本中傾注搖擺，此其所以富於跌蕩性、急轉性與戲劇

性。一切成就與精采由此見,而大病源亦由此見。而人文主義則在
無本中只是吸取希臘的生活情調而亦爲現實生活之情調的,而處於
此兩本中以爲其文化生命鬆一口氣。其關鍵惟在普遍的人性,這個
普遍性未在「道德的心性」中徹底透出。必須牢記此點,然後可以
了解西方人文主義之發展及其不足處。

三、文藝復興時人文主義之所以興起:中世紀神本精神略述

西塞羅時代的人文主義是在否定自己而想進於文,而十四、
五、六世紀,所謂文藝復興時的人文主義,則是否定中世紀封建社
會與教會所傳下來的積習之桎梏。這是對「他」的否定。人純處於
原始物質生命的狀態,而沒有人性的自覺,沒有從此自覺中而見到
理性以及其所成的客觀之文,以調節潤澤其原始物質的生命,則亦
是一種沈溺、桎梏。沈溺即是生命不能超拔;桎梏即是其純然的物
質生命自身之凍結,亦即僵化。所以必須來一個對於自己的否定,
而進入人性的自覺。同時,一定型態的文化,積習既久,而失掉生
命,亦可成爲人的桎梏。文藝復興時的人文主義,即是對這種桎梏
的否定。西方人文主義之得到其文化史上的意義,以及其基本特性
的規定,也是在這個時期始表現出來。

中世紀的宗教精神是神本。神本的基本精神,對應人文主義而
言,我們可注意以下三點:一是上帝與人與世界的對立,以顯上帝
之高高在上,超越而外在;二是人的原罪;三是神的恩寵。從第一
點,崇神而卑人,對世界而言,它必函宇宙論上的創造說,而反對
「流出說」,因而亦必反對本體論上的泛神論。從第二點,則加重

人之謙卑，人自己之無力，匍匐於上帝之前而加重其皈依之誠。此點復函：中世的人之了解自己、了解人生，是在與人的普遍本質之關聯下，與亞當的關聯下，而了解。人只有在觀想超越者所決定的人類的普遍命運時，才能得到人生的眞義。單獨的個人之生與死，不是他自己固有的事，而是一切者的一之生，一切者的一之死。這種從普遍的命運本質來把握人，是把人的個性淹沒了。現實的個人，若不在這個普遍的命運本質之下，直是偶然的，無所謂的存在。西塞羅時代作爲人的本質之「普遍的人性」，固然從斯托噶派的理性主義得到基礎，但以後也很可以從基督敎的敎義，即博愛，在上帝面前人人平等，得到其切實的認識。博愛（普遍的人類愛），在上帝面前人人平等，即含有「普遍的人性」之肯定（不爲階級所限）。基督敎的這個敎義，很可以爲人文主義者吸收進來作爲人文主義的正面大前提，一個積極的領導原則。但是，基督敎究竟不是人文主義。所以從基督敎方面說，從中世紀的宗敎精神方面說，「在上帝面前人人平等」，這個普遍性尙是外在的「用」，而原罪所表示的普遍命運這個「普遍性」，才是最內在的「體」。基督敎實含有這兩面的普遍性。人文主義若能繼承西塞羅時代而繼續發展，繼續就抽象的泛說的「普遍人性」而向裡點出「道德的心性」，則即一方可以把「在上帝面前人人平等」吸收進來轉化而爲體，一方也可以給「在上帝面前人人平等」這個敎義以積極的基礎。如是，由人性以通神性，可以與宗敎神本不對立，而基督敎亦可轉化而爲不是中世紀那個形態。但是人文主義在中世紀並未得到滋長壯大的發展，而時代精神卻轉而爲基督敎的神本精神所佔據。因此，「在上帝面前人人平等」所顯的普遍人性只是對外而顯：一

是對「在上帝面前」而顯，一是對「不爲階級所限」而顯。依是，普遍的人性這個普遍性在西方始終停在「外在的用」之階段上，始終未能從「人心」上點出其最內在的本質，以使其成爲「內在的體」，一如中國儒者之所爲。依是，「普遍的人性」雖表示是從正面來了解人，而卻停在「外在的用」之階段上，而中世紀的精神卻加重從反面來了解人的那原罪所表示的普遍命運－普遍性。依是，人這方面仍是空虛。人本站不住，是即「人極」不能立。因爲加重原罪所表示的普遍命運，所以從第三點，人不能以其自己之自由意志而決定其自己之命運。人之得救與否，其權完全操在上帝手中。上帝救你，這是上帝的恩寵。上帝不救你，這是上帝的懲罰。這一方固然顯示上帝有絕對的自由，一方也顯示其自由也不是無理由的，即：人之罪惡之解除與否，以及何時解除，何時不解除，在人類由原罪所表示的普遍命運之下，只有上帝知道得很淸楚。上帝不會冤枉你。這綜起來只是加重你皈依之誠。對宗教精神言，皈依之誠本身就有絕對價值。其種種敎義或觀念，就是爲的加重這個核心。只要這個核心堅定了，其他外部的，亦無關重要。

上帝與人的對立、人的原罪、神的恩寵，這都是要加重神之超越性，加重人之皈依於神。因此神本就是中世紀精神之核心。這個精神就是完全向上看向天看的精神。這是它的好處。人之精神貫注到那一面，即彰著那一面。人之生命隨其精神之貫注到那一面而鼓舞發展，必有其一段過程。在此過程中，它必有一段精采與輝煌的成就。及其發展過程快完結的時候，生命將枯竭，精神亦闇淡，而這個生命的途徑之弊竇亦隨之而出現。弊竇的發現，開始常不在那發展中所成就的那些觀念或敎義，即不在生命所走的途徑，而是在

生命本身。所謂在生命本身，即生命枯竭，精神闇淡，其本身即沈溺僵化而轉為罪惡。其所走的途徑，原來有光輝，有成就，而現在隨生命之枯竭，精神之消失，亦都轉而為罪惡醜惡之淵藪。這一切都成為新生命之桎梏。文藝復興時的人文主義就是要衝破這桎梏而要求「人之再生」。

四、文藝復興時人文主義之特性

所謂文藝復興是 Renaissance 之譯語，而這個字本身的意思原是「人的再生」。所以文藝復興並不可單從外在的文藝之復興來了解。當時使用此詞的人，並不特別想到希臘羅馬古代的再生，或是古代文化的復興。那些人們都只想到自己本身的事；想到自己本身的現在之生，想到自己的人的再生，自己的人性之復甦。他們為忘卻他們那污濁的現代，那令人窒息的現代，他們遊神於古代的文典，藉尚友古人來解放自己的心靈，藉偉大的古人的心思義理、靈魂，來活潑自己的靈魂。是以他們是在「人的再生」之意義下讀古典。聖者安布羅齊阿斯（Ambrosius, 340-397）與人文主義者的伊拉士馬斯（Erasmus, 1466-1536），同樣讀西塞羅的《義務論》，但前者在《義務論》中是想尋求充當聖職者的規則，而後者則在《義務論》中看出了獨立不依於基督教的道德。這是在自身的立場上讀書，不是在為他人的立場上讀書。這是死在古典下與不死在古典下之別。其關鍵是在：是否有一個新鮮活潑的「我」在活躍。

文藝復興時的人文主義是人性與自我的解放，從神本的幽冥與教會的污濁中解放。對教會的束縛言，那只有掙扎出來而解放自

己,這裡沒有義理上的爭執與反對。可是對神本言,則那時的人文主義者感到一種精神上、義理上的對立,神本是超越論,人文主義是內在論。他們從神本的幽冥中解放出來,而歸到「人」的分上來。(人文主義亦譯人本主義。人本實只是對神本而落下來歸到人上說。這只是那時人文主義一個開頭的意義,在全幅歷程中第一階段的意義,不是全幅意義。若賅括全幅歷程而言,則人文主義一名為恰。)由人性與自我的覺醒而歸到「人」的分上,那時的人文主義最美妙的特徵,就是:對於現實的人生、現實的自我、個性的自我,有一種春天之情的喜悅感,而且有一種現實的人間愛。說到現實的人生,現實個性的自我,就不只是那普遍的理性一面,而且有特殊的氣質一面;也不只是基於普遍的理性而來的普遍的人類愛,而且基於特殊的氣質而有現實的人間愛。一個現實的個性自我,因其有特殊的氣質一面,故才情得以被肯定。才情之所表現的也是有價值的。個性的表現就是才情的表現。才情的表現發展而有成就,就是一個完滿的個性人格。才情的表現、個性的光輝,這是值得被喜悅的。盡自己之才情而被人稱贊欣羨,以爭取名譽,也是不容菲薄的。這是直接面對現實人生而加以肯定,因著人性與自我的覺醒、生命的通透洋溢而來的肯定。如當時的彼得拉卡(Petrarca,1304-1374),就是一個多才多藝的人。他很率直地說他的事業目標是在名譽。他自己稱述自己身體的特徵和他的特性與其才能。他說:「人各有其容貌、姿態、聲音、言語等特殊的東西。與其加以變更,不如加以育成。這不僅是容易,而且也是必要。」所以人文主義都是努力作成特殊的人。承認自己個性的價值,而加以尊重,並使之強大,中世紀的人是以謙遜、節制、禁制為標的,而近代人

的性格,則相反地為現世的肯定,對於自己的力量之信賴。彼得拉卡同時是抒情詩人、敘事詩人、歷史家、地理學者、道德學家、議論家,此外又是美術的愛好者、外行的畫家、歌手等,以顯示其才能。而李奧拿多・達・文西(Leonardo da Vinci, 1452-1519)具備多方面的天才,也是人所周知的。他是畫家、技師、數學家、物理學者,兼而有之的人格。這樣多方面發展成為特殊的人,同時也就是完滿一個人格而成為典型的「全人」、「普遍的人」。所以現實個性自我的發展,在當時人文主義的情調下,其所謂「全人」實在是有點類乎中國人所說的「狀元」,而不是聖人。這是根據對於現實人生的喜悅感與個性自我的才情而來的。

同時,基於特殊的氣質而有現實的人間愛,而不只是基於普遍的理性,而來的普遍的人類愛,故對於現實人間的一切活動都感覺有興趣,都能肯定其價值。這後面有一種美學的欣趣情調在鼓舞,故對於任何人間事業有內在的興趣,此是一種藝術的建構精神。社會事業、政治活動、民族國家的建構,都可以視為一種藝術品。而人就是創造者。故當時的人文主義並不是一個被限定的思想系統,而是一種生活情調,重視實踐與行動,制作與技巧。若只基於普遍的理性而作普遍的人類愛,那還是抽象的愛,而默想亦重於行動。這就表示內心生命缺乏一種洋溢喜悅之情,而卻是一種蒼涼的悲情。若再加上原罪所表示的普遍命運,那蒼涼悲情的意味就更重。文藝復興時的人文主義,由於從神本的幽冥中解放,看到現實人生的可愛、現實個性自我的可愛,可以說是填補了這種蒼涼悲情的空虛。

這種富於喜悅感的生活情調是富於想像力及創造力的。我們也

可以說這是一切建構、一切成就之本源。故它能開啓西方近代的文明與文化：由於「知性」的解放，而得以成科學；由於民族的自覺，而得以建立民族國家；由於人性人權的自覺，而得以建立民主政治。這三者都是文藝復興以後的事。而卻是以人文主義作它們的領導原則，爲它們開風氣之先。這可見人文主義的使命與成就是在客觀實踐方面，它能解開時代風氣的糾結，而開啓新文運，在它反僵化反物化之中，它能撐開而爲一個籠罩的綜合的原則。它不是在開了風氣後偏注於某一面的任何一個系統或主義。我們現在可以說：除共產黨的反人文反文化的唯物論外，它不與任何主義爲對立，而若除共黨的唯物論外，偏注於某一面的系統或主義而與此人文主義爲對立，都是不知其本的。這個意思，我們若再看人文主義的發展，即可完全明白。

可是這個意思，在當時的人文主義者也不能意識到。這因爲在當時人文主義並不是一個思想系統。而從中世紀解放而歸於現實的人生、現實的個性自我之生活情調，而感覺到與神本爲對立，是一個重要的原因。它並沒有從其歸於個性自我上再透進一步而深深反省其個性與自我以與神通，而泯除其對立。所以他們那時的個性自我尚是一個渾淪的整全，而未經過一個反省的破裂、超越的分解。人文主義不應只是一個生活的情調，還當是一個思想系統，不應只是行動的，還當是反省的。反省一下而形成一系統建立行動之超越根據，當更能加強其行動性，更能清醒吾人行動的途徑與信念，更能認識一切建構與成就、一切主義與系統（除共黨的唯物論外）之諧和性。這點非常之重要。我在上段即指出：普遍的人性這個普遍性只停在「外在的用」之階段上，因而普遍的人性亦只是泛說，並

沒有從人心上點出其最內在的本質,即點出「道德的心性」以實之。這總是西方人文主義之缺點,亦是西方文化的大病源。現在文藝復興時的人文主義雖表示人性的覺醒、個性自我的覺醒,然其所謂人性仍只是對自神本落下來而說,而落下來自其自身而觀之,又只是一個渾淪的泛說,而個性自我亦只是一個渾淪的整全,因此亦只偏於就才、情、氣而說,或至少亦與才、情、氣夾雜在一起,而未真點出一個「道德的心性」以為真我,以為真性,由之以建立個性之本。這關鍵總在未打開主體之門,即未經過一反省的破裂與超越的分解的。此步作不到,則一方與神與宗教為對立,一方本源不清而提不住,而由渾淪整全的個性自我所開出來的近代精神,逐步步趨於現實,向下向外而發展。近代的一切成就與精采由此出,而一切流弊與夫今日之大難亦由此出。這其中的詳細說明與疏導,可參看唐君毅先生《西洋文化精神之一省察》(民主評論社,人文叢書之一),本文可不具論。

五、文藝復興時人文主義不含個人主義與自由主義

前說文藝復興時的人文主義是富於喜悅感的生活情調,是一種新的生命感情,不是一個被限定的(因而是相對的)思想系統,它沒有經過邏輯的發展而成為一個概念義理的系統。然而它是一切建構、一切成就之源。我在這裡再就此點略說其涵義,以期對於其特性再作進一步的了解。這點使我們關聯到隨文藝復興下來的十八世紀的啟蒙思想。

第一、所謂建構或成就,順此期人文主義直接下來的,便是民

族國家之成立。當時意大利的一切人文主義者,是把他們時代覺醒的文化運動,同時也理解為從蠻族壓迫中的意大利國民的解放,從中世紀「神國」的觀念,超越一切民族的、社會的、文化的差異,以統一天主教會之下的普遍的文化觀念之窒息中,而來的意大利國民之解放。人文主義的出現是和意大利國民意識的覺醒連在一起的。但丁開始用意大利語寫作,不用普通的拉丁語,而且有《俗語論》,即可表明此意。所以人文主義時代,是各民族國家獨立成立時代,同時也是「國民文學」誕生的時代。由此函著一個意思,即:人文主義雖對於現實的人生、現實的個性自我有一種春天之情的喜悅感,但卻不是「個人主義」。將其發展成「個人主義的思想」的,乃是十七、八世紀的啟蒙思想。同時,由人性自我的覺醒,當然所追求的是個人的自由,同時也是國民的自由。所以當時的人文主義也並不是單純的「自由主義」。將其發展成「自由主義的思想」的,也是隨資本主義的發達,十七、八世紀的啟蒙思想。這一步發展是把文藝復興時人文主義所代表的生活情調,新的生命感情,抽象化,或說是凝斂而具形化,具形化而為個人主義、自由主義。須知一凝斂,便含有收縮沈著的意思。把那豐富的、生命的、動而具體的生活情調收縮沈著而為個人主義、自由主義。這也就是有了理論系統性,因而也就是一種限定,因此也可以說是一種抽象化。個人主義、自由主義一成立,則隨民族國家的獨立形成,便有人權運動、民主政治的出現。這也是十七、八世紀啟蒙思想時代的事。人文主義時代的精神是「想像力」之建構的,而且是綜和的、籠罩的。當然不是理論系統的綜和與籠罩,而是實踐行動的、制作技巧的。其背景是未經反省破裂的渾淪整全的個性自我、美學

情調鼓舞的自我；因此其表現於外的作用已是藝術與技術不分、理論與行動不分、原則之學與技巧之術不分、知性與直覺不分的「具體活動」。這種活動勇於赴義，易於識大體，易於無成見，活潑而不固執，故易於是客觀的，即依此而說為綜和的、籠罩的、想像力之建構的。而啟蒙思想的精神則是「知性」之建構的、分解的、對列的、系統的。個人主義、自由主義、人權運動、民主政治之出現，都是此種精神下的產物，反而亦都表現此種精神。此種精神在層次上是低於前一種的，是涵育於前一種中而轉出的，也可以說是前一種精神之凝斂收縮而成的，由想像力（構想力）收縮凝斂而成為知性層的精神。

　　第二、「知性」的抽象性與「理性性」是啟蒙思想的特徵，因而「理性主義」（rationalism，亦譯為合理主義）亦是啟蒙思想的特徵。適說，啟蒙思想將文藝復興時人文主義所代表的新的生命感情、想像力之建構的精神，收縮沉著而為知性層的精神，此言「知性」是對應個人主義、自由主義、人權運動、民主政治而言的。不是知性之本身，故言知性層的精神。至於知性之本身以及其最恰當的（或最當行的）作用之所至，當於科學知識及十七、八世紀的理性主義的哲學方面以明之。康德定知性之本身為判斷之能，吾人現在可廣泛言之，知性便是邏輯數學所規定「思想主體」（thought-subject＝understanding）。「知性」一出現，則人之心靈之具體而渾全的活動即被破裂分解而為各方面的形態。知性與直覺分開。因此，了解人的本質亦以「抽象的理性」（邏輯數學的理性）視為人之本質。（人文主義則以整全的人像了解人。）復次，不但把人之心靈破裂分解而為各方面，即主體亦分解而為對立的形態。因此，

主體是純知性，而客體是「純自然」（純粹外在的物質自然）。在
此情形下，機械物理學，總之科學知識，即成立。此以牛頓為代
表。這種成立，亦即是「學之為學」之成立。因此，知性與直覺對
立，科學與技術分離，這種抽象的看法，正是啟蒙時代的看法。同
時，哲學方面，笛卡爾、來布尼茲、斯頻諾薩以及其徒屬等的理性
主義的哲學系統，也純是由邏輯數學的知性用事，把握純自然的客
觀（反省的把握，不是科學知識的把握）而形成的。啟蒙思想之理
性主義的特徵完全恰當地由這時期的哲學家與科學家而表現而形
成。這是知性層的精神之表現於科學與哲學方面而見其成就。這種
表現是知性本身之直接而當行的表現。這一方也可以說是由文藝復
興期人文主義所解放出來的重知性愛知識的精神收縮沉著而成的，
一方也可以說，正因為這一收縮沉著，始內在地接上經過中世紀而
不斷的希臘「學之傳統」，轉變而為近代產生科學的精神。可是也
正因為這一收縮沉著，你可以見出啟蒙思想雖接上了希臘的學之傳
統，而同時亦脫離了人文主義的母體，而成為「非人文的」。在收
縮沉著而為個人主義、自由主義、人權運動、民主政治一面，可以
說是「不自覺的非人文的」；收縮沉著而為知性與科學以及理性主
義的哲學系統一面，則可以說是「自覺的非人文的」。若膠著於此
種自覺或不自覺的非人文的，限於此兩面，就其成就之自身之所是
而觀之，而不知自拔自反，此開始之非人文的亦可轉而為多或少之
「反人文的」，或忽視人文而鄙薄之。文藝復興期的哲學家如
卡爾丹諾（Cardano, 1501-1576）、泰雷斯俄（Telesio, 1508-
1588）、布魯諾（Bruno, 1548-1600）、坎巴內納（Campanella,
1568-1639），以其活潑的想像力，可以放膽地構想出一些自然哲

學。此種自然哲學不是機械論的，而是以目的論爲原理的。但這對學統言，都是兒童期的產物。自科學言，這是不科學的。自哲學言，這是未經過知性之洗練的。如是遂不爲學人之所重。他們所產生的自然哲學系統可以無所謂，但其主體方面之「想像力」，根於新的生命感情而來的想像力，則不能一起而忽之。當該脫離其所產，收回來而回歸於其自身，通於主體之全幅領域中，而再由主體以前進。但是這點，啓蒙思想不能知，膠著於知性用事而把握客體的人，亦不能知。而文藝復興期的人文主義之需要進一步的發展，也正由於此。

六、德國十八、九世紀人文主義之特性

文藝復興時的人文主義表現一新的生命感情，十八、九世紀德國的人文主義也是從新的生命感情出發。它是以反對啓蒙思想的「抽象的知性」及其機械的世界觀而出現的。其中心人物大體是些文學家。它開始時，則稱爲狂飆運動（ Sturm und Drung ）。它仍是反僵化反物化，向上提撕，以重開文運的。這是人文主義的一個主要特徵，而且是一個通性。而此期的人文主義，又能順向上提撕，深入內心生命之內部，以開拓吾人之心靈，以通透生命之本源。這是文藝復興時的人文主義所不能作到的。由此，又引出它的另一個特徵，即：文藝復興時的人文主義感到與中世紀的神本對立，與宗教不相融，而此時期的人文主義，則與神不對立，與宗教相融洽。達到這個結果的全幅歷程，簡單述之如下：

自啓蒙思想而言，人性在合理性中有其價值；人性在理性之

前，由其合理性而成為正當。但是啓蒙思想所意謂的理性，主要的是邏輯數學的理性，廣泛言之，是理智的理性。然而生命本身不是這種理性所能規範得住的，也不是這麼規矩老實的。由此而見到人性之深邃性與複雜性。如是，人性個性自我之覺醒，須要再進一步作反省的深入的體會。狂飆運動在這裡對於生命之本質作了最內面的體驗。本來對於生命可以有種種的反省。生命這個概念既非物質，亦非心靈。它既無物質的廣袤性，亦無心靈的清明性。但它有一種連綿不斷的衝動性與創造性。你說它起於何時，這是指不出來的。你說它終於何時，這也不是生命一概念之所函。從這裏，你可以想到它下貫無窮的未來，上通無窮的過去。自聖賢立教或道德修養而言，則大都注意其病痛一面，視為是形而下的、氣質的，被對付的一個對象。基督教的原罪、佛教的阿賴耶識（或八識流轉）、儒家的氣質，大都是從生命處說。就這樣看生命，也是夠深遠的了。所以其翻上來正面能對治這生命的心靈理性也是更高級的「理智的理性」以上的。可是狂飆運動的人文主義之體驗生命，則沒有這種對顯。它只是順生命本身如其所如而深深體驗到它的無限性與瀰漫性。整個的現象宇宙背後是一個大生命在瀰漫在潤澤。譬如表現出來的是一棵草、一塊石頭、一塊泥土，各個分離而相滯礙。天旱，草枯了，泥土裂成乾塊，一有雨露之潤，則個個生機盎然，諧和潤澤。你從雨露之潤澤這方面去體會那個瀰漫在背後的大生命吧。這樣體會的生命，不是由上帝、道德的心性，或涅槃菩提來對顯其形下性與被對治性。它的意義與內容也是由相對而顯出的，可是其所對的是具有抽象性，只把握機械物質的知性，停滯的、清淺的理智的理性，以及個個隔離、而相滯礙的物質現象。因此，這相

對而顯的，倒是它的形上性、它的深遠的無限性與生動的創造性。這就與神通了。生命具有神性，而神亦即在生命中被體驗，在這裏開闢出價值的根源、理想的根源。狂飆運動的人文主義這一入手一階段，含有三種基本特性：

一、從其所對反的而言，它具有充分的浪漫主義的精神。

二、從其所透顯的正面言，它具有絕對的主體主義（subjectivism）一特性。

三、而且具有純粹的理想主義（idealism）一特性。

關於第一特性，人文主義，自其全幅歷程的最後結論而言，當然不是浪漫主義，但它開始在反僵化反物化的精神下，它必須具有充分的浪漫精神。這個浪漫的精神，我們可以取其廣義。用佛家的名詞說，我們可以叫它是遮撥的精神。自孔子思狂狷說，我們可以叫它是狂狷的精神，從具有抽象性的知性以及外在機械系統收回來而深入內在的主體，而向上透。這第一關必須具有浪漫精神。依是，雲門禪師三句教的第一句即「截斷眾流」句也可以說是浪漫精神。這個浪漫精神不是氾濫無歸的意思。氾濫無歸乃是一種放縱恣肆的頹墮，它本身就是一種物化。何可言精神？共產黨的推倒一切而趨於唯物論，就是這種氾濫無歸、放縱恣肆的頹墮，這是浪漫精神的假象，不是真正的浪漫精神。照我剛才所說這廣義的浪漫精神，皆是第一關收回來而歸於「主體」之意。惟狂飆運動的人文主義，其第一關收回來而歸於主體，其所歸之主體是「生命主體」。這畢竟是青年文學家的情調。故它第一關所表示的浪漫精神，可以說是帶有文學情味的浪漫精神。

關於第二、第三特性，亦須予以簡別。第一關收回來而歸於主

體的浪漫精神，其唯一的目的，就是要反顯這「內在主體性」
（inner subjectivity），把這「主體性」壁立千仞地凸出來、樹立
起來。截斷衆流就是把現象的牽連糾纏一起打掉，而呈露這純粹而
絕對的內在主體。這只是形式的陳述。若具體的說出來，就佛家
言，現實的牽連糾纏，就是習氣的執著，破執而歸於內心的淸淨自
在，就是它的純粹而絕對的主體。若就狂飆運動的人文主義說，它
的文學情調的浪漫精神所反顯的「主體」就是那深遠的無限性與生
動的創造性的生命主體，這也是一個純粹而絕對的主體。故從浪漫
精神到此階段就是「絕對的主體主義」。（普通譯主觀主義，因主
觀有誤會，故譯主體。因這唯是顯大本之事。）惟這主體主義，因
自「生命主體」而立，故亦可說是浪漫的或文學情調的主體主義。
因之，其由此主體而透顯之理想主義亦是浪漫的或文學情調的理想
主義。

　　人文主義開始第一階段必具有這三種特性。但既稱爲人文主
義，則不能停在這絕對的主體主義、理想主義而止，尤其不能停在
浪漫的或文學情調的主體主義、理想主義上。如此，它必須再進到
客觀主義、古典精神的客觀主義，因之，復以此古典精神反而潤澤
那主體主義、理想主義，使其浪漫的轉化而爲古典的。

　　這其中的關鍵，就是從萊興（Lessing, 1729-1781）、歌德
（Goethe, 1749-1832），到洪保爾特（Humboldt, 1769-1859）等
人，以尊重「人性」爲中心，所形成的「人格」之觀念。「人格」
一觀念使主體主義，落下來轉向客觀主義、古典精神的客觀主義。
蓋「人格」是生命之理型化，因而客觀化。故歌德說：人格是大地
之子之最高幸福。歌德在這裏把希臘古典哲學中的「理型」內在化

於生命中，同時亦即把理型加以生命化，而導入於人文主義中，人文主義因此逐克服了浪漫的主體主義而走上客觀主義。他體驗到人在其自己之自身中有其內在的形成法則。各個人都是從內的無限發展達到其整嚴規定的個性。形成法則與整嚴規定都表示生命中的「理型性」，也就是他體驗到生命發展中的節奏或韵律，這就是美學情調的理型性或形式性，因而也就是美學情調的「理性」。（柏拉圖之言理型就是帶有充分美學情調的。理性則嚴肅的道德意味重，文學家的歌德自然是欣賞柏拉圖的理型的。）個性因此成，人格亦因此成。他把生命理型化，理型生命化，逐使他有生命發展的「形態」之觀念。他以形態學的觀點看自然，自然也是目的論的有機的發展，即向「成形」而趨的發展。他在這裏看出了人格完成的教養過程的自然性，也看出了自然成形過程的人格性。這裏開出了文學家歌德的自然哲學，美學情調的自然哲學。也就是這人文主義中所含的美學情調的自然主義。

有了人格觀念，先把自己的生命內在地客觀化，即成形化。（懷悌海言任何一物自身之趨於滿足化、具形化、客觀化，亦是此種客觀化之義。）然後始能肯定人間的一切人文活動，見出其能完成人格的教養作用。這就是移向客觀主義。客觀主義必含此兩義始能備。依歌德、洪保爾特等人，人格的發展是個性，同時也是整全性。完全的個性，不能不是「全人」。所謂全人不是全知全能，乃是人的一切心的能力俱得充分而健全的發展以形成一「諧和的統一」，此即表示一典型、一普遍性。個性不是單純的特殊，乃是在種種條件下所表現的普遍性。（此已函攝文藝復興期人文主義所重視的多面發展的個性而成為全人之義。）此種發展就是人文的活

動,而人間一切人文活動亦助成這個發展。惟人文活動不是矯揉造作的,不是虛偽無實的,乃是自然的。歌德所愛描寫的是人類生活的自然形態,我們種族常住的自然形態。這些形態,單純而直接,快活而認真。既不是喜劇的,也不是悲劇的。這是最遠的古代與最近的現代的結合,實在也是高等的動物世界與人類世界所共通的。一切特殊的東西,在這個基礎之上去觀察,則容易無滯礙地解消於普遍之中。歌德於人文活動看出其自然性,於自然發展看出其人文性,如是,人文活動新鮮而活潑,單純而誠樸。而在這種活動中透顯普遍性,遂完成了客觀的理想主義,帶美學情調的客觀理想主義。

這種美學情調的客觀理想主義之完成,主要地是由於從狂飆運動的生命體驗中進入對古希臘文化的新認識,在古代文化的陶養中而轉出的。這就是經過了一段古典主義的精神。西方普通所謂古典,常是指希臘言。在這過去的特定文化系統中有一種高貴的精神,這常給西方人以開啟新文運的靈感。這古典精神重理智、尊個性,而一切皆潤澤鼓舞之以美學的情調,故新鮮活潑、單純天真,而帶青年氣。時代雖是古老的,而精神卻是青年的。所謂古典並不是過時的典籍或陳腐的骨董,亦如先秦諸子儒家六藝對於我們之為古典的。然近人則常只視之為過時的典籍,陳腐的骨董,只外在化而為材料,完全與生命、精神不相干,故亦與自己之靈感不相干。此近人之陋也。西方人必通過他們的古典精神,始能走上正常而健康的途徑,故常能有新成。歌德從柏拉圖那裡吸取了「理型」而內在化於生命中,這就是新認識。比較早一點的文開爾曼（Winckelmann, 1717-1768）有《古代文化的解析》之作,他規定

古代的形式是「高貴的單純，靜穆的偉大。」此書對於這一期的人文主義之古典精神居於領導的地位，有指導的作用。

七、德國十八、九世紀人文主義之限度

由這一期的人文主義，我們看出了人文主義形成的全幅歷程。它須經過以下五步驟：一、自外向內，歸於主體，截斷眾流的浪漫精神；二、絕對的主體主義；三、純粹的理想主義；四、通過對古希臘文化的新認識而轉出古典主義的精神；五、通過人格觀念而轉出客觀主義。這是人文主義完成的一個規模。

但是，這一期的人文主義雖具備了這個規模，而它的形成者卻畢竟是些文學家。我前面已疏導出：它的截斷眾流的浪漫精神是文學情調的浪漫精神，它的絕對主體主義是浪漫的主體主義，它的純粹的理想主義是浪漫的理想主義。這尚不要緊，看它如何轉向客觀主義是重要的關鍵。

生命誠然是要理性化，才能是客觀的。但是這個理性成分，他們取之於柏拉圖的「理型」，這是不夠的。柏拉圖的「理型」是從對象方面，純以邏輯的思辨，所把握的「體性學的有」（ontological being）。（此有即形式，為真實的存在。）它的作用：一、貞定自然，使外物明朗，脈絡分明；二、貞定思想，使靈魂純潔，名言俱確。（概念有意義，命題有意義，使下定義為可能。）當然，柏拉圖之邏輯地思辨這個理型，其背後是有一種愛好「形式之美」的美學情調在鼓舞。可是，光把這種「理型」吸收於生命中而轉為客觀主義，這在人文主義上說是不夠的。當然，任何具體而

現實的東西，都可依照柏拉圖的說法，而說其有一理型或形式。生命是具體而現實的東西，在其活動發展中，當然可以認識它的節奏性、韵律性，亦即它的規律性、形式性。（這當然是內在於生命中而被認識，這有類於亞里士多德的內在說，不是柏拉圖的超越說。）但這是一種泛講，就生命之事實，如其所如，亦即自然主義地（雖是美學情調的）而講其規律性、形式性。這樣發現的生命中之「理性的成分」不能盡人性主體之切義，不能樹立人之所以爲人的「道德主體性」，不能眞正開闢出價值之源與理想之源。這在人文主義上說是不夠的。所以這一期的人文主義中的「人格」是美學情調的自然主義的人格。美學情調的藝術欣賞當然要落在具體的自然上，人文主義亦當然必須含有美學的情調。但這必須經過「道德主體性」之樹立，必須經過價值之源與理想之源之開闢，始能提得起而臻神化之境。這樣，美學情調是表現最高層上的神化之境。這必須通過「道德的主體」之樹立一關的。這相當於孔子所說的「興於詩，立於禮，成於樂。」但是這期的人文主義正缺少了「立於禮」這一關。它通過了古希臘的古典精神而轉爲美學情調的客觀主義、自然主義，須知古希臘的古典精神，雖新鮮活潑而帶青年氣，然旣是青年氣，即表示其並未臻圓滿成熟的境地，而是尚有待於發展而向較高級以前進的。這期的人文主義停在這個階段上而落於泛美學情調的平面層上，落於唯是美學情調的自然主義上。依是，它的形成者感覺到與希臘後而發展的哲學傳統對立，與文藝復興後而發展的科學傳統對立。他們不能繼承學術傳統之大流而言人文主義，他們不能綜攝科學傳統、哲學傳統而消融之，他們不能開出而且綜攝「知性」以及知性之成果。（膠著於知性層而不知反之，時

風與學風可以反對，而知性不能反對。機械而唯物的宇宙觀可以反對，而機械物理學不能反對。）他們不能繼承康德哲學之傳統而上提人文主義、廣大人文主義，以開出綜攝而籠罩之人文主義以為指導文化生命前進之最高原則。他們在體驗生命上，而至於泛神論，雖說不與神為對立，但是純從生命的體驗而至的泛神論究竟亦是浪漫的泛神論，而宗教之正宗的意義，他們亦不能吸收於人文主義中而消融之，以廣大莊嚴人文主義之崇高精神。道德的主體，以及其所印證之超越的絕對實在（即神），與夫道德宗教上的神性感與罪惡感，在人文主義之本源一層上，不能不消融而繼承下來，不能完全置之而不顧。非然者，則人文主義即局限萎縮而落於旁枝之低層上。人文主義可含有泛神論一境界，一如其含有美學情調的自然主義一境界，但必須通過道德的主體以及其所印證之超越的絕對實在而至神化境界始可言，泛神論與美學情調的自然觀皆是「神化境界」事。而只是從生命的體驗而至的「浪漫的泛神論」，則只是欣趣中之光景，不足語於道德宗教的聖賢人格之神化境界也。正宗的基督教反對泛神論，這是他的宗教精神之偏執而不圓融處。然而此期的人文主義不能繼承正宗之宗教，吸收而圓融之，而只停於浪漫的泛神論，則究亦與宗教為對立而接不上。

　　宗教、哲學、科學的傳統，都接不上，而只停於浪漫的情調上、美學的情調上，則人文主義即退縮而為旁枝，局限而為小家氣。在廣度深度上都未曾展開以至「致廣大而盡精微」的境地。其在開風氣上說，尚不及文藝復興期人文主義之有籠罩性。這固是時代使然。即，時代條件尚未醞釀到足以使它成為綜和的籠罩的以為指導文化生命前進之最高原則。由此，我們即可見出西方人文主義

之限度。由此限度，我們亦顯然可以看出它在歷史發展上始終未至徹底透出的地步。它尚未發展至成為文化生命前進之領導原則之地步。

八、人文主義之完成與徹底透出：人文主義是指導文化生命前進之最高原則

我在本文開頭即說，必須開主體之門，始能開人文主義之門。可見在人文主義上，從客觀方面收回來而歸於「主體」上是一個重要的關鍵。完成了啟蒙思想而又克復了啟蒙思想的康德（Kant，1724-1804），在哲學上是居於哥白尼式的革命之地位。這地位即象徵：從希臘傳統之從客觀方面把握外物之理轉回來而歸於自主體方面以立言。他克服了啟蒙思想，正因為他從客觀轉到主體上所形成的主體主義。他完成了啟蒙思想，是因為一方面他仍是理性主義，他仍是抽象的思考者，而另一方面則因為他又檢定了知性的本性、成就、及限度，檢定了邏輯數學的理性之限度。因此，他歸於主體，不只停在「知性主體」上，他把主體方面心之諸能力統統給透現出來，因之，知性主體、道德主體、審美主體，全幅予以彰顯。他大開主體之門，這是哲學史上的一個大扭轉。當時由狂飆運動開始的人文主義，自然要受他及他的後繼者如費息特（Fichte，1762-1814）、黑格爾（Hegel，1770-1831）等的影響。但是須知這個傳統剛開始。而人文主義方面諸人物如歌德、洪保爾特、文開爾曼，其時代都與康德、費息特、黑格爾差不多，只有康德稍大幾歲。然而康德比人文主義的開山祖萊興又稍晚幾年。康德、費息特、黑格爾，這個傳統實已接上了科學、哲學、宗教的傳統，實已

盡了對於它們綜攝消融之能事。這個從主體方面開出來的消融綜攝之規模，不可謂不具備。然而時代既與人文主義方面的諸人物相平行，而這些哲學家又都是詰屈聱牙的純哲學的思辨，故人文主義方面之受影響亦只略受影響而已，並不能直接繼承這個規模而開出人文主義。他們之受康德的影響，大體是在《判斷力批判》一書，因為這是講美學的，他們並不能把握康德之學的全體大用。他們也受費息特的影響，但也只是氣氛的。哲學方面是如此，至於科學方面則正在滋長發達之時，現在還是如此，這方面對於人文主義之開擴之助緣，尚不關重要。而當時社會方面，民主政治、自由主義、資本主義，亦尚在游刃有餘之時。宗教方面亦正經過了馬丁路德（Martin Luther 1483-1546）的宗教改革而成為新教，其對於現實人生之指導上之精神活力亦尚在有餘之時。各方面頭緒正在露頭角或鼎盛之時，而現實方面又不甚出弊竇，則重新反省文化之各方面以開出廣大之人文主義以為文化生命前進之指導原則，在歷史發展上說，是不甚可能的，此就是德國十八、九世紀人文主義所以局限退縮之故也。（此只就人文主義說。若在文學方面，則他們的成就是很好的。那些人物都是不平凡的。）

　　但是自十九世紀後半期以至二十世紀以來，宗教在文化理想、時代精神方面的鼓舞作用日見消沈，只成為婆婆媽媽的生活習慣。啓蒙思想以來的個人主義、自由主義、人權運動，已開花結果而為現實的民主政治制度，依是，其鼓舞時代精神、指導文化理想的作用已停止而消失，而只成為在現實的民主制下的現實的生活方式。如是而有放誕不羈的尼采出現，痛斥基督教與民主主義。而同時資本主義的經濟生產亦正被見出其有流弊，這裏出了一個大漏洞。如

是，馬克思應劫而生，而有今日的共產黨之大禍。夫注意社會經濟問題原不算壞。人的精神向廣度方面發展，貫注到社會經濟問題，這至少表示我們發現了更多的問題，注意了更多的方面。可是要者是在：這後面是否有道德精神價值觀念在作主，是否有文化理想在指導。而出之以唯物論、經濟決定論，則這種廣度的貫注後面全成了無本無源者，全成了黑暗。夫如是，焉得不浩劫？道德精神文化理想方面已落空，全落下來歸於現實而削平了。這方面不能首出庶物，成立標準，則科學方面起來了。科學方面的成就發達震撼了人心，遂把道德精神文化理想方面更壓下去了。而人們亦隨之視道德精神文化理想為虛玄神祕著摸不清的東西，遂更覺其無力無用而置之不理了。科學本身並無所謂，無論有多少成就，怎樣發達，總是好的。要者在人心之陷溺，不知分際、不知界限，成為科學一層論、理智一元論的風氣。此種習慣足以消滅價值理想而有餘。林語堂先生說得好：

> 在客觀地研究石頭、礦產，或甚至我們的動物朋友的時候，是不需要良心這一類東西的，因為自然科學所需要的祇是客觀性和一種超乎道德的學院態度。當這種科學方法被引用到人事方面去，而且很粗淺地相信我們開始使人事成為真正的科學（時），則那種超道德的客觀方法亦照樣搬過了去。那麼，那種在自然科學中是一種美德的東西，在人文科學中簡直是，一定是，一種極大的罪惡了。
>
> 實在可以證明，科學唯物論侵入了文學或思想，其直接後果是整個世界破碎了。研究人文的教授們把他們的地位祇限於

找尋機械性的定律，來統轄人類的活動。越能證明「自然律」是嚴密，越能證明意志的自由是一種虛幻，則這些教授們越能得到知識上的快樂。因此，經濟史觀來了，把歷史當作一個決定論者的樊籠，而人祇是樊籠中的一隻兩腳獸，祇爲著找尋食物而行動。當然馬克思（Marx）是爲他的唯物論和他的史觀而自豪了。但是因爲科學唯物論一定演到決定論，而決定論一定演到失望，所以最受人仰慕的頭腦（不是最偉大而是最時髦的），都是悲觀的。我們國際上的混亂是基於我們哲學上的失望：Baudelaire 的失望、Huysmans 的失望、Hardy 的失望、Dreiser 的失望、T.S.Eliot 的失望、Proust 的永恆懊悔、Samuel Butler 和 Dean Inge 和 Adious Huxley 的和緩悲觀以及 Picasso 和立體派與超實在派畫家、弗洛依德的信徒精神治療者、和超審美派的瘋狂。（〈中西思想比較觀〉，《民主評論》第4卷第7期）

這就是十九、二十世紀以至今日的大病症，這一方面是悲觀失望，那一方面卻是宗教性的唯物論。因此，整個世界不但破碎，而且是天翻地覆了。道德價值文化理想之何以喪失而成爲虛無主義、技術主義，本文篇幅不允許我們詳論。友人唐君毅先生，在其《西洋文化精神之一省察》中，論之甚詳。（民主評論社，《人文叢書》之一。）讀者可取而讀之，以補本文之不足。我在這裡只簡述十九、二十世紀以來時代精神之墮落，以明我們所處之時代實在須有對於文化各方面頭緒重新加以反省之必要，實在須要人文主義之重新再興起。時代條件已醞釀到足以重建文化之時了。

　　在共黨的反文化、毀文化之下，其反人文是顯然的。這種反人文，我們叫它是物化（視人為物）。在科學唯物論、科學一層論、理智一元論的時風之下，其為「非人文的」亦是顯然的。這種「非人文的」習性與時風，我們叫它是僵化。在僵化與物化的墮落時風下，反僵化、反物化的人文主義開始就有一個廣大面作背景。所以這時代的人文主義必然要提升上去，澈底透出，而成為指導文化生命前進之最高原則。

　　但要作到這一步，它必須能接上科學哲學宗教的傳統而不與之為對立。科學本身並無所謂。但必須先知科學是繫屬於成就科學的「知性」的，這就是把科學繫屬於「思想主體」了。其次，須知「知性」或思想主體的本性及其限度：知性只是人的心靈活動之一形態，思想主體只是內心主體之一形態。把科學繫屬於知性或思想主體，因為知性是成就科學之機能，並不是把石頭礦產繫屬於知性或思想主體而化於知性之心中，因為石頭礦產本身並不是科學。知道了科學之繫屬於知性或思想主體（邏輯數學所規定的），則人的心思即可不為科學所限，而陷溺於科學一層論、理智一元論，而人文主義亦不與科學為對立，而綜攝而消融了科學。這就是接上了科學的傳統。科學的成就與進步都是好的。復次，哲學上從客體方面把握外物之理的希臘傳統，亦有其成就與價值，但人文主義則必直接繼承康德、黑格爾從主體方面以立言的哲學精神，以綜攝消融從客體方面以立言的諸系統諸成就。這就是接上了哲學的傳統：希臘的與康德的。復次，宗教的傳統於道德精神文化理想上有其最崇高的啓發力。在現在，我們既不能如文藝復興時的人文主義與宗教為對立，亦不能如十八、九世紀德國的人文主義只停在浪漫的泛神論

上。正宗的宗教精神之向裏收歛與向上超越中所含的道德宗教之神性感與罪惡感有其人文上的崇高意義。此時的人文主義須予以綜攝而消融之。這就是接上了宗教的傳統。我們將不與任何偉大的宗教精神爲對立。而任何偉大的宗教精神，亦將在人文主義的提挈消融中，漸漸消除其偏執，使其逐步反省其自己以充分調整開拓通達其自己。

這是直接繼承康德、黑格爾的哲學精神所開出的廣大的人文主義之綱領。本此綱領，則德國十八、九世紀的人文主義者所具備的人文主義之完成的五步驟，我們可以重新解析如下：

一、截斷眾流的浪漫精神：此可由德國人文主義的文學情調的浪漫精神轉而爲狂狷的浪漫精神。下不自中庸門入，上不自方便門出。遮撥一切僵化物化而唯自內透顯一「道德的精神主體」，以立大本。文學情調的浪漫精神所顯的是「生命主體」，而狂狷的浪漫精神所顯的是道德主體。生命是在道德主體的向上層層深入與向下層層開展中攜帶以前進，即在此前進中逐步規定其自己，而不是空頭渾淪的生命。

二、依是，主體主義唯是道德的主體主義，而不是浪漫的主體主義。惟樹立道德的主體，始能開出人文世界。當周文疲敝之時，儒、道、墨三家都想以質救文。而儒家自正面以質救文，點出仁義之心，此即樹立道德的主體。因是自正面以質救文，遮撥之意不甚顯，好像缺少開始第一關的浪漫精神，然「人而不仁，如禮何？人而不仁，如樂何？」惟是重視質之眞實，而不重視虛文，則實已透過形式而函有浪漫精神在內矣。若無一種洒脫得開的精神，則仁義之心的精神主體亦透不出。惟孔子以大聖之資，已臻渾化之境，不

在遮撥處顯耳。至孟子已大顯。儒家能樹立道德主體，故能肯定人文，開啟文運。道家自反面以質救文，故其浪漫精神特顯。然其所顯之主體唯是一乾冷晶光之「道心」，而不是道德的主體，故道家已落在「非人文的」或「超人文的」境地。至於墨子也是自反面以質救文，然其反面之反唯是法夏黜周，唯是直接的對立之在外的反，而又不能通過一浪漫精神而回歸於主體。其主體唯是一乾枯質樸之氣質，而不能樹立精神主體，故終於成為「反人文的」。故其對於後來文化之影響尚不及道家，而其學亦早絕。

三、隨道德的主體主義下來必是道德的理想主義，而不是浪漫的理想主義。惟由道德的主體始真能開出理想與價值之源、人性與個性之源。故儒家特重視人性個性與人格也。

四、至於古典主義，則可解為通貫百代之歷史文化意識，通過學統（科學的與哲學的）與道統（道德宗教的）之綜攝與消融而來之歷史文化意識。惟通過此歷史文化意識所確定之古典精神始能客觀化吾人之心靈生命於文化生命之大流中，而通古今之變。

五、最後是客觀主義，此可由道德的精神主體所顯之道德理性之客觀化來了解。一切人文活動都可視為道德理性之客觀化，因此始可肯定人文世界之價值，而成為客觀主義。歷史文化則視為道德理性在縱貫的曲折中實現，而道德理性亦必客觀化於縱橫的人文世界中始能充實而完備其自己。今日人文主義中客觀主義一特徵又必須不只泛言人文世界之肯定，且須在道德理性之客觀實踐一面轉出並肯定民主政治，且須知道德理性之能通出去，必於精神主體中轉出「知性主體」以成立並肯定科學。（此則單對中國人文主義的發展言。）

　　以上是人文主義之徹底透出，而足以成爲文化生命前進之最高原則。此亦函中西文化之自然融攝於其中，此可名爲儒家式的人文主義。至於其餘諸義，則本文不及詳論。

　　　　　　　　　原載《民主評論》第4卷13、14期（1953年7月1日）

論「上帝隱退」

一、上帝隱退──上帝歸寂

德國詩人霍德林（Friedrich Hölderlin 1770-1843），在幾乎百年以前，即已見到了上帝對我們這個時代的無效，上帝的失敗，他名之為「上帝的隱退」（withdrawal of God, God's absence）。後來尼采則直接宣布上帝死亡，痛切感覺到近代人的無家可歸。上帝本身無所謂死亡不死亡，亦無所謂隱退不隱退。他們的呼聲，實是表示時代精神的墮落。這是一個時代精神的方向問題。人間與上帝拉開了，把上帝推遠了，各自奔前程，不再密切地貫注著、照顧著。人的一切活動不再念茲在茲地想著上帝，而上帝亦不再明珠暗投，對牛彈琴了。上帝的時代已經過去了，現在是一個過渡期，未來的時代，上帝是否能出現呢？

現在的德國哲人海德格（Heidegger），很深切地又注意到了「上帝隱退」的意義。他對於霍德林稱許備至，他把他看成是這個時代的先驅，是十九世紀最有先見之明的一個心靈。霍德林最能感到我們這個過渡期宗教信仰的喪失以及人們的痛苦。他之說上帝隱

退實具有一種深遠的悲憫之情，亦充分表示其思慕之忱。而尼采之說上帝死亡，則其悲痛轉而為悲憤，故乃另尋別途。

上帝的隱退與否，實決定於人的精神表現之方向，而人的精神表現之方向是有其歷史發展中之時代性的。人的精神，如是向下向外，專傾注於自然與物質，則不但可以忘掉其自己，且亦遠離於上帝。人的墮落，其精神性全失，只剩下物質性，這根本不必說。我們尚不能這樣看這個時代，我們亦可以說這個時代的人亦有其精神表現之方向，所以亦有所成。但其表現的方向，如是向下向外，而專傾注於自然與物質，則其精神即為自然與物質所吸住，而凝結黏著於自然物質上而喪失其自己。人天天在使用其精神，而不知其有精神，此所謂「百姓日用而不知」。滿眼只是自然與物質，其自己之精神尚不知，何有於上帝？故在向下向外的表現中，雖有所成，而其傾注於自然與物質，即是一種下降的趨勢。這也就是如「墮落」二字之所指。但是這種下降的趨勢，因其造成清一色的自然與物質之平面層，故一方推遠了上帝，一方也澄清出一條界線。因為這清一色的自然與物質之平面層並沒有精神，亦無所謂上帝，更無所謂意義與價值。所以這個平面層本身就是一條線，它清除了精神、意義、價值與上帝，它也乾淨了自然與物質。若是人們的心思，隨其精神之只傾注於自然與物質，而只在這個平面層上打旋轉，其餘全無所覺，亦全不予理會，則單就這個時代言，這當然是上帝死亡、上帝隱退的時代。但是這種說法所表示的意思太傷感了，這似乎是孤離地單看這個時代。我們若知時代精神是在歷史發展中表現的，是在曲折宛轉中表現的，則眼前時代精神之成為如此也不過是其中之一曲折，可以貫通著過去，也可以指點著未來。我

們若貫通著看這個時代，則我們可以轉一個說法，不說上帝隱退、上帝死亡，而說「上帝閉關」、或「上帝歸寂」。這個說法的意思是：上帝並無所謂隱退，更不能說死亡，他還是在當令。從時代或人方面說，雖不理會他，好像是他死了，但從上帝方面說，這個時代的精神可以是他的一步「歸寂的功夫」。整個人類歷史的發展可以看成是上帝的表現方式史。上帝通過人類歷史的發展而有的表現過程，與修道之士的修養工夫過程是相同的。

他的歸寂是他自己暫時與人間及世界隔離。他要保持他的純淨性，歸於他的「粹純主體性」之自己。這樣，他才真能建立其自己，保持其自己，而不流失。他能「獨立而不改」，始能「周行而不殆」。（《道德經》語）他與人間拉得太緊了，密切得太久了，人間可以僵滯、玩忽，而上帝亦得麻痺厭倦。這時，他若不知反，那才是他的流失。中世紀教會的殘忍，與近世教會的庸俗，都是人間的僵滯，這時，他要歸寂，廓清他自己。他歸於他的純粹主體性之自己，則人間方面中世的殘忍愚昧與近世的庸俗玩忽都是自己毀滅之過程。同時，人膠固於上帝而陷於幽冥，其生命心靈不能開拓變化，亦非上帝之所喜。所以上帝要退一步，讓人的生命心靈自己活轉一下，讓它在自己的活轉過程中磨練其自己，看它是否能清醒自在而達到與上帝周流感通的境地。同時，人膠固於上帝，除殘忍愚昧，陷於幽冥外，還可以生出許多虛幻不實的概念，使人執虛以為實，執妄以為真，夾雜不清，纏繞不明，既使上帝陷於葛藤，復使人生宇宙實相陷於曖昧。所以上帝歸寂出纏，既所以澄清他自己，亦所以釐清人間世也。

上帝歸寂，不自今日始。我們可以拉長看，遠自中世教會的殘

忍愚昧，即是他的歸寂之開始。文藝復興就是他的歸寂之象徵。文藝復興時代所表示的精神，是人與上帝拉開，上帝後退了一步，人即向外開了一步。人不再向上看上帝，所以在向外開放中，亦表示向下趨。在向外開向下趨的過程中，雖有近代的許多成就（所以也有其精神表現，不能只單純地說墮落），然開到現在，趨到現在，可以說是已經達到了清一色的自然與物質之平面層之境地。所以上帝也算歸寂到了極點，而人間的向外開向下趨亦算到了極點。在這時期，兩極化已算形成，上帝歸寂已經到了界線極端分明的時候。

我以下既不就近世教會的庸俗玩忽來說，亦不就近代人之「無家性」（homelessness），一般生活之趨於「非人格的」（impersonal, anonymous）、趨於群眾、集體（mass, crowd）之混沌，來說上帝歸寂與兩極化之形成。我願就虛幻不實的概念之澄清來說兩極化之形成。

二、「事法界」的認識──愛因士坦的時代

近代的精神，從一般生活情調方面說，可說是浮士德的追求精神。但是還有一面可說，這就是爲科學所領導，環繞科學而形成的。所謂就虛幻不實的概念之澄清來說兩極化的形成，就是指的這方面說。

達爾文的進化論固然影響了人的人生觀宇宙觀，與創世紀爲對立，但這還是表面的。生物學尚不是基本而主要的科學，因此，它於思想概念上尚不能表示人的心靈之眞實傾向。基本而主要的科學當推數學與物理。近代科學，物理學有高度的進步，數學有高度的

進步。從物理學方面說，從哥白尼到牛頓爲一階段，此可謂近代科學之前半段。後半段便是愛因士坦的相對論。哥白尼的傳統只表示文藝復興後「知性」的解放、科學的出現。可是到了愛因士坦的相對論，其於思想概念上的影響大了。兩極化的形成，界線的澄淸，可以說從科學的出現發展到相對論的出現，才眞算到了顯著的地步。我們可以說，我們這個上帝歸寂的時代，從科學方面說，便是愛因士坦的時代。愛因士坦時代的基本精神是「事法界」的認識，不是「理法界」的認識。而在「事法界」的認識背後也有一種藝術性的欣趣之美學情調，此可謂「事法界」認識的基本靈魂。而此常爲當事人及一般人所不覺，然這卻是十分顯然的。這個藝術性的欣趣之美學情調，便是對於行雲流水之輕鬆弛散境之趣味。這旣不是詩的，也不是戲劇的，乃是散文的、小品文的散文的，所以它首先不是強度的，乃是廣度的，不是內在的，乃是外在的。這是一種平面的蒼涼陰淡的趣味、無體的月亮光的境界。何以會如此？這需要略爲說明一下。

在相對論的物理學裡，那種數學的、齊一的、絕對的時間與空間之假設是不必要的，這種時間與空間是一種抽象的、形而上的自存體，這在物理知識的形成上是不必要的。依是，在相對論裡，時間與空間只成了記錄事件關係的形式特性。並不須再從這裡，爲邏輯的圓足，再推置一個形而上的自存體——絕對的空間與時間。復次，「力」的觀念，在相對論的物理學裡，亦不必要，這旣不能證驗，亦不必須，這也是一個形而上的假設。依是，物理學只是描述呈現的物理事件關係的一組命題。相對論一出，始眞影響了人在思想概念上的眞實傾向。首先，「事件」（event）是一個最基本而

又乾淨的觀念。你在這裡可以見出這個字為什麼這樣流行。以「事件」一概念為首出，所以那抽象的赤裸裸的「物質」（matter, bare matter, a bit of matter）一概念便被剔去了，因而那抽象的「物質本體」（material substance）一概念也被剔去了。體或托體（substratum），這是現代人所最不喜歡的一個觀念。這在物理學範圍內是應當如此的。相對論的物理世界是無體、無力，而只充滿了一堆一堆的事件之移來移去，一堆一堆起縐縐現彎曲的「事件」與「場」之任運而轉。把現象後面那些帶保證性而卻是虛妄不實的，帶圓滿整齊性而卻是一套一套的枷鎖的概念，一齊剔去而全部把現象世界浮現上來，祇是事件之如是如是；不要往後面「推想」，祇要向上面觀察。這在科學知識上說，當然是比較乾淨得多了，成熟得多了。

以相對論的物理世界觀的領導，影響了人的思考態度。首先被攻擊的，是亞里士多德傳下來的本體及「本體─屬性」（substance-attributes）一套觀念，與本體相對的，就是「關係」一觀念。現代人特別不喜歡「本體」，特別偏愛「關係」。把「本體─屬性」的思考方式打倒了，代之以關係邏輯。這是第一步。羅素、懷悌海，以及其他，都曾為此而努力。說關係，就得說發生關係的事件。把「本體─屬性」的方式推翻了，共相、本質（體性），也為近代人所不喜。與共相、本質等相對的，便是殊相，而殊相是「事件」。事件與關係窮盡了一切。由此前進，雖有種種不同的想法，但我願以羅素為正宗。因為他最能默契相對論的世界係的方式的充分表露。關係，用之於物理世界，就是因果關係：事件與因果律（不是老的意義）純淨化了物理界。用之於心理現象，便是「念

舊律」（memonic law）。念舊律把些心理事件貫穿起來，事件與
念舊律純淨化了心理世界。無所謂心、意識、心體、靈魂（mental
substance, soul），只是事件。即，心不能當作一個「體」看。物
質體與心靈體俱是抽象的形而上的推置概念，並非實有。所以我們
可以用奧坎刀（Occam's Razor），把它們剔去。這種純淨化即是
奧坎刀的使用所成之純淨。結果是以事件為主的中立一元論，既非
唯心，以無心故，亦非唯物，以無物故。這也可以說是泛事件的客
觀主義。這似乎是以為祇要把心不視為一個「體」，而祇視為一串
一串的心理事件，就算解消了唯心論；把物不視為一個「體」，而
只視為一串一串的物理事件，就算解消了唯物論。是否這樣簡單，
我這裡俱不辯論。我只想表明近代順科學走所成的祇是事件一層的
世界觀。

　　由相對論所引出的「事件」一觀念，除羅素盛言之外，懷悌海
由事件一詞，復引出許多變相的字，如緣起（occasion）、現實緣
起（actual occasions）等。這些原都是可以說的。但他由此而轉到
建立他的宇宙論的自然哲學，雖比羅素為積極，較為哲學的，然不
能無增益，而見其顏色又太濃。然其由事件而歸於「具體事實」
（concrete fact）以祛除以往虛幻不實之抽象觀念，這一步一般的
工作，他亦作得極好。他首先批評由拉克傳下來的對於物性之二
分，即第一性與第二性之分，以為自然同在一條船上，一切都是知
覺呈現的具體事件，把柏克萊的「存在即被知」一主斷予以進一步
的解析。復進而說明傳統哲學中「物質本體」一概念只是一種抽象
的概念，並不是真實的。但是以往卻認為是具體的、真實的。他由
此立一個原則以明其謬，名之為「錯置具體之謬誤」（the fallacy

of misplaced concrete），即把抽象的當作具體的之謬誤。他復有「單純定位」（simple location）一概念，以爲「一片物質」、「硬固的物質體」，抽象的時間一瞬、空間一點，都是我們思想上的「單純定位」，不是具體的眞實，具體的眞實祇是關聯的變化的事件。所以他在他的《眞實與過程》一書中，有這樣的兩句話，即：「事實是最後的，過程是最後的。」（Fact is ultimate, process is ultimate.）不管他後來所增益的顏色爲如何，而這開始的澄清現象界，認識「事法界」的興趣，卻是具備了的。他後來想由此進到「理法界」的認識，雖不是很妥當的途徑，但還是想和上帝接近。所以在懷悌海的整個思想裡，尚不能表示「上帝歸寂」之意義。然而他的哲學系統，不甚爲近人所欣賞，亦未能成一個顯學。

眞正的顯學是羅素的一派。善繼承羅素的精神而發展的是維特根什坦（Wittgenstein）。在維氏的《名理論》裡，事件變成了「原子事實」（atomic fact）。這是命題所摹狀的。事實世界是命題世界，亦是可說的世界。在這個世界裡，沒有「意義」與「價值」等觀念，意義與價值是在世界以外的。主體、靈魂，都不是命題世界裡的事。他似乎也想把主體方面只看成是一些邏輯的原子事實。祇有事實與事實間的對列關係，而無所謂主體或心理學中所講的心或靈魂等觀念。這也是一種邏輯地超然的泛事實的客觀主義。由此而開出現在流行的維也納派。若是只限於科學知識範圍內、邏輯言詞範圍內，我以爲他們那些正面的話都是可以說的。法國哲學家馬塞爾（Marcel）有「問題世界」與「神秘世界」之分。在「問題世界」內，他們遵從科學的路、邏輯的路，以嚴格的技術來處理是對的。問題是在他們對於神秘世界的態度太是負面的。從科學知

識方面說，他們盡了清除的責任。從超越知識方面說，他們看的太輕，其態度是不理不屑。我不理可以，我不能從學問上客觀地予以原則上的抹殺。劃分界限可以，我不能以爲那都是痴人說夢，或祇是玩弄字眼（play of words），或只是概念的詩歌、情感的滿足，而無積極的意義可講、正當的事業可作。我以爲這都是過其分的。我在這裡不能詳辨，我只想表明，這還是祇是認識「事法界」的精神之表露。

三、「事法界」的認識與「理法界」的認識

在傳統哲學裡，對於事法界的認識，雖不及現在的乾淨清爽，然它有一基本精神，即是：它不滿足停止於事法界之本身，而總是想由事法界向裡推想、向上翻，而尋求背後的根據。即是說，它總是想由事法界而認識「理法界」。理法界的認識是傳統哲學的基本精神之一，但近人在科學的領導之下，卻願駐足於事法界而不進。我上段已說過，不要向後面推想，只要向上面觀察。這是一種奧坎刀的清除精神，同時再轉即是羅素所說的「以構代推」（substitute construction for inference）的精神，即根據事件去構造，不要去推想。譬如一個桌子、一個「點」，我們都可以看成是由「事件串」而構造起的一種邏輯構造品。這裡面當然有可以吸引人的精妙處。但是向後推想以認識「理法界」，這似乎是人類所不容已的追求，很難在理論上或原則上予以割斷或截住。

傳統哲學，在向後推想以認識理法界中，容或有許多虛妄不實的概念。但這種精神，實在是想藉向上翻，以求接近上帝的。在認

識理法界中所引出的概念是半途中或居間的東西。這些概念容或全屬虛妄，我們都可予以解消，然而其所代表的精神與所指點的問題，則不容隨便加以否認，或輕易予以抹殺。譬如：本體、本質（或體性）、力、生機、充足理由、實現原理、絕對而無限的時間與空間、數學與幾何的莊嚴而神秘的秩序，這些都是「理法界」中的概念。講「本體」，表示一切東西總當有一個最後的支柱點，讓我們可以停下，而不能只是關係。講本質或體性（essence, form, idea），表示任何東西總有其定然而不可移的範型，不能隨便轉換，漫無定準。講力、生機、充足理由、實現原理（principle of actualization），是表示現實的因緣生起的事件串之變化，總需要有一個「理由」來解析。因果律不祇表示事件的平鋪的連結，它還指點何以如此連結的理由。充足理由、實現原理諸概念，都是在因果律的這種指點上而產生的。我們有什麼理由一定要把因果律的牽連截斷，而祇讓其停止於事件的平鋪連結上？講絕對而無限的時間與空間，一方表示對於現實整個宇宙的綜和表象，一方也給數學幾何以存在學上的意義。講數學與幾何的莊嚴而神秘的秩序，是表示「神性」的透靈。這種看法的數學與幾何是古典的看法，由畢塔哥拉斯、柏拉圖傳下來的傳統的看法。當然不是現代的看法。現代的看法是把數學看成「套套邏輯」式的形式系統，既與存在無關，更與神性無關。

這些「理法界」中的概念，其講法與引生的途徑是有問題的，其虛幻性當然也是不免的。康德在其《純理批判》中即曾作了一次疏導。而且我常想，即就接近上帝言，中世紀的神學是憑藉柏拉圖及亞里士多德的哲學系統而建立的。而希臘的哲學傳統是重智的精

神，故其形上學是外在的形上學，這種精神是與耶穌的宗教精神相隔的。拿這種智的、外在的系統，來建立神學，來接近上帝，亦根本是隔的，所以其不相應而爲戲論的地方，必不可免。所以在理法界的認識中，其由向上翻，以求接近上帝，這種向上的基本精神雖不容輕薄，然而於理法界的認識不能暢達無礙，造成許多空華幻結的概念，則上帝亦不能眞實呈現。可是對於這種向上翻所成的理法界的認識，若根本予以截斷、予以抹殺，而不予以理會，則終堵塞慧根，窒息生命。因爲若祇停駐於事法界而不進，則理法界必日就荒涼陰暗，必不能暢達生生之機，開闢價值之源。所謂「天地閉，賢人隱」是也。羅素在他的《萊布尼茲哲學之批評的解析》一書中之序文裡，曾表示：萊布尼茲的哲學，雖大抵皆幻想，然而他在哲學家中是最能將他的觀念表示清楚的人。這是在清楚方面，稱讚他，而於其所說的內容、概念，則卻不予尊重。這個意思實在未免顯得輕浮，這種聰明實在誤了自己。

傳統哲學的認識理法界，旣有不相應的地方、虛幻的地方，則其強烈膠固，亦不能免。也就是說，它太緊了。現代的精神，則是從緊密的強度中解放出來，而向鬆弛的廣度的外在的路上走，因此，遂捨理法界而欣趣於事法界。在這種事法界的認識中，有好些地方頗類乎能破除許多「執著」。例如，對於「物質體」的破除，類乎破「法執」，對於「心靈體」的破除，類乎破「我執」。有好多人以爲相對論的無體無力的世界觀最是灑脫自在，各如其如，這就是近乎「道」的境界了。《易經·繫辭傳》豈不也說「神無方而易無體」嗎？這個無體的境界是很美的。其實這都是似之而非也。因爲逗住於知覺經驗所呈現的事件上，而以此爲標準，以泯除物質

體與心靈體，這根本說不上破我執與法執。因爲這根本尚未接觸到
「我」與「法」，何能說得上破？以知覺事件，物理的或心理的爲
準，當然說不到「體」。這是根本未著，或是以事件爲準而取消或
不理，不能說得上破，因爲凡是破，必是立於高一層上來破，破除
假的，還要顯眞的。例如佛家破除假我，還要顯「常、樂、我、
淨」的涅槃眞我。立於高一層上，就表示已經進入了我與法的領
域，而且已經透轉了我與法。並不是逗住於低層上，根本未接觸
到，亦未經過透轉，而可以說破也。同理，無體無力的事件觀，亦
根本說不上灑脫自在的如如眞境。這祇是科學知識上的釐淸，假設
之需要不需要的問題，不是境界的問題，當然，人們能在這裡透露
出這種意味來，亦表示他們內心裡實有一種欣趣的傾向：欣趣於
「法爾如是」的自在之境，欣趣於無我無法的「冷冷然」的超然之
境，祇是如是如是之境。然而他們不知「這種境如何轉出」的來
歷，而祇是逗住於知覺事件之平面層上以作擬似之自娛，是則其所
透露的內心之欣趣只是一種不自覺的主觀之情感。他們並不能反而
就其內心的欣趣之情感再透進一步。若能如此，他們的學問將不祇
停住於事法界內打轉，而其內心的欣趣將可超轉而有實著落，而於
事法界理法界將更有圓融無礙的認識，而不祇膠著於祇是平面的事
法界上以洩漏其欣趣之情，且轉而爲一種排他之僻執。這種內心的
欣趣之傾向，羅素只就知識說話，從事問題的分析與辯解，似乎表
面上並不顯。然而在其喜歡海與喜歡邏輯，喜歡與愛因士坦換一個
過的自白上，實有一種「智者」的情趣在洋溢。在其邏輯的必然、
知識的概然、事實的偶然，而於人生又特別重視創造的衝動、自由
之崇拜之思想形態上，亦實有一種無可奈何而安之若命的蒼涼的智

者之情調。至於維特根什坦，則在詞裡行間、解說義理上，即已甚顯此種內心的欣趣之傾向。這種事法界的認識之所以吸引人處，從主觀的情感方面說，胥繫於此種內心的欣趣之傾向。在外面，在其所宣說的東西上，極端冷冷然而無情，然而其內心的欣趣之美學情調即在欣趣於此「冷冷然而無情」的一切「是其所是」的平鋪之境。這是鬆弛的、散的、極端外在的境。浪漫派、意象派的詩是以緊密、強烈、生命爲主徵。西方人似乎是以這種詩爲眞正的詩。然而中國人則不甚重視這種詩，而以鬆弛的、散文的、行雲流水、蒼蒼涼涼的七古歌行、五言古詩爲最高。在這裡邊，把強烈的情感、生命的意義、意象的內容，都化掉了。這也是歸於「事」上的視界。我們即可以拿這個意思來幫助我們了解近代人重視「事法界」的認識之精神及趣味。

然而事法界的認識不能離開理法界的認識，而事無礙、理無礙、事理圓融，方是徹底透出的全幅學問之歷程。在這裡，方可使「內心的欣趣」有實著落，而不流於排他之僻執。然而近代的事法界之認識卻正是離理的「事」，更說不上事理無礙、事理圓融了。就在這個意思上，遂成了界線分明的兩極化，把上帝推遠了、清除了，而自己也落下來了，這是上帝的極端歸寂時期，再配合上教會的庸俗、近代人的無家性與非人格性，其爲極端歸寂更爲顯然。然而這裡卻也正預伏著一個轉機。維特根什坦說：人生的「意義」不在世界內。然則把泛事實的客觀主義形成了，把淸一色的命題世界、可說世界，弄淸了，則這個確定的界線不也把「意義」逼顯出來了嗎？究竟像羅素、維特根什坦那樣能講名理的高度的「明智之心」不可以「事件串」論，也不可以分析成事件串，這不是由「事

件串」的界線之畫成更超然地顯出來了嗎？不要祇是順取事件串，且須逆覺「意義」與「明智之心靈」。如是，方可進入理法界。這兩者是不相礙的。

四、「事法界」的認識與人類社會歷史的「物勢觀」

在近代向外開向下趨的一般時代精神下，人們的心思傾注於事象的如實的了解、如實的剖示。在奧坎刀的運用下所成的「事法界」之認識中，是無體、無力、與無理。無體，其特定的意思，原是指遮撥「物質的本體」與「心靈的本體」而言。若就「無體」而一般地言之，則可函「整個人生與宇宙皆無根底」這一廣泛的意思。因為「本體」，無論是物質的或心靈的，皆是表示事象背後的東西，亦是由「理法界」的認識而引生出的半途中或居間的東西。由此實亦可以指點著「究極本體」的尋求。今既根本截斷了本體這一面，則「究極本體」的尋求亦根本不用說了。所謂截斷或遮撥，其開始的意思原是就科學知識或經驗知識而言其「不必須」，此還是從道理上講的。其次，則由「不必須」一轉而為情感上的「不喜歡」，這便不是理上的問題。即由此情感上的「不喜歡」，我們可以看出一種時代的精神或習氣。亦由此可以看出這種截斷根本是一種情感的截斷，同時亦即是一種率爾的墮性的停滯，率爾停滯自滿於事象而不前，而即以為足，由此引生一種習氣上的僻執。若祇是從「不必須」上說，則在此範圍內不必須，而在另一範圍內則可不是「不必須」，如是其前進之門還是開著的。惟是情感的截斷、習氣的僻執，才把門封上了，而亦顯出一種時代的精神或習氣。復

次，「無力」，其特定的意思，原是發自休謨對於因果律的批評。原因中含有一種可以產生結果的「秘密的力」，這是不能證明的。而在相對論裡，不但不能證明，且亦是不必要的。但是「力」這個概念亦是指示事象背後的一個「所以然」的概念，亦是由理法界的認識而引生出的半途中的東西。它可以指點「充足理由」、「實現原理」、宇宙論上的一個理。今既根本截斷了「力」這一面，則再往裡亦不必說了，而截斷亦是由「不必須」轉而為「不喜歡」。復次「無理」，其一般的意思，亦可由無體無力而推出。體與力，從其究極方面說，皆可指示一種形而上學上的「理」、理性或理由，這是近代人所不喜歡的。而其特定的意思，則是由近代邏輯的發展（符號邏輯與數理邏輯）與對於數學的認識而表現。邏輯與數學本是最表示「理」的。縱與實在方面的「理」無關，然而似乎不能亦與純思想純知識中的「理性」無關。然而現代的人就是不喜歡「思想」、「理性」這類字眼的。所以他們講邏輯與數學總是盡力往外推，使其與思想、理性無關，而使之成為純言詞的、純語句的，因而祇成為約定主義（conventionalism）、形式主義（formalism），不能亦不願進於理性主義與先驗主義。所以這方面的「理」與形而上學方面的「理」，根本是近代人所不喜歡所不願聞的。這就可以形成了無理的境地。無體、無力、無理，祇有「事件」與「語句的形式」。這是近代順科學而發展出的一個局面。這是純粹事法界的認識之精神。奧坎（William Occam）是十三世紀的人。從他開始，經過十八世紀的休謨、廿世紀相對論的出現、羅素一派的從各方面的澄清，而確定出這個局面。

這還是就純學術方面而表露。同時還有一個馬克思，近代向外

開向下趨的一般時代精神亦表現在馬克思而爲另一形態。馬克思把這種事法界的認識之精神移之於社會歷史，他解剖了資本主義社會的經濟生產的全幅過程，他亦建立了唯物史觀。當我讀羅素的《物之分析》與馬克思的《資本論》的時候，實不能不令人生贊嘆之感。一個把物理世界給剖示出來，一個把資本主義的社會給剖示出來。可是他們雖同是傾注於事法界的認識，而其背後的基本情感情調卻又不同。在羅素一派，是以自然知識爲主，這是「知識」本身的意義，也是就知識本身而講知識之一般的方法。所以其透顯在外面，是知識上的邏輯是非之辨，而其內心之情感情調，則是欣趣於「事法界」之鬆弛之境。在馬克思派，則不以自然知識爲主，而轉移於社會歷史。雖亦是只注意於社會歷史之事法界的認識，對之作理智的分析，然不是知識本身的意義，亦不是知識之一般的方法。所以其表現在外面，雖是事法界之分析，而其背後卻是想加上一個括弧給圈起來。這個括弧就是唯物論，由這個括弧，亦表示著一種內心的情感情調。這種情感，從心理學的意義方面說，決然是一種變態的、恨的、惡惡喪德的心理。從藝術性的（廣義的）趣味方面說，則是欣趣於虛無的、漆黑一團的、渾同的「純量」之境。所以其內心的變態心理以及其所欣趣的純量之境，決然都只是物化的黑暗。這表示他們的生命以及其生命之所接觸的，純然是一團黑，毫無任何光明可言。所以他們表現在外面的對於事法界的分析亦全爲此黑暗所籠罩。這就是他們所加的括弧。他們把人類活動所成的歷史社會，使之脫離「人的活動」，全看成是一團「物勢」；把「人的活動」本身也看成是一團「物勢」，只是階級性私利性的「物勢活動」；把「人」本身也看成是一團「物勢」，階級性私利性的物

勢。如是，事法界轉而爲人類社會歷史之「物勢觀」。當其就社會歷史之「事實」而作「理智的分析」時，豈不曰「科學的」？當其在此理智的分析中而表明社會歷史事實之純然「物勢的轉移」之規律性（或法則性）時，豈不亦曰科學的？「科學的」一詞，是以事法界的認識爲媒介，而被拿來作護符。然「科學的」並不函其後面所加的括弧，並不函其漆黑一團的物勢觀。其成爲物勢觀，是因爲他們不是純然的知識上的分析，他們作這樣的分析時，還函著行動的意向、社會革命的意向。這就是馬克思所說的歸於「實踐」，但是他們不知道實踐自有實踐的根源。任何實踐，只要一落到實踐上，其最基本而普遍的條件，不能脫離道德的理性、道德的理想，而此必然要肯定一道德的心靈。然而馬派的實踐卻不根於此，而根於純然是黑暗的變態心理。這樣，才把他們所觀察的社會歷史事實給加上那樣一個「物勢觀」的括弧。如是，「科學的」全成爲「非科學的」。

然而當時代精神成爲只注意於事法界的認識而至無體、無力、無理的境地，則馬派在此時代精神下，順之而追認上一括弧，徹底道出只是一個「物勢」，豈不是很自然的？科學上的「必須」、「不必須」，並不能函向馬派轉。惟是愛因士坦的相對論轉成愛因士坦的時代，由科學範圍擴大而至各方面，由科學上的必須不必須轉而爲情感上的喜歡不喜歡，由必須不必須之理上的敞開轉而爲情感上的封閉（截斷），而成爲僻執，則始成爲一種時代精神或習氣。由此，遂函向馬派轉。當羅素說：「我不是唯物論者，雖然隔唯心論更遠。」這輕重之間，你可以看時代精神之趨向。羅素之所以不主唯物論，是因爲「物質本體」、「赤裸的物質」一概念之解

消。這個意思與馬派的唯物論不相干。因為馬派的唯物論也不是就
「物質本體」、「赤裸的物質」而言，這正是他們所詬詆的機械的
形而上的思考方式下的唯物論。他們的物就是「具體的事物」，列
寧明說物就是「客觀的存在」。（此當然只指「具體事物」而
言。）是則其所謂物也就等於「原子事實」，等於「事件」。不過
一方較為精微，一方較為粗獷而已。你若說，從具體事物上，不可
說唯物論，但馬派卻因他們那黑暗的括弧，滿眼只是「物勢」，則
「具體事物」也是唯物論的。是則馬派的唯物論完全是在那黑暗的
括弧上成立，它就是這樣罪惡的唯物論。如是，羅素的不主唯物
論，並不足以對治它，因為不相干。然而，他的「隔唯心論更
遠」，卻間接地幫了馬派的忙。唯心論有各種不同的系統，有各層
次各領域上的說法。從純理過程上看，當然各有利弊，並必有不健
全的地方，亦有令人生厭的地方。見仁見智，自可有所取捨。但是
綜起來看，唯心論有一個共同的意向與共同的主題，那便是想在純
然的科學世界科學知識以外，開闢並肯定價值世界，以「意義」與
「價值」（維特根什坦所說的不在命題世界內的那個意義與價值）
為主題，以說明與成立道德宗教為目的。這一個題材與領域不能完
全抹殺、完全不理，一任其荒蕪而沈淪。這不只是建立系統的理論
的事，我們可以丟開系統理論，而觀具體而真實的人生與生活，以
此為對象而正面予以思考、研究、弄清，其重要與有意義並不亞於
把邏輯數學與物理知識弄清。我們決不能把具體而真實的人生與生
活只看成是事件串。然而在時代精神之「只自足於事法界」而不進
的截斷情形下，這一方面卻正成了一片荒蕪沈淪地。當羅素聽到列
寧說他清算鬥爭農民的行動不寒而慄時，當他講到人生社會問題，

重視生命之創造衝動，自由人之崇拜，以及屢屢提到仁愛、寬容、智慧時，我覺得他是隔唯心論更近，隔唯物論太遠了。當然這種近或遠不是理論系統，而是生活態度的。當然一個人很可以是「唯心情調的」（idealistic），而不必是「唯心論者」（idealist），亦不必主「唯心論」（idealism）。但是從學問上講，爲什麼把一切只看成是「事件串」呢？爲什麼單單把學問思想、概念思考、理論分析，只許用於邏輯、數學、物理和知識方面，而不許用於意義與價值、道德與宗教方面呢？爲什麼不把這方面亦正面而視，予以尊重，而給留一餘地呢？意識、原理所貫注到的不是生活方面的，生活方面的不是意識、原理所貫注到的。我以爲這是「自我分裂」，不是學問之全。（這當然不是說一個人必須兼能，但必須有此承認的識量。）就是這種自我分裂，始造成生活態度上隔唯心論很近，而概念思想上卻「隔唯心論更遠」的古怪現象。

我以上所說由自足於事法界而轉到馬派的「物勢觀」，完全是就時代精神或習氣來說話，不是說某一個人一時的思想理論可以負此責。單是羅素也不能負此責。我之所以多提他，不過是以他作例證而已，並不是單責備他。我們看時代精神由自足於事法界而發展到「物勢觀」，實在是已到了人類要毀滅的時候。這時，人人當該對於時代精神有所反省、有所覺醒。這種覺醒，就是我們下文所說的「人的呼喚」。

五、人的呼喚──悲情的呼聲

人的呼喚就是人對於上帝的呼喚，也就是對於人自己的呼喚。

這是一種悲情的呼聲。這種悲情是一種對於時代的悲情：眼看到人的「無家性」，一般生活之庸俗、陷落，趨於「非人格性」；眼看到一般的概念思想之停滯於「事法界」而不進的風氣；眼看到馬派的毀滅人類的「物勢觀」之可懼，這都不能不令人怳惕興悲。欣趣於輕鬆的行雲流水的事境之趣味，固是一種風雅的智者之趣味（帶點清談貴族味的趣味），而這種「悲情的呼聲」（voice of tragic sense）卻更有悲天憫人的高貴的仁者之情。

當海德格重新注意到霍德林的「上帝隱退」之呼聲，重新認識了詩人霍德林的價值的時候，他覺得霍德林是「詩人之詩人」（the poet of the poet）。依海氏的觀點，霍德林感覺到他自己是神人之間的媒介，是想把他所知的「神」傳達給人們，想指點出神的「神聖」（holy）。霍德林所處的時代與我們所處的時代是大體相同的：是一個「古老的神」已沈淪而「新上帝」尚未出現的時代。上帝「自持其有」（withholds his presence）而「神聖之名則缺」（holy names are lacking）。依海氏與霍氏，詩並不是人類的裝飾品，亦不只是一種文化的現象，而是最深的「人類歷史之根」，足以指導並鼓舞人類。上帝自身是存在的，不管人知道他不知道他。詩人則想盡呼喚之責，他可以洞開「神性之真實」，當他唱出其讚美之詩時，他是上升到與神性最接近的境地。詩人的喜悅是其自己處於密切於「聖靈」之境。但是因為他遠於世人，而又深愛世人，使他孤獨。孤獨亦使他的詩充滿了憂鬱之情。這種情豈不是一種悲情嗎？

海德格以為在我們這個「上帝退位」的時代，有四步工作需作：一、重新發見「實有之意義」（the meaning of being），這是

哲學家的事。二、引起「神聖之感」（the sense of holy），這是詩人的事。三、尋求神性（Godhead or divinity）。四、弄清「上帝」一詞之意義。這兩步工作，海德格並未確定誰去作或如何作。我以為哲學家亦不必只限於講「實有」，如海氏個人所作的與所限定的。道德宗教生活的全幅歷程中所顯示的真理，由聖哲人格宗教家所體驗所證會的境界，如佛家經論所說、宋明儒者之所說，皆當是哲學家進入「理法界」時所當從事的領域。不必限於「明智悟有」一路，因為這還只是「智」一面的事。而「誠意啓化」亦是需要的。這是仁智雙彰的路。不能接觸到「仁」一面，哲學家的工作總不能算完全，對於上帝的呼喚亦總是隔一層。「神聖之感」固須詩人之喚起，而「神聖之名」亦須聖賢人格之證實。神性之尋求以及上帝一詞之意義之澄清與確定，俱須聖賢人格之證實，由其所證實而尋求而確定。這就是耶穌所說的：「你天天與我同在一起，你還沒見到上帝嗎？」也是程伊川所說的：「觀乎聖人，則見天地。」而不是揚子雲所說的：「觀乎天地，則見聖人。」契爾克伽德（Kierkegaard）說：「我不敢自居為基督徒，我只想如何成為基督徒。」此言說出，直是不凡。此在西方，可謂獨一無二。宋明儒者講學唯是在明如何成為聖賢。此「如何成為」的全幅過程之說明，即是哲學家的終極工作。此在中國，已有型範可循。海德格於此一間未達，亦由於其文化遺產並未具備也。哲學家由事法界而進入理法界，其中方面、層次、途徑，皆多端。然層層融攝，總歸於一。本文可不涉及。現在西方「存在主義」（existentialism）一路，即是哲學家「對於上帝的呼喚」所走的路。雖然其中也有無神論者，如薩特利（Sartre）之類。這在西方文化傳統哲學傳統裏，

是一新方向。然其前輩並未給他們下一個型範,故他們自己的摸索,乃不免有紛歧,亦有許多不透也。本文亦不能詳。我現在願就詩人的悲情之呼聲,引《莊子‧齊物論》一段話以實之:

> 大智閑閑,小智間間。大言炎炎,小言詹詹。其寐也魂交,其覺也形開。與接爲搆,日以心鬬。縵者,窖者,密者。小恐惴惴,大恐縵縵。其發若機栝,其司是非之謂也。其留如詛盟,其守勝之謂也。其殺如秋冬,以言其日消也。其溺之所爲之,不可使復之也。其厭也如緘,以言其老洫也。近死之心,莫使復陽也。喜怒哀樂,慮歎變慹,姚佚啓態。樂出虛,蒸成菌。日夜相代乎前,而莫知其所萌。已乎已乎,旦暮得此,其所由以生乎?〔……〕一受其成形,不忘以待盡,與物相刃相靡,其行盡如馳,而莫之能止。不亦悲乎?終身役役,而不見其成功。苶然疲役,而不知其所歸。可不哀邪?人謂之不死,奚益?其形化,其心與之然,可不謂大哀乎?人之生也,固若是芒乎?其我獨芒,而人亦有不芒者乎?

這就是人生陷於「物勢機栝」之可悲,而馬派卻必欲出死力以促成之。莊子的悲情,即是莊子的呼聲。莊子是詩人哲人合一的心靈。戰國之時代亦猶今日之時代也。

原載《民主評論》第4卷第23期(1953年12月1日)

世界有窮願無窮

一、悲願引生無盡的未來

徐佛觀先生爲《人生》雜誌三週年紀念題梁任公詩句云:「世界無窮願無盡,海天寥廓立多時。」任公原句如此。我也常聽人說「世界有窮願無窮」,此與白樂天〈長恨歌〉「天長地久有時盡,此恨綿綿無已時」同其語意。然比「世界無窮願無盡」,尤其凸顯。其意爲:縱使世界有窮,而我心願無窮也。

世界有窮無窮,不可保也。科學亦不能證其必無窮。相對論的宇宙是有限而無邊界,蓋意想其爲一圓球式的宇宙。後來又有膨脹宇宙(expansive universe)之說,蓋意想其爲一不已的脹大之宇宙。合此兩義觀之,則宇宙似爲一圓筒式的繼續膨脹。然此繼續膨脹,不函其必爲無窮的繼續。科學亦未能作此肯定。在西方理想主義者,欲肯定而且保證世界爲無窮的繼續,則必肯定上帝之善性。以善性保證世界之無窮,則善性是「願」也。人願望世界無窮,不願其有毀滅之一日。將此願歸諸上帝,以取客觀之形式,實則世界無窮之根據仍是「願」也。上帝之善性亦表示「願」也。在中國儒

者,則即就此願而言仁,以言生生不息。是則生生不息,惟以仁為根據始可能,離開此根據,無可言生生不息。生生不息惟是根於仁而來之價值命題,非經驗事實命題也。此猶科學不能證明世界之必無窮。生生不息意即無窮繼續,而仁則表示悲心大願也。是則世界之無窮是賴心願以為無窮,是心願為無窮之本也,即先天根據也。然則「世界有窮願無窮」,豈不更顯心願之拔地參天而首出庶物乎?

《桃花扇》柳敬亭說書一幕,有詞云:「任憑那滄海變桑田,桑田變滄海,俺那老夫子只管矇矓兩眼定《六經》。」此雖鼓詞筆調,而意味極其蒼茫。將孔子的一幅無盡心願表露無餘。上天下地,往古來今,彼此人物,一齊勘破,一齊推倒。露無我無人之法體,發統天先天之心願。「維天之命,於穆不已,文王之德之純,純亦不已。」「只管矇矓兩眼定《六經》」,亦就是此「純亦不已」也。惟此心願,始是無盡心願。要之,只是一心之不容已。此心願並不是特殊化的心願。如特殊化而為一定對象之意願,如意願發財、意願一定事業之成功,則心願即陷落而膠著於事象上,此時便不是那無盡的心願。蓋事象有生滅流轉,有成住壞空,有可實現而不必實現,而心願膠著於其上,則亦隨之而為生滅法,所謂習心是也。生滅無常之習心不能無盡。而且膠著於事象上之心願,其意願某一對象而欲其成功或實現,則又不能不靠才、情、氣以鼓蕩,而才、情、氣即是服從消息之強度原則者,其自身不能永恆而常新。才有時盡,情有時枯,氣有時竭。及其盡也、枯也、竭也,則苶然若喪,而其膠著於事象上之意願亦撤銷而盡矣。故此膠著之心願,乃生滅之現象,非「於穆不已」之本體也。「於穆不已」之心

願，乃無條件者，亦不膠著於一定對象者。故云：此是無我無人之法體，統天先天之心願也。直承此心願而從事，則一切事業皆是此心願之流露。此心願常新而不已，故事業亦常引生而不息，而才、情、氣亦常活轉而不竭。一人之生命、事業、才、情、氣有盡，而未來之生命、事業、才、情、氣則相續不盡。此是一無盡之相續，而由無盡之心願以引生者。本此無盡心願而從事，則不可云膠著。只是隨緣隨分而盡其性。遇見事，該作便作，該如何作，便如何作。心願不已，事亦無盡。定《六經》是一事，學不厭，教不倦，天天是事，亦皆是純德之不已。孔子如此，文王之「純亦不已」亦如此。此心願，如關聯著事講，將永遠無了，而亦隨時可了。從隨時可了方面說，即所謂一念萬年也。一了一切了。從永遠無了方面說，則引生無窮之未來以了之。無窮之未來亦永遠不能了，故終於成一無窮之引生也。此不是談玄，而是實理。王船山論宋太祖云：「仁民者，親之推也。愛物者，民之推也。君子善推以廣其德。善人不待推而自生於心。（案：即指太祖言。）一人之澤，施及百年。弗待後嗣之相踵以為百年也。」（《宋論》卷一。）善哉斯言。知一人之澤之施及百年，即知於穆不已之心願之引生無窮也。儒者皆知此義，故儒者講學皆以恢復本心為主旨，而中國學術文化亦即環繞此中心而形成，而以此義為其骨幹也。此是中國文化生命用心之所在，而知之者則甚鮮。

二、斯賓格勒論中國

美人葛達德（F.H.Goddand）及吉朋斯（P.A.Gibbons）二人

合作之《斯賓格勒之文化論》第二章中有云:「從多方面觀之,中國文化實近似乎吾西方者,然彼有特異性質,即『善的形式』之堅持是也,以是其神魂之全部雖逝,其軀殼猶能續存千數百年。」其第三章末又有云:「中國文化,集中於社會的義務。其哲學及宗教,皆聚精會神於人類關係之外的方面。中國文學與美術,其可羨慕之處固多,然大抵淺薄,其意義在表面上已顯露無遺,不需更向深處探索。然以中國人社會的感情之強,故雖其文化之精神確已死滅,其文化猶能勉強支撐,不致崩潰,而其遺緒不獨至於今日,且有復蘇之狀焉。中國文化有一種特殊空氣,即側重人與人間之責任及義務是也。中國人今猶溫浸於此空氣之中。此種理想原為一切文化之基礎。惟在中國,此種理想,有變態之強力,以是中國文明雖腐壞,而中國人依然保持其極高之地位。」(案:此書為張蔭麟先生所譯。現收於《西方文化論衡》中,中央文物供應社出版。)

　　葛達德與吉朋斯之書乃介紹德人斯賓格勒《西方文化之衰頹》者。假若適所引之文足以表示斯賓格勒之原意,則斯氏對於中國文化確有其了解,然而未能透。「善的形式」一詞之提出即表示其確有了解,然彼所謂善的形式,其意只是外在的,即只就人類關係之外的方面而言,則即表示其未能透也。彼言「中國文化集中於社會的義務」、「側重人與人間之責任及義務」、「聚精會神於人類關係之外的方面」。就此而言「善的形式」,此善的形式自是外在的。此當是就中國的禮樂型的教化而言的。禮樂廣被人群,自可說為一「善的形式」。然廣被人群之禮樂文制實亦可說為善的形式之客觀化。客觀化的禮樂文制必有其內在的性情之心方面的根據。側重人與人間之責任及義務,即人與人間要有禮文,要有敬意,要有

忠恕之道。此雖是在人的關係上見，好像是外在的，然必通於仁義
禮智之心，此亦是內在的。故善的形式之堅持實是通內外本末而爲
一的，不純是外在的也。若無內在的性情之心爲之根，徒一空殼之
浮文，則亦不能堅持也。反之，若眞能堅持善的形式而不捨，則無
論自覺不自覺，必有其內在的性情之心之強韌性，此就是其靈魂
也。自孔、孟點出仁義性善以爲周文所確定之禮樂立大本，秦漢而
後以及隋唐，則是從政制文教方面維護此善的形式，以抵禦佛教，
消納佛教。此若從本源方面，即內在的性情之心方面說，是不自覺
的，因尙無心性之學故，然若從政制文教方面說，則是自覺的。其
自覺地維護此政制文教，雖只是外部的，然亦正示其背後有不自覺
的強韌之心也，否則早爲佛教所沖垮。至乎宋明理學出，則從本源
方面自覺地維護此善的形式，而使孔孟相傳之內外本末一貫之善的
形式徹底透出。善的形式，惟透至內在的性情之心，如宋明儒者之
所講，方是生命之靈魂。依是，所謂「其神魂之全部雖逝，其軀殼
猶能續存千數百年」，則全誤矣。若如適所言，其神魂並未逝，且
正在通透維護此神魂，念念點醒提撕此神魂，故能續存而不斷也。
明乎此，則前文所謂無盡心願，引生無盡未來，昭然若揭，而中國
正其例證也。

　　斯賓格勒、陶恩比等人，皆以爲中國文化生命發展至春秋戰國
即已盡，秦漢以後，便以爲神魂全逝。斯賓格勒由此而言其文化循
環斷滅論。當然不獨中國如此，即西方亦然。故以「西方文化之衰
頹」標其書。若從表面言之，中國自秦漢而後，因政制文教已定，
實無多大之變化與創進。即有變動，亦只是浮面之動亂，所謂一治
一亂是也。政治形態、社會形態，俱仍舊不變。簡單言之，至少未

在急劇轉進中，創造出民主政治，產生出科學。依是，亦無西方近代式的（在急劇轉進中表現的）大哲學家、大科學家、大藝術家，以及產生影響的政治社會思想家。故云神魂全逝，軀殼殘存，文化已在停滯中。黑格爾由此言東方文化停在原始階段中，未通過自覺而見主體之自由，故其精神在潛伏中，而其文化創造亦停滯而不前。關於黑氏所論，吾已詳評之於〈平等與主體自由〉一文中。大體言之，黑氏所論東方雖不盡恰（亦有其恰當處），然其立言比較能深入歷史文化之內蘊。斯賓格勒未能至此境界。彼不知中國自秦漢而後，迄乎宋明理學之出現，正在通透維護此神魂，念念點醒提撕此神魂。在此步主要工作下，吾人不諱言，並未出現民主政治，亦未出現科學，當然更說不到大科學家。然在此主要工作所確定之文化形態下，其哲學家、藝術家、文學家，仍可說偉大。自某義言之，程、朱、陸、王都是些大哲學家，創造天臺、華嚴、禪三宗的大師們都是些大哲學家。然他們的工作不是西方希臘傳統式的哲學，而已超乎哲學以上矣。此即中國所謂聖賢之學，亦即心性之學。藝術文學方面亦代有偉大人物出現。這且不說。吾人仍歸於通透維護本源方面說，此即是文化生命之靈魂；而所以引生無盡的未來者，正賴此耳。此即是心性之學中所謂「以理生氣」也。中國儒者惟能深知此義，故能念念不忘此義，而其講學惟以恢復本源，徹露無盡的心願為主。故中華民族雖在艱難困苦中，而仍能爭剝復以續存。由「以理生氣」為原則（中國學術最知此義，亦最信此義），決不主文化循環斷滅論。然則斯賓格勒之主循環斷滅論，其觀文化所依據之原則，從可知矣。吾意即從才、情、氣之消長原則以言也。以下略介斯氏所言之每一文化消長之途程。

三、斯賓格勒論十九世紀

斯氏先從政治形態方面言其大略：

> 政治之進展，其大綱如次：〔……〕其始也僧侶、貴族兩階
> 級，並散漫之農民階級，漸團聚而固凝。如是者若干百年，
> 是爲一時期。後此遂入於封建之世，而眞正文化乃隨之發
> 軔。封建制度者，非歐洲之專有物也，凡文獻可徵之文化，
> 莫不有之。而發生之時代亦同。（非謂時間上相同，謂次序
> 相同。）約在二、三百年後，而與封建制度相鱗疊者，純粹
> 貴族政治起焉，與之孿生者爲國家主義，當此時期，王權式
> 微，其中或有復起中興，或全歸消滅。更後二百年間，貴族
> 政治廢而寡頭政治代之，貴族階級起後五百年乃頹落，貴族
> 頹落，而「平民」始獲政治上之重要地位，彼新統治者之權
> 力所基，厥在平民。爾後一世紀間，政治組織之形式，遂臻
> 於最高之程度，而在一短時期内，止於「完滿」之境（per-
> fection）。此完滿者，可感覺而不可表狀，此完滿者，猶吾
> 人聽巴赫之樂曲時所感之「完滿」也。然完滿不可久也。形
> 式之緊嚴漸弛，民衆之威力隨增。最後「第三階級」竟與國
> 家一而二、二而一，然此國家不能與其政府形式同久長，蓋
> 第四階級日以滋長，而泯棼之會交矣。當此時代之初，民治
> 民權，顯然有眞正之進步可見，然其後人民僅爲「偉人」之
> 工具，以遂其私圖。此種政治，史家稱爲「凱撒式」之政

治。政治而入於「凱撒式」，則舊日之綱紀常維，與夫政治之智慧，已崩分蘦碎矣。繼此爲最終之一幕，即帝國之興起，舊日政治經濟及政治能力之遺留，無論存於貴族或人民者，悉應用於是。帝政之結果，位置及功能之劃分，日趨於緊嚴，用克適應環境，而物質文明之興盛隨之。更歷二百年，此最後一星之「生力」已竭，於是文化銷沉，返於原初之狀態，復爲半封建式，復爲混沌渾噩。然已奄奄無生氣。極其量只能藉「惰性」之作用，延其殘喘而已。（同上書第二章）

斯氏所述政治形態之進展，大體不錯。彼以此爲綱領而言文化之消長或盛衰。文化進展鼎盛之時，當爲貴族政治廢後，第三階級（平民）得勢後所成之寡頭政治或民主政治，亦即彼所謂「完滿」之境也。此在西方，當即爲十七、八、九世紀一階段之境界。十九世紀下半期以至今日廿世紀上半期，或甚至延長至廿世紀末，蓋即彼所謂「第四階級日以滋長，而泯棼之會交矣」之時。今日正是號稱代表第四階級之共產主義與維護自由民主之第三階級大鬥爭之時。文化在大動亂中要向一新階段轉進。是故十九世紀乃上承鼎盛而下開衰世之「以哀音終」時期。十九世紀爲一希望之世紀。斯氏以爲「十八世紀之批評思想，大抵學者之空言，不必見諸行事。十九世紀之思想，不僅爲一思想，實爲一理想，其中涵有宗教之勢力，是乃一教條，衆人甘爲之而死。……就政治而論，就宗教及哲學之一部分而論，十九世紀實唯智的理想之偉大時代也。而法國大革命（十八世紀末）所標舉之自由平等博愛，實爲此時代所託始

矣。」（同上書第六章十九世紀。）十九世紀爲理智主義之時代，
科學發達，理智的理性主宰一切，理想向現實用而求實現於人間俗
世。一切以經驗實際爲衡量是非之標準，德性上之是非善惡轉而爲
知識上之是非、現實上之快不快。不復有向上提撕，置根於超越
者，以尋求人生之歸宿。超越者乃因理智而拆穿、而破滅。十九世
紀乃相信知識之力量、人的力量之時，一切皆是樂觀的開發。希
望、理想，皆是在此種精神下表現。然此種精神本身即是向現實方
面粘著者，此精神本身即可轉爲希望、理想之否定。一旦知識有所
不能，人力有所不及，則粘著於現實之精神即苶然若喪，而徬徨無
主，一切皆成疑問。故十九世紀末乃顯出是一大疑問號之時代。斯
氏以爲：「大勢所趨，文學在此時代常以悲觀之音調終。當是時
也，科學則停滯而殭死，理想則煙銷雲逝，宗教則成爲虛文與迷
信，哲學則創造少而紹述多，間或隨時勢之需要稍加增減而已。新
康德派也、新黑格爾派也、斯多噶派也、伊壁鳩魯派也，各以無端
涯之詞，討論無端涯之原理，而毫無感奮、毫無進步。失敗之感覺
或爲哲學的，或爲文學的，然無論爲何，其出現皆在此時代將終之
時。〔……〕且盡今日歡，明日歸黃土，此固爲淺易之哲學，然其
後實有極深刻之背景在。科學、哲學、宗教皆不能解答所問之題。
智識所遺留與吾人者，惟有一事確定：『吾之來也如水，吾之去也
如風。』過此以往，『蓋有門矣，吾無鑰也。』而未嘗有人焉，尋
得此鑰也。道德及倫理之強制勢力，消滅於使人失望之大疑問前，
所遺留者，惟酒一杯，詩一卷，及關於『汝』字之猶豫不決的反想
而已。其在印度，釋迦之悲觀主義較不堅決，蓋生存雖爲罪惡，然
有鑰焉，可開解脫之門。惟伊壁鳩魯及其同派所持意見與鄂馬開亞

謨（Omar Khayyam 波斯詩人）同，彼等皆視宗教為滑稽劇，其教
人以守德與寧心為生活之方法者，不過欲免苦而得樂耳。此乃悲觀
主義之最後歸宿也。其在西歐，當十九世紀之末，人類生活亦受悲
觀主義之影響，惟其悲觀更深刻而更嚴肅。叔本華與哈代，乃其
偉大之榜樣也，而哈代視叔本華為尤偉大，即使彼之宇宙觀不能自
圓其說，彼之人生觀已將維多利亞時代之神話與幻想摧毀無餘，而
使吾儕與人生之真相面面相對。歐洲文化視其他文化更為嚴肅，愈
不能忘情於窮苦無告之大多數人民之問題。*The Dynasts*（哈代所
作）一書，實為悲觀主義之最優的表現，而作者蓋能忍痛一覽全世
界之生活，而發現其中毫無希望者也。是故失望之醒悟為此時期末
之特徵，於是，及時行樂之思想，取初期之理想而代之。而近代之
人，猶古伊壁鳩魯派然，惟以舉杯澆愁為事，其在禁酒之美國，則
以取得金錢為唯一之目的。至是十九世紀乃閉幕。其理想雖莊嚴璀
璨，竟以失望終，而其文學亦以寧靜之悲音為亂，從許多方面而
論，十九世紀之態度乃一大疑問也。所問為何，廣言之，則生之意
義；狹言之，則人生之意義，人類若終不肯承認事物之表面價值，
則其將來之命運可知。此時代往矣，人之情感亦隨之而改變，人類
乃轉向其物質的狀況，以寄其主要興趣，物質的興盛之求索，消磨
其心志，而此疑問遂成為過去之物矣。」（同上書第六章末）

斯氏所謂十九世紀實有典型之意義。各文化皆有類乎此形態之
時代。（在中國，則為戰國時代。）其時間亦不必限於十九世紀這
一百年，十七、八世紀亦可連屬在內。「封建之末運與貴族政府之
初期，互相掩疊。專制時代之與民治時代亦然。紀元前四世紀時間
雅典之情況，實顯兆希臘之紛亂時代。陸克政治思想之傳染，實法

國專制政體傾覆之先機。漢摩拉比（Hammerabi 巴比倫名王）前兩世紀之擾攘，固底亞（Guder）實開其先路，各文化中莫不有與此相應之時代，即所謂黎明期者（一譯開明時代，或啓蒙時代），其實皆衰降之時代也。於是『理性』（此當爲理智的理性）爲價值之唯一標準，『人權』之呼聲，喧囂於世。舊日傳統之象徵，已爲『唯智』之思想所取而代。代帝王者盧梭也，代貴族之忠義者，金錢之權力也，學說與商業之新勢力，將爲僧侶與貴族兩階級之繼承者矣。由僧侶而至於哲學家與科學家，由上帝之崇拜而至於唯智思想及自然觀念之崇拜，其遞嬗之跡，昭然易尋。而錙銖不苟之『商家王』，其與貴族之關係，亦同此密近。自是以往，『作爲之人』乃利用學說以行其志，利用金錢以穫其果，公意輿論，鬥角勾心，而全力集中於自相爭敵。其在都市，交通易而書報之流通速，遂使群眾自覺其權力而思運用之。然群眾自身不能有建設之成就也。有人焉，機智足以駕馭群眾，則群眾歸其統制。此其人，時則爲馬流斯（Marius），時則爲凱撒，時則爲列寧，蓋此諸人，實無一爲民治主義者。〔……〕其在近世，則十九世紀恰足當之，此世紀之於吾儕，從任何觀點而論，皆極重要，吾儕今日正脫離此時代而始明白此時代之錯誤耳。此時代之結局非他，懷疑主義與否定之趨向而已，思想之進步，人權之發達，其所引起之希望，終於煙消雲散而已。吾人試一覽此時代大人物之姓名表，而知彼輩不復爲『作爲之人』，不復爲貴族，而爲思想家，且恆爲不透徹之思想家。此時期之最大政治家俾斯麥與巴米斯頓（Palmeston），皆爲今人所不喜，蓋今人於一切問題之判斷，與黎明時代同趨，凡爲敏慧之人，未有不左祖自由主義者也，然今日已有一退後之趨向，將使智能之

士,漸復集於守舊黨之旗下。其在英倫,邱吉爾其第一人也。彼自由主義者所見雖高,所能為者實少,不過如其在古典時代之斯巴達,助長克落門尼斯(Cleomenes)之莽行而已;如其在十九世紀末之英倫,助長格蘭斯頓(Gladstone)之翻雲覆雨而已,如其在一八四八年,助長西歐之革命而已。(案:此即墮落而與商人結合之空頭的自由主義。)然彼輩亦不容忽略或小視,彼輩有時竟具最大之勢力,如能與財政界及商業界聯絡,勢將睥睨一時。彼曼且斯特學派(The Manchester School),以政治學派自稱者,其注意政治之自由,不減於注意商業之自由也。」(同上書第二章)

四、斯賓格勒論未來大帝國

由此而言,十九世紀(斯氏亦採中國史家之名詞,稱之曰戰國時代),已孕育出凱撒式之政治。利用學說主義以行其志,利用金錢人民以穫其果。共產黨其著者也,希特勒亦曾稱霸一時。故曰:「此時代者,大人物出現之時代也,彼輩不能如前此之貴族,構成宏大之傳統勢力,其動作也,俟機而乘時;其興起所取之手段,甚卑微無足道;彼輩或為深沐教化之人,或為甕牖繩樞之子,其露頭角於當世,或因樹績於疆場,或因馭眾有方,能維團體之倫序。語其大較,彼輩恆有學說為倚盾。此學說,彼輩或藉之而崛興,如列寧是也;或拳拳服膺而不踰,如革拉克(Tiberins Gracchus)是也。且也,經濟勢力恆不離其左右。」(同上)如是動亂相當時期,最後階段之大帝國即繼之而起。斯氏以為如英國不濟,則當斯選者,德國與美國,必有一矣。於是,凱撒、奧古士都之徒起,重

造統一與和平之局面。實則以今日觀之,英、德恐皆不濟,夠資格者,恐只有美、蘇與未來之中國。而此局面之來臨實決於與共產主義鬥爭之勝敗。假若蘇俄勝,則世界爲共產主義之大帝國。假若美國勝,則世界爲自由民主之大帝國。在達到此局面之過程間,或只停於四足鼎立之境地:美洲爲一單位,歐洲聯邦爲一單位,中國爲一單位,蘇俄爲一單位。然無論如何,斯氏所預測之最後一幕,即帝國之興起,恐將爲十分可能之事實。且看其對於未來帝國所描畫之景象:

自十九世紀以來,人民之權力及經濟之權力日以滋長,換言之,即思想家及大商人之權力也。然廿一世紀之變遷,將使彼等失其地位。蓋大帝國將興,其所挾之新政治勢力,將與彼等以大打擊也。大帝國爲各文化之最後形式,過此則復歸於其初興時「半封建」之景象。當大帝國之興也,凱撒之徒,吸集一世實行之人才爲己用,與之抗敵者惟哲學家,在羅馬則爲斯多噶派。在中國則爲儒家,在近世則爲社會主義者。〔案:此語非是。〕此時財富之積聚,依然繼續。然無論大流士(Darius)或拉美西斯(Rameses)(謂握帝國政權者)所需於財富者爲如何亟,財富已不復能控制政府之命運矣。財富之積聚,不過爲失意於政治者聊以自娛之事而已。此時之政治史,實集中於統治者之左右,於時,則有各界之安寧,有國防交通之大規模的組織,有精密之商業及運輸制度,有謹飭之賦稅法,有物質方面蓬勃喬皇之氣象,然與之並長者,則爲帝政威力之壓迫。凡此種種,稽之有史以

　　來各文化，無一爽忒。瞻望來祀，吾儕獨能免乎？（同上）

於是西歐將達於紀元前五十年間「希臘羅馬」文化所處之情形，而
悠久之帝國時代將開始。此時代約佔二百年，此時西歐文化外形之
大概或極類似今日。帝國時代恆為物質興盛組織強固之時代，其在
羅馬為尤然，其在拉美西亞斯（Ramessias）朝之埃及，漢代之中
國及波斯帝國治下之赫泰區域亦然。城市之最後而最大之發展，乃
此時代外表現象之最顯著者。〔……〕將來之城市，其龐大之度當
至何等，殊難想像，然試以居民二千萬之紐約為準，當不甚遠也。
國際貿易或增加十倍，而財富之增亦隨之，凡此一切皆今日之規模
之擴大而已。然以言精神方面，以言此文化之心的態度，則將有完
全之差異，一切可想像為有最後價值之物皆漸消滅。一切與真美善
有關者皆退居後位，而代以快樂之欲求與物質之豐盛，代以羅馬之
擊劍、比鬥、及其空前之奢侈，代以美國之棒球比賽及其大富翁之
豪奢生活。

　　　　是故科學藝術及理想遂入於末路，科學在希臘及亞拉伯已達
　　　　於死亡之結局。〔……〕同時，愛因斯坦將無繼承人，
　　　　〔……〕。將來力學上及化學上之發明當能續至若干年，並
　　　　能產生與現在有同樣新異之結果。〔……〕吾儕或至能聽數
　　　　千里外政治家之演說，而同時見其動作映現於幕上。〔案：
　　　　於今已有之。〕又或將有今日所未能夢想及之轉運方法。雖
　　　　然，爾時創造之科學則已死矣。其所餘之工作，惟智識之統
　　　　系化，如其他諸文化中法則之編定，如漢摩拉比及曼奴法典

之於刑律，如加倫（Galen）之於醫學，及亞拉伯人於歷史之有人名辭典是也。吾儕已入於世界史中之此時代，不久將至於科學及數學之末次統系化矣。爾時創造之藝術亦已死滅，奧古斯多之世確曾產生文學，且爲高等文學，然不過形式之文學，而非精神之文學。美之實質既微，感興尤缺，蓋僅爲「白銀時代」之文學而已。其雕刻苟非紀念之眞像，即爲希臘模型之鈔本。其建築亦入於末世，惟見巍峨而無規律之宮室，除與人以龐大莊嚴之印象外，無他優長，羅馬之宮殿及房屋即如是，而巴比倫及報達（Bagdad）亦有類似是之趨勢，今紐約之插天樓（skyscraper）及其他美國式之建築皆同一精神之表現也。（同上書第七章）

由是以降，則文化銷沉，返於原初之狀態，復爲半封建式，復爲混沌渾噩，然已奄奄無生氣，非復原始狀態尚有原始生命以待發展也。依斯氏意，此將即是西歐文化之消失。一如希臘、羅馬、埃及、巴比倫、波斯之消失。代之而起者，彼以爲或將是俄羅斯民族。蓋彼以爲俄民族具有很深之內心複雜性，尚未眞實表露出。今日之共產黨所實行者非其本性也。此或可能而不必然。如代之而起者眞爲俄民族，則未來之大帝國，恐不在英、德、美，而在共產主義之俄國矣。如歐美尚眞能產生一大帝國，則共產主義必倒。如俄民族尚眞能有貢獻於文化，則必在蘇俄瓦解後之俄國也。蘇俄亦很可能成爲中國以前之秦。吾常有此感而爲此懼。如蘇俄共產主義眞能統一世界而成一大帝國，亦必如秦然，決不能久，亦非斯氏所預測之未來悠久大帝國也。蓋馬克思敎義之共產主義決不能產生任何

文明與文化，亦不能產生安靜悠久之道。即使彼統一世界，亦必如秦然，瞬息崩解或轉化而成新型，此即近時世界中未來之大漢也。無論將來如何，吾人今日之事業，必須定其心志，端其趨向，以防止短暫共產帝國之出現，以解消邪謬共產主義之風行。人類及其文化之命運胥落在吾人之肩上，此時吾人須有一新心靈。如是，吾人不管將來政治社會之形態為如何，吾人願一論斯賓格勒觀文化所不自覺地依據之原則。

五、周期斷滅論所依據之原則：以氣盡理

斯氏蓋視一民族之歷史文化有如生物個體，自產生，經長成，以至於解體或死亡，而且僅有一次之生命周期。吾名此說曰周期斷滅論，或循環斷滅論。時間當然有長短之不同，內容亦當然有不同。此無關緊要。吾在此所注意者即是這周期性的斷滅論。當然有生命的東西，才可說斷滅死亡。斯氏視一民族之歷史文化有如生物個體，自產生以至死亡，當然不是指所創造出來的歷史文化成果言，而是指民族生命之創造力言。民族生命能創造文化，故亦得進而言「文化生命」。所謂歷史文化有解體死亡，當然是言其文化生命已竭盡，並不是說所創造出來的文化成果會死亡也。文化成果當然無所謂死亡不死亡，亦如一概念或數學命題（如二加二等於四），無所謂死亡不死亡。言歷史文化既必通著文化生命、民族生命，則民族生命雖不是一生命個體，乃由許多生命個體而結成，然一國族既有其創造歷史文化之生命，當然可以聯想到衰替死亡。這個聯想不是主觀的隨意聯想，而實是由「生命」一概念直接分析

出。如是，說一民族之文化生命之創造力有一周期歷程而至於斷滅，這是可以說的。蓋生命本身就是一生老病死之拋物線，或用鄭康成解《易》的話，就是一始、壯、究之拋物線。這個拋物線歷程，吾名之曰生命的強度歷程。凡廣度量可以無限拉長，而「強度量」不能無限拉長。文化生命就其為如是之生命（culture life as such）而言之，當然是一強度的。其有衰替死亡，不言可喻。斯氏言「西方文化之衰替」，我想就是就文化生命之創造力而言的。其視文化如生物個體，亦是就文化生命之創造力而如是觀的。這本是極簡易的道理與想法，亦似不易反駁也。但我願就生物個體，或文化生命創造力，進一步說出其所不自覺地依據之原則。蓋只言生物個體，或文化生命，這只是一直接之自然事實，尚不可視為極成斷滅論之一原則。這個原則必須可以從「文化生命之創造力」一概念中分析出來，如是，此一原則如清楚，則斷滅論清楚。如吾人不贊成或不願意此斷滅論，則必須有一超乎此原則以上之原則。（吾見有許多批評此周期斷滅論者，然多不恰當、不中肯，故多零碎的浮辭支辭。）

斯氏就文化生命之創造力而言周期斷滅論，其所不自覺地依據之原則，我現在首先說出，便是「以氣盡理」。以氣盡理，未有無竭之時者。而超乎此原則以上之原則，便是「以理生氣」。以理生氣，則引生無盡的未來，而不斷滅。所謂「不自覺」者，蓋斯氏一方只就各歷史進展之途程會通以觀之，而見其為如此，一方即就生命創造之有竭，而斷其為如此。並未進一步說出其所以然之原則也。故云不自覺。此點所關甚大，吾故願揭而出之。

何謂「以氣盡理」？吾既言生命為一強度者，故服從拋物線的

消息原則。人的歷史文化不能不靠人的生命之創造，其創造也，不能不靠才、情、氣。才、情、氣皆從生命之強度發，它們一方是精神的，一方是材質的。其為精神的，是因為心靈意識或自覺參加在內。心靈意識附著於才、情、氣中，遂使其為精神的。但此精神是以才、情、氣為主，在盡才、盡情、盡氣中表現，不以德性為主，不在盡心、盡性、盡理、盡倫中表現。如是，此精神乃只表現為一無色之「能」，隨才、情、氣之俱屬於「能」而為「能」。《易經》說乾知坤能。知是心靈，能是材質。才、情、氣俱是能，故俱是材質的。精神以才、情、氣為主，即心靈只在才、情、氣上用，故亦只表現為一無色之能的精神。生命之強度亦是「能」，亦是材質的。生命在才、情、氣中表現，在心靈中表現，但若以才、情、氣為主，而心靈又只在才、情、氣上用，則生命之強度雖亦是精神的，但此精神既只隨才、情、氣之為能而為能，故生命之強度之為精神的亦只成為一無色之能之精神的，故亦是材質的。生命、才、情、氣，對德性之心靈言，俱是材質的，俱是能。故其中由心靈自覺之參與而成為精神，亦只是能，亦只是材質的。此義既明，吾人即進而說，生命是拋物線的強度歷程，才、情、氣以及此中之精神（其實只說才、情、氣即足），亦俱是拋物線的強度歷程。故生命之強度有竭，才、情、氣之強度亦有竭。

　　文化之創造而成為文化成果，不能不靠發自生命之才、情、氣。簡單說，不能不靠著「能」。才、情、氣既然是個能，天然是要外向的，它天然要有個矢頭，在矢頭之向中表現。因此，它必然是個凸出的觸角。它不是收斂的意味，而是發散的意味。生命之強度表現而為才、情、氣，即是生命之發散，亦即是生命之凸出，而

不是生命之收斂。創造文化而為文化成果，就要生命凸出，而表現為才、情、氣。如是，我們可以說：文化成果就等於才、情、氣撲向一具體對象，而在具體對象中盡理所成之產品。簡單言之，就是「以氣盡理」。此理當然不是內在於心性中德性之性理，而是外在的事物之理。科學、哲學、宗教、藝術、文學、乃至政治形態、社會形態，俱是如此。西方人本就是只是順著生命之發散，使用其才、情、氣以撲向對象而盡其理者，乃是一往不回頭的凸出，順生命之凸出而滾下去。「順之則生天生地，逆之則成聖成賢。」西方人只有順，而無逆。故有許多成果，燦爛可觀。順之，則才、情、氣用事。逆之，則德性用事。逆之，則成聖成賢，而聖賢人格非文化成果也。聖賢人格一無所有也。西人不能在此講學問，亦不甚能了解此境界。故西人之學問，無論是科學或哲學，都是在才、情、氣之撲向對象中完成，即宗教亦在才、情、氣之撲向對象（上帝）中完成。故西人特別重天才，亦特別重英雄，而天才與英雄俱是在才、情、氣中用事也。西人順生命之凸出而盡量用其才、情、氣，故神工鬼斧，繁興大用，真是生天生地也。然一往順之而不回頭，則其生命之強度與才、情、氣之強度，必有耗竭之時，此決不能無限拉長。此蓋為必然者，即，為強度一概念所必函。吾友唐君毅先生論柏拉圖式精神之不能成就生命之悠久曰：「柏拉圖式的人生情調，都是莊子所謂始乎陽而卒乎陰。故柏拉圖式的詩人，最後命運，皆理當不免如濟慈之夜鶯之嘔血以死。」（見〈西方文化之根本問題〉，《民主評論》，第四卷第十五期）此言甚有靈感，亦甚具美感。其實不獨柏拉圖如此，西方文化生命之表現，整個皆是此形態。其基本精神即是順生命之凸出而盡量用其才、情、氣者，即

「以氣盡理」者，此則未有不始乎陽而卒乎陰者。其始乎陽，非自德性之理言，乃自材質的生命之發散言。此陽之發散必卒乎陰而竭，斯賓格勒未能反觀至此而明言之耳。如是，文化生命焉得不歷其周期而至斷滅。文化之創造不能離才、情、氣，順才、情、氣以觀文化，各民族之歷史文化皆然。故斯氏得以周觀各文化而作此結論也。

西方人順生命之凸出而盡量用其才、情、氣，由此再進而予以特殊之規定，便是唐君毅先生所說的「自覺地求表現」。吾於此，曾名之爲「分解的盡理之精神」。唐先生之言如下：「論中西文化精神重點之不同。即中國文化根本精神，爲自覺地求實現的，而非自覺地求表現的。西方文化根本精神，則爲能自覺地求表現的，而未能眞成爲自覺地求實現的。此處所謂自覺地求實現的，即精神理想，先全自覺爲內在，而自覺的依精神之主宰自然生命力，以實現之於現實生活各方面，以成文化，並轉而直接以文化滋養吾人之精神生命自然生命。而此所謂自覺地求表現的，即精神先冒出一超越的理想，以爲精神之表現，再另表現『企慕追求理想，求有所貢獻於理想』之精神活動，以將自己之自然生命力，耗竭于此『精神理想』前，以成就一精神之光榮，與客觀人文世界之展開，而不直接以文化滋養吾人之精神生命自然生命。中國文化精神爲前者，西洋文化精神爲後者。而此亦即中國文化悠久，西方文化無論希臘、羅馬，皆一時極顯精彩，復一逝不回，唯存於『上帝之永恆的觀照』下之故。」（《中國文化之精神價值》，頁362－363。）唐先生此義，簡單言之，即：所謂「實現」，是本德性以生氣，將德性之理內在地獨體地實現於個人之人格；所謂「表現」，即順生命之凸

出，冒出一超越之理想，而由才、情、氣以赴之，因此而有各種文化之成果。生命之凸出必有矢向，才情之奔赴必有對象。在矢向與對象中，其生命必外在而分裂，其文化必多頭發展。而在生命與才情之凸出中之精神，即心靈自覺參與其中所表現者，必以智爲領導，或以智的形態而表現，此即吾所謂「分解的盡理之精神」，吾亦常說此是使用概念之精神，或智的文化系統。吾依此而謂其科學、民主政治、宗教，俱在此精神下完成。亦可以說在「自覺地求表現」之精神下完成。此以一語賅之，即爲「以氣盡理」。而分解的盡理之精神、使用概念之精神、自覺地求表現之精神，以及唐先生所常讚美他們的超越精神、客觀化其理性之精神、尊重個人自由之精神、及其文化之多端發展之精神，皆是此「以氣盡理」形諸外所結成的種種形態。而始乎陽而卒乎陰，如濟慈之夜鶯之嘔血以死，則是最後之歸結。

六、文化所以悠久之超越原則：以理生氣

吾早已言之，文化生命之創造而爲文化成果，不能不有生命之凸出，不能不有才情之奔赴。此是文化成果之出現所必不可少者，而順此以觀文化，則未有不始乎陽而卒乎陰者。此不獨西方文化爲然，任何文化皆如此。吾人可說此是文化表現之常情途徑，即，「順之則生天生地」之途徑。由此而言，如無超乎「以氣盡理」以上之原則與境界，則斯賓格勒之周期斷滅論，乃爲不可反駁者，無論吾人願意不願意。因爲強度的生命乃變滅法，而才亦有時窮，情亦有時盡，氣亦有時竭，西方文化正是順此常情途徑而前進，乃是

一往不回頭者。因此，在其文化裡，一切都是生命凸出之矢頭所凝結之成果，一切學術亦是此矢頭上之成果，而無一種逆回來以潤澤調獲安頓此生命之學問。故斯賓格勒不復知有此學問，亦不復知有此境界，故彼不能見出文化所以能悠久無疆之道，而只能順文化表現之常情途徑，以言其周期斷滅論。此固西方文化生命之表現途徑是如此，而亦正因其無「逆之則成聖成賢」之學問也。如有此學問，而知「以理生氣」之境界，則彼決不主周期斷滅論矣。此則可斷言者。然而在中國文化裡，則正有此學問。故中國文化是在「以理生氣」之原則下進行，故知文化所以悠久之道。此即「世界有窮願無窮」、「維天之命，於穆不已」。先由生命之凸出逆回來而呈露「無我無人之法體，統天先天之悲願」，故能「以理生氣」，引生無盡的未來，而決然主張文化不斷也。故文化不斷之超越原則即是由悲願無盡所成之「以理生氣」。而周期斷滅論所依據之原則，則是順生命之凸出而「以氣盡理」也。是以中國文化生命所走的途徑乃是「逆之則成聖成賢」的途徑，乃由順生命之凸出之常情途徑轉了一念，逆回來先由德性以涵潤生命與才情氣，而不欲使之多表現。故西方文化生命之神工鬼斧，繁興大用，都集中在生命凸出之矢頭上，而中國文化之繁興大用，則在生命背後之悲願上，溥博淵泉而時出之。集中在矢頭上有竭，淵泉時出則無盡。有竭，則一切成果存於「上帝之永恆觀照」中，而人間不勝黍離之感。無盡，則一切文化成果既在上帝永恆觀照中，亦在人間之永恆受用中，而人道不滅，斯文不斷也。

吾常言，西方文化生命，自希臘傳統言，首先把握「自然」，以自然為對象而研究之，故順生命之凸出，才、情、氣之奔赴，智

之用特彰顯。此如上論。而中國文化生命，則自始即首先把握「生命」，以生命爲對象而期有以潤澤調獲安頓之。自然之爲對象是外在的，生命之爲對象是內在的。外在的有質，內在的無質。以內在而無質之生命爲對象，期有以調獲安頓之，不能不反而在心上用心；由生命之凸出，轉回來，翻上來，而見心靈之德性以調獲生命。此即「逆之」之途徑。中國學問及智慧俱從此「逆轉」上開出。（今人一見「逆轉」二字便不愉快，但此處逆轉二字卻是向上之機。）逆轉而見德性，則首先便是涵潤生命，而不欲其凸出，調獲才、情、氣，而不欲其多露。此義通儒道及後來之佛敎，皆無異辭。儒家重德性，重仁義之心，此由孔子已開闢出。孟子承之言性善，則仁義之心尤彰著。其「由此德性之心理生氣」一義，則見之於養浩然之氣。「其爲氣也，至大至剛。以直養而無害，則塞於天地之間。其爲氣也，配義與道，無是餒也。是集義所生者，非義襲而取之也。行有不慊於心，則餒矣。」此固言其剛大，然配義與道，集義所生，則以理生氣之意甚顯。理能生氣，則引生無盡未來而不斷滅。自然之氣有盡，而心願之理無盡，故其引生亦無盡也。後來宋明儒者承之而講說尤密，闡發尤多。涵養、察識、居敬、以及致良知，俱是旨在透露本源，以理生氣。儒者重成用，主生生不息，故不反生命與才、情、氣。然決不是空頭的生命與才、情、氣，而必有以冒之與潤澤之。亦不欲其露。無德以潤之之才、情、氣（再加上智），俱是儒者之大忌。故露才、溺情、使氣，皆非儒者所許可。不進於道，而惟恃天資之美，則儒者雖亦稱之，而必以爲不足恃。故中國只重視聖賢豪傑，而不甚重視天才英雄。（關此諸層次之人格，唐君毅先生判之甚詳。讀者可參看其〈孔子與人格

世界〉一文。民主評論社人文叢書。）在政治社會上，則尊德尙
賢，其次才能。「斷斷兮無他技，休休然如有容。」此是最古之明
訓，穿鑿之智尤所厭惡。純任智而至於奇技淫巧，亦所鄙薄。此教
訓普遍於全社會人心，人人皆能知之。惟相習成風，久而不察，不
知其所以然，遂成爲近人詬詆之對象。「女子無才便是德」，尤爲
近人所詬病。而不知此是普遍的重德之意下的一句話，不專是限制
女子也。近人只見重德之弊，而不知其本源上之大用。儒家以德性
化才、情、氣，而引生眞氣。道家言心性雖與儒家不同，而收攝生
命與才、情、氣，而不使之露，則無二致，且尤甚於儒家。所謂
「無爲」，所謂「致虛極，守靜篤」，所謂「爲道日損，損之又
損，以至於無」，剋實言之，就是把才、情、氣上的一切矢頭，一
起打掉，而收攝回來。無爲就是無才、情、氣的凸出，致虛守靜就
是化除才、情、氣的矢向之有，損之又損，也是損的這些矢向。因
爲這些矢向都是耗散吾人之生命的，也都是足以使吾人心靈膠着於
一定點上的。膠着於一定點上，也是生命之耗散。故休養生息，必
須無爲。心靈膠着於一定點上，便不是道心圓智。故去掉才、情、
氣之矢向有爲，而顯道心圓智，則「無爲而無不爲」，此是道家最
後之宗旨。無爲而無不爲，一函悠久（道家就個人修道言，即曰長
生、成仙），一函成用（道家的成用，與儒家義不同）。後來之佛
敎，雖別有宗趣，然在此逆轉上以顯自然生命以上之心靈，亦無二
致。在此不必多言。是故逆之以潤生護生，是中國學問之大智慧，
此可總名之曰「心性之學」。西人不能知，近人亦不能知。

　　心性之學最大之作用就是「以理生氣」，此是文化不斷之超越
原則，亦是實踐之超越原則。以理生氣，並不是說現實之氣總是合

理的。因此，也並不是說，現實歷史之發展總是直線地合理的、光明的。歷史發展總有升降隆替，總是曲折宛轉的。其所經歷之各形態，也許各民族都差不多，這是因為精神表現之途徑自有其精神義理之軌道，然這不要緊。要緊的，是文化不斷，是如何能引生無盡的未來。假若吾人能於西方「順之」的學問以外，知道逆之的「心性之學」之重要與價值，知道「以理生氣」一原則，則此問題即得解答。根據心性之學之以理生氣，則歷史縱在斷潢絕港，縱在極端晦否之時，看大勢極無挽救，看人心風俗極端陷溺，看生命極端墮落淫靡，然一念不昧，則當下即「獨握天樞以爭剝復」。（王船山語。）「以理生氣」是實踐之原則，不是知解之原則。故根據此原則以觀歷史文化，是自我作主的態度，是把吾人的生命拉進歷史文化中直接承擔起來的態度，而不是居於旁觀的態度以觀文化生命之「始乎陽而卒乎陰」，而撒手以去，悲觀以終。因為歷史文化總是人創造的，不能說於我無分也。我也得參與其中而作一分主，此與自然界不同。「我欲仁，斯仁至矣。」這一心願，即引生一未來。大勢已成不可挽，夫豈不知之？在此，人不與天爭勝。然是非不可不講，義理不可不明。雖是孤明，我即守此孤明，鍥而不舍。此即獨握天樞以爭剝復，亦即孔子「只管矇矓兩眼定《六經》」也。不管眼前如何，不管未來如何，只當下這一緊守是非義理之心願，即是未來之復之幾。中國儒者根據心性之學之「以理生氣」，最知此義，亦最信此義。此比信上帝更易得救。當明清之際，天翻地覆，人誰能挽？然王船山身居猺洞，遍注經史子集，其生命直是與歷史文化之大流貫通於一起。此生命之流，雖暫為當時劫運所障隔，然終於沛然莫之能禦，冲決而出也。

　　或曰：此是一「願」也。講歷史須重客觀事實，何有於此主觀之一願？曰：此正是近人之陋與蔽。吾人正吃了這個科學態度之虧。此一「願」非事實乎？惟不是一外在之事件耳。言歷史文化，此一願之事實須拉進來，方能見創造之動力。以前的人都是自我作主的態度，孔子如此，朱子亦如此。故其生命與古人相貫通，古之事即如己之事，古人之是非善惡即如己之是非善惡。故能體貼人情、曲盡事理。既能保住價值判斷，且亦反能較得歷史之真實。惟近人始以研究自然之態度研究歷史，遂只注意外在之事件，而不復知創造歷史文化之心願、性情與人格。故雖曰客觀，反去真相愈遠。須知若抹去周公、孔子、朱子、陽明、以及其他諸偉大人物，尚有中國歷史文化可言乎？然則孔子之心願、朱子之心願、船山之心願，豈可不算在內？須知他們當時之緊守是非義理而不捨，即是引生史實之動力也。故言歷史文化，此決須算在內。於言文化不斷，此是一超越原則。於研究歷史或觀歷史，此以理生氣之心願即轉而為「道德判斷」。觀歷史，歷史判斷與道德判斷兩者皆不可缺。前者通權達變，後者立是非之標準。近人治史只是考據材料，尚說不上歷史判斷，去道德判斷更遠不可及。朱子治史惟以道德判斷為準，此固於通變有缺，然其意義即在立是非之標準，而其當身即表示一「以理生氣」之心願也。船山於此兩者皆能顧及，故前賢論史無有能過之者。黑格爾言史，以其辯證之發展觀，而有「凡存在即合理」一語，此固足以通變，而於道德判斷稍有憾，人或以此譏之。可見兩者兼備之重要。關此，吾曾論之於〈凡存在即合理〉一文中。茲不再論。

　　明乎以上所述，則斯賓格勒等人，以其周期斷滅論，謂中國文

化自秦漢以後即神魂全逝，為非是矣。唐君毅先生於其〈西方文化之根本問題〉一大文中，（見《民主評論》第四卷第十四、十五兩期。）歷言西方學術不能致和平與悠久，最後指出東方智慧可以補此漏洞，言東方智慧重在從根上超化非理性反理性者。此智慧即中國心性之學也。惟其論點，於開端多就戰爭而言，於悠久一義，表現的稍迂迴。故茲文直接就斯賓格勒之周期斷滅論，根據中國心性之學之以理生氣，以言文化所以能悠久之道，並指出其斷滅論所不自覺地依據之原則。此或足以略補唐先生文之所未備，亦深望西方學人能虛心求知中國心性之學之意義與作用，以改進其歷史文化之觀點，以謀所以延續其文化生命於未來。此未可動輒以不科學而忽之也。人類之命運端繫於此。世變亟矣，前途危矣。然而悲願無盡，法輪常轉，則斯文終不斷也。其有以此自肯自信者乎？

七、附　注

附注一：吾言西方無心性之學，而斯賓格勒亦不能知「以理生氣」，以主文化之不斷，此固也，然彼復亦不能至黑格爾之境界。彼言歷史文化尚是落在跡象或徵象上。彼甚有洞見，亦有深感。然彼不能穿過徵象而自精神表現之發展上觀歷史，故只由跡象徵象之描述而結果落在自然生物的層次上。精神之所以為精神，以及其表現之義理軌道、與各種形態，彼皆不能至。而黑格爾則甚能彰著之。雖駁而不純，然大體規模不差也。彼能扣住精神說，而不落在跡象與徵象上，亦不落在自然生物之層次上。如順其精神表現之辯證的義理軌道言，此精神之發展本身即為不斷者。彼之歷史觀當不

函有斷滅論之意義。彼言精神發展至日耳曼世界已臻圓滿之境，此並不函歷史已停止。蓋彼之言圓滿（即彼所說之「知一切人皆自由」）亦如斯賓格勒言貴族廢後寡頭政治或民主政治那一階段之圓滿也。（見本文第三段）。歷史之圓滿是相對的。在一定條件下，意識所至，人力所及，而認為是圓滿的。隨時可圓滿，亦隨時不圓滿。蓋精神內容無窮複雜，故其發展亦無休止。彼之言此亦是身處太平盛世之言耳。惟彼之述史，悲憫之意不足，此其學之不純也。彼亦不能自覺地言文化不斷。惟視其依據，亦決不函斷滅也。孔子曰：「文王既歿，文不在茲乎？天之將喪斯文也，後死者不得與於斯文也。天之未喪斯文也，匡人其於予何？」此是何等心量。故羅近溪曰：「真正仲尼，臨終不免嘆口氣也。」

附注二：若知以理生氣，文化不斷，則一般意義的十九世紀以後之大帝國，譬如中國戰國以後之漢，不是最後一幕。而且此後之每一時代每一幕皆可有精神發展上的解析。墮落的意義、向上的意義、正面負面的意義，皆可各有不同。心德無量，精神的內容、形態、及成果亦無量。凡真理皆當實現，凡價值皆當實現。普通亦常以為先秦諸子是中國文化的黃金時代，此後便無可言。此是不知價值實現之過程與踐履奮鬥之艱苦之言。實則佛學之吸收，與天台、華嚴、禪三宗之創造，以及宋明理學之興起，其開闢心靈境界與實現價值真理之領域，並不亞於先秦諸子，其心力亦並不低微。推之，以往沒有出現科學，此後定要出現，沒有出現民主政治，此後定要出現。西方沒有心性之學，定要逐漸轉出。基督教亦不能止於其已成之形態，儒、佛皆然。德的文化價值、智的文化價值、美的文化價值，都要各循其文化生命之根，在無限發展中，步步實現出

來。若只是順才、情、氣之奔赴，始乎陽而卒乎陰，則其生命之強度自然只能有一次或至多若干次創造力之激發，亦只能實現一種或至多若干種之主要文化價值。此如個人然，其一生只能有一種主要工作也。然文化生命之無限延續，則不可如此論。文化有特殊性，有會通性。特殊性無盡，會通性亦無盡。止於特殊性，則成僵滯。空言會通性（世界性），則不落實。（此義，吾曾於〈關於文化及中國文化〉一文中論之。見下。）

　　附注三：吾言中國文化是循「逆之則成聖成賢」一途徑走，以理生氣，而涵潤生命與才、情、氣。其在此原則下，於以往階段中，所成之文化形態，以及其表現才、情、氣之方式，本文俱不能論。吾數年來關於了解以往之文字，已不少。大體見於吾之《歷史哲學》。（此書已出版）在此原則下，中國文化在以往所備的是什麼，所不備的是什麼，其利其弊，足與不足，以及未來之開展，大體俱已涉及。而唐君毅先生《中國文化之精神價值》一書，言之尤精詳。讀者取而觀之，當可於本文所言之「以理生氣」一原則、「逆之則成聖成賢」一途徑，不生疑惑。蓋或以為此原則足以妨礙文化成果之創造也。至於「以理生氣」與「以氣盡理」、「順之則生天生地」與「逆之則成聖成賢」，兩者之須諧和統一，相資相補，自不待言。讀者思之。

原載《民主評論》第5卷第7期（1954年4月1日）

反共救國中的文化意識

　　救人、救國、救文化，無迫於此時。從「人」方面說，含人性、人道、人倫、自由、民主；從「國」方面說，含民族國家；從「文化」方面說，含歷史文化。因為共產黨及共產主義是要澈底毀滅這一切的，所以我們的救人救國就是要救這一切。

　　但是要救這一切，其領導觀念就是「文化意識」之提高。所謂文化意識之提高，並不是指博聞強記的經驗知識之多少而言。因為儘有博聞強記，經驗知識很多的人，而文化意識並不高。他們只拿他們那些雜碎知識，作為黏牙嚼舌的工具。在現實生活上，他們仍落於現實自私的個人主義。他們毫無超脫的理想，客觀的情緒。他們的聰明只是糾結於外在的物質材料上而轉為斤斤較量的理智，乾枯淺薄近視的理智。他們不能有而且也不承認這種理智以上的智慧或德慧。因此，其人格器識卑陋平凡，其心思完全退縮於自己之軀殼，其文化意識當然不會高。

　　在這裡，我必須指出對於文化的兩種態度：一、是把文化推出生命以外視為外在的材料，在這種態度下，就是講孔子、耶穌，亦視為外在的東西。視為外在的東西，完全與人不相干，與生命不相干，與人格不相干，他們才好從事排比爬梳，作歷史的考據，美其

名曰科學方法。科學方法誠然是科學方法,因為就自然科學言,它所研究的是自然現象,而自然現象本是外在的東西,從獲得知識上說,當然須用觀察歸納的方法以整理之。把這種方法用在歷史文化上,當然也是科學的,當然也必須把歷史文化推出去視為外在的物質材料。但是這樣一來,則歷史文化毀矣,孔子、耶穌死矣。二、是把文化收進來,落於生命上,落於生活上。看歷史文化是聖賢豪傑精神之表現,是他們的精神之所貫注;看聖賢豪傑是當作一個道德智慧的精神人格來看。在這種態度下,歷史文化可以保住而復其真實性,孔子、耶穌可以不死而在我們當下生命中起作用,因此,文化意識自然油然而生,沛然莫之能禦。這種態度看文化,並不反對考據,也不反對多識草木鳥獸之名。但是這裡有層次問題,考據、多識,必匯歸於生命生活,而且必須承認在生命生活一層次上有大學問存在,必須承認這裡也是學問,而且是更高級的學問。因此,我們所反對的是科學一層論:把用科學方法所處理的材料、所成的學問,視為唯一的學問,外此都不能算學問,而且凡不能用科學方法去排比爬疏的,都不是學問的對象。這是我們所要反對的。這種態度是近人有意或無意向之而趨的,因此成為卑陋墮落的時風。這種風氣,我敢斷言,也是反文化的。成為反文化的歸結,其自身何有於文化意識。但是古人卻必在生命生活一層次上講學問。孔、孟以仁義立教,大學之道在明明德,程、朱講心性,王陽明講良知,在近人看來,這都不是科學的,也不是學問的對象。然則,菲薄聖賢,醜詆孔、孟,也就無怪其然了。我看,現在的人也當該在這裡反省一下。試問:中國的歷史文化是不是這些人物創造的?中國的文化形態是不是這些人物決定的?

　　反共救國,若不把對於文化的態度扭轉過來,提高文化意識,則共黨極力摧毀,我們也參與其毀,結果共魔反不下去,而我們的現實自私的個人生命也不能保。

二

　　依以上所述,文化意識,簡單地說來,就是:我們要眞正是一個人,把自己作人看,把人作人看。共黨先不以人看自己,所以亦不以人看他人。自己是一個眞正的人,他人也是一個眞正的人。「眞正的人」一觀念就含有客觀的情緒,即:在此觀念中,就可以把人的生命提升起來,而至客觀化的地步,把生命從個人自私的軀殼中超脫出來,而轉生客觀的情、客觀的意,因而發出客觀的智慧。在客觀的情、意、智的境界中,我們才能爲人性、人道、自由、民主、民族國家、歷史文化而奮鬥。每當一個墮落的時代,就須把自己的文化意識提高,以之來挽救。這就是一個徹底覺悟的時代。這不是光靠打氣,鼓動情感,所能濟事。這是沈痛復沈痛,反省復反省,從自己的生命中徹底翻出「理性」的自覺、「價值」的自覺,才算是眞覺悟。覺悟就是從個人自私的軀殼生命中看出一個異質的眞實生命、理性的生命,超越乎軀殼的生命而有存在,這就是價值之所在、人格之所在。當拿破崙征服了德國,費息特對德意志國民講演,就首先指出當時德國人民的自私,毫無志趣,毫無理想。所以進一步就喚起人民的眞實生命,使每一個人重新教育其自己,從個人自私的泥坑中轉出客觀的智、仁、勇來。當然共黨的摧殘人類,威脅任何民族國家的存在,毀滅任何民族的歷史文化,其

罪惡遠非拿破崙所能比。德國能對拿破崙的征服而覺悟，我們為什麼面對共黨這樣的罪惡而不覺悟呢？

我們不必說他人，只看我們自己的聖賢，就可明白他們怎樣以高度的文化意識來警世、來垂訓，因而引生了綿延不斷的新生命，克服了罪惡，蕩滌了腥穢。

首先看孔子。我曾以下三語說孔子：通體是文化生命，滿腔是文化理想，轉而為通體是德慧。這就是他成其為大聖處。德慧一層且不說。何以說他是「通體是文化生命，滿腔是文化理想」？文化生命既不同於「只是生物生命」，亦不同於「隔離的宗教生命」。動物只是生物生命，在它的生命中，它不能由自覺而湧現一異質的理性生命、精神生命，只是清一色的機械的生物生命。一般人如不能有自覺而期成為一真正的人，只是現實自私的個人軀殼生命，則雖有聰明智巧，亦等於只是生物生命。共產黨齊人於物，就是要把人出死力造成只是機械的生物生命，它好任意播弄。這決不是孔子以及孔子之教所能堪，所能接受的。孔子對於人，對於人間世，有精誠惻怛的愛。這就是儒家的世間愛。世間愛，並不是愛人的現實自私的一面，而是愛他是一個人，不忍他昏沉墮落而為禽獸，不忍他遭受非理非禮非人道的摧殘而流離失所，而落為非人的生活。所以在「愛他是一個人」一方面，就是把人作人看，不作物看。在「不忍他昏沉墮落而為禽獸」一方面，這就期望他有自覺，從他的生命中湧現出一個異質的理性生命、精神生命，而不願他是清一色的生物生命。在「不忍他流離失所，落為非人的生活」一方面，就期望當政者亦須有自覺而不只是生物生命，行王道而不是任意荼毒生靈。從這三方面，就可以看出孔子整個是一文化生命在蕩

漾，通體是一精誠惻怛之心在流露。而從他的文化生命，精誠惻怛之心裡，勃湧現出全幅的理想。惟因愛之，所以總期成全之。「成全之」是成全其為一人。而成全其為一人，是靠從生命中體悟到一個異質的理性生命、精神生命。這個理性生命、精神生命，就是人的本，也就是道，就是天，就是神，但是孔子講這個道或天，是貫通著人而講的：由人處指點，即以之反而成全人。所以說：「仁者，人也」。仁就是理性生命、精神生命。又說：「道不遠人，人之為道而遠人，不可以為道。」道的表現而為禮樂，就是「文」。拿「道的表現」來成全人，就是拿「文」來成全人：此即是「人文化成」。文是道與器，天與人，內與外，本與末的綜和表現。光說道，是分解的抽象的說法，這是立大本。說「文」則是綜和的、具體的表示。（合而為一，即為具體。）所以孔子說：「文王既歿，文不在茲乎？」這就表示孔子慨然以夏、商、周相傳而大備於周的「綜和體的文」自任。（朱注謂不敢以道自任，而以文自任，是謙辭。非是）。這就表示：孔子的精神不是耶穌的「隔離的宗教精神」。耶穌表現道或神，完全是隔離的、偏至的精神。這由他放棄人間世的一切，甚至最後連自己的生命亦放棄（上十字架），來證實上帝之為純精神，把上帝純淨化、獨一化，即可看出。這是隔離人間的宗教精神，而惟是以顯大本自任。所以基督教不把耶穌視為人，而視為聖子，視為「道成肉身」，隔離的上帝之化身。這是西方人的精神。而孔子以文自任，則是綜和的、圓盈的精神。嚴格言之，只是生物生命固然不是文化生命，就是隔離的宗教生命亦不是文化生命。文化生命等於超越的宗教生命與形而下的生物生命之綜和。

因為孔子唯是這樣的文化生命強，所以一方面雖曰「管仲之器小哉」，而一方面亦大其功曰：「微管仲，吾其被髮左衽矣。」這就是儒家的「夷夏之辨」的根源。夷夏之辨就是野蠻文化之辨。共黨與蘇俄就是大夷狄，其罪惡猶不只野蠻而已，猶不只原始的夷狄而已。然則，我們今日不應當更加強夷夏之辨的意識嗎？同時，亦惟這樣的文化生命強，所以一方雖對於隱逸高蹈之士持尊敬之態度，而自己卻不忍走此路。故對「避世之士」之長沮、桀溺，則曰：「鳥獸不可與同群，吾非斯人之徒與而誰與？」這就是儒家的「人禽之辨」的根源。避人避世，雖曰高蹈，卻不是文化生命。沒有文化生命，則人間只有日趨墮落荒涼而已，而高蹈亦終歸於煙清雲散也。以此衡之，後來魏晉的清談名士俱不是文化生命也，故為衰世。雖曰意境高遠，實則只是荒涼。故現實方面亦日趨腐敗墮落，而為鳥獸之歸，而招夷狄之禍。

以上由孔子的文化生命而引出夷夏之辨、人禽之辨，在這裡就整個流露著他的文化理想。他的文化理想就由他的《春秋》大義對於政治社會上的人與事之褒貶進退（即價值判斷）而表示，而其最後俱匯歸於「仁義」一原則。仁義就是文化理想的總根源。而此俱由他的文化生命而流露。故孔子通體是文化生命，滿腔是文化理想，而由他的夷夏之辨、人禽之辨，就頓時看出他的文化生命是一客觀化的生命。他的生命已頓時通於歷史文化的大流而客觀化於其中，他的生命就是堯、舜、禹、湯、文、武這些歷史文化的創造者的人物的生命之周流貫注。他通過此「客觀化於文統的生命」而印證天道，而渾同於天，而與天地合德（生德），與日月合明，如是，他的生命乃普遍化而為絕對，但不同於耶穌之印證絕對。甘地

說：人之冥契於神者（神即天道、上帝，或絕對）。或由於孤獨，或由於與千萬人爲伍。耶穌不但是孤獨而冥契於神，而且是犧牲自己而歸於神。（孤獨即隔離，此山林修行之士之所爲者。）而孔子則是與千萬人爲伍而與神遇。人間愛，通於歷史文化之大流，即是與千萬人爲伍也。所以他的宇宙的悲情，他的客觀的智、仁、勇，最爲眞實而彰著。這就是他的文化意識強。我們處在這個面臨大魔的時代，遙念著歷史文化之斷絕，目睹著人類之被摧殘、被荼毒，則客觀之情亦最易油然而生，沛然莫之能禦。我們實在當該由共產黨之毀滅人性人道、自由民主、民族國家、歷史文化，而引生我們的客觀之情，而客觀化我們的生命。孔子已經給我們定下了一個型範。我們的生命已經與孔子的生命相契了，而孔子的意識、立場，就是我們的意識、立場。當然孔子以「天縱之將聖」，其精純與博大，我們不能及其萬一。在太平年間，個人作聖賢工夫，探討聖賢學問，亦非易事。這由宋明理學家的精心講習，即可見出其不易。但是聖人立敎，愚夫愚婦皆與知皆與能。只要一念警策便是一個眞正的人，而眞是非亦立見，而文化意識亦立強。而何況我們處在這個時代，迫切之感最易生起。由之而引生客觀之情，而客觀化我們的生命，亦非難事。不必像理學家那樣細微拘謹，亦可以觸目興起，而大體亦不悖聖人之型範。反共救國是神聖大業。我們雖是凡人，只要靈光不泯，則憑藉時代之需要，即可以擔負聖人型範下大事業。孔子讚管仲之功，亦如此而已。非必管仲揚目揚眉皆合理道也。故曰：「豈若匹夫匹婦之爲諒也？自經於溝瀆而莫之知也！」我們現在最重要的是文化意識之加強，是客觀化我們的文化生命，抒發我們的文化理想。這是人人，尤其是青年人，所能作，所當作

的,並不是叫人人皆作聖人也。(當然聖人也是人分的事。)

三

我以上由孔子說明我們的文化意識所當取則之模型。此後,在中華民族的生命中,文化意識是繼承這個模型而前進。首先繼承這個模型而表現的便是孟子。

我曾以以下三語說孟子:通體是文化生命,滿腔是文化理想,轉而爲通體是光輝。

孔子後,由春秋轉入戰國,時代精神日趨墮落。所謂墮落者,就是:當時各階層的人只是自然生命之氾濫。在那時的風氣中,人們不能由他的生命中,通過深深的反省自覺,透露出一個異質的理性生命、精神生命,藉以抒發客觀而積極的文化理想,以解答時代所啓示的問題。在春秋時,還有「尊王攘夷」一理想,在戰國時,則根本無理想。因此,當時人的生命只是一個物質生命之盡量的氾濫,只是一個清一色的物質生命之衝動。所以只是現實、自私、功利,並無其他。人民只是被運用的物質工具,士則只是縱橫捭闔之士,君主則只是期圖富強稱霸的軍國主義。所以孟子見梁惠王,王劈頭就問:「何以利吾國?」他滿腦子只是利。而孟子一眼看定這個墮落,所以也給他一個當頭棒,而曰:「王何必曰利,亦曰仁義而已矣。」我們不要把這個仁義看成是個平常的字眼,老生常談。在當時確是開闢另一層領域,它代表一個不同於「清一色的物質生命」之理性生命、精神生命。只有把這一層領域開闢出來,才能克服劫難,扭轉墮落。所以一當孟子說此話時,我們就可以看出他通

體一是文化生命，滿腔是文化理想。可是當時人的昏沈墮落，對於這層領域，完全不能接觸，木然無動於中。這由孟子告齊宣王行仁政，而齊宣王卻說：「吾昏，不能進於是矣」，即可看出。然而孟子在當時確已盡了他的責任。他的全部心思言行，見於《孟子》七篇者，俱可使我們看出他在表現這種精神。

戰國時代的昏沈墮落的風氣，吾曾名之曰：盡物力的物量精神。物力不必是外在物質工具，就是自己的生命，若只是清一色的物質生命、生物生命，亦是物力。一任此物質生命之氾濫，亦是盡物力。把人民視為被運用的物質工具，亦是盡物力。把一切看成是物而盡量運用之，便是盡物力。其所以把一切都看成是物，（人、自己的生命，俱在內），就因為他不能見到另一層的理性生命、精神生命。這根本是一個物量精神，所以名之曰：盡物力的物量精神。這根本是一個放縱恣肆的墮落。

這種物量精神，如不能扭轉，便日趨下降，引生出秦始皇與法家的陰險黑暗的思想而剷平之。最能代表這種陰險黑暗的反動思想的，便是韓非。而秦始皇亦正有這種陰險黑暗之資而實行韓非之教。商鞅講法（亦是天資刻薄人），申不害講術，韓非俱以為不足，到他那裡，便是法術俱講的綜和。這是真正「黑暗思想的法家」之典型。韓非與李斯俱是荀卿的學生，但是荀子卻有文化生命、文化理想，而他倆卻不能了解他們老師所開闢的另一層領域，思想遂流入邪僻，幫助秦政以肆其虐。韓非一眼看定當時墮落的物量精神，他不思提起文化意識有以轉之，卻順之而下趨，隨其墮落而墮落，出之以反動之路，而生出一套反動的思想而凝結之。他凝結這物量精神的後面精神是數量精神。數量精神正是凝結物量精神

的。它將一切剷平，將一切壓成死平板、死物質。在物量精神下，物質還是活的，還可以讓它隨意氾濫，到了數量精神的凝結，則全成死的，不能讓你隨意氾濫了。這就是物量精神轉而為秦與法家的數量精神，而戰國時代亦結束，而人類之浩劫亦來臨。

　　韓非如何以數量精神來凝結物量精神？他反賢智、反德慧、反歷史文化，他把一切看成是一個「物質的勢」（這就是唯物論唯物史觀的底子）。他勸君主以秘密不欲見之權術，行使表現於外的乾枯劃一之法。所以君主是一個黑暗的深潭，一個罪惡的秘窟。（這就是今日蘇俄的克里姆林宮。）以法為工具，把他的黑暗與罪惡下達於人間社會，把人間社會都壓成死物質，視人民為芻狗、為被運用的純物質。（這就是今日共黨的新奴隸制。）有取於人民而鼓勵人民的只是耕與戰，此外都須剷掉。（這就是今日共黨的生產與參軍。）所以說：「儒以文亂法，俠以武犯禁。」這是他最痛恨的。（這就是今日共黨的摧殘智識分子。）結果便歸於「以法為教、以吏為師。」（這就是共黨的逼迫人坦白學習，思想改造。當然共黨比秦與法家所行的還要兇。）隨之而來的當然是焚書坑儒。其斲喪聰明，摧殘生命，如此之甚。這豈不是人類的浩劫？不圖復見之於今日，而尤甚焉。試問自五四運動以來，吾民族的社會風氣是不是一個放縱恣肆、墮落茫然的物量精神？然則其轉生共黨之數量精神而凝結之，又何怪焉？歷史往事，重見於今日。相觀而解，亦可以悟矣，亦可以醒矣。放縱恣肆的物量精神，沒有理想，沒有文化意識，只是現實、功利、個人、自私的虛無主義、理智主義，共黨提出一套儼若似理想的反動思想而徹底虛無之，亦與法家提出一套陰險黑暗的思想而徹底凝結戰國的物量精神同。時至今日，若猶不知

反，則無一人能倖免死物質之劫運。

　　秦雖用法家思想壓死人間社會，然人究竟是人，而不可以壓成物。人究竟是有自覺的，以法爲教，以吏爲師，究竟不能泯滅其靈性。人到不堪忍受的地步，便會揭竿而起抗暴秦。這就是陳涉、吳廣的發難。陳涉、吳廣之一念不能忍受，便是「人要是人」的起點，便是文化意識的根芽。漢興，完全反秦與法家之道而行之，以文化意識來蕩滌秦之流毒。關此，我願引胡拙甫先生〈韓非子評論〉中一段文，以代我之說明：

　　韓非之說，用於呂政，流毒甚遠。董子、史公，在漢初，皆欲矯其弊。董子作《春秋繁露》，張《公羊》義，以闡發民主思想。史公爲《史記》，亦稱《公羊》。並鑒於韓非毀百家語，而集矢儒俠爲最甚。於是尊孔子以世家，立〈仲尼弟子列傳〉。孟子、荀卿，皆有傳。定孔子爲一尊，示儒家爲正統。與董子主張同也。〔……〕又以游俠立傳，首引韓子：儒以文亂法，而俠以武犯禁，皆與獨裁不相容。又曰：竊鉤者誅，竊國者侯。所以攻擊獨裁之帝王。又曰：自秦以前，匹夫之俠，湮滅不見。余甚恨之。可見史公獎游俠之意，所以振民德，昌民氣，扶民力，將使霸者芻狗萬物之技，有所憚而不敢逞。又以項羽列本紀，陳涉列世家，以匹夫而抗暴秦，行革命之事。雖功業未就，而其志行，足與殷周聖帝明王爭烈矣。伯夷行修孤峻，棄居位如敝屣。故列傳首之。管晏原本儒家，而開法術之宗。孔子雖病其器小，不謂其學術全非也。管晏之爲法，未庶於儒，亦足以周世變。

> 申、韓以險譎爲術，專橫爲法，是管晏所必誅也。史公傳管
> 晏，而次於伯夷，其識量宏遠哉！（見《學原》第3卷第1期）

漢初，董生、史公的學術思想爲主流，故能於武帝時開「復古更化」一偉大之文化運動，而建造漢朝大帝國。此皆以文化意識、文化生命、文化理想，爲領導原則，而克服魔難，而有所樹立也。今日之共黨，正是近代化之秦與法家。其不能久亦必然之勢。大陸上亦必然有陳涉、吳廣之流，揭竿而起，以抗暴共，而我們亦正須有強烈之文化意識、文化生命、高度之文化理想，以恢宏吾人之生命，以開「天地變化草木繁」之境界。

四

東漢帝國崩潰後，魏晉南北朝將近四百年，始終無積極而健康之文化生命、文化理想，故統一之局亦終不出現。魏晉的清談，南朝的淫靡，那裡有一毫「眞正的人」之氣象？故北朝的五胡得以亂中華。清談是談三玄。《老》、《莊》、《易》，名爲三玄。他們談這些東西，並不是根於內心生命之眞實要求而期貫徹理道，若如此，他們亦可以成學術。他們之談只是一種浮明之游離。他們在現實上，都是些世家大族，所謂王、謝門第者是也。他們保持著他們現實上社會的地位，這種地位（門第）其實就是物質的凝結。他們凝結在那裡，固結自保。進而作官，不惜朝秦暮楚。管他誰來作皇帝，與他們不相干。反正得用他們作官，他們的作官也只是作官，並不在辦事（以不問事爲雅），亦不在實現理想。所以他們的現實

生活只是一種頹墮的物質生活之推移。下面是無問題無責任的物質
生活之推移（因爲固結自保，所以無問題；因爲不問事，所以無責
任）。上面即是一浮明之游離，其靈光只浮在頹墮的物質推移之上
而游離於夢境。他下面無責任心，他上面浮明之游離亦無責任心，
因此而成爲淸談，名曰風流雅趣，實則其內心只是陰涼暗淡，如月
光然。其內心空虛無什麼，其浮明之游離亦無什麼。就是這兩頭
「無什麼」，遂成功魏晉人之風流、魏晉人之靈魂。此不得謂爲文
化意識、文化生命，甚顯。然而他們的浮明之靈光，卻能爲佛敎輸
入之橋樑。而佛敎亦是一個隔離的偏至的精神。佛敎雖因此而輸
入，而佛敎並不是「人文的」，亦不是華族自己的文化生命之滋
長。所以這四百年間，可以說是華族的文化生命文化理想之最爲衰
歇時期。

　　隋唐興起是靠一種生命之健旺。唐代精神是服從「生命原
則」，不是「理性原則」。漢朝固亦有樸實健旺之生命，但能翻出
文化運動以指導現實，故服從理性原則。自此而言，唐不如漢。韓
愈雖能「文起八代之衰」，然只是文之雄。韓愈之學力實不足以代
表理性，故他翻不出一種文化運動，以矯魏晉南北朝之頹風。他所
矯的只是文章之一面，至於人生、社會、學術、理想，他根本不能
及。所以唐朝的知識分子只是詩文才華，言學則退而歸於佛。唐代
精神實是一特別形態。這點可由唐太宗生命之強，國威之盛，函蓋
八荒，振歸一宇之氣概來說明。生命之強力膨脹（此非充沛健旺者
不能），實可以函蓋一切，而將一切荊棘細流悉以強力而通之而歸
於大順，因而亦掩蓋了一切問題之透示，逐亦掩蓋了理性之凸出。
在生命之強力中，一切現實措施只用由天資而發之「世智」（世俗

聰明才智）即可足夠。故唐朝政治制度之安排，甚爲後世所稱道，而文物之盛亦爲歷代所不及。此即朱子所謂天資之美有暗合於道處。理性之凸出常在絕望之時，極端敗壞、極有問題之時，已接觸到人生根本問題之時，如秦與法家之敗壞便是。魏晉南北朝，社會人心只是頹墮淫靡，政治只是不統一。醞釀日久，忽然爆出一健旺之生命而打平之，而統一之，此正是人心之所嚮往，而在健旺之生命中，頹墮淫靡之風亦隨之而振起。在唐太宗生命之強之函蓋下，一切以生命照面，措施現實用世智即足夠。與現實發生連結關係的，只是生命與世智，而學術則無所謂，故不必由深深反省中湧出「理性」以與現實相連結。學術與現實爲不相干的外在關係，歸於佛亦無所謂。此即爲理性與學術之不彰著。措施現實用生命與世智，而詩文才華亦是與現實相連的「生命與世智」所貫注的現實生活之表現，故唐代的精神惟是「生命原則」之表現。及其生命強力不足，則以生命與世智照面即不能順適調暢，而趨於暴戾混亂，墮落復墮落，生命轉而爲物質，則毫無人味矣。其曾暗合於道者，至是則毫無道理可言矣。此即唐末五代是也。至此，才顯出純是生命原則之不足。故唐太宗生命之強，雖是函蓋八荒，振歸一宇，然而文化意識、文化生命不能與現實措施相諧一，不能本華族自身之文化生命、文化理想以開導現實，復不能由現實措施以誘發華族自身所發之學術文化而使之向前進，則亦究非甚有價值之時代。

宋興，則由深深反省自覺，湧出理性，開出中國歷史上第二次之文化運動。這是華族自身之文化生命文化理想之復位，民族生命文化與生命又歸於一。原宋儒之講學，一在對唐末五代無廉恥、人不成人而發，一在對佛教而發。無廉恥，人不成人，不只是非善惡

美醜之價值觀念顛倒而已，而且根本無是非善惡美醜之觀念。這還成個什麼世界？稍有人心，何能堪此？然泯滅已久，而欲湧出理性而有所立，則非有一股真精神真生命不能辦。宋儒於此興起，卓然立人道之尊，從理性之自覺、價值之自覺，樹立是非善惡美醜之標準，則其心力之強，文化意識之強，可想而知。在這理性之自覺、價值之自覺，要使「人成為一真正的人」上，即已遙契了孔、孟的文化生命與文化理想，而華族自身之文化生命、文化理想之大流亦於此振興而暢通。故反佛教是宋儒隨理性的自覺價值的自覺而來的一個意識上很清楚的理路。對無廉恥，卓然立人道之尊，這是表。反佛教是遮。遮表雙彰，而孔、孟之文化生命、文化理想始歸位。佛教是外來的，不是華族文化生命之所發，這尚不要緊，根本點是在：它是反人文的。這是從理性之自覺價值之自覺之一念中而來的理路所不能接受的，也是「立人道」一念中所不能接受的。宋儒對於此點把握的非常緊，意識的非常清楚。從歷史發展上看，這是一個很偉大的心願。

然此心願與工作之完成，魏晉以來之清談與隋唐以來之佛學，亦並非無助。雖說在此漫長時期，為華族文化生命之衰歇與歧出，然清談究可以提高人之「形而上的解悟力」（亦可以說穎悟）。清談可以為佛教輸入之媒，而佛學所接觸之問題，義理與境界，亦非有超脫之智力不能及。此皆有助於「形而上的解悟力」之養成。此漫長時期之清談與佛學，實可以視為「形而上的解悟力」之訓練時期。宋儒以此漫長的訓練為背景，無有覺悟則已，一有覺悟，其心思即可接上這種「形而上的解悟力」而與之齊，而至極其高明之境地。解悟力能達到了人家的層次，才可以與人爭是非。韓愈尚不能

達到這個境地，故其闢佛不能翻出一種文化運動來，而宋儒則達到了這個境地。故清談與佛學所有助於宋儒者，只可以說爲「形而上的解悟力」之促成。普通以爲宋學完全從佛學來，好像襲取佛學以妝點自己門面者，此則大非事實，亦不解開闢義理之甘苦。宋儒要排佛以復華族自己文化生命之位，即不能不從根本上以辨儒、佛，如是，即不能不提高「形而上的解悟力」。這不是說提高即提高，這是勉強不來的。固由於歷史風氣之養成，亦須有這些善知識之出世。宋儒在其充分的「形而上的解悟力」之條件下辨儒、佛，一方面徹底表明了佛、老之爲異端，一方面徹底彰著了儒家學術之本源，彰著了其最核心之本質。這是一種義理上的大開闢、大創造。漢朝的文化運動是本於經學，是將孔子所刪述的《六經》籠統地繼承下來而復古更化。他們是通經致用，所以他們的文化運動是學術政治社會貫通在一起而爲一構造的綜和體。宋儒的文化運動是將這個綜和體打開而直探其本，直接由《四書》中而直探孔、孟之心傳，所謂「內聖之學」是也。這一步本源之澄清與彰著是宋儒的功績，漢人並未作到這一步。這就是經過清談與佛學所養成的「形而上的解悟力」所達到之效果，亦是歷史的趨勢、精神的發展所逼成的。惟這一點亦確定了宋儒的文化運動之特質，即：在他們的文化運動中所湧現出的「理性」是分解的、偏至的（由打開綜和體而直探其本而成爲內聖之學這一點來了解），而漢儒所湧現的理性，則是綜和的、構造的。依此，漢朝的時代精神是服從理性原則，而理性原則是構造的、綜和的；宋朝的時代精神亦服從理性原則，而理性原則是分解的、偏至的；而唐朝則唯是服從生命原則。宋儒的心力完全集中在本源，以此成其爲分解的、偏至的。其整個時代精神

不為構造的、綜和的，宋之國威弱是一原因，此由於宋祖弟兄的生命力根本不能與漢唐比。此外，則自東漢光武以後，中國的政治形態已定，典章制度已大備而代代相繼承，小損益有，大變革無。宋儒之理性原則所引生之生命力亦只能維持兩宋於三百年，此則已不易，至於國威則根本須靠開創者之先天的生命力之強弱而定。至若政治形態、典章制度，則在因襲不變之時，宋儒之理性原則固不能與此方面發生內在關係也。（即不能在這方面彰其用）。此與漢朝不同也。因此，宋儒的文化運動只在將華族的文化生命、文化理想作端本澄源的工夫。大本一立，開創無疆。宋儒不能開到別的方面，他人可以繼之而開到；那時不能開到，後來可以開到。宋儒的心力勞績，豈可泯乎？

但是歷史的發展，精神的表現，注定是曲折的。

宋之亡與明之亡是天崩地裂驚心動魄之事。王船山云：「漢唐之亡皆自亡也，宋亡則並堯、舜、禹、湯、文、武相傳之道法之天下而亡之。」其言可謂絕痛，其心可謂絕苦，其情可謂絕憤。其說宋亡，即說明亡。明祖驅除胡元，光復華夏，其功不在禹下。明儒繼宋儒而發展，益臻精微之境。然其形態仍與宋同。明亡，儒者之文化意識可謂達於極點。滿清入關，華族之民族生命、文化生命遭受曲折摧殘亦達於極點。然則明末諸儒文化意識之強，對於亡國之痛，豈無故哉？崇禎吊死煤山，南京福王不一年而垮。黃道周、鄭成功保隆武，又不轉瞬而亡。鄭成功退台灣，父子兩代猶奉永歷正朔，與明朝共終始。此文化意識之表現於勢力派者。儒者如劉宗周、黃道周、朱舜水、張蒼水、顧亭林、黃宗羲、王船山，尤不待言。此一餘緒，終隨明亡而消逝。滿清統治中國，民族生命受一大

曲折，文化生命、文化理想可謂斲喪殆盡。其因果流轉，交引日下，流毒延至三百年之久，至今日而有共黨之出現。乾嘉年間之考據，引生清末今文學派怪誕不經之思想，而集大荒誕於康有為。無積極而健康之文化生命、文化理想，終湧現不出正常之理性，開闢不出真實之義理。瑣碎的考據，乾枯的理智主義，足以窒息文化生命而有餘。人們不能耐，則反動而流入邪，此即是今日共黨出現之根源。馬克思主義之流行即是上承怪誕不經之思想而下來者。考據者反思想、反義理，不能抒發理想，則共黨出而講思想、發理想，而中國遂陷於十八層之地獄。吾知今日之青年必已有覺悟。曾迷惑於共黨者，而今知其不可為理想，不可為思想。然而青年人落於何處，從何處立腳跟，恢復其文化生命，湧現其文化理想，他們不必能深切知道。我們現在身處台灣，即可以鄭成功為線索，直須上承明末諸大儒之文化意識，將我們的生命通於孔、孟以來之文化生命之大流中，立定我們的腳跟，湧發我們的理想，以排除當前之大魔，以提醒那已僵化了的文士階級以及乾枯的理智主義。這個文化生命、文化理想之大流就是我們今日反共救國的最堅強不拔的原則。在反共救國中建國，再度使我們的民族生命與文化生命合一，使宋明儒者所彰著的本源再開出來而重為一構造的綜和的形態。這就是我們這個時代的文化運動所要擔負者。這其中的詳細內容，本文可不涉及。

五

說到以上，本可以結束，但本文尚有不能已於言者，即：凡講

文化意識，其主要意思是在反物化、反僵化。秦與法家及共黨的思想行動俱是物化之道，視人爲芻狗，所以在所必反。文化意識直接是在對治而否定這個物化以恢復生人之道。但是同時文化意識亦就是眞生命眞生機之活潑呈現，所以它必反僵化：任何好的東西亦可失掉生命，停滯不前，而轉爲僵化。反僵化就是重新予以生命。猶太的法利賽人、文士階級，豈不天天在講摩西的律法？然而他們自己的生命已死，所以把摩西的律法亦弄死了。這就是僵化。所以有耶穌的出現。耶穌反法利賽人的僵化，並不是反摩西的律法。所以他說：摩西的律法都要成全。基督教的教會及僧侶僵化了，不表現精神，反成爲罪惡的淵藪，所以有文藝復興（即人之再生）、有宗教改革。這也是反僵化，並不是反耶穌、反宗教。隨文藝復興而來的，有民族國家之成立，有人權運動而成民主政治，有「知性」的解放而成科學。這都是好的。但是十九世紀國家至上而轉爲軍國主義，這也是僵化，死在國家一概念上，不知其他方面之眞理與境界，故須反僵化。但是反僵化，不是反民族國家之存在。有流入徹底否定國家者，則是反動之思想。凡文化意識強的人及其思想系統，決不肯主張亡人之國，亦決不肯甘願其國之亡。此種「不肯」決不是一時之情感。此「不肯」一念頓時即通於其「理性之全體」。必肯定民族國家之存在，此《春秋》大義之所以主張「興滅國，繼絕世」也。這是孔子的文化生命所給我們的教訓。而肯定民族國家的存在，即函不能亡人家的歷史文化。所以文化觀點下的民族國家之肯定與國家主義、帝國主義、國家至上等，決定不相干。而凡死在國家一概念下，成爲國家主義，其背後之意識決定不是文化的，它當是權力慾的氾濫，或是種族的優秀。尼采、希特勒等即

犯此病。而凡因此病而來的反動，欲徹底否定國家者，其背後的意識，在下面或現實方面，只是赤裸裸的個人主義，在上面或理想方面，則是虛無不著邊際的世界主義、個個散立的世界主義。此種意識亦根本不是文化的，根本是反人文的。兩種「反人文」的意識都是「清一色的生物生命」在氾濫，都是僵化。反僵化即是立腳跟於文化意識而湧出「中道」來，使他們的生命清醒，個個豁然開朗。這兩種毛病清醒了，蘇俄共黨即不得假借「民族獨立」的口號來惑世。

復次，自由民主發展到十九、二十世紀，亦不能無僵化之弊、停滯不前之弊。其弊不在自由民主本身，而在其成為制度後的時風與學風。蓋民主政治及其下之出版、言論、結社等自由，都是文藝復興後的自由主義（精神解放）之成果。那時的自由主義的「自由」是從前一階段中的壓迫、拘束、僵化而來的解放，是人性、個性、價值觀念之覺醒，是迫切要求的呼聲。在此覺醒與呼聲中，人們是從被動僵化不自覺的物質凝結的生活中，深深反省自覺而直透到精神生命之原，直接透露出精神人格之光輝。此之謂大自由、大歡喜。故那時的「自由」是精神人格之樹立，是耳目之爽朗，是從凍結中直接透露出光與熱之本源。故精神人格中的客觀之情與意是一切要求活動的推動機：一切理想要求、價值要求，皆從此出。故帶有充分的理想性與精神性，而可以披靡一世。在此種情形下的人心及時代精神是構造的、綜和的、立體的。直接從客觀的情與意而貫注到行動之末與外，故為立體的。那時的「智」也是根於客觀的情與意之要求而發其光輝，是統於這個立體中，決不是頹墮下來而成為平面的、乾枯的、淺薄的、近視的，所以能有科學之出現。及

其理想要求、價值要求，實現而爲制度，成爲經濟上的自由經濟、資本主義，政治上的民主政治、權利義務等，則其理想性、精神性，不能不停滯。吾人須知「精神人格之樹立」中的自由（freedom）是精神的、本原的，而其成之政治制度，以及此制度下的出版、言論、結社等自由（liberty），則是些文制的。這些文制是精神自由的客觀形態。一成爲文制，則人們在此文制中過生活，成爲習慣，久而久之，便忘掉了那精神的本原的自由之意義與作用，此即是自由主義的精神性與理想性之喪失。精神性與理想性一喪失，則人們只在習慣習氣中過生活。精神人格中的客觀之情與意不但不透露，且根本已忘記，寖假且進而否定之，謂根本無其事，且根本認爲不是科學的，不是學問之對象，不能用科學方法來把握來處理。如是，其理智只成爲光禿禿的理智，頹墮下來而只成爲理智一元論。因爲就只這一點理智天天在其現實的接觸外物的計較利害中使用，故在其意識中特別凸出，因而也就只認這意識中凸出的爲唯一的。此唯一的理智，天天在撲著一外物爲其對象，因爲離開物質的材料、具體的外物，它便不能有表現，所以兩眼也就只認物而不認其他。而理智所表現的科學方法也就只用來處理這個物，把握這個物，而到處應用即到處都是物；用之於人，人亦是物；用之於孔子，孔子也是物，用之於歷史文化，歷史文化也是物。他們以爲天下無有不可以科學方法處理的，凡不可以科學方法處理的，他們以爲都是不科學的，都不是學問的對象，都在輕視中。依此，理智一元論即轉而爲科學一層論，此即爲淺薄的、乾枯的、近視的理智主義。自由主義落下來而成爲寡頭的理智主義，在智方面是平面的、一層的，在生活方面則是習慣的、習氣的，亦是

平面的、一層的，總之則歸於現實主義、功利主義、自然主義，而成爲精神之否定。此即爲時風學風知識份子之僵化。此一時風學風主宰時代，美其名曰主流。凡反而提撕精神人格，注重文化意識者，則名之曰逆流。逆流誠逆流矣。不逆而反之，不能順而有所成。反僵化，故必須「逆」也。文藝復興實即人之再生，不逆何能再生？不逆何來自由？自由民主是主流，其本身爲一原則，爲一永恆之眞理，而時風學風及知識分子之僵化，則斷然是墮落。在此墮落僵化的心思中，其言自由民主只是消極的、瑣碎的、習慣的、習氣的，只是太平年間內部的爭論，決不足以發出領導時代、樹立自己、抵抗共魔的積極精神。自由民主是一永恆的眞理，自然可作爲反共的一個口號。問題是在如何恢復其有效性。而其有效性之恢復，則端賴其精神性理想性之恢復，此則必須再從文制中的自由反到精神人格中的自由。此則必須從僵化的理智主義中，理智一元論、科學一層論中覺醒。如是，便不能不加強我們的文化意識，恢復我們的文化生命。這裡是樹立自己抵抗共魔的領導原則之所在，而亦是自由民主的有效之證實的根據。

我以上所說決非囈語。若是自由民主，自十九、廿世紀以來，尚眞能保持其理想性精神性，而無流入現實僵化之弊，則十九、廿世紀以來風起雲湧而皆足以影響人心刺激時代，造成今日之大動蕩大混亂之更深一層而流入怪誕之思想，皆無謂矣。尼采之出現，非無故也，其思想言論非無警策深入處也。馬克思共產黨之出現亦非無故也。其爲邪僻怪誕，自無可疑。然其成爲有激而然之反動，亦無可疑。此外，許多思想家皆深入反省而自文化生命之本源上探討時代之病之根源，又豈皆無謂乎？除科學一層論者、淺薄的理智主

義者，敢如此說，稍有心者不敢如此說也。人生不如此之簡單。囿
於科學之一層，陷溺於現實的理智主義，不足以領導時代而對治邪
僻，不足以解決時代問題之癥結。故眞欲愛護自由民主，堵住邪僻
怪誕，則從反省自覺中，湧出「理性」，恢復積極而健康之文化生
命文化理想，乃爲必須者。蓋彼深一層之邪僻怪誕原是由於不安於
現實而向裡深入者，故能打動人如此其深也。其深入而不得其正，
則邪僻怪誕生焉，而大害乃成。然則深入而湧出理性，徹底透出積
極而健康之文化生命文化理想，以爲生民立命，慰人類不安於現實
之情，以堵住邪僻怪誕之思想，豈不是理之必然而至順者？

　　蘇聯共產黨第十九次全國代表大會，各國共黨幾都派有代表參
加。史大林最後致詞猶以「世界和平」、「民主自由」、「民族獨
立」三個口號相號召。「世界和平」，世人一見知其是假的。（當
然也會有人相信。）關於「民主自由」，他說：「從前資產階級高
唱的自由主義，已經不存在了。民主自由的旗幟已經被拋在一邊
了。正是你們，共產主義和民主的政黨的代表們，將必須舉起這面
旗幟，打著它繼續前進。除你們以外，再沒有人會舉起這面旗
幟。」關於「民族獨立」，他說：「從前，資產階級被當作是民族
的領袖，它維護民族的權利和獨立，把民族的權利和獨立放在高於
一切的地位上。現在，連一點民族原則的影子也沒有了。現在，資
產階級出賣民族的權利和獨立來換取美元。民族獨立和民族主權的
旗幟已經被拋在一邊了。毫無疑問，正是你們，共產主義和民主政
黨的代表們，將必舉起這面旗幟，打著它繼續前進。如果你們希望
作爲你們國家的愛國者的話，如果你們希望成爲你們民族的領導力
量的話，除你們以外，再沒有人會舉起這面旗幟。」天哪，這兩段

簡單的話，眞是觸目驚心。他能講自由民主嗎？他能講民族獨立嗎？然而這兩段話的魔性非常的大。言僞而辯，足以欺惑愚衆。我們要放開眼界，看到廣大的人類，將有多少人會爲其所迷惑。我們不要限於身在台灣的我自己，說我反共，就以爲這幾句話不值一顧。我們若不能徹底通透了我們的文化生命、文化理想，發揮出領導人類的光輝，照耀出共黨的罪惡的本質，則它將永久會利用這虛僞的幌子以欺惑愚衆。自由世界裡的人士每遇見共黨這類的情形，常以幽默遊戲的態度處之，以爲不值一笑。實則先慢笑！殊不知這種不嚴肅的態度，自己內心先已落於輕薄放肆的境地，毫無痛切之感、迫切之感，這實在是一種壞習氣。人類遭遇這樣的大劫難，是誰致之？無論受劫者、造劫者，皆可悲可痛。不思痛切反省，用其誠而挽救之，而尙幽默遊戲乎？是眞不思之甚矣。須知更朝換代，政權更遞，並無所謂，而亡於共黨與蘇俄便是我們最大的罪過。是眞王船山所謂「並堯、舜、禹、湯、文、武相傳之道法之天下而亡之」。這在祖宗面前、「人」面前，能說無罪嗎？旁的有罪無罪且不管，「亡於共黨」這一點本身就是罪。讓我們歸於我們自己的文化生命、文化理想中來贖罪。這就是本文所以不憚煩而縷述之之故。

原載《幼獅月刊》第1卷第1期（1953年1月）

關於文化與中國文化

一、綜起來了解文化是可能的

有人說，文化包括的太多，這題目太大。人的腦子這麼一點，那裏能裝得下這麼多。最好不談。這是一種幽默的頹墮，頹墮的謙虛。若把文化看成是外在的一大堆，自然須分門別類，一堆一堆地談。若總談文化，亦須一堆一堆地都經過，作累積的綜結的談。但人的心思有限，不可能作累積的綜結的談。一個人不可能樣樣都通。依是，綜起來而談文化是不可能的。你可以對談文化的人下一個判斷說：非愚即妄。但是，你若知文化是人創造的，是人的精神活動的表現，不是脫離人而現成地擺在外面，如是，你把文化收進來而內在於人的生命，內在於人的精神活動：視文化為古今聖賢豪傑諸偉大人格的精神表現，而不是與人格生命不相干的一大堆外在的材料，則綜起來了解文化是可能的。這樣綜起來了解文化，就是了解創造文化的生命人格之表現方式，即生命人格之精神表現的方式。這種生命人格之精神表現的方式也就是文化生命之表現的方式。依是，綜起來而了解文化就是了解一個民族的文化生命之表現

的方式或途徑。只要眼前歸於真實的生命上,則我現在之看文化,是生命與生命照面,此之謂生命之通透:古今生命之貫通而不隔。我生在這個文化生命之流中,只要我當下歸於我自己的真實生命上,則我所接觸的此生命流中之一草一木、一枝一葉,具體的說,一首詩、一篇文、一部小說、聖賢豪傑的言行、日常生活所遵守的方式等等,都可以引發我了解古人文化生命之表現的方式。古人以真實生命來表現,我以真實生命來契合,則一切是活的、是親切的、是不隔的。古人文化生命之精采、成就、與夫缺陷、病痛,都是我自己真實生命之分上事。古人之痛癢就是我自己之痛癢。在這種生命之貫通上,我眼前的真實生命得到其恢宏開擴的境地:精神由這裏出,理想由這裏出,我所應走的途徑由這裏出。我們不能不承認今日中國的問題,乃是世界的問題,其最內在的本質是一個文化問題,是文化生命之鬱結,是文化理想之背馳。如是,不但綜起來了解文化生命是可能的,而且對時代的癥結言,疏通文化生命之鬱結,協調其文化理想而泯除其背馳,且是必要而又急切的。

二、文化有異同

又有人說,文化無分於中西,人同此心,心同此理:求真愛美向善,大抵皆然。強調中西之異同,乃是短見。持此說者,只知斥人為短見,卻不知自己已落於不著邊際之顢頇。顢頇不切,遊離漂蕩,可謂長見乎?人同此心,心同此理,誠為不虛。但是文化並不就是這個心、這個理之自己,乃是此心此理之表現。單就此心此理解,同同一如,但表現此心此理卻有分殊。人同有惻隱之心、羞惡

之心、辭讓之心、是非之心，但惻隱之心等之表現方式卻有不同。人在惻隱之心、羞惡之心、辭讓之心、是非之心中同有仁義禮智之理，但此等理之表現方式亦有不同。而此心此理是不能不表現的。即在此表現上，始有文化可言。光說那個心、理之自己，是無所謂文化的。它是創造文化之本源，而其本身並不是文化。亦猶上帝本身並不是文化，而人表現上帝，或依照上帝之意旨而爲精神之表現的才有文化可言。但是一說到表現，就有氣質之不同。心、理是不能不表現的。它如何能表現？它不能不藉氣質來表現。心、理雖可以指導氣質，變化氣質，但亦須藉氣質來表現。依是，氣質是表現心、理的。心、理雖普遍，而氣質則特殊。個人有個人的氣質，民族有民族的氣質。依是，心、理藉氣質來表現，同時亦受氣質的限制。因爲受氣質的限制，所以氣質之表現心、理始有表現方式之可言。而一言表現之方式，就函有表現方式之不同。這就是文化不同之根源。人間一切病痛源於氣質。從這裏說，人間是無可奈何的。因爲人不是神。人有氣質，神無氣質。但人間的一切精采、成就與價值，亦由氣質來表現。從這裏說，表現的方式所函之「不同」是很可貴的。光想那個心、理之同，光想那個「無」氣質的神，這個人是無文化意識的。惟當下能鄭重認識心、理在氣質中表現而有不同之表現方式，才能嚴肅地認識人之所以爲人，才能有強烈的文化意識。

因爲心、理須藉氣質來表現，氣質表現了心、理，亦限制了心、理，所以人之心、理的表現或表現心、理，一方不能一時將心、理的全幅內容一表全表，一方亦必須將其所表現的一點在歷史中逐步開展擴充其意義，亦必須在歷史中通過自覺將其所未表現的

逐步發展出來的。這就是心、理表現的歷史性。在其表現方式的不同上，說文化或各種文化，在其表現之歷史性上，說歷史：各民族之歷史，或各種文化之歷史。這就是我們從心、理之表現上說歷史文化。心、理的內容，從其潛蓄上，我們可以說函萬德，生萬化，無窮無盡。這正如陸象山所說：「孟子就四端上指示人，豈是人心只有這四端而已。」從這裡，你可以看出「心德」之無窮無盡。又說：「萬物森然於方寸之間。滿心而發，充塞宇宙，無非此理。」從這裡，你又可以看出心德之涵蓄性與普遍性。但象山之說此話，還是就證「體」上說，是就聖賢工夫徹底透顯此「體」說。此所云「滿心而發」是頓教，不是漸教。是無有隱曲遮蓋，一發全發。但這只是聖賢工夫之完成聖賢人格中的「發」，不是歷史文化上的發。若是從歷史文化方面說：則心、理之表現而為歷史文化，其發決不會一發全發。若是在這裡而能夠滿心而發，而至於一發全發，則就無有文化乃至各種文化可言，亦無有歷史可言。而只有聖賢人格之德量，即全體透明之神體。此即謂永恆而如如。依是，心、理內容，從其潛蓄上說，雖無窮無盡，而自歷史文化上說，則其表現決不會一發全發。一個民族有其特殊的氣質，即有其表現心、理的特殊道路。這個特殊道路就是這個民族的心眼之傾向，或對於內外環境的反應態度。（外部物質世界固是環境，而內部生理身體生命對心言亦是環境。）在這種傾向或反應態度上，人的氣質表現了心、理。每一種傾向是一種表現法。這種表現是不可能將心、理的內容一發全發的。但是一個民族，如其有文化，它必有一種反應態度，這就是它的歷史文化之開端。這個反應態度，這個開端，何以或向此或向彼，這是沒有邏輯理由可說的，這只有歷史文化的理

由，而無邏輯的理由。此如西方文化，在希臘傳統中何以首先把握自然，表現理智，因而產生邏輯、數學、科學，而中國文化何以首先把握生命，表現仁義之心性，而形成禮樂型之文化系統，這是沒有邏輯理由可說的。但不管或向此或向彼，如果它的傾向或反應能表現一種心、理，則它即是眞實的、有價値的。依是，每一文化系統有它的眞實性與價値性。因爲一個態度或傾向都是一個特殊的道路，都是有限的，都不可能將心、理內容一下子一發全發，所以道路愈多愈好。每一道路都是眞實的、有價値的。這就增加了心、理內容的表現之豐富性，也就多開闢了一條實現價値之道路。依是，亡人的民族國家，亡人的歷史文化，這在眞理價値面前，在上帝面前，是有罪的。所以肯定民族國家與肯定歷史文化是一事。此孔子之所以興滅國繼絕世也。若是自毀自己之歷史文化，而甘心墮落，則固對不起祖宗，而在眞理價値面前、上帝面前，更是有罪的。而其民族國家亦決定要腐爛而被淘汰的。此《公羊春秋》之所以痛斥「梁亡」也。（梁亡者自亡耳。自亡者何？魚爛而亡耳。）一個民族是一個生命。一個生命何能忍其魚爛而亡。所以無論自亡或被亡俱是不仁，俱是有罪。

依以上所述，每一民族有其表現心、理之方式。此表現方式在開始點不能完全相同。然一有表現方式而成爲精神之發展，即成一文化系統。此精神之發展是有其理路的。譬如中國文化生命之首先把握「生命」，而講正德利用厚生以安頓生命，由之以點出仁義之心性，一方客觀地開而爲禮樂型敎化系統，一方主觀地開而爲心性之學，綜起來名曰內聖外王，成爲道德政治的文化系統，而以仁爲最高原則，爲籠罩者，放亦曰仁的系統。而西方希臘傳統，則首先

把握自然，表現「理智」（理智亦是心、理之一形態），因而開出邏輯、數學與科學，此以「智」為罩籠者，故亦曰智的系統。此兩方面既各成其系統，自有其精神發展上之理路。此理路是客觀的。氣質之表現方式是主觀的、是特殊的。氣質之首先表現此或表現彼，首先傾向於此或傾向於彼，是特殊的主觀的，然一有表現而成為精神之發展而有其理路，則此理路是客觀的。假若你的心靈注意及此而引發你的氣質去表現這方面的真理，則亦必走上此理路。此客觀而普遍之理路可以引發文化之溝通。宗教有宗教之理路，道德有道德之理路，政治有政治之理路，邏輯、數學、科學亦各有其理路。推之，智有智之理路，仁有仁之理路，耶穌之愛有愛之理路，釋迦之悲有悲之理路。此各種理路，因其客觀性與普遍性，皆有其交光之處。光光相交，契合為一，此即為文化系統之世界性。每一文化系統皆有其世界性，從其氣質之表現方面言，則是其特殊性。特殊性不能泯，其共通性亦必然有。文化就是這樣在各盡其誠之自我表現中而向共通以前進。睽而知其通，異而知其類，此之謂也。勿以為有特殊性即停於特殊性，停於特殊性而不進，則其文化生命死矣，此真所謂頑固也。除此，不得謂頑固。亦勿以為有共通性，即顧頊於共通性而忽視民族氣質表現之不同，迷妄於渾同之中而妄言大同，茫然不知個性之特殊，不知歷史文化之可尊，不知民族國家之在文化上之價值。理路雖是客觀而普遍的，然各人各民族之表現必有其細微不同處。此不同即是價值之增加，真理表現之增加。此即其可貴處。孔子之仁教並不止於孔子之所表現，亦不止於中國以往之所表現。孔、孟理學家之表現固有其理路，他人他民族若通過其自覺而注意及此，則大體固亦可說同於此理路，然在同於此理

路中必有其氣質之特殊性。即在此特殊性中，必然拖帶出仁教之更多的內容、更多的眞理。須知仁教之函量無窮無盡。同理，耶穌之愛，亦不止於耶穌及基督教之所表現，就是邏輯、數學、科學亦不能停止於其既有之成就，政治形態之演進亦復如此。此。如是，如何可以不講中西文化之異同？凡以眞實生命而落於實踐上表現心、理者，皆無不具此異同。泯此異同而不論，不是顢頇不著邊際，就是隔岸觀火未落於實踐，不知艱難痛癢也。

三、知識分子何以對中國文化起反感

在文化之特殊與共通性中，我們看中國文化。

中國文化，在這個時代最不行時，不但大陸上的共黨來摧殘，就是號稱自由中國裡的知識分子、文化買辦的知識分子，亦是瞧不起。這些人對於國家民族、眞理價值，並無眞實的責任感。他們的學術自由成了寡頭的、空頭的。一提到中國文化甚至文化，他們就起反感。何以養成這種風氣？

中國，自鴉片戰爭後，才直接地、感痛癢地覺到西方另一套文化之厲害。中間的封閉線揭開了，雙方直接照面。西方也敞開了，擺在我們的眼前。此後就是雙方互相較量、互相了解的問題。接連幾次戰爭：鴉片戰爭、中法戰爭、英法聯軍，把滿清政府打敗了。打敗政府並不一定打敗我們民族。義和團是發自民間的一股力量，然而結果是八國聯軍進北京。這一仗是把我們的民族也打敗了。（此義取自友人李定一先生。見其近著《中國近代史》。）這都尚未接觸到西方的學術文化，只接觸了他們的武力，知道他們的槍礮

厲害。辛亥革命，對內是民族意識、排滿，覺得那個政府太不行了。對西方文化言，則是學得了他們近代化的政體，因而建造了五族共和的中華民國，改專制爲民主。這是首先在政治意識上進了一步。所有取於西方者，在接觸了他們的軍事武力以外，首先注意到了他們的政治形態。架子已安排好了，單等它生根，單等我們來充實它。但這就是個難題。這不能不有待於學術文化上之努力。

首先注意到西方學術的是嚴復的翻譯。他翻譯孟德斯鳩的《法意》、穆勒的《群己權界論》，這裡邊的觀念是中國學術裡所沒有的。他翻譯這些，是讓我們了解近代化的政治形態中的諸觀念，如自由、權利、憲法等之意義。他又翻譯亞當斯密的《原富》，這是經濟學，這也是中國所沒有的。他翻譯穆勒的《名學》，這是邏輯，這也是中國所沒有的。他翻譯這些，是讓我們了解西方人講學之條理性與系統性，分門別類，分析綜和，窮盡其理，以成「學」。這是西方希臘的一個傳統，學之爲學的觀念即在此傳統中養成，吾人名之曰「學統」。（此與「道統」不同。）這是中國人以前講學所不具備的。他浸潤於中國典籍很深，他用典雅的文字來翻譯西方的學問。他的翻譯不感覺到西方文化與中國文化爲對立，他並沒有以爲要吸收這些，非打倒中國文化不可。這倒不失爲一個健康的態度。但是時代精神似乎是「山雨欲來風滿樓」，顯出「神不守舍」的樣子，要散、要塌下來。他那典雅的態度、收斂的精神，在功名事業上不得志，歸而在煙榻上作翻譯而顯出的，並不能普遍，亦並不能繼續下來。與他同時的那些舉人、進士、翰林所謂知識分子並不能懂他所翻譯的那一套。（其實這一套也並不眞易懂。就是在今日，眞懂的亦並不多。）也並不具備他所有的那種訓

練。所以中華民國的開國實在是虛弱的，並沒有一個與之相應的學術文化的精神作基礎，只是襲取一個虛架子。而時代精神不是一個開國建國的精神，而是要散要塌下來、放縱恣肆的精神。這個趨勢，醞釀爆發於五四愛國運動後的所謂文化運動。這個運動不是繼承嚴復所翻譯的學術精神而下來的，也不是配合新的政治形態，而期由嚴復所翻譯的學術而滋長壯大，以回應充實這個新的政治形態。如其如此，這還是一個建構的精神。但是時代精神不是這樣，沒有向這裡走的預備趨勢。在新的政治形態下的政府主持人也根本不了解這個政治形態的意義，根本無相應這個政治形態的政治意識。而社會上滿清留下來的老知識分子不用說，就是所謂新知識分子，能像嚴復那樣讀西書了解西學的也並不多。依是，朝野上下一切都在無主中。新的政治形態並不足以作為吸引人注意用心的綱領。政府主持人一團糟，在那裡胡鬧。社會上的新知識分子則還是中國往時衰世大學生的老習氣。辛亥革命所建造的民主共和這一新政治形態，由北京政府所代表的，大家不理了，把它擱在一邊，另說別的。新知識分子只感覺到國家不行，受帝國主義的壓迫，而反省到文化問題。但他們的反省是非常之外在而直接，是以淺薄而輕浮。他們對於西方文化尚沒有達到嚴復的那個程度，而只是道聽塗說，外感地紛馳於其五光十色，而現成地撿取其科學與民主，而對於中國文化，則已無嚴復的那種典雅的態度（浸潤於自己之典籍以譯西學），而只是外在地直接地取否定的態度。他們把科學與民主視為文化之全部，而此兩者又是西方的，所以也是西方文化之全部，是中國所沒有的，中國文化沒有這兩者，所以中國文化全是老的，而「老」以封建來規定，所以中國文化是封建的、過時的，全

當否定。而且以為要吸收這個新的,必須去掉老的,視中國文化與科學及民主為不相容的對立。我們試看由西方的武力先把滿清政府打敗,繼把我們的民族打敗,最後把我們的文化打敗。其實西洋人並未打我們的文化,當然無所謂敗不敗。文化是自己努力的事,是有彈性的,是隨時滋長壯大或轉形的。西洋人並不敢說打敗我們的文化。外人所能打的只是外在的有形的東西,一定形態的物質力量。兩種物質力量相交綏,衝突便是打,誰強誰打敗誰。把你的一定形態的物質力量打倒就算完,此外他管不著。所以打敗我們的文化是我們自己代人行事,起來自己否定的。這就叫做自失信心,自喪靈魂,此之謂「自敗」。這種敗才算是一敗塗地。

四、隨科學下來的科學一層論理智一元論的風氣

他們當時提出科學與民主並不是內在地對於科學與民主本身有興趣,而是藉著以為否定中國文化之口號。科學是新的,凡不是科學的都是迷信的,都是無意義無價值的。他們是想藉科學之新來顯示迷信。科學當然可以破除一些虛妄與迷信。但是道德宗教的真理與境界是屬於價值世界的,既不是虛妄與迷信,也不是科學的。而當時在科學一尺度下亦俱被剷平了。所以他們看不出中國文化有任何價值。中國文化裡沒有科學,也不是「科學的」,所以全無意義。他們大概以為凡不是聲光化電的,都是虛妄與迷信的。這是當時藉科學一口號來否定中國文化的情景。

在當時提倡科學是一種風氣,其作用是破壞中國文化(所謂整理國故)。雖不是內在地對於科學本身用心,然在此風氣下,究竟

可以提醒人的自覺，向科學方面注意，這究竟也是民族心靈的一步
開展。所以在當時是風氣，而繼此風氣下來的近三十年來的發展，
究竟也漸漸轉移到對科學本身用心。對於科學知識的吸收，對於科
學的研究，究竟也有些進步。這不可抹殺。但是隨此進步而又帶來
了一個不得了的毛病，直至今日而不覺。這個毛病，就是：科學一
層論、理智一元論，泛科學、泛事實、泛理智的態度。新文化運動
時之言科學本就視之為籠罩一切的一個尺度，但這還是一種空氣，
還是情感的。經過這三十年的浸潤發展，人們漸習於科學之特性，
知道它的方法、態度與對象是怎麼一回事，所謂乍得一點甜頭，嘗
得一點滋味，乃一經肯定，反而更印證了那個籠罩一切的尺度。以
前是一種空氣，現在則凝斂而落實了，以前是情感的，現在則收縮
而為理智的。但是所謂習於科學之特性，也是初次的、直接的、非
批判的，因而成為獨斷的，即並不真了解科學之限度與範圍。不了
解這一點，也畢竟不能算了解科學之特性。科學的研究是要用「理
智」。（這是心官之一能，即主體之一面。）理智所分析綜和的對
象是自然的物質現象，客觀的具體事實。理智之表現必撲著一個物
（客觀的對象），而凡為理智所撲著的也必外在化而為一平鋪的客
觀事實。如此，它好去分析綜和，依是，在理智面前總是平鋪的事
實之一層。這就是科學的對象。是以每一科學劃分它的範圍即是圈
出一套平鋪的事實。物理圈物理現象，化學圈化學現象，心理圈心
理現象，生理生物圈生理生物現象，動物植物圈動物植物現象，這
叫做分門別類。而所圈的現象（一套平鋪事實）都是同等的，並無
價值高下之別。這些研究是可貴的，增加我們的知識。但是它只知
平鋪的事實，只以平鋪事實為對象，這其中並沒有「意義」與「價

值」。這就顯出了科學的限度與範圍。是以在科學的「事實世界」以外，必有一個「價值世界」、「意義世界」，這不是科學的對象。這就是道德宗教的根源，事實世界以上或以外的眞美善之根源。譬如「大學之道，在明明德」，這個「明德」就是意義與價值的總根源，這不是科學所對的客觀現象，這不能平鋪而爲客觀的具體事實。但是人們若反諸己身，則不能否認其有。又如父慈子孝、兄友弟恭，這個慈孝友恭亦是意義與價值之所在，這不能用理智來分析，亦不能平鋪而爲客觀的具體事實。但就使窮兇極惡的人亦不能否認其有。這個意義世界或價值世界決不能抹殺。眞正懂得科學的人必懂得科學的限度與範圍，必懂得這兩個世界的不同而不能混一。但是經過這三十年來的浸潤發展，由情感的「科學唯一」轉到理智的「科學唯一」，遂把科學的「理智分析性」與科學的「事實一層性」從科學本身冒出來氾濫而爲言論行事的普遍態度、籠罩態度，這就成爲科學一層論、理智一元論（人心主體不只理智這一面），泛科學、泛事實、泛理智的態度。這個態度，其後果之壞無以復加。科學本身是這樣去研究，並無所謂。我們並不反對。一個人專心內在於科學本身獻身於科學之研究，是高貴的，值得稱讚的。但就是這種把科學的「理智分析性」與「事實一層性」從科學本身冒出來而成爲科學一層論、理智一元論的態度，則須斷然予以反對。須知我們這三十年來眞正獻身於科學研究的並不多。淺嘗輒止，反是跳出來「用科學」的多。讀科學的人捨棄了科學研究而從政而革命而作校長作官的，比比皆是。三十年來內在地浸潤於科學所得之利，抵不過其跳出來「用科學」所成之害。我這裡所謂跳出來「用科學」，並不指用科學之成果而從事工業製造言，中國尚未

達到這個程度。就是適才所說的作官從政也不能盡「用科學」之意。我說用科學乃是指科學一層論、理智一元論言。這個普泛的態度就是「用科學」。

一個人不能潛心於科學本身之研究，而只是「用科學」，成為科學一層論、理智一元論的態度，頂無謂、頂無聊。任何學問不能入：既不能入於科學，亦不能入於哲學，復不能入於文學，而只是掃邊，講科學方法，不落於學問本身，而只是在外邊轉，頂無聊、頂害事。而科學一層論、理智一元論的態度，最大的害處就是抹殺意義與價值。蓋就整個人生說，科學一層論、理智一元論的態度，只知物，不知人。人為什麼當該「孝」？這是禁不起理智的疑問與分析的。這不是一個科學的對象，這是不能平鋪而為具體事實的。這是沒有理由的。既沒有理由，就可以化除。在守孝時，要吃素，穿素衣，不可穿華彩的衣服、精緻的綢緞。假若是近視眼，也不可戴金框鏡。我們的理智主義者可問：既可以戴銀框，為什麼不可以戴金框？不都是金屬嗎？既可以吃青菜豆腐，為什麼不可以吃豬肉？這不都是可吃的物質材料嗎？既可以穿棉麻的粗布，為什麼不可以穿絲綢？這不都是可穿的物質材料嗎？沒有理由。既沒有理由，要這些封建的限制幹什麼？但是我們很容易看出：關於這類的事可以這樣去追問去分析嗎？當他這樣一問時，他的心已經死了，可謂全無心肝。那麼你可以看出這個時代風氣的敗壞是不為無因的。所以共產黨得以拿唯物論的「階級」立場為理由來鼓勵人弒父殺兄。當然自由中國的理智主義者不會贊成共黨的弒父殺兄，但是他那科學一層論、理智一元論的態度只認科學為學問，只認外在的事實為學問的對象，「明德」不是學問的對象，孝弟、人倫、人

性、仁義之心不是學問的對象,而中國以往的學問、聖賢之教,卻總是在這裡講道理,提撕人,所以他們看不起中國文化,輕視中國學術,這卻是他們的態度。不然,何以一提中國文化就起反感呢?面對共黨的毀棄人倫,摧殘人性,重新來復興講人性人倫仁義之心的中國文化正是人性的覺醒、理性的覺醒,這是應當而且必要。這在反共上,其力量並不亞於政治上的自由。難道人性的覺醒、理性的覺醒,只應當限於政治上的自由嗎?沒有人性、人倫、人品、人格的尊嚴,自由也是不保的。那麼理智主義者在這裡實在當該重新考慮他們的態度,放棄他們那種科學一層論、理智一元論的態度,得承認明德、人性、人倫、仁義之心也是大學問的對象,而且是科學以上的學問,得承認科學的事實世界以外必有一個意義或價值世界。否則,那種非人格的態度未有不落於虛無主義者。

五、隨民主下來的日常生活上泛民主泛自由的風氣

我以上說的是科學一面,至於「民主」一面,則我已說到當時提倡民主的人,並不是配合辛亥革命所建造的新的政治形態而用其誠。一個新的政治形態之形成,須靠朝野人士對於這個政治形態內的意識、運用,與諸觀念有清楚而確定的理解,在內心生命上有堅實不拔嚴肅負責的信念。當時政府主政的人一團糟不必說,新文化運動中倡民主的新知識分子又何嘗有清楚而確定的理解,嚴肅而負責的信念?這是政治家式的思想家,思想家式的政治家的事。當時的知識分子不足以語於此。他們並不想在這裡用其誠而思於建國創制有擔負。他們之提倡民主,一如其提倡科學,並不是內在於政治

而用心，而是脫離政治而轉成社會的。政治上的民主下散流走而轉爲社會日常生活上無律無守的氾濫泛民主主義。民主裡面含有自由、平等兩觀念，如是自由、平等亦失掉它政治上憲法上的意義，而下散流走，轉爲日常生活上無律無守個人自私的泛自由泛平等。此風一直在社會上漫衍，直至今日而不覺。西方社會裡有顯明的階級間之對立。階級間集團地互相爭取其權利而訂定憲章，因而產生民主政治。他們的爭取，一、目標具體而顯明，在某階級裡爭取某些權利，我要什麼，你對方當給什麼，都是很具體的；二、其爭取是集團地行爲，代表整個階級，並不是散漫的個人單獨行動，故其爭自由爭民主易於是政治的，限於其所當，而不下散流走。中國社會無此階級對立性，知識分子並不能結成一個有實體性的階級，他亦不能代表階級，因爲社會上農工商亦未結成實體性的階級。中國的政治變動歷來都是知識分子作領導，辛亥革命亦是知識分子作領導，而中國的知識分子傳統風氣一直是個人行動，隨便結合，隨便離散。眞正切實的政治意識並不夠，作官的意識很夠，志願宏深以天下爲己任的意識也很夠。有時很有宏願，有時又很高蹈。但這還是少數的。在這種情形下，當時代演進中一個新政治形態來臨的時候，知識分子要擔負新政治形態之實現與形成的責任，必須有宏深的志願，有切實而確定的認識，有嚴肅而負責的心情，有識大體的綜和智慧。這是荀子所謂大儒雅儒，吾所謂政治家式的思想家或思想家式的政治家。但是民國以來的知識分子一直不能相應這個新的政治形態而用心，一直在這裡不能出人才，而只是大學生的老習氣，隨著時機而起哄。哄的結果，把民主脫離其政治形態之中心而轉爲社會上日常生活的。師生之間講民主，則先生無法敎學生。父

子之間講民主，則父兄不能管教其子弟。夫婦之間講民主，則夫妻之恩情薄。民主氾濫於社會日常生活，則人與人間無眞正的師友，無眞正之人品，只是你不能管我，我不能管你，一句話是「你管不著」。民主本是政治上對權力的大防，現在則轉而爲掩護生活墮落的防線。三十年來知識分子對於民主的貢獻不期乃如此。社會上泛民主主義愈流行、愈墮落，則政治上愈專制、愈極權。墮落氾濫的結果是共產黨之出現，知識分子乃遭歷史以來所未有之荼毒。此豈非其自身自造之命運而何？

民主不能在政治上見效，科學不能在知識上見效，則科學一層論、理智一元論的態度，社會上日常生活的泛民主主義的態度，所摧毀的只是科學與民主以外的人倫人道之大防，抹殺點醒仁義之心性以辨人禽別義利的聖賢之敎之爲大學問，之爲一切文化創造之總根源。前人講學總在這裡諄諄講說。由周公之制作，孔、孟之樹立，宋明儒者之繼承闡發，它在中華民族的進展中已盡了它的責任。其基本核心決無關於封建，亦無所謂新舊。它只是在此以往的發展中沒有開出科學與民主政治來。但是我們前面已說過，此心此理的內容，文化的創造，決不可能一下子都出現，它注定要在歷史發展中完成其自己。以前沒有開出來，將來都要開出來。這裡決定沒有不相容的地方，而且還是本末一貫的一個諧和體。辛亥革命以來，提出科學與民主，引發我們向這兩方面注意。這本是心靈自覺的開展。但不幸的是他們不能了解前人講學用心之所在，不能了解這種學問在文化生命中的作用與地位，因而亦不能了解中國文化之基本精神與基本原理之價值，遂視中國文化與科學民主爲對立。在對立的情形下，人們的心靈與生命頓時失其本，遂流於病態而走

邪。人的心靈生命不能積極而健康地站起來,則在本源方面成了漆黑一團的空虛,而科學不能出現,只成為科學一層論、理智一元論的態度,民主政治不能出現,只轉為社會上日常生活中的泛民主主義的態度。這兩種態度,由其到家引生的壞結果,現在倒成了一個黑白分明的封閉圈。由它的封閉倒很顯明地顯出一個「意義與價值世界」之必然有與必須承認,此即是以前點醒仁義之心性以辨人禽別義利的大學問,中國文化生命之總根源。這個「意義與價值世界」之很顯明必然有,也使我們很顯明地見到從本源方面漆黑一團的空虛裡重新湧現出「清明之靈光」。這就好像一潭濁水,經過沙土之下沈,而清水上浮一樣。沙土之下沈劃出一條界線來,而清明之水自然很顯明地被認識。然則,我們此時對反共言,對科學與民主之實現言,對文化之發展言,重新肯定這個作為中國文化生命之命脈的大學問,而多講點中國文化,使人對於中國文化多起一點敬意、鄭重意,有何不可,有何過患,有何負於國家民族乃至人類,而必仍堅持那種淺薄的科學一層論、理智一元論的態度以反對之、輕薄之,動輒斥之為逆流?這裡容不下任何意氣。時至今日,泛科學、泛事實、泛理智的態度,也當該重新自己檢討一下,有所覺醒矣。

六、今日反省文化問題所應知者

原科學一層論、理智一元論者之所以輕薄中國文化,實由其以為在整個人生內只有科學與民主而足夠之淺薄的陋見。實則在整個人生內,整個人文世界內,以下三套,無一可少:

一、科學：此代表知識，並不能成爲一個生活軌道。

二、民主政治：此是政治生活的軌道，而不是一切生活的軌道。

三、道德宗教：此可以產生日常生活的軌道，亦爲文化創造之動力。

他們對於道德宗教一項，完全忽視其意義與作用。說到宗教，他們馬上想到迷信；說到道德，他們馬上想到迂腐。他們完全不知道：道德宗教，在其客觀廣度方面，有成爲「日常生活的軌道」（即文制）之意義，在其主觀深度方面，有作爲「文化創造之動力」的意義。這兩方面看不到，當然視之爲虛無。依此，他們看文化也只作爲外在的一堆東西看，決不能看到它所由以成之創造的動力與精神的表現。他們看科學與民主，也視爲「外在的東西」，決不從文化動力與精神表現上來看它。把文化視爲「外在的東西」，所以提起文化，就是列舉。中國文化裡沒有出現科學與民主，所以一無所有，而列舉地說起來，則除了打板子、辮髮、纏足、太監、抽鴉片外，再無可稱舉。就是現在也還有人說，中國文化，只除講究吃比洋人好以外，再看不出還有什麼比洋人好。這種態度看文化，可謂極端輕薄無心肝。知識分子墮落到這種程度，則中國之有今日，你能怨誰？

反之，光罵他們，光稱讚中國文化好，只是情感擁護，這也失掉今日講文化問題的意義。本來中國人講中國文化，保存中國文化，這是天經地義，無理由來反對。不管講的如何，只是這點關懷之情，也不容輕薄。惟是今日中國乃至整個世界的總癥結是在文化理想之衝突，可以說整個是一文化問題，則吾人今日之反省文化，

就不應當只是情感的擁護。情感的擁護與情感的反對是同一層次上的對立，而且也必然都落在以「列舉的方式」說文化，以「外在的東西」之觀點看文化。這便失掉我們今日討論反省文化問題的意義。以列舉的方式、外在的觀點，說好說壞，都是於事無補的。若是明白了文化是此心此理的表現，則亦根本不是好壞問題，乃是發展的問題。這就是引導我們深入一層，內在於創造動力與精神表現上看文化。這是論文化的基本觀點之認識。

復次，基於以上基本觀點之認識，要不喪失今日討論反省文化問題的意義，則必須扣住時代之癥結而疏導文化生命之發展以衝破此癥結，接引中國文化乃至世界文化新形態之來臨。以前孟子、陽明俱講「必有事焉」。我們必須「必有事焉」。我們現在疏導文化生命之發展所必有之事，當為以下三端：

一、道統必須繼續。此為立國之本，日常生活軌道所由出，亦為文化創造之原。此相應上列三套「道德宗教」一套而言。中國以往四千餘年的歷史中，惟是彰著此一套，一切聖賢用心惟是直接扣緊此方面而立言。此即為以仁教為中心的道德政治的教化系統，亦即禮樂型的教化系統。以前在此系統下，道統、政統、學統是一事。道統指內聖言，政統指外王言，學統則即是此內聖外王之學，而內聖外王是一事，其為一事，亦猶仁義之與禮樂為一事。在吾人今日觀之，此三者為一事之一套，實應只名為「道統」。其內容自應以內聖之學為核心，此即為道德宗教之本義，而其外王一面，則應只限於日常生活的軌道而言之，此為道德宗教之末義。在此末義下，化民成俗之禮樂亦函於其中。至政統一義，則須另為開出，見下。此道統必須繼續即是中國文化生命之不斷。道統者，詳言之，

即道之統緒。在反省地了解此道之統緒下，必須了解二帝三王如何演變而爲周文，孔、孟如何就周文體天道以立人道，宋明儒者又如何由人道以立天道。此一了解即是中國文化生命之疏導。必須隨時代作不斷的了解，不斷的疏導。然而決不可失其本義，亦決不可不知其爲中國文化之主流與基幹，決不可視之爲相對的一家之言，而以爲可以更端而交替之。文化業績可以包括很多，而文化生命不能不有主流。橫陳雜列，不足以語文化。

二、學統必須開出。此相應上列三套「科學」一套而言。內聖之道爲道統，此學統即爲「知識之學」之統緒。此義，西方文化中特別彰顯，此即爲希臘之傳統。希臘文化精神首先建立起「學之爲學」的意義。「學之爲學」的意義，即是：於了解外物上，必須由感覺狀態，而進至使用概念的抽象思考狀態。進至此狀態，則「知性」，即智之「理解形態」出焉。因此邏輯、數學出焉，而科學於焉成立。在反省地了解此統緒中，必須知科學如何發展，哲學如何發展。科學、哲學俱含有此統緒中而名曰學統。須知在中國文化中，此義始終未出現，而「學之爲學」亦終未建立起。其故即在內聖之學吸住了人心，而「知性」始終未獨立地彰著出。在內聖之學中，「智」始終停在「直覺形態」中，而未轉出「知性形態」。直覺形態是圓而神的「神智」，知性形態則是方以智的「方智」。遵守邏輯、數學而使用概念，故方。此義必須由內聖之學的發展中開出，而中國的內聖之學亦決無與此不相容之處，而且亦決可以相融洽而見內聖之學之廣大與充實。

三、政統必須認識。此相應上列三套「民主政治」一套而言。政統即政治形態之統緒。在反省地了解此統緒中，必須了解在商質

周文的發展中，如何成為貴族政治，又如何在春秋戰國的轉變中，形成君主專制一形態。在君主專制一形態中，君、士、民的地位及特性如何？民主政治如何是更高級的政治形態？中國以往何以一治一亂？學人用心何以只注意治道而不措意於政道，直至今日而不變？民主政治中諸主要概念，如自由、權利、義務等，是何意義？凡此俱必須透澈了解，而後可以信之篤，行之堅，成為政治家式的思想家，或思想家式的政治家。然後從事政治活動者，始可以為理想而奮鬥，不至於一意孤行，隨盲目的權力而顛倒也。

　　以上三端，現在只簡單地開出。至於詳論其意義以及其關聯，則請參看拙作《歷史哲學》。

原載《中國文化月刊》第1卷第5期（1953年8月）

附錄一：《理性的理想主義》序言

現在正遭逢著人類將要毀滅的階段。任何人都當正視這個嚴重的危機。凡在社會上能言能行，足以領導社會、鼓動社會的人，都當端正其心思，平凡正氣地為人類的祖先以及下一代的子孫著想。除掉為其個人、集團、國家以外，都應顧及全體人類以及滋養人類的歷史文化。足以毀滅人類、斲喪文化、摧殘人性的各種言論行動，不能永遠乖戾地傳染下去。耍把戲式的精采只能愚弄人民於一時。精采終歸於平實。瘋癲的結果不是癡呆、麻木、死亡，就是清靜下來的幡然覺悟。我們不願意瘋癲的人，順自然法則，走上癡呆、麻木、死亡的道路，我們希望他能自力或他力地清靜下來幡然覺悟。人只要能靜一刻，便會覺得那種瘋癲式的精采是徒然的；他能繼之以嘆息，繼之以懺悔，繼之以痛哭流涕。世間沒有任何事業是由耍把戲式的精采造成的，瘋癲不能實現任何有積極意義的效果。

同時，我們要使瘋癲的人幡然覺悟，就必須提出一個正面的理想。這個理想，不是任何一個人的聰明所能製造出的，它是人心同然的表現，經過人類長久歷史的經驗以及前聖先賢的精英而鍛鍊成的。人的一切實踐都要靠這個理想來作支柱。只有忠於這個理想表

現這個理想的人才是「自悟悟他」的人,才能使瘋癲的人覺悟懺悔。人,一方具有神性,一方具有動物性。自有歷史以來,人類總是在夾雜中實現理想。雖在不斷地實現理想,然而毒的累積亦不少。一個時代,若是動物性掩蓋了神性,則經久累積毒素便要暴發。我們這個時代,毒的累積是空前的,所以暴發的兇猛亦是空前的。若是一部份人仍然昏沉墮落,庸俗自私,則瘋癲的人亦必層出不窮,永無止息。你若沒有振作超拔的覺悟,你就不能使瘋癲的人懺悔嘆息。以暴易暴,同歸於盡。這是最可悲的事。

這本小冊子裡的幾篇文章,就是想要提出一個正面的理想。我們希望藉此理想來振作昏沉墮落的人,來覺悟瘋癲的人,替人們的一切實踐安頓一個理想主義的根據,使人們的一切實踐皆成為健康的、生動活潑的、光明磊落的,總之,是有積極意義與理想價值的。

荀子說:「以仁心說,以學心聽,以公心辨。」這個時代,沒有再比這種態度的需要更為迫切。我們亦未必能至,但心嚮往之,卻是我們的至誠。

中華民國三十八年十二月一日

附錄二：歷史必然中的未來

中國之有今日，決非偶然。毒的積累太深，到了潰爛的時候，一起總爆發。「非偶然」即函著說：有一個理由。這個理由從那裡找呢？你若只知著眼現象的推移，你決找不出歷史發展的線索，你也決定不出一個確定內容的未來。你只能順事實的演變說一個未來。但這只是廢話。所以，你要想明瞭歷史發展何以有今日，下一階段的確定內容是什麼，你就必須把握住時代的精神之何所是。時代精神的曲折發展就是貫穿歷史的線索，因而也就是某時代的型態之理由之所在。而時代精神，則是指導一個民族的活動之總原則在各階段之種種因緣中的變形。所以欲了解時代精神，必須先了解那個原則。根據那個總原則而了解時代精神，根據時代精神而了解現在及未來，這種了解叫做根據精神的辨證發展而來的了解。根據這種了解，我們說，歷史發展的每一階段，皆有其精神發展的必然性。（此與邏輯必然性不同，須注意。）

貫穿中華民族的活動史的那個總原則，便是儒家的道德理想主義。這個思想，無論在孔、孟、荀時期、在漢代、在宋明理學時期，皆有一個共同的內容。大要言之，不外以下幾點：一，內聖外王；二，人禽之辨；三，夷夏之辨。（關此，本文不想多述，讀者

可參看《民主評論》第六期〈儒家學術之發展及其使命〉一文。）
可是，人能弘道，非道弘人。這個總原則需要人的實踐來表現它在
各時代之使命及作用。離開了實踐，它只有空掛，而無客觀實效
性。因而它亦不能盡其時代中精神性之責任。明亡，滿清入關，民
族生命遭受了一個絕大的曲折，這個原則即算到了空掛的階段，士
大夫噤若寒蟬，不敢談天下事。在以前，士以天下為己任，宰相總
綰百務，變理陰陽。他們本儒家學術以行己立世。無論窮則獨善其
身，達則兼善天下，他們後面皆有一種理想性，其表現於外，又皆
有一種精神性。這樣，民族生命才不枯槁，才能鼓舞社會。但是，
到了滿清，則讀書人不允許有這種表現，予以種種摧殘，予以種種
禁錮。乾隆且公然下詔說：你們以天下為己任，要皇帝作什麼？宰
相總綰百務，要君作什麼？（大意如此。）乾隆之發此意，可說全
不了解中國文化之精神，亦全不解政治之大體。是以有清一代，只
是軍事控制（集中於軍機衙門），更無政治可言，亦無文化可言，
讀書人相率走上考據一途，以耗費其自然之生命。拿著他那點淺薄
乾枯的理智之末光以作那排餖飣的工作。識了字，不識句；識了
句，不曉義。無思想，無智慧，更無德慧。相習成風，人不曉大義
為何事，不明「大理」（荀子用此詞）為何事。拘囚於現實之中，
儼若井底之蛙，儼若不知晦朔之朝菌，不知春秋之蟪蛄。他更不會
反躬自問，人生意義究在何處？人類價值究在何處？他只是順其自
然生命之推移而推移，順其自然的興趣而欣趣於時風之所好。我們
必須知，生命乾枯，決不能發出思想；思想不出，智慧不透，生命
亦必乾枯。一個卑陋平凡的時代，凡百事偽，決不能有所興作。亦
不能說它是在含德苞光，因為它根本未覺悟到德，亦未意識到光，

那種時代，固不能表現善，亦不能表現惡。它只是自然生命的凝結、僵化、萎靡、困頓、枯槁以死，滿清的亡就是經過了這樣的歷程而消失的。它恰是莊子所說的：「一受其成形，不忘以待盡。與物相刃相靡，其行盡如馳，而莫之能止。不亦悲乎？終身役役，而不見其成功。荼然疲役，而不知其所歸。可不哀耶？」滿清的時代精神就是這樣一種可哀可悲的精神。

但是，當它末年，快要困頓以死的時候，亦未始沒有怪誕不經的人物，想出來挽救危局。這些人物集中於今文學家，而集大成於康有為。這一流派代表滿清的思想一面。這一種思想的源流，乃是卑陋的考據之反動。故亦可負面地溯其源於考據。有那種無生命無智慧的考據為之前，便不能發出真正的思想來。因為，雖然時代的主流是僵化萎靡，困頓枯槁，而從個體生命方面說，必有若干人不安於這種卑陋陳腐，便不期然而激發出一種自然生命的衝動。這就是怪誕不經的思想之發源。所謂今文學家，就是講《春秋公羊》學的人物。他們要講義理，抒發思想，但沒有基本的訓練，不知義理如何講，思想如何發。他們卻憑空抓住《公羊傳》，他們不能把握孔、孟、荀之精蘊，他們亦看不起宋明理學家。他們想獨闢蹊徑，但是須知，《易經》、《春秋》是儒家學術中最麻煩的兩部經典。以卑陋平凡，素無思想義理訓練的清朝風氣，而想單獨從《春秋》中出把戲，未有不落於怪誕不經者。《公羊》學家，在漢朝，本就有「多非常可怪之論」之稱，但那時的「非常可怪」，實大部分由於西漢時代的若干忌諱而起，亦由於《公羊傳》本身的義理比較拘嚴而起。但到了康有為，其「非常可怪」，卻真成了非常可怪了。《公羊傳》本身實函有莊嚴偉大之思想，但康有為由此講思想，卻

都成了妄想。他妄想的中心，是在根據《公羊學》的三世義而講大同。三世即是據亂世、升平世（亦曰小康）、太平世。太平世即是大同世。他把人的一切活動及道德表現，都按照三世的劃分而規定好了。例如在據亂世時，人的道德行為當該如何表現，他已給規定好了。他以為在據亂世時，外面有打架的，或出了人命案子，自己便當閉門家中坐，不可出去招惹是非（大意如此）。似這種荒謬怪論，真正豈有此理。不用說，到了升平世，才可以出門睜睜眼。到了太平世，他說那時就好了，人的界限一切都打破了；無國界、無種界，家庭組織也取消了。人生下來，送孤兒院，老了，送養老院，死了，燒成灰，作肥料。這層妄想，更是可惡。因為他在據亂世所給規定的，人們一見便知其荒謬。而在此，他卻給描畫了一個大同的影子。這種描畫函有三方面的惡影響：一、他否定了家庭國家的存在，家庭國家也是罪惡的源泉，他的大同裡面沒有家庭國家的意義與價值為其內容的。二、他完全以外的觀點、量的觀點看人，他把人看成是只知有物質的平等享受的動物，沒有絲毫內在意義的；人的個性尊嚴、人格的尊嚴、人間的人倫、人的知情意的精神生活，總之，人的內在的道德性，完全被抹殺，但只等大同的到臨，人們可盡量過那種豬仔的享受生活。三、這個浪漫怪誕的思想，正開啟了五四運動以來的打倒一切屬於建設性的東西、正面的東西、否定一切耳目之官以外的東西、超越而普遍的東西；同時，亦正投了青年人的浪漫的幻想之機，把正面的、建構的、耳目之官以外的、足以安頓吾人之心身性命的普遍之理，都視為拘束吾人的桎梏或藩籬。如是一個進步的人必須是衝破一切藩籬的衝動的人，一個未來的理想社會必須是無家庭無國家的純量享受的大同社會。

當然，康有為是保皇黨，因為這個惡名，後來的青年人不會從他那裡得到浪漫思想的開發。但是，你觀時代精神之流，康有為卻正是他們的先河。這是順考據之風之僵化萎靡而來的一個步步墮落的氾濫與發狂。表面看起來，是精采熱鬧，實際是神不守舍的氾濫與瘋癲。這個發狂的趨勢，到現在的共產黨便登峰造極，成了集大成的形態。

康有為以後，有章太炎與吳稚暉先生。章太炎固是一老革命黨，亦是一國學大師。在排滿上說，他是一民族主義者，力反康、梁之保皇，但他的民族主義是情感上的偶然產物，他在思想上並不能予以理性肯定。他之為國學大師，只是精小學，能文章，可以稱得上是一個博雅之人，但他對於中國文化的本質並不了解，對於儒家學術的基本精神亦不了解。他的考據以外的才華找不到正當的安頓，遂襲取老、莊、佛學而成就其浪漫的虛無主義。他作〈五無論〉，謂無政府、無聚落、無國家、無人類、無世界。他的論據不外佛家的二義：一、因緣生（函唯識所變義，四大皆空義。）二、和合假。譬如：就政府、聚落、國家、乃至家庭言，他就說這些都是和合假法，並無實性。就人類世界言，他就可以因緣生義、唯識義，說它們皆是空無實性。但他並不真是皈佛依法，只不過是文人才華的浪漫思想而已。他極力排滿，好像是曉得民族大義，但他在思想上卻不能肯定民族國家的存在，說它是「和合假」。他雖引用了佛學的論據，而在究竟的意識上，實是與康有為同，即：去掉家庭國家，而幻想那個空無把柄的大同影子。排滿或保皇只是他們在現實生活上的情感衝動，他們並不能替它們負嚴肅敬畏的責任。甚至他們的否定一切而嚮往那個空洞的大同的思想，他們對之亦不能

負嚴肅敬畏而自肯有自信的責任；這只是他們的下意識，順時代風氣或某種外部的理論，而引發出的一種自然傾向而已。這些人並無眞正的精神生活，通過「內在道德性」而發出的精神生活。至於吳稚暉先生，則是以唯物論的、自然主義的底子，宣揚他的漆黑一團的宇宙觀，上天下地招呼朋友生小孩的人生觀，表現他自己的遊戲滑稽談言微中的處世態度，還嚮往那個無政府主義。這些睡眼朦朧的思想家，以其生花之筆，怪誕之才，來鼓動人世。這叫做啓蒙、開放、或解放。

順此流下來的一個結集，便是五四運動。在此運動中，含有兩流：一流是以淺薄的理智主義爲底子而講考據提倡白話文，拿證據來宣揚科學及民主政治。這一流是滿清考據風氣的繼續，不過以新的形態出現就是了，其基本精神是相同的。第二流是以量的社會主義爲底子而開始有共產黨的組織。這一流是康有爲、章太炎的怪誕風之繼續而歸於切實者。這兩流是一根而發，在滿清時如此，在五四運動時仍如此。生命的僵化乾枯與生命的潰爛爆發是互爲因果的。前有僵化，必繼之以潰爛。看起來是相反，其實是一根之兩面。止於理智主義，未有不淺薄者，未有不僵化乾枯者。在五四運動中，理智主義一流是零零碎碎的（胡適之先生說是一點一滴的），量的社會主義一流是外部的，齊於物的整全主義的。這兩流當然是互相反對的，而後一流是前一流的反動，它亦當較爲更優勢更精采。因爲那種一點一滴的乾枯，反思想反理想的淺薄庸俗（你須知這不是正大平實），必然不能滿足有生命衝動的人的幻想，而幻想不能納入正軌，就只有怪誕妄想。可是，在康有爲、章太炎還是怪誕妄想，到了量的社會主義一流，即共產黨，便變成狂暴的行

動。此時，他們不只是浪漫的幻想，而且是浪漫的行動。這浪漫的
行動又有切實的內容，從極端反常的心理病態而發出瘋狂的熱情，
又有極端的理智的推敲、邏輯的論辯，而發出謹嚴的組織、冷酷的
紀律，這就是他們由幻妄之想而落於切實。但是你也須知，這切實
並不是正大平實，而只是那變態心理的陰險狠毒，凝結為更現實更
唯物更冷酷而已。以變態心理為底子，由否定一切而投射一個荒涼
不可實踐的大同作滿足青年幻想的影子，而作為中堅的一部分，卻
是陰險狠毒所凝結成的一個權力欲。這個權力欲控制一切，攜著一
個大機器（組織）奔赴那個荒涼的影子（大同）。變態心理的陰險
狠毒所支持的理智的推敲、邏輯的論辯，適足以成其穿鑿。孟子
曰：所惡於智者，為其穿鑿也。智之穿鑿，至共產黨而集大成。所
謂「言偽而辯」也。言偽而辯，亦至共黨而至其極。復次，變態心
理所凝結成的權力欲，適足以成其專制，成其殘刻。所謂「行僻而
堅」也。此亦至共黨而至其極。

他們兩方雖然相反對，基本精神上卻又有共同點。第一、他們
都是否定的、破壞的；第二、他們都是量的、外部的、外在的。

先就第一點說。五四運動的精神本身，當然是以理智主義為
主、為籠罩者。他們提倡科學與民主，因而即依此而謳歌西方文
化，因而即依此而反封建反中國文化。他們名之曰新文化運動，曰
中國的文藝復興。就其基本精神為否定的、破壞的一方面說，我們
先不管他們正面的提倡與所歌頌者。（實則他一無正面，亦只是提
倡與歌頌而不知其所以，因而亦不能由他們的精神誘發出科學與民
主。此點下面再說。）我們且就他們的反封建、反中國文化一面
說。「封建」，且就時下一般人所意許的意義方面說，是當該反

的，不管在以往究如何。至於反中國文化（他們集中於打倒孔家店），卻大有問題。在此，可以簡單指出，他們有兩點基本的錯誤：一、他們把儒家學術的精神及眞理性凝結於時間中以往二千年的一段整個文化中，一起外在化之，推出去作一個死東西看，名之曰封建的文化、過時的古董、罪惡的根源，因而一起否決之。這些人的生命，好像是首出庶物，憑空而來的。除掉他們的生物學的出生以外，什麼都沒有了。他們於以往，一無所繼承。人類的精神遺產，於他們根本不相干。假定以往都是壞的，於他們有影響，則他們一旦覺悟，起而拔除（是否能拔除根本成問題），他們的生命自然是除了生物學的出生以外什麼都沒有。他們的這種對於中國文化的態度無異於洪秀全對於中國文化的態度，洪秀全把《四書》《五經》與滿清的皇帝及官吏同一化，一起皆名之曰妖：官曰妖官，書曰妖書。這種無知發狂的態度，令人可恨，不期而又出現於五四運動時的理智主義者。二、因爲他們有那種態度，所以他們所否定破壞的，結果只是那耳目之官以外的超越而普遍的東西，足以安頓吾人心身性命的德慧與眞理，足以成就任何實踐的普遍條件（原理）；而那些壞的，他們卻終於不能否定破除。因爲他們單單否定了那耳目之官以外的普遍者（即孟子所說的大者），則壞的毛病，無一能破除。儒家所講說不已的，就是那耳目之官以外的普遍者，就是那德慧、那眞理、那成就任何實踐的普遍條件，他們卻要起而打倒之。他們的否定破壞，就是否定的這個、破壞的這個。這是撒且的破壞，不是人的破壞。他們要「拿證據來」，可是這些耳目之官以外的普遍者，又有什麼證據可拿，所以他們一起不能相信。證據！他們用來作爲否定眞理的工具。他們說這是科學的，但他們不

知，科學亦不只限於耳目之官。

茲再就第二點說。無論是淺薄的理智主義者，或量的社會主義者，他們的基本態度都是量的、外部的、外在的、卑陋陳腐、反理想、反思想的考據遺風，支支節節，一點一滴的追逐，這些都是量的、外的態度。一個無根的「理智」，它只有把一切東西外在化、量化、物化。凡是屬於「意義」或「價值」的東西，它必須剷掉。所以無根的理智主義，若發展到家，一方必流於唯物論，一方必流於懷疑論。可是，他們一部分人尚沒有那種徹底的哲學興趣，把它發展到家。他們美其名曰實驗主義，曰實在論。但是，你須知這些都是襲取的裝飾品。他們中尚沒有一個杜威那樣的實驗主義，羅素那樣的實在論。所以，他們並不能代表科學，亦不能由之而引發科學。這點，現在須要說幾句。科學之觀物，固是量的、外的。但他們那種量的外的態度，不能成就科學，亦不能引發科學。科學之為量的、外的（因此而成就其為科學），不是憑空的、徒然的，而是有理性主義為其根源的。它無論如何，是跟著一個正面的、積極的精神而來。此徵之於希臘的傳統，以及文藝復興時的理想主義，即可明白。從科學本身說，你可以說它是實驗的、理智的、外的、量的，然而它卻是順著一個超越精神、理想主義、理性主義而落下來，亦可以說是冷靜下來。不冷靜下來，不能成就科學。所以它之為量為外，實是一種冷靜之凝注。這叫做精神之坎陷，自覺的坎陷。這是順本源而下來，並沒有否定那個本源。科學家本身，雖不必管那個本源，然而他們卻是在那種文化空氣中陶養成。西方文化尚未至十分墮落的境地，就是因為尚能保持住那種空氣。但無論如何，要成就科學、保護科學，皆必須順著那個科學的源流，精神之

冷下來的源流走。但是,五四的精神不是如此。它並沒有希臘人那種愛好「普遍之理」的精神,亦沒有文藝復興時的理想主義與理性主義的精神。它在精神遺產上是無所繼承的。中國沒有西方那種科學文化的背景,而五四時的理智主義者又單單破壞那耳目之官以外的普遍者。他們亦未置身於那個科學的源流,而為科學著想。他們只是襲取西人的現成名詞以為裝飾品,以為宣傳的口號,所以那些宣傳科學的人,是既不科學,亦不能引發科學。而他們的否定破壞,以及量的、外的態度,是繼承滿清的僵化乾枯的考據風氣而來;不能成科學,就只有轉而成為時代的頹漫氾濫之風(愛好混亂,不喜秩序),向社會生活方面去影響。滿清時的考據家,尚不敢公然打倒孔家店,但是現在卻肆無忌憚了。就在這「無忌憚」上,遂成功了頹慢氾濫的時代風氣,它把人引到無守無律的境地,頂現實頂物化的境地,自私自利、耍小聰明、玩小漂亮的境地。總之,沒有成功科學之為量的、外的,而只成功人的生活之為量的、外的。這是一種墮落,不是一種冷靜。科學之為量的、外的,是精神之自覺地冷靜下來,由此而將「自然」推置於外,使其純淨化,成為科學中的自然。但是,純淨化的自然就是精神的轉為理智之所磨練成的,是經過人的理論理性濾過的自然。自然,因此而客觀化、而純淨化,而精神亦退處於主體的地位而與之對,而並未喪失。依此,科學之為量的、外的,以及主體與自然之對立,是那個本源的精神之自覺地冷靜下來而成的。在這種對立中,顯示了自然,亦顯示了精神(主體),同時還要顯示精神將要綜和這個對立而攝物以歸己。但是那種墮落的人的生活之為量的、外的,卻是喪失了那個本(精神)而全成為社會生活之物化。這種物化的負面價

值，因其與科學完全不相干，就只有從時代精神的發展上看，即：
將因此物化之極而重見精神之確立，形成一個振作的時代之精神確
立。惟當由此物化之極而重見精神之時，才能說科學之源流，說精
神之冷靜下來而爲量的、外的。五四的精神方向，恰與此相反。它
沒有經過西方科學的暗示，由之以反本而見精神，由此造成新文化
運動，它卻從半截中很近視地順著「量的」與「外的」而滾下去，
因此遂不得不成爲墮落與物化。

　　這種墮落與物化（腐敗、小巧、自私自利），是有生命衝動的
人所不能耐的；反理想，反思想的理智主義是富於幻想情調的青年
人所不能忍受的。因此，量的社會主義者，攜其否定的、破壞的、
量的、外的之基本精神，遂應劫而生，中了馬克思之魔，而轉爲共
產黨。這一股魔風，是必然地要來壓倒那個令人不耐的理智主義
的。所以它更顯得優越而精采。所以青年人就很快地離開了胡適
之、杜威，而爲馬克思、毛澤東所吸引。這一轉彎更壞，更下趨了
一步。五四時一部分人尚沒有把理智主義發展到家而成爲唯物論、
懷疑論（其所以未如此是因爲他們的器小無力），可是，到了量的
社會主義者卻乾脆成爲徹底的唯物論者。而懷疑論則轉向而爲絕對
的否定，除了物質（麵包）以外，什麼都不能承認。然而你若看到
他背後絕對否定的毀滅精神，則到毀滅的時候，連麵包亦不能保
存。這一股風力的醞釀，到現在已經大爆發。國民黨是怎樣弄垮
的？而內在地就是那僵化乾枯的理智主義之力量，外在地就是量的
社會主義之魔力。這兩股力量就足以否定它有餘。國民黨的文化背
景，理論上說，本來不是五四運動的精神。（這一點，由共產黨爭
五四運動爲青年節，而政府卻必以黃花崗起義爲青年節，即可

知。）而它的排滿之民族主義亦足以顯示出它的精神遺產，必別有所在，而不是五四運動的精神。但是，因為它反顯不夠，不能確切地自覺到它究竟是什麼，如何把它抉發出來，而民國十三年改組，以至十七年北伐，又掀起了第二次革命，因為革命，就不期然而然地適應了五四運動的破壞性的精神。然而這個精神究竟不是它自己的。可是，因為自己無所立，加上時代的演變，遂使五四運動的理智主義一流占據了這個空缺，成為喧賓奪主的境地，此所以說：「內在地就是那僵化乾枯的理智主義之力量」之故。因為這股力量並不能有助於國民黨心目中所願望的事業：求得國家之自由獨立與實施有憲法基礎的民主政治。

但是，那兩股墮落力量的潰爛，到現在，卻正是千載難逢的良機。在這種潰爛中，時代要逼出「精神」這個主體來。本來，僵化的理智主義所造成的墮落，是要被克服的；但是量的社會主義之克服它，卻只有增加社會的潰爛與墮落。一個墮落的風氣，是要潰爛到家的，量的社會主義就要出來擔負這個責任。歷史再要前進，就必然從這裡逼出「精神」這個主體。「精神」，從明亡一直到現在，是在被否定的狀態中。理智主義與量的社會主義一直在追逐著外在的物、量的自然，在此種追逐中，精神一直在消散而平鋪凝結吞沒於外物中。但是，精神總是人類所必然有的東西。當人們的眼睛隨物的散開而貼服於其上，到了窮極的時候，精神就必然離開了那平鋪的物而顯示出它自己來，回歸於自己，而恢復其純粹的主體性（pure subjectivity）。如是，物經過了追逐以後，現在把它推置出去，而成一個客觀的對象。精神，這時就從追逐的散開狀態中收回來而歸於其自己，而退處於一種觀照的境界中。如是，主體與客

觀對立起來，主體先恢復其爲主體，則物即必然被推出去爲客體。現在這個時候，正是「濁以靜之徐清」的時候，也正是反省覺悟的時候。不清，不能恢復其主體；不反省覺悟，也不能使「精神」收回來而歸於其自己。中華民族，在受了那兩股墮落力量的潰爛後（就國民黨說，在受了這兩股力量的打擊後），正是要恢復它的主體的時候。（共黨的一味卑賤，決不是中華民族所能忍受的。到它媚蘇至乎其極的時候，人民在不堪忍受的痛苦中，就要覺醒。）這個精神的主體就是貫穿華族活動史的命脈，儒家學術所代表的那個精神。假若我們在此時從覺悟中恢復了這個主體而能保持得住，則此後的發展便是一帆風順的。精神回歸於其自己而成就其純粹主體性，便是「正」，所推置出去的「物」便是客體，亦就是「反」。這個「反」盡了它的否定作用（指那兩股潰爛力量言），現在就要被否定。這第二否定，就是「精神」這個主體來運轉物、收攝物，使之統攝於它自己，這就叫做合：以精神爲主而成的綜和。這意思即是說：在精神恢復其爲主體的時候，僵化的理智主義所歌頌的科學與民主始得到其本源的安頓與實現，而量的社會主義始能轉化爲質的社會主義而得到其價值。這叫做「第二度的諧和」，經過了奧伏赫變的諧和；那兩股潰爛的力量，經過了否定而變了質，精神的主體經過了「與物對立」的克服而充實飽滿了它自己。這就是精神發展中必然要來臨的未來。

原載《明天》第1期（1949年12月20日）

牟宗三先生全集⑨

歷史哲學

牟宗三　著

《歷史哲學》全集本編校說明

黃漢光

　　在1951年與1953年間，牟宗三先生陸續發表了一系列的論文。依牟先生最初的構想，這些論文係其計畫付梓的《國史之精神發展的解析》書稿之一部分，其篇目與出處如下：

　　〈平等與主體自由之三態〉，《民主評論》第2卷第19/20期（1951年4月5/20日）

　　〈春秋戰國時代之政治意義〉，《民主評論》第3卷第8期（1952年4月1日）

　　〈孟子與道德精神主體——孟荀合論（上）〉，《民主評論》第3卷第21期（1952年10月16日）

　　〈荀子與知性主體——孟荀合論（下）〉，《民主評論》第3卷第22期（1952年11月1日）

　　〈天才時代之來臨〉，《民主評論》第4卷第1期（1953年1月1日）

　　〈秦之發展與申韓〉，《民主評論》第4卷第5期（1953年3月1日）

　　〈中國歷史文化形態之特質〉，《民主評論》第4卷第7/8期

（1953年4月1/16日）

其中，〈平等與主體自由之三態〉一文曾於1951年由香港人文出版社印成小冊子刊行。

其後，牟先生將此書稿易名為《歷史哲學》，於1955年6月由高雄強生出版社出版。及至1962年3月，此書改由香港人生出版社出版增訂本。在此增訂本中，牟先生除了將原收入張其昀所編《國史上的偉大人物》第二冊（臺北：中華文化出版事業委員會，1954年11月）的〈論賈誼〉一文收入本書第四部第一章第一節之外，還將唐君毅先生的〈中國歷史之哲學的省察——讀牟宗三先生《歷史哲學》書後〉（原刊於《人生》第10卷第12期，1955年11月1日）及他自己的〈關於歷史哲學——酬答唐君毅先生〉（原刊於《民主評論》第7卷第4期，1956年2月20日）二文列為此書之附錄。1970年6月，此修訂本由原出版社再版。1974年10月，此書改由臺灣學生書局出版，除增加〈三版自序〉之外，並未加以更動。此一版式沿用至今。本書之編校工作以臺灣學生書局1988年8月第九版（臺七版）為依據。

比較牟先生最初發表的諸文與今版《歷史哲學》一書，〈平等與主體自由之三態〉一文成為該書第一部第三章，標題不變；〈春秋戰國時代之政治意義〉、〈孟子與道德精神主體——孟荀合論（上）〉、〈荀子與知性主體——孟荀合論（下）〉三文成為該書第二部第二章之三節，但標題改變；〈秦之發展與申韓〉一文成為該書第二部第三章，標題不變；〈天才時代之來臨〉一文成為該書第三部第一章，標題不變。〈中國歷史文化形態之特質〉一文共分為五節，其後兩節成為該書第三部第三章第一至三節；此文前三節

從內容看，相當於該書第三部第二章，但文字完全不同，顯然經過改寫。今將此文前三節附於書後，作爲附錄，以供讀者參考。

三版自序

歷史哲學所依以可能的關鍵觀念有三：

1. 事理與物理之別：事理如何可能？

2. 具體的解悟與抽象的解悟之別：具體的解悟如何可能？

3. 歷史判斷與道德判斷之別：歷史判斷如何可能？

我們先解釋事理。

「事理」是中國特有的一個觀念，而且來源甚古。劉劭《人物志》首先言事理及事理之家。彼云：

> 夫理有四部，明有四家。〔……〕
>
> 若夫天地氣化，盈虛損益，道之理也。法制正事，事之理也。禮教宜適，義之理也。人情樞機，情之理也。
>
> 四理不同，其於才也，須明而章。明待質而行。是故質與理合，合而有明。明足見理，理足成家。是故質性平淡，思心玄微，能通自然，道理之家也。質性警徹，權略機捷，能理煩速，事理之家也。質性和平，能論禮教，辨其得失，義禮之家也。質性機解，推情原意，能適其變，情理之家也。
>
> （《人物志・材理》）

劉劭所謂四部之理即道理、事理、義理、情理。道理即天道變化盈
虛消長之理，此當屬於形上學。事理就是法制政事之理，此當屬於
政治哲學及歷史哲學。義理即禮樂敎化之理，此當屬於道德學。情
理即「人情樞機」之理，此當屬於心理分析或社會心理一類的學
問。人之質性之明若適宜於把握道理，便是道理之家。道家即是此
類人物，作《易經》、《易傳》者亦是此類人物。其明若適宜於法
制政事，能理煩速，便是政治家。若適宜於禮樂敎化，便是道德學
家。若適宜於人情樞機，便是通情理之人。劉劭只論及此四理。若
隨後來學問之擴大，當然不只此四理。茲且不論。我們現在只就歷
史哲學而說事理與情理。歷史哲學就是以事理與情理爲對象而予以
哲學的解釋。事理是客觀地或外部地說者，情理是主觀地或內部地
說者。事理之家即實際地能把握事理而且以行動去表現事理的行動
人物——政治家。但政治家亦沒有一個不通人情的。他能通旁人之
情，而其自己亦正能通情理地表現其自己，即其自己亦在情理中。
是以主觀地或內部地說之，就是情理，而客觀地或外部地說之，就
是事理。事理之事是由內部深微曲折的情理之情而發出者。內部的
深微曲折之情亦是在活動中呈現，故亦是事，此可曰內事。故吾人
可把情理統攝於事理之中，通內事外事合而爲一，統名曰事理。以
這種事理爲對象而予以哲學的解釋，便是歷史哲學。

　　我們現在欲想清楚地規定事理，須先將事理之事與物理之物作
一分別。物理之物是科學所研究的對象。此物亦可曰物理事件
（ physical events ），或物理現象（ physical phenomena ）。但縱使
名曰「事件」，此事件之事亦非我們所謂事理之事。物理事件，雖
然有其變化，但對事理之事而言，它仍然是一個靜態字 。它的變

化是機械的變化,它沒有歷史性。機械變化底理就是從物理事件間的關係抽象出來的法則,所謂自然法則,此即是物理。

中國人所謂事理之事不是物理事件那個事,故不能用"event"一字去翻譯。似乎當該用"human affairs"(人事)一詞去翻譯。事理之事是動態的,是有歷史性的,而且是獨一無二的(不能重複)。這種事理之事不能用科學方法來處理。科學方法所能處理於歷史的,嚴格言之,不是歷史,而是歷史上的文獻材料。歷史哲學是直接面對歷史上有歷史性的事理之事作一哲學的解釋,即如其為一有歷史性的事理之事而哲學地解釋之。如果我們以科學方法處理之,它們便馬上靜態化變質而為物理事件之物,如是,我們注意此物之關係、質與量。但是,一有歷史性的事理之事,其關係不是物理的機械關係;我們之注意它亦不是當作一個物而注意其物理關係、性質、與量度。在歷史活動中當然隨時並處處有物理的物(器物)。但是這個物是套在事理之事中而觀其在歷史中的作用,而不是當作物理的器物而觀之。譬如在昆陽之戰中,王莽的軍隊中有獅子、虎、豹以壯聲勢。我們此時不是把獅子、虎、豹當作動物學去研究,而是看它在此一歷史事勢中的歷史性的意義與作用——正面的或反面的。所以歷史哲學單只以事理之事為對象,而不以物理之物為對象。

復次,有歷史性的事理之事都是獨一無二的,不是可以機械地重複的。故文獻材料可用科學方法來歸納整理,而事理之事則不能用歸納法得其通則。昆陽之戰,光武勝利了,但旁人不必能學得來。當然你可以說凡是哀兵,賭生死、拚命,大體都可衝出來,有勝利的希望,這亦可說是由歸納而得的教訓。但是這個歸納甚為表

面，並不能眞切於有歷史性的事理之事。而且哀兵之「哀」，賭生死之「賭」，拚命之「拚」，這種內力之有無以及其結果之成敗並不是可歸納的。然而這種內力卻正是決定這歷史性的事理之事之本質的動力。所以事理之事，如眞如其爲事理之事，而不使之變質，必須哲學地解釋之。反過來，這個事理之事，若眞作事觀，不作物觀，則正是歷史哲學所由以建立的關鍵觀念。

然則事理之「理」是何意義的理？物理之理是就物之關係、性質、與量度而說。有歷史性的事理之理是就什麼而說？事理之事的「意義」就是它的理。這個意義如何來了解？也就是說「事之理」是如何可能的？有理，始有歷史哲學。若無理，則歷史哲學亦不可能了。今之治歷史者，大都是把歷史性的事理之事予以物化，因而不能了解其意義，因而亦不知其有理，甚至斷言其無理，所以他們反對並輕視歷史哲學。然實則這正是他們的自我否定，自我毀滅。

物理事件底理是當作物理看的那因果律，但有歷史性的事理之事底理則不是當作物理看的那因果律。事理之事不能以其「物化而有物理」而有理的。若一旦物化而爲物理之事，則它們便喪失其事理之事之身分，而事理亦不可言。此時，歷史或只是一大堆文獻材料，或只是歸於物理事件，如是，則歷史之義泯矣。是之謂自我毀滅。故今之治史者大都無歷史意識，因其是橫斷散列的頭腦故。故只記得一大堆材料，而不知歷史之意義。

歷史是集團生命底活動行程。集團生命底活動，不論其自覺與否，均有一理念在後面支配。理念就是他們活動底方向。因此，了解歷史是要通過「理念」之實現來了解的。而歷史性的事理之事是在表現理念活動之行程中出現的，因此，它們的意義是在其表現理

念底作用上而被看出。其表現理念底作用有時是直接的、正面的，有時是間接的（曲折的）、負面的；有時是自覺的，有時是不自覺的；有時是當時顯明地相干的，有時是當時看起來似是不相干的；有時雖得而亦失，有時雖失而亦得。然而無論如何變換多端，通過其表現理念之作用，一是皆收於歷史而爲歷史性的事理之事。是以其理不能通過物理事件底因果法則而觀之也。因爲因果法則是機械的，是就物理之事之關係、性質與量度而言的。然而我們看事理之事是通過其表現理念之作用而觀之的，不是空頭地把它們看成是一物理事件，一自然之器物，而觀之的；是如其爲事理之事而觀其歷史的意義（如王莽軍隊中之獅子、虎、豹），而不是把它們物化而了解其物理的關係、性質與量度。

如其爲事理之事而觀其歷史的意義，這個意義便是它的理。因此，歷史性的事理之事之意義就等於一事理之事在表現理念上的作用。這個意義是來自超越面的，那就是說，是理念之體現，而理念是超越的（歷史活動中的理念是有層級的，其最低淺者，其超越性只以一般性與公共性而規定，然而其最後總歸於最高深而圓滿者，此則是眞正的超越者）。超越的理念之貫注於集團生命之活動中，即事理之事中，而被表現，方使事理之事有意義，有理。這個理（意義）是辯證的，不是機械的物理之理（因果律）。事理底可能是通過事理之事之辯證地體現理念而可能。我們如果把理念拉掉了，又把「辯證地體現理念」之體現拉掉了，則無事理可言，因而亦無歷史可言。

其次，我們再說抽象的解悟與具體的解悟。

「抽象的解悟」適宜於物理事件之分析與綜和。抽象者使用概

念以類族辨物之謂也。概念或是經驗的概念或是先驗的概念，但總須使用概念以徵表物性。普通所謂科學方法即是抽象的解悟之所遵循者，遵循之以成科學知識也。科學方法即分類、定義、分析、綜和、演繹、歸納等手續是也。凡經過如此等之手續以知解物性者即曰「抽象的解悟」，亦曰「辨解的解悟」。辨解者以如此等之手續辨別剖解曲曲折折以達其知解活動之謂也。是故凡是抽象而辨解的解悟皆是有限定的，化質歸量的，靜態以處物的，遵守邏輯數學之法則的。此即哲學家所謂「知解的知性」。

此種知性不適宜於有歷史性的事理之事之了悟，因為事理之事並非物理的事件，而吾人了解事理之事亦不是把此事當作一物理對象而辨別其物性，而是如其為一事理之事而了解其對於理念底表現之作用或意義。此種對於事理之事之了解，了解其在理念底表現上之作用或意義，顯非上述之「抽象的解悟」，因此，可名曰「具體的解悟」。具體者如其為一有歷史性的獨一無二的事理之事而即獨一無二地了解其意義或作用，而不是依分類而歸納地了解其物性之謂也。依上文，事理之事底意義或作用即是它的理，此理是辯證的理，即由此事之辯證地體現理念，因而此事遂有它的意義，此即是其辯證的理。吾人之了解此事理之事之意義或作用一方是具體的，一方亦是通貫的，但此通貫卻不是類概念之概括，而是如此事理之事之辯證地體現理念而亦辯證地通之。唯辯證地通之，始能通曉其辯證的理（意義）。此種通曉亦可名曰直覺，但此直覺既不是「感觸的直覺」（給吾人以對象者），亦不是「形式的直覺」（構造一數目或一幾何圖形者），復亦不是「智的直覺」（創生萬物之圓覺）。吾人只好名之曰「辯證的直覺」，單只適宜於了解事理、情

理以及品題人物者。抽象的解悟是知解，成科學知識；而此種屬於「辯證的直覺」的具體解悟則是智慧，通情達理的具體智慧，它不能使吾人有科學的知識，此即中國人所謂明白、通達，亦儘有蒼涼之悲感與幽默感。孔子有此智慧，老莊亦有此智慧（稍偏而嫌乾冷），張良亦有此智慧。儒者中，王船山亦有此智慧，故彼能通歷史。惟具有此種智慧，始能使「究天人之際，通古今之變」不為虛語。是故事理是歷史哲學可能之客觀根據，而辯證直覺之具體解悟則是其可能之主觀根據。具體的解悟如何可能？即依事理之事之辯證地體現理念而可能也。

最後，吾人再說道德判斷與歷史判斷。

道德判斷是對一個人的行為問它是否依「當然之理」而行，即對行為之動機作探究，看其是否依一「無條件的命令」而發動，而無條件的命令是發自自由意志（或良知）的。歷史是由集團生命底行動而演成，故集團生命底行動（歷史性的事理之事）亦應接受道德判斷。但是歷史上的集團生命之行動是很少合乎嚴格的道德法則的，即有少分合者亦多夾雜不純。所以若只依道德判斷而論，則大部歷史便須抹去，那就是說，歷史引不進來。是以若想引進歷史，便須在道德判斷以外，復有歷史判斷。

但是，何謂歷史判斷？歷史判斷者依辯證直覺之具體解悟對於辯證之理中的事，就其辯證地體現理念之作用或意義而辯證地鑒別之也。故歷史判斷即是辯證地通曉事理之辯證的判斷。故唯辯證的判斷始能如歷史性的事理之事而鑒別之而不喪失其辯證之理中的作用或意義，此即是把歷史引進來而不泯滅。即依此故，名辯證的鑒別曰歷史判斷。歷史判斷並非只是現象主義地了解一歷史事象也。

若只是如此了解而承認之，如所謂承認既成事實者，則只成經驗主義的知識判斷，而非所謂歷史判斷。是故吾所謂歷史判斷唯是指辯證地鑒別事理之事而足以引進歷史，即，如歷史之動態而足以恢復之而不令喪失者，而言。歷史判斷既非道德判斷，亦非科學方法下之知識判斷。道德判斷足以抹殺歷史，知識判斷則是把事理之事物理化使之成為非歷史（此若用之於處理文獻材料是恰當的）。但光只道德判斷固足以抹殺歷史，然就歷史而言，無道德判斷亦不行（道德在此不能是中立的）。蓋若無道德判斷，便無是非。所以在此，吾人只就道德判斷與歷史判斷兩者之對比而融和之而皆與以承認。

昔者朱子輕視漢唐即純依道德判斷而言。陳同甫謂漢唐英雄之主亦有合道處，能擔當得起世運，不能完全抹殺。朱子純依道德判斷而言，固不能引進歷史，陳同甫為漢唐爭一席地，好像能把漢唐之歷史引進來。然而須知陳同甫之力爭漢唐是以英雄主義為根據。英雄的生命能運轉得動，故有價值，然而非英雄者其歷史仍然引不進來。是故依英雄主義而推尊漢唐，仍不足以表示歷史判斷。是則朱子與陳同甫針鋒相對，皆不足以言歷史判斷也。蓋朱子之理性主義是「知性型態之理性主義」，是分解的，尚未進至圓境也。即是說，他未進至了知主動理性（active reason）之辯證地實現其自己，故亦不能辯證地通曉事理也。他只是依知性而分解地建立了一個標準。合此標準者為是，否則為非。同時陳同甫是英雄主義下的直覺主義，這直覺主義是從自然生命才智之健旺上立言，是屬於「生命型態的直覺主義」，亦可以說是「感性型態的直覺主義」，是以天才型為尚，因而終於是定命論的。「感性型態的直覺主義」

與「知性型態的理性主義」固是直接地相對反也，然而皆不足以成就歷史判斷以引進歷史。吾人言辯證直覺之具體的解悟既非「感性型態的直覺主義」，亦非「知性型態的理性主義」，而是依主動理性之辯證地實現其自己以爲歷史，而即辯證地通曉此中事理之事而還之也。此是在知性與感性以上，相應主動理性之辯證的融和而立言，故既非知性之但分解一道德原則以爲標準，亦非生命感性之立場依生命強度以斷有無（非全即無，上智下愚不移），故足以成就歷史判斷以引進歷史（即恢復歷史）也。道德原則不是停在爲知性所了解中，而是在主動理性中爲存在的集團實踐所實現（上文所說的「理念」就是主動理性中之道德原則，此有各種形態各級程度之不同）。而此實現過程是曲曲折折的，因而有歷史。在此曲折實現中，英雄非英雄，智、愚、賢、不肖，皆在事理中有其意義與作用，得其應得之報償。即使是荒淫、悖謬、愚蠢、乖戾之極者亦在辯證的事理中一幕一幕呈現其自己，消融其自己，轉化其自己，皆得其所應得之報償。而荒淫總是荒淫，悖謬總是悖謬，愚蠢、乖戾亦總是愚蠢、乖戾，此即是價值判斷也。然而皆在歷史性的事理之事中辯證地通曉之，則亦是活生生的歷史事實，此即歷史判斷也。有了歷史判斷，始見歷史之可歌可泣，而亦令人起蒼涼之悲感者。然而千迴百轉，總期向上，則亦無疑。（關於朱子與陳同甫之爭漢唐，吾詳言之於《政道與治道》一書，請參看。）

以上三點，即事理、具體的解悟與歷史判斷，是歷史哲學所以可能之關鍵。本書初出版時，未能標而明之。今乘三版之便，略陳於此以作引論。

中華民國六十三年八月 牟宗三 序于香港

增訂版自序

　　此書於民國四十四年由強生出版社印行。數年前強生出版社停業，此書已無存者。今稍加增訂，改由香港人生出版社印行。

　　此書初版時，友人唐君毅先生曾爲文推介，題曰「中國歷史之哲學的省察」。文中對於歷史哲學之重要以及其基本概念，皆有所申說。當時吾有一文酬答，題曰「關於歷史哲學」。今得唐先生之同意，將此兩文附錄於書後，以作引論，以利讀者。讀者先觀此兩文，或可對於歷史哲學之大義先有一鳥瞰。

　　又，本書第四部第一章第一節復增補論賈誼一段。此爲初版所無者。此外一切照舊。不妥之字句，稍有改正，但不多。

　　吾本想有一較長而完整之引論置于篇首。但當寫此書時，復隨機撰寫他文以暢其志。所有關於歷史文化之議論，皆見他文。此諸文字，先已分別輯爲兩書：一曰《道德的理想主義》；二曰《政道與治道》。凡引論中所欲說者，實皆具備於此兩書。故亦不必再事重複。故凡讀此書者，希能取該兩書合觀，庶可得其全部底蘊。此三書實爲一組。其中心觀念，扼要言之，實欲本中國內聖之學解決外王問題者。

　　吾人學思大體可分三階段。四十以前，致力於西方哲學，乃

有：

　一、《邏輯典範》

　二、《理則學》

　三、《認識心之批判》

三書之寫成。《邏輯典範》原由商務印書館出版。此書較蕪雜，乃改寫爲《理則學》，由正中書局出版。五十以前，自民國三十八年起，遭逢鉅變，乃發憤寫成：

　一、《道德的理想主義》

　二、《政道與治道》

　三、《歷史哲學》

三書。夫此三書既欲本中國內聖之學解決外王問題，則所本之內聖之學實不可不予以全部展露。佛家語所謂「徹法源底」，此內聖之學正是一切法之源底也。須有以徹之，乃可見究極與歸宿。故五十而後，數年來，吾即著手預備以下四書：

　一、《原始典型》：此主要講先秦儒道兩家。

　二、《才性與玄理》：此主要講魏晉一階段。（此書已大體寫成，在籌印中。）

　三、《佛性與般若》：此主要講南北朝隋唐之佛敎。

　四、《心體與性體》：此主要講宋明一階段。

此四書合而爲一，綜名曰「心性之學」。以前本儒道兩家以與佛敎相觀摩。此後則將本儒釋道三敎以與西方宗敎相觀摩。

　　時代演變至今日，人類之命運，中華民族之國運，中西文化之命運，實已屆嚴重考驗之時，誠已面臨黑格爾所謂「上帝法庭」之前矣。其將自此沈淪以終乎？抑將躍然以起乎？此不可不徹底省悟

也。吾以疏通中國文化爲主，會而觀之，則了然矣。是爲序。

中華民國五十一年元旦 **牟宗三** 序于香港

自　序

　　自問記聞不廣，不當涉足歷史。然心中所蓄，似與史實之特瑣碎者，不甚相干。就普通所周知之大事件，通觀時代精神之發展，進而表白精神本身表現之途程，乃本書之所重。自五四以來，治史專家，多詳于細事之考證，而不必能通觀大體，得歷史文化之眞相。吾華族歷史，演變至今，非無因者。若終茫昧不覺，交引日下，則民族生命、文化生命，勢必斷絕，而盲爽發狂，靡有底止。是故貫通民族生命、文化生命，以指導華族更生所必由之途徑，乃爲當今之急務。故不揣固陋，述大事而窺大體。

　　即此大事之叙述，多本于錢穆先生之《國史大綱》。此應聲明者一。復次，國史出于史官，而指導吾華族發展之觀念形態與文化意識，俱可由古史官在政治運用中之地位得其滋生之線索。此義本于柳詒徵先生之《國史要義》。此應聲明者二。王船山《讀通鑑論》及《宋論》，乃往賢講歷史者之絕響。彼于《讀通鑑論》末卷〈叙論四〉有云：「其曰通者，何也？君道在焉，國是在焉，民情在焉，邊防在焉，臣誼在焉，臣節在焉，士之行己以無辱者在焉，學之守正而不陂者在焉。雖扼窮獨處，而可以自淑，可以誨人，可以知道而樂，故曰通也。引而伸之，是以有論。浚而求之，是以有

論。博而證之，是以有論。協而一之，是以有論。心得而可以資人之通，是以有論。道無方，以位物於有方。道無體，以成事之有體。鑑之者明，通之也廣，資之也深。人自取之，而治身治世，肆應而不窮。抑豈曰：此所論者立一成之侀而終古不易也哉？」由船山之通論，打開史實之糾結，洋溢「精神之實體」。以其悲憫之仁心通徹于整個歷史而蕩滌腥穢。若欲于史實之僵局中通透歷史，窺出貫徹歷史之「精神實體」，則船山之書乃史家所必讀者。吾以此為底據，而不悖于往賢。此應聲明者三。（關于船山論史之態度，吾言之于本書第三部第三章第七節末段。）吾不悖于往賢，而有進于往賢者，則在明「精神實體」之表現為各種形態。吾于此欲明中國文化生命何以不出現科學、民主與宗教，其所具備者為何事，將如何順吾之文化生命而轉出科學與民主，完成宗教之綜和形態。此進于往賢者之義理乃本于黑格爾《歷史哲學》而立言。此應聲明者四。

一哲學系統之完成，須將人性全部領域內各種「先驗原理」予以系統的陳述。自純哲學言，人性中，心之活動，首先表現為「理解形態」。依此，乃有理解之先驗原理之顯露。在此，邏輯、數學俱依先驗主義，而有超越之安立。而科學知識亦得以說明。其次，則表現為「實踐形態」。依此，乃有實踐之先驗原理之顯露。在此，「內在道德性」之骨幹一立，則道德形上學、美的欣趣，乃至綜和形態之宗教意識，俱得其真實無妄，圓滿無缺之證成。在理解形態中，吾人建立「知性主體」（即思想主體）。在實踐形態中，吾人建立「道德主體」。此兩主體乃一心之二形，而由道德形上的心如何轉而為「認識的心」（知性主體），則是心自身內在貫通之

樞紐。凡此，俱見于《認識心之批判》。在純哲學是如此，轉而觀歷史，則心之全部活動轉而爲「精神」表現之全部歷程。在純哲學，吾可純邏輯地建立其系統。觀歷史，則必須就史實之發展觀其縱貫之表現，在發展途程中完成此系統。依是，精神表現之各種形態、各種原理，其出現也，在各民族間，必有先後之異，亦有偏向之差，而其出現之方式亦有綜和與分解之不同。是以人類各民族史之精神表現，必在其發展奮鬥中，刮垢磨光，而趨于系統之完成，歸于精神之大通。故歷史之精神表現即是一部在發展途程中企求完成之哲學系統。

　　中國之文化生命，首先表現出「道德主體」與「藝術性主體」，而表現此兩主體之背後精神，一曰「綜和的盡理之精神」，一曰「綜和的盡氣之精神」。由前者，有「道德的主體自由」；由後者，有「美的主體自由」（即黑格爾所謂「美的自由」）。然而「知性主體」則未出現，因而精神表現之「理解形態」，終未彰著。是以，就純哲學言，儒家學術發展至宋明理學，只完成「道德形上學」，而理解之先驗原理則未觸及。就歷史發展言，邏輯、數學與科學未出現，而國家、政治、法律亦未達其完成之形態。在學術方面，邏輯、數學、科學；在集團生命之組織方面，國家、政治、法律。此兩系爲同一層次者，而其背後之精神俱爲「分解的盡理之精神」。而此精神之表現必依于「知性主體」之彰著、精神之「理解形態」之成立。此恰爲中國之所缺，西方文化生命之所具。故在中國歷史發展中，其精神之表現，國家、政治、法律一面之「主體自由」（此可簡稱曰「政治的主體自由」），亦終隱而不彰。黑格爾謂中國只有「合理的自由」，而無「主體的自由」，正

謂此也。（詳解見第一部第三章。）然彼論及「主體自由」，不知有各種形態（如道德的主體，藝術性的主體，政治的主體），是其蔽，亦是其不盡解中國處。「政治的主體自由」與「知性主體」恰相應。普通自不于「知性主體」處說「自由」，然知性主體之彰著，理解形態之成立，亦正是心之光明之顯露，精神表現之一步解放也。

　　西方文化生命一往是「分解的盡理之精神」。（在此有科學、民主與偏至的宗教。）中國文化生命一往是「綜和的盡理之精神」與「綜和的盡氣之精神」。然此所謂「一往」是有時間性。從精神之所以為精神之「內在的有機發展」言，必在各民族之發展途程中一一逐步實現而無遺漏。唯如此，方可說人類之前途，精神之大通。亦唯如此，方可說：歷史之精神表現即是一部在發展途程中企求完成之哲學系統。

　　吾書如其有貢獻，即在完成此「歷史之精神發展觀」，恢復人類之光明，指出人類之常道。任何事業不能背棄此光明與常道而可以有價值。是以足以毀滅人類而歸于漆黑一團之唯物史觀在所必闢。仁心之不容已是一切光明之源泉。一切歷史在此中演進。孰謂邪妄者一時之歪曲而可以抵禦光明之洪爐乎？眾生可悲，自身可悲。知自身與眾生之可悲，則己與眾生即得救矣。玩人喪德，玩物喪志，玩世不恭。知喪德喪志不恭之為大惡，則幡然歸來，人物可救，世亦可安。

　　吾書自夏、商、周至東漢止。此後一時不能再寫。一因資具不備，二因學力有限。然規模綱領已具于此，非必盡論四千年也。

中華民國四十四年五月　牟宗三　序于台北

目　次

《歷史哲學》全集本編校說明 ……………………………… (1)

三版自序 ……………………………………………………… (5)

增訂版自序 …………………………………………………… (15)

自序 …………………………………………………………… (19)

第一部　夏商周 ……………………………………… 1

第一章　國史發展中觀念之具形與氏族社會 ……………… 3

　　第一節　觀念之具形 ……………………………………… 3

　　第二節　氏族社會 ……………………………………… 18

第二章　周文之函義 ………………………………………… 35

　　第一節　周文之形成與宗法社會 ……………………… 35

　　第二節　政治等級與治權民主 ………………………… 45

第三章　平等與主體自由之三態 ………………………… 61

第一節　分位之等之價值觀念爲中國文化生命之特徵 …… 61

第二節　黑格爾論東方：印度之階級與中國之統一 ……… 65

第三節　東西兩民族之生活原理之基本不同 ……………… 73

第四節　黑格爾所了解者並非全無理 ……………………… 77

第五節　中國所缺者爲國家政治法律一面的主體自由 …… 81

第六節　中國所具備者爲道德的主體自由與藝術性的主體
　　　　自由 ……………………………………………… 84

第七節　結語：人格世界之普遍性與個體性 ……………… 91

第二部　春秋戰國秦 ………………………………… 95

第一章　五霸與孔子 …………………………………… 97

第一節　桓公與管仲之尊王攘夷 ………………………… 97

第二節　通體是仁心德慧之孔子 ………………………… 103

第二章　戰國與孟荀 …………………………………… 117

第一節　井田制破壞後之政治形態與戰國之純物量的精神
　　　　…………………………………………………… 117

第二節　全幅是精神通體是光輝表現「道德精神主體」之
　　　　孟子 ……………………………………………… 131

第三節　通體是禮義表現「知性主體」之荀子 ………… 139

第三章　秦之發展與申韓 ………………………………… 149

第一節　秦之發展及其物量數量之精神……………………… 149

第二節　佛老申韓之生心害政………………………………… 160

第三部　楚漢相爭：綜論天才時代 ………… 171

第一章　天才時代之來臨 ………………………………… 173

第一節　天才人物 …………………………………………… 173

第二節　天才的宇宙與理性的宇宙………………………… 182

第二章　綜和的盡理之精神之歷史文化的意義 …………… 189

第一節　中國文化生命裡所湧現的觀念形態……………… 189

第二節　綜和的盡理之精神與分解的盡理之精神………… 192

第三節　概念的心靈與智之直覺形態及知性形態：中國所
　　　　以不出現邏輯數學科學之故 …………………… 200

第四節　階級對立與道德價值觀念所引生之平等及英雄盡
　　　　氣所引生之打天下：中國過去所以不出現民主政
　　　　治之故，所以未出現近代化的國家政治法律之故 208

第五節　中國文化之未來及中西文化自然諧一之遠景…… 216

第三章　綜和的盡氣之精神之歷史文化的意義 …………… 221

第一節　打天下之觀念：打天下之精神不是事功之精神

‧‧ 221

第二節　一治一亂之循環性‧‧‧‧‧‧‧‧‧‧‧‧‧‧‧‧‧ 224

第三節　只有革命而無變法‧‧‧‧‧‧‧‧‧‧‧‧‧‧‧‧‧ 231

第四節　氣節之士以及所謂士氣‧‧‧‧‧‧‧‧‧‧‧‧ 240

第五節　暴戾之氣與慘酷‧‧‧‧‧‧‧‧‧‧‧‧‧‧‧‧‧‧‧ 243

第六節　軟性之物化與風流清談‧‧‧‧‧‧‧‧‧‧‧‧ 246

第七節　治國安邦以天下為己任之儒者，其用心之形態與

限度‧‧‧‧‧‧‧‧‧‧‧‧‧‧‧‧‧‧‧‧‧‧‧‧‧‧‧‧‧‧‧‧‧‧‧‧‧ 249

第四部　西漢二百年：理性之超越表現時期

‧‧‧‧‧‧‧‧‧‧‧‧‧‧‧‧‧‧‧‧‧‧‧‧‧‧‧‧‧‧‧ 265

第一章　蕭規曹隨，躬修玄默

‧‧‧‧‧‧‧‧‧‧‧‧‧ 267

第一節　蕭曹文景‧‧‧‧‧‧‧‧‧‧‧‧‧‧‧‧‧‧‧‧‧‧‧‧‧ 267

附論賈誼‧‧‧‧‧‧‧‧‧‧‧‧‧‧‧‧‧‧‧‧‧‧‧‧‧ 276

第二節　漢初之封建及此問題之意義‧‧‧‧‧‧‧‧ 284

第二章　仲舒對策，漢武更化

‧‧‧‧‧‧‧‧‧‧‧‧ 295

第一節　武帝之性格與董仲舒之文化運動‧‧‧‧‧‧ 295

第二節　理性之超越表現‧‧‧‧‧‧‧‧‧‧‧‧‧‧‧‧‧‧‧ 313

第三章　更化後有關文獻摘錄 ················· 323

　第一節　儒士與巧慧之士 ················· 323

　第二節　儒術與法吏 ···················· 326

　第三節　儒學與禪讓 ···················· 335

第五部　東漢二百年：理性之內在表現時期

　　　　··· 347

第一章　光武之人格 ······················· 349

　第一節　光武之習尚 ···················· 349

　第二節　船山論光武 ···················· 356

第二章　光武之凝斂的理性人格所決定之時代 ······· 363

　第一節　功臣不任吏職 ·················· 365

　第二節　峻文深憲、責成吏職 ············· 366

　第三節　內外朝之判分至光武而成立 ········ 368

　第四節　三公與尚書權限之輕重 ··········· 373

　第五節　論尚書之性能 ·················· 377

　第六節　史、尚書、相之理想性及制度性 ······ 386

　第七節　經術教化之培養 ················ 390

第三章　理性的與非理性的間之鬥爭 ……………………… 397

　　第一節　安帝順帝時外戚與宦官之爭 ……………………… 400

　　第二節　順、沖、質、桓時李固杜喬與梁冀之爭 ………… 404

　　第三節　桓靈時陳蕃竇武與宦官之爭（廢帝獻帝時袁紹將
　　　　　　兵盡誅宦官而漢以亡）………………………………… 410

　　第四節　黨錮之禍 ……………………………………………… 416

附錄：

一、唐君毅先生著：中國歷史之哲學的省察 ……………… 433

二、關於歷史哲學 ……………………………………………… 455

三、中國歷史文化形態之特質 ……………………………… 473

第一部　夏商周

第一章　國史發展中觀念之具形與氏族社會

第一節　觀念之具形

　　吾人看歷史，須將自己放在歷史裡面，把自己個人的生命與歷史生命通于一起，是在一條流裡面承續著。又須從實踐的觀點看歷史，把歷史看成是一個民族的實踐過程史。把自己放在歷史裡面，是表示：不可把歷史推出去，作為與自己不相干的一個自然對象看。從實踐看歷史，是表示：歷史根本是人的實踐過程所形成的，不是擺在外面的一個既成物，而為我們的「知性」所要去理解的一個外在體。歸于實踐，所以區別「理解」。置身歷史，所以區別置身度外。這兩義是相連而生的。

　　我們只有放在歷史裡面，歸于實踐的觀點，始能見出歷史的「光明面」。這個光明面是理解歷史判斷歷史的一個標準。歷史不是漆黑一團，亦不是自然對象。

　　「光明」以何而確定？以一個民族的實踐活動中之「理想」而確定。只有從實踐中才能抒發理想。若把歷史推出去作一個「外在體」看，而不知其為一實踐過程所形成，則必看不出有理想，只是

一大串平鋪的事實。此已幾近于自然對象，而終必歸于漆黑一團。

在實踐活動中，人類的那顆道德的向上的心，始終在活躍著，貫徹著他的實踐。此就是實踐不同于「自然」。「理想」就從那顆道德的向上的心發。理想的「內容」是觀念。

是以，就個人言，在實踐中，個人的生命就是一個精神的生命，精神的生命函著一個「精神的實體」。此實體就是個人生命的一個「本」。就民族言，在實踐中，一個民族的生命就是一個普遍的精神生命，此中函著一個普遍的精神實體。此普遍的精神實體，在民族生命的集團實踐中，抒發出有觀念內容的理想，以指導它的實踐，引生它的實踐。觀念就是它實踐的方向與態度。

這個觀念形態就是這個民族的「文化形態」之根。由文化形態引生這個民族的「文化意識」。是以在實踐中，同時有理想有觀念，亦同時就是文化的。這個文化意識，在歷史的曲折發展中，有時向上，有時向下，有時是正，有時是反是邪。這種曲折的表現就形成一個民族的「歷史精神」。此亦叫做「時代精神」，或「時代風氣」。若是向上或是正的，我們固然說它是精神，若是向下，或是反或邪，我們為何亦說它是精神？這只有從實踐中，把歷史精神溯其根于文化意識之在現實的曲折發展中而得解。我們只有從文化意識之在現實的曲折發展中，始能見出向下或反或邪的「意義」與「所以然」以及其負面的價值。只要我們見出它有負面的價值，我們也就把它統攝于「歷史精神」一詞下。觀念形態中的真理不是直線實現的。這就是「歷史精神」一詞之所以成。觀念形態是一個民族的靈魂，文化意識是正面之詞，歷史精神是個綜和的概念，有類于中國以前所謂運會。觀念形態中的真理，在潛移默化之中，在曲

折宛轉之中，總要向它自身的固有目的而趨。這就是歷史精神。

原夫歷史精神之所以爲一個綜和詞，一方固因現實的發展是曲折的，而根本原因則在人類之有動物性。現實的發展之所以爲曲折宛轉亦正因人類之有動物性。若在上帝，則無所謂歷史，亦無所謂歷史精神。所以人類雖有一顆向上的道德的心之抒發理想（這是他的神性），但你也必須知他尚有動物性。觀念形態、歷史、歷史精神、文化意識都是人間的，既不屬于上帝，亦不屬于自然。

但是，人雖有動物性，而他的本願總是向上。人總是以好善惡惡、爲善去惡爲本願，這是人人所首肯的。沒有人甘心爲惡，以向惡爲本願。動物性本身無所謂善惡。以向上向善爲本願，則動物性的發作、夾雜、駁雜，甚至于乖謬邪僻，那都是本願的提不住、扭不過。歷史是人的實踐形成的，動物性的發作、夾雜、駁雜，與夫本願的提不住扭不過，那必然是有的。但人總有一個向上向善的本願，這是一個正面的標準。本願與「動物性的發作及本願之提不住」這兩方面合起來就形成現實發展中的歷史精神。

人以向上向善爲本願，沒有人以動物性的發作乖謬爲對，這就表示人的實踐史總是向光明而趨，人類歷史中是有光明的。我們就于人的本願中認取光明。若如馬克司所說：歷史只是各爲其階級私利的鬥爭史，則無光明可言，根本是漆黑一團，所以終於毀歷史，毀人類。既不能歸于上帝，則只有歸于動物。問題不在鬥爭，而在不肯定向上向善的本願，不肯定那個抒發理想的「道德的心」。

在民族生命的集團實踐中，從抒發理想的道德的心而來的觀念形態，各民族是不會一樣的，就現在講，東方與西方的文化系統就不同。其原因是在：那抒發理想的道德的心，其內容與方面非常豐

富，而其本身又帶創造性，而人又受動物性的限制（廣言之，即物質性或古人所謂氣質的限制），所以它不能一時全體表現。既不能一時全體表現，則自有各種方向。其首先出現那個方向，具備何種形態，這是沒有邏輯的必然理由的，只有集團實踐中歷史的理由。然，雖無邏輯理由，而總必有一表現。這個總必有一表現，也不是邏輯分析所能證明，而是直本於人性的向上向善之必然性。（這是道德的必然性。）

復次，在總必有一表現中，無論那一方向、那一面，既經表現，便都是道德實踐上的必然真理。惟是這個必然的真理既不同於邏輯上的推理式，亦不同於數學上的數目式，故並不是一定永定、一現全現，而是須要在現實發展中表現的，受現實歷史階段的限制的。譬如在母系社會必不同於父系社會，在家庭未充分完成時與充分完成時亦不同，在只限於家庭與擴大於國家，尤不同。現實層層發展，觀念形態即層層豐富。而亦唯有從實踐中肯定觀念形態之光明性，才能說明現實是發展的，而亦惟因現實是發展的，所以觀念形態才是步步豐富的。

這個發展的過程，豐富的過程，不是外部的、物量的，而須是收攝於精神表現的過程中以了解之。抒發理想以實踐，就是精神的表現。觀念形態在現實發展中豐富其自己也是精神的表現。而精神的表現是有理路的，在理路中表現，就是逐步客觀化它自己。而觀念形態也就在精神之逐步客觀化中逐步豐富它自己、完整它自己。因此，在現實的發展中、觀念形態的豐富過程中，「道德的心」的內容可以全部誘發出來，而在開始各民族之不同，可以逐步期於會通，在精神表現的理路中會通。這就是人類的前途與夫各民族之所

以有未來之故。

以上是對於歷史的一般觀念之簡述。以下說明中華民族的集團實踐中觀念之具形。

人文歷史的開始斷自觀念形態的開始，而現實的發展斷自氏族社會。中華民族的集團實踐，司馬遷作《史記》起自黃帝，《尚書》述古始於〈堯典〉。從堯、舜歷夏、商而至周，則所謂二帝三王皆聖王也。古史記載，以此線索爲主脈，而史家之稱述，首要觀念在修德愛民。「修德愛民」是泛說，進一步而舉其義，則有「仲尼祖述堯舜，憲章文武」，有「孟子，道性善，言必稱堯舜」。

《論語・堯曰》篇：

> 堯曰：咨爾舜，天之曆數在爾躬，允執其中，四海困窮，天祿永終。舜亦以命禹。〔此辭見於《虞書・大禹謨》，比此加詳。〕〔湯〕曰：予小子履，敢用玄牡，敢昭告於皇皇后帝。有罪不敢赦。帝臣不蔽，簡在帝心。朕躬有罪，無以萬方。萬方有罪，罪在朕躬。〔此引《商書・湯誥》之辭。〕周有大賚，善人是富。〔武王克商，大賚於四海。見《周書・武成》。〕雖有周親，不如仁人。百姓有過，在予一人。〔此《周書・泰誓》之辭。〕謹權量，審法度，修廢官，四方之政行焉。興滅國，繼絕世，舉逸民，天下之民歸心焉。所重民，食喪祭。〔〈武成〉云：重民五教，惟食喪祭。〕

案：此爲歷述堯、舜、禹、湯、文、武之敬心施政。二帝三王之道

亦於此歷述中而逐漸躍現。朱子《中庸章句・序》云：「蓋自上古聖神繼天立極，而道統之傳有自來矣。其見於經，則允執厥中者，堯之所以授舜也。人心惟危，道心惟微，惟精惟一，允執厥中者，舜之所以授禹也。」此是理學家特拈一「中」字爲道統之傳。此固爲宋儒之所彰著，然其由隱變顯，自孔、孟而已然。其所以能彰著而顯之者，必由其有隱伏之線索。此中關鍵，全在孔子。孔子將此自然趨勢所成之線索轉爲彰著之道統、顯明之「意義」，以爲貫穿吾華族歷史之觀念形態。

《論語・衛靈公》篇云：「子曰：無爲而治者，其舜也與？夫何爲哉？恭己正南面而已矣。」〈泰伯〉篇云：「子曰：大哉堯之爲君也，巍巍乎，惟天爲大，唯堯則之。蕩蕩乎，民無能名焉。巍巍乎，其有成功也。煥乎其有文章。」又：「子曰：巍巍乎，舜、禹之有天下也，而不與焉。」又：「子曰：禹，吾無間然矣。菲飲食，而致孝乎鬼神。惡衣服，而致美乎黻冕。卑宮室，而盡力乎溝洫。禹，吾無間然矣。」

案：此爲孔子之稱讚堯、舜、禹。稱堯、舜蓋爲原始儒家最古之歷史意識。若衡之史實，其如此稱述，有根據否？法家以逆詐之心，不稱美堯、舜。可見當時即有相反之意見，不自近人始也。蓋對古史傳說，在春秋、戰國時，即有不同之三系。一爲楚系，二爲三晉系，三爲齊、魯系。楚系多怪誕，富幻想。三晉系尚功利，多權詐。齊、魯系得其正宗，非偶然也。堯、舜縱不如孔、孟所稱之美，而三晉系之逆詐亦未必有史實之根據。若從社會進化方面說，則堯、舜時是否已脫離母系社會，尚不得知。其簡陋質樸，可斷言也。人在原始之時，意識生活不如後來之廣而密，故不必如後人所

稱之善，亦不必如後人所說之惡。不自覺者，雖不必盡善，然亦決難說其爲惡。然不自覺者，如赤子，近自然。其簡樸，總較可取也。人之稱之也，亦根於人性之正也。而根於人性之正所呈現之觀念以自然地粘附於史實，即爲此民族之文化意識及歷史精神之象徵與反映。雖在堯、舜之時可無據，而貫於史實之承續中，代代累積而觀之，則非可云純屬虛構也。故吾人可不必以民族自尊之觀點肯定此統系貫穿上之稱述，而可自歷史精神文化意識之實爲如是之觀點肯定此稱述。此觀點之爲客觀，不亞於橫斷史實之考據之爲客觀。歷史精神、文化意識，乃一民族之生活承續所必然呈現者。一無意識之自然現象之相承尙可以言規律，而謂人類之意識生活之承續可無其精神之脈絡與意識之統緒乎？堯、舜時無事實可證，至夏、商則已有之矣。此豈是無源之水，憑空而來耶？每一時代可有新觀念之創造，此儼若爲突現，然套於意識系統中，向此趨，不向彼趨，則非偶然。此即爲歷史精神與文化意識兩概念之所由建立也。

　　以上就是孔、孟稱堯、舜，說明「修德愛民」一觀念形態之意義。理學家就「中」言道統，則又進一步。孔、孟稱堯、舜是稱其德。吾人今日尙可就史官之職責以追溯此觀念之源流與形成。

　　《世本》：「沮誦蒼頡作書。」宋衷曰：「黃帝之世，始立史官。蒼頡沮誦居其職。」（《初學記》）。

　　《世本》：「黃帝使羲和占日，常儀占月，臾區占星氣，伶倫造律呂，大撓作甲子，隸首作算數。容成綜此六術，而著調曆。」（《史記・歷書・索隱》）宋衷曰：「皆黃帝史官也。」（〈左傳序疏〉）。

　　黃帝之世，未必真有如此之史官。然經後來之有此而如此追置之，要必有歷史之線索。此線索，拉長可，不拉長亦可。凡對古史，文獻不足徵者，俱當作如是觀。又當注意者，此所述之黃帝史官，大體皆屬天文、律、曆、書、數一面者。此一面，吾名之曰對於自然現象之窺測，屬於「智」之事。詳述見後。

　　《大戴記·誥志篇》：「丘聞周太史曰：政不率天，下不由人，則凡事易壞而難成。虞史伯夷曰：明，孟也；幽，幼也。雌雄迭興，而順至正之統也。」（孔廣森曰：「引之，言率天之事。」）

　　孫星衍《尚書今古文注疏·皋陶謨疏》云：「史公云：禹、伯夷、皋陶，相與語帝前。經文無伯夷者，《大戴記·誥志篇》子引虞史伯夷曰：明、孟也，幽、幼也，以解幽明庶績咸熙。是伯夷為虞史官。」

　　夏、商之史，相傳有終古及向摯，皆掌圖法。《呂氏春秋·先識》篇云：「夏桀迷惑，太史令終古出其圖法，執而泣之。殷紂迷惑，內史向摯載其圖法，出亡之周。」〈酒誥〉稱太史友，內史友，足證商代有太史、內史之職。第其職務，不可詳考。

　　柳詒徵先生曰：「古史孔多，唐虞時已有《五典》。史克述《虞書》愼徽《五典》。（《左傳》文公十八年。）〈皋陶謨〉稱《五典》、《五惇》。是唐虞之前已有若干典也。《五惇》之義，自來未析。稽之《內則》，蓋古有惇史，記載長老言行。〈皋陶謨〉所謂《五典》、《五惇》，殆即惇史所記善言善行，可謂世範者。故歷世尊藏，謂之《五典》、《五惇》。」（《國史要義》，頁2。）

　　案：《禮記・內則》云：「凡養老，五帝憲，三王有乞言。五帝憲，養氣體而不乞言。有善則記之，爲惇史。三王亦憲，既養老而後乞言。亦微其禮。皆有惇史。」又案：〈皋陶謨〉云：「天敘有典，敕我五典、五惇哉。天秩有禮，自我五禮有庸哉〔……〕。天命有德，五服、五章哉。天討有罪，五刑、五用哉。〔……〕天聰明，自我民聰明。天明畏，自我民明威。」蓋史官者，經驗之府，觀念之所從出也。由五典、五惇，至五禮、五服、五刑，即明由史官所見之觀念形態，自始即爲一道德政治的形態，緊繫於集團實踐而生出者。而如此所引生之觀念又必切於人而通於天，故於典曰天敘，於禮曰天秩，於服曰天命，於刑曰天討。凡範圍實際活動的規矩典則，皆直接由道德政治的集團實踐中而予以理性的根據，故皆曰天，即宋儒所謂天理也。亦即可於此而直接透示一道德的理性實體。而此實體又不遠乎人。故於聰明雖曰天，而又曰自我民聰明，於明威雖曰天，而亦曰自我民明威。於道德政治的集團實踐中，不能不修德而愛民。一是皆以敬畏一念而貫之。由此推之，〈大禹謨〉云：「禹曰：於，帝念哉！德惟善政，政在養民。水、火、金、木、土、穀，惟修。正德、利用、厚生，惟和。九功惟敘，九敘惟歌。〔……〕帝曰：俞！地平天成，六府三事允治。萬世永賴，時乃功。」水、火、金、木、土、穀爲六府，正德、利用、厚生爲三事。六府三事正是修德愛民之進一步規定，此爲吾華族實踐史中之基本觀念形態。

　　周之史官，若史佚、辛甲之倫，皆開國元老。史官地位特尊，故設官分職，視唐、虞、夏、商爲多，而其職掌又詳載於《周官》。

《周官‧春官宗伯》：「太史掌建邦之六典，以逆邦國之治，掌法以逆官府之治，掌則以逆都鄙之治。凡辨法者考焉。不信者刑之。凡邦國都鄙及萬民之有約劑者藏焉，以貳六官。六官之所登，若約劑亂，則辟法，不信者刑之。正歲年以序事，頒之於官府及都鄙，頒告朔於邦國。閏月，詔王居門終月。大祭祀，與執事卜日。戒及宿之日，與群執事讀禮書而協事。祭之日，執書以次位常。辨事者考焉。不信者誅之。大會同，朝覲，以書協禮事。及將幣之日，執書以詔王。大師，抱天時，與太師同車。大遷國，抱法以前。大喪，執法以涖勸防，遣之日，讀誄。凡喪事考焉。小喪，賜謚。凡射事，飾中舍算，執其禮事。

小史掌邦國之志，奠繫世，辨昭穆。若有事，則詔王之忌諱。大祭祀，讀禮法，史以書敘昭穆之俎簋。大喪，大賓客，大會同，大軍旅，佐太史。凡國事之用禮法者，掌其小事。卿大夫之喪，賜謚讀誄。

「內史掌王之八枋之法，以詔王治：一曰爵，二曰祿、三曰廢，四曰置，五曰殺，六曰生，七曰予，八曰奪。執國法及國令之貳，以考政事，以逆會計。掌敘事之法，受納訪，以詔王聽法。凡命諸侯及公卿大夫，則策命之。凡四方之事書，內史讀之。王制祿，則贊為之，以方出之。賞賜亦如之。內史掌書王命，遂貳之。

「外史掌書外令，掌四方之志，掌三皇五帝之書，掌達書名於四方。若以書使於四方，則書其令。

「御史掌邦國都鄙及萬民之治令，以贊冢宰。凡治者受法令焉。掌贊書。凡數從政者。」

柳詒徵先生解之曰：「總五史之職，詳析其性質，蓋有八類。
執禮一也，掌法二也，授時三也，典藏四也，策命五也，正名六
也，書事七也，考察八也。歸納于一，則曰禮。五史皆屬春官宗
伯，春官為典禮之官，即堯典之秩宗。伯夷以史官典三禮。〔馬融
謂天神、地祇、人鬼之禮。鄭玄謂天事、地事、人事之禮。〕其職
猶簡。故宗伯與史不分二職。歷夏、商至周，而政務益繁，典冊益
富，禮法益多，命令益夥，其職不得不分。然禮由史掌，而史出於
禮，則命官之意，初無所殊。上溯唐、虞，下及秦、漢，官制源
流，歷歷可循。《漢書·百官公卿表》，奉常，秦官。掌宗廟禮
儀，屬官有太史令丞。景帝更奉常為太常。後漢因之，太史仍屬太
常。此非本于周官五史之隸春官宗伯歟？」（《國史要義》，頁
5）

又曰：「古之宰〔指〈曲禮〉所述〕為天官也，與史聯事。周
之冢宰為天官也，仍與史聯事。蓋部落酋豪之興，必倚一人副之以
綰百務，又必倚一人隨之以記所為。于是，總務長與秘書長之兩
員，為構成機關必不可少之職務。相沿既久，而史與相乃並尊。相
綰百務，史司案牘，互助相稽，以輔首領。故雖由司天者演變而治
人事，其聯繫不可變也。周之六官，惟宰握典、法、則、柄、全
權，其他百僚，不能相抗。惟史所掌，與宰均衡。雖宰之所屬，如
小宰、司會、司書，亦掌典法則之貳，但小宰等僅以助長官之本
職，非相考察也。五史之職，則全部官書咸在，據之以逆以考以辨
以贊，非司會、司書之比。宰及百官，不能紊法違章，實由於此。
行政妙用，基于累世之經驗，非一時一人憑理想而制訂也。」（同
上，頁6）

案：以上乃古制之規模，有以見史官之職責。此實推動政事之靈魂。人文化成之義胥由此顯。故得由之以見集團實踐之觀念形態。本禮以行政，史官復據禮以考得失。一切納於禮而簡其非禮，則在現實中實現理想，復以理想指導現實，其大義莫顯於此。史官所掌實一推動現實措施之「綱維網」也。

史官所具之觀念，於政事教化一面外，尚有天文律曆一面。《周禮》，史屬春官。《曲禮》，則在天官。史亦司天也。故上述黃帝史官，皆司天事。

柳詒徵先生曰：「天人之際，所包者廣。本天叙以定倫常，亦法天時以行政事。故古者太史之職，在順時覛土，以帥陽官，守典奉法，以行月令。（《周語》：「古者太史順時覛土。先時九日，太史告稷曰：自今至於初吉，陽氣俱蒸，土膏其動。稷以告。王曰：史帥陽官，以命我司事。太史贊王，王敬從之。后稷省功，太史監之。」〔又〕〈月令〉：「先立春三日，太史謁之天子曰：某日立春（夏、秋、多同）。乃命太史守典奉法，司天日月星辰之行，宿離不貸，毋失經紀，以初爲常。季冬之月，天子乃與公、卿、大夫共飭國典，論時令，以待來歲之宜。乃命太史次諸候之列，賦之犧牲，以共皇天上帝社稷之饗。」）周官太史之職，賅之曰：正歲年以叙事。此叙事二字，固廣指行政，而史書之以日繫月，以月繫時，以時繫年，所以紀遠近、別同異者，亦賅括於其內矣。」（《國史要義》，頁11）

案：《周官》釋史，既曰：「史掌官書以贊治」，又曰：「正歲年以叙事。」此天人兩語實賅括史官所備之觀念之全。前語屬人，後語屬天。前者屬道德政治之一面，後者屬窺測自然之一面。

〈堯典〉曰：「乃命羲、和，欽若昊天，曆象日月星辰，敬授人時〔……〕。日中，星鳥，以殷仲春。〔……〕日永，星火，以正仲夏。〔……〕宵中，星虛，以殷仲秋。〔……〕日短，星昴，以正仲冬。〔……〕帝曰：咨汝羲暨和，期三百有六旬有六日，以閏月，定四時，成歲。」史官所司，自古相傳，即有此一面。中國天文律曆算數之知識皆由此出。故曰屬於窺測自然一面也。

道德政治一面與窺測自然一面，兩者所具之觀念，其第一次結集，則見之於《尚書・洪範》之九疇。本書非哲學史，關此，可不必再行追述。讀者可參看馬浮先生〈洪範約義〉。

以上就史官之職掌所確定之「觀念形態」，可以「掌官書以贊治，正歲年以叙事」兩語括之，而此兩語之大義即爲「本天叙以定倫常，法天時以行政事」。茲就此兩語，綜論其義如下。

案：「本天叙以定倫常」是從組織的行動中顯示出道德的普遍原理來，此是蓋天蓋地的道德實在。所謂天叙，天秩也。由此以定倫常，則爲天倫。故禮皆天理也。此爲天理之構造性：客觀的構造、社會的組織、政事的進行，皆本於此；而天理亦在此等構造、組織、進行中實現。此道德的實在，在第一期中，自黃帝至周，由史官的職責來把握來運用。至孔子則由士來把握來運用，由直接的政治形態轉而爲學術教化的型態，而道德的實在亦由性善之指出而內在於道德的心，由道德的心以證實之，以透露之。此一面即爲仁義之一面或心理合一之一面，簡名之曰仁。同時，「法天時以行政事」則是從組織的行動中顯示出理智的活動，此爲貞定自然而見其條理。〈洪範〉所謂「協用五紀」也，〈堯典〉所謂「欽若昊天」

也。天文律曆數，賅而存焉。此一面即爲智之事。然此亦由史官之
職掌而把握而運用。把握之、運用之，乃在法天時以行政事，則此
「理智之所照」亦具有道德之意義，而爲蓋天蓋地的「道德實在」
所涵蓋。以上仁、智兩面，在吾先民，實爲一綜和之型範，由一虔
敬的實踐之心而籠罩地湧現之。故成爲一超越而普遍的統一體。同
時亦即由此而顯示一「普遍的精神實體」。仁、智兩面，合而爲
仁、智之全。此由史官之職能而透露。史官在一組織中居於「核心
而爲觀念領導」之地位。組織爲一提挈社會、領導人群之政事組
織。中國歷史自始即以此爲中心線索。一切事變皆繫於此，一切觀
念皆出於此。政事組織表示客觀的集團實踐。在此客觀實踐中（即
政事措施中），首先所注意者，不能不爲修德安民。是以中華民族
之靈魂乃爲首先握住「生命」者。因爲首先注意到「生命」，故必
注意到如何調護生命，安頓生命。故一切心思、理念，及講說道
理，其基本義皆在「內用」。而一切外向之措施，則在修德安民。
故「正德、利用、厚生」三詞實概括一切。用心於生命之調護與安
頓，故首先所湧現之「原理」爲一「仁智之全」，爲一普遍的道德
實在、普遍的精神實體。至周，禮樂明備，孔子承之，講說道理，
皆自此發。而上溯往古，由隱變顯，一若爲歷聖相承之「心法」。
此可見支配華族歷史之中心觀念爲何是矣。西方哲學起自用心於
「自然」。此其對象在外不在內。故「對象」之意顯明，而生命之
爲對象，則甚隱微而難明。用心於自然，故一方彰「理智」之用，
一方貞「自然」之理（理型、秩序）。而於生命之內潤，則甚欠
缺。故西方以智爲領導原則，而中國則以仁爲領導原則。見道德實
在，透精神實體，必以「仁」爲首出。智隸屬於仁而爲其用。攝智

歸仁，仁以養智，則智之表現，及其全幅意義，必向「直覺型態」
而趨（即向「神智之用」的型態而趨），乃爲理之最順而必至者。
至其轉爲「理解」（知性），則必經一曲折而甚難。此所以自孔子
後，仁一面特別彰顯凸出，而智一面，則終隱伏於仁而未能獨立發
展也。智，只潤於仁中，調適而上遂。並未暫離乎仁，下降凝聚，
轉而爲理解。故名數之學及科學，皆不能成立也。

　　史官隨客觀實踐而透露「仁智之全」之道德實在，只是不自覺
的湧現。故普遍的精神實體亦是與「自然」渾一，而未釐清。它只
是一個初昇的太陽之光──人在睡眼矇矓中，驀然一見，眼花撩
亂，混而不分的燦爛之光。光內在於其自己，而爲一純粹的普遍
性，尚未通過主體、個性而彰著。故普遍的精神實體尚只在潛蓄狀
態中。歷史的發展即是步步彰著此精神實體。「仁智之全」所透露
的道德實在、精神實體，即是領導華族歷史發展之「光」。此若吾
人不將歷史推出去作一自然物看，而攝進於客觀實踐中，而吾人亦
處於此客觀實踐中而觀歷史，則此義之爲眞理乃必然者。此光，縱
在開始，與雲霧混處，如朝暾之初上，然光總在朝暾，而不在雲
霧。理解歷史，總須在光處理解，不能在雲霧處說歷史。在雲霧處
說歷史，一切皆黑暗，此唯物史觀之所以造孽也。自朝暾處說歷
史，一切皆光明，雲霧亦成爲可解者，此精神史觀之所以獨得歷史
之眞而必不可移也。

　　華族在客觀實踐中觀念之具形，即是華族之歷史精神之具形。
此書非普通歷史，故于古代史跡可不縷述，而以此觀念之具形爲首
出也。後此之偉大史事皆此普遍的精神實體之彰著史與表現史。

第二節　氏族社會

　　人類進于歷史階段，從實踐方面說，斷自觀念之開始，從現實組織方面說，斷自氏族社會之形成。《呂氏春秋・恃君覽》：「昔太古嘗無君矣，其民聚生群處，知母不知父。無親戚、兄弟、夫婦、男女之別；無上下、長幼之道；無進退揖讓之禮；無衣服、履帶、宮室蓄積之便；無器械、舟車、城郭、險阻之備。」

　　《禮記・禮運》篇亦說：「昔者先王未有宮室，冬則居營窟，夏則居橧巢。未有火化，食草木之實，鳥獸之肉，飲其血，茹其毛。未有麻絲，衣其羽皮。」

　　舊石器時代是氏族制以前的社會。新石器時代則相當于氏族制社會。在前者，打製石器是主要特徵，狩獵採集經濟是此時代之支配形態。人類過著放浪的生活。此爲蒙昧期，或野蠻期。新石器時代，則已有陶器。磨製石器亦因採伐木材而產生。農業和牧畜漸次出現，進入定處的生活。

　　氏族社會的前一階段，爲母系社會。知母而不知父。《史記》敘述傳說的人物，大都不提父，而關于其母則說得很神秘。因而有所謂「聖人皆無父，感天而生」之神聖感。例如：

　　　　太皞庖犧氏風姓，代燧人氏繼天而王。母曰華胥。履大人迹
　　　　於雷澤而生庖犧於成紀，蛇身人首，有聖德。（《史記・三
　　　　皇本紀》）

　　　　炎帝神農氏，姜姓。母曰女登，有媧氏之女，爲少典妃。感

神龍而生炎帝。人身牛首，長於姜水，因以爲姓。（同上）

黃帝軒轅氏母曰附寶，見大電繞北斗，樞星光照郊野，感而孕。（今本《竹書紀年》）

帝顓頊高陽人氏，母曰女樞見瑤光之星，貫月如虹，感于幽房之宮，生顓頊於若水。（同上）

堯母慶都與赤龍合昏，生伊耆，堯也。（同上）

帝舜有虞氏母曰握登見大虹，意感而生舜。（同上）

帝禹夏后氏母脩己出行見流星貫昴，夢接意感，既而吞神珠脩己背剖而生禹。（同上）

殷契母曰簡狄，有娀氏之女，爲帝嚳之次妃。三人行浴，見玄鳥墮其卵，簡狄取吞之，因孕生契。（《史記‧殷本紀》）

周后稷名棄，其母有邰氏女，曰姜原。姜原爲帝嚳元妃。姜原出野，見巨人跡，心忻然説，欲踐之。踐之而身動如孕者，居期而生子。（《史記‧周本紀》）

在母系氏族下，子女皆屬于母之氏族。今本《竹書紀年》云：「堯初生，其母在三阿之南，從母所居而姓。」

男子出嫁於其他氏族。今本《竹書紀年》又云：「舜，象兄弟，舜屬有虞氏，象屬有庫氏。」堯是陶唐氏，而其子丹朱是有扈氏。舜是有虞氏，而其子均是商氏。鯀是崇氏，而禹是塗山氏。同時，丹朱不能繼堯，商均不能繼舜。但啓可以繼禹，似乎到禹，漸由母系轉至父系。

母系氏族在群婚期，有多父多母狀態。殷墟卜辭有多母多父之文。但殷商之同稱爲父爲母，不必即爲雜婚，但往時總有過。

母系氏族下，父的財產不能由兒子繼。

假若至禹，漸由母系轉至父系，則堯舜之禪讓與禹之傳子亦可於此得一解。堯、舜禪讓並不是通過理性的自覺而成立的一個政治制度。此後來儒者託古立象耳。但必不可昧於現實之發展。若不知託古立象之意，則以爲堯、舜一過，便入黑暗時期，是則全昧人類現實之奮鬥，與在現實中實現理想之發展。此不足以與之語歷史。如此觀史，是流入不負責任之烏托邦，亦即根本上缺乏歷史意識與文化意識也。若知此只是託古立象，則由母系進至父系乃是一大進步。而禪讓之通過理性的自覺而成爲一客觀的政治制度，必是發展中之最高級者。

由母系進至父系，何以爲一大進步？蓋親情之流露必期貫注於其所親之全部。父之於子女，其親之直接性固不若母。因此，在親情之不能開擴而只封於其最直接之親時，則父自必不爲其親情之意識所貫注，因而自必見外而爲不相干。父之流浪與男子之出嫁即父之見外之表示。父之見外，即表示不能爲親情所貫注而內在化之。進至父系，則父母俱爲親情所貫注而一起內在化，此即爲親情貫注於其所親之全部。父母內在化，則子女亦自內在化而爲一整體。此當然爲一大進步。進步之標誌即在親情意識之擴大，自其最直接性中而解放。進步之動因即在親情意識之自覺，心靈之開悟。此步自覺與擴大，自有外部條件來促成，如生活之定處，由流浪而相聚等，然進步之所以爲進步，其本質必在親情意識之自覺。每階段的發展皆作如是觀。即進步不能從外部的物質事物之繁富來解析。

夏商都已進入父系社會無疑。茲捨夏不論。商民族固亦經過一段母系制。但到商湯滅桀，代夏而有天下，成爲民族集團實踐之領

袖，而且世系相傳至於五、六百年，則必早已進入父系制。吾已明
進到父系制社會，是表示親情之流露貫注於其所親之全部。但這只
是就骨肉之親而言。尚未言及集團實踐之政治的組織與政治的意
義。一個氏族社會，無論在母系制或父系制，很可以只是一個氏族
群之簡單的現實生活，即只是聚族而居，而不能進到組織上之政治
的意義，即只有在一氏族之現實生活內之主觀意義，而沒有國家政
治式的客觀意義。但當一個氏族能成一代而有世系，則必在親情之
表現外，還有組織上的政治意義。茲就此義略言商代所發展至之形
態。

　　漢儒公羊家以質文論商、周，名曰殷質周文。曰：「質家親
親，篤母弟。」又曰：「殷法質，尚鬼。」親親，篤母弟，即是組
織上的一個政治意義，即王位繼承問題。殷代王位繼承，父傳于子
者不多，大都是兄終弟及。周文尊尊，篤世子，此是一大進步。篤
母弟，即是王位繼承未能按照一客觀制度而客觀化，尚限于親親之
情，而未能進至于義道。（尊尊是義道。）兄弟都是直接親于父母
者。未能越過舐犢之私而從義道上及于世子之尊。此即表示商民族
之集團實踐尚未達到一種客觀的意義，其政治運用之雛形尚未能達
到一種制度之客觀性，尚是停在一個氏族之親情的主觀狀態中。此
即公羊家所謂「質」、所謂親親。從氏族之親情的主觀狀態（經驗
狀態，混然散漫狀態），躍至一個組織上的法度之客觀狀態（理性
狀態、嚴整狀態）是精神表現上一大進步。商代未能進于此。它在
政治意義上未能進至客觀狀態，亦正由于它雖進至父系社會，親情
之流露雖已貫注于其所親之全部，然亦只是親情之貫注而已，而家
庭內之倫常關係，宗法族系，尚未能至釐然劃清，充分建立之境

地。故有多父多母之現象。同姓不婚亦未能成立。此即所謂混然散漫之狀態。母系社會之遺習尚多留存。故周文是華族史上一大進步。故以前有云：「人統之正，託始文王。」詳論見下章。

　　　　　　※　　　　　　　※　　　　　　　※

　　茲再一論戰爭與奴隸。

　　各氏族間之爭鬥，乃具有動物性之人類所不能免。好勇鬥狠亦不全由於理想之衝突，尚氣衝動，無理取鬧者，亦在所多有。商民族的根據大體是在河南省境的黃河流域。其周圍有土方、呂方、羌方、井方、洗方、人方、馬方、羊方、鄜奄、邶、雷等族。其中對於土方、呂方的戰爭特別多。因為有戰爭，就不免有俘虜。此是奴隸之來源。卜辭中有臣、奴、俘、奚等字。都代表奴隸，由戰爭的俘虜而來。女奴隸字有奚、妾、婢、姘等。殷族中所得奴隸，鄜最多，其次是土方、呂方、邶。邶和鄜離殷稍遠。盤庚以前征服鄜族，以之為「奄（即鄜）奴」。更侵邶，以邶人為「北奴」。侵土方，「俘馘土方」。侵呂方，以呂方為臣。

　　奴隸的用處：一、祈神或祭祖先時作犧牲。二、作僕役。三、衛戍邊疆。四、從事牧畜。五、從事農耕。六、從事工藝。（殷人使用挑製的貝，製貝者大都是奴隸。）

　　殷代末期，奴隸尚不是父家長或家族員的私有品，周代彝器的銘文中，賜贈臣僕的紀錄很多。而殷代的彝器銘文，則無此種記載。俘虜是集團的奴隸，是氏族的共有物。這亦表示土地私有尚未成立，土地是氏族共同體的共有物。馬克思派以為殷代有家族役使奴隸，而在生產關係上不佔重要地位，所以尚不是奴隸制。孟子說：「殷人七十而助」，又說：「惟助為有公田」。殷代是否有井

田制，尚不能定。奴隸爲氏族共有，任雜役；土地亦爲氏族共同體的共有物。（至西周始成立井田制。）土地方面一直維持至春秋戰國間，逐漸轉爲私有。然私有奴隸在周及秦漢後仍任雜役，故中國始終未出現希臘式的奴隸制。馬克思于此說爲亞細亞的生產方式。

亞細亞生產方式，其特徵如下：一、缺乏土地私有現象，土地大都是公有，因而租稅與地租合一。二、人工灌溉在農業上有很大的重要性。三、灌溉與其他公共事業由國家大規模的施行。四、共同體強固地存在著。五、受著專制君主的支配。實則，此五點中只是一與四爲主徵。

馬克思派說：亞細亞生產方式既不是原始共產主義，亦不是封建主義。在封建制，個人的生產最發達。封建制實際上是建立在小農與獨立的小手工業者之生產上的。在亞細亞的生產方式下，誰是榨取者？這是直接被組織于支配機構內的，團體地占有生產手段並且團體地榨取原始農村共同體的酋長、武士以及祭司等土地佔有者。這種榨取形態和封建形態之本質上的差異是：在封建制下，所有物被分割，而在此則不被分割；封建制的佔有是個人的，而在此是團體的；在封建制下，階級被分割成階級的個人的代表者，各個代表者榨取各個個別生產者，可是在亞細亞制，是由特權的「土地佔有者集團」對原始共同體的團體榨取。

他們又說：亞細亞的生產方式亦可說爲「貢納制」。它和奴隸制大體相異，與共同體的存在有密切關係。地租作爲貢物而爲國家所有。他們說商、周的氏族共同體，在亞細亞的生產方式之基礎上，成爲奴隸制（即希臘的古典的奴隸制）的變形。他們明知任雜役的私有或公有奴隸，不足以形成奴隸制，遂把組織于共同體中的

全部耕種者視爲奴隸。這是井田制的生產方式，不是奴隸制問題。說這是奴隸，只是情感判斷，不是科學命題。

案：《左傳》定公四年云：

> 昔武王克商，成王定之，選建明德，以藩屏周。故周公相王室以尹天下，於周爲睦。分魯公以大路、大旂、夏后氏之璜、封父之繁弱〔大弓〕，殷民六族：條氏、徐氏、蕭氏、索氏、長勺氏、尾勺氏，使帥其宗氏，輯其分族，將其類醜，以法則周公，用即命于周，是使之職事于魯，以昭周公之明德。分之土田陪敦，宗祝卜史，備物典策，官司彝器，因商奄〔國名〕之民，命以伯禽，而封於少皞之虛。分康叔〔成王之弟〕以大路、少帛、綪茷、旃旌、大呂，殷民七族：陶氏、施氏、繁氏、錡氏、樊氏、饑氏、終葵氏。封畛土略，自武父〔衛北界〕以南，及圃田〔鄭藪名〕之北竟。取於有閻之土，以共王職。取於相土之東都，以會王之東蒐。聃季〔周公弟司空〕授土，陶叔〔司徒〕授民，命以康誥，而封於殷墟，皆啓以商政，疆以周索。〔疆理土地以周法。索，法也。〕分唐叔以大路、密須〔國名〕之鼓、闕鞏〔甲名〕、沽洗〔鐘名〕、懷姓九宗〔唐之餘民〕，職官五正〔五官之長〕，命以唐誥，而封於夏虛。啓以夏政，疆以戎索。

案：此本爲周之封建。封建者，封侯建國，開墾殖民也。周旣克商，自以戰勝者姿態出現。每封一侯，土地人民皆爲其所統治，故

曰封侯建國，諸侯與天子俱南面分土而治，有不純臣之義。諸侯公
室亦有其私田，如「取於有閻之土，以共王職，取於相土之東都，
以會王之東蒐。」此固說衛，想他國公室皆然。即周天子亦有其私
田。餘者，封疆之內，或封大夫、或歸庶民。而無論公室、大夫或
庶民所有者，一律皆行之以井田制。諸侯大夫可爲地主（同時亦兼
政治、軍事領袖），而耕種必賴農民。孟子曰：「方里而井，井九
百畝，其中爲公田，八家皆私百畝，同養公田。」（〈滕文公〉
章）。又曰：「死徙無出鄉，鄉田同井，出入相友，守望相助，疾
病相扶持，則百姓親睦。」（同上）。此爲一般農民之情形。「同
養公田」即爲一種助法。故孟子又曰：「《詩》云：『雨我公田，
遂及我私。』惟助爲有公田。由此觀之，雖周亦助也。」同結縛于
井田而行助法，亦可謂一種共同體。皆私百畝，則雖處于共同體，
而亦有獨立性。惟不得自由買賣，則其獨立性乃固定的，非活轉
的，亦不得直謂土地私有。然私有觀念必漸漸由此而出。春秋、戰
國即向此而趨。爲公室、大夫所有者，如「以共王職」、「以會王
之東蒐」，以及所謂湯沐邑、采邑等，亦必交付農民同行井田耕種
法。假定爲公室大夫所有者，亦以井九百畝中之公田出之（如指定
某處爲某之采邑，則此處之農民即爲之耕種九百畝中之百畝以代表
之），則較爲一律。如爲公室大夫所有者，純係私有土地，私有觀
念甚強，則爲之耕種者即佃戶，擔負此部工作者，開始或即爲剛被
征服之殷民族。然在當時，恐不如此。一般農民私有觀念不強，亦
由于諸侯大夫私有觀念不強。封之以土地人民，若說是他的，統是
他的；若說不是他的，統不是他的。此與後來之地主究不同也。大
體仍是一律爲井田制。而對於公室大夫之供養，則採取或貢或助或

徹之法。孟子說:「夏后氏五十而貢,殷人七十而助,周人百畝而
徹,其實皆什一也。」將貢、助、徹分配于三代,恐不必然,然此
三法必皆有事實之根據,即同行于周代,亦無不可。故曰:「雖周
亦助也。」此時,大體周民族與剛被征服之殷民族以及其他古代留
傳之各氏族,處于一種共同體之生活,而以井田制爲其具體之表
示。剛被征服之殷民族,開始時,或爲私家奴隸,或施以較大之壓
力(所謂頑民),然不能盡爲私家奴隸,其被壓抑者,久之亦漸同
于其他庶民矣。分魯以殷民六族,分衛以殷民七族,不能盡爲私家
奴隸也。而復封舜後于陳,封夏後于杞,封微子啓于宋,所謂存三
恪,亦自有相處之道,豈可純以奴隸制論之耶?

馬克思派論周之封建,謂此時已不是貢納制,而是征服共同體
佔有被征服共同體。並謂:在殷代,已有家庭奴隸,周代當然更
有。但家庭奴隸對于生產只是間接關係。說到奴隸制,必須以生產
領域內之奴隸爲中心。依此,家庭奴隸是附隨的第二義的,不能成
爲奴隸佔有者之組織的決定因素。所以周代奴隸不能發展成希臘雅
典那樣的奴隸手工業工場。氏族種族共同體遲緩其崩壞,阻止了奴
隸制的發展。此確是亞細亞方式之特徵。但他們卻謂:這不過是奴
隸佔有者的生產方式,即古典的生產方式之變形。中國奴隸制是從
種族奴隸制發展到父家長制的奴隸制。向父家長制發展即是向私有
制發展。因此,周代未曾完成古典的奴隸制,而即向封建農奴制而
趨。

他們以西方歷史爲標準,以希臘羅馬的生產方式爲古典的奴隸
制,以中世紀的生產方式爲封建的農奴制。彼言封建單指農奴制而
言。不同周之封侯建國之封建,故論周亦以奴隸制爲標準。春秋、

戰國以後，則向農奴制而趨，亦即向封建制而趨。但彼等亦知，私
家奴隸不足以表示奴隸制。因此，便把生產領域內，即井田領域內
之耕種者俱視爲奴隸。因此，雖不同于希臘古典的奴隸制，但卻也
是其變形。（馬克思特標名曰亞細亞的生產方式。）彼等之言奴
隸，實是一情感的價值判斷，不是一科學的事實判斷。將共同體內
從事生產者俱視爲奴隸，天下無此理。彼必如此說，亦只讓其說之
而已，不足以論歷史。他們把歷史視爲漆黑一團，把古今中外講成
淸一色的黑，只是剝削者與被剝削者之展轉變化，除此一無所有。
他們雖立下種種型態，然若將綱與差重疊累起，歷史只是一個剝削
關係演變成。無不可說奴隸，豈止井田制而已乎？因爲他們心中漆
黑，過去一切俱作奴隸觀，故蘇俄共黨遂視一切爲芻狗而不爲怪，
他們拚命向新的奴隸制、新的農奴制、新的資本制而趨，將古今中
外一切剝削壓迫，重疊于一起，成爲一大成，而自視爲進步。進步
誠進步矣，但所進者乃是奴隸農奴剝削壓迫之加甚，黑暗之加甚，
而未向異質的方向進。他們順黑暗同質地向前進，想進到那個無階
級無剝削之社會，絕對的漆黑一團之社會，一切皆毀滅之社會，馴
至亦無社會可言矣。然吾不知此如何能達到？他們集古今中外一切
壓迫之大成的黑暗，如何能停止？

　　周之社會爲宗法社會，政治爲貴族政治，經濟爲井田制。總括
之，觀其現實社會生活之全體，爲氏族共同佔有被征服氏族共同
體。提綱挈領，觀其動進之形成，則爲封侯建國，武裝開墾殖民。
故征服的氏族共同體，旣爲政治領袖，同時亦爲軍事領袖。而經濟
旣爲井田制，則其佔有土地、分配土地而亦同時爲地主，其爲地主
不是經濟意義之地主，亦不是私有意義之地主，而是握有政治運用

權而爲公有（以共同體故），相當後來所謂國有。依此，其爲貴族
亦純是政治意義的，而不是以其有土地，有經濟特權而爲貴族。其
始也，爲征服、爲佔有，而旣征服佔有以後，不向經濟特權之階級
社會而趨，而急亟于制禮作樂，形成宗法之家庭制、等級之政治制
（所謂周文），則其自始即以理想貫通政治，以政治運用穩定社
會，封侯建國而統一天下，無疑。以理想之貫通于政治運用爲綱
領，此一事實之凸出，誠爲中國歷史發展形態之特徵。詳解見下
章。

周之井田制之共同體，到春秋、戰國時，便逐步破裂。此破裂
後之社會形態，錢穆先生扼要述之如下：

> 但這一制度，在春秋末戰國初一段時期內，便逐步變動了。
> 主要是稅收制度的變動。起先是八家共耕公田百畝，再各耕
> 私田百畝，此所謂「助法」。其次是廢除公田，在各家私田
> 百畝內徵收什分一的田租，此所謂「貢法」及「徹法」。貢
> 法是照百畝收益折成中數，作爲按年納租的定額。徹法是照
> 每年豐歉實際收益而按什一繳納。再其次則貴族只按畝收
> 租，認田不認人，不再認眞執行授田還田的麻煩，此所謂
> 「履畝而稅」。更其次則容許農民剗去舊制井田的封岸疆
> 界，讓他們在百畝之外自由增加耕地，此所謂「開阡陌封
> 疆」。而貴族則仍只按其實際所耕，收取什分一的田租。此
> 在貴族似乎只有增添收入，並不吃虧。然而這裏卻有一個絕
> 大的轉變，即是土地所有權由此而轉移。
> 在春秋時代，照法理講，農民絕無私有土地，耕地由貴族平

均分配。照現在觀念來說，土地是國有的，農民是在政府制定的一種均產制度之下生活的。現在稅收制度改了，貴族容許農民量力增闢耕地，又不執行授田還田手續。貴族只按畝收租；循而久之，那土地所有權卻無形中轉落到農民手裏去了。

這一轉變，並未經過農民意識的要求，或任何劇烈的改制革命，也非由貴族階級在法理上有一正式的轉讓令；只是一種稅收制度變了，逐漸社會上的觀念也變了，遂成為「耕者有其地」的形態。此即封建制度下井田之破壞。（〈中國社會演變〉）

案：此步轉變所以不經過劇烈的革命與農民的意識的要求，只因在共同體時並無階級的對立：階級的固定性與其內在的集團性之互相對抗，並未形成，故亦無自覺的革命或爭取權利而訂定契約之鬥爭。（中國後來的革命與暴動只是打天下一觀念作主。與西方的階級抗爭不同。）錢先生接上文又說：

再次要講到耕地以外之非耕田，包括草原、牧場、澤地、獵區、魚池、山地、森林、礦場、海濱、鹽場等，這些在古代稱為「禁地」，指對井田之為開放地而言。照法理言，禁地亦屬封君貴族所有。他們特設專員管理，不容許農民自由侵入。貴族們憑藉這些禁地，占有一切小規模的工商業。工人商人全是由貴族御用，指定世襲，只受貴族額給的生活酬報費，並無自由私產，更談不到資本主義。

但到春秋末戰國初，這一情形也連帶變動了。農民們不斷侵入禁地捕魚伐木、燒炭、煮鹽，作種種違法的生利事業。貴族禁不勝禁，到後來讓步了，容讓他們自由入禁地去，只在要路設立關卡，抽收他們額定的賦稅。但在土地所有權的觀念上，卻並未像耕地般順隨轉變。因此自戰國一直下至秦漢，山海地澤的所有權，仍都認爲是國有的，在那時則認爲是王室私有的。因此，秦漢兩代的稅收制度，把田稅還入國庫大司農所管，把山海地澤之稅歸入王室之私庫，「少府所管」這一分別，除非明瞭春秋封建時代「井田」與「禁地」的所有權之法理觀念，及其逐漸轉變的歷史過程，將無法說明。

連帶而來，正因爲在春秋時代，最先侵入山澤禁地，營謀新生利事業者，是被指目爲盜賊的；因此，直到秦漢時人，尚認自由工商業爲不法的營業，而稱之爲「奸利」。漢初晁錯等人重農抑商的理論，以及漢武帝時代之鹽鐵國營官賣政策，皆該從此等歷史演變之具體事實來說明。

漢武帝的鹽鐵政策，在近代看法，極近似於西方新起的「國家社會主義」，然在漢時人理論，則山海地澤之所有權既歸屬於王室即公家，則遇王室有需要時，自可收歸自己經營。而且漢武帝是把這一筆稅收來津貼國防對付匈奴的，那更是名正言順，無可疵議了。但自由經濟思想，仍在漢宣帝時，由民間代表所竭力主張而再度得勢。當時政府財政當局與民間代表，對此政策之詳細討論與往復辯難，曾記載在有名的《鹽鐵論》裏面，此書直保留到現在。但下到王莽時代，政

府中制約經濟派的理論又重新擡頭。連一切田畝，完全收歸
國有，由中央重新平均分配，鹽鐵官賣的政策，又復嚴厲推
行。這只是延續漢武帝時代的理論，進一步來恢復春秋封建
時代的經濟政策，即一種制約的平均分配政策。這些全都淵
源於春秋時代之井田、禁地及一切土地所有權公有之一觀念
上，演變產生。（同上）

案：由此可知盜賊一名之起源，工商業之起源，以及工人商人之社
會地位。工人商人原屬貴族之私人，專謀奇技淫巧，經營生活享受
之利。所謂家人、家臣、食客中亦可有營此者。其社會地位原屬很
低，而其享受可很高。彼只是隸屬品，原無合法的地位，亦不自成
一階級。自井田制破壞，彼亦可以取富貴。如呂不韋即由商賈起
家，范蠡棄官從商，亦致巨富。其所以得財貨，致巨富，亦是致力
于山海地澤。漢之工商，生財之源亦在此。此在當時，皆所謂游民
也，不安分之活動分子也。抑商、賤商，亦源於此。後來雖成正當
之職業，然社會地位仍低。而中國政治運用，亦始終能維持其賤視
商人之傳統。故有士、農、工、商之排列。士、農、工、商，皆由
井田共同體破裂後解放而成。在共同體時，非奴隸制。解放後，亦
非封建農奴制。

以上之事實，即春秋、戰國之轉變，馬克思主義者視爲從奴隸
制到封建農奴制之過渡期。然則，秦、漢及其後皆封建農奴制矣。
彼等以爲《春秋經》宣公十五年「初稅畝」，是表示奴隸勞動的榨
取關係漸漸衰廢，封建制的農奴制的榨取關係漸漸展開。對土地開
始課稅，即說明當時已經施行封建的課稅法。但由井田之助法轉爲

貢、徹法，何以即爲封建制？（西方中世紀意義的封建，而且是專
就經濟形態說。）井田制的農民，一經課稅，何以即爲農奴？此皆
無理可說者。《左傳》襄公二十五年：「楚蒍掩爲司馬，子木使庀
賦〔稽查年貢的徵收法〕數甲兵。甲午，蒍掩書土田，度山林，鳩
藪澤，辨京陵，表淳鹵〔區別水地與鹵地〕，數疆潦，規偃豬，町
原防，牧濕皋，井衍沃〔劃衍沃之田爲井田〕。量入修賦。賦車，
籍馬，賦車兵，徒兵，甲楯之數。既成，以授子木。禮也。」《左
傳》哀公十一年：「初，轅頗爲司徒，賦封田，以嫁公女，有餘，
以爲己大器。國人逐之。」《左傳》哀公十二年：「春王正月，用
田賦。」凡此記載，皆示春秋、戰國之轉變。而彼等皆以爲表示封
建課稅法，即向農奴制而趨。至漢，自爲封建農奴制矣。在井田制
下，說全體農民爲奴隸，天下無此理。（蓋如此，勢必無人耕田才
好。）在土地私有後，說全體農民爲農奴，天下亦無此理。（蓋如
此，勢必無課稅。）然此種安排中國史，尚是嚴格依馬克思經濟史
觀所列的經濟形態表而安排。尚有不能通乎此者，則索性認漢代爲
奴隸制。此尤無理亂道，毫無矩矱。錢穆先生云：「〔……〕漢代
所謂奴隸，只是他們的法律身分與一般公民不同。其社會地位以及
生活境況，往往轉有在普通自由民之上的。此因漢代商業與後世不
同。生產製造運輸推銷，尚多混而不分，由同一個私家企業來執
行。一個平民出賣爲奴，有的只是藉此參加了一個大的企業組織，
譬如近代一農民走進了大公司當一職員，他的生活境況自然提高。
政府只加倍增收他的人口稅，或限制他的政治出路，卻並不能壓低
他的生活享受。當知漢代奴隸，並不專是農奴或苦役。奴隸市場
上，許多是投進奢侈圈中，不是走進勞役陣線的。漢代的大地主，

只在田租上剝削，並沒有使用大量田奴。凡此所說，只須細看當時歷史記載，便可知道。那可說漢代還是一個奴隸社會呢？」（同上）據此，漢代之奴隸，都是所謂家人，替大地主或工商富家營奢侈財貨者。家庭奴隸大都不直接參加生產，此在上文講殷商時已提到，馬克思主義者已知之。凡不直接參加生產者，不能構成生產關係之主要特徵。故嚴格馬克思主義者不認漢代為奴隸制，而認為封建農奴制。然此亦無一可通。論如前。馬克思尚不敢以其所構之社會形態表說中國，而特標以「亞細亞的生產方式」以明之。不圖中國之馬克思主義者偏欲以其圖表列序中國史，可謂背棄其祖矣。

馬克思所列之社會形態表，是就西方歷史言。西方歷史有固定之階級，因而有階級間之自覺與抗爭。（即如此，亦不可以經濟史觀把歷史看成漆黑一團，故彼因抗爭自覺而有種種成就與精神之表現，此黑格爾歷史哲學之所以有功於人類也。）而中國歷史則全不如此。其不可以其形態表妄肆安排明矣。中國自始，即無階級觀念之神話。井田共同體，不形成階級。共同體破裂後，成為士、農、工、商，亦未形成階級。唯因如此，今日共產黨之清算鬥爭，階級觀念無可應用，始氾濫而用之於父子兄弟、長官部屬、先生學生。邪說誤人，一至如此。除人民遭劫外，無理可說也。稍有生人之氣者，其忍出此乎？

價值觀念（道德的、人格的）是中國歷史的一個首出觀念、領導觀念，吾人必須由此悟入中國歷史之發展而了解其形態。此本書之所以以「觀念之具形」開其端，而下章即繼之以「周文」也。中國民族所首先握住者為「人」、為「生命」。超越乎人與生命以上之虛幻不經、固定呆板，反而足以膠結成階級集團者，自始即未形

成。其超越乎人與生命以上之「普遍者」（如天、帝、天道等），則由調護生命、安頓生命之「理性」而透悟。此「普遍者」自始即為一較純淨之概念（此與西方之有夾雜者異）。然而生命本身即為有夾雜者（氣質）。現實發展中之種種不合理，俱由此生命中之夾雜而流出。然而此夾雜則只在向下之方向表現，而不在向上透悟一方面表現。故由之而流出之不合理，無一有堅強之根據，或契約之保障，故隨時可動轉也（如魏晉南北朝之私家門第）。理想貫通於政治，政治運用刮磨不合理者，此所以秉周禮而行制約經濟，乃成為中國之傳統的政治措施也。此如裁抑商人、鹽鐵官賣、均輸、市易、限民名田、裁抑兼並等皆是。但自周之共同體破裂後，一方行自由經濟（不流於資本主義），一方皇帝以下一律平等；而其社會表現，則散漫而無組織（各個體皆以個人姿態而表現），既平等而又參差不齊，既自由而又無所謂自由。向上之透悟方面，有一合理之普遍者，故現實社會方面，黑格爾謂其有一「合理之自由」（rational freedom）而無「主體之自由」（subjective freedom）。平等，若無「主體自由」作根據，則價值觀念亦不能保，流入今日共黨之下齊于物而嚮往漆黑一團之渾同。凡此皆須自中國歷史精神之所備與所缺而予以解析。

第二章　周文之函義

第一節　周文之形成與宗法社會

《論語‧衛靈公》篇云：「顏淵問爲邦。子曰：行夏之時，乘殷之輅，服周之冕。」（朱注：夏時，謂以斗柄初昏建寅之月爲歲首也。天開於子，地闢於丑，人生於寅。故斗柄建此三辰之月，皆可以爲歲首。而三代迭用之。夏以寅，爲人正。商以丑，爲地正。周以子，爲天正也。然時以作事，則歲月自當以人爲紀。故孔子嘗曰：「吾得夏時焉。」）

〈八佾〉篇又云：「夏禮吾能言之，杞不足徵也。殷禮吾能言之，宋不足徵也。文獻不足故也。足則吾能徵之矣。」又：「子曰：周監於二代，郁郁乎文哉，吾從周。」案：此即荀子法後王之所本。荀子云：「道過三代謂之蕩，法二後王謂之不雅。」又云：「欲觀聖王之跡，則於其粲然者矣。後王是也。」

〈爲政〉篇：「子曰：殷因於夏禮，所損益可知也。周因於殷禮，所損益可知也。其或繼周者，雖百世可知也。」（馬融曰：「所因，謂三綱五常。所損益，謂文質三統。」）

以上為孔子論三代，其言甚謹，其識甚達。非有文化意識、歷
史意識者不能具此通慧。馬融解所損益為文質三統，此固也。然文
質三統為漢人對於三代歷史之看法。其義發之于公羊家。文質者，
簡言之，殷質周文也。細言之：夏尚忠，殷尚鬼，周尚文，所謂三
教也。《春秋繁露・三代改制》篇云：「主天法質而王，其道佚
陽，親親而多質愛。故立嗣予子，篤母弟。〔……〕主地法文而
王，其道進陰，尊尊而多禮文。故立嗣與孫，篤世子。」此言質
文，天地陰陽是其所法；親親尊尊是其實；篤母弟，篤世子，是其
例。又云：「商質者主天，夏文者主地，春秋者主人。〔……〕主
天法商而王，其道佚陽，親親而多仁朴。故立嗣予子，篤母弟。
〔……〕主地法夏而王，其道進陰，尊尊而多義節。故立嗣與孫，
篤世子。」此言質文，與前引同。惟以夏為文，以商為質。又云：
「王者以制，一商一夏，一質一文。」推之一商一周，亦一質一文
也。惟如此言，則發展之義泯焉。商質周文，是也。若言夏文商
質，則文質成格套，其義不實矣。須知由親親而至尊尊，由篤母弟
而至篤世子，是歷史一大進步。此一進步，至周始完成。故周文，
實當其分也。漢人雖多迂滯，而其立義實有所中。吾前略言三代社
會背景，已提及商代傳弟不傳子。故知漢人文質之說非妄言也。陳
立《公羊義疏》云：「按兩漢諸儒，說殷、周異制，多主質文立
說，必周、秦相傳舊義。魏、晉以後，無有知之者矣。」（四十六
卷宣八年，壬午經傳疏。）陳立只能推斷其為相傳舊義，尚未知其
確有合乎社會實情者也。

何以言周文？傳子不傳弟，尊尊多禮文。兩句盡之矣。周公損
益前代，制禮作樂。孔子稱之曰：「文哉」；荀子稱之曰：「粲

然」。而其密義則由尊尊傳子而可窺。後人多由教法風尚之循環而言之，未能得其實義也。夫夏、商之所以爲質，正因群體之格局不顯，不脫氏族之簡陋。其生活爲直接，體力尙於節文，多仁樸是也，多質愛亦是也。其所以仁樸質愛，亦正在其生活之直接，天眞而混噩。非必夏、商之人多仁也。質則親親篤母弟，亦爲應有之聯想。蓋亦生活多直接，未能循乎法度而爲謀，故就其親者而立焉。及乎周代，封侯建國，一統之局形成，越直接而爲間接。調度運用之義顯，心思之總持作用遂不期而湧發。總持之作用湧發，超越當下限制之「形式」，亦不得不隨之而呈現。形式者心之所創發。就現實而運用之，因而創發形式以成就而貞定之。是以形式者運用現實之型範也。現實之局，非形式不定，非形式不久。劉勰《文心雕龍》論儀禮云：「禮以立體，據事制範。」此言甚善。故形式者成事之體，定局之本也。周之文只是周公之政治運用以及政治形式（禮）之湧現。教化風俗是其餘事。文必與尊尊連。尊尊只表示政治形式之公性。惟公乃可尊。何者能公？曰理曰道，曰政治形式，曰法度。政治形式之湧現，必然有尊尊。此文之所以爲文之切義也。尊尊之義，用之於宗法社會，帝王世襲，必有大宗小宗之別。因而必篤世子。蓋大宗世子所以全公法也。質家篤母弟，大宗小宗不別，未能跨越所親之直接性，只就其近於己者而與之。此則只依舐犢之私而措施，未能就法度之公而措施。故質必與親親連，而其所顯示者要在政治形式之未湧發。法度之公，跨越時空之限制。不問親不親，故文家必尊尊。以尊尊爲主幹，親親只所以補尊尊之不足。世子缺，乃就近支而補之。然近支之繼統，非依親親義而繼統，乃依尊尊之義而繼統。一落尊尊形式下，必爲繼大宗。此所以

小宗可斷，大宗不可斷之故也（大宗代表國體）。政治及法度之公性胥由此見。公性是政治之本質。而政治本質之為公，實由於政治形式之所以成客體之為公。篤世子是帝王世襲下政治公性之一表現，亦即尊尊之一表現。故由親親而至尊尊，是現實歷史一大進步。尊尊之義出，公德私德之辨顯。而公德重於私德。求忠臣於孝子之門，是忠臣必為孝子，而孝子不必為忠臣。由孝子進於忠臣，乃其德之大飛躍。由私轉公，乃人格之開擴，生命之客觀化。孝子，親親也；忠臣，尊尊也。公而忘私，國而忘家，人所尚也。何者？為其超越一己之小限而獻身於大公也。公德私德之辨顯，亦是現實歷史一大進步。而人類精神之表現，必在尊尊形式下始可能。復次尊尊之義出，分位（等級）之念重。分位之差等，以形成人格之德才能而套於政治形式中而成者也。分位之差等，是人格之層級。人格以德才能定，是人格猶其質者也。必套於政治形式中，始見出分位之差等。是以分位之差等，由人格之質與法度之式而成者也。社會上以分位之差等為骨幹，則人格之價值層級，始能保得住。而以德統才能，而才能不下流而趨利，則人格價值之層級，始能轉移財富所成之階級而代之，而使其不至於凝結而流於罪惡也。故孔門觀歷史，自始即以親親尊尊為法眼（由此轉進而至仁義），而以歷史精神文化意識為歷史之骨幹。凡顛倒輕重，惑亂賓主，而違背此義者，在所必闢，故孟子斥楊墨，而荀子亦以「尚功用，大儉約，而慢差等」斥墨翟宋鈃也。茲綜結言之，尊尊之義，即義道之表現，亦即客觀精神之出現。凡公私之辨，分位之等，皆義道也，亦皆客觀精神也。此周文之所以稱為吾華族歷史發展之一大進步處也。

此根本義既明，再進而觀其與現實社會形態之絜和，此即周文之現實社會組織之一面，亦即周文所顯之根本義在該階段現實歷史中表現之形態。此形態，吾人名曰宗法社會，於政治則曰貴族政治。形成此形態之禮儀繁多，所謂「禮儀三百，威儀三千」，然扼其要者，其基本制定大體如下：

1.王位世襲傳子不傳弟，諸侯亦如之。其義已論於上。茲再就其社會意義而言之。此制之成，其義通於整個社會。因此，社會組織之單位（即家庭），亦因而被釐定。家庭有定制，則社會的縱橫組織亦有定序。此一系一系之社會單位與政治上之篤世子，蓋同時成立，而皆有以進於殷商者。此有定制與定序之社會組織瀰漫於下而爲政治上篤世子一制之背景。蓋王室亦爲一家庭，同時彼復爲政治之中心。故篤世子一制，雖可普遍於全社會，而唯在王室則獨顯一政治上客觀而定常之意義。故其義用不同於庶民之家。於此，有二義可說：一、政治與家庭社會，有其不隔之黏合性，政治制度以及整個周文，直接生根於社會及家庭。此爲中國社會文化之最特殊者，爲西方所無，亦與後來進一步之政治形態（如近代政治）不同。此種黏合性、親和性及生根性特別強，故一方使民族生命特富彈性，延續於無窮，使中國文化形成一獨特之諧一系統，自行其發展，與西方之來自多源者不同；而一方復又阻滯中國之轉進，延遲其近代化，而又極不易引生近代化。二、修身、齊家、治國、平天下爲一內在之統一，此一系統言之于王室尤爲顯然。用之于秦、漢而後，雖不及周之顯明，而大體仍可用。此與前義爲同一問題。滿清而後以至今日，國運欲求轉進，以往黏合性特強之一套不適于今日。如全否決之則不可，如化解其黏合性而本之有新轉進，則尚未

成一普遍之意識。此中國之悲劇，亦有識者之所當用心也。

2.同姓不婚，氏族釐清。此在當時實爲人類生活一大進步。吾人于此等處最易見出人之智慧之運用。同姓不婚，則維持一系生命之純潔，養成對於祖與宗之尊親意識，使生物生命轉爲一純粹之道德生命，天理天倫之流布。婚于異姓，則溝通橫的關係，使整個民族趨于凝合。禮以別異，樂以合同。各系相承，系系交光。使整個社會爲一「禮樂網」所綱維。後來遵守而不渝，近人無忌憚而橫溢，益見其生命之墮落，猥縮于動物之衝動而不自知其惡也。（《禮記・大傳》云：「同姓從宗，合族屬。異姓主名，治際會。名著而男女有別。其夫屬乎父道者，妻皆母道也。其夫屬乎子道者，妻皆婦道也。謂弟之妻婦者，是嫂亦可謂之母乎？〔言不可也〕名者，人治之大者也。可無慎乎？四世而緦，服之窮也。五世袒免，殺同姓也。六世親屬竭矣。其庶姓別于上，而戚〔親〕單〔盡〕於下，婚姻可以通乎？繫之以姓而弗別，綴之以食而弗殊，雖百世而婚姻不通者，周道然也。」）

3.小宗可遷，大宗不可遷。大宗不遷者，于天子則代表天下之一統，于諸侯則代表其國。皆象徵政治上客觀而定常之意義。于大夫及庶民，則維持其一家一族之永存。不許任何一系隨便使其滅絕也。不遷亦函有不斷義，可遷亦函有可斷義。故取小宗之後以補大宗，所以全公也。大宗有客觀價值。全公之念，亦實現客觀價值之念也。興滅國，繼絕世，存三恪，大復仇，亦皆由此而推出。此本乎尊尊之義而來也。（齊襄公九世復仇，《公羊傳》善之。且謂雖百世亦可。又謂國可，家不可。諸侯國，大夫家。是則大夫及庶民，復仇不過五世，據服而斷。此依親親之殺立。國之復仇，雖百

世亦可，則依尊尊之等立。蓋國君一體也。國君以國爲體。諸侯世，故國君一體也。）吾人于此等處，立見仁心之不容已，生命之不可絕。理以導事，義以存公。古人于人生實有其高遠之理想，故能透視一深厚之根基爲本統也。（《禮記·大傳》云：「別子爲祖，繼別爲宗。繼禰者爲小宗。有百世不遷之宗，有五世則遷之宗。百世不遷者，別子之後也。宗其繼別子『之所自出』〔衍文〕者，百世不遷者也。宗其繼高祖者，五世則遷者也。尊祖故敬宗，敬宗尊祖之義也。」此所云「別子」，有三：一是諸侯適子之弟，別于正適。二是異姓公子來自他國，別于本國不來者。三是庶姓之起于是邦爲卿大夫，而別于不仕者。皆稱別子也。爲祖者，別與復世爲始祖也。「繼別爲宗」者，別子之後，世世以適長子繼別子，與族人爲百世不遷之大宗也。「繼禰者爲小宗」，謂別子之庶子，以其長子繼己爲小宗，而其同父之兄弟宗之也。「五世」者，高祖至玄孫之子，此子于父之高祖無服，不可統其父同高祖之兄弟，故遷易而各從其近者爲宗矣。〈喪服小記〉篇亦有此文。並云：「庶子不祭祖者，明其宗也。庶子不爲長子斬，不繼祖與禰故也。庶子不祭殤與無後者，殤與無後者從祖祔食。庶子不祭禰者，明其宗也。親親尊尊長長，男女之有別，人道之大者也。」祖遷于上，宗易于下，系系派出，而共尊一祖，以合族屬。此義通于天子以至庶人。）

4.封侯建國，必立宗廟社稷。《禮記·王制》云：「天子七廟：三昭三穆，與大祖之廟而七。諸侯五廟，二昭二穆，與大祖之廟而五。大夫三廟，一昭一穆，與大祖之廟而三。士一廟，庶人祭於寢。天子諸侯宗廟之祭，春曰礿，夏曰禘，秋曰嘗，冬曰烝。天

子祭天地，諸侯祭社稷，大夫祭五祀。天子祭天下名山大川，五嶽
視三公，四瀆視諸侯。諸侯祭名山大川之在其地者。天子、諸侯祭
因國之在其地而無主後者。」社稷，社為土神，稷為穀神。社，地
主也，從示土。《周禮》：「二十五家為社，各樹其土所宜之木。
土穀最要」，〈大禹謨〉以水、火、金、木、土、穀為六府。立社
稷，即所以尊土穀。立宗廟，即所以尊歷史。是則宗廟表時間，社
稷表空間。時間，通而上之；空間，通而廣之。合而為一，則示生
命之結聚與持續。由此而透悟超越之普遍者以上達天德。故《禮
記・大傳》云：「自仁，率親。等而上之，至於祖，名曰輕。自
義，率祖。順而下之，至於禰，名曰重。一輕一重，其義然也。」
親親，則祖輕而禰（父）重。尊尊，則祖重而禰輕。又曰：「自
仁，率親。等而上之，至於祖。自義，率祖。順而下之，至於禰。
是故人道親親也。親親故尊祖。尊祖，故敬宗。敬宗，故收族。收
族，故宗廟嚴。宗廟嚴，故重社稷。重社稷，故愛百姓。愛百姓，
故刑罰中。刑罰中，故庶民安。庶民安，故財用足。財用足，故百
志成。百志成，故禮俗刑。禮俗刑，然後樂。」宗廟嚴，故重社
稷。兩者必須絪紐於一起。社稷不保，則宗廟必廢而絕，獲罪於祖
大矣。要者，生命斷，則仁義斷。而仁與義，即所以廣生而大生者
也。不仁不義，不保宗廟社稷。而仁者存滅國，繼絕世，祭因國之
在其地而無主後，不但自仁，亦仁他也。仁之至也。必如此，而後
成其仁也。宗廟社稷，象徵客觀的集團生命，故臣死君，國君死社
稷，義也。義即代表客觀精神也。而此客觀精神，則由宗法所紐結
之家族關係所成之集團生命而表現，個人是在宗法關係中而獻身於
公，而立義。非如西方人以個人為基點，在階級對立中，以法律契

約之意義，而表現客觀精神。自此而言，在宗法關係表現義道，其客觀精神是倫常地道德的，而非近代或西方意義的國家、政治、法律之道德的。而國家政治法律，在中國，亦一起紐結於宗法關係所成之集團生命中而直接顯示。此中國至今所以終不易轉出近代化的國家、政治、法律一義之故也。

　　然自另一方面說，在中國，此作為社會之基層的宗法關係所成之集團生命，甚表示親和性與粘合性，其綱維之道是親親與尊尊，由之而立出仁與義，直透悟超越普遍者，而植根於「超越的親和性」。此為西方所不及。西方自始即是支解的、破裂的。在現實社會上，有階級對立，以個人為基點，集團是階級集團，故親親尊尊一套之親和性不顯，而顯法律契約一套之制約性。其客觀精神之表現（社會上理性之表現），一往是法律的、智的、概念的。雖見整齊劃一，亦顯枯燥爆烈，由之，其所透視之超越普遍者，亦為智的，概念的。其始也，有夾雜而不純淨。（如為僧侶階級所獨佔，以及希臘多神教中之上帝，皆示支解破裂，有夾雜而不純淨。）其後雖純淨，而又超越而不能內在，不能植根於人性。（上帝經過耶穌之表現而純淨化。耶穌之表現上帝，不同於希臘哲人之為智的、思想的。然而耶穌之上十字架，一心歸向天國天父，因而將上帝純潔化而為純精神，純粹無限的愛自身，即表示必須捨棄現實一切，即倫常、道德、國家、政治皆不能被肯定。此雖其個人之宗教精神，必如此而後宗教始成立，後來之信基督教者並未否定現實生活，然而其如此表現之上帝，卻仍是支解破裂的。即超越而不內在。徒為一普遍性，懸掛于外在之空中，而不能植根於人性。）誠如黑格爾所言，此一文化形態、主觀精神（相應主體自由而言）、

客觀精神及絕對精神，皆有表現而無遺漏，然而其表現也，皆在支解破裂對抗中而表現，其籠罩精神為智的、概念的、分解地盡理的。而親和性則不顯。此則一往為外在的、智的系統，而其生命之中心則不切實而無著落（即不落實）。此其所以雖整齊劃一，而枯燥爆烈也。而中國之文化系統，則自始即握住生命之中心，歸本落實而顯親和性。此則一往為內在的、仁的系統。攝智歸仁，仁以統智。以仁為體、為中心，故曰仁的系統也。而智之表現為「分解地盡理的」，則不顯。宗廟社稷，親親尊尊，仁與義，此為一基層之系統，生命之根以及親和性俱由此出。而國家、政治、法律亦均直接紐結于其上而為直接之顯示。（《禮記・大傳》云：「君有合族之道，族人不得以其戚，戚君位也。」）此是以宗法關係為底子之綜和形態。其所透悟之超越普遍者，較合理而純淨，既超越而又內在。故講仁，講性善，而不講上帝與愛也。既未分裂成固定之階級，又未形成偏至之宗教（偏至即分解，隔離義）。順此形態，永不能成偏至之宗教，而若宗教有其不朽處，則必歸于此綜和之形態而後始能達其極而為圓滿之形態。此將為中國文化所擔負。此一文化系統，唯一不足處，即在國家、政治、法律之一面。在古代，社會簡單，國家、政治、法律由宗法關係所成之生命集團直接顯示，尚無不足處。演變至近代，則必須有一曲折，而為間接之表現。如是近代化的國家、政治、法律始能正式成立。而近代化的國家、政治、法律，亦正是在道德精神（絕對的本心）之一曲折處成立。精神，不但上升表現而為道德的主體，亦須下降表現而為「思想主體」（理解形態）。即此「思想主體」，便是精神表現之一曲折。邏輯、數學、科學，以及近代化的國家、政治、法律，俱在此一曲

折層上安立。旣是一曲折，則必匯歸于此整個系統中而不能孤立。旣是一曲折而爲間接之表現（就國家、政治、法律言），則只衝破其與宗法關係之直接關係，而不能反而否決宗法關係，宗法關係此時可退處于家族自身而爲社會之基層，不再放大而投入于國家、政治。此決爲可行者。故〈大傳〉云：「聖人南面而治天下，必自人道始矣。立權度量，考文章，改正朔，易服色，殊徽號，異器械，別衣服，此其所得與民變革者也，其不可得變革者，則有矣。親親也，尊尊也，長長也，男女有別，此其不可得與民變革者也。」宗法之家庭制不可得與民變革。縱可變革，乃變其與其他事物（如國家、政治等）之關係形態，而其本身不可廢也。自清末以來，國人欲求近代化的國家、政治、法律之成立，乃不知其所以然之曲折處，故步步混亂，演至今日，徒成爲人道、人倫、人性之破滅，此不可謂非華族子孫之不智不仁也。（本段所論，下文逐步明之。）

第二節　政治等級與治權民主

5.天子爵稱，與公、侯、伯、子、男同爲爵位之等。《春秋經》成八年秋七月：「天子使召伯來錫公命」。何休注云：「天子者，爵稱也。聖人受命，皆天所生，故謂之天子。」《白虎通義‧爵》篇云：「天子者，爵稱也。爵所以稱天子者，王者父天母地，爲天之子也。」此公羊家義。而孟子序班爵之制亦云：「天子一位，公一位，侯一位，伯一位，子男同一位。」是孟子亦主天子爲爵稱也。顧亭林《日知錄》云：「爲民而立之君，故班爵之意，天子與公侯伯子男一也，而非絕世之貴。代耕而賦之祿，故班祿之

意，君、卿、大夫、士與庶人在官一也，而非無事之食。是故知天
子一位之意，則不敢肆于民上以自尊。知祿以代耕之意，則不敢厚
取于民以自奉。不明乎此，而侮奪人之君，常多于三代以下矣。」
顧氏之言亦本乎孟子也。同認天子爲爵稱。則天子（王）固爵位中
之一級也。古《周禮》說：「天子無爵。同號於天，何爵之有？」
《春秋左氏》云：「施於夷狄稱天子，施於諸夏稱天王，施於京師
稱王。」知天子非爵稱，從古周禮說。其義不及《公羊》。大抵
《左傳》重文史，就事實之所趨，順人情之抑揚，而以爲禮。殊不
知事實人情，多非禮也。《公羊》重義，雖多迂闊之論，而較嚴
整，猶能極乎禮以爲準則。此固不必爲周公之所制定，吾人今日亦
不知孔子曾明言否。然晚周諸儒相傳如是，亦可見在周文系統之貴
族政治之下言體制者之所向也。而衡之以尊尊之義，則其理固應如
是也。若三王誠有德，衡之以古人多敬畏天命之超越感，則王者亦
不必拒此義而自肆也。「同號於天，何爵之有」，則慢肆矣。〔以
天子爲爵稱，公羊家又主天子不應僭天。《春秋》昭二十五年齊侯
唁公于野井。《公羊傳》曰：「唁公者何？昭公將弒季氏，告子家
駒曰：季氏爲無道，僭於公室久矣。吾欲弒之何如？子家駒曰：諸
侯僭于天子，大夫僭於諸侯久矣。」陳立疏云：「《考工記》：畫
繢之事，其象方天時變。《注》引子家駒曰：天子僭天。今《何》
本無此句。」又云：「《續漢志》引《春秋考異郵》云：天子僭
天，大夫僭人主，諸侯僭上。《漢書・貢禹傳》：大夫僭諸侯，諸
侯僭天子，天子過天道。《周禮・考工記》云：土以黃，其象方天
時變。《注》：古人之象，無天地也。爲此記者，見時有之耳。子
家駒曰：天子僭天。意亦是也。彼疏云：子家駒曰：天子僭天，諸

侯僭天子，大夫僭諸侯。彼云天子僭天，未知所僭何事。要在古人
衣服之外別加此天地之意，故亦是僭天。故云：意亦是也。則
《傳》文當有天子僭天語。《公羊禮說》云：天子僭天，今本無此
句。兩漢諸儒多引之。蓋《嚴氏春秋》也。漢武帝冊仲舒曰：蓋儉
者不造元黃旌旗之色。〈貢禹傳〉：天子過天道。然未知過天道為
何事，而造元黃旌旗之色為何證也。及觀《考工記注》：古人之象
無天地也，引子家駒此天子僭天語；鄭司農云：天時變，謂畫天隨
四時色；知古人無一字無來歷也。」由是觀之，子家駒當有「天子
僭天」一語。天子僭天，即天子過天道。非禮也。而所僭者何事？
古人之象，無天地也。如在衣裳，繪以日月，別加天地之意，便是
僭也。取法天地可，直以天地自居，則過其分。陳立《疏》又引
《說苑》云：「孔子與景公坐。左右曰：國史來言周廟燔。孔子
曰：是釐王廟也。景公曰：何以知之？孔子曰：皇皇上帝，其命不
忒。天之與人，必報有德。禍亦如之。夫釐王變文武之制，而作元
黃宮室，輿馬奢侈，不可振也。故知天殃其廟。」作元黃宮室，亦
僭天也。是天子僭天，子家駒首言之，《公羊傳》首載之。如《說
苑》載孔子之言而信，則孔子亦認僭天為非禮。孔子有此教，《公
羊》傳之耳。非禮，非周公之禮也。《春秋》認諸侯僭天子為大
惡，則天子僭天亦大惡也。夫天子既為爵位之一級，即為分位中之
有限者。自人之為人而言之，任何人不能僭天。與天地合德可也。
而僭天則不可。天子又不只為一人而已也，且為一法人。既串於政
治爵位之等級中，自必有其等級上之限制。凡屬等級，義必如此。
故善言禮者（如荀子）必言分，此亦為尊尊之義所必函。尊尊為義
道。一言義必有分，分即位也。義有限界，以方正之義勝（義以方

外）。位有等差，隨界限義而立也。《荀子》曰：「禮者法之大分，類之綱紀也。」又曰：「禮者治辨之極也。」其斥墨子「慢差等」，故云：「曾不足以容辨異，懸君臣。」即示墨子無分位觀念也，不知禮也。〕

6.天子爵稱，與公、侯、伯、子、男形成一爵位之等級。此可曰政治上之政權等級。若套于治權等級上言，則天子與諸侯各有其卿、大夫、士，而與卿、大夫、士同為政治運用上之分位等級。故顧亭林云：「代耕而賦之祿，君、卿、大夫、士與庶人在官一也，而非無事之食。」是則君、卿、大夫、士皆以其分位而以祿代耕也，皆為食祿者也。「為民而立之君」，是此一客觀機構，乃為成民務而設也。在此機構中，居位任事者，豈有無限者乎？「代耕而賦之祿」，以耕為本也，人人皆當耕也。為實現客觀價值故，不能不有一客觀而公共之機構，故居其位而以祿代耕，豈有先天之當然不耕者乎？

7.「天子祭天地，諸侯祭社稷。」（〈禮運〉文）爵位等級與官位等級皆有禮以限制之，復由禮以顯設之：不可亂，不可僭。《論語・八佾》篇云：「孔子謂季氏，八佾舞於庭。是可忍也，孰不可忍也。」朱子注云：「季氏，魯大夫，季孫氏也。佾，舞列也。天子八，諸侯六，大夫四，士二。每佾人數，如其佾數。〔……〕季氏以大夫而僭用天子之禮樂，孔子言其此事尚忍為之，則何事不可忍為。或曰：忍，容忍也，蓋深疾之之辭。」又云：「三家者，以雍徹。子曰：相維辟公，天子穆穆。奚取於三家之堂？」朱子注云：「〈雍〉，〈周頌〉篇名。徹，祭畢而收其俎也。天子宗廟祭，則歌〈雍〉以徹。是時三家僭而用之。」以上為

大夫僭天子之禮。又：「子曰：禘，自既灌而往者，吾不欲觀之矣。」朱子注云：「趙伯循曰：禘，王者之大祭也。王者既立始祖之廟，又推始祖所自出之帝，祀之於始祖之廟，而以始祖配之也。成王以周公有大勳勞，賜魯重祭，故得禘於周公之廟，以文王為所出之帝，而周公配之。然非禮矣。灌者，方祭之始，用鬱鬯之酒，灌地以降神也。魯之君臣，當此之時，誠意未散，猶有可觀。自此以後，則浸以懈怠，而無足觀矣。蓋魯祭非禮，孔子本不欲觀，至此而失禮之中又失禮焉，故發此歎也。」《禮記・禮運》篇，孔子又曰：「我觀周道，幽、厲傷之，吾舍魯何適矣。魯之郊禘非禮也。周公其衰矣。」是謂諸侯僭天子。郊祭（祭天）、禘祭，皆王者之大祭，而諸侯行之，則僭也。是以子家駒云：大夫僭諸侯，諸侯僭天子，天子僭天。僭則亂矣。是皆居其位而不安其分者也。依孔子之言，此幽、厲以後之事也。至春秋，則僭者多矣。然周公定制，固有深意存焉。而周之盛時，固不亂也。亂則慢肆，而循至無禮無分矣。浸以勢必徹底否決而歸于純物化，則人格之價值層級亦不保矣。人道自此息。秦政出而一刀平，其背後之精神純為物量者，其生命已乾枯矣。至今日馬克思出，則連根拔，于是乎人類不可救矣。凡否決分位之等者，必破滅價值之層級，其背後之精神，則皆出之以陰險狠愎之心理而為純物量純否定者也。夫分位之等者，所以實現客觀價值也。層層而上之，則人有向上之仰望而不肯物化，而超越之理想則亦由是而肯定。最高一級之天子祭天，則正所以表示人群中分位等級之最高者代表整個級系以致其虔誠于上天而肯定超越理想也。（自政治機構言，則分各有當務，其禮不可僭。自教育教化言，自人之覺悟言，人人皆可與神通，致其虔誠敬

畏之心于超越之天理。此兩層不可混，所以有自社會言，有自個人
人格發展言，有自政治典禮言。所謂僭者自政治典禮言也。）分位
等級保，則價值層級保。自人格而言之，則人之道德智慧，亦層層
向上而擴大。人必須超越其「形限」以上升，由較低之價值層，升
至較高之價值層，最後升至與神接與天通。高低以何判？以物化之
深淺判，以精神之隱顯程度判。物化深者，其精神隱陷之程度亦
甚，此則完全不離其軀殼，所謂小人也。由此逐步超轉，直至精神
全體透露，則與神接與天通，所謂大人，聖人也。故天也，神也，
乃純粹天理也，絕對精神也。人之步步透露其精神，即步步實現其
價值，同時亦即步步肯定實在之眞理，而至于超越理想、絕對眞理
之肯定。若欲實現客觀價值，則必投身于分位等級中而表現客觀精
神也。此國家政治之所以被肯定也。

　　8.天子與諸侯各分土而治，諸侯對于天子有不純臣之義，而各
有其禮以節之。《春秋》隱元年《公羊傳》注：「王者據土，與諸
侯分職，俱南面而治，有不純臣之義。故異姓謂之伯舅叔舅，同姓
謂之叔父伯父。」《白虎通義・王者不臣》篇云：「王者不純臣諸
侯何？尊重之。以其列土傳子孫，世世稱君，南面而治。凡不臣，
異朝則迎之於著〔即宁〕，覲則待之於阼階，升降自西階，爲庭
燎，設九賓，享禮，而後歸。是異於衆臣也。」是天子待諸侯以賓
客禮。雖曰利建侯，侯者王所親建，然以其俱南面而治，故尊重之
也。是天子待諸侯如此，而諸侯待天子，固自同于衆臣也。是互相
尊重，自示謙抑之道。王者復有三不臣，五暫不臣。《白虎通義》
曰：「王者所不臣者三，何也？謂二王之後、妻之父母，夷狄也。
不臣二王之後者，尊先王，通天下之三統也。《詩》云：有客有

客,亦白其馬。謂微子朝周也。《尚書》曰:虞賓在位,謂丹朱
也。不臣妻父母何?妻者與己一體,恭承宗廟,欲得其歡心,上承
先祖,下繼萬世,傳于無窮,故不臣也。《春秋》曰:紀季姜歸于
京師。父母之于子,雖爲王后,尊不加于父母,知王者不臣也。又
譏宋三世內娶於國中,謂無臣也。〔參看《春秋公羊傳》桓九年文
及僖二十五年文。〕夷狄者,與中國絕域異俗,非中和氣所生,非
禮義所能化,故不臣也。《春秋傳》曰:夷狄相誘,君子不疾。
〔昭十六年《公羊傳》文〕《尚書·大傳》曰:正朔所不加,即君
子所不臣也。」前二不臣,尊之也。後一不臣,略之也。又曰:
「王者有暫不臣者五:謂祭尸,授受之師,將帥用兵,三老,五
更。不臣祭尸者,方與尊者配也。不臣授受之師者,尊師重道,欲
使極陳天人之意也。故《禮記·學記》曰:當其爲師,則弗臣也。
當其爲尸,則不臣也。不臣將帥用兵者。重士衆,爲敵國。國不可
從外治,兵不可從內御。欲成其威,一其令。《春秋》之義,兵不
稱使。明不可臣也。不臣三老五更者,欲率天下爲人子弟。《禮》
曰:父事三老,兄事五更。」由不臣,暫不臣,不純臣,三者觀
之,則周之創制定禮,其意深遠矣。政治系統之權力豈無足以限之
者,而一任其擴張函蓋一切乎?必有足以超越之者。蓋政治機構
爲實現客觀價值而設,意在措民務、成事功,長養人民也。其本身
由分位等級而成,故爲有限者也。在此有限機構中之每一位皆爲有
限者也。以此其每位之權限亦爲有限者。處於此位中之人之權力
欲,決無可以任意澎漲隨意揮灑也。此則爲有限,則必肯定一超越
此有限者。超越此有限者,理也,超越理想也。此教化之原也,道
德之本也。必肯定超越理想,而後有客觀而獨立之教育德化、學術

文化之可言。而有限與超越有限者一是皆由「禮」之定限以成就之。禮內在地成就分位之等（政治之機構），外在地成就超越理想。故《荀子》曰：「禮者治辨之極也。」又曰：「禮者法之大分，類之綱紀也。」（治辨不徒爲內在的，即不徒爲一個系統之內的。且由之以顯示出外在的，即一系統之外者。故曰治辨之極。不極，則禮不能得其客觀之意義。禮不能客觀化，則分位之等不能得到客觀之證成，超越理想亦不能得到其客觀之證成。法之大分，類之綱紀，亦如是。）是以唯能成就分位之等，保持價值層級者，始能排除獨裁。獨裁者，一方必剗平分位之等，價值層級，而下齊於物；一方必否認超越理想而將自己首出庶物，超越一切。一切皆爲其所齊，而隸屬於其自己以爲工具。其自身已非精神，其心已死，其生命已枯，乃爲一純物化之大魔，渾同之漆黑深潭，故彼不見有光明，遂視一切爲芻狗也。

9.譏世卿。《春秋》隱三年《公羊傳》云：「其稱尹氏何？貶。曷爲貶？譏世卿。世卿非禮也。」（宣十年《傳》同。）何休注云：「禮，公、卿、大夫、士，皆選賢而用之。卿、大夫任重職大，不當世也。」世祿可，世位不可。此義，三傳皆同。公、卿、大夫、士，《白虎通義》稱之爲內爵之稱，即吾所謂政治運用上之分位等級也，亦得曰治權之等。內爵者，內臣之爵也。然則公、侯、伯、子、男爲外爵之稱，是政權之等。政權世，治權不世。《白虎通義・封公侯》篇云：「何以言諸侯繼世？以立諸侯象賢也。大夫不世位何？股肱之臣，任事者也。爲其專權擅勢，傾覆國家。〔……〕妨塞賢路，故不世位。」諸侯世位，蓋國君一體，示政權也。政權定常而不變，客觀而公共。有常即有變，治權其變者

也。無變不能開社會之流通，無常不能立社會之安定。此深得乎政治之本質。惟「常」之形態則隨歷史之發展而有變易。治權之選賢與能，有廣狹之異，而無形態之別。周之定常者在乎植根于宗法社會之家庭，又有封建諸侯之多常。自秦漢後，多常變爲一常，而植根于宗法社會之家，則不變也。是定常者與具體之個體不分者也（依一法度以延續一家之具體個體之世襲）。至近代，則定常者由具體之個體轉而爲抽象之憲法，是與一家個體世系分離者也。此爲一形態上之大變異。然則，人類政治史，定常者之形態亦唯此二而已。周之治權之變（選賢與能），範圍尙狹。蓋自武王克商，封建諸侯後，王室及諸侯之子孫，除世天子位及諸侯之位者外，其餘諸王子、王孫、公子、公孫皆爲公、卿、大夫、士。大抵，其直接于王及諸侯而爲近支者爲公、卿，爲大夫，其演變久而間接者，則下淪爲士，再久則亦可淪爲庶民。然諸公子、公孫皆必進而有位，退而有祿。雖不世其位，而可世其祿。故《禮記・禮運》篇云：「故天子有田，以處其子孫；諸侯有國，以處其子孫；大夫有采，以處其子孫。是謂制度。」所謂貴族政治者即依公子、公孫（王子、王孫亦然）之世祿而又必參與治權也。非是因先有位而得祿而爲貴族政治也，乃是因其爲貴族必世祿而又必有位而爲貴族政治也。其爲貴族，即因其祖得天下而爲正統，握有政權，此與後來之宗室同其意義。惟自秦、漢後，因宗室逼近天子，故首先被斥遠，此乃與周之不同處。亦足見較古者，政治味尙不甚濃，猶保存家族忠厚之情。自春秋、戰國，即漸漸被疏遠而處之以客觀之法。此可見其爲貴族，一方同質于後來之宗室，一方亦無西方之貴族階級之意，而其保存家族忠厚之情，此示其尙隸屬于家族（王室）之主觀狀態

中，因此而保持其握有政權（以其祖故），故必參與治權（以其自身故）。以故選賢與能，乃大體限于貴族範圍內。此可曰貴族中之民主。至若庶民，則很難參與治權。大體可升至士。士有上中下三級，其容納性亦廣。而士之爲爵級最低，接事細繁，亦須多士。案周制王者立三公、九卿、二十七大夫、八十一元士。諸侯除公外，亦有卿、大夫、士。士之數目必不能甚確定也。士爲貴族與庶民之啣接處。貴族，年代久遠者，既可淪爲士、爲庶民，則庶民自亦可以升爲士也。再上則很少可能矣。西周盛時，無詳史。至春秋時，各國集團生命生長既久，社會較繁富，又多事。依《春秋》三傳所記，其露精采者，大體皆士。然其爵級仍不能高。以管仲之大勳勞，在朝天子時，只受得下卿之位。此一方足見周文之貴族政治尚足以維繫人心，名分尚有其尊嚴。故唯名與器不可以假人。一方亦足見選賢之狹也。即以是故，名曰貴族政治。然庶民可通過士而參與治權，則即階級限制不嚴。其門開而不閉，其不參與者，亦如後來之農民，只因其業農，並無他故。自春秋後，經過戰國，士級露頭角，佔社會之大勢力，周之貴族政治遂必趨于崩潰，而轉爲秦、漢後之君主專制。自此以後，治權上之民主遂得大開放，其形態直維持至今日而不變。故云範圍有廣狹，而形態不異也。（中間亦有曲折的發展。如在西漢，自武帝更化後，士人出路由選舉徵辟。魏、晉、南北朝門第形成，遂成爲治權之獨佔，文官家庭之變相世襲。隋、唐起，科舉制成立，門第貴族逐漸打破。此後經過宋、明、清，此制不變。治權遂大開放。惟元以胡人入主中國，分人爲九等。遂有種種特殊階級。）若還以爲不足，則非治權上之問題，因治權上必須有道德知識才能也。乃爲表恆常之政權上之問題。是

故民主有從治權而言,有自政權而言。從治權言,則中國已甚民主矣。自政權言,則不足也。吾人所謂中國無近代化之民主,無西方式之民主,即指無政權上之民主而言也。而民主之本質,及其重要關鍵所繫,惟在自政權上言。此步轉進甚難。自辛亥革命後,以至今日,惟在此為不清耳。故有今日之慘局。此已牽涉到吾人歷史文化之基本精神問題。此吾人所以亟亟於貫通吾人之歷史生命、文化生命而釐清此問題之本質也。

　　附論:茲復有義,願繫於此而略論之。即:王者受命於天,「人統之正,託始文王」。中國何以不能由此成為萬世一系?此形態之定常,何以必須轉進而為另一形態?王者受命于天,子孫繼體世位。諸侯世位,國君一體。則王者世位,天子、天下一體。前言貴族政治,其諸子、諸孫之所以能貴,必因其祖之受命之正而為貴。人統之正,託始文王。何以必託始文王?且自外部言之,夏、商文制不備,不脫氏族部落之陋。宗法不定,政制不成形,即人道不卓立。就此客觀大義而言,吾人即可說:「人統之正,託始文王。」(前人只言積德,稍嫌寬泛。)前乎周者,皆首闢洪濛之前迹,開物成務之累積,而不具備定形者也。然徒如此以觀,猶不足以極成人統之始。茲復內在地言其義蘊。公羊家就此建立人統之始之理據,甚可取也。《春秋》重元。《春秋繁露·玉英》篇云:「謂一元者,大始也。知元年志者,大人之所重,小人之所輕。」又〈王道〉篇云:「《春秋》何貴乎元而言之?元者始也。言本正也。道,王道也。王者,人之始也。」本之正,以何而正?以道正也。而道,則王道也。王者,受命于天,即受命于道。受命于道,即以道為元為始。王者,人之始也。王者之為人始,以道之始而為

始。此言元與始，繫屬于王道而言之，非純哲學地空論宇宙萬物之
元與始也。而道又必曰王道，亦非純哲學地空論宇宙萬物之道也。
而王道之正之爲始，乃由文制之極而證成，即能制禮作樂，確立宗
法，人道不亂，制定制度，而政治形式凝成，確立分位之等，而又
以超越之理爲本統，此王道之大端也，亦即王道之始也。能盡乎此
王道者，即爲「王者」。人之始即由此立。言人之所以爲人，肇始
乎是也。是則人統之始，即依王道之元而同時建立。莊存與《春秋
正詞》云：「聞之曰，受命之王曰祖，嗣王繼體者，繼太祖也。不
敢曰受之天，曰受之祖也。文王受命之祖也。〔案：以其能盡王
道，故曰受命。〕成、康以降，繼文王之體者也。〔案：繼文王之
王道之體。〕武王有明德，受命必歸文王，是謂天道。武王且不敢
專，子孫其或敢干焉。命曰文王之命，法曰文王之法。〔案：雖爲
周公所作，必推予文王。〕所以尊祖，所以尊天也。」此純以王道
而言之。此之謂大始。除道以外，無可爲始者。而言人統之始，則
必繫于王道而言之。誰能當下以王道爲始（即能盡王道），誰即其
現實之統之祖，亦即是人統之始。此與明心見性之當下覺悟之盡道
立人極不同。蓋此爲個人的、道德的，而非民族的、歷史的、政治
的。言人統之始，則必由盡王道而言之，此則爲民族的、歷史的、
政治的，民族之開物成務史，演變至此，而可以言人統之始也。此
則並非偶然者，亦不可以隨意安排，隨便取與也。孔廣森《公羊通
義》云：「尊則統人，親則率祖。尊尊而親親，人道之始也。」而
尊尊親親之義亦即由盡王道之王者而彰著。吾人復依尊尊之義反而
尊王者爲人統之始，而其子孫則依親親之義而繼其體。是即「人統
之正，託始文王」之內在的極成。其子孫所繼之體既客觀化而爲

「人統」，則何不可以萬世一系，而爲吾華族之永恆定常耶？曰：
隨時變通，本無不可。日本至今，其天皇仍爲萬世一系，而英國仍
有其王而不斷。然在中國，此文王之體竟斷而不繼。其故何耶？曰
難言也。吾不敢謂能有滿意之解答。西周三百年，王室鼎盛，傳世
旣久，無可以斷。即下逮春秋，王室漸微，而五霸代興，猶尊王攘
夷。大一統之說出，則周之王統之持續性又得一進一步之理據。當
時人心共戴王室之統一性與象徵性，未有或疑也。周之世繼，至此
已六百餘年矣。（孔子之《春秋經》終于魯哀公十四年，《左傳》
則終于哀公二十七年。以《左傳》言，共三百〇三年。是則六百餘
年矣。）戰國近二百年，王室益微不足道，各國復稱王，則「諸
侯」之名已不存。當時人心無復以王室爲念，諸子百家亦無復有新
名號以振王室者。孟子只勸人行王道，然非春秋時之尊王也。其他
更不必論。周之世繼，處于此時，實在漏隙中延續也。然猶近二百
年。漏隙偷生，本無足怪。永永世繼，本無常盛。然要者，惟在隨
時變易，常有新生命之出現：或王室自身，集體不散，有足以振人
耳目者，或時代中常有新理念、新人才以擁戴王室。如是方能世繼
不替。若王室自身，漫漫長夜中，永無所表現，以繫人心，則人必
淡忘之。若時代中亦無新理念、新人才以擁戴王室，則人心亦無緣
向此而縈迴其繫念。生命消散，露精釆，出頭角者，全在他處，則
其能世也難矣。周之不世 ，即在此式微與淡忘中而終被秦所亡。
若問何以至此，則似有理由，似無理由，亦煞難說。約略言之，亦
有二面可說：一、就周之封建所成之現實歷史之勢言：周與諸侯各
分土而治，有不純臣之義，敵體較顯，則周之所以籠罩天下者，全
在其合法之王統，與文化上之文統。此超越者、形上者，不能與其

現實勢力相對應。現實勢力，則周與諸侯各為一集團。而其所封之各集團，終必在滋長壯大中，表現其生命。現實生命，為強度者，亦為有封域而生根者。（封域言其空間性，生根言其歷史性。依此而成為集團。）王室生命，其表現已過，終必為其他集團所代替。各集團生命，齊頭並列，生長龐大，終必爭戰。而一敵體爭戰，則必各為其集團。若王室尚有生命，則可攜名號以行征討，勢必統一，而統一不必在秦。但強度之生命，在敵體中，很難長春。此蓋為自然物理之法則（強度為物理的）。若在時代中有新理念之號召，有新人才以參與王室，則亦可「以理生氣」，重振其生命，使生命不純服從「強度原則」，而服從「精神原則」（以理生氣，為精神原則）。然此終未出現，遂使王室終於服從強度原則而消散。

二、就新理念之號召不能出現言，此蓋為此問題之重要關鍵。文王雖受命，春秋時雖有五霸之尊王與孔子之從周，然湯武革命之事實，則彰彰在人耳目。武王伐紂，伯夷、叔齊叩馬而諫，即不以武王革命為然。然商湯伐桀，亦革命也。雖云湯武革命應乎天而順乎人，而繼體之不永，自古已然。如認湯武革命為是，則世位之不繼亦所允許。是以有受命，即有廢命。以天命而來，亦以天命而去。則天命一觀念即不能保其必世。而人統之正，雖可託始文王，亦不函其繼體之必永。「天聽自我民聽，天視自我民視」，「水能載舟，亦能覆舟」，此種觀念，由來已久。此雖為警戒之詞，然其所函者為「修德」之觀念。德衰，則天透過民，仍可廢之也。至孟子，則直謂「聞誅一夫紂矣，未聞弒君也」。論堯、舜授受，則直謂「天與之」。天可與，亦可不與。歷史相傳之觀念與時代思想家之理論，皆直接把住「天命」而言。而「天命」之觀念以及其所函

之「警戒」一觀念，一方旣函有「天命之不常」一觀念，一方亦足見直接如此想（即以「天命」爲言）並不能極成「世位不替」之定常。中國之思想家始終不能正視此「定常」一問題，而思有以解決之。依此，繼體之永不永，遂置諸不論，而措心于革命更替以延續「文統」于不墜。「定常」置于文化，而政治上之「定常」則付諸不決。秦、漢而後，此情形益形確定。世位之不永視爲當然。此文王之統之不能萬世一系之故也。依此，天命一觀念以及宗法社會下一家具體個體世位一觀念並不能成就政治上之「定常」。欲成就此定常，則必須新觀念以補之。假若宗法天命所表示之政治上之定常爲第一形態，則須新觀念以成就之定常，即爲第二形態。此第二形態之形成，或由于就第一形態而加以限制，或由于根本廢除一家之世襲。此爲精神發展上所必須轉進者。否則，政治上之定常旣不得決，而自政權言之民主亦不得立。如此兩者不得成，則吾人之歷史精神仍停在主觀狀態中。此第二形態之所以不出現，必至秦、漢後始能完全了解。蓋吾華族之精神表現，必經過春秋、戰國以至秦、漢，始至一確定之形態。吾人可由之以了解吾華族之基本精神所發展而具形者爲何，其所缺者爲何，所必轉至者爲何。

第三章　平等與主體自由之三態

第一節　分位之等之價值觀念爲中國文化生命之特徵

　　《禮記・郊特牲》篇云：「天下無生而貴者。」又云：「古者生無爵，死無諡」。「貴」，由分位觀念起。爵表位，諡表名。中國自古即無先天固定之階級。此所謂「古」，斷自何時，不得確知。（鄭玄注云：古、謂殷以前也。）大體爵諡之成定制，可斷自周文（商質周文，故云周文）。爵與諡皆由尊尊之義道而建立。有爵位之等，即有諡法之異。《周書・諡法》云：「諡者，行之迹也。號者，功之表也。車服者，位之章也。是以大行受大名，細行受細名。行出於己，名生於人。」《禮記・曾子問》篇云：「賤不誄貴，幼不誄長，禮也。惟天子，稱天以誄之。」《白虎通義・諡》篇云：「天子崩，大臣至南郊諡之者何？以爲人臣之義，莫不欲襃稱其君。掩惡揚善者也。故之南郊。明不得欺天也。故〈曾子問〉，孔子曰：天子崩，臣下之南郊告諡之。」又云：「諸侯薨，世子赴告天子，天子遣大夫會其葬而諡之何？幼不誄長，賤不誄

貴。諸侯相誅，非禮也。臣當受諡於君也。」是以諡者，名德狀行
之總稱。諡有美惡，宋後始止美諡。「故孟子曰：「名之曰幽厲，
雖孝子慈孫，百世不能改。」楚共王之歿，自請爲「靈」若
「厲」。（《左傳》襄公十三年。）「躬之不淑，則受譴人天。元
首之尊，莫逃公議。此所以爲名敎。」（柳詒徵先生《國史要
義》，頁14。）

　　若非「分位之等」立，爵諡亦不能見重于天下。人無生而貴
者。自其生物之生言，皆平等平等。此爲生之原質。必套于文化系
統中，而後見其貴賤。是以中國貴賤觀念，自始即爲一價值觀念，
非先天固定階級之物質觀念也。由文制而定貴賤。即由生之原質而
至人道也。人之所以爲人，由文化系統而見，亦復由內在道德性之
自覺而見。由乎前者，始于周文，孟子名之曰「人爵」。此爲政治
的、社會的、客觀的。由乎後者，始于孔、孟，孟子名之曰「天
爵」。此爲貴于己，爲道德的、形上的，亦爲精神之絕對主體性之
彰顯。其于社會文化意義，見于春秋後，儒家及士人之興起。吾前
藉「譏世卿」以明中國政治上治權之民主與政權之定常一問題。今
再藉爵與諡（位與名）以明中國由「分位之等」轉移階級對立于無
形，形成中國一律平等之觀念。茲引姚漢源先生一段文以明之：

　　　流品在中國社會中極爲明顯。論中國社會，應以此爲眉目。
　　階級問題並不重要。〔……〕
　　　商以前，史料不全。周人東來，分建列國，實是一種武裝農
　　民的屯墾。設封疆，建城廓。春秋耕作，農隙講武。平時，
　　則國君卿士，工商野人。戰則將帥兵卒。各階層世襲。形成

君、卿、大夫、士、庶人幾個階級。可注意的是貴族階級之
政治任務及其所受之限制約束。理論上，周天王受命于天，
諸侯及上卿受命于周天王，大夫士受命于諸侯。推源溯始，
也可以說同受于天。受命于天，並非是獲得統治他人的權
利。這不是權利。這是天命令他負某種職責，因而授之以
位。這裡分判了兩個意思：一是因在社會上有勢有力而奪得
統治權。嚴格說，這並無所謂政治。一是因在政治上有位而
有權，而決定其在社會上有勢。周代貴族，在理論上，勿寧
是有位斯有權。前文曾提到「位」即是社會組織中條理節湊
之實現。條理節湊普顯為社會之「禮」。禮即附著於所實現
之位，以判別位，約束位，建立位。當時謂「禮不下庶人，
刑不上大夫。」庶人受法的約束，貴族受禮的約束。法在當
時也含有禮的意味。庶人的精神生活不充實，不能意識到人
生行為之條理性，自行建立其規範，須加諸自外，受強力的
制裁。故謂之法。禮不只是雍容揖讓的儀文，實有行賞用
罰，約束限制的作用。禮所以次序政治上的位分。位，為之
實現者，應是品德高尚的人。故位分之高低，即表示品德之
上下。現代之法，如為人之權利義務之規定，則禮即為當時
「位權」、「位義」之規定。某位應有若何之形式，若何之
軌則，因而形成儀文。

禮之重要表現工具是名與器。名器為進退賞罰之具。名所以
定分，器所以明分。位分既定，禮即有所規定。周襄王寧肯
賜晉文公土地，不肯賜隧葬。失位者，固失實權。當時人卻
把名器看得更重。禮之進退，重於生死之賞罰。當時固可

「一字之褒榮於華袞，一字之貶嚴於斧鉞」也。人類品格之
上下，不在於權益之佔有，在位分之上下。人間之貴，即是
天秩之顯現。天爵合於人爵，品德顯於位分。原以品德判別
社會流品，即逕以政治位分判之。〔案：自歷史言，以品德
判別社會流品，當是春秋以後事。〕政治上有位無位，即是
社會上流品之上下。有位無位，在名器之等差別異。名是抽
象品德的標誌，器是抽象品德的性質之具體化。二者皆能直
接干涉人類之精神生活，亦即能判其品德。後世儒家以禮代
法之說，意欲把對肉體之物質賞罰轉爲對精神之道德褒貶。
實以人爲善惡，肉體不負責任，負責任者爲精神。後儒盛贊
周文王畫地爲牢，赭衣示戮，等等，實爲名器之變化應用。
〔……〕（見〈士流與政治〉一文）

姚先生此兩段話，以周朝爲主。此後各代，俱有縷述。我在此先論
「位分名器」一觀念所函之問題之意義。中國自古即無固定階級世
世相傳於人間。士、農、工、商，非階級之意。即自周以前言，伊
尹耕於有莘，則農也。傳說起於版築，則工也。而士皆出其中。至
周之貴族政治，則貴以位爵定，即以文制定，而其背後之根據爲品
德才能。此是一價值觀念，非物類之階級觀念也。至秦、漢統一
後，治權之民主成立，皇帝以下，一律平等。固定階級之消除，尤
爲世人所周知。以價值觀念領導政治，消除階級，此爲中國歷史自
始已然之基本意識。後來士人握治權，其于階級之消除，貢獻尤
大。分崩離析之混亂時代，常有特殊勢力乘機形成。然非由社會內
部自己形成，亦非中國社會本質如此。故一到政治上軌道，旋即打

散。

第二節　黑格爾論東方：印度之階級與中國之統一

黑格爾於其《歷史哲學・東方世界部》論到印度與中國時，有以下之比論：

> 論到印度之政治生活，必須首先考慮它所表現者不同於中國。在中國，組成大帝國的一切個體，一律平等；結果，各級政府皆吸攝於其中心，即皇帝，依此，各個分子皆不能得到其獨立性及「主體之自由」〔subjective freedom 亦可譯主觀自由〕。在這個「統一」底演進中，第二步當是差異，就是保持獨立性，以反對無所不臣的那個統一底力量。一個有機的生命，第一需要有個整一的靈魂，第二需要有成爲差異的分岐。「差異」轉成有機的分子，而在它們的若干職務上把它們自己發展成一個完整的體系。如此，它們的活動復重建起那個整一的靈魂。但是，這種分離底自由，卻正是中國之所缺。存此方面，這種本質的演進卻見之於印度。即獨立的分子從專制力量之統一中分裂出。但是，這些分子所函的差別卻只是由於「自然」。它們並沒有把作爲統一底中心之靈魂底活動刺激起，並且再自發地重新實現那個靈魂（如在有機生命中者），而卻僵化了，變成硬固的死體，而因它們的刻板性，遂使印度民族成爲最貶損的精神卑微者。印度的這種差別，就是所謂階級〔或云種姓 Castes〕。在每一理

性的國家中，必須有差別表現他們自己。「個體」必須達到
主體的自由，而至乎此，遂可以給這些差異體以「客觀的形
式」。但是，印度文化卻未能達到認識「自由」及「內在道
德性」之境地。他們的差異卻只是那些地位、作業，以及繁
文細節。復次，在一個自由國家，這樣的差異可以發生出特
殊的階級，但是這樣結合起來〔而成階級〕，其分子仍能保
持他們的「個體性」。可是，在印度，我們只有一種物量的
區分，這區分影響了整個政治生活及宗教意識。它的階級的
區分，就好像中國的那個「硬固的統一」〔呆滯的統一〕。
它的那些階級都是結果停滯在「實體性」底原始階段中。即
是說，它們不是個體底「自由主體性」之結果。（頁144）
階級不能從外部成立；它們是從內部發展出。它們是從民族
生命底內部深處生長出來。但是，在印度，這些差別是歸於
自然，這是東方人所具形的「理念」之一必然的結果。因為
當個體應當適當地具有力量去選擇他的作業時，而在東方卻
正相反。內在的主體性並未被認識為是獨立的；而如果差別
侵入到他們身上來，則他們的認識是如此：即他們相信各個
體不能為他自己選擇他的特殊地位，而是從「自然」受得
來。在中國，沒有階級底差別，人們皆依靠於法律及皇帝底
道德判決：結果，是依於一人的意志。柏拉圖在其《理想
國》中，是以種種職業的觀點，選擇統治者的觀點，來安排
不同階級的排列。因此，在這裡，一種道德的、精神的力
量是仲裁者。在印度，「自然」就是這統馭的力量。但是這
種自然的命運並不必引到我們在此所觀察的那種貶損底程

度，如果那些差別只限于俗世的作業，只限于客觀精神底形
態時。在我們中世紀底封建社會，個體也是被限于生活中一
定的狀態上；但是，對一切個體，卻有一個較高的存在，它
超越乎最高的人間尊嚴之上，而「參與聖城」，也是任何人
皆有分的。這即是一個大的不同。即在此，宗教對於一切是
在同一地位；雖然工人之子常爲工，農人之子常爲農，而自
由選擇亦常爲環境所限制，可是宗教成分對於一切人的關係
卻是相同的，而一切人亦皆因宗教而予以絕對的價值。在印
度，情形正相反。存在於基督世界的社會階級與存在於印度
者，還有另一個不同點，即，在我們間，道德的尊嚴存在於
每一階級，構成那人們必須在其自身而且經其自身以有之
者。在這方面，較高階級平等於較底者；而當宗教是一較高
領域，一切人在其中光明其自己時，法律前之平等（人格底
權利及財產底權利）每一階級皆可獲得。但是，依印度之事
實，如所已觀察者，「差異」不但是擴及於精神之客體性
〔即作業、儀節、文制等〕，且亦擴及它的「絕對主體
性」，如此，遂窮盡了精神的一切關係——道德、正義、宗
教，皆不能被發見。

每一階級有它自己特殊的權利及義務。義務與權利並不被認
爲涉於人類全體，而只被認爲涉於一特殊階級。當我們說：
「勇敢是一美德」，而印度人則說：「勇敢是刹帝利之美
德」。一般說來的人性，以及人類的義務，人類的情感，並
未彰著出來。我們只見被派於若干階級上的義務。每一東西
皆僵化於這些差別中，而在這種僵化之上，有一個無常的命

> 運在支配著。道德性及人類的尊嚴是未曾被知的；罪惡的縱
> 情充分發揮，精神則漫蕩於「夢境」（dream-world），而
> 最高的狀態是寂滅虛無。（頁147至148）

案：印度四種階級，一、婆羅門，古譯曰淨行，即僧侶階級，掌教
者，從梵天之口而來。二、刹帝利，古譯王種，此即戰士，政權階
級，從梵天之臂而來。三、毗舍，農、工、商各行技藝生活俱在
內，此從梵天之腰而來。四、首陀，此爲賤民階級，服役於人者，
從梵天之足而來。此四階級是先天定好的。個體屬於何類，生下來
即注定，終生不得踰越。本爲物質的生活習慣之結集，而印度人卻
因種種神話，迷離徜恍之虛影，使其先天化，成爲命運之注定。其
背後之根據爲「自然」。所以，其差異分離俱依自然而定，全不能
表現精神。其形下之物質界限已依自然而安排好，故其限制無任何
精神上之作用。精神不能在限制與破除限制中脫穎而出，故必遠離
漂蕩，成爲夢境。以虛無寂滅之夢境表現其精神。即佛教興起，說
法無類，則又對於現實之差別全部否定。此爲對於僵化之界限之浪
漫的反動。一刀兩面，其精神亦必爲寂滅（涅槃）之夢境。中國自
始即無固定之階級。治權民主後，皇帝以下，一律平等。而平等是
一抽象概念，其底子是各個體（萬民）散立並處（除家庭生活
外）。黑格爾謂其「統一」之「一」已硬固而僵化，停滯于實體性
之原始階段中（與印度之階級差別同），其中之個體無獨立性，無
「主體之自由」。凡此所云，其義爲何？不可不詳加自反。其所云
非全無謂也，茲引黑氏之言以明之。黑氏先論精神表現之大略如
下：

太陽，光，從東方昇起。光，簡單地說，只是一「自身函攝之存在」。但是，雖然在其自身具有如此之「普遍性」，可是同時在太陽中，它亦作為一「個體性」〔或獨體性〕而存在。我們可用想像，藉盲者忽然有視覺時之情感來描寫。盲者忽然眼亮，注視於黎明時光之微耀，上升的太陽之逐漸光明以至大放光輝。在此種純粹的光耀中，他的個性之無限制的忘卻就是他的第一階段之情感──完全是驚訝。但是，當太陽已經昇起，這種驚異即減消。周圍的對象已被覺知，而個體即從那些對象處轉而進到對於他自己內部存在之默想，因此，復進到此兩者間的關係之覺知。於是，靜的默想代替了活動；在白晝之終了，人們已豎起一個建築，從其自己內部的太陽而構造起的一個建築；而當在夜間，他即默想這個建築，他估計它比原來那個外在的太陽更高。因為現在他對於他自己的精神處於一種自覺的關係中，因而亦就是一種自由的關係中。如果我們牢記此想像於心中，我們將見它能象徵歷史之進程，象徵精神之偉大時代之工作。

世界底歷史從東方轉到西方，因為歐洲絕對是歷史之終點，亞洲是起點。世界底歷史有一個東方；東方這個名詞，其自身完全是相對的，因為雖然地球形成一圓體，而歷史卻沒有形成環繞它的一個圓圈。但是，反之，卻有一個決定的東方，那就是亞洲。在此，升起了那外部的物理太陽，而在西方，它落下了；在西方升起了「自我意識」之太陽，散發出高貴的光輝。世界底歷史是無控制的「自然意志」之訓練，它使這個「自然意志」服從一個普遍的原則，並且使它得有

「主體的自由」。東方從過去一直到現在，只知道「一人」是自由的；希臘與羅馬則知道「一部分」〔某些〕是自由的；日耳曼世界知道「一切」〔全體〕是自由的。依是，在歷史中，我們所觀察的第一步的政治形式是專制主義，第二步是民主制與貴族制，第三步是君主共和制（monarchy）。

要了解這種區分，我們必須注意：因國家是一普遍的精神生命（個體生下來對於它有一種信託及習慣之關係，並且在其中有他們的生存及實在），所以第一個問題就是：其中各個體的現實生活是一無反省的活著及習慣的活著，由之以結合之於這個統一體中呢，抑還是它的構成的各個體皆是反省的而且是人格的存在，皆有一恰當地「主體的及獨立的生存」（存在）呢？論及此，實體的（客觀的）自由必須與「主體的自由」區別開。「實體的自由」，是含藏在意志中那抽象的未曾發展出的自由，它進而要在國家中去發展它自己。但是，在「理性」底這一種面向裡，仍然缺乏個人的洞見及意志，即是說，仍然缺乏主體的自由；主體的自由只有在個體中被實現，而且它構成個體在其自己之良心中之反省。當只有「實體的自由」，則命令及法律皆被認為是某種固定的東西、抽象的東西，萬民〔個體〕對之皆在絕對服從的境地中。這些法律不需要契合於個體底願望，而萬民結果也恰如赤子，沒有他們自己的意志及洞見而順從他們的父母。但是，當主體的自由升起，人們從對於「外在的實在」之默想沉入他自己的靈魂中時，則因反省而啟示出的「對照」亦即

升起，且含有對於外在實在之否定。「從現實世界轉回來」，這一事實自身就形成一個「對反」，在這個對反中，一邊是「絕對的有」（神性），另一邊便是作爲個體的人類主體。在直接的，未曾反省的意識中（這是東方的特徵），這兩邊是尚未區別出的。實體世界是與個體區別開的，但是這種對反尚沒有在絕對精神與主體精神間創造出一個「分裂」（schism）。

第一形態，我們所由之以開始的，便是東方。未曾反省的意識（即實體的，客觀的精神存在）是我們的基礎。主體意志對於這個未曾反省的意識開始維持一種信仰、確信、服從式的關係。在東方的政治生活裡，我們見出有一個實現了的「合理的自由」，它沒有進展到「主體的自由」而發展它自己。這是歷史底兒童期。「實體性的諸形式」構成東方帝國這個華嚴的大廈，在其中，我們見出一切合理的政制與安排，但是這樣，個體卻只成爲「偶然」。個體環繞一個中心，環繞一個君主，君主如一個家長高高在上（其意不同於羅馬帝國憲法之爲專制）。因爲他要盡力施行那些道德的及實體性的東西，他要去維持那些早已建設起來的基本政制；所以凡在我們這裡完全屬於「主體自由」的，在此，則完全從國家這一面而進行。東方概念底光榮就是那「唯一的個人」（the one individual），一切皆隸屬之的那個「實體的存在」（substantial being），所以沒有其他個體能有分離的存在，或反映其自身於其「主體自由」中。一切想像及天然所有的財富皆歸屬於那個「主宰的存在」，主體的自由根

本上是被吞沒於此主宰中。主體的自由並不是在其自身中尋求它的尊嚴，而是在那個「絕對實體」中尋求它的尊嚴。一個完整國家所有的一切成分，甚至「主體性」，容或可以在這裡被發現，但是卻沒有與那個「大實體」（grand substantial being）相諧和起來。因為在那「唯一力量」〔大實體〕之外，只有叛亂的反覆，它越出此中心力量底範圍，隨意漫蕩，無目的，無成果。依此，我們見出有許多野蠻部族從上原處〔即西北〕衝出來，落在這個大實體內的城邦內，蹂躪了它們，或為它們所吞沒，因而捨棄其野蠻的生活；但無論如何，一切皆無結果地消失於這個中心實體內。這種實體，因為它沒有在其自身內造出「對反」而克服之，所以它直接地把它自身分為兩成分。一方面，我們見出延續、穩定；帝國好似只屬於空間，與時間不相干，非歷史的歷史，此如在中國，國家是基於家族關係上；一個家長式的政府，它用它的審慎監護，它的諮誠〔聖諭〕，它的報應式的或即訓戒的科罰，來維持住自己，又是一個「散文式」的帝國，因為「無限性」與「理想性」〔觀念性〕這兩形式間的對反，並沒有極成其自己。另一方面，時間底形式與此空間的穩定正相反。這些國家，其自身或其生存之原則，並無任何變化，只是互相間經常地變移其位置。它們是不停止的衝突，造成急劇的破壞。反面的那個「個體性原則」進入了這些衝突關係中；但是這個原則仍然只是不自覺的，只是一個「自然的普遍性」，即「光」，可是這光尚仍不是人格靈魂之光。這一部連續衝突史，大部分實在是非歷史的，因為

它只是那同一破壞之重複。新的成分，在勇夫悍將的恢廓大度之姿態下，重新佔據了以前專制王朝底地位，又重複那衰頹消沈底同一圈子。而此所謂消沈實亦無所謂消沈，因為經過一切這種不止的變化，並無進步可言。（《歷史哲學‧歷史故實之分類》，英譯本，頁103至106）

第三節　東西兩民族之生活原理之基本不同

案：黑氏所言東方，雖概括印度、波斯等俱在內，實以中國為典型。彼言世界歷史有一決定之東方，即亞洲，實亦即中國。彼復以為此是世界歷史之起點，而歐洲絕對是終點。吾將證明終點將即是此起點，而不是歐洲。彼即言世界歷史，亦當承認各民族即各文化源泉之各自的發展以及其未來之前途，由此期得一精神之大匯通，不當以空間上之從東到西之空間次序代替時間次序。因為，顯然西方並不是繼承東方文化形態而發展的，彼自有一精神表現的方式；而從東方過渡到西方，並不是時間上之過去，縱然波斯、埃及等完了，而印度與中國並未完；中國縱在過去二千年間只是重複無進步，然終是存在到現在，既有存在，即有其未來，此決不能忽而不睹而予以抹殺者。若如黑氏所言，中國只是個起點，歐洲是終點，則中國之存在及未來俱被抹殺去矣。各民族之精神表現，在開始時，即齊頭並列，各自發展。縱有因緣使之或遲或速，方式不同，然決不能謂誰只盡起點之責任，過此以往，便無其自身之意義與前途。黑氏講世界歷史，以空間上之各形態之前後安排組為一系，代替各民族之時間發展，代替整個世界歷史之時間發展，此決

爲不可通者。各民族各自有其發展。此其一。世界歷史，假若可能，則縱在開始齊頭並列，亦必在精神表現之方式上，生活之原理上，有一共同綱領（此如黑氏所說之精神表現中之「對反」等），是以在其發展途程與未來中，亦必有一息息相通之大諧和。此其二。在發展途程中，其民族只進到何種程度，只表現何種原則，決不能視爲終局與定局。（假若它尚未被淘汰，消逝於歷史。）此其三。哲學上，吾人可將精神表現之方式，共同綱領，全幅予以呈露。而在實際表現上，則有民族之氣質，決不能一時透露，而亦唯因有氣質之限，縱各原則皆有表現，而未必能得全體之諧和。譬如，中國在以前只有一「合理的自由」，而無反省自覺之主體的自由，歐洲有其主體之自由，而未必能得其全體之諧和。此其四。吾人只能說，在何時代，某原則取得領導之地位（譬如今日歐、美取得領導之地位。馬克思主義亦取得一領導之地位），但雖領導，而未必合理，未必是福。亦不能是終局與定局。由此以引導歷史再向前，誘發被動之民族表現其再進一步之原則。如此起伏隱顯，激蕩會合，方能有精神諧和之未來。各存在之民族皆有對於世界歷史之責任與使命。此其五。

依以上五義，吾人將說：世界歷史有一決定之東方，有一決定之起點，而此亦即是決定之終點。黑氏之圓圈，西方之發展，終必因東方之自覺與發展而回到此起點：此是人類在精神上，在生活原理上之故土也。中國之歷史，自表現出合理的自由後，一直是孕育之歷史，是一部大器晚成之歷史。此將如何解？

西方民族之生活原理，籠罩地說，其智之運用與思量問題是在「概念的方式」下進行。其基本情調，吾人亦可說是「概念的」。

從現實的社會政治生活方面說，其精神之表現是在「對立」中，重重障礙中。此種對立或障礙，容或因外部物質條件而形成，即其因緣為外部的，譬如階級之對立。其採取如此之方式是歷史社會逼成的。然外部因緣，不管如何，精神表現之本質卻必在限制而又克服限制中，始有積極之意義，有客觀之樹立而成正果。此是一普遍之原則。依此而言，西方的歷史文化卻正恰合此本質。他們是在障礙中而向前衝，此為「向外」；亦在障礙中而易有自覺，此為「向內」。他們是在限制與自覺中而向上透，此為「向上」。其內心之運用，表現而為智慮，則是概念的。概念亦是分離破裂而有界限，又是植根於經驗（限制），而又時常遠離乎經驗。黑氏所說的那個「絕對的有」（神性），在西方的思考方式（概念的）以及現實之歷史表現中，實是一個「概念的置定」，「抽象的虛懸」，而未必真能透體呈露也。以黑氏思想之通透作用，雖於「在限制中反省自覺而成之主體自由」裏，見出必肯定一個客觀而普遍的「絕對的有」，而其歷史文化與思考方式卻未必能親切乎此。國家之底子是一「普遍的精神生命」，然西方民族卻從未由此而翻出一個大帝國，而表現出一個系統整然的「合理的自由」，而中國卻能握住此中之關鍵而早已直接建立之，雖云直接而未臻於圓滿，要必有本也。此其故可深思矣。西方自走一途徑，並未繼承中國之「合理的自由」而前進也。

中國自堯、舜、禹、湯以來，以至周文之形成，所謂歷聖相承，繼天立極，自始即握住「生命」一原理。內而調護自己之生命，外而安頓萬民之生命。是以其用心立言，而抒發真理，措之於政事，一是皆自一根而發。哲學從這裏講，歷史文化從這裏表現。

這些中心人物皆是政治領袖，而並非如希臘之自然哲學家。是以其
生活之基本原理，以握住生命，故自「仁」發，不自「智」發（智
亦攝於仁而透露其光照）。其民族生命特別實際而親和。以其實
際，故能有現實生活上情理之相通，而無虛幻神話之膠固，而無抽
象概念之此疆彼界，故自始即從混噩質樸之現實生活而由以「人」
爲本之領導人物斬荊闢棘以前進。衝突戰爭，自所不免。然首先握
住生命者，重現實生活而較實際者，自必較抽象、隔離、孤獨、界
畫者，易有親和感（其流弊亦所難免，不待言）。故其生命柔和而
具體，不抽象而暴烈。其握住生命，在實際而親和之形式下，眞理
由仁發，不自智發，故領導民族生命者首先以其生活之智慧滲透上
天好生之德，親切地證實了那個超越的絕對實體是一「普遍的道德
實體」。此實體，由民族生命之領導者調護生命、安頓生命而接
契，故其與人間之關係亦自較自「個人」及「智」而接契者爲契
合、爲親切，而且在現實上易有客觀而普遍之意義，易有爲人間社
會之「實體」之意義。領導吾民族生命之聖王確有此實體之通透智
慧。故自始此實體即脫離神話虛怪之纏繞而爲一「實理」。簡潔精
微，來源甚早。此由〈洪範〉，即可知之。此實體之爲精神的，雖
未至十分彰著之地步，然其爲「道德實體」則無疑。商質，多仁
愛，又尙鬼，重卜筮（後來亦繼之），此雖爲現實上之纏繞，然在
此「具體之幾」上，亦流露生命之感應，此亦是具體之實理。惟此
道德實體上下周流而感通，故易爲人間社會之實體。王者體乎此，
修乎此，直接承之而爲建立政治、社會文制之「大本」，首先實現
一「合理之自由」，自爲甚顯著。

第四節　黑格爾所了解者並非全無理

　　此「合理之自由」，自周帝國之建立，文制之形成，即已實現。其親和之根為宗法社會，由親親之殺，尊尊之等之最富于人情味、合理性而形成大帝國之文制（大帝國內一切禮制與安排），此即為一合理之系統。此系統後面之超越根據，即為該普遍之道德實體，此亦可說為「普遍之精神生命」。此是一「絕對之有」，即神性。此神性，由王者之盡王道直接表現而為一「合理之系統」。在此合理系統內，一切命令及法律，皆富有道德味，而且皆是自上而下者。命令及法律皆繫屬於盡王道之王者，即繫屬於黑氏所謂「大實體」，「唯一之力量」。此大實體是通透而生根者，故一切法律亦因繫屬於此而生根，而有其繫屬於「一」之客觀意義。此法律之制定雖不須契合於個體之願望，而因其生根於親親尊尊之人情味、合理性（即合於人倫），個體對之亦無甚不願望。個體之接受也，並非由於經過反省自覺之奮鬥（而若有自覺而肯定之，必為道德的自覺），聖王（大實體）之制定也，亦非經過個體之限制鬥爭而制定。即在此義下，說為如父母之於赤子。禮儀三百，威儀三千，莫非性情中出，即表示並非不合理之教條，其基本處亦非彼有時間性、空間性之制法（即不同於近代或西方之法律），故說為皆人倫之常道。聖人盡倫，王者盡制，即盡此通於倫之制。普遍之精神，絕對之有，即通過王者之盡王道而轉為「合理之自由」，由王者「一人」之自由（盡王道即自由，他有了精神的表現），現為文制，而為合理之自由。此種自由即是普遍的精神生命之直接顯示，

並未進展到「主體的自由」而發展其自己。此種發展是直接從國家一面而發展。此種發展，自大實體一人方面說，是實的；自整個社會及個體（萬民）方面說，是虛的。因於此方面為虛的，故此「合理的自由」實只是「實體的」、「客觀的」自由，即含藏在意志中那抽象而未發展出的自由（此云意志可指那普遍的精神自己言）。法律，自大實體一人方面說，有客觀的意義，因在其「盡王道的自由」中而得到客觀化。但自整個社會及個體方面說，則無客觀的意義。個體對於這些法律絕對服從、確信，其服從亦非由於強迫。前言：雖不須契合於個體之願望，而個體對之亦並無不願望。個體只是一個不自覺的赤子，是以個體雖無主體的自由，亦無不自由。個體只成為「偶然」，即不相干。凡個體不經過反省自覺而表現其主體的自由，他不能有真實的存在，在「統一體」中不能有其真實之責任與義務。即依此義，說為偶然。精神在此落了空。

這個基本問題即是：中國只有普遍性原則，而無個體性原則。普遍精神，若沒有通過個體之自覺而現為主體自由，則主體精神與絕對精神間之「對反」不能彰著。此而不能，則「大實體」所代表之「統一」亦不能有機地諧和起來，即通過各個體之獨立性而重新組織起來。此而不能，則國家、法律所代表之客觀精神亦不能真實地表現出。在周文之「分位之等」上，尊尊之義道上，吾人已說有客觀精神之表現。但須知此客觀精神是在宗法形態下表現，此即黑氏所說：「主體的自由不是在其自身尋求它的尊嚴，而是在那個絕對實體中尋求它的尊嚴。」後來的忠君愛國，亦是此意。依此，大實體所代表的「統一」弄成硬固而僵化，虛浮而掛空，法律亦成為某種固定而抽象的東西。此即黑氏所說「散文式的帝國」，一種

「平庸的理解之形式」的帝國。呆板而平庸的「理解」（即知性）吞沒了想像與理性之創造。一個自上而下的廣被，一經穩定下來，必是「散文的理解」形態。可是，此種理解並不是「自下而上」，由經驗之限制與主客對立而磨練出的理解。此後者是創造的，有成果的（成科學），有通過自覺而成之「主體自由」的（故在社會政治上能有客觀之立法），而自上而下之廣被所凝結之理解，卻只是一個「無為的理解」，非創造的，無成果的，非通過主體自由的。它只是那大實體所表現之文制之散開。凡是由上透而下來的理解都是穩定的，非創造的。故聖人之智不能成科學。創造原理之成物，及其凝結而至成物處，是理解的，而此理解無創造。創造是在創造原理處：生命意志。王者之盡王道（盡制）所表現之文制系統不能有「主體的自由」，萬民是在潛存狀態中。所以大實體雖允許有治權之民主，而政權之民主（此是民主之本義）則始終不出現。這其間含有中西文化之最基本不同而相對反處。

單自此統一體之硬固而僵化處看，不管此統一體之來源之全幅意義，或不能參透此來源之全幅意義（黑氏實不能參透之），而一味順此硬固向下看、向外看，則必有黑氏所說之空間上之穩定，非歷史的歷史，以及時間上之連續的衝突，重複而無進步。此亦實為吾歷史之不可諱的相貌。吾人亦有一治一亂老是如此之感。且不特此也，吾人若順此硬固而向下看、向外看，說其為一散文的理解形式，則可知此硬固處所反映之精神亦實為一數量之精神。有數量之齊同性與普遍性。大帝國、大統一，而無個體之自覺所重新組織起之全體，就是這種數量精神。此大帝國固然一方由於盡王道，一方亦必由於「盡氣之武力」。從此「盡氣之武力」方面說，你可以看

出其物量之精神，即氣魄之偉大。英人陶孫（Dawson）論及蘇俄
的極權政治時，說：「新的集體主義絕不是沿著西方的路線發展而
成的。它和東方的專制國家，同波斯、亞述、埃及，以及激勵建築
金字塔和萬里長城的那種精神，倒比較更爲相同。〔……〕它甚至
可能和德國的與中歐的一部分傳統相調和。但是，就整個西方文明
而言，這種精神的勝利，就等於西方文明死亡。因爲它否定並毀滅
了西方人所賴以生活的靈性原則。」（見《中國文摘》第十期，
〈自由主義總檢討〉一文。此是陶孫《國家之評判》中之一章。）
此種精神就是一種數量物量之精神，此就是西方人所說的東方。此
說法與認識是西方人對東方（包括中國）的一個傳統的觀點。黑氏
如此，今日之陶孫亦如此也。這其中不完全假。吾人不應護短以自
蔽。若順硬固而向下向外看，確有此一相。而且不特此也，此種硬
固之統一所反映之數量物量精神，一旦持不住，便一起倒塌，倒塌
後，若無正面的盡王道之王者興起，則只有暴亂。內部不充實，硬
固的統一久了，即腐爛。由之而起的反動，即是屠殺。黃巢、張獻
忠即是一例。今日的共黨也是在此種同一反動上而起。以往之反
動，其本身是無有原理的，只是一個物氣之激。現在除物氣之激
外，共黨要自覺地使用一原理，來成就此物氣之激，而且與此物氣
之激恰合無間，其所用之原理即是唯物論，徹底否定人性、個性。
總之，否定屬於精神的一切。它要自覺地以此原理來肯定此物氣之
激爲合理。使其原爲負面的，轉爲正面的（因排除屬於精神之一
切，只有此）。使其原爲散亂無章法而易冲淡的，變爲凝固有章法
而成爲機械系統。此就是徹裡徹外窮盡一切的數量之精神。它的革
命過程就是把此數量物量提煉純淨，人性、個性純然排除淨盡的純

淨，而期達到一個純物量的漆黑渾同。但若說這是東方（尤其是中國）的正面精神，則不然。它是硬固統一下的一種反動之激變。馬克思及共黨之首創究竟不出生於東方。西方之有此，亦不是西方之正面精神。亦是反動之激變：科學與工業化之趨於「量化」的反動激變。凡純物量的，必由物量而激起。此是東西兩文化系統之毒素所激起的一個「普遍的反動」，典型的純物量，它代表一個異于兩正流的「普遍異端」，此就是「純否定」之異端。但是它自覺地所用以提煉「物氣之激」的那原理卻決不出自中國的文化精神，而實出自西方概念思考的精神。這點，西方人亦應當反省自察，不應當存偏見以諱短。

第五節　中國所缺者爲國家政治法律一面的主體自由

吾以上順黑氏之了解而予以說明，明其並非全無理。茲再順中國文化精神作一正面的說明，明黑氏之了解並非全對，並非盡中國精神之本與全。

黑氏對於中國所說之一切，就是：「國家爲一普遍的精神生命，個體生下來對於它有一種信託及習慣之關係，並且在其中有他們的生存及實在。」但是，不幸，在中國，各個體的現實生活，在此普遍的精神生命中，只是一種無反省的習慣，由之以將各個體結合於此統一體中。各個體並不是自覺的，亦不是一人格的存在，亦無一恰當地主體的存在及獨立的存在。直接的，未曾反省的意識，即實體的、客觀的精神存在，是基礎（此即是普遍的精神生命，作

為各個體的生存之底子的）。「主體意志」對於此未曾反省的意識，在中國只維持一種信仰、確信、服從的關係，而並未通過反省自覺表現出「主體的自由」以與「那實體的、客觀的精神存在」形成一分離之「對反」。

這是黑氏對於中國的根本了解。其如此了解，是從國家、政治、法律一面而說的。中國以前有一大帝國之建築，當然亦可說有一「普遍的精神生命」為其底子。但須知，這個大帝國，在以往，是並未以「國家」的姿態而出現；而繫屬於「大實體」的一切命令及法律實亦不是西方或近代所謂法律。所以人們常說，中國不是一個國家單位，而是一個文化單位。其大帝國之組織實不是一個「國家」，而是一個「天下」。此意亦可為黑氏之了解之所函。這問題是在：精神之表現，主體的自由，是否只在國家、政治、法律之一面？如只在此一面，則不是國家單位之中國，其中之個體自然只是在混沌中過活，毫無精神生活之表現。如不只此面，則不是國家單位之中國只在國家、政治、法律一面無表現，而在其他方面有表現。如是，問題只在如何轉出國家、政治、法律來。（再加上，如何轉出邏輯、數學、科學來。此兩系基於同一精神而發。）吾年來用心立言，常就此義有所鄭重。今就黑氏之了解，仍覺當是如此之看法。

吾前已言，中國民族自始即無固定階級之對立，自始即特別實際而具有親和感。發展至周，由盡王道之王者建立文制，而成為一各國統於一中心之大帝國，在一文教系統下維繫此統一。瀰漫於整個社會之基層組織是宗法社會，其一切文制（禮）皆生根於此。由此而直接呈現的，是一普遍的文教系統。再向前說一層，方是那具

有國家、政治、法律意味的大帝國。然而此大帝國卻不是自近代意義的國家、政治、法律之立場而看的，即不是自社會上由各集團各分子之「政治意義」的自覺與約定而重新組織起的。此重新組織起的國家形態當該與社會自身之內在的組織不是同一層。以此，由宗法族系之社會組織至此國家形態，當該有一轉折。但是此步轉折，中國卻始終未轉化出。即照周帝國言，此具有國家、政治、法律意味的大帝國實是由宗法社會與文教系統而直接虛映出。秦、漢以後，大體仍是如此。黑氏所說的一切都是從其為虛映而未經一轉進處來了解。然而吾人今日確知它實不具有近代國家、政治、法律之意義。因此，吾人不能從此虛映而認以為實，向下向外看其一切，以為即盡中國文化生命之本質。當該從其所由虛映處（宗法族系與文教系統）向裡向上，看其文化生命及精神之表現。從國家、政治、法律一面看，個體既成為偶然，那大實體之「一」也是偶然；個體無主體之自由，那大實體之「一」亦同樣不可說有主體之自由。如果那大實體之「一」有自由而不是偶然，則必自另一立場說。如果自另一立場說，他有自由，不是偶然，則個體亦有自由，不是偶然。此另一立場即是宗法族系與文教系統。惟此處所表現的「主體自由」與其不是偶然是另一意義，另一方面之精神表現，而不是國家、政治、法律一面之意義。

　　精神表現之普遍理路必須經過一「對反」而表現出主體精神與絕對精神間之分裂，主體自由與實體自由間之對照。同時，亦必須區別開此普遍理路之表現于國家、政治、法律一面之意義，與其表現於社會及個人一面之意義不同。在國家、政治、法律之一面，其表現之普遍形式，是在對立限制中，以客觀的意義，以集團的方

式，要求權利義務之約定而表現（其特殊狀況或外部因緣歷史條件可各有不同。如在西方，有固定階級對立。即階級打消了，各行業、各集團仍然有）。在此種對立限制中，因反省自覺，固已有主體之自由，人類主體當作一個體而有其獨立的存在；同時，以其以客觀的意義，集團的方式，要求約定而表現，故「客觀精神」亦在此對反中表現出，而其所約定的便是近代意義之「法律」，故法律代表客觀精神也。因法律是在對立限制中，集團地、客觀地爭來的，故一旦成立，便有其客觀的實效，而爲各集團、各分子所遵守、所愛護。亦且有其客觀的證實，而不是停在偏枯的主觀狀態中。依此，主體精神、客觀精神、絕對精神，都在此種對立限制中而表現出，而國家、政治與法律亦早在西方歷史中，順其固有之歷史因緣而出現。（在中國歷史上，嚴格講，就無這種法律。黑氏所說大實體所力行而維持的那些命令、法律、誥誡、賞罰等，實不是法律，而是維持道德倫常的教化的作用。黑氏以法律觀點觀之，而又自國家、政治之立場上說，固易見其爲主觀的，成爲某種固定而抽象的東西。然若知其爲維持道德倫常之教化，自宗法族系與文教系統之立場上說，則不是如此。）

第六節　中國所具備者爲道德的主體自由與藝術性的主體自由

　　然而在中國，則不是如此表現。它是在社會及個人方面表現。精神，在這裏，不是以客觀意義、集團方式而表現，故其對立限制亦不是集團地、階級地自外對立、自外限制，而是以個人方式，盡

其在我的意義，在個人自身內之對立限制中而表現。這點，須要鄭重予以說明。

　　周文及宗法族系成自周公，而予以反省的肯定，充分透露其形上意義，而予以超越的安立，以大開天人之門者，則始自孔子。（黑氏講中國，完全不提到孔子，便是其不了解中國文化生命之本與全。）普遍的宗法制的家庭族系以及普遍的文教系統瀰漫於全社會，穩定了全社會。各個體在其中過著具體的生活。宗法的家庭族系，依著親親之殺，尊尊之等，實兼融情與理而為一，含著豐富無盡藏的情與理之發揚與容納。它的理不像西方那樣的理智，它的情亦不像西方那樣的赤裸。在此種情理合一的族系裡，你可以盡量地盡情，你也可以盡量地盡理。而且無論你有多豐富的情，多深遠的理，它都能容納，決不能使你有無隙處之感：它是無底的深淵，無邊的天。五倫攝盡一切，一切攝於五倫。「自天子以至庶人，一是皆以修身為本。」此即表示：無論為天子、為庶人，只要在任何一點上盡情盡理，敦品勵行，你即可以無不具足，垂法後世，而人亦同樣尊重你。曾子的才情並不恢廓，守著一部《孝經》，誠朴而篤禮，即可傳道而成大賢。在此種穩定而富彈性的社會裏，實具有一種生命的親和感。在此種親和感裡，實蕩漾著一種「超越的親和性」，此就是此整個社會後面的「道德實體」，普遍的精神生命。若是此種宗法社會及文教系統全是一種習慣的凝結，毫無道理；若是個體在此種社會內，亦全是一種習慣的混沌，毫無道理，則中華民族早被淘汰，而且亦不能有任何文化可言。可是，要緊的是，各個體在此社會裏有所「盡」。

　　就在此「盡」字上，遂得延續民族，發揚文化，表現精神。你

可以在此盡情盡理，盡才盡性；而且容納任何人的盡，容許任何人盡量地盡。（荀子云：王者盡制者也，聖人盡倫者也。孟子云：盡心知性知天）。在此「盡」上，各個體取得了反省的自覺，表現了「主體的自由」，而成就其為「獨體」。主體的自由表現了一個「對反」。此對反不是因緣于集團之對立，而是即在各個體之自身。此方式之出現實淵源于堯、舜、禹、湯以來首先握住「生命」一原理：自調護生命，安頓生命上，形成此對反。在此對反中，一方作為「主體」的精神，澄清而上露，一方作為「客體」的自然即被刺出而下濁。這個「自然」不必是外在的自然界，即自身內「物質的成分」亦是自然。自然被刺出，則「精神主體」即遙契那道德實體，那普遍的精神生命，即絕對精神，而與之對照，予以證實。主體精神與絕對精神之遙契對照（即黑氏所謂分裂，由對反而成的分裂），是由于從自覺中與「自然」對反連帶而成的。原來只是一渾淪之整體，如赤子之心。通過個人自身內所起之對反，自然成立，主體精神成立，絕對精神亦成立。在此三種成立中，方能說「盡」。此是中國文化生命之一普遍的原理。若應用于各種「盡」上，則盡心、盡性、盡理、盡倫、盡制一串為最恰當此原理。（盡才、盡情、盡氣，則為另一串。容稍後，即比論之。）在此普遍而籠罩之原理上，各個體皆有了安頓，皆有被肯定之價值，不是偶然，亦不是浮萍。

　　蓋此對反之成實根於調護生命，而調護生命即是不安於墮落（物化）之「不容已之真幾」之透露。此「不容已之真幾」即是一切理想與價值之根源。墮落物化，即是罔生。不安之不容已即是真生。尊生，則不得不定肯任何個體。要尊生，不能不盡性盡倫。精

神在這裡表現，價值在這裡表現。聖賢、豪傑、志士，在此成己成物。其成己成物，或忘我犧牲，或順適通達。此精神表現之本質，一般地說，是道德的，其主體自由是「道德的主體自由」。依此，使人成爲一「道德的存在」。

吾適說，在對反中，成立主體精神、絕對精神及自然。（在中國，自然是含在道德意義下與道德主體相對照的那自然，不是與「思想主體」相對照的自然。）未提到客觀精神。茲就忘我犧牲而言客觀精神。吾已明，在中國，國家、政治實是宗法社會與文教系統之虛映，法律實是維持道德倫常之敎化作用，不可視爲近代意義之法律。是以國家、政治、法律意義之客觀精神，在中國，一同不具備。亦猶在國家、政治、法律一面之主體自由不具備。但既有在個人自身內所顯之對反，主體自由，由之而盡性盡倫，則不能不有客觀精神。以前所謂忠君愛國，捨孝全忠，以及尊尊之等，都是客觀精神。惟此客觀精神，亦是以個人方式，盡其在我之意義，在道德的主體自由下，而捨己。此種捨己，一面亦可如黑氏所說：「主體的自由並不是在其自身中尋求它的尊嚴，而是在那個絕對實體（大實體的一）中尋求它的尊嚴。」但是，另一方面，依盡其在我之意義，在絕對實體中尋求，即是在自身中尋求。因爲這裡，實有一主體的自由。惟不是國家政治的，而是道德的。所以並不是如黑氏所說，一切皆隸屬于那個大實體之一而無分離的獨立性，而無個性，而爲偶然。黑氏所說在絕對實體中尋求尊嚴是以無主體自由爲前提的，主體自由被吞沒于那大實體中，故如此說。若吾人已知這裡實有一道德的主體自由，則在那大實體中尋求尊嚴即是在其自身中尋求尊嚴；此即是他個人的道德完成。說穿了，這種主體自由亦

實不是在那「大實體之一」中尋求尊嚴，而是在那道德實體中，在普遍的精神生命中，尋求尊嚴。所以這種捨己、忠君、殉國，即是殉道。其透過君（大實體之一）而為之，則是限制出一個客觀的意義，即道德的主體自由下的客觀精神。實則此客觀的姿態實直接透露著絕對精神。「臣死君，國君死社稷」，皆是在此種主體自由下「殉道」。國君是個象徵，他亦當有所盡。此時之盡性殉道，是直接以絕對精神為標準，不以國家政治為標準。因為國家政治一層是虛映，並未由宗法社會文教系統之基層而轉出，即並未間接地重新構造起。所以無依照此標準而來的客觀精神，而只有依照道德實體（絕對）之標準而來的主體精神與絕對精神。其透過君而顯示的客觀姿態亦是一虛映。可以說，在此一「盡」中，精神之主體的意義、客觀的意義、絕對的意義，合而為一，一起呈現。而其為「客觀」之真實而落實的根據則在「道」（絕對），不在國家政治。（國家政治是虛的根據）有官守，有言責者，必須透過君，故易顯客觀姿態。至於無官守無言責者，或曾有而退處者，以及凡夫走卒，一旦遭逢大變，亦可盡其在我而捨己（此如宋、明亡國最顯）。此則直接以「道」為準，連那個虛映的客觀姿態亦可不要。此純是主體精神與絕對精神之直接披露。顧亭林所謂有亡國，有亡天下。亡國，士大夫有責（此語即表示所謂國不同於近代國家政治之意）；亡天下，則匹夫匹婦皆有責。中國的文化生命，精神表現，最後的標準實在亡天下時匹夫匹婦皆有責所擔負者。實不是吞沒於那大實體之一，而是吞沒於此。而吞沒於此，則必須有「道德的主體自由」。所以主體精神、絕對精神、客觀精神，一起皆是道德的，而又一顯全顯，實只是一。惟因其如此，所以國家、政治、

法律獨成一層面的客觀精神始不顯，而被吸納於「道德的主體」中。（由此，你可知後來理學家講學，爲甚麼那樣直接，那樣鞭辟入裡，那樣通透，而只收攝於一點。發展到王陽明，徹底點出，此一點便是良知。而王龍溪講良知又是直接從先天入手，從混沌立根基，以爲良知是「無中生有」，如空谷足音，轉瞬便逝。而鄧定宇以爲此一念靈明，「天也不做他，地也不做他，聖人也不做他。」一切灑脫淨盡，直接以此爲憑依。從此，你又可知，此學講到家，爲什麼純是一種藝術境界，而泰州學派唱出〈樂學歌〉，以樂爲學之極致。中國聖學之如此發展，實與其社會文化恰相契合。蓋社會無階級集團之對立。宗法族系與文教系統足以打散階級，反而即以之來維繫此散漫之社會個體。而社會個體于此文制外，欲由自覺而求其生活原理，其用心必不向「他」而向「自」，蓋他處無可向也。其易表現「道德的主體自由」，易向裡收攝于一點，乃爲至順適而上遂者。西方學問亦與其社會文化相契合。彼雖講自覺，而必藉階級集團之對立，撲著一對象，或至少必在此方式下，而言之。故向他而不向自。雖向自，終不能走上中國之一路。故于「自己」處不如中國之通透，而卻易表現邏輯、數學、科學與國家、政治、法律也。然而中國演至近世，宗法族系、文教系統，不足以應世變，學人復不順固有學脈而前進，而對於西方一套又非易得者，則「天地不做他」之一念靈明，本爲無中生有，轉瞬即逝者，今則眞逝而歸於無。是則宗法、文制、靈明，一起倒塌，而全成爲僵化之死物質，其生出共黨之反動豈無故哉？豈無故哉？）

　　上說之「盡」是相應盡心、盡性、盡理、盡倫、盡制一串而言。此爲中國文化生命之籠罩的形態。「人統之正，託始文王」。

自文王、周公言，可以說盡倫、盡制合而爲一。此即所謂聖王，盡王道之王者。先儒則將此拉長，謂二帝三王皆然。此爲儒家理想之王。實則自孔子出，秦、漢新局以後，此種合一，即不能有。而所謂「作之君，作之師」，君、師合一，亦當限於周之貴族政治而言。自王官失守，孔子有敎無類，秦、漢以後，君、師殊途，亦不能合一，盡倫、盡制純寄于士人。爲君者能承而受之，施而行之，已可謂盡倫、盡制矣。至於盡心、盡性、盡理，則尤是孔、孟立敎以後，宋、明儒者之所發揚。

除此籠罩形態外，尚有一串，即：盡情、盡才、盡氣。此亦是以個人姿態而表現。在前一串中，樹立「道德的主體」，表現「道德的主體自由」。在此一串中，則可用黑格爾說希臘之精神，表現「美的自由」（beautiful freedom），創造「藝術性的主體」（artisic subject）。吾人前言，在親親尊尊，情理合一的宗法社會內，情理皆可盡量發揚，亦能盡量容納情理。才、情、氣，若是在盡性、盡倫中表現，則爲古典的人格型。忠臣孝子、節夫烈婦，乃至杜甫之爲詩聖，皆是此型（至若日常生活，性情厚而篤于人倫者，不必言）。才、情、氣之表現若是較爲超逸飄忽，不甚顧及藩籬者，則爲浪漫的人格型。風流隱逸，英雄豪邁，義俠節概之士，乃至李白之爲詩仙，皆是此型。中國社會確能容納此種表現之自由。而且可以普遍於各階層，眞可謂平流競進矣。春秋時，尚不顯。一至戰國，則大顯。秦、漢後，社會已定型，更不待言。惟此種表現，與道德的自由不同。道德的自由，于個人自身內，必起一種對反，一方顯露內在的精神主體，一方亦顯露形上的絕對實體。精神，經由此種對反的自覺，從感觸中、自然中，提煉出。故內在

主體及絕對實體，皆成爲純粹的，而且可說爲純粹的精神。而美的自由，則常不經過此種自覺所成的對反。其背後之靈魂，則常是才情之飛躍，氣機之鼓蕩。它只是一個表現之「整個」。故其內在主體與其所嚮往之形上理境，皆渾融於感觸狀態中；絕對尚未自「自然」中提煉出，內在主體亦必須撲著於具體中而爲渾一之表現，不能至照體獨立之境地。才、情、氣皆爲精神之氣質者。故盡才者必露才，盡情者必過情，盡氣者必使氣。攜其才以傲世，深於情以悲笑，揮其氣以排庸俗。要皆生命凸出，而推蕩物化之墮性者也。惟盡才者，必賴生命之充沛足以盡之。盡情盡氣者亦然。生命之發皇，乃爲強度者。可一而不可再。生命枯，則露才者必物化於才而爲不才，過情者必物化於情而爲不情，使氣者必物化於氣而爲無氣。是故盡才、盡情、盡氣，皆有限度。其英華發露，莫知其所自而來，莫知其所由而去。其一時之精英，皆足以垂光萬世。然萬世者其型範也，而其當身，則只是一時。故盡才、盡情、盡氣者，皆不能過乎此一時。過而不捨，則物化而爲不才、不情亦無氣。故當其盡而發也，實爲神足漏盡之無限。然此無限實爲感觸的、氣質的，不眞爲無限也。其爲無限，只是其「才情氣之個體」之充其極。與道德的自由所示之無限不同也。此後者，依理而爲無限，前者則依氣而爲無限。吾將於後，名道德的自由爲「綜合的盡理之精神」，名美的自由爲「綜和的盡氣之精神」。吾將藉劉邦時代之爲天才時代，詳論此兩者。

第七節　結語：人格世界之普遍性與個體性

　　以上所言之兩種主體自由，即足示中國社會為一人格世界，為個體人格之徹底透露之獨體世界。道德的自由為「道德的主體」之徹底透露，美的自由為「藝術性的主體」之徹底透露。此所謂徹底透露，非謂個體中精神之各方面皆具備。乃只謂此種人格乃是徹上徹下、徹裡徹外而為一通透之整個者。呈露道德主體者，一悟必透至天而貫通于人，此為「理的神足漏盡」。呈露藝術性的主體者，一發必充其極而為無界限之整全，此為「氣的神足漏盡」。一透百透，一了百了。一盡一切盡，一成一切成。故一方為「獨體」之徹底透露，一方亦為典型（普遍者）之終始如一。而生命不已，盡者不已，則永恆即常新。獨體為一全體是「理」之獨體，為一全體是才、情、氣之獨體，故由其盡而透露之「普遍者」亦必為「具體的普遍者」。西人單知中國只有普遍性，而無個體性。正不知此普遍者非抽象之普遍也。正不知此個體性非知性中之個體性也。（此指非集團地自外限制而來之個體自由，亦即非近代國家政治中之自由。此後者之自由皆可概之于知性中。惟此知性是自下而上的，是構造的、有成果的。此西方之所長。西人立于此而觀中國，自謂其無個體性也。）此透頂之個體性必為道德的與藝術的，故其落下來而為文制人倫，而為藝術成品，即其結于物（現于外）而為文理，必是創造之結集。一言結集，即穩定凝結而散立，亦即屬於知性範圍內。惟此知性，是自上而下的，到此已無事。其為知性，自是非構造的、無成果的。自其為凝結而散立言，自必為平庸的、散文的。乃是下鋪之知性，非上衝之知性。此中國之所以無科學之故。知性，在中國文化生命中，尚未至獨成一域而有所盡之境地。即「思想主體」始終未磨練出。知性不能獨成一域而有所盡，科學固

不能出（邏輯、數學亦在內），而思想亦平庸而乏味。

　　思想雖乏味，而智慧則獨高。中國之人格世界，其生活是智慧之全幅表現。智慧之表現總是圓而全的。思想則是破裂的、系統的。此義，德人凱斯林（Kesserling）於其《哲學家之旅行日記》中論中國一部，即已透徹說出。彼謂思想有深奧，而上帝無深奧。蓋上帝即深奧自己也。彼謂此義，于觀中國人之文化生活而得其眞切之了解。彼由此即言中國人有智慧，而思想則乏味。蓋智慧是表現的，是神足漏盡之圓而全。透體是智慧之人格，如孔子、耶穌，必無哲學系統，亦必不能成科學家。凱斯林對于中國之了解，較深于黑格爾。西人鮮有及此者。然結語仍謂中國有普遍性，而無個體性，則是于此中之奧蘊，仍有未盡也。黑氏能道出吾人之短，凱氏能觸及吾人文化生命之內蘊。言有法度，皆不妄語。吾人如不能徹底反省，疏導而通之，有愧於西哲者多矣。

　　蓋中國所無之「個體性」（西人所特彰著者），只是國家、政治、法律與邏輯、數學、科學兩系所表現之個體性。前一系由「政治的主體自由」表現個體性，後一系由「思想主體」（精神之知性形態）表現「個體性」。此兩系之個體性皆不同於道德的與藝術的（中國所具者）。其所透露之普遍者皆是抽象的，有界限的，與個體性分離爲二的。其背後之精神，吾將名之曰「分解的盡理之精神」。此種個體性（政治的主體自由與思想的主體自由所表現者），皆由集團地對外而顯。自「政治的主體自由」方面言，其「集團地對外」爲「階級對立」，爲各行業集團。自「思想的主體自由」方面言，其「集團地對外」爲抽象地概念地思考對象，推置對象，而與主體對立，反顯思想主體。（思想主體提煉出，而成爲

純粹的知性，亦是一種自由。）

　　吾人如此疏導，可知：道德的主體自由使人成為「道德的存在」（以及宗教的存在），藝術性的主體自由使人成為「藝術的存在」，思想的主體自由使人成為「理智的存在」，政治的主體自由使人成為「政治的存在」。中國所充分發展者是前兩者，西方所充分發展者是後兩者。吾人由此可知中國之所短，將如何發展其自己。亦可知中西之差異，將如何會通而構成世界文化之契合與宗趣。

第二部　春秋戰國秦

第一章　五霸與孔子

第一節　桓公與管仲之尊王攘夷

　　《論語・季氏》篇：「孔子曰：天下有道，則禮樂征伐自天子出。天下無道，則禮樂征伐自諸侯出。自諸侯出，蓋十世希不失矣。自大夫出，五世希不失矣。陪臣執國命，三世希不失矣。」周自平王東遷，進入春秋，則禮樂征伐已不自天子出。力量中心，已不在天子，而在諸侯。依孔子此言，則春秋已可謂無道之世矣。再下變而自大夫出，以至陪臣執國命，則已進入戰國。不唯天子不能自保，即各諸侯亦不能自保。孔子蓋已預卜世變之勢矣。公羊家言《春秋》有七缺。「七缺者，惠公妃匹不正，隱、桓之禍生。是爲夫之道缺也。文姜淫而害夫，爲婦之道缺也。大夫無罪而致戮，爲君之道缺也。臣而害上，爲臣之道缺也。僖五年晉侯殺其世子申生，襄二十六年宋公殺其世子痤，殘虐枉殺其子，是爲父之道缺也。文元年楚世子商臣弒其君髡，襄三十年蔡世子般殺其君固，是爲子之道缺也。桓八年正月己卯烝，桓十四年八月乙亥嘗，僖三十一年夏四月四卜郊不從，乃免牲，猶三望。郊祀不修，周公之禮

缺。是爲七缺也矣。」(《春秋公羊注疏》隱公第一)《史記·太
史公自序》云:「春秋之中,弑君三十六,亡國五十二,諸侯奔走
不得保其社稷者,不可勝數。察其所以,皆失其本也。」準此而
言,則春秋爲衰世無疑。然周之封建諸侯,已滋長醞釀近三百年。
各集團生命不能不有其各自之表現。生命者,非理性者也。在其滋
長、衝動中,失禮之事乃不可免(此與經濟形態無關)。周衰而各
國起。雖曰假仁、假義,有尊王之名,無尊王之實,然猶共尊周文
而不替,則春秋三百年亦可謂周文之多頭表現期。此爲戰國所不能
有者。于是,吾人略言五霸之事業。

　　《白虎通義·號》篇云:「五霸者,何謂也?昆吾氏、大彭
氏、豕韋氏、齊桓公、晉文公也。昔三王之道衰,而五霸存其政。
率諸侯朝天子,正天下之化,興復中國,攘除夷狄,故謂之霸也。
昔昆吾氏,霸於夏者也。大彭氏、豕韋氏,霸於殷者也。齊桓、晉
文,霸於周者也。或曰:五霸謂齊桓公、晉文公、秦穆公、楚莊
王、吳王闔廬也。〔……〕或曰:五霸謂齊桓公、晉文公、秦穆
公、宋襄公、楚莊王也。」後二說爲春秋五霸,而末一說則爲近世
所通行者。又曰:「霸者,伯也,行方伯之職,會諸侯,朝天子,
不失人臣之義。故聖人與之。非明王之法不張。霸猶迫也、把也。
迫脅諸侯,把持王政。」案:此爲霸之兩義。陳立疏云:「案五霸
之字當作『伯』,『霸』其假借也。《說文·月部》:『霸、月始
生魄然也』,與迫、把諸侯義皆不合。」應劭《風俗通·五霸》
篇:「伯者,長也、白也。言其咸建五長,功實明白。」霸之本義
爲伯,而其實則常迫脅諸侯,把持王政也。《風俗通·五霸》篇又
云:「穆公受鄭甘言,置戍而去。違黃髮之計而遇殽之敗,殺賢臣

百里奚，以子車氏爲殉，《詩·黃鳥》之所爲作，故諡曰穆。襄公不度德量力，慕名而不綜實。六鷁五石，先著其異；覆軍殘身，終爲儌笑。莊王僭號，自下摩上；觀兵京師，問鼎輕重；恃強肆忿，幾亡宋國；易子析骸，厥禍亦巨。皆無興微繼絕，尊事王室之功。世之紀事者，不詳察其本末，至書於竹帛，同之伯功。惑誤後生，豈不暗乎？」陳立疏《白虎通義》引此而加案語云：「五伯定論，應如劭說，故此亦以昆吾、大彭、豕韋、桓、文爲主。」依伯之本義，當如此也。惟夏、商史略不詳，茲不論。周之霸惟齊桓、晉文耳。

齊桓公于魯莊公九年即位，任用管仲，霸業遂興。此爲中國歷史上，依編年史記載，首次出現之一對精采人物。管仲，潁上人，原輔公子糾，其位不過士。富機智而識大體，用法度而順民情。桓公亦頗寬厚弘爽，有與人爲善之度。兩人相得而成一典型之霸者。桓公多欲而好內，管仲亦奢侈而不羞小節。揆其生命之內蘊，皆于生活貪舒服，而智足以運其欲，亦富教養之貴族情調也。不虛僞、不矯飾、不陷溺、不把持，故能順民情而與人共樂。安天下、尊王室，而與人爲善。孔子曰：「老者安之，少者懷之，朋友信之。」此義之實現固有層次。有王者之作法，有聖人之作法，而霸者亦略得其體段。（孟子說：「霸者之民，驩虞如也。王者之民。皞皞如也。」）亦可謂能盡其才情者矣，而不以盡氣顯。秦始皇盡「物氣」之極，衰世之反動也。劉邦原始生命充沛，亦盡氣者也。此盛世之再造。大帝國之建立，其始也必須以「氣」顯。此則自漢始。後起者無論及不及，皆順此路走。然此路皆險絕而有竭嘶之感。費盡拔山氣力，捨性命、耗心計以求一逞。既得之、患失之，把持天

下，無所不用其極。秦政最壞。宋祖猜忌武臣，遺禍無窮，王船山痛斥其愚與陋。明太祖亦私心把持，作法于涼。漢、唐較好。朱子謂三代而後，皆把持天下，非無故也。西人所謂東方精神亦自秦、漢以後所顯之意態說。（主要者爲盡氣。眞能盡其氣者惟漢、唐。稍不能至，則生命墮落，僵化而爲物氣，因此，自私、剛愎、乖戾殘暴。）此路實非文化生命健康之表現。依此言之，管仲、桓公不可及也。春秋三百年亦不可盡謂之爲衰世。蓋實在周文之敎養中而盡才情者也。文化程度極高，富人情味，生命寬裕而暢達。故不把持而能相安。有限度，有分寸，而與人爲善。存亡繼絕，「帥諸侯朝天子，正天下之化，興復中國，攘除夷狄。」此犖犖數語，非文化程度高，生命寬裕者，不能也。故吾人于春秋之時，實見有文化生命之蕩漾，與文化理想之提揭。

《史記・管晏列傳》：「管仲曰：『吾始困時，嘗與鮑叔賈，分財利多自與。鮑叔不以我爲貪，知我貧也。吾嘗爲鮑叔謀事而更窮困，鮑叔不以爲我愚，知時有利不利也。吾嘗三仕三見逐於君，鮑叔不以我爲不肖，知我不遭時也。吾嘗三戰三走，鮑叔不以我爲怯，知我有老母也。公子糾敗，召忽死之，吾幽囚受辱，鮑叔不以我爲無恥，知我不羞小節而恥功名不顯於天下也。生我者父母，知我者鮑叔也。』〔……〕管仲既任政相齊，以區區之齊在海濱，通貨積財，富國強兵，與俗同好惡。故其稱曰：『倉廩實而知禮節，衣食足而知榮辱。上服度則六親固。四維不張，國乃滅亡。下令如流水之源，令順民心。』故論卑而易行。俗之所欲，因而予之。俗之所否，因而去之。其爲政也，善因禍而爲福，轉敗而爲功。貴輕重，任權衡。桓公實怒少姬，南襲蔡，管仲因而伐楚，責包茅不入

貢於周室。桓公實北征山戎，而管仲因而令燕修召公之政。於柯之
會，桓公欲背曹沫之約，管仲因而信之。諸侯由是歸齊。故曰：
『知與之爲取，政之寶也。』管仲富擬於公室，有三歸、反坫，齊
人不以爲侈。〔……〕」讀者細玩此文，知吾對于桓公、管仲之品
鑒之不謬也。然司馬遷尙未能及於其文化生命之蕩漾與文化理想之
提揭。

《左傳》閔公元年：「狄人伐邢。管敬仲言于齊侯曰：戎狄豺
狼，不可厭也。諸夏親暱，不可棄也。宴安酖毒，不可懷也。」尊
王攘夷之文化理想，首由管仲提出。

《公羊傳》莊公十三年冬：「公會齊侯，盟於柯。何以不日？
易也。其易奈何？桓之盟不日，其會不致，信之也。其不日，何以
始乎此？莊公將會乎桓，曹子進曰：君之意何如？莊公曰：寡人之
生，則不若死矣。曹子曰：然則君請當其君，臣請當其臣。莊公曰
諾。於是會乎桓。莊公升壇，曹子手劍而從之。管子進曰：君何求
乎？曹子曰：城壞壓竟，君不圖與？管子曰：然則君將何求？曹子
曰：願請汶陽之田。管子顧曰：君許諾。桓公曰：諾。曹子請盟。
桓公下與之盟。已盟，曹子摽劍而去之。要盟可犯，而桓公不欺。
曹子可讎，而桓公不怨。桓公之信著乎天下，自柯之盟始焉。」此
足見管仲之機智與桓公之寬爽。「因禍而得福，轉敗而爲功。」
「知與之爲取，政之寶也。」

《公羊傳》僖公元年：「齊師、宋師、曹師，次於聶北，救
邢。救不言次，此其言次何？不及事也。不及事者何？邢已亡矣。
孰亡之？蓋狄滅之？曷爲不言狄滅之？爲桓公諱也。曷爲爲桓公
諱？上無天子，下無方伯，天下諸侯有相滅亡者，桓公不能救，則

桓公恥之。曷爲先言次，而後言救？君也。君則其稱師何？不與諸侯專封也。曷爲不與？實與，而文不與。文曷爲不與？諸侯之義，不得專封也。諸侯之義不得專封，則其曰實與之何？上無天子，下無方伯，天下諸侯有相滅亡者，力能救之，則救之可也。」此《公羊傳》抒義筆法。于以見《春秋》之大義。二年城楚丘（城衛）。文與此同。桓公救邢存衛，于以見存亡繼絕之功。

又僖公三年：「秋，齊侯、宋公、江人、黃人，會於陽穀。〔……〕桓公曰：無障谷，無貯粟，無易樹子〔嫡子〕，無以妾爲妻。」此確有重視社會幸福文化理想之意味。

又僖公四年春：「公會齊侯、宋公、陳侯、衛侯、鄭伯、許男、曹伯，侵蔡。蔡潰。〔……〕遂伐楚。次于陘。〔……〕楚屈完來盟於師。盟於召陵。屈完者何？楚大夫也。何以不稱使？尊屈完也。曷爲尊屈完？以當桓公也。其言盟於師、盟於召陵何？師在召陵也。師在召陵，則曷爲再言盟？喜服楚也。何言乎喜服楚？楚有王者，則後服。無王者，則先叛。夷狄也，而亟病中國。南夷與北狄交，中國不絕若線。桓公救中國，而攘夷狄，卒怗荊。以此爲王者之事也。」此爲桓公興復中國，攘除夷狄，霸業之高峰。

《左傳》僖公九年：「夏，會於葵丘，尋盟，且修好，禮也。王使宰孔賜齊侯胙。曰：天子有事於文、武，使孔賜伯舅胙。齊侯將下拜，孔曰：且有後命。天子使孔曰：以伯舅耋老，加勞，賜一級，無下拜。對曰：天威不違顏咫尺，小白余敢貪天子之命，無下拜？恐隕越於下，以遺天子羞。敢不下拜？下拜，登受。」其辭甚恭，其意甚矜。其下拜，蓋管仲之提撕也。功高而又耋老，其慢可知。生命已衰矣。《公羊傳》則曰：「葵丘之會，桓公震而矜之，

叛者九國。」至晉文公尤僭妄，竟請隧葬。其不如小白遠矣。

　　《左傳》僖公十二年：「冬，齊侯使管夷吾平戎於王，使隰朋平戎於晉。王以上卿之禮饗管仲，管仲辭曰：臣，賤有司也。有天子之二守國、高在。若節春秋，來承王命，何以禮焉？陪臣敢辭。王曰：舅氏，余嘉乃勳，應乃懿德，謂督不忘，往踐乃職，無逆朕命。管仲受下卿之禮而還。君子曰：管氏之世祀也宜哉！讓不忘其上。《詩》曰：愷悌君子，神所勞矣。」

　　其後，孔子論之曰：「晉文公譎而不正，齊桓公正而不譎。」（《論語‧憲問》）。《論語》又記曰：「子路曰：桓公殺公子糾，召忽死之。管仲不死。曰：未仁乎？子曰：桓公九合諸侯，不以兵車，管仲之力也。如其仁，如其仁。子貢曰：管仲非仁者與？桓公殺公子糾，不能死，又相之。子曰：管仲相桓公，霸諸侯，一匡天下，民到於今受其賜。微管仲，吾其被髮左衽矣。豈若匹夫匹婦之為諒也？自經於溝瀆，而莫之知也！」此孔子亦依文化理想而大其功，稱其仁。但《論語‧八佾》又云：「子曰：管仲之器小哉。或曰：管仲儉乎？曰：管氏有三歸，官事不攝，焉得儉？然則管仲知禮乎？曰：邦君樹塞門，管氏亦樹塞門。邦君為兩君之好，有反坫，管氏亦有反坫。管氏而知禮，孰不知禮？」受其賜，不能泯其功。小其器，則德業無止境。於此，吾人由政治家之管子進至聖人之孔子。

第二節　通體是仁心德慧之孔子

　　孔子通體是一文化生命，滿腔是文化理想。故曰：「文王既

沒，文不在茲乎？」（《論語・子罕》）又曰：「鳥獸不可與同
羣。吾非斯人之徒與而誰與？天下有道，丘不與易也。」（《論
語・微子》）「子擊磬於衛，有荷蕢而過孔氏之門者，曰：有心
哉！擊磬乎！既而曰：鄙哉！硜硜乎！莫己知也，斯已而已矣。深
則厲，淺則揭。子曰：果哉！末之難矣。」（〈憲問〉）。「深則
厲，淺則揭」，忍人也。孔子嘆之曰：「果哉！末之難矣」。即示
其「不忍」。「道二：仁與不仁而已。」其幾之深淺，隨處可見
也。「微生畝謂孔子曰：丘何為是栖栖者與？無乃為佞乎？孔子
曰：非敢為佞也，疾固也。」（〈憲問〉）「固」亦忍而冷者。至
若荷蓧丈人，楚狂接輿，以及長沮桀溺，皆冷處以心死，而遊離其
精神於清涼之境也。精神與現實隔離，則精神只有進入夢境：文
化、價值、理想、個性皆非其所有。此為孔子所首先不能忍者。此
為觀取人性、人品之第一義。「子路宿於石門。晨門曰：奚自？子
路曰：自孔氏。曰：是知其不可而為之者與？」（〈憲問〉）「儀
封人請見。曰：君子之至於斯也，吾未嘗不得見也。從者見之。出
曰：二三子何患於喪乎？天下之無道也久矣，天將以夫子為木
鐸。」（〈八佾〉）蓋人統之正，託始文王。五百餘年來，必當有
一命世者，盡人道之極致，立人倫之型範。孟子曰：「規矩，方圓
之至也。聖人，人倫之至也。」人倫之至，即人格世界中之型範
也。孔子通體是文化生命，滿腔是文化理想，表現而為通體是德
慧。其表現也，必根於仁而貫通著禮。此與耶穌、釋迦，絕然不
同。

其所貫通之禮即周文也。親親之殺，尊尊之等，普遍於全社
會，即為周文。《論語・八佾》：「子曰：周監於二代，郁郁乎文

哉！吾從周。」《中庸》：「子曰：吾說夏禮，杞不足徵也。吾學殷禮，有宋存焉。吾學周禮，今用之。吾從周。」其從周，非必臨時權法也。而周文亦非一時之權制也。故《中庸》又引子曰：「仁者人也，親親爲大。義者宜也，尊賢爲大。親親之殺，尊賢之等，禮所生也。」親親尊尊之文，蓋無一時可以廢。盡有其本於人性人情之合理性。由此合理性，再反顯透視一步，即爲仁義之點出。周文，周公之所制也。仁義，則孔子之所首言也。孔子握住仁義之本，遂予周文以超越之安立：仁義與周文得其粘合性，而周文遂得以被肯定。此爲孔子德教所決不能捨離者。文不可捨離，遂不爲釋迦之悲，耶穌之愛，而爲孔子之仁。《中庸》：「子曰：武王、周公其達孝矣乎？夫孝者，善繼人之志，善述人之事者也。春秋，修其祖廟，陳其宗器，設其裳衣，薦其時食。宗廟之禮，所以序昭穆也。序爵，所以辨貴賤也。序事，所以辨賢也（事謂宗祝有司之職事）。旅酬，下爲上，所以逮賤也。燕毛，所以序齒也。踐其位，行其禮，奏其樂，敬其所尊，愛其所親，事死如事生，事亡如事存，孝之至也。郊社之禮，所以事上帝也。宗廟之禮，所以祀乎其先也。明乎郊社之禮，禘嘗之義，治國其如示諸掌乎？」此整段，即爲周文之綜括。而由之以言「達孝」，「孝之至」，即謂此周文有一幅超越精神以貫注。通本末，徹費隱，貫內外，而爲一諧和之整體。惟因其通體是文化生命，故於一一禮儀皆能通其豐富之意義，而無一可廢。惟因其滿腔是文化理想，故於一一威儀皆能洞曉其象徵精神之指點，而無一可離。是故《中庸》贊之曰：「大哉聖人之道！洋洋乎發育萬物，峻極於天。優優大哉！禮儀三百，威儀三千，待其人而後行。故曰：苟不至德，至道不凝焉。故君子尊德

性而道問學，致廣大而盡精微，極高明而道中庸。溫故而知新，敦厚以崇禮。」又曰：「故君子之道，本諸身，徵諸庶民，考諸三王而不謬，建諸天地而不悖，質諸鬼神而無疑，百世以俟聖人而不惑。」又曰：「仲尼祖述堯、舜，憲章文、武，上律天時，不襲水土。辟如天地之無不持載，無不覆幬。辟如四時之錯行，如日月之代明。萬物竝育而不相害，道竝行而不相悖。小德川流，大德敦化。此天地之所以為大也。」案：此即為人倫之至。其所代表而印證者是一「精神之全體」。就其本人言，通體是精神即通體是德慧。擴而大之，由其文化生命、文化理想而觀其文化意義，則郊社之禮，所以通天也，由此而印證絕對精神；禘嘗之禮，所以祀先也，由此而貫通民族生命：尊個人祖先，民族祖先，則民族生命即是一精神生命，由此而印證客觀精神。精神，在周文之肯定中，全體得其彰著，見其通透，絕對精神不是隔離地懸掛在天上，而是與地上一切相契接，與個人生命、民族生命相契接。其根於仁而貫通著禮所印證之絕對精神是一充實飽滿之絕對，故吾曾謂孔子之教是盈教，而釋迦、耶穌皆離教也。

其於親親尊尊而言仁義，則見於《春秋》。何休《公羊傳注‧序》曰：「昔者孔子有云，吾志在《春秋》，行在《孝經》。此二學者，聖人之極致，治世之要務也。」徐彥疏云：「《春秋》者，賞善罰惡之書。見善能賞，見惡能罰，乃是王侯之事，非孔子所能行，故但言志在而已。《孝經》者，尊祖孝親。勸子事父，勸臣事君，理關貴賤，臣子所宜行。故曰行在《孝經》也。」賞善罰惡即《春秋》之褒貶進退。孟子曰：「世衰道微，邪說暴行有作。臣弒其君者有之，子弒其父者有之。孔子懼，作《春秋》。《春秋》，

天子之事也。是故孔子曰：知我者其惟《春秋》乎？罪我者其惟
《春秋》乎？」（〈滕文公〉）。柳詒徵先生解「罪我」之意曰：
「古之史官，本以導相天子為職。其所詔告及所記錄爵祿廢置生殺
予奪，何一非天子之事？孔子修《春秋》，特遵史官之職而為之。
非欲以私人僭行天子之事。其恐人之罪之者，以為雖遵史法，而身
非史官耳。」（《國史要義》，頁30）孟子復曰：「王者之迹熄而
詩亡，詩亡然後春秋作。晉之乘，楚之檮杌，魯之春秋，一也。其
事，則齊桓、晉文，其文則史（史官）。孔子曰：其義則丘竊取之
矣。」（〈離婁〉）。蓋當時各國俱有史官，記載本國及天下之
事。史官或由天子置，或自置。史官記事，雖不必如孔子修《春
秋》之嚴整，然大體必本周文以為條例。故《春秋》，有魯史記事
之《春秋》，有孔子修後之《春秋》。所謂「其義則丘竊取之矣」
是也。柳詒徵先生曰：

　　史官掌全國乃至累世相傳之政書，故後世之史，皆述一代全
　　國之政事。而尤有一中心主幹，為史法、史例所出，即禮是
　　也。《傳》稱韓宣子適魯，觀書于太史氏，見《易象》與魯
　　《春秋》，曰：周禮盡在魯矣。吾乃今知周公之德與周之所
　　以王也。（《左傳》昭公二年）此《春秋》者魯史官相傳之
　　書，尚非孔子所修者，然已非汎汎記事之書。其所書與不
　　書，皆有以示禮之得失。故韓起從而歎之。使為普通書記所
　　掌檔案，他國皆有，韓起何必讚美？〔……〕古史浩繁，人
　　難盡閱。掌檔案者，既有全文，必為提要。苟無提要，何以
　　詔人？故史官提要之書，必有定法，是曰禮經。《左傳》隱

公七年春：「滕侯卒。不書名，未同盟也。凡諸侯同盟于是
稱名。故薨則赴以名，告終稱嗣也，以繼好息民。謂之禮
經。」杜預謂此言凡例，乃周公所制禮經也。周公所制，雖
無明文，要以五史屬於禮官推之，史官所書，早有禮經以為
載筆之標準，可斷言也。（《國史要義》，頁7）

惟魯史雖一稟禮經，而猶有未盡諦者。如晉侯召王。雖為實
事，不明君臣之分，故必改書曰：天王狩於河陽。（《左
傳》僖公二十八年：晉侯召王，以諸侯見，且使王狩。仲尼
曰：以臣召君，不可以訓。故書曰：天王狩于河陽。言非其
地也，且明德也。）又有屬辭未簡，有所改訂。如雨星，不
及地尺而復。修之曰：星霣如雨，則著作之演進而益精者
也。（《公羊傳》莊公七年：不修《春秋》曰：雨星，不及
地尺而復。君子修之曰：星霣如雨。）《三傳》之釋《春
秋》也，各有家法，不必盡同，而其注重禮與非禮則一也。
（同上，頁8）

此「改書曰」與「修之曰」，即孔子之《春秋》也。孔子謂知我罪
我，皆在《春秋》，則吾人即可由《春秋》以見孔子之志也。

公羊家說《春秋》之作有三科九旨之說。三科九旨者，新周、
故宋，以春秋當新王，此一科三旨也。所見異辭、所聞異辭、所傳
聞異辭、此二科六旨也。內其國而外諸夏、內諸夏而外夷狄，此三
科九旨也。前三旨乃漢儒迂怪之說，非孔子本意，不可信。以春秋
當新王，即王魯也。王魯、新（親）周，故宋，亦猶王周、親殷、
故夏也。然春秋之時，周並未亡，諸侯且共尊周室，而孔子亦從

周，大一統。何得云王魯？王魯與內魯不同。孔子就魯史而修之，以魯爲本位，內魯可也。若晉人修晉之乘，亦必內晉也。是以內魯即「內其國而外諸夏」之意也。以《春秋》當新王，則怪矣。《史記・孔子世家》亦云：「乃因史記作《春秋》，上自隱公，下訖哀公十四年，十二公。據魯、親周、故殷。運之三代。約其文辭而指博。」此言據魯即王魯也。此爲西漢諸儒流行之說。縱云王魯非眞王魯，乃託王于魯也。此亦無謂。《史記・太史公自序》載壺遂云：「孔子之時，上無明君，下不得任用，故作《春秋》，垂空文，以斷禮義，當一王之法。」此即言王魯，託王于魯之義也。（董仲舒《春秋繁露》亦如此說。）劉逢祿《春秋釋例》云：「王魯者，即所謂以《春秋》當新王也。夫子受命制作，以爲託諸空言，不如行事之博深切明，故引史記而加乎王心焉。孟子曰：《春秋》天子之事也。夫制新王之法，以俟後聖，何以必乎魯？曰：因魯史之文，避制作之僭，祖之所逮聞，唯魯爲近，故據以爲京師，張治本也。聖人在位，如日之麗乎天。萬國幽隱，莫不畢照，庶物蠢蠢，咸得繫命。堯、舜、禹、湯、文、武是也。聖人不得位，如火之麗乎地。非假薪燕之屬，不能舒其光，究其用。天不生仲尼，萬古如長夜，《春秋》是也。故日歸明於西，而以火繼之。堯、舜、禹、湯、文、武之沒，而以《春秋》治之。雖百世可知也。且《春秋》之託王至廣。稱號名義，仍繫於周。挫強扶弱，常繫於二伯。且魯無可覬也。郊禘之事，《春秋》可以垂法，而魯之僭則大惡也。就十二公論之：桓、宣之弑君，宜誅。昭之出奔，定之盜國，宜絕。隱之獲歸，宜絕。莊之通仇外淫，宜絕。閔之見弑，宜絕。僖之僭王禮，縱季姬，禍鄫子；文之逆祀，喪娶，不奉朔；

成、襄之盜天牲；哀之獲諸侯，虛中國以事強吳：雖非誅絕，而免
於《春秋》之貶黜者鮮矣。吾故曰：《春秋》者，火也。魯與天
王，皆薪蒸之屬，可以宣火之明，而無與於火之德也。」劉氏此文
甚美。以魯與天王爲薪蒸，藉以宣火之明，此義亦只假魯史之《春
秋》以明王道，何得迂轉而言王魯、親周、故宋？且所明之王道，
即周文也，非憑空別制新法也。所云「制新王之法」，「當一王之
法」，皆空事鋪張，無實義。西漢諸儒，以爲孔子作《春秋》，爲
漢制法。王魯、親周、故宋即在此怪誕觀念中而撰成。此一時之謬
悠（喜劇性之荒唐無端崖），不可視爲《春秋》之眞常。是以引史
記而加王心，即是藉修魯史以明周文。復以其通體是文化生命，滿
腔是文化理想，進而由周文而點出仁義，湧現一形上之原理，超越
之理想，此則爲長夜之光，人倫之至，所謂「德配天地，道貫古
今」者是也。若謂爲新王制法，則一方雖誇誕，一方亦實狹陋乎孔
子也。

　　夏、商、周三代歷史之演進，可視爲現實文質之累積。累積至
周，則燦然明備，遂成周文。周文一成，以其植根於人性及其合理
性，遂得爲現實的傳統標準。周文演變至孔子，已屆反省之時。反
省即是一種自覺的解析。所謂引史記而加王心焉是也。加王心者，
即由親親尊尊之現實的周文進而予以形上之原理。此形上之原理，
亦由親親尊尊而悟入。在此轉進中，親親，仁也；尊尊，義也。此
形上原理予周文之親親尊尊以形上之解析與超越之安頓。此步轉進
悟入，是孔子創造智慧之所開發。王充《論衡‧超奇》篇云：「孔
子得史記以作《春秋》，及其立義創意，褒貶賞誅，不復因史記
者，眇思自出於胸中。」此即是智慧之創造。立義創意，褒貶賞

誅，文成數萬，其指數千。此散言也。固已見眇思之中出。而總持
言之，數千之指，固皆匯歸於一形上之原理。即周文之提升而爲道
德形上的仁義原理也。周公之制禮是隨軍事之擴張，政治之運用，
而創發形下之形式。此種創造是廣度之外被，是現實之組織。而孔
子之創造，則是就現實之組織而爲深度之上升。此不是周公之「據
事制範」，而是「攝事歸心」。是以非廣被之現實之文，而是反身
而上提之形上的仁義之理。此是反身的深入之解析，而不是外指之
現實的構造。反身的解析，乃予現實的周文以意義，乃是一條長龍
之點睛。一經點破，統體是龍。現實的周文以及前此聖王之用心及
累積，一經孔子戳破，乃統體是道。是以孔子之點醒乃是形式之湧
現，典型之成立。孔子以前，此典型隱而不彰。孔子以後，只是此
典型之繼體。此謂大聖人之創造。

　　此種創造惟賴孔子文化生命及文化理想之蕩漾而不容已。是以
所謂「深入之解析」乃是自吾言之而如此，彼其個人並未用概念以
詮表也。彼之通體是文化生命，滿腔是文化理想，之「人倫之至」
之人格之表現，即是歷史之深一層的解析。是以由《春秋》以見孔
子之志，則知《春秋》不惟「文成數萬，其指數千」，爲「禮義之
大宗」（司馬遷語），亦仁體之充其量。（按公羊家謂《春秋》變
周之文從殷之質，實則只是于尊尊之義外，復提出親親之仁也。）
《春秋》者嚴于義而深于情者也。于此，可見孔子之悲懷。此皆其
文化生命、文化理想所不容已者也。「仁」者，生命之眞幾也。當
天地閉塞，人將禽獸，任何法度俱不能受之時，（春秋之時固尙不
至此，然已露其勢。至戰國則全物化，故孟、荀之表現亦與孔子不
同。見下。）必以復其生命之眞幾爲首務。義，超越之理。仁則充

實此理，使義爲具體而實現之者。「人而不仁如禮何？人而不仁如
樂何？」不仁，則禮樂俱是空文。「仁者」與天地萬物爲一體。然
而實現仁道，則必自親者始。其實現之之歷程，亦非頓而乃漸也。
漸者擴充義，層次義。蓋仁，具體者也。妙萬物而爲一。天地萬物
統體是此生機。個個殊物亦皆以之爲其所以實現之理。其具于人
也，爲人之性，最爲殊特。茲就人而言之，其爲生命之眞幾，極靈
敏，極活潑，其感通本無限制，本可與天地同其廣大。然而物不能
不有形骸。形骸亦具體者也。仁之具體在通，而形骸之具體在隔。
人有此隔，物亦有此隔。間隔重重，仁之通之實際表現遂不能不從
屯蒙中而破除此間隔。仁之靈敏，其眞誠惻怛、感應最切者，莫近
于孝弟。故曰：「孝弟也者，其爲仁之本與？」後來程明道云：孝
弟爲行仁之本，非即仁之本。此義亦是。蓋行仁即仁之實際表現
也。行仁有本，仁無所謂本也。故曰：親親而仁民，仁民而愛物。
此皆就仁之通之實際表現而言。《春秋》內魯，亦親親之義也。
由內魯推而至於三世，亦由親親義而立也。《公羊傳》隱元年公子
益師卒。《傳》曰：「所見異辭、所聞異辭、所傳聞異辭。」所
見、所聞、所傳聞，三世也。「異辭者，見恩有厚薄，義有淺
深。」（何休注語）。所謂隆殺也。三世異辭，具體內容，何休注
如下：「〔……〕故於所見之世，恩己與父之臣尤深。大夫卒，有
罪、無罪，皆日錄之。丙申，季孫隱如卒，是也。於所聞之世，王
父之臣，恩少殺。大夫卒，無罪者，日錄，有罪者不日，略之。叔
孫得臣卒，是也。於所傳聞之世，高祖、曾祖之臣恩淺。大夫卒，
有罪、無罪皆不日，略之也。公子益師、無駭卒，是也。於所傳聞
之世，見治起於衰亂之中，用心尚麤觕，故內其國而外諸夏，先詳

內而後治外，錄大略小；內小惡書，外小惡不書；大國有大夫，小國略稱人，內離會書，外離會不書，是也。於所聞之世，見治升平，內諸夏而外夷狄，書外離會，小國有大夫，宣十一年秋晉侯會狄于攢函，襄二十三年邾婁鼻我來奔，是也。於所見之世，著治太平，夷狄進至於爵，天下遠近小大若一，用心尤深而詳，故崇仁義，譏二名，晉魏曼多，仲孫何忌，是也。」此言三世，本就時之遠近而有隆殺，因而有詳略。何休于此復益之以衰亂（據亂世）、升平（小康世）、太平（大同世）之義，則亦可與〈禮運〉大同小康之說相呼應。孔門本有此相傳之義。前儒多不能就之善有思維。近人康有爲尤怪誕。此爲儒家政治思想問題。詳論見吾《政道與治道》一書。何休此處言據亂、升平、太平三世，雖著有歷史發展之理想義，然只繫於詳略之旨，而籠統言之，未能切於公天下、家天下之政治制度而言之也。

心之創造即仁體之創造。而孔子之仁體即宇宙之仁體。其能轉進悟入，仁義並建，必其仁心統體是仁義而無一毫間隔也。客觀而超越之義理必由仁心之無間隔而湧現。義理一現，當下即普遍。蓋義理之本性具有普遍性也。而充實之、實現之，則賴仁。「仁者」能發此超越而普遍之理，故其眞誠惻怛之仁，亦俱時隨理之超越而超越，隨理之普遍而普遍。仁心湧現理，理亦擴大仁心也。故仁者之心，頓時即跨越形骸之間隔，而與天地萬物爲一體，通家、國、天下而爲一。故其惻怛之仁，非個人之私愛，乃宇宙之悲懷。孔子之仁體，乃仁體之充其量。全部《春秋》，到處是嚴整之義，到處亦是悱惻之仁，此非具有宇宙之悲懷者不能也。故孔子之表現即是其文化生命、文化理想之表現，而爲一人格世界中之人倫之至。

（人倫之型範。）即其通體是文化生命，滿腔是文化理想，化而爲通體是德慧之人格。（此於《論語》中見之，不必詳說。）其在歷史中之意義以及其所留於後人者，即在此型範之形成。彼於〈春秋〉之逐漸就衰而趨於戰國之勢，早已了然洞見之而感慨無已矣，然彼不能轉也。若謂彼有如此之德慧，其於現實政治究有何補益，其於當時之政治問題乃至後來之政治問題，究有何指示，以此責問，則不足以盡孔子。政治家優爲之，而亦只是一時也。孔子之人格，不爲此所限也。後來之法家用於秦而解決戰國之亂局矣，而開闢一新局面矣，然而孔子，即當其時，亦不忍出此也。孔子少賤，故多能鄙事。然「君子多乎哉？不多也」。遇有機緣，彼亦可以成功業，然功業不功業，與彼之德慧人格無增損也。聖人之得位行道，其表現成就之方式與境界，亦與政治家不同。「子路曰：願聞子之志。子曰：老者安之，朋友信之，少者懷之。」（《論語·公冶長》）彼只是如是如是，各得其所。子貢曰：「夫子之不可及也，猶天之不可階而升也。夫子之得邦家者，所謂立之斯立，道之斯行，綏之斯來，動之斯和，其生也榮，其死也哀，如之何其可及也？」（《論語·子張》）此爲聖人外王之境界。孟子所謂「所存者神，所過者化，上下與天地同流，豈曰小補之哉？」亦與此同。而一切政治家之方式，則皆爲小補（爲經驗的，一時的）。然孔子之得位不得位，亦無損益于其通體是德慧之人格。後來歷史上，大體皆能了解此義。孔廟之匾額必曰「德配天地」，「道冠古今」。一切精采皆消融于此。吾友唐君毅先生曰：「耶穌、釋迦、謨罕默德超越了世間一切學問家、事業家、天才、英雄、豪傑之境界。于是，此一切人生之文化事業，在他們心目中而到他們之前，皆是

浮雲過太虛，如大江東去，浪淘盡千古風流人物，誰能留得下一點精彩，在銷盡世間之精彩，以歸向無限精神之聖者之前？然而這些聖者之銷盡世間精彩，把這些聖者之超越神聖烘託出來，此超越神聖本身，對人們又是在顯精彩。孔子則連這些精彩，都加以銷掉，而一切歸于順適平常。」（〈孔子與人格世界〉一文）。順適平常，即是通于天而回到地。所謂天地氣象也。故曰「德配天地」。唐先生又云：「如果我們說一切聖賢都是上帝之化身，則上帝之化身爲耶穌、謨罕默德，只顯一天德。而其化身爲孔子，則由天德中開出地德。天德只成始，地德乃成終。終始條理，金聲玉振，而後大成。」如此之人格只是一個「純德慧」。吾人崇拜之、敬仰之。但既不能如佛寺之收香火，亦不能如基督敎之祈禱。此後兩者皆足以禍福人，而孔子則不能。吾人亦不以禍福觀念加之于孔子。彼爲一純德慧，吾人亦以純心靈相敬仰。此爲後來歷史所自覺地加以提醒者。故于孔廟，不塑像，不許演聖人之戲劇。此爲吾華族對于孔子之普遍意識，而亦爲恰相應之尊崇也。惟自民國以來，五四運動起，始毀謗孔子。林語堂首編《子見南子》戲劇而演于山東曹州第六中學。抗戰時期，有聞一多其人者，詆毀墨子爲強盜，老子爲騙子，孔子爲小偷。凡此肆無忌憚，言之齒冷，本不足道。然于觀世變，則歷史家所應大書特書者也。于孔子無增損，而殃及自身，禍延生民。今日之慘，豈無故哉？豈無故哉？

第二章　戰國與孟荀

第一節　井田制破壞後之政治形態與戰國之純物量的精神

　　春秋時，以有齊桓、晉文之霸業，尙可說禮樂征伐自諸侯出。下屆戰國前期，則自大夫出，乃至陪臣執國命矣。自大夫出，實只有征伐，而無禮樂。其趨勢是象徵周文下之宗法封建國家之衰滅而進至軍國時期，此即爲戰國之後期，而以秦爲終結。周所封之各集團，其生命必然要滋長而龐大。從現實生活及經濟方面言，各集團共同體之直接親密性，不能不因滋長龐大而轉形。所謂井田即是一種共同體之生活。貴族既是政治軍事敎化之領袖，同時亦是經濟共同體之地主。惟在井田制下，方里而井，井九百畝。地主取得百畝爲公田，餘則由農民各自耕耘，而亦助耕公田。此爲井田制之助法。此種共同體生活之親密性，相依爲命，甚爲直接。非奴隸制也，故云共同體。然《春秋》宣十五年，「初稅畝」，即是象徵共同體之逐漸破裂。履畝而稅，井田必廢。從土地公有（共同體）轉爲私有。集團生命之滋長龐大必向此而趨也。從政治上言，共同體

破裂，政治必漸轉形：庶民漸由共同體脫穎而出，逐漸客觀化其自己，則貴族階級之生命必起動蕩，不復再具有穩定之堅持性。其初大夫專政，陪臣執國命，公室如周室。繼之，大夫亦不能維持其世襲。政治之由共同體之親密性轉形而爲客觀化之格局，乃歷史精神之必然者。從此轉形言，大抵受周文影響深者，轉形最難，而國力亦弱，如魯、衛便是。其次爲齊，其次爲晉。秦、楚自始即被視爲夷狄而見外于諸夏。

此步轉形之特點，錢穆先生列爲六端：

第一、是郡縣制之推行，政府直轄下的郡縣代替了貴族世襲的采地。（晉、楚在春秋時已行郡縣。）

第二、是井田制之廢棄。

第三、則爲農民軍隊之興起。

第四、是工商業大都市之發展。

第五、是山澤禁地之解放。

第六、是貨幣之使用。（參看《國史大綱》第五章）

此皆爲戰國二百餘年間所逐步實現者。不突然發自于秦也。此步轉形乃政治向客觀化的格局而趨，本不可說衰世。然畢竟爲衰世者，則以戰國之精神純爲「物量」之精神也。軍國主義，若有一理性之根據爲背景，則亦爲積極者。無奈戰國之精神乃一透出之物量精神，並無理性之根據爲背景，乃全爲負面者。其勢是隨共同體之破裂而一直向下降。周文所凝結之政治格局一不能維持，則並周文之文化意義與理想亦一起掉頭不肯顧。貴族不能隨時代而調整其政治格局，即示其生命之枯朽。其自身固必然被擯棄。然彼之枯朽而物化即引生向下之趨勢必至極而後反。枯朽者脫去，其所引生之向

下之勢即為物量之精神。其原初生息于周文之中而不自覺，今隨共同體之破裂而無以自持。如魚脫水，自必腐臭。理想已忘，理性已泯。若非有大天才大生命，一時自難恢復。物量之精神即為此一時之腐臭之暫時的反動，必至其極而後止。孰知此反動竟延長至二百餘年耶？「物交物則引之而已矣」。孟子此語正足以指謂戰國時期之衰相。

在此轉形期，井田制之共同體漸趨于破裂，即宗法社會所直接呈現之公、卿、大夫、士、庶民直接地親密地糾結於一起之共同體式的貴族政治漸趨于破裂，在破裂中，首先庶民得其形式的客觀化而自成一單位，度其獨立的生活：土地私有，履畝而稅，由助而貢，即其象徵。助者藉也。藉其力以助耕公田也。井田制為助法。農民束縛于井田共同體中而不得轉動，社會得以安定。西周三百年以及春秋盛時（初期）大體以此種形態為主。今由助而貢，井田制漸趨破裂，則農民各著落于其自己之土地，得有動轉之自由，土地可賣買，亦可經商通有無。此則庶民生活，自向生動活潑一路走。同時，庶民既得其形式客觀化，則君亦必得其形式的超然性，而亦自共同體之直接的親密的束縛中得解放，自宗法家族所直接透示之政治形式，漸轉而為一間接的自成一層之政治形式：郡縣制之逐漸推行，即是象徵。郡縣為政府所統轄。貴族之分割性的采地轉而為政治單位。郡縣政令發自于中央，守令自亦不世襲。軍民亦可漸趨于分治。因而由食采轉而為食祿。如是，君以其形式的超然性，而得有綜攬之大權。此即向君主專制一路走。從前，天子為爵稱，君、卿、大夫，相去僅一間，此固不必即謂君無綜持權，然一因其束縛于井田共同體，一因其束縛于宗法親屬關係中，其自成一層之

政治的超然性固不甚顯也。君與民兩端，一方既得其形式的客觀化，一方又得其形式的超然性（亦是一種形式的客觀化），則公、卿、大夫之政治上的貴族性即必然被剝奪。亦必漸下落而爲士爲民，與士與民同屬可變者。譏世卿，卿、大夫不得世，固早已行之。（所謂治權之民主，更替性。）此爲政治之通義。然共同體破裂，采地不得其必然，則其參與政治之機會，其本質上即爲可變者。大夫專政，孔子亦反對之。故主墮季孫、叔孫、孟孫三家之都城。晉自獻公時即不畜羣公子，故晉無公族。故其趨郡縣較易，而井田共同體之破壞亦必較早。（《左傳》昭公二十八年：「秋，晉韓宣子卒，魏獻子爲政，分祁氏之田以爲七縣，分羊舌氏之田以爲三縣。」共十縣，各置大夫。詳參原文。）李克、吳起、商鞅諸人無論在梁、在楚、在秦，俱以廢公族爲首務。此蓋爲戰國之總趨勢。通常對此所注意者只認爲政治上之運用。實則井田共同體破裂後，彼輩之專「治權」固不能久行也。君與民得解放，貴族得動轉，成爲可變者，則士階級即興起而爲一普遍之勢力。君與民外，凡參與治權者皆融納之于士流。廢公族，則必用士。公族親而逼，士則疏而以義合，爲客觀者。自此而後，士遂成爲中國政治社會上最生動活潑之一流。君、民、士，在此轉形期，各自共同體中得其形式客觀化。（士之形式客觀化是自其在政治中之地位言。）如是，遂成爲黑格爾所說之「合理的自由」及「平等」。此並非說：在井田共同體時爲有固定之階級者。馬克思主義者亦不認周之共同體爲奴隸制，可見階級，即不能言也。在井田共同體中，在宗法社會所直接透示之共同體式的，親屬的貴族政治中，天子、公、侯、伯、子、男、公、卿、大夫、士，皆爵稱，此即爲周文，而實際生

活則皆套入此共同體中，親密地相依爲命。故分爵級，不爲階級也。今共同體破裂，即向「合理的自由」及「平等」一路走。

在走上此路中，其直接所顯示者爲一客觀的政治格局之形成，而宗法家族系則退處于社會，瀰漫于全社會而爲基層之組織，不復再直接糾結于政治。客觀的政治格局之形成繫於君、民、士之形式的客觀化。所謂形式者，即尚未得其「眞實的客觀化」（real objectification）之謂。眞實的客觀化，繫于國家政治一面的「主體自由」之出現。此方面之主體自由必以通過自覺而有理想之嚮往爲根據始可能。在此自覺中，對於君之超然性與對於民之客觀性，皆有一種合法的限制與保障。如是，法律始有其客觀意義，而國家政治之形態得以形成，社會獲得一種內在的穩定，不徒專以膨脹物力用武侵略爲事，夫而復始可以發展學術文化而有各種之表現。此則爲積極者。然而此種自覺與理想之嚮往，在戰國時期卻成爲落空者。在春秋時期，尚有尊王攘夷，維持周文之理想，此是春秋時多頭表現周文而不爲衰世之故。然在戰國，則不能有任何共同理想之提出。外在地維持周天子之統一性，以周文爲象徵之文化的統一性，既不能自覺地以之爲理想，而內在地順此變形期如何自覺地穩定自己，建立新格局，作爲周文之重新表現，亦未自覺地以此爲理想。在西方，因階級之對立，而以集團之方式相爭取、相限制，故易有國家政治意義之主體自由之表現。然而在中國之春秋、戰國時期，此方式亦不具備。表面言之，共同體一經破裂，庶民得其動轉之自由，本可以集團之方式向貴族階級相爭取、相限制，而貴族政治本可初次一見儼若爲階級之對立。然而其實不然。庶民並未集團地相爭取、相限制，此即足示在共同體中，階級之分野與固定並未

形成，因而公、卿、大夫亦未集團地形成一固定之階級。在共同體
中，一方極親密，一方亦甚散立。農民束縛於土地，死徙不出鄉，
老死不相往來，而公、卿、大夫、士之變動性及遷流性本甚大，而
與農民亦極富滲透性與融洽性；雙方並非不可入與不可觸者。農民
亦並非不自由者。君不見老子甚歌頌此種生活乎？「日出而作，日
入而息，帝力何有於我哉？」此歌辭所代表之意識必來源甚古也。
若為奴隸，何可歌頌之有？是以在共同體中，既並非不自由，則在
共同體破裂時，彼等亦非以階級對立為背景，以集團方式相爭取、
相限制。自共同體中解放出，並非自階級對立之壓迫中解放出。共
同體之破裂，只由於集團生命之滋長與龐大，人口繁盛，社會活動
較廣較密，並非由於階級之對立。故本非不自由，今脫離共同體，
其自由亦無質的轉變也。其散立性仍保存。惟原來之親密性、直接
性，則變為間接性與不相干性。此即吾所謂「形式的客觀化」。在
此種情形下國家政治一面之「主體自由」不易出現。當時社會的歷
史背景既如此，而時代精神之下趨，理想嚮往之不出現，又如彼，
則乘轉形期本當應有之「客觀的政治格局」之形成，竟未得其真實
的客觀義，而君與民亦未得其真實的客觀化。君民如此，則士在政
治上之地位亦不能得其真實客觀化。此則戰國時期，二百餘年，所
應擔負之責任，而究未能盡其責任者。是以竟成為衰世，純為負面
的，而軍國主義亦成為毫無正面之積極意義者。

　　因不能有正面之理想，政治格局不能得其真實客觀化，故戰國
時期之精神純為一物量之精神，其軍國主義毫無正面之意義，乃純
為盡其物力以從事爭戰者。此所謂「物力」非必限于外在的物質工
具之物力。從共同體中解脫出，丟掉周文之文化理想，因而丟掉周

文所培養之文化生命，所剩下原始物質生命之粗暴，統謂爲「物力」。依是，從共同體中解脫出而見之社會上之生動活躍，亦皆成爲「物力」。首先「第一期是梁惠王稱霸時期，（魏之全盛期）。亦可說是梁、齊爭強時期。此期自梁惠王元年至齊、魏徐州相王，凡三十七年。魏承文侯、武侯長時期之國內建設，任用李克、吳起諸人，成爲入戰國以後第一個簇新的新軍國。地處中原，又爲四戰衝要之區。自謂承襲晉國，開始第一個起來圖霸。遷都大梁以爭形勢。次謀統一三晉，恢復春秋時代晉國之全盛地位。不幸伐趙、伐韓，皆爲齊乘其後。梁既再敗於齊，乃與齊會徐州相王，平分霸業。第二期是齊威、宣、湣三世繼梁稱霸期，（齊之全盛期）。亦可說是齊、秦爭強時期。此期自齊、魏相王下迄齊滅宋，凡四十八年。齊自田和篡位稱侯，傳兩世，至威王，兩敗梁國（桂陵與馬陵），遂繼梁惠而稱王。其子宣王繼之，國勢大盛。而其時秦亦漸強。（秦孝公用商鞅變法，至於惠王亦稱王，後齊、梁相王九年。）用張儀，專務離間梁、楚以孤齊。〔……〕於是漸漸造成秦、齊勢力均衡之局面。（秦昭王約齊湣王稱東、西帝，其事未果。正猶梁約齊稱王。皆畏齊，不敢一國獨稱也。）而齊則志在北進侵燕，南進侵宋以自廣。至齊湣王滅宋，國際均勢破裂。此下遂起大變局。第三期爲秦昭王繼齊稱強期（秦國全盛期）。亦可說是秦、趙爭強時期。此期自齊滅宋，下至趙邯鄲圍解，凡二十九年。齊宣王滅燕，國際均勢動搖。各國環顧不安，宣王終於不敢吞燕，而止。及齊湣王滅宋，國際均勢再度破壞。燕人崛起，乘機復仇。樂毅聯合秦、魏、韓、趙，五國之師入齊。湣王走死。自是齊遂不振，而秦勢獨強。其時趙國經武靈王胡服騎射滅中山，國勢亦驟

盛。其時東方有力抗秦者遂推趙。於是，有長平之戰。（此爲戰國二百年最大、最烈之戰爭。）趙爲秦敗，於是秦併天下之形勢遂成。第四期爲秦滅六國期。此期自秦解邯鄲圍後迄秦始皇二十六年，凡三十六年。」（錢穆先生《國史大綱》第五章，頁51至53。案：錢先生之分期及述當時國際形勢頗有糾正《史記》之錯謬處。茲所引者屬正文，小注頗多，從略。讀者可看原書也。）案：此所述戰國之大勢，即可知當時軍國主義純爲一物量之精神，盡其所有之物力以從事爭戰。孟子見梁惠王，即被問：何以利吾國？趙武靈王且變胡服學騎射以赴之。觀其與公子成之辯論，純爲一功利思想，終於說服公子成。實則公子成不敢違也。（見《史記·趙世家》）商鞅見秦孝公說帝王之道，昏昏欲睡。說霸道，則不覺席之前也。可見當時人之文化生命及文化理想已全死滅。孟子見齊宣王，就其以羊易牛之不忍之心，指點其足以王。但至勸其「發政施仁」，則曰：「吾惛，不能進於是矣。」可見其聰明才智只能清爽於利欲之中，一至高於此者，則昏矣。

盡物量之精神是一任其原始的物質生命之粗狂與發揚。故戰國風氣一方又極爽朗與脆快。說利就是說利，不願聽就是不願聽。胡服就決定胡服。好勇、好貨、好色，衝口而出，毫無掩飾。孟嘗、信陵、平原三公子門下士，亦大都具此情調。信陵君竊符救趙，侯生以死謝信陵，生死肝膽，後世決難有此。平原君門下之毛遂，亦極盡鋒芒之人物。觀其與楚歃血定盟，一席話直說得楚王閉口無言。眞可謂伶牙利齒者矣。至於平原君爲美人笑一跛子，即斬美人頭以謝士，亦是物質生命之爽快。後世所不能有者。孟嘗君門下雞鳴狗盜之士皆足以盡其物質生命之爽快。孟嘗君渺小丈夫也。過某

地，爲人所笑，其門下客盡殺某地人。睚眦肝膽，不爽毫釐。一切
皆直接照面。其物質生命之粗狂，全體披露而無遺。故極富戲劇
性。孟嘗君之廢也，食客皆散。及其再起，則又重來，可謂無廉恥
之甚矣。孟嘗君亦極不悅，而必欲辱之。馮諼譬之以市，本爲利
來，利盡而去，無足怪也。此一席話亦明快之至。孟嘗君亦無所用
其怨矣。魯仲連如天外游龍，乃當時之意境較高者。然亦盡物力精
神下之爽快盡致也。至於刺客、游俠之士，戰國爲極盛，皆足成典
型。要離刺慶忌，聶政刺韓相俠累，皆以性命酬知己，以生命露精
采。至乎荊軻刺秦王，白虹貫日。渡易水，高漸離擊筑，「風蕭蕭
兮易水寒，壯士一去兮不復還。」慷慨悲歌，已成爽快表現之尾
聲，而流於急促忙迫，蓋早有失敗之感矣。所謂尾聲者，指時代精
神言。非言一人之成敗，及劍術之精不精。太子丹一急促，全體皆
急促，蓋六國已將盡滅矣。時不我予，故太子丹迫不及待也。由急
促忙迫而凝結（僵化乾枯），則爲秦政李斯之精神。韓非陰險黑暗
之思想，爲秦始皇所喜。秦王見〈孤憤〉、〈五蠹〉之書，曰：
「嗟乎，寡人得見此人與游，死不恨矣。」以秦政之陰私狠愎正與
此思想恰相投。故秦政、韓非、李斯之僵化乃結束戰國之「盡物力
之精神」者也。物力之爽快精采，必至此而後止。蓋盡物力之披露
揮灑，生事無已，若無理想以穩定而調節之，則必引起陰險狠愎而
剗平之。韓非謂「儒以文亂法，俠以武犯禁。」皆在必誅。故秦即
行「以法爲敎，以吏爲師。」韓非說此話時，其生命已死。秦政與
李斯行此道時，其生命已僵枯。可以說爲爽快之反動，亦可說爲爽
快之收縮與凝結。因此反動與凝結而成一變態之心理。由此而顯一
純數量之精神。故由戰國演變至秦，乃是由純物量轉化而爲純數

量。

在純物量，盡物力之精神下，人人皆有物質的主體之自由（此完全是主觀的），人人皆可由此以表現其原始的物質生命之精采。同時，人人亦皆散立而披靡：士立不起（孟子斥之爲妾婦，荀子斥之爲賤儒），民立不起，君亦立不起。如是，自不能有眞正的客觀政治格局之可言，亦不能有眞正的學術文化之表現。通常皆稱羨晚周諸子，思想放奇采，百家爭鳴。實則其所爭以鳴者，除孔子弟子所謹守而傳者及孟、荀大儒外，皆趨炎附勢，馳騁浮辭，憤世嫉俗，遊離夢想者也。大抵皆爲負面的，不得稱爲積極的學術也。故《荀子·非十二子篇》云：「假今之世，飾邪說，文姦言，以梟亂天下，矞宇嵬瑣，使天下混然不知是非治亂之所存者，有人矣。縱情性，安恣睢，禽獸行，不足以合文通治，然而其持之有故，其言之成理，足以欺惑愚衆，是它囂、魏牟也。忍情性，綦谿利跂，苟以分異人爲高，不足以合大衆，明大分，然而其持之有故，其言之成理，足以欺惑愚衆，是陳仲、史鰌也。不知壹天下，建國家之權稱，上功用，大儉約，而僈差等，曾不足以容辨異、縣君臣，然而其持之有故，其言之成理，足以欺惑愚衆，是墨翟、宋銒也。〔……〕上則取聽於上，下則取從於俗，終日言成文典，反紃察之，則偶然無所歸宿，不可以經國定分，然而其持之有故，其言之成理，足以欺惑愚衆，是愼到、田駢也。不法先生，不是禮義，而好治怪說，玩琦辭，甚察而不惠〔王念孫曰：惠當爲急〕，辯而無用，多事而寡功，不可以爲治綱紀，然而其持之有故，其言之成理，足以欺惑愚衆，是惠施、鄧析也。」荀子非之之標準，在是否能經國定分。此固狹而不備。然而此五派觀之，亦可見當時之風氣

（時代精神），而所相爭以鳴者，亦未必能合乎其他標準也。故孟子亦闢楊、墨，復痛斥陳仲、許行也。孟、荀皆自經國定分，人倫治道上斥之，亦足反見相爭鳴者，其大體意向，亦在爭鳴於人生政治之意見。其中容或有帶出某種不關治道之物事，然其總目的固不在此某物事，而在國是也。茲先就名家言之。《荀子‧不苟篇》云：「山淵平，天地比，齊秦襲，入乎耳，出乎口，鈎有須，卵有毛。是說之難持者也。而惠施、鄧析能之。」《莊子‧天下》篇載惠施與辯者之辭三十餘條，其中固有可通者，然大體皆詭辯亂想也。邏輯不如此也。公孫龍較好，其白馬、堅白之辯，近人固可藉若干概念以通之，然彼之出此，並非按照一定之理路，而達名理之不可移。其背景仍是遊戲詭辯，而偶有所中。共相殊相，亞里士多德真知之，然彼不曰：「白馬非馬」也。此可見，亞氏真為邏輯之精神（《荀子‧正名篇》近之），而惠施、公孫龍殊不類也。故彼不能擔當「知性」之提煉，予名數之學以基礎。惠施同異之辯，以及飛矢不動之義，固亦甚有理據。然其背後之精神，亦不是希臘伊里亞派之精神。聰明所中，玄談出之。縱云名理，亦類乎魏、晉人清談中之名理，非以治學之態度出之也。故不能由此諸人開發出「精神之知性表現」。陳仲、許行只是憤世，非重農學派也。故亦不代表積極精神。故亦無所成。稷下先生（齊所養者），多攘臂虛談，利祿之遊士。騶衍出其中，為陰陽家之祖。然多遐想，閎大不經。亦非根於「知性」。與陰陽五行相糾結，由之而成術數之士，不足以成科學。漢人承之，用於政治，而言天人感應，成為理性之超越表現，此為其轉形，而純粹知性終未提煉出也。戰國時代背後之總精神不足以成乎此。

　　老子《道德經》乃一世故哲學，對於人生有體驗，而亦爲退處之消極。不足以表現「精神」也。價值觀念不能肯定，其所謂「道」只是一遊離之夢境，或只是一冷酷之死寂。莊子則以「齊物」之義剷平一切，其所顯之絕對亦成一隔離之夢境，其逍遙乘化，則落於任運而轉，玩世不恭。其背後亦有一蒼涼之感，此則由於「其否定一切而終於不能泯滅其內心一隙之明之間或漏出而又不能徹底翻轉」所透露之無可奈何之微嘆。凡價值觀念不能肯定者，背後總有一蒼涼之感在蕩漾（魏晉人之情調亦有此感）。是以其所露出之華彩玄談，皆虛矜之氣之所映也。故云非「精神」之表現也。只是一種憤世嫉俗，避人避世之陰淡。是以此種精神亦可與魏、晉人合，亦可與法家合。與魏、晉人合，則以其陰淡之幽涼，如月光然。與法家合，則因其不能肯定價值，而喜渾同齊一，其本質上亦是有量而無質，本含有純量之精神也。惟此純量，亦難說物量，亦難說數量。而與法家合，則落下來，便是內而數量，外而物量也。此本爲衰世之精神，何足以言奇彩？墨子亦無價值觀念，故荀子斥其「上功用，大儉約，而僈差等。」亦是一個渾同之量的精神。故尚同，兼愛，爲孟子所力闢。其非禮、非樂、節葬，固對沒落貴族之浮華言，然其對於周文之根於人性之內在價值，固不能有了悟也。其言天志亦是理論的，非信仰的（錢穆先生如此說，甚諦。見《國史大綱》頁70）。其對於價值不能有了悟，對於人性之內在精神性不能有透徹，而只以「功用」觀點言天志，故彼不能表現宗教精神也。然其爲人甚質樸而有熱情。彼雖僈差等，而實欲身儕于平民。其爲量，與道家、法家又不同也。彼實爲一氣質的，物質的苦行家，而非一精神的宗教家。「精神」，在墨子身上，始終

未有反省的透露，爲其質樸之氣質所淹沒。表現於國家政治之客觀
精神，價值層級，通過內在道德性所樹立之宗教精神，天地境界，
由於純粹知性之提煉而成之「自然」與「思想主體」之對立，彼皆
不能有表現。所以他亦只是戰國盡物力精神籠罩下之一消極的表
現，直接的反應。彼欲走一路而未成，故無所樹立也。其後學轉而
爲「俠」，正是其無所樹立之直接反應下之直接歸結，因此正恰好
落於盡物力之精神內。其學不能傳，良有以也。正因其不能成一
路。然在當時，則亦豪傑之士。故《莊子・天下》篇稱之曰：「眞
天下之好也。將求之不得也。雖枯槁不舍也，才士也夫。」至若法
家，如商鞅、韓非、李斯，以及吳起、李克之流，則欲直接順轉形
期所解放出之君、民、士，而期措置之有所成，有所定，一反盡物
力精神之個人爽快與明決。但此措置是順之而下趨，並非逆之而於
文化理想有所肯定，藉以成爲構造之措置，成立眞實的「客觀之政
治格局」。此其所以爲盡物力精神之凝結與僵化，由物量而轉爲數
量也。君、民、士，至此皆死矣。一切爽快精采，至此亦煙消雲
散。李克爲子夏弟子，吳起爲曾子弟子。韓非、李斯爲荀子弟子。
視其師之所守所說爲陳飯土羹，爲迂闊而無當，遂掉頭不肯顧，一
跤跌入深淵而自毀以毀人。爲之師者不能擔大任，爲之弟者，若不
能灼灼有所悟，而急於遷就現實成功名，則在該時代精神下，必跌
入深淵而後已。此爲中華民族第一次之浩劫。須知廢公族，去井
田，成郡縣，並非法家之成就。此乃共同體破裂後，必向此趨之大
勢。有法家亦如此，無法家亦如此。法家於此無增益也。其所增益
者，只是順之而凝結，而成爲純數量之精神。若云有所成，則必逆
之於文化理想有肯定，然後始能成就此數事。今則不然，故一切皆

死。此乃毀，何言成耶？

夫當轉形期，乘君、民、士得解放，皆有動轉之自由，生力活躍，物力發揚之時，若能逆之而於文化理想有肯定，轉而成就此客觀之政治格局，穩定社會上各方之生力與物力，則時代精神必爲健康的、積極的。如此冷靜下來，轉出物量之精神，則亦並非無成果。其成果即是「自然」與「思想主體」之對立，純粹知性之提煉。依是，科學與名數之學，皆可樹立其「學之爲學」之基礎。（程度如何，乖謬與否，皆無關。）物量精神，在此，非是物質的物量精神，乃是精神的物量精神。即此種物量乃爲精神之冷靜與照射。精神如此冷靜下來，「自然」即成爲「純粹的自然」而爲外在之客體。是以「自然」之爲如此之客體，亦是精神之照射使然，亦爲精神所濾過（物理世界之自然即如此而成）。故既能成科學，亦能成就邏輯、數學也，此則爲積極之時代。故一成一切成，一壞一切壞。而戰國時代，則正走壞之路也。以如此之盡物力精神爲時代精神（爲籠罩者），而無一超越的文化理想爲籠罩，物物交引，而生出如許之消極的負面的精神表現，共同輻湊而向下趨（孟、荀所謂邪說奸言），則其流于秦政之浩劫，又何足怪？如猶不解，曷不觀于今日？自五四所謂新文化運動以來，講老、莊者有矣，講名、墨、法者有矣，此尚不必壞，而打倒孔家店則反顯其大壞。唯物論、功利論，風行于天下。放縱恣肆，人無常守。否定價值，剷平一切。下趨無極，而盲爽發狂。其所餘者只爲物質個人之中心與渾同齊一之物量的普遍性。於是乎馬克思之共產主義乘虛而入，遂造成中國有史以來空前之浩劫。（第二次浩劫。將來之浩劫，亦不能過此，故亦可謂絕後。）此豈非戰國秦之精神之擴大與加甚者乎？

不了于今者，觀乎古；不了于古者，觀乎今。相觀而解，則不能謂戰國時代爲學術文化之黃金時代也明矣。

夫戰國之時代精神既如此，若無孔子開其前，孟、荀繼其後，則未來之生機與光明全斬矣。如是，吾人一述不得其時之孟、荀。

第二節　全幅是精神通體是光輝表現「道德精神主體」之孟子

逆之而於文化理想有肯定，在戰國，惟推孟、荀也。逆之而溯其源，徹底通透者，爲孟子。逆之而承周文（禮）之「價值層級之觀念」以爲經國定分，而極顯其廣度構造之義者，爲荀子。此兩人者，皆於盡物力之精神外，表現積極精神者也。而孟子尤殊特。

明儒羅近溪曰：「〔……〕其後，卻虧了孟子，是個豪傑。他只見著孔子幾句話頭，便耳目爽朗，親見如聖人在前，心思豁順，就與聖人脗合。一氣呵出，說道人性皆善。至點掇善處，惟是孩提之愛敬。達之天下，則曰道在邇，事在易，親親長長而天下平也。憑他在門高弟如何諍論，也不改一字；憑他列國君臣如何忿惡，也不動一毫。只是入孝出悌，守先王之道，以待後之學者。看他直養無害，即浩然塞乎天地，萬物皆備，而反身樂莫大焉。其氣象較之顏子又不知如何。予嘗竊謂孔子渾然是易，顏子庶幾乎復，而孟子庶幾乎乾。〔……〕」（《盱壇直詮》）「說到人性皆善」即是逆之而溯其源，徹底通透者。其所以爲「庶幾乎乾」，正因其把握性善，通體透出，恢復人之所以爲人而建體立極，故能壁立千仞，而爲「乾造大始」者也。程明道云：「顏子合下完具，只是小。要漸

漸恢廓。孟子合下大，只是未粹。索學以充之。」(《二程語錄》卷四)其「合下大」，正因其「一氣呵出，說道人性皆善」也。直下透體立極，故大。「未粹」，則是以孔子為標準，就聖賢氣象言。程子又云：「仲尼，元氣也。顏子，春生也。孟子并秋殺。盡見仲尼無所不包。顏子示不違如愚之學於後世，有自然之和，不言而化者也。孟子則露其才，蓋亦時然而已。仲尼，天地也。顏子，和風慶雲也。孟子，泰山巖巖之氣象也。觀其言，皆可以見之矣。仲尼無迹，顏子微有迹，孟子其迹著。」又曰：「孟子有功於道，為萬世之師。其才雄。只見雄才，便是不及孔子處。人須當學顏子，便入聖人氣象。」又云：「孔子儘是明快人，顏子儘豈弟，孟子儘雄辯。」(《二程語錄》卷六。但不定為明道語，抑為伊川語。)此皆就聖賢氣象言。程子此類話頭甚多，不具引。品鑒精微，所言不謬。若就時代言，則孟子之為大為乾，為泰山巖巖，露才雄辯，其迹著，亦有其外在因緣。論聖賢人格之至不至，固不能全就外在因緣說，其內在性情與天資，皆有關。但不論外在因緣，或內在性情與天資，孟子之表現實于內外條件中樹立起一「絕對之主體性」(一內在道德性)，一「理之骨幹」，此則就時代說為必須，就精神之表現說亦為必須也。其內外條件，是其主觀的因緣，(論聖賢氣象，大體與此有關，即須算在內。)而其所樹立之「內在道德性」，「理之骨幹」，則是客觀的。其為乾為大，俱由此說；其「有功於道，為萬世之師」，亦由此說。孟子實于精神之表現，彰著了其根源一面之型態，故為積極的、正面的。此根源一面之型態即由內在道德性而見絕對主體性，復由此而直下通透絕對精神即天地精神也。此由「盡心知性知天」一串工夫即可全體明白。

（《孟子・盡心》章：「盡其心者，知其性也。知其性，則知天矣。」）精神表現之積極型態有三：一、即此根源型態；二、純粹理解（知性）與外在自然之對立之型態；三、國家政治一面之「眞實的客觀化」之型態。孟子所表現者第一型態也。第二型態則缺。第三型態，固須於文化理想有肯定而復有賴於轉出積極的時代精神始能實現，然於學術上，自覺地思及此，孟子亦欠缺。在根源型態中，直接點出性善，即是直接把握住「內在道德性」，此就是一個絕對的主體；此主體爲一道德的主體。此「主體」一透露，即有「道德的主體自由」之可言。此「內在道德性」，即是壁立千仞的體，吾人即就此而說建體立極。故同時亦即爲一「絕對主體性」。此主體性之透露，必須通過一個反身的自覺所顯示之破裂，即，與「物質的自然」對立所成之破裂。此物質的自然是對道德的主體言，與對「知性主體」而言之自然，其意不同。就戰國時代言，此「物質的自然」即是「盡物力的精神」。孟子處此衰世，重新於文化理想有所肯定，即必須否定此盡物力的精神。即在此否定上，遂顯出一個破裂，同時亦因之而顯出一個絕對主體性。撥雲霧而見青天，則雲霧必須被掃除被否定，或壓下去。如是，孟子不能不雄辯，不能不露才，不能不著迹。非然者，破裂不顯，因而道德的主體也不顯。所以宋儒就聖賢氣象對於孟子的一切品鑒，皆是由於這個「必然的破裂」而發。在孟子的擔負上與其所處之時代上，皆必須有這個破裂。在孔子時，周文尚有效，或至少社會上尚普遍蕩漾著此一文化理想與文化生命，故孔子尚可諧和於此大流中而安處，故其通體是文化生命，滿腔是文化理想，化而爲通體是德慧，其表現也，可無須此破裂。此固由於孔子合下是天地的聖人氣象，而時

代亦有關也。在孟子時，若其本人亦通體是文化生命，滿腔是文化
理想，則不能不與此物量精神截然割離。此種割離，是其文化生命
之不容已。因此，破裂乃成了逼迫著「精神」出現之文化生命中之
必然。惟通過此破裂，精神主體始能彰顯。因此，泰山巖巖、浩然
之氣、爲乾、爲大，不改一字，不動一毫，俱從此精神主體處說。
若徒有孔子之天地渾圓氣象，而無孟子之破裂以顯「主體」，則精
神表現之理路即不具備，而精神之所以爲精神亦終不彰顯。故絕對
主體性，道德的主體自由，皆因有孟子始可言也。孟子於此立下一
個型範。此其所以有功於聖門處。

　　中國學者以往講學，特喜圓敎。動輒以聖人天地氣象，圓通境
界，馳騁其玄談。憑其直覺之一悟，遂直接迷戀於其中而不捨，所
謂玩弄光景者是也。以人之能否忘言忘詮，無聲無臭，爲解悟之至
不至；以人之能否渾化，不露聲色，爲修養工夫之到家不到家。視
「圓境」爲一易于企及者，而直接把握之。直下即是，而過程不
顯，則圓境亦成一平面。王弼注《易》，首先有忘象忘言，而有筌
蹄之喻。佛敎東來，禪宗興起，亦有頓敎、漸敎之分。至乎理學，
亦動輒欣羨明道之高，而斥伊川爲不通。王學興起，王龍溪有四無
之說，遂欣動陽明，有上根下根之別。夫聖人，人倫之至，圓敎固
其宗極。而迷離恍惚，悟此圓境，本非難事。圓境旣悟，說空說
有，說有說無，亦爲極易之聯想。以其輕率之心，而馳騁于此，視
爲窺破天機之大事。張皇恣肆，不可一世。人亦爲其所欣動。固不
知天地間有艱難困苦也。有實修實悟者，固亦有工夫之過程。如
程、朱、陸、王諸大儒，以及佛敎中之大德，無論頓漸，上根下
根，皆有苦工爲其經歷。雲門禪師有三句之敎：一曰截斷衆流，二

曰蓋天蓋地，三曰隨波逐浪。隨波逐浪，即至圓化之境。而其前必
經之以截斷衆流，蓋天蓋地。此兩句所說，即是一必然之破裂。然
吾於此所注意者，彼諸大儒大德雖有工夫之經歷，而此經歷在彼乃
徒有主觀之意義，而無客觀之意義：即，此經歷隸屬於其個人主體
中而不凸出，吞沒於其宗趣中而不彰著。此經歷既不凸出不彰著，
則其所宗趣之圓境亦隸屬吞沒於主體中而不彰著：潛伏陰淡，只成
爲個人的，而不能客觀化。此中病痛，關係不小。茲捨佛家不言，
而言儒學。（以在佛家，關係猶小；在儒家，則關係甚大。）儒家
肯定價值之層級，肯定一切社會活動與組織，如國家、政治、法
律、經濟等，皆爲理想之實現，因而亦必皆爲「精神」之表現，肯
定仁與智之全體大用。在此種肯定下，工夫之經歷必須使其彰著而
具有客觀之意義，夫如此而後精神之表現及其客觀成果始可得而
言。理學家于儒、佛之根本差異有認識，于儒家最核心的一點骨髓
堅守而不捨。其有功於人類，可謂千古不磨。惟於工夫之經歷，則
停在與佛家相同之形態上：隸屬於個人主體而不能彰著其客觀之意
義，不能彰著其于精神表現上之本質性、法則性及成果性。彼雖知
既悟得後，必須在事上磨練，必須措之於人倫而不離，然此種磨練
與不離，在彼仍只是個人的，因而仍是吞沒隸屬於其個人之主體而
爲潛伏者。須知：工夫經歷，首先通過反省自覺而顯出破裂，乃是
「精神透露」之本質的關鍵。當其與自然渾一之時，「精神」是不
能凸出的，因而是潛伏的。故通過反省自覺而顯之破裂是精神凸出
之本質。如果此種破裂，由道德的自覺而來，則必顯示精神主體爲
一道德的主體，爲一內在道德性，因而其所成者即爲道德的「主體
之自由」：精神從其爲潛伏的實體狀態中彰著而爲「主體的自

由」，精神成其爲精神。如果吾人了解此步破裂之本質性、法則性
及其成果性，則頓時即可知：此步破裂是仁且智的道德主體之樹
立，是精神主體之向上升，由此而建體立極，當下即通于絕對，證
實「絕對實在」亦爲精神的，因而亦可說即是證實一絕對精神。然
而上升，不能不下降。仁且智的精神主體不只要上升而爲道德的，
其由破裂而顯之「自然」不只是爲道德主體所要克服而轉化之自
然，而且亦要成爲理解所對之自然，而仁且智的精神主體亦須從其
上升而爲道德的主體下降凝聚而爲一「知性主體」，即思想主體。
此步破裂是「精神轉爲理解」之本質，其成果爲科學。精神（心）
之「智性」不能永遠吞沒隸屬于道德意志中而不彰著，亦不能永遠
渾化于仁心中而爲直覺的。智要充分完成其爲智，則不能不凝聚而
爲理解。否則，便是未取得其彰著而客觀之地位，便是未能盡其
用。同時，仁且智的「道德的精神主體」亦不能永遠是個人的、道
德的。若只如此，則破裂所顯之精神主體即不能通出去。不能通出
去，精神即停滯于孤明而爲非精神，而爲不明。所以它必須要披露
于個人以外之社會及天地萬物而充實其自己，彰著其自己。即，必
須要客觀化其自己，且絕對化其自己。客觀化其自己，即須披露于
國家、政治及法律。依此，國家、政治及法律即是精神之客觀化，
而爲客觀精神也。精神必須客觀化，吾人始有國家、政治一面之
「主體的自由」。同時，由道德的精神主體而建體立極，而當下通
於絕對，此只是絕對之印證，而不必爲充實。絕對不能充實其自
己，而永遠停于個人的冥契中，則亦只是個人的印證，因而亦只隸
屬於個人，潛伏陰淡，貧泛空虛，而亦可轉爲非精神的。絕對由道
德主體來印證，本不是陰淡的，然而道德主體放不開而流入孤明，

則即轉爲陰淡而非精神的。且因而道德主體亦轉爲非道德的、非精
神的。道德主體是光與熱，其本性本不可能停滯而流於孤明，然而
人之實踐，爲形氣所累，隨時可以停住而乾枯，此時即爲非道德
的、非精神的。理學家能堅守「由道德主體而通絕對」之立場，然
而其實踐不能無限。人本爲有限，此不足病。然而其于工夫經歷之
在精神表現上之本質性、法則性及成果性，卻甚不能鄭重認識之。
因此流於陰淡，不能弘通精神之大用。絕對境界亦只成了一副清涼
散，其自身之道德主體亦成空虛陰淡而無力。「如坐春風」之妙境
只是一個平面的圓和。本講實踐，而落於非實踐，本可有精神表
現，而落於無表現。若知「絕對」必賴客觀精神來充實，則必能把
握工夫經歷於精神表現上之本質性、法則性及成果性，如此必能開
出精神表現之許多途徑，而「即工夫即本體」亦不只是個人的，且
亦不單屬於上根人。此時吾人亦不必說頓漸，亦不說上根與下根，
此並非重要者。要者乃在精神表現之法則與理路：工夫經歷，要從
個人狀態中拉出來，而就精神表現之法則與理路上說。如此，若不
遵循此理路與法則而經歷，則精神即不能成其爲精神，亦無精神之
成果可言。孟子在戰國時盡了他的責任，亦爲精神表現立下一型
範，然而後人不能識此型範之客觀意義，而徒斤斤於聖賢氣象，將
工夫經歷吞沒於個人的主體中，而流於陰涼暗淡，成爲陰柔宛轉的
虛靈體會，美妙欣賞。殊不知孔子之全，若不經由孟子所開示之精
神表現之型範，以爲其「全」立一精神之系統，則孔子之全亦被拖
下來而成爲疲軟無力矣。吾人說孔子爲通體是文化生命，滿腔是文
化理想，轉化而爲通體是德慧。現在則說：孟子亦通體是文化生
命，滿腔是文化理想，然轉化而爲全幅是「精神」。仁義內在而道

性善，是精神透露之第一關。浩然之氣，配義與道，至大至剛，乃集義所生，非義襲而取，是精神之透頂。萬物皆備于我，反身而誠，樂莫大焉，所存者神，所過者化，上下與天地同流。此是由精神主體建體立極而通于絕對，徹上徹下，徹裡徹外，爲一精神之披露，爲一光輝之充實。而闢楊、墨，賤儀、秦，斥陳仲、許行，不許以夷變夏，不許充仲子之操而爲蚓，而好辯一章，則曰：「禹抑洪水而天下平，周公兼夷狄，驅猛獸，而百姓寧，孔子成《春秋》而亂臣賊子懼。〔……〕我亦欲正人心，息邪說，距詖行，放淫辭，以承三聖者。豈好辯哉？予不得已也。」彼於精神之表現，已樹立其客觀之意義，彼之生命已客觀化矣。此尚不可爲型範與？其有功於聖門亦在斯耳。（假若吾人了解孟子之文化生命轉化而爲「全幅是精神」，「通體是光輝」，則孟子說：充實之謂美，充實而有光輝之謂大，這兩句話，正可用來指謂孟子之人格。如是，程子所說的露才、英氣、圭角，便不可作直接的了解。程子曰：「孟子有些英氣。纔有英氣，便有圭角。英氣甚害事。如顏子便渾厚不同，顏子去聖人，只毫髮間。孟子大賢，亞聖之次也。或曰：英氣見於甚處？曰：但以孔子之言比之，便可見。且如水冰與水精非不光。比之玉，自是有溫潤含蓄氣象，無許多光耀也。」程子說英氣、圭角，是直接的了解。好像一個完美人格未發展成之缺陷。故云：有些英氣，英氣甚害事。又云：玉無許多光耀。宋儒看顏子較高。明儒則尊孟。羅近溪說：「顏子庶幾乎復，孟子庶幾乎乾。」便是對孟子作進一層的了解。假若「充實而有光輝之謂大」一語正是孟子之寫眞，則進一層的了解，便是：不是有些英氣，而乃全幅是英氣。全幅是英氣，便不害事。圭角亦如此解：不是有一點圭

角，而乃整個是一個圭角。猶如圓形或方形。孔子整個是圓形，孟子整個是方形。整個是一個圭角，亦不害事。此就是全幅是精神，通體是光輝之意。他所以如此，就因爲他要反顯一個主體，他要把盡物力的時代風氣壓下去。這裡有一個破裂的對反。此時，若不作鄉愿，便不可隨便講圓和。孟子要盡這個時代的責任，所以客觀地說，就完成了「充實而有光輝之謂大」一型範。他未至「大而化之之謂聖」的境地。客觀地說：在他要盡「破裂的對反」這個責任，他不能再進到「大而化之之謂聖」。個人地說：當然是很可能的。但是，一個「有限的人」的生命，當其客觀化而取得客觀的意義，他便不能再退回來保持其「個人的」與「客觀的」之雙重性。宋儒只知就個人說，故爲直接的了解。今則就客觀意義說，故爲進一層的間接了解。）

第三節　通體是禮義表現「知性主體」之荀子

茲再略說荀子。

荀子之文化生命，文化理想，則轉而爲「通體是禮義」。孔子與孟子俱由內轉，而荀子則自外轉。孔、孟俱由仁、義出，而荀子則由禮、法（文）入。荀子云：「禮者法之大分，類之綱紀也。」（〈勸學篇〉）。又云：「倫類不通，仁義不一，不足謂善學。」，「不道禮憲，以詩書爲之，譬之猶以指測河也，以戈舂黍也，以錐飡壺也。不可以得之也。」（同上）。又云：「禮者治辨之極也，強國之本也，威行之道也，功名之總也。」（〈議兵篇〉）。倫類、禮憲，所示者皆爲一「禮義之統」。言禮，必至成

統成類，此即爲「治辨之極」。荀子由此，「隆禮義而殺《詩》、《書》。」故云：「略法先王而不知其統，猶然而材劇志大，聞見雜博。案往舊造說，謂之五行。甚僻違而無類，幽隱而無說，閉約而無解。案飾其辭而祇敬之曰：此眞先君子之言也。子思唱之，孟軻和之。世俗之溝猶瞀儒，嚾嚾然不知其所非也。遂受而傳之，以爲仲尼、子弓爲茲厚於後世。是則子思、孟軻之罪也。」（〈非十二子篇〉）又云：「逢衣淺帶，解果其冠。略法先王而足亂世術。繆學雜舉，不知法後王而一制度，不知隆禮義而殺《詩》、《書》。其衣冠行爲已同於世俗矣，然而不知其惡。其言議談說，已無以異於墨子矣，然而明不能別。呼先王以欺愚者，而求衣食焉。得委積足以揜其口，則揚揚如也。隨其長子，事其便辟，舉其上客，億然若終身之虜，而不敢有他志。是俗儒者也。法後王，一制度，隆禮義而殺《詩》、《書》。其言行已有大法矣，然而明不能齊：法敎之所不及，聞見之所未至，則知不能類也。知之曰知之，不知曰不知。內不自以誣，外不自以欺。〔自，用也。〕以是尊賢畏法，而不敢怠傲，是雅儒者也。法先王，統禮義，一制度。以淺持博，以古持今，以一持萬。苟仁義之類也，雖在鳥獸之中，若別白黑。倚物怪變，所未嘗聞也，所未嘗見也，卒然起一方，則舉統類而應之，無所儗怎。張法而度之，則晻然若合符節，是大儒者也。」（〈儒效〉）。

荀子實不解孟子，而其所重之統類卻爲與孟子相反之精神。此即其「隆禮義而殺《詩》、《書》」之精神。「禮樂法而不說，《詩》、《書》故而不切。」（〈勸學〉）荀子能識禮義之統類性，而不能識《詩》、《書》之興發性。孟子善《詩》、《書》。

《詩》言情，《書》記事，皆具體者也。就《詩》、《書》之爲《詩》、《書》自身言，自不如禮義之莊嚴而整齊，崇高而爲道之極。然《詩》可以興，《書》可以鑑，止於《詩》、《書》之具體而不能有所悟，則凡人也。不足以入聖學之堂奧。然志力專精，耳目爽朗之人，則正由《詩》、《書》之具體者而起悱惻之感，超脫之悟，因而直至達道之本，大化之原。孟子由四端而悟良知良能，而主仁義內在，正由具體的悱惻之情而深悟天心、天理者也。故孟子敦《詩》、《書》而道性善，正是向深處去，向高處提。荀子隆禮義而殺《詩》、《書》，正是向廣處走，向外面推。一在內聖，一在外王。荀子之誠樸篤實之心，表現而爲理智的心。其言禮義是重其外在之統類性，而不在統攝之於道德的天心、形而上的心。故云：「禮者，法之大分，類之綱紀。」皆言乎統類也。惟理可以統，可以類。故云：「類不悖，雖久同理。」又云：「有法者，以法行。無法者，以類舉。」（〈王制篇〉）每一類有其成類之理。握其理，則可以通。「法教之所不及，聞見之所未至」皆可以類通。以類通，即以理通也。故總方略、齊言行、知統類、一制度，皆荀子所雅言。其所重視者爲禮義之統，即全盡之道。而根本精神，則在其深能把握住理性主義之精髓也。此精髓即在其是邏輯的、建構的。故荀子一方重禮義之統，一方能作「正名」也。理智之心之基本表現即爲邏輯，此是純智的。邏輯之初步表現即在把握共理，由之而類族辨物，故荀子喜言統類也。由此基礎精神轉之於歷史文化，則首重百王累積之法度，由此而言禮義之統。其斥孟子爲「略法先王而不知其統」，斥俗儒爲「略法先王而足亂世術。繆學雜舉，不知法後王而一制度，不知隆禮義而殺《詩》、

《書》」。皆基此精神而言也。由百王累積之法度，統而一之，連而貫之，成爲禮義之統，然後方可以言治道。荀子所言之「道」，即是此種道。此即「人文化成」之道。

其所化成者爲「性」與「天」：以心治性，以人治天。故由「隆禮義」一基本義，復開出另一基本原則，即爲「天生人成」。〈天論篇〉云：「天行有常，不爲堯存，不爲桀亡。應之以治則吉，應之以亂則凶。〔……〕不爲而成，不求而得，夫是之爲天職。如是者，雖深，其人不加慮焉。雖大，不加能焉。雖精，不加察焉。夫是之謂不與天爭職。天有其時，地有其財，人有其治，夫是之謂能參。舍其所以參，而願其參，則惑矣。」荀子之天，非宗教的、非形上的、亦非藝術的，乃「自然的」也。以人爲之禮義法度（即人道）治天，則能參。在荀子，性與天俱是被治的。亦俱是「自然」義。對於天，不加慮、不加能、不加察、不與天爭職，此是一義；而於「治之」之中而知之，又是一義。（此義爲荀子所函。）孔、孟言與天合德，其天乃形上的天、德化的天。荀子不至此義，而與天無可合。參義，則孔、孟、荀皆可言。孔、孟之天是正面的，荀子之天是負面的。故在被治之列，亦如性之被治然。性惡之性亦是負面的。其實其本質無所謂惡，只是自然。順之而無節，則至於惡，此乃荀子所謂惡。天生人成，自天生方面言，皆是被治的，皆是負面的。此無可言善。自人成方面言，皆是能治的、正面的，此方可說是善。而其所以善在乎禮義、法度。自孔、孟言，禮義、法度皆由天出，而氣質、人欲非天也。自荀子言，禮義、法度皆由人爲，返而治其天，氣質、人欲皆天也。彼所見於天者惟是此，故禮義、法度無處安頓，只好歸之於人爲。此其所以不

見本原也。

〈天論篇〉又云：「列星隨旋，日月遞炤，四時代御，陰陽大化，風雨博施。萬物各得其和以生，各得其養以成。不見其事，而見其功，夫是之謂神。皆知其所以成，莫知其無形，夫是之謂天功。唯聖人為不求知天。天職既立，天功既成，形具而神生，好、惡、喜、怒、哀、樂藏焉，夫是之謂天情。耳、目、鼻、口、形能〔當為態〕各有接，而不相能也，夫是之謂天官。心居中虛，以治五官，夫是之謂天君。財非其類，以養其類，夫是之謂天養。順其類者謂之福，逆其類者謂之禍，夫是之謂天政。暗其天君，亂其天官，棄其天養，逆其天政，背其天情，以喪天功，夫是之謂大凶。聖人清其天君，正其天官，備其天養，順其天政，養其天情，以全其天功。如是，則知其所為，知其所不為矣。」案：天職、天功、天情、天官、天君、天養、天政，是天生者也。自暗其天君，以至喪其天功，是毀滅生者也。自清其天君，以至全其天功，是成全其生者也。天君即「心」。心之暗不暗乃成毀之關鍵（由此而作〈解蔽篇〉）。禮義、法度皆自天君之不暗發，由天君之不暗辨。故荀子之心純為認識的心、理智的心。解其蔽，則虛一而靜，是所謂不暗也。以心治性、治天。治之即所以成之。故〈天論篇〉又云：「大天而思之，孰與物畜而制之？從天而頌之，孰與制天命而用之？望時而待之，孰與應時而使之？因物而多之，孰與騁能而化之？思物而物之，孰與理物而勿失之也？願於物之所以生，孰與有物之所以成？故錯人而思天，則失萬物之情。」案：天地鴻濛，自然混沌之中，有人類焉。以其不暗之天君，制作禮憲，治其身兼以治天。吾之身以此禮憲而得成，而得維持其生生。混混天地亦以此

禮憲而得理，而得明，而得成其爲天，成其爲地。在人之制作篤行中，一切屬於天者，皆理而明，是之謂參天地。人之制作篤行，是鴻濛中之精英，將以禮憲之光而普照混沌也。人之制作禮憲也，愈廣愈深，其照也亦愈廣愈深。制作之愈廣愈深，亦反示人之生命愈強愈健。君師者，生命之凸出，超群而逸衆。凸出而俯視，則被治之天即屈伏而在下。而禮憲亦隨生命之凸出而臨於上，故能普照乎下也。臨於上而照乎下，實以人之理想價值治其天。人之理想不容已其發，故其價值判斷亦不已其施。每一價值判斷是一義，是一憲。義義而貫之，憲憲而連之，是謂禮義之統。百王累積之禮憲綜而成一統。禮憲之統在篤行中而通明於事物。不篤行，則空言說。空言說，則禮之統空掛而不實。不實，不足以治其天。不足以治其天，不能平鋪之而爲被治者之理道。「道非天道，非地道，乃人之所以道，君子之所道」之治道。只此道爲可寶，他道非所問。此道即禮之統。一切天生者，皆落於此統中而得其道。離卻此道，萬事自身無所謂道。天職、天功、天情、天官，皆天生之「有」也。然天生之有，雖有其自身之特性，而不可以爲道。道者成全此諸「有」者也。諸「有」落於道之統中而成其爲諸「有」。不落於此統中，雖天生其有，而終歸於無有。無有即毀滅。是以「有」自身，雖有特性，不可說道，而望「道」言，惟是一「材質」耳。材質不能自成，必待禮憲之道以成之。故除禮憲之爲道外，無他道也。道成就一切有。是乃以人爲之「禮義之統」而化成天而治正天也，故曰人文化成。故全宇宙攝於人之行爲系統中，推其極，人之道亦即天之道也。（天與自然人俱爲被治。）

在篤行之行爲系統中，每一「天有」既皆是被治正之「有」，

故每一天有亦皆是被吾天君所照攝之有。被吾天君所照攝之有，即是可被定義之有。天職、天功、天情、天官、天君、天養、天政，皆有定義者，如〈天論篇〉之所述。又如〈正名篇〉：「生之所以然者謂之性；性之和所生，精合感應，不事而自然，謂之性。性之好、惡、喜、怒、哀、樂，謂之情。情然而心爲之擇，謂之慮。心慮而能爲之動，謂之僞；慮積焉、能習焉，而後成，謂之僞。正利而爲，謂之事。正義而爲，謂之行。所以知之在人者，謂之知；知有所合謂之智。所以能之在人者謂之能；能有所合，謂之能。」此皆定義也。在定義中，吾對於被治之天有，即有知矣。依此而成知識系統。然知識系統即在行爲系統中而提挈以成。知之正所以備篤行之「正之」也。

依以上之申述，吾人見出，在荀子之文化生命，文化理想中，亦成一破裂之對反。依其所見之心爲認識的心，爲純智的心，依其所視之天與性爲自然義的，爲被治正之負面的。荀子首先通過其反省自覺而提煉出一個「思想主體」，因而同時亦將「自然」純淨化而成爲此主體之「對象」，自然（天與性）成爲純自然的。此是理智的心（思想主體）之所照射而成的。他能將「純粹理解」提煉成，所以亦能將「純粹自然」提煉成。荀子確是一個邏輯的心性，此於〈正名篇〉可以見之。他一往是理解（知性）用事。自古史官「掌官書以贊治，正歲年以序事」以來，中國歷史精神之發展，首先將全宇宙以及全人間組織視爲一「道德的精神實體」之所函攝，吾人可說此是一「仁智之全體」。然其初是不自覺的。經過孔子之反省，由其通體是德慧之表現，遂以其天地氣象之人格將此不自覺的潛存的「仁智之全體」表現而爲自覺的彰著的「仁智之全體」。

此是「仁智之全體」之全體的透露。經過孟子之破裂，復將此全體透露之「仁智全體」之純精神性，經由其「道德的精神主體」之樹立而證實：主體精神與絕對精神，在此形成一對反而俱已彰著，而盡心知性知天，雖對反而實通於一，此一義亦由孟子而形成（此義西方人始終未作到）。然經過荀子之破裂，則孔子所彰著之「仁智之全體」，孟子所彰著之主體精神與絕對精神，俱下降凝聚而為一「知性主體」，自然成為純自然，成為被治之負面的，不復涵融於「道德的精神實體」中。「道德的精神實體」收縮而成為一「知性主體」（即思想主體），依此絕對精神被否定；復透露於表層而為「禮義之統」，依此成為知性主體之所對，因而亦即為此主體之成果。荀子一往是知性用事。他將「仁智全體」中之「智」彰著出，智涵蓋一切，照射一切。然而他忘掉智的本源，因此遂成為「理解」之平面的、外在的。宋、明儒尊孟而抑荀，不為無因。而不識其所表現之形態之價值而予以融攝與開發，亦是大不幸。須知：道德主體、思想主體，以及絕對實體，俱是精神之表現，無一可缺。「知性主體」之出現，精神表現之「理解形態」之成立，決在荀子，而不在名家。

在荀子所表現之「知性主體」之辨解下，能「總方略、齊言行、知統類、一制度」之大儒，所謂君師，攜其「禮義之統」措之於國家政治，固能對治戰國時代盡物力而相抵消之精神，重新提起一建構而統一之精神，然在此種「系統的統一」之形態下，卻未必能出現國家政治一面之「主體的自由」，卻倒能出現黑格爾所說之「一人」之自由，並實現其所說之「合理的自由」（rational freedom）。因為荀子之「禮義之統」，在此一往是「理解形態」

之廣被，自上而下之廣被，而不是自下而上，經由各個分子之自覺（政治的），重新組織起來之統一。是以只有大君師之「一人」，有其主體之自由，而其餘一切則盡在其盡制、盡倫之合理的措施下，而有一實體性的合理之自由，即不自覺的潛存之自由。但是，由於孟子所表現之形態，人人皆可有「道德的主體自由」，即在實體性的合理之自由下轉出道德的主體自由，而卻未轉出政治的主體自由。自漢帝國之建立後，中國社會即實現了荀子這個「禮義之統」的形態。荀子處於否定文化生命、文化理想之時代中，相承周文之統一性，自覺地經由其所釐清之「知性主體」，重新提供一「禮義之統」之文化理想，雖在當時不能實現，而卻爲後來開出一途徑，時勢之所趨，且亦不久即實現之於漢代。凡是否定文化生命、文化理想之時代，文化生命、文化理想必收縮凝聚於個人，而由聖賢豪傑思想家以表現之，由之以開來世之生機，而爲後來之型範。此孔、孟、荀之所以爲大也。其爲吾歷史發展中之主幹，豈待漢武之罷黜百家而始然乎？彼相爭以鳴者，固莫之能取而代之也。（負面的、消極的、偏曲的、怪誕浪漫的思想，固永不能作爲歷史之主幹。）

從歷史發展說，能實現合理之自由，有「一人」之主體的自由，在政治形態上，亦是一進步。荀子所開出之「知性主體」與「自然」之關係，即理解型態之表現於科學知識一面，則後來無能承之者。荀子之學一直無人講，其精神一直無人解。此中國歷史之大不幸。不能注意其正面之價值，而上繫之於孔、孟，而只注意其流弊，遂視之爲開啓李斯、韓非矣。實則彼與韓、李絕對異趣也。（韓、李絕無文化生命、文化理想。）

第三章 秦之發展與申韓

第一節 秦之發展及其物量數量之精神

一

《史記·秦始皇本紀》：「三十四年。〔……〕丞相李斯曰：
五帝不相復，三代不相襲，各以治，非其相反，時變異也。今陛下
創大業，建萬世之功，固非愚儒所知。且越〔博士，齊人淳於越
也〕言乃三代之事，何足法也？異時諸侯並爭，厚招游學。今天下
已定，法令出一。百姓當家，則力農工，士則學習法令辟禁。今諸
生不師今而學古，以非當世，惑亂黔首。丞相臣斯昧死言：古者天
下散亂，莫之能一。是以諸侯並作，語皆道古以害今，飾虛言以亂
實。人善其所私學，以非上之所建立。今皇帝并有天下，別黑白而
定一尊。私學而相與非法教。人聞令下，則各以其學議之。入則心
非，出則巷議。夸主以爲名，異取以爲高，率群下以造謗。如此弗
禁，則主勢降乎上，黨與成乎下，禁之便。臣請史官非秦紀皆燒
之，非博士官所職，天下敢有藏《詩》、《書》爲百家語者，悉詣

守尉雜燒之。有敢偶語《詩》、《書》棄市，以古非今者族，吏見
之不舉者與同罪。令下三十日不燒，黥為城旦。所不去者，醫藥、
卜筮、種林之書。若欲有學法令，以吏為師。制曰可。」

又：「二十六年。〔……〕制曰：朕聞太古有號毋諡，中古有
號，死而以行為諡，如此，則子議父，臣議君也。甚無謂。朕弗取
焉。自今以來，除諡法。朕為始皇帝，後世以計數，二世、三世至
千萬世，傳之無窮。始皇推終始五德之傳，以為周得火德，秦代周
德，從所不勝。方今水德之始。改年始。朝賀皆自十月朔。〔周以
建子之月為正，秦以建亥之月為正，故其年始用十月而朝賀。〕衣
服、旌旄、節旗皆上黑。數以六為紀。符法冠皆六寸，而輿六尺。
六尺為步。乘六馬。更名河曰德水。以為水德之始，剛毅戾深，事
皆決於法。刻削毋仁恩和義，然後合五德之數。〔水主陰，以刑
殺，故急法刻深，以合五德之數。〕」

秦以吏法精神而一天下，亦以此而速亡。蓋吏法者不能自足
也。漢興，文之以儒術，則有越乎此者矣。此其所以規模弘闊而能
悠久也。秦除吏法以外，無他觀念。有之則惟數量也。除諡法之
文，而計之以數，皆所以示其唯知有量，而不知有質。量則抽象而
非具體，無有足以和之者。此其生命所以不久而枯也。其生命唯是
物氣之粗放。氣則物質者也，其所開展，唯是廣袤之量，徒量不足
以盡具體之精微；有外齊而無曲成，故吏法不足，繼之以權詐，氣
氣相濟，則悶窒以死。李斯成之，李斯敗之。此荀卿之學必有高遠
心力以運之，否則，未有不墮落者也。

數量觀念與五德終始乃矛盾者也。既數之以千萬世，而又信五
德之終始，此非自我否定而何？兩者之矛盾，彼不能解消而總和

之。量之無窮與終始之無窮乃不相容者也。五德終始爲一物理的超越理想，而唯爲數量精神所物化。夫五德之論既爲物理的，則其有質而非純數量者甚顯。由其質而進之以人文之理想，則常道顯，而終始運，始能成就其爲無窮。今不化之以人文，而化之以數量，則五德終始之理想義即泯矣。秦以近死之心，流於狠愎，一切觀念理想盡剗除而無餘，故董仲舒痛心疾首而謂自古以來，大敗天下之民，未有如秦者也。漢之爲漢，亦不可及矣。漢之所以能接受理想，則以高祖以布衣起自蒼茫之原野也。惟天才始能盡氣，唯盡氣者，始能受理想。以其生命暢達而靈機活也。（盡氣之盡，如盡心、盡性之盡。始皇之僵枯，非能盡氣者，故不可謂天才。）

二

秦居西陲，本與戎翟同俗。《史記·秦本紀》云：「文公元年，居西垂宮〔即上西縣〕。三年，文公以兵七百人東獵。四年，至汧渭之會，曰：昔周邑我先秦嬴於此，後卒獲爲諸侯。乃卜居之，占曰吉。即營邑之〔郿縣故城也〕。〔……〕十三年，初有史以紀事，民多化者。」至秦繆公而大顯（春秋盛時）。百里傒、蹇叔，皆往焉。繆公禮賢有德政。「三十四年，〔……〕戎王使由余於秦。由余，其先晉人也。亡入戎，能晉言。聞繆公賢，故使由余觀秦。秦繆公示以宮室積聚。由余曰：使鬼爲之，則勞神矣。使人爲之，亦苦民矣。繆公怪之，問曰：中國以《詩》、《書》、禮、樂、法度爲政，然尙時亂。今戎夷無此，何以爲治，不亦難乎？由余笑曰：此乃中國所以亂也。夫自上聖黃帝，作爲禮樂、法度，身以先之，僅以小治。及其後世，日以驕淫，阻法度之威，以

責督於下。下罷極，則以仁義怨望於上。上下交爭怨，而相篡弒，至於滅宗，皆以此類也。夫戎夷不然。上含淳德以遇其下，下懷忠信以事其上。一國之政，猶一身之治，不知所以治。此眞聖人之治也。」由此觀之，由余固聰慧人也。故繆公退而與內史廖計以得之。（內史、周官。）「三十六年，繆公復益厚孟明等，使將兵伐晉。渡河焚船，大敗晉人。取王官及鄗，以報殽之役。晉人皆城守不敢出。於是繆公乃自茅津渡河，封殽中尸，爲發喪，哭之三日，乃誓於軍曰：嗟！士卒，聽，無譁。余誓告汝。古之人謀，黃髮番番，則無所過。以申思不用蹇叔、百里傒之謀，故作此誓。令後世以記余過。君子聞之，皆爲垂涕曰：嗟乎！秦繆公之與人周也。」死時，「從死者百七十七人，秦之良臣子輿氏三人，名曰奄息、仲行、鍼虎，亦在從死之中。秦人哀之，爲作歌黃鳥之詩。」〈吳太伯世家〉云：「吳使季札聘於魯。〔……〕歌秦。曰：此之謂夏聲。夫能夏則大。大之至也。其周之舊乎？」《集解》引杜預曰：「秦仲始有車馬禮樂，去戎狄之音，而有諸夏之聲，故謂之夏聲。及襄公佐周平王東遷，而受其故地，故曰周之舊也。」

後至孝公，已入戰國。用商鞅變法，乃大富彊。吾友李源澄先生曰：「秦爲新興民族，地形勢便，代有英主，誠得之於天。然秦之重法治，務耕戰，合人民之力以趨國家之急。實爲一新文化系統。若六國則封君貴族，游俠私劍，擅權亂法，安能敵之。」《荀子·彊國篇》：「應侯〔范睢也〕問孫卿子曰：入秦何見？孫卿子曰：其固塞險，形勢便，山林川谷美，天材之利多，是形勝也。入境，觀其風俗，其百姓樸，其聲樂不流汙，其服不挑，甚畏有司而順，古之民也。及都邑官府，其百吏肅然，莫不恭儉敦敬，忠信而

不楛，古之吏也。入其國，觀其士大夫，出於其門，入於公門，出於公門，歸於其家，無有私事也。不比周、不朋黨，偶然莫不明通而公也。古之士大夫也。觀其朝廷，其間聽決，百事不留，恬然如無治者，古之朝也。故四世有勝，非幸也。數也。是所見也。〔四世：孝公、惠文君（惠王）、武王、昭襄王也。〕故曰：佚而治，約而詳，不煩而功，治之至也。秦類之矣。雖然，則有其諰矣。兼是數具者而盡有之，然而縣之以王者之功名，則倜倜然其不及遠矣。是何也？則其殆無儒邪？故曰粹而王，駁而霸，無一焉而亡。此亦秦之所短也。」由余、荀卿俱足以解秦之本質。然此順其同戎夷之俗，渾樸強悍之質，就其發展而觀之而然也。本亦可不至秦政之純數量精神。而秦政者乃其發展至最後階段中之一大歪曲者。其爲歪曲亦有歷史之故也。孝公用商鞅，惠王用張儀，（武王共四年，二年初置丞相，樗里疾、甘茂爲左右丞相。）昭襄王享國最久，共五十六年，用范睢，蔡澤（孝文王一年。）莊襄王共四年，用呂不韋。秦政用李斯。二世用趙高而秦亡。（秦自襄公爲周平王封爲諸侯起，至二世止，凡六百一十七年。）

　　秦自繆公以前，自秦仲、襄公、文公，始開始營城邑，致力於周室，嚮慕於王化。周平王東遷，始封襄公爲諸侯。〈秦本紀〉云：「西戎、犬戎與申侯伐周，殺幽王酈山下，而秦襄公將兵救周，戰甚力，有功。周避犬戎難，東徙洛邑。襄公以兵送周平王。平王封襄公爲諸侯，賜之歧以西之地，曰：戎無道，侵奪我岐、豐之地，秦能攻逐戎，即有其地。與誓封爵之。襄公於是始國。與諸侯通使聘享之禮。」下屆秦繆公，其發展與春秋階段相應。雖與中原諸侯並駕，共維王室，然彼實爲一新興民族。惟春秋階段尚非戰

國之比。周室漸微，而霸業以興。秦以後起之秀，得與五霸之林。霸者之理想，尊王攘夷，共以周文爲所宗。自宗周言之，可謂爲正宗文化之繼續，亦可謂爲轉形之發展。轉形者，自各諸侯言之，西周所封建之諸侯，至此，各由其所團聚之勢力，爭欲有所表現，而顯其特性也。自周之統一而單純之發展，轉而爲各國之多形的發展。新興之民族，各有其原始生命之一面，亦皆有其嚮往文化之一面。自西周之潛蓄，而漸趨於蠢動。故雖弑君弑父，屢見不鮮，而亦各有其表現也。秦處此期，本其固有之本質，亦以周化爲宗。故季札聘魯觀樂，至歌秦，則曰：「此之謂夏聲。夫能夏則大，大之至也。其周之舊乎？」可見秦雖有其獨特之民族性，並非一新文化系統也。

三

秦發展至秦孝公而受一曲折，此曲折亦由戰國階段之來臨而使然。周文由單純之發展轉而爲多型之發展，此多型以各民族之獨特性爲底子。周之單純統一所呈之文化形態，是由一單純凸出之生命（指周民族言）凝結於一起。形上之理想必與現實之生命合一，始能成爲文化形態。而亦因與現實生命合一，故理想受限制，而客觀化於現實中而爲文物制度。此一文物制度，與單純統一生命凝結者，經由各民族獨特性之凸出之多形發展，遂衝破而見其不適宜。故春秋時代之多形發展，雖一方爲周文之繼續轉形，一方亦爲趨於一較高級之綜和之過渡。既爲一過渡，則必爲由其多形對立而見其爲對於周文之統一性及向上性之否定，即爲一向下拆散之趨勢。此向下拆散之趨勢，一露其端倪，即必下趨而至其極。故春秋之文美

及其禮樂性，即不能直接向上而趨綜和，而必下降而爲戰國時生命
粗暴之軍國主義。蓋多頭生命之獨特性旣經凸出，則在對立性限制
中，必擴張而衝破此限制，必撲捉一對立體而克服其對立性。在此
種克服與衝破中，互相激蕩，潛隱之生命必全體暴露而爲集體之鬥
爭。此所以爭城奪地，殺人盈野也。秦民族亦在此對立中，故亦必
遵守此法則而爲一曲折之發展。然秦前一階段，雖鄉慕周化，而屬
後起，又偏處西垂，故浸潤不深。以故，轉入戰國，遂易受法家之
思想，而收鬥爭之勝利。當時各國，皆急功利，尙霸道。非獨秦爲
然也。惟一則有文化累積之累，一則無此累而易接受耳。《史記·
商君列傳》云：「景監曰：子何以中吾君？吾君之驩甚也。鞅曰：
吾說君以帝王之道，比三代，而君曰：久遠，吾不能待，且賢君
者，各及其身顯名天下，安能邑邑待數十百年以成帝王乎？故吾以
強國之術說君。君大說之耳。然亦難以比德於殷、周矣。」其說帝
王之道，浮說耳。司馬遷已洞見之。彼亦不自信也。孟子眞心說王
道，無肯聽之者。孟子可謂不識時務矣。用強國之術，即須變法。
即在此變法中，雖霸道，爲墮落，而於精神之發展上，亦有其負面
之意義。此一表現，即爲秦所負擔。

〈商君傳〉云：「以衛鞅爲左庶長。卒定變法之令。令民爲什
伍，而相收司連坐。不告姦者腰斬，告姦者與斬敵首同賞。匿姦者
與降敵同罰。民有二男以上，不分異者，倍其賦。有軍功者，各以
率受上爵。爲私鬥者，各以輕重被刑大小。僇力本業，耕織致粟
帛，多者復其身，事末利及怠而貧者，舉以爲收孥。宗室非有軍功
論，不得爲屬籍。明尊卑爵秩等級，各以差次。名田宅臣妾衣服以
家次。有功者顯榮，無功者雖富，無所芬華。」旣欲強國，必須發

揮集體之力量。故眼孔不能單向貴族，而必下及於平民。既注目於平民，自不能不減殺於貴族。減殺之道，即須於貴族以外，別立一客觀之虛的標準，而爲大家所共守，此即是法。依是，全體皆齊於法，而不齊於具體之階級。具體之貴族階級，其標準性既失，即其地位與尊嚴之減殺。故變法之基本精神，即爲：一、激發民力而組織之，此爲西周以來之潛隱狀態所無者。（在潛隱狀態中，煦嫗覆育之，而不激發之。）二、減殺貴族而齊之以法，衡之以功，法之地位凸出，即抽象者凸出，客觀意識增強，此亦爲以前所不顯者。三、法既凸出，則君相亦凸出。秦首設丞相。在法之凸出下，丞相參與密議，而君則爲權術之府。君相既深處，則其他一切即推出去而爲客體，而措置之以吏法。商鞅即本此精神而推行其所定之法，故刑太子之傅公子虔，黥其師公孫賈，又禁民議令，斥之爲亂化之民。「行之十年，秦民大悅。道不拾遺，山無盜賊。家給人足。民勇於公戰，怯於私鬥。鄉邑大治。」，「令民父子兄弟同室內息者爲禁，而集小都鄉邑，聚爲縣。置令丞。凡三十一縣。爲田，開阡陌封疆，而賦稅平，平斗桶〔斛〕權衡丈尺。」此皆爲激發民，組織民，而齊之以法度之措施。此從外部爲之，亦可爲構造的。順此下去，必廢封，建郡縣；削貴族，重吏法，以吏爲師。開阡陌封疆（開除也，非設也），廢井田，人得私有其田，故僇力於耕戰。此皆爲精神之新表現，而進於一新階段。然由此，若表面觀之，尚不足見其爲一曲折。

四

其爲一曲折，當觀其精神是否向上，抑向下？太史公曰：「商

君其天資刻薄人也。跡其欲干孝公以帝王術，挾持浮說，非其質矣。」可謂一語中肯。蓋其精神全下散而外用，而無足以提撕而潤澤之之本源。「刻」謂用刑深刻，是外用之犀利也。「薄」謂棄仁義，不悃誠，是內無提撕之本也。智之外用，不可離而無「悃誠」之本，則其外用未有不落於刻者。外刻則內薄。其精神之向下固無疑。內無仁義悃誠之本，精神遂外馳而落於物實。其所依法而措施者，皆在此外馳下落之中而帶出。精神不能一味守其孤明，不能不落實而外用。惟在落實而外用中，始能轉現實而構造之。然此必有仁義悃誠之本，即所以提撕之者，而後始可謂為精神之外用。此種外用，名曰精神之冷靜，亦曰精神之自覺的坎陷，即轉為理解。然本無此本，則只是外馳而下落，亦即是墮落。精神在此種墮落下，遂不見其為精神，而只見其為物化。是以其所有之措施與成就，亦可轉語謂之為在物化中而帶出。如此而帶出，儼若為構造的，實非為真正的構造也。其精神之本已失（故流於薄），故其智之外用（所謂墮落物化），所投映之號召曰富強、曰功利、曰耕戰。其所因此號召與外用而取之於民者，唯是其粗重之物力，而毫不能予以理性上之啓發與夫價值之觀念。故只能激民而不能興民也。是以民仍為盲爽發狂而癡呆。激者，激其潛隱渾沌，而為盲爽發狂之癡呆也。塞其理性之光，而取其粗暴之氣，套之於法中而盡其物力，則生死唯君欲之矣。秦之富強以此，其大敗天下之民亦以此。蓋凡言號召，皆指宗旨與理想而言。宗旨與理想必須由悃誠之本而透出，方為真實。今富強、功利、耕戰等號召，不本於悃誠，而本於馳騖之物化，故掛空而為虛映也。以虛映無本之號召，未有不荼毒生靈者。蓋號召不成其為宗旨，終歸於無目的，必至於在物化中浮沈而

已也。觀其說帝王術,爲挾持浮說,而孝公聞帝王術,亦昏昏欲睡,則可見其君臣急切昏沈之心境。商鞅、孝公其所以敎民而自待者如此,爲得不爲發展中之一曲折?此本爲戰國時之普遍的時代精神,即吾前所謂「盡物力之精神」,而凝結大成於秦者。

又,在此種無本之馳騖物化中,其所措定之「法」亦不本於理性,而乃本於功利與事便。故爲自上而硬加諸其所愚昧之民者。在此,民之守法,不本於其理性之自覺,而乃迫於外在之利害與功利而爲外鑠者;而上之製法,亦不本於光明理性之客觀化,而乃繫於急切之功利、主觀之私欲。故此種法乃上無根下無著者。上無根,故必歸於權術。下無著,故必重吏,督責刻深。此中國法家,雖可以偷一時之便,而終不可以成治道也。欲由之而建制成化,必爲昧於政治。

秦之兼幷六國,全賴商鞅、孝公奠其基。自此以後,步步在墮落中,盡其時代之使命。張儀、范睢,縱橫之士,不足論矣。呂不韋集門客,撰《呂氏春秋》,爲雜家言。雖不取法於法家,亦無救於秦之故習。或有曰,呂不韋與秦政之衝突,亦有法家習與反法家習之理想之衝突。理或然也。

至李斯與秦政合和,雖成兼幷之功,亦大敗天下之民。其曲折之毒,至此而達其極。以秦政之乖戾,益以李斯之敗智,其不毀滅,不可得也。觀其上書禁議令,蠲《詩》、《書》,師於吏,此固爲商鞅之陋習,亦可謂斷滅之至矣。《史記‧李斯傳》云:「斯長男由爲三川守。諸男皆尙秦公主,女悉嫁秦諸公子。三川守李由告歸咸陽,李斯置酒於家,百官長皆前爲壽。門廷車騎以千數。李斯喟然而嘆曰:嗟乎!吾聞之荀卿曰:物禁太盛。夫斯乃上蔡布

衣，閭巷之黔首。上不知其駑下，遂擢至此。當今人臣之位，無居臣上者，可謂富貴極矣。物極則衰，吾未知所稅駕也。」蓋彼之一生，全不知本源爲何物。其智之巧用，焉得不爲敗智耶？及二世責問，「李斯恐懼，重爵祿，不知所出。乃阿二世意，欲求容。以書對曰：〔……〕且夫儉節、仁義之人立於朝，則荒肆之樂輟矣。諫說、論理之臣開於側，則流漫之志詘矣。烈士、死節之行顯於世，則淫康之虞廢矣。故明主能外此三者，而獨操主術，以制聽從之臣，而修其明法，故身尊而勢重也。〔……〕是以明君獨斷，故權不在臣也。然後能滅仁義之塗，掩馳說之口，困烈士之行，塞聰揜明，內獨視聽，故外不可傾以仁義烈士之行，而內不可奪以諫說忿爭之辯，故能犖然獨行恣睢之心，而莫之敢逆。若此，然後可謂能明申、韓之術，而修商君之法。法修術明，而天下亂者，未之聞也。」此言出口，可謂昏極惡極。及下獄，「居囹圄中，仰天而歎曰：嗟乎悲夫，不道之君，何可爲計哉？」斥二世爲無道，而以忠自許。二世固無道，忠固如此乎？當其自悲自怨，亦當有所憬悟矣。悟夫治天下不可以商鞅、申、韓之法術，而當有以徹其本源也。

　　秦之發展是在順春秋、戰國之演變，由春秋時周文之多形表現，下散而爲戰國時純爲盡物力以決鬥。（物力非通常義，乃指落於現實而純爲粗暴的物質生命之暴發言。精神完全不能自主，理想與意義或價值盡行剝除，純成爲自然生命之表現。此爲盡物力以決鬥。）秦即在此多頭敵對中而對立地生長成。彼所代表者非是一綜和之階段，而是一對消之階段，非是一創造之階段，而是一否定之階段。否定者，即破壞周之與貴族政治凝結於一起之文化型態也。

此責任爲戰國時盡物力之精神所擔負，而收束於秦，故最終爲秦所擔負。對消者，彼與各國並列生長，而又無高遠理想以擔負綜和之責任，只在「盡物力以決鬥」之原則下，而表現爲整齊畫一之物力，故六國滅亡之時，亦即其自身破滅之時。蓋彼之生命乃順春秋、戰國而長成，亦必順戰國時代之破滅而破滅。彼爲一最後結束者而已。是以秦所代表者，並非一精神主體（以其並無湧發精神理想之本源），而乃爲一純否定。凡爲否定者，皆在一破裂對立之階段（此對立以否定爲準，不以肯定的精神主體爲準），不在一綜和之階段。是以普通以秦、漢大一統，秦、漢連言，實不恰當之淺言。漢實爲另一新生命之出現。

第二節　佛老申韓之生心害政

茲乘此機略言秦之政治措施與申、韓、老、莊，以及後來所加之浮圖之關係。王船山曰：

> 蓋嘗論之，古今之大害有三：老、莊也，浮屠也，申、韓也。三者之致禍異，而相沿以生者，其歸必合於一。不相濟則禍猶淺，而相沿則禍必烈。莊生之教，得其氾濫者，則蕩而喪志，何晏、王衍之所以敗也。節取其大略而不淫，以息苛煩之天下，則王道雖不足以興，而猶足以小康，則文景是已。〔案：西漢取黃，老，猶得其所說之樸、厚、慈、儉之旨趣，此已不是玄談之莊學。〕若張道陵、寇謙之、葉法善、林聖素、陶仲文之流，則巫也。巫而託於老、莊，非

老、莊也。浮屠之修塔廟以事胡鬼，設齋供以飼髡徒，鳴鐘吹螺，焚香唄呪，亦巫風爾。非其絀以誣民，充塞仁義者也。浮屠之始入中國，用誣愚泯者，亦此而已矣。故淺嘗其說，而為害亦小。石虎之事圖澄、姚興之奉摩什，以及〔梁〕武帝之靡財力於同泰，皆此而已。害未及於人心，而未大傷於國脈，亦奚足為深患乎？其大者，求深於其說，而西夷之愚鄙，猥而不逮。自晉以後，清談之士，始附會之以老、莊之微詞。而陵蔑忠孝、解散廉隅之說，始熺然而與君子之道相抗。唐、宋以還，李翱、張九成之徒，更誣聖人性天之旨，使竄入以相亂。夫其為言，以父母之愛為貪癡之本障，則既全乎梟獍之逆，而小儒狂惑，不知惡也。樂舉吾道以殉之。於是而以無善無惡，銷人倫滅天理者，謂之良知；〔案：陽明不如此也。船山鑒於明之時風而聯想及之。不可為準。〕於是而以事事無礙之邪行，恣其奔欲無度者為率性，而雙空人法之聖證；於是而以廉恥為桎梏，以君父為萍梗，無所不為為遊戲，可夷狄，可盜賊，隨類現身為方便：無一而不本於莊生之緒論，無一而不印以浮屠之宗旨。蕭氏〔梁武帝〕父子所以相戕相噬而亡其家國者，後世儒者沿染千年，以芟夷人倫，而召匪類。嗚乎！烈矣！是正〔陶〕弘景、〔何〕敬容之所長太息者。豈但飾金碧以營塔廟，恣坐食以侈罷民，為國民之蟊螣矣哉？夫二氏固與申、韓為對壘矣。而人之有心，猶水之易波，激而豈有定哉？心一失其大中至正之則，則此倡而彼隨，疾相報而以相濟。佛、老之於申、韓，猶警鼓之相應也。應之以申、韓，而與治道彌相

近矣。漢之所謂酷吏，後世之所謂賢臣也。至是而民之弱者
死，強者寇，民乃以殄，而國乃以亡。嗚呼！其教佛、老
者，其法必申、韓。故朱异以亡梁，王安石、張商英以亂
宋。何也？虛寂之甚，百為必無以應用，一委於一切之
法，督責天下以自逸，而後心以不操而自遂。其上申、韓
者，其下必佛、老。故張居正蠅天下於科條，而王畿、李贄
之流益橫而無忌。何也？夫人重足以立，則退而託於虛玄以
逃咎責。法急而下怨其上，則樂叛棄君親之說以自便。而心
亡罪滅，抑可謂叛逆汩沒，初不傷其本無一物之天真。由此
言之，禍至於申、韓，而發乃大。源起於佛、老，而害必
生。而浮屠之淫邪，附莊生而始濫。端本之法，自虛玄始。
區區巫鬼侈靡之風，不足誅也。〔……〕（《讀通鑑論》卷十
七，〈梁武帝〉）

船山所論，尚不能十分盡其義。蓋嘗論之，法家之所以為法家，不
在其用法，亦不在其信賞必罰，綜核名實。（世俗徒視此為法家，
甚害事。）而單在其用法之根據，在其所規定用法之君之以術成。
儒家之君之為神聖以德成，法家之君之為不測以術成。此實兩者之
肯要區別。以術成者，故君之德為詭密陰險，無仁無智，無禮無
義，只是一陰森之深潭，而無光明俊偉氣象。君之本身為一陰森之
深潭，是其本身已陷於殘刻枯燥，而自藏於黑暗之地獄，不能面對
光明之真理，則自不能有光明以傳達於社會而普照於人類。然彼之
深潭之權術，又不能無所藉以下達，以收統治之效。其所藉以下達
者，唯是極端外在之賞罰之法。是以其下達者，亦只是黑暗冷酷，

將全人類投置於非人性之工具機械之地獄中。君之深潭與社會乃絕然間隔不通者。其所恃以連結此間隔者，唯是法。任何國家不能無法，任何政治思想亦不能不重法，儒者亦不忽視法。惟於法家思想中，君之深潭與社會間隔不通，而唯賴法以下達，則套於此系統中之「法」，始成為莫大之罪惡。質言之，罪惡不在法本身，而在陰森之深潭也。就戰國時代言，其時代精神為「盡物力之物量精神」，而兩眼一往外注，其內在之衝動者一往為原始之粗暴物力，是則其心喪已久，其生命已乾枯而暴燥，處其內而為之本者早已成為虛無之黑暗。而順春秋以來，井田制破壞，君、士、民漸從共同體之破裂中而解放出，此時本當向「政治格局之客觀化」而趨，創制立法正其時也，即本應出現一種法之運用，然時代精神既為物量之精神，而毫無文化生命、文化理想為其正面之根據，故法之運用遂不得其正果，而成為法家手中之法，徒顯一否定之用，（否定價值層級，否定人性與個性，順對於周之貴族政治之否定而一起否定之。）顯一窒死一切之用，（窒死文化生命、文化理想，窒死人民之生機，使其純歸於物化而落於工具機械中。）故由「盡物力之物量精神」，轉出法家而用於秦，遂由物量而凝結為數量，以成為否定的整齊劃一之機械或渾同。此種示於外的機械或渾同實由法家的政治運用而形成。而此政治運用背後之精神則為一數量之精神、漆黑渾同之精神：其心已喪，其內在而為之本者已成為虛無之黑暗，故只有此僵化的渾同齊一之數量精神。然欲運用法而窒死一切，則必訓練一運用之深潭，即必須由數量精神再推進一步而建立一陰險黑暗之秘窟：此所以由商鞅之法、申不害之術，而至韓非之法術合一，乃為一必然之發展綜合。其學至此而完成，其政治運用亦必至

此而完成。在商鞅，尚只爲一數量精神，然凡此類天資刻薄之人，其心已喪。由其心喪所成之「虛無之黑暗」尚爲一自然的不自覺者。至韓非（經過申不害），則根據此「虛無之黑暗」自覺地建立一陰森之秘窟，以爲不測之深淵。至此，大惡乃成。秦政，即以其變態之心理、陰狠之天資，而以李斯助其虐，運用此一套而窒死天下者。及其窒死一切，其自身亦死。實則彼早已心喪，故早已死。說其自身至此亦死，乃謂其至此必轉而爲窮奢極欲，毀滅其自己。故趙高勸二世謂：所貴爲天子者，即在享樂腐敗。當其黑暗之發洩，尚在有對之時，彼必堅持其狠愎。及其黑暗渾同一切，以爲天下已無事，彼自身即吞歿于此黑暗中而被毀滅。實則天下並不死，毀滅者其自己也。

韓非所自覺地建立之秘窟，正有合于老、莊之本體。蓋道家所復之本體正是只有普遍性而無個體性之「渾同之全」。彼等破除一切有限對立之涯岸與界限，而惟是顯一純圓之普遍性，顯一無限之渾全。彼等亦否定價值，否定人性個性。此渾同之全，落于「心」上說，只是一無內容之虛靈覺照。（與良知不同，船山于此不辨。）故純爲認識的，而非道德之天心。故仁義不能從此出，內在道德性不能由此立，而將仁義禮法，一切價值性，俱推出去而視爲外在之相對者，視爲人爲之虛妄分別，巧慧之穿鑿。故老子云：「大道廢，有仁義。」而莊子則必齊物而歸于渾全。老子《道德經》中尚存有樸、厚、慈、儉諸觀念，故西漢用之而得小康（亦唯樸實之農民政府可用之而得其利）。至莊子，則純爲玄談。魏、晉以後，知識分子承風接響，而益恣肆疲軟，玩弄小慧，始大害乃成。此種只有普遍性而無個體性之渾圓，否定價值，否定人性、個

性之玄同，最易取爲法家之體。故韓非有〈喻老〉、〈解老〉之作。其自覺地建立陰森之秘窟，正以道家之本體爲據也。此兩者必相濟而相沿。戰國時，此種思想尚屬開始。其相濟相沿，尚不顯。魏、晉以後，理論上與時風上，其相濟相沿乃成爲必然之慣路。蓋其背後，俱爲一純否定之渾同精神。道家唯是顯一無限（渾同之全），故其本身亦爲一純量之精神（純普遍性即是一未界定之純量）。落于實際，即爲物量數量。故船山云：「其敎佛、老，其法必申、韓。」而當浪漫否定之時代，或物化墮落之時代，人之生命一切不能承受，即以此渾同爲理想，以陰涼暗淡之浮明投射此渾同，爲其奄奄待斃之生命之光景。此爲軟性之放縱恣肆。承風接響，一切皆悲觀，一切皆暗淡，不能有一可肯定，一切皆視爲桎梏萍梗，而必須衝破，必須廢棄，相習既久，則必激出粗暴之反動，而爲硬性之放縱恣肆，此即申、韓之法，藉以實現其渾同。而當此之時，則嚮往渾同理想之浪漫恣肆已不可得而存在矣。是則此兩者不但相沿相濟，而且相反嚙而顛倒無已時。此在以往，尚不甚顯。而在今日則大顯。以往只是申、韓、佛、老之相沿、相濟、相顛倒，而今日則有蘇俄共黨之申、韓、佛、老綜和于一身。

彼以唯物史觀、唯物論，自覺地渾同一切，漆黑一切，而投射一渾同漆黑之全于未來，以爲玩人、辱戮人之影子與藉口（此即其所謂無階級對立之社會）。彼復自覺地以其道訓練其自己而爲心喪之秘窟，陰險殘酷之深淵。復由此而玩弄一切如芻狗，而否定一切爲虛無。佛、老尚是向上嚮往一虛靈的渾同，而共黨則向下以純物化而引發一渾同。申、韓尚守一整齊劃一之法而愚民，而共黨則唯是恐怖、玩弄、說敎（邪敎）而無法。當其未得政權也，則以其渾

同之影子吸引誘惑具有浪漫理想之青年。及其已得政權，或一落于其觳中，則軟性之浪漫者被否定，而硬性之浪漫者則正投合而無間。在以往為申、韓、佛、老，在今日必為共黨。此是一脈相承之精神，而唯因唯物論、唯物史觀而加深其禍害，加重其罪惡，造成更大更普遍之毀滅。愚賤無知之輩，謂中國布爾什維克氣質所以如此之烈，乃因儒家理學家所養成，而不知其實在申、韓、佛、老也。以如此之愚賤無知而妄說，如何不引出共黨之反動而辱戮之如芻狗。肯定人性個性，肯定價值，捨儒家其誰肯樂道之，其誰能庇護之？而亦唯儒家精神始能容納愚賤無知而諒其胡說。若只嚮往渾同而否定一切之新式的申、韓、佛、老，尚能容許汝之存在乎？蓋彼正由於此類之卑陋無知，昏暗成性，而起之反動也。故王船山曰：「賊聖人之道，以召異端之侮，而堅其邪辟者，小人儒也。異端則既與我異為端矣，不相淆也。然異端亦固有其端，非沈溺於流俗之利欲而忘其君父，以殉其邪者也。〔……〕君子小人之大辨，人禽之異，義利而已矣。小人之趨利而無恥，君子惡之，異端亦從乎君子之後而惡之，不敢謂君子之惡非正也。唯小人而託於儒〔今日即為託於知識分子〕，因挾儒以利其小人，然後異端者乃挾以譏吾道之非，而曰：為小人資者儒也。〔……〕」（《讀通鑑論》卷十八）自五四運動以來，此種小人儒布滿朝野，把持政教，斲喪文化生命，摧殘文化理想，遂激出異端之反動。以此輩人而反異端，吾知其必愈反愈多也。世運如此，豈不哀哉！

朱子曰：「老、佛之徒出，彌近理而大亂真。」蓋真理有多高，魔亦必隨其層次而與之齊。彼不徹上徹下，通透其為魔，不足以興風作浪，迷惑愚眾。其所以「彌近理而大亂真」者，正因其層

次與「真」齊而通體為魔也。魔之界定為「純否定」。不肯定價
值，不肯定人性、個性，否定人文世界、人格世界，即為「純否
定」。以往之佛、老，尚是個人之修養，一往內斂而復其虛靈之圓
覺，故放棄一切而退處山林，而不與世爭。其放棄人倫、否定價
值，只是為其個人宗趣而然，尚未敢回過頭來積極破壞而毀滅之。
忠臣孝子，信人善人，彼亦敬愛而護念之，雖視之為俗世人而為未
覺者，尚不敢詬詆而摧殘辱戮之。又彼講慈悲、寡欲、戒殺，此一
限制亦留人間元氣不小。竊其說以用世，或自社會生活，時代風氣
而言之，為害不淺。然彼限於其自身而不用世，亦未始不是人間一
付清涼散。（凡佛、老之徒，其心必冷必忍，故必須自封自限，不
可外出牽連世事。所謂慈悲渡人、渡世等等宣傳，最好還是收起，
庶可少造孽。作個阿羅漢而為小乘，是其本分。過此以往，即變
質。變質即不是其教所能勝任。大乘之任非轉入儒教不可。）自新
式異端出，則無如此客氣與限制。由個人的變為集團的，由內斂的
變為外逐的，由虛靈圓覺之心境變為「無限的物質」之漆黑。他們
宣稱要救苦救難，為無產大眾之解放盡其神聖之使命，而奔向那漆
黑之渾同。漆黑之渾同是一個絕對，是一個最高之層次。依此，他
們的事業是神聖之事業，他們全幅是正義，因而他們自己就是神聖
自己。（物質的神聖，注意。）他們要訓練其自己為如此之神聖，
首先以外在的無產大眾（一個集團概念）為標準，而以「漆黑渾
同」為影子。然無產大眾亦是凡人，又根器不必深厚。所以由他們
來替天行道，要放棄一切來學那赤裸裸無牽掛的無產大眾（但不幸
無產大眾亦有妻室兒女）。他們這種學習就是要客觀化、普遍化他
們的生命於集團概念，於漆黑渾同。這一步客觀化、普遍化，遂使

他們自覺儼若爲神聖，儼若擔負一神聖之使命。他們只有普遍性而
無個體性，只有黨性而無個性。誰若有個性，則必須以整風運動來
連根剗除之（他們名個性爲小資產階級意識）。他要把你的生命完
全僵化而套於機械系統中（完全普遍化即完全僵化）。他們知道人
倫是仁義之根源，所以必須剗除之。假若你有不忍之心，他說你這
是小資產階級之慈悲。假若你有人倫之牽連，他說你未脫掉小資產
階級之包袱，你未曾客觀化、普遍化你的生命。所以你要客觀化、
普遍化，你必須心喪。心喪而套於機械系統中，依普遍性而運用其
邪辟穿鑿之巧智，儼若一切爲廓然而大公，一切順機械系統之如如
而無一毫私意精采留其中（此即爲道之似）。假若你固執你過去之
經驗與成績，守之而不放，以爲措施之根據，則名之爲經驗主義，
此必須打掉。假若你想出風頭、露精采，剛愎自用，擔負過多，而
不知順機械系統之如如，因而衝破普遍性之全體，則爲英雄主義、
個人主義，此亦必須打掉。假若你死守依普遍性、機械系統，而定
之措施教條，而不知活用，則爲形式主義，此必須打掉。假若你
情感衝動而激急前進，則爲左傾幼稚病，此必須從根磨練。假若你
太靈活，而罔顧機械系統之全體，則爲機會主義，此必須整肅。假
若你有人味，而忘掉神聖之事業，則爲溫情主義，此必須嚴厲制
裁。諸此種種不一而足。其用心之深，體會之透，可謂盡魔道之極
致。「心達而險，言僞而辯，行僻而堅。」于此，吾始得其解。以
往聖賢講學，亦敎人廓然而大公，順良知之天理走，使心變爲神心
之用，透至最高層，而達最圓熟之境界。然聖賢敎人是由仁義之心
入，由內在道德性所見之性善而轉出。今則從窒死生命入，從殺
戮、恐怖、狠愎之制裁而轉出，從種種侮辱挫折中使其不成爲人而

投之於機械系統中。爲道之似而非道，爲眞理之影子而非眞理，爲純否定之魔而非神聖之上帝。茲引王龍溪一段語錄以作對照：

荆川唐子開府維揚，邀先生往會。時已有病，遇春汎，日坐治堂，命將遣師，爲防海之計。一日退食，笑謂先生曰：公看我與老師之學，有相契否？先生曰：子之力量，固自不同。若說良知，還未致得在。〔……〕荆川憤然不服云：試舉看。先生曰：適在堂遣將時，諸將校有所稟呈，辭意未盡，即與攔截，發揮自己方略，令其依從。此是攙入意見，心便不虛，非眞良知也。將官將地方事體請問，某處該如何設備，某事卻如何追攝，便引證古人做過勾當，某處如此處，某事如此處，自家一點圓明，反覺凝滯。此是攙入典要，機便不神，非眞良知也。及至議論未合，定著眼睛沈思一會，又與說起，此等處認作沈幾研慮，不知此已攙入擬議安排，非眞良知也。有時奮掉鼓激，屬聲抗言，使若無所容，自以爲威嚴不可犯，不知此是攙入氣魄，非眞良知也。〔……〕有時發人隱過，有時揚人隱行，有時行不測之賞，加非法之罰，自以爲得好惡之正，不知自己靈根，已爲搖動，不免有所作，非眞良知也。他如製木城、造銅面、畜獵犬，不論勢之所便，地之所宜，一一令其如法措置，此是攙入格套，非眞良知也。嘗曰：我一一經營，已得勝算，猛將如雲，不如著一病都堂在陣，此是攙入能所，非眞良知也。〔……〕荆川憮然曰：吾過矣。〔……〕

意見、典要、擬議安排、氣魄、有所作、格套、能所，一一打掉，方顯良知天理之活用。讀者試看新異端所要去掉者，豈不亦類此乎？彼自覺爲神聖，作神聖事業，豈無故哉？然一在顯良知天理之活用，一在套入機械系統中，其爲「道之似」之大魔不亦顯然可見乎？

第三部　楚漢相爭：
　　　　綜論天才時代

第一章　天才時代之來臨

第一節　天才人物

秦滅六國，混一天下。自春秋、戰國以來，公族子孫，攜其所提挈之力量，表現其生命於歷史舞台之上，在對消之中，至此而盡歸澌滅。而當六國滅盡之時，亦即秦之生命枯竭之時。孰知斷港絕潢，而又柳暗花明。秦之所名為黔首者，乃蠢動其生命於蓁莽大澤之中，此即劉邦之時代。吾人於此名為天才時代。

劉邦父稱太公，無名。母曰劉媼，並亡其姓。可見其純為平民。《禮記・郊特牲》曰：「古者生無爵，死無謚。」又曰：「人無生而貴者」。劉邦之在斯世，乃一赤裸裸之原始生命也。無任何世家門第可言，無任何文化裝飾可憑。只是蒙昧中一片靈光，而獨闢草萊也。

《史記・高祖本紀》云：「高祖為人，隆準而龍顏，美須髯，左股有七十二黑子。仁而愛人，喜施。意豁如也。常有大度，不事家人生產作業。及壯，試為吏，為泗水亭長。廷中吏無所不狎侮。好酒及色。」他自有一幅生命充沛氣象。又曰：「高祖常繇咸陽。

縱觀，觀秦皇帝，喟然太息曰：嗟乎！大丈夫當如此也。」此只是其生命之高聳無猥瑣。又曰：「單父人呂公，善沛令，避仇，從之客。因家沛焉。沛中豪傑吏，聞令有重客，皆往賀。蕭何爲主吏。主進〔進本作賚，會禮之財也〕。令諸大夫曰：進不滿千錢，坐之堂下。高祖爲亭長，素易諸吏。乃紿爲謁曰：賀錢萬，實不持一錢。謁入，呂公大驚。起，迎之門。呂公者，好相人。見高祖狀貌，因敬重之。引入坐。蕭何曰：劉季固多大言，少成事。高祖因狎侮諸客，遂坐上坐。」其生命之揮灑無賴，固足以俯視一切，亦非任何成規所能束縛。莊子言：「其進退一成規，一成矩；其從容一若龍，一若虎。明於禮義，而陋於知人心。」劉邦固自有其格。然其龍虎之姿，規矩之格，非從容進退之中，明於禮義，而陋於知人心者也。劉邦固不明於禮義，亦非知人心者。莊子所想望者以「知人心」爲超出「明於禮義」者，而劉邦之超出「明於禮義」者，則在其原始生命之燦爛也。又曰：「高祖以亭長爲縣送徒酈山。徒多道亡。自度比至皆亡之。到豐西澤中，止飲。夜乃解縱所送徒，曰：公等皆去，吾亦從此逝矣。徒中壯士願從者十餘人。高祖被酒，夜經澤中，令一人行前。行前者還報曰：前有大蛇當徑。願還。高祖醉，曰：壯士行，何畏？乃前，拔劍擊斬蛇，蛇遂分爲兩，徑開。」此是其生命之首次衝破其障礙。天才之表現，原在其生命之充沛，元氣之無礙。惟天才爲能盡氣。惟盡氣者，爲能受理想。此只是其一顆天眞之心，與生機之不滯也。秦政荼毒其所謂黔首，而不知生命之光閃爍於原野之中，固非任何僵枯狠愎者之役使所能窒塞也。

劉邦以素樸之資，豁達之才，任何既成的文化機括，皆非其所

曾聞，亦非其所欲聞。無所假借，自我作古，其始所自適而好之者，竹皮冠耳。「高祖爲亭長，乃以竹皮爲冠，令求盜之薛治之，時時冠之。及貴。常冠，所謂劉氏冠，乃是也。」（〈高祖本紀〉）此與東漢郭林宗以折巾欣動時俗雅趣者，迥乎不同矣。當時，辯才之士，戰國遺風所流傳者，猶不少概見。如酈生、陸賈、叔孫通，皆讀書。或識禮、或有辯才。而爲當時所目爲儒生者。實則自儒家言之，皆賤儒耳。或亦不可說爲儒。而自平民集團言之，則儒也。劉邦以不習於任何文化機括，而又守其本素，故甚厭儒者。然以其豁達之資，無成見之心，則凡言之適事而應理者，彼亦翻然樂受。其受之也，以其便於事而順於心，非視之爲一有歷史背景之客觀文化傳統也。其崛強可知，其豁達可知，其足以拆散任何習氣機括可知。酈生輩固不足以代表一有理想意義之文化系統，而當時縱有能代表者，亦不甚高。亦與時代不相適也。其不願受劉邦之嫚罵而隱處自愛者，劉邦亦不欲聞問也。〈酈生陸賈列傳〉：「酈生食其者，陳留高陽人也。好讀書，家貧落魄，無以爲衣食業，爲里監門吏，然縣中賢豪不敢役。縣中皆謂之狂生。及陳勝、項梁等起，諸將徇地，過高陽者數十人，酈生問其將，皆握齪。好苛禮，自用，不能聽大度之言，酈生乃深自藏匿。後聞沛公將兵略地陳留郊，沛公麾下騎士，適酈生里中子也。沛公時時問邑中賢士豪俊。騎士歸，酈生見，謂之曰：吾聞沛公慢而易人，多大略，此眞吾所願從遊。莫爲我先。若見沛公，謂曰：臣里中有酈生，年六十餘、長八尺，人皆謂之狂生，生自謂我非狂生。騎士曰：沛公不好儒，諸客冠儒冠來者，沛公輒解其冠，溲溺其中，與人言，常大罵。未可以儒生說也。酈生曰：弟言之。騎士從容言如酈生所誡

者。沛公至高陽傳舍，使人召酈生，酈生至，入謁，沛公方倨床，使兩女子洗足，而見酈生。酈生入，則長揖不拜，曰：足下欲助秦攻諸侯乎？且欲率諸侯破秦也？沛公罵曰：豎儒！夫天下同苦秦久矣，故諸侯相率而攻秦，何謂助秦攻諸侯乎？酈生曰：必聚徒合義兵，誅無道秦，不宜倨見長者。於是沛公輟洗，起攝衣，延酈生上坐，謝之。」當時，人皆朴直，無成規可依據，無虛套可裝飾，純以原始生命相表露，以天資相折衝。食其如此，邦亦如此。此為後來各時代所不能有者。於此可見純為天才時代，而非文化系統時代也。又：「初，沛公引兵過陳留，酈生踵軍門上謁曰：高陽賤民酈食其，竊聞沛公暴露，將兵助楚討不義，敬勞從者，願得望見，口畫天下便事。使者入通。沛公方洗，問使者曰：何如人也？使者對曰：狀貌類大儒：衣儒衣，冠側注。沛公曰：為我謝之，言我方以天下為事，未暇見儒人也。使者出謝曰：沛公敬謝先生，方以天下為事，未暇見儒人也。酈生瞋目案劍叱使者曰：走！復入言沛公，吾高陽酒徒也。非儒人也。使者懼而失謁，跪拾謁還走，復入報曰，客，天下壯士也，叱臣，臣恐，至失謁。曰：走，復入言，而公高陽酒徒也。沛公据雪足杖矛，曰：延客入。酈生入。」此段記載，事與前同。極有聲色。既定天下，仍不喜聞《詩》、《書》。「陸生時時前說稱《詩》、《書》，高帝罵之曰：乃公居馬上而得之，安事《詩》《書》？陸生曰：居馬上得之，寧可以馬上治之乎？〔……〕高帝不懌，而有慚色。」（〈陸賈傳〉），又〈叔孫通傳〉：「高帝悉去秦苛儀法，為簡易。群臣飲酒爭功，醉或妄呼，拔劍擊柱。高帝患之。〔……〕臣願徵魯諸生，與臣弟子，共起朝儀。高帝曰：得無難乎？叔孫通曰：五帝異樂，三王不同禮。

禮者，因時世人情爲之節文者也。〔……〕上曰：可試爲之，令易知，度吾所能行，爲之。」因酈生而馳驟，因陸生而知書，因叔孫通而知禮。彼亦能逐步客觀化其生命者也。呈天資而服善，好簡易而從理：固未曾僵滯於其主觀之資質中而不化也。故唯天才爲能盡氣。

當時又有一典型之人物曰張良。良與邦相得而彰智。《史記・留侯世家》云：「良數以太公兵法說沛公，沛公善之。常用其策。良爲他人言，皆不省。良曰：沛公殆天授。故遂從之。」張良自見圯上老人後，沈潛從容，靈府獨運。一洗少年刺客之習。故史公稱其貌如婦人好女。實則靜如處女，動若脫兔。故能運斯世於掌上。一點半撥之間，而紛難解，功業成，可謂絕頂聰明之人物。不謂之爲天才不得也。然與酈生輩不可同日而語矣。邦好嫚罵。慢易人，而獨重張良。蓋其縱橫之風姿，每遇良而收殺，輒迅速而聽之。此見良與邦相得而彰智。邦之能收殺，非因良有魁梧奇偉之氣概，實因其沈潛從容之智慧也。氣概固不足以儷沛公。項羽叱咤一世，而終爲其風姿所折服。是以張良者乃劉邦之「形式因」也。惟「形式因」能實現劉邦之才質，能完成劉邦之天資。此其所以每遇良而收殺也。「沛公入秦宮，宮室、帷帳、狗馬、重寶、婦女以千數，意欲留居之，樊噲諫沛公出舍。沛公不聽。良曰：夫秦爲無道，故沛公得至此。夫爲天下除殘賊，宜縞素爲資。今始入秦，即安其樂，此所謂助桀爲虐。且忠言逆耳利於行，毒藥苦口利於病。願沛公聽樊噲言。沛公乃還軍霸上。」一經疏導，便爾從諫。雙方並不費力也。可見其智之明，心之靈。「張良多病，未嘗特將也。常爲畫策臣。時時從漢王。漢三年，項羽急圍漢王滎陽，漢王恐憂。與酈食

其謀橈楚權。食其曰：〔……〕陛下誠能復立六國後世，畢已受印。此其君臣百姓，必皆戴陛下之德，莫不鄉風慕義，願爲臣妾。德義已行，陛下南鄉稱霸，楚必斂袵而朝。漢王曰：善，趣刻印，先生因行佩之矣。食其未行，張良從外來謁。漢王方食。曰：子房前，客有爲我計橈楚權者，具以酈生語告於子房，曰：如何？良曰：誰爲陛下畫此計者，陛下事去矣。漢王曰：何哉？張良對曰：臣請藉前箸爲大王籌之。曰：昔者湯伐桀，而封其後於杞者，度能制桀之死命也。今陛下能制項籍之死命乎？曰：未能也。其不可一也。武王伐紂，封其後於宋者，度能得紂之頭也。今陛下能得項籍之頭乎？曰：未能也。其不可二也。武王入殷，表商容之閭，釋箕子之拘，封比干之墓。今陛下能封聖人之墓，表賢者之閭，式智者之門乎？曰：未能也。其不可三也。發鉅橋之粟，散鹿臺之錢，以賜貧窮。今陛下能散府庫以賜貧窮乎？曰：未能也。其不可四矣。殷事已畢，偃革爲軒，倒置干戈，覆以虎皮，以示天下不復用兵。今陛下能偃武行文，不復用兵乎？曰：未能也。其不可五矣。休馬華山之陽，示以無所爲。今陛下能休馬無所用乎？曰：未能也。其不可六矣。放牛桃林之陰，以示不復輸積。今陛下能放牛不復輸積乎？曰：未能也。其不可七矣。且天下遊士，離其親戚，棄墳墓，去故舊，從陛下遊者，徒欲日夜望咫尺之地。今復六國，立韓、魏、燕、趙、齊、楚之後，天下遊士，各歸事其主，從其親戚，反其故舊墳墓，陛下與誰取天下乎？其不可八矣。且夫楚唯無彊，六國立者，復橈而從之。陛下焉得而臣之？誠用客之謀，陛下事去矣。漢王輟食吐哺罵曰：豎儒幾敗而公事。令趣銷印。」食其勸立六國後，子房止立六國後，兩人之智，霄壤之別。察事變之謂智。

非沈潛從容者不能也。見幾而作，不俟終日。知幾其神乎？良與邦
之相得而彰智，豈不然乎？（後來孔明隆中對，默觀大勢，瞭如指
掌，亦可謂智者矣。劉基料事亦多中，而氣質類酈生。兩人皆不及
子房也。《禮記‧經解》云：「絜靜、精微，易教也。」子房可謂
深於易者矣。而沉潛從容，功成身退，無聲而來，無聲而去，可謂
淵默而雷聲矣，故不流於賊也。此唯天才者能之。唯天才為能盡
氣，於子房亦然。）〈淮陰侯列傳〉載韓信平齊，欲假王。「當是
時，楚方急圍漢王於滎陽。韓信使者至，發書。漢王大怒，罵曰：
『吾困於此，且暮望若來佐我，乃欲自立為王。張良、陳平躡漢
王足，因附耳語曰：漢方不利，寧能禁信之王乎？不如因而立，善
遇之，使自為守。不然，變生。漢王亦悟。因復罵曰：『大丈夫定
諸侯，即為真王耳。何以假為！乃遣張良往立信為齊王，徵其兵擊
楚。」其機之轉如此之速，誠不可及。〈留侯世家〉又云：「劉敬
說高帝曰：『都關中。上疑之。左右大臣皆山東人，多勸上都洛
陽。洛陽東有城皋，西有殽黽，倍河，向伊洛，其固亦足恃。』留
侯曰：『洛陽雖有此固，其中小，不過數百里。田地薄，四面受
敵。此非用武之國也。夫關中左殽函，右隴蜀，沃野千里；南有巴
蜀之饒，北有胡苑之利，阻三面而守，獨以一面東制諸侯。諸侯安
定，河渭漕輓天下，西給京師。諸侯有變，順流而下，足以委輸。
此所謂金城千里，天府之國也，劉敬說是也。』於是高帝即日駕，
西都關中。」劉敬發其議，山東大臣爭之。子房一加疏導，便成定
局。非其幾不言，言則必中：子房是也。出語有礙者，滋生疑惑。
智之轉如珠走盤者，則聞之而心悟。心悟而作，不俟終日，高帝是
也。范增言之於項羽，項羽不聽也。自謂富貴不歸故鄉，如錦繡夜

行。故有沐猴而冠之譏。由此觀之，項羽僵滯於其主觀之氣質，而不能客觀化其生命，其境界亦與邦之山東諸大臣等耳。何足與劉邦相角逐？故唯子房能造劉邦，唯劉邦能受子房也。（西漢都關中，光武都洛陽，除形勢外，亦有經濟理由。關中自秦因韓水工鄭國為之開渠後，富饒甲天下。高帝有事關東，蕭何居關中轉運軍需，不虞匱乏。光武事河北，以寇恂居河內，給軍糧，比蕭何。則山西河內亦富庶之區也。）

凡留侯助高祖定天下而見其智者，其犖犖大者，一為勸阻立六國後，一為定都關中，一為設策安太子。一見留侯之智，一見高帝之逐步客觀化其生命。〈留侯世家〉云：「上欲廢太子，立戚夫人子趙王如意。大臣多諫爭，未能得堅決者也。呂后恐，不知所為。人或謂呂后曰：『留侯善畫計策，上信用之。』呂后乃使建成侯呂澤劫留侯，曰：君常為上謀臣，今上欲易太子，君安得高枕而臥乎？』留侯曰：始上數在困急之中，幸用臣筴。今天下安定，以愛欲易太子，骨肉之間，雖臣等百餘人，何益？』呂澤彊要曰：為我畫計。』留侯曰：此難以口舌爭也。顧上有不能致者，天下有四人。四人者年老矣，皆以為上慢侮人，故逃匿山中。義不為漢臣。然上高此四人。今公誠能無愛金玉璧帛，令太子為書，卑辭安車，因使辯士固請，宜來。來以為客，時時從入朝，令上見之。則必異而問之。問之，上知此四人賢，則一助也。」四人者，商山四皓也。又云：「及燕置酒，太子侍。四人從太子。年皆八十有餘。鬚眉皓白。衣冠甚偉。上怪之，問曰：彼何為者？四人前對，各言名姓，曰：東園公，角里先生，綺里季，夏黃公。上乃大驚曰：吾求公數歲，公避逃我。今公何自從吾兒遊乎？四人皆曰：陛下輕士善

罵，臣等義不受辱，故恐而亡匿。竊聞太子爲人，仁孝恭敬愛士，
天下莫不延頸欲爲太子死者，故臣等來耳。上曰：煩公幸卒調護
太子。四人爲壽已畢，趨去，上目送之。召戚夫人指示四人者曰：
我欲易之，彼四人輔之，羽翼已成，難動矣。呂后眞而主矣。戚夫
人泣，上曰：爲我楚舞，吾爲若楚歌。〔……〕竟不易太子者，留
侯本招此四人之力也。」凡此記載，一見高祖能捨愛從公，即客觀
化其生命，而不僅滯於其主觀之氣質。一見在世襲制之下，太子之
立依宗法制而有其客觀之意義，不可隨意變動。變更無常法，繼世
者無客觀之規定，則國家之定常者即不能立，而統一太平之局亦不
能維持。此制，自周確立宗法制以來，直至滿清，皆遵守而不渝
者。然一因夾雜骨肉之情，客觀者終不能得其純粹之客觀化；二因
定常者寄於具體之個體，雖云世世無窮（此制在概念上函有定常無
窮之意），終不能實現其無窮。此爲值得一深思之問題。此責不能
寄望於留侯，而當責望於儒者。然二千年來，儒者終不能用其思
想，闢出此問題之坦途。此固非純爲思想問題，其實現也，必有待
於其他條件之形成。然思想之開闢，固足以指出此問題解答之關
鍵。劉邦之興起，其集團爲天才之表現。其精神之函義不能觸及此
問題。子房智足以察事變，而本質在因順成事，亦不函攝觀念之創
造。武帝後，接受文化系統之時，可以觸及此問題。吾將在後詳論
之也。

　　劉邦之爲天才式的客觀化其生命（非理性式的），至其生命將
終之時益顯。〈高祖本紀〉云：「高祖擊布時，爲流矢所中，行道
病。病甚，呂后迎良醫，醫入見。高祖問醫，醫曰：病可治。於是
高祖嫚罵之曰：吾以布衣提三尺劍，取天下，此非天命乎？命乃在

天,雖扁鵲何益!遂不使治病,賜金五十斤罷之。已而呂后問曰:
陛下百歲後,蕭相國即死,令誰代之?上曰:曹參可。問其次,上
曰:王陵可。然陵少憨,陳平可以助之。陳平智有餘,然難以獨
任。周勃厚重少文。然安劉氏者,必勃也,可令爲太尉。呂后復問
其次。上曰:此後亦非而所知也。」吾每讀此文,輒悵悵不能已。
孔子曰:「三十而立,四十而不惑,五十而知天命。」吾常謂人生
三十四十,乃奮發其氣質,揮擴其天資之時。奮其氣,求有所立;
擴其資,求智有所不惑。氣與資用事之時,即力(勇)與智當令之
時。在比賽之中,互相角逐,皆自以爲首出庶物,無有足以掩蓋之
者。而視天地間一切人物,皆爲比賽中之資具,盡牽於比賽之中,
內在化而爲勇智之表現,無有超越而外者,足爲吾人之崇敬。立
與不惑猶盡氣之事也。(孔子說此是理性的,劉邦之表現此義是天
才的。)至五十而知天命,則知有無限者超越而在上,天資氣質之
無限乃頓縮而爲有限。故「知天命」方是盡性之事也。盡氣爲天
才,盡性爲聖人。孔子之知天命,聖人之事也。以其爲理性的。劉
邦之知天命,天才之事也。以其爲天資的。故其客觀化其生命,乃
天才式的,非理性式的也。吾舊有〈天才的宇宙與理性的宇宙〉一
文,正論劉邦者也。茲附於此,以明其義。

第二節　天才的宇宙與理性的宇宙

　　司馬遷作〈項羽本紀〉,文章生動,對於西楚霸王寄以同情之
感,而於〈高祖本紀〉,則不甚鋪張揚厲。人逐鄙劉邦而厚項羽。
論者又常以朱元璋比劉邦:平民創帝業一也,誅戮功臣二也,陰險

殘刻三也。以此推彼，益多可憎。實則皆皮相之見，不可爲訓。朱元璋別是一格，自有其心理之變態。總持觀之，其格自低。至劉邦與項羽爲同時代之風雲人物，而項羽之格亦不及劉邦遠甚。劉邦之格甚高，自有其可愛處。非可以陰險二字概之也。「豁達大度」足以盡之，而人不盡曉其所以。聖賢非不豁達，而不可以豁達大度狀孔、孟。自工夫來者又不同。劉邦之豁達大度自是屬於英雄之氣質的，所謂天才也。而此種氣質胥由其儀態以及其現實生活之風姿而表現。吾在舊京時，至萬生園，見獅子。覺其目中無物，俯視一切，眞不愧爲獸中之王。而虎、豹洶湧窺伺，東追西逐。徒見其兇而殘。劉邦蓋獅子象也。其氣象足以蓋世，其光彩足以照人。此亦天授，非可強而致。強而上騰，則費力而不自然，不可以懾服人，所謂矜持而亢也。天授者則其健旺之生命，植根深，故發越高，充其量，故沛然莫之能禦。充實之謂美，充實而有光輝之謂大，所謂風姿也。天才之表現是風姿，乃混沌中之精英也，荒漠原野中之華彩也。馳騁飄忽，逐鹿中原，所過者化，無不披靡。故其機常活而不滯，其氣常盛而不衰。觀之似不成套，而其格之高即在其不成套。劉邦並無一定之系統，而其系統在張良、在蕭何、在韓信。李世民自是天才，〈虬髯客傳〉記其「不衫不履，褐裘而來，神氣揚揚，貌與常異，虬髯默居末座，見之心死。」又云「精采驚人，長揖而坐，神氣淸朗，滿座風生，顧盼煒如也，道士一見慘然。」其光彩之照射有如是。其風姿可謂美矣。然吾總覺其似不及劉邦高。吾嘗思其故，蓋即在一成套一不成套也。太宗有文武才。文有文套。武有武套，自文武之成套言，劉邦不及李世民。然劉之不成套正其所以爲高也。

其機常活，故極靈。靈則智生。張良以兵法與他人語皆不省。與邦語則豁然解，故曰「沛公殆天授」。韓信平齊，欲假王。邦大怒，罵曰：「吾困於此，且暮望若來佐我，乃欲自立爲王。」張良、陳平躡其足，附耳與之語，則頓時悟，因復罵曰：「大丈夫定諸侯，即爲眞王耳，何以假爲！」其機之轉如是其速。無沾滯，無吝嗇。彼固不以韓信縈其懷也。前罵非嗇，後罵非詐。兩番嫚罵，正示其擺得開，站得住。超轉無常，而無有足以搖撼之者。此其所以不可及也。婁敬一微賤人耳，勸其移都長安。一詢張良，當時即遷。此亦不可及。韓信論項羽曰：「項王暗噁叱咤，千人皆廢，然不能任屬賢將，此特匹夫之勇耳。項王見人，恭敬慈愛，言語嘔嘔，人有疾病，涕泣分飲食。至使人有功，當封爵者，忍不能予，此所謂婦人之仁也。〔……〕項王所過，無不殘滅者。天下多怨，百姓不親附。特劫於威強耳。」韓信所論，大抵甚是。其病總在沾滯與吝嗇。既沾滯矣，則不能化物；既吝嗇矣，則爲物移。既爲物移，則內輕而外重。既內輕矣，其拔山氣力只是匹夫之勇，血氣也。既外重矣，則嘔嘔之仁只是婦人之仁，故吝而不捨。既嗇刻又有血氣之勇，自然殘滅。屠咸陽、坑秦卒，皆殘滅也。雖不可說陰險，而可說狠愎。其所以流於狠愎，總在爲物所繫，而不能化物，故流於狠愎而毀之耳。以物爲累墜，而又不能佔有之，故必毀之而後快。以物爲累墜，言其滯於物而不能化。必欲佔有之，言其私。不能佔有而毀之，言其狠。此皆示其格之不高也。故雖叱咤一世，千人披靡，終爲陰性英雄，而非陽性英雄。及至烏江自刎，亦其狠愎之自己結束耳。劉邦極靈極活，能超脫而不滯於物，此之謂大勇。雖不能如孟子所稱之武王之大勇，而此亦可謂大勇，此種大勇

以天姿靈活而規定。以其極超脫而不滯於物，故不吝嗇，亦不可說殘滅，謂之權詐陰險則更非。須知彼乃逐鹿中原之人物，非聖賢之所爲。在現實中馳騁角逐，自有其曲折宛轉。其靈活超脫之生機不能一往無阻，而時有堅強之質礙衝撞而折回。折回而不滯，故常靈活而暢達。殺一不辜而得天下不爲，進退出處，以義爲斷，此則天理流行，純直無曲。乃聖賢之所爲，非可望於現實角逐中之英雄。大凡順天資來者，生命充沛，氣象非凡。有於中，自必形於外。其洋溢奮發，無可遏止。而一切洋溢奮發皆是順其天生氣質而表現。其天資如是其高，故當其發揚時，其天資自身常若自足而無待。天資之後不必有所依，天資之前不必有所待。故獨往獨來，無畏無懼。只見其光彩照人，而不見有足以過之者。是以其天資自身爲自足，故其發揚皆一於天資也。一於天資，則其心思亦必處於其自足無待之天資中而運用，而常不自覺其天資後之根據。蓋其天資既甚高而自足，無所用其反而自覺也。此種人上不能爲聖賢，下亦非凡夫，而其道德雖不可與聖賢比，亦決不至流於陰險之小人。此謂天才之活動。天才之參與現實之角逐，其心思自不能甚純，然因其天資之高，故亦決不至於不堪問。

劉邦之嫚罵無禮，亦其風姿之一也。其罵不傷人，故人多樂從之。嫚罵，則既可以罵天，亦可以罵地，甚至可以罵自己。蓋當其高度之天資用事，自足無待，超越一切，天地亦不在其眼下，區區七尺之軀更何有焉。故其嫚罵乃其風姿之表現，亦頗具可愛之藝術性。人不能無好惡，有好惡而不滯於好惡，則其機之靈也。此謂所過者化，一切冰消。雖罵豎儒，而不滯於其對儒之厭惡。一般豎儒，搖頭擺尾，酸腐不堪，亦甚可厭。然儒有等差，不可一概而

論。此所以酈食其能折服沛公也。而沛公不滯於其厭惡，亦其機之靈也。〈高祖本紀〉云：「高祖擊布時，為流矢所中，行道病。病甚，呂后迎良醫，醫入見。高祖問醫，醫曰：病可治。於是，高祖嫚罵之曰：吾以布衣提三尺劍，取天下，此非天命乎？命乃在天，雖扁鵲何益？遂不使治病，賜金五十斤罷之。」其氣至死不衰。一番嫚罵，有病而不治，復提出「天命」二字，則天資之自足者，至此乃漸露其不自足，其智慧不可及也。然不作兒女態，故其機之靈雖老不滯。

天資雖高，總屬氣質。其由混沌而來者，終將飄忽而去也。當其盛時，首出庶物，自足無待，無有能當之者。然無常到來，不免一嘆。當其歌大風而起舞，慷慨傷懷，泣數行下，即知其生命史之將完。回首往事，一泣乃不容已。吾人於此可以體會天資以外之某事。晚年欲易太子。及留侯畫策，聘請四皓，則召戚夫人而語之曰：「我欲易之，彼四人輔之，羽翼已成，難動矣。呂后真而主矣。」戚夫人泣。乃曰：「為我楚舞，吾為若楚歌。」此其兒女之情與項羽之別虞姬，意味又自不同。兒女之情雖深，私也。不滯於私而害公，則知天下事終非我一人所能把持，懸崖勒馬，終當撒手。自我成之，自我毀之，死抱不放，愚莫甚焉。知有非我一人所能把持者，即知有超越於我之光彩照射之外者。欲把而終把不住，劃然而止，則我之風姿頓減縮而顯其風力之有限，而超越於我之外者，則彌漫而無窮，籠罩於我之上。我之風姿既減縮而有限，即不能如當年天資用事，首出庶物，自足無待時之無限申展。既不能無限申展，即不能與彼超越於我者之彌漫無窮而相應而同其無窮以俱赴。即在此時，我不得不撒手。我感覺自己無能，自己之不自足，

只好付諸未來無窮之現實生命以填滿彼超越於我者之空虛。自己之不自足，遂愈顯彼超越於我者之尊嚴，人生之嚴肅與敬畏即在此時而油然而生。故羅近溪云：「眞正仲尼臨終總不免一嘆也」。〈高祖本紀〉云：「已而呂后問：陛下百歲後，蕭相國即死，令誰代之？上曰：曹參可。問其次，上曰：王陵可。然陵少戇，陳平可以助之。陳平智有餘，然難以獨任。周勃厚重少文。然安劉氏者，必勃也，可令爲太尉。呂后復問其次。上曰：此後亦非而所知也。」其一生之風姿，至此乃放平。縷述未來事，瞭如指掌。然其天資光彩之所能照及者亦只及與其同時生起之人物。此爲有限者也。知此爲有限，而終之曰此後亦非爾所知也，則其智慧爲不可及。此種智慧乃無限者。其爲無限乃依超越於我者而成立，非彼依天資而成立者。悠悠未來，付諸天命而已。豈能由我一人計算天下事耶？此邵堯夫之言數終見斥於二程也。

　　此超越於我者即所謂「理性的宇宙」也。「天才的宇宙」至此乃有其限度。天才者天地之風姿也。聖人者天地之理性也。當風姿用事，儼若披靡一世。而在理性宇宙前，則渺乎小矣。反觀往時之光彩，盡成精魂之播弄。此天才之所以終不及聖賢也。明道云：「泰山爲高矣，然泰山頂已不屬泰山。雖堯、舜之事亦只是如太虛中，一點浮雲過目。」事業本身無價值，依理性宇宙而有價值。雖是堯、舜之事，如就其爲事自身而觀之，彼亦只是曇花一現，一點浮雲過目。其最高之估價，不過太空中電光一閃之風姿，其本身只有可欣賞之美學價值。然「無得而稱焉」之堯、舜之德則大不同。堯、舜畢竟是堯、舜。其事雖是浮雲過目，而其德則與天地並壽。其德既如此，則其事亦畢竟是堯、舜之事，亦與其德而同其不朽

焉。天才之宇宙全是天資用事。當天資自足無待時，如火如荼，煞是熱鬧。但當一回頭而與理性宇宙相對，未有不爽然自失者。即在此一刹之間，遂頓覺其如火如荼之熱鬧不過精魂之播弄，豈特一點浮雲過目而已哉。天才之風姿最終如不有此感覺，便不成其為天才。

天才以風姿勝。在天才前，天資與天資比，有高低，有強弱。毫釐之差，便有不及。馳騁角逐，所爭只在呼吸間。不及即是不及，決無可以虛假矜亢而冒充者。虯髯客會李世民，一見心死。其道友見之慘然，棋局亦因之而輸。此無可轉也。不及即是不及。故曰天才。然若在理性前，則萬法平等。依斯頻諾薩所示，在永恆方式下觀萬物，則一切皆永恆而無限，無有高低強弱可比。人人皆可以為堯、舜，亦此意也。惟此可以折服天才而使其低頭。

吾以下即依理性的宇宙論「綜和的盡理之精神」，依天才的宇宙論「綜和的盡氣之精神」，以綜論中國歷史文化之特質。

第二章　綜和的盡理之精神之歷史文化的意義

第一節　中國文化生命裡所湧現的觀念形態

中國文化，從其發展的表現上說，它是一個獨特的文化系統。它有它的獨特性與根源性。我們如果用德哲費息特的話說，中華民族是最具有原初性的民族。惟其是一個原初的民族，所以它才能獨特地、根源地運用其心靈。這種獨特地、根源地運用其心靈，我們叫它是這個民族的「特有的文化生命」。

這個特有的文化生命的最初表現，首先它與西方文化生命的源泉之一的希臘不同的地方，是在：它首先把握「生命」，而希臘則首先把握「自然」。《尚書・大禹謨》說：「正德、利用、厚生」。這當是中國文化生命裡最根源的一個觀念形態。這一個觀念形態即表示中華民族首先是向生命處用心。因為向生命處用心，所以對自己就要正德，對人民就要利用、厚生。正德、利用、厚生這三事，實在就是修己以安百姓這兩事。「生命」是最麻煩的東西。所以有人說：征服世界易，征服自己難。征服自己就是對付自己的生命。這個最深刻、最根源的智慧發動處，實是首先表現在中國的

文化生命裡。正德或修己是對付自己的生命，利用、厚生或安百姓則是對付人民的生命，所謂對付者就是如何來調護我們的生命，安頓我們的生命。所以中國文化裡之注意生命、把握生命不是生物學的把握或了解，乃是一個道德、政治的把握。所以正德、利用、厚生這個觀念形態就是屬于道德、政治的一個觀念形態。「生命」是自然現象，這是屬于形而下的。就在如何調護安頓我們的生命這一點上，中國的文化生命裡遂開闢出精神領域：心靈世界，或價值世界。道德、政治就是屬于心靈世界或價值世界的事。正德是道德的，利用、厚生是政治的。這就開啓後來儒家所謂「內聖外王」之學。正德是內聖事，律己要嚴；利用、厚生是外王事，對人要寬。二帝三王這些作為政治領袖的聖哲首先把握了這一點而表現了這個觀念形態。這個觀念形態，本是屬于道德、政治的。我現在再進一步，名之曰：仁智合一的觀念形態，而以仁為籠罩者。依此，我將說中國的文化系統是一個仁的文化系統。

或者說，你所說的「仁智合一」，這裡面卻並沒有智。關此，我再把所確定的那個觀念形態，再進一步規定一下。我曾由古史官的職責說明這個觀念形態。《周官》說史曰：「掌官書以贊治」。又曰：「正歲年以敘事」。前一句則表示：根據歷代的經驗（官書）以贊治，這是屬于道德、政治的。後一句則表示：在政治的措施中，含有對于自然的窺測。古天文、律、曆由此成。這是屬于「智」之事。我們可以說：智就在政治的措施中，在利用、厚生中表示，在道德、政治的籠罩下而為實用的表現。由此，即可明：中國的文化系統是仁智合一而以仁為籠罩者的系統。

但在這裡須注意：因為這個觀念形態是由如何調護安頓我們的

生命而成，因之而成爲道德、政治的，故其經過後來的發展，仁一面特別彰著，這是很自然的，而智一面則始終未獨立地彰著出來，這是憾事。這是了解中國文化生命的發展的一個大關節。其意義後面再說。

順道德、政治的觀念模型而來的發展，就是周公的制禮，因而成爲「周文」。而周公的制禮，最基本的就是確定人倫。人倫的最大的兩個綱領則是親親之殺、尊尊之等。由此演生出五倫。親親、尊尊是文制。人道由此確定。故前人有云：「人統之正，託始文王。」即因周公制禮故也。至孔子出，他能充分欣賞了解這一套禮制，故曰：「郁郁乎文哉，吾從周。」進而他又點出它的徹上徹下的「意義」，此即是：由親親以言仁，由尊尊以言義。這是言仁義的文制根源。及至把仁義點出來了，則其涵義即不爲親親尊尊之文制所限，而廣大無邊，遂從這裡開闢出中國文化生命的全幅精神領域。

雖說廣大無邊，亦有一個中心的要領。這就是通過孟子的「仁義內在」而確定性善。仁義，若由上面所述的根源來了解，本是由于如何調護安頓我們的形而下的自然生命而顯出的一個道德生命、理性生命。這是我們的聖哲首先由渾一的生命中看出一個異質的東西，即：生命不徒是自然生命，清一色的生物生命，而且有一個異質的理性生命，由心靈所表現的理性生命。依此，仁義必內在，而性善必成立。故孟子由惻隱之心見仁，由羞惡之心見義，由辭讓之心見禮，由是非之心見智。仁義禮智就是心之德，亦即是由心見性也。這一個心性，是我固有之，非由外鑠我也。故是先天而內在的。這個心性就是道德的心性，我們于此亦曰道德理性。這是定然

而如此的，無條件的。這個心性一透露，人之所以爲人的「道德主體性」（moral subjectivity）完全壁立千仞地樹起來。上面通天，下面通人。此即爲天人合一之道。內而透精神價值之源，外而通事爲禮節之文。這一個義理的骨幹給周公所制之禮（文）以超越的安立（transcendental justification）。這整個的文化系統，從禮一面，即從其廣度一面說，我將名之曰：禮樂型的文化系統，以與西方的宗教型的文化系統相區別。從仁義內在之心性一面，即從其深度一面說，我將名之曰：「綜和的盡理之精神」下的文化系統，以與西方的「分解的盡理之精神」下的文化系統相區別。這兩個名詞須要解析一下。

第二節　綜和的盡理之精神與分解的盡理之精神

何以說是「綜和的盡理之精神」？這裡「綜和」一詞是剋就上面「上下通徹，內外貫通」一義而說的。「盡理」一詞，則是根據荀子所說的「聖人盡倫者也，王者盡制者也」，以及孟子所說的「盡其心者知其性也」，《中庸》所說的盡己之性、盡人之性、盡物之性，等而綜攝以成的。盡心、盡性、盡倫、盡制，統概之以盡理。盡心、盡性是從仁義內在之心性一面說，盡倫、盡制則是從社會禮制一面說。其實是一事。盡心、盡性就要在禮樂的禮制中盡，而盡倫、盡制亦就算盡了仁義內在之心性。而無論心、性、倫、制，皆是理性生命，道德生命之所發，故皆可曰「理」。而這種「是一事」的盡理就是「綜和的盡理」。其所盡之理是道德、政治的，不是自然外物的；是實踐的，不是認識的或「觀解的」

(theoretical)。這完全屬於價值世界事，不屬於「實然世界」事。中國的文化生命完全是順這一條線而發展。其講說義理或抒發理想純從這裡起。例如，如要順孟子所確立的義理骨幹而深度地講心、性、天道，他不能忘掉歷史文化中廣被人群的禮樂文制。因為中國人所講的「道」，本是從歷史文化中的禮樂文制蒸發出來的。這是孔、孟、荀以及後來的理學家所決無異辭的。不煩徵引。同時，如要順歷史文化而講禮樂文制，則不能不通于心、性與天道。此不待理學家而始然，在孔、孟、荀時期即已然矣。《禮記・禮器》篇有云：「禮之以多為貴者，以其外心者也。德發揚，詡萬物，大理物博。如此，則得不以多為貴乎？故君子樂其發也。禮之以少為貴者，以其內心者也。德產之致也精微，觀天下之物無可以稱其德者。如此，則得不以少為貴乎？是故君子慎其獨也。古之聖人，內之為尊，外之為樂，少之為貴，多之為美。是故先王之制禮也，不可多也，不可寡也，唯其稱也。」這是表示「綜和盡理」最精美的一段話。故言有聲之樂，必通無聲之樂；言有體之禮，必達無體之禮，言有服之喪，必至無服之喪。是之謂達「禮樂之原」（見《禮記・孔子閒居》篇）。這還是就禮樂一面說。若就心性一面說，則我可以就日常生活的「踐形」來說明這種綜和的盡理之精神。孟子說：「惟聖人為能踐形。」誰能且不管，我且說踐形之意義。「踐形」就是有耳當該善用其耳，有目當該善用其目，有四肢、百體當該善用其四肢、百體。善用之，則天理盡在此中表現，而四肢、百體亦盡為載道之器矣。此之謂實踐其形，亦曰：「以道殉身。」也。如是，則不毀棄現實，而即在現實之中表現天理；而現實不作現實觀，亦全幅是天理之呈現。即此簡單而平常之「踐形」一語，

實一下子敲破乾坤，而頓時「上下與天地同流」矣。此種精神，唯
中國文化生命裡有之。如於此而再不能感奮興發，而不能認取中國
文化之價值，而致其贊嘆之誠，則可謂無心者矣。任何好東西，他
亦不能了解。是以中國文化生命，無論從禮樂一面或心性一面，其
所表現的「綜和的盡理之精神」所成之文化系統實是一充實飽滿之
形態。我亦曾名之曰「圓盈的形態」，名儒教為「盈教」，以與西
方的「隔離的形態」，名耶教為「離教」，相區別。（離、盈二詞
取于《墨經》。當時關于堅白石之辯，有離盈二宗。今借用之，以
明中、西兩文化系統之不同。）

　　反觀西方，則與以上所說者整個相翻。

　　我前面開頭即說，中國首先把握生命，西方文化生命的源泉之
一的希臘，則首先把握「自然」。他們之運用其心靈，表現其心靈
之光，是在觀解「自然」上。自然是外在的客體，其為「對象」義
甚顯，而生命則是內在的，其為對象義甚細微，並不如自然之顯
明。所以中國人之運用其心靈是內向的，由內而向上翻；而西方則
是外向的，由外面向上翻。即就觀解自然說，其由外而向上翻，即
在把握自然宇宙所以形成之理。其所觀解的是自然，而能觀解方面
的「心靈之光」就是「智」。因為智是表現觀解的最恰當的機能。
所以西方文化，我們可以叫它是「智的系統」，智一面特別凸出。

　　希臘早期的那些哲學家，都是自然哲學家，他們成功了許多觀
解自然宇宙的哲學系統。這就是他們的心靈之光之開始與傳授。
（還須注意：這些人物並不是政治領袖，並不像中國的二帝三王之
傳授。）即到蘇格拉底出，雖說從自然歸到人事方面的真、美、
善、大等概念之討論，然其討論這些概念仍是當作一個外在對象而

討論之，仍是本著用智以觀解的態度而討論之，他沒有如孔、孟然，歸本于內心之仁義上。因為用智以觀解，所以最終便發見了眞的東西有成其爲眞的之理，美的有成其爲美的之理。善、大等亦然。就是說，他發見了「理型」（idea, form）。理型一出，任何事物、任何概念，都得到了「貞定」。這裡所謂貞定，一函有明朗，脈絡分明；二函有定義，名、言俱確。他盡畢生之力來從事發見理型的辯論。他不自居爲智者，而只說是愛智者。這個「愛智」是由智以觀解與其所觀解出之理型而規定。此爲智之特別凸出甚顯。柏拉圖順他的路終于建立了一個含有本體論、宇宙論的偉大系統。這裡面含有理型、靈魂（心靈）、材質、造物主等概念。你可以看出這個系統是由「觀解之智」之層層分解，層層深入，而思辨以成之。故文理密察，脈絡分明，一步一步上去的。此之謂智之觀解之由外而向上翻。到亞里士多德，由理型、形式，再轉而言共相（即共理或普遍者），則十範疇出焉，五謂出焉，定義之說成焉，由之以引生出全部傳統邏輯。如是，貞定了我們的名言，亦貞定了我們的「思想」。這三大哲人一線相承，暴露了智的全幅領域，外而貞定了自然，內而貞定了思想。邏輯、數學、科學的基礎全在這裡。智的全幅領域就是邏輯、數學、科學。當然科學之成立，還是近代精神下的事，尚不是希臘人愛好形式之美的審美興趣所能盡。然這是細分別的說法。大分別言之，還是一個基本精神之流傳。故近人講西方文化，從科學一面說，必歸本于希臘也。希臘人愛好形式之美，故其所盡的智之事，自以邏輯、數學爲凸出也。此由柏拉圖之特別重視數學、幾何，亞里士多德之能形成邏輯，即可知之。

　　我之略述這一傳統，主要意思是在想表明：這一智的文化系

統，其背後的基本精神是「分解的盡理之精神」。

　　這裡「分解」一詞，是由「智之觀解」而規定。一、函有抽象義。一有抽象，便須將具體物打開而破裂之。二、函有偏至義。一有抽象，便有捨象。抽出那一面，捨去那一面，便須偏至那一面。三、函有使用「概念」，遵循概念之路以前進之義。一有抽象而偏至於那一面，則概念即形成確定，而且惟有遵循概念之路以前進，始彰分解之所以爲分解。分解之進行是在概念之內容與外延之限定中層層以前進。由此三義，再引申而說，分解的精神是方方正正的，是層層限定的。（這就是遵守邏輯、數學以前進。）因此顯示出有圭角而多頭表現。綜起來，我們可說這是「方以智」的精神。（《易經》語）而中國「綜和的盡理之精神」，則是「圓而神」的精神。（亦《易經》語）

　　至於「分解的盡理」中之「盡理」，從內容方面說，自以邏輯、數學、科學爲主。若籠罩言之，則其所盡之理大體是超越而外在之理，或以觀解之智所撲著之「是什麼」之對象爲主而特別彰著「有」之理（being）。即論價值觀念，亦常以「有」之觀點而解。這與中國盡心、盡性、盡倫、盡制所盡之「理」完全異其方向。關於此盡，我且不必多說。因爲這要牽涉到各方內容問題。

　　我以上所說「分解的盡理之精神」是就希臘的「學之傳統」說。（此在他處，我曾名之曰「學統」。）就是從希伯來而來的宗教傳統下的基督教的精神，即耶穌的精神，一方面說，我也說它是分解的盡理之精神。此處所謂「分解」完全是就耶穌的宗教精神之爲隔離的、偏至的而言。耶穌爲要證實上帝之絕對性、純粹性、精神性（以「愛」來滲透上帝之全體。），遂放棄現實的一切。打你

的左臉，連右臉也給他打；剝你的內衣，連外衣也給他。將現實的
物質的一切，全幅施與，藉這種施與，把「絕對的愛」傳達過去，
不管是敵是友。（這與孔子的仁不同，與孔子所說的「唯仁者能好
人能惡人」亦不同。）當他傳教的時候，有人說你的母親來找你，
他就說：誰是我的母親？誰是我的兄弟？凡相信上帝的話的，才是
我的母親，才是我的兄弟。依據他的教訓，人間的倫常道德都是無
足輕重的。進一步，「凱撒的歸凱撒，上帝的歸上帝。」連現實的
國家亦不在他的心念中。因為他的國是在天上，不在地下。最後連
自己的生命亦放棄。這就是他的上十字架。他上十字架是自動的。
當他開始傳教時，就預定了這一步：預定要捨命，要親身作贖罪的
羔羊。不但他自己如此，他對他的門徒也說：「如果你們不背起你
們的十字架，便不配作我的門徒。」他前面一切的放棄就是醞釀這
一步。所以我們要了解他放棄現實的一切，就要從這最後一步的意
思上來了解。他要作贖罪的羔羊，他要把上帝的「絕對的愛」、
「普遍的愛」，傳達到人間，他要把「上帝之為上帝」全幅彰著出
來，所以他必須把現實的一切，感覺界的一切，統統剔除淨盡，
將他自己歸於神，與神合一。藉他的上十字架的精神，把上帝的內
容全幅彰著於人間。所以依基督教的教義，他是神，而不是人，他
是道成肉身，他是聖子。由他之為「道成肉身」，上帝之為聖父、
聖子、聖靈之三位一體性始成立。他之將感覺界的一切剔除淨盡而
彰顯上帝，一如幾何學家之彰顯幾何中的方圓。幾何中的方圓，不
是感覺的。要顯那個方圓，必須把感覺的東西統統抽盡。數學中的
數目及數目式之純粹性亦然。雖然一是屬於科學的，一是屬於宗教
的，而其基本精神之同為「分解的盡理之精神」，則固彰彰明甚。

照中國的文化講，人人皆可以爲聖人。而依基督教的文化系統，則只有耶穌是聖子。這是獨一無二的，也不許有二。我起初以爲這不對。近來我才了解它的意義。因爲在分解的盡理之精神下，耶穌那種隔離的、偏至的宗教精神，必須有一個欄擋住才行。否則，若人人都可以爲聖子，都像耶穌那樣，則人間非毀不可，一切現實的活動都不能有意義，而文化亦不能有，如是連上帝亦無意義了。所以必只以耶穌爲聖子，爲人間樹立眞理之標準，光明之源泉，以明人間需要上帝，上帝亦需要人間。如是方能保住人間的活動及文化。就這一擋住，才成功了西方文化之爲基督教的文化系統。而這個文化系統，顯然是隔離的，分解的，而耶教之爲離教亦是顯然的。

我以上是就希臘、希伯來兩種西方文化的源泉，從其內在的本質上說明其爲「分解的盡理之精神」下的文化系統，藉以說明西方的科學及耶穌所成的宗教都是這種精神下的成果。我現在且可再進而從現實的歷史因緣上，以明其文化生命裡所早出現的民主政治（或近代化的國家、政治、法律），也是「分解的盡理之精神」下的產物。

何以說民主政治其背後的基本精神也是「分解的盡理之精神」？蓋民主政治之成立，有兩個基本觀念作條件：一是自外限制，或外在地對立而成之「個性」。此與盡心、盡性、盡倫、盡制之內在地盡其在我所成之道德的聖賢人格不同。二是以階級的或集團的對立方式爭取公平正義，訂定客觀的制度法律以保障雙方對自的權利與對他的義務。此與一無階級對立之社會而其文化生命又以道德人格之個人活動爲主者不同。在現實的歷史因緣上，西方有階級的對立。其自外限制而成之「個性」，其最初之靈感源泉是來自

基督教，即：在上帝面前人人平等。但這一個靈感須要落實，須要
在現實上爭取。一落到現實上，他們有階級的對立。所以他們的自
外限制而成之個性，其本質的關鍵胥繫於由階級地、集團地對外爭
取而顯。他們的自外限制或外在的對立，並不是空頭地個人與個人
為外在的對立，而是有階級的對立以冒之的。由階級地、集團地對
外爭取而反顯透出個性的尊重。所以他們的個性自始即不是散漫
的、散沙的。這種個性以權利義務來規定，而權利義務之客觀有效
性胥繫於制度法律之訂定。所以這種個性可以說是外在的，是政
治、法律的，與道德、藝術的人格個性之純為內在的不同。但是這
種內在的人格個性必靠那種外在的個性之有保障，始能游刃有餘
地、安心地去發展。這裡我們可以看出，成立民主政治的兩個基本
觀念，即外在的個性與集團地對外爭取方式，其總歸點是在一個政
治、法律形態的「客觀制度」之建立。一個政治、法律式的客觀制
度之建立是注目於人群的、抽象的、一般的客觀關係之建立，此非
單注目於所識、所親的具體的倫常關係所能盡。我這裡不能詳述民
主政治之內容。我只略說其成立之基本點，即可看出它背後的基本
精神是分解的盡理之精神。分解的盡理必是：一、外向的，與物為
對；二、使用概念，抽象地、概念地思考對象。這兩個特徵，在民
主政治方面，第一特徵就是階級或集團對立。第二特徵就是集團地
對外爭取，訂定制度與法律。所謂盡理，在對立爭取中，互相認為
公平合于正義的權利義務即是理，訂定一個政治、法律形態的客觀
制度以建立人群的倫常以外的客觀關係，亦是理。

　　西方的民主政治之成立固由于其現實歷史上有階級，但這卻不
是說民主政治的本質必賴有階級。民主政治正是要打破階級的。階

級對立只是促成民主政治的一個現實上的因緣。可是階級雖不是民主政治的本質，而集團爭取的方式卻是民主政治的本質之一。中國的文化生命未形成階級，這一方面固然是好的，但是亦因而集團性不顯，這卻是在實現民主政治上是一大缺陷。而其文化生命裡，又只以完成道德人格與藝術性的人格（藝術性人格一面前未述及，下將論及）為主流，而在此主流之方向裡亦是不能出現民主政治的。這也是了解中國文化生命的發展之大關節之一。容後論之。

　　以上說明了中國文化為綜和的盡理之精神，西方文化為分解的盡理之精神。此處猶須有指明者，即，我這裡所謂綜和、分解，不是指各門學問內部的理論過程中的綜和分解言，亦不是就文化系統內部的內容之形成過程中的綜和分解說。這是反省中西文化系統，而從其文化系統之形成之背後的精神處說。所以這裡所謂綜和與分解是就最頂尖一層次上而說的。它有歷史的絕對性，雖然不是邏輯的。因為西方的文化生命雖是分解的盡理之精神，卻未嘗不可再從根上消融一下，融化出綜和的盡理之精神。而中國的文化生命雖是綜和的盡理之精神，亦未嘗不可再從其本源處，轉折一下，開闢出分解的盡理之精神。這裡將有中西文化會通的途徑。

第三節　概念的心靈與智之直覺形態及知性形態：中國所以不出現邏輯數學科學之故

　　西方的文化生命，其背後不自覺的是分解的盡理之精神。而分解的盡理之精神，其透現在外面，根本就是一個概念的心靈（conceptual mentality）。（其直接的切義是表現在成邏輯、數

學、科學處。至於在宗教與政治方面，則是其借用義。）因為在智之觀解中，智之機能特別彰著，故其使用概念的心靈亦特別顯明。然而在中國，因為智未從仁中獨立地彰著出，故其概念的心靈亦特別不顯，而且不行。概念的心靈就是智之「知性形態」（understanding-form）。

　　在中國，無論道家、儒家，智之知性形態始終未轉出。我在這裡，可先略述道家。在道家，無論老子的《道德經》或《莊子》（指書言），從知性到超知性這個轉進的關節處以及超知性的境界，都意識的很清楚。（道家雖有其修養工夫以及其說明此工夫的觀念理路，然其表示此工夫與觀念理路惟是從知性轉至超知性一面說，此則與儒家不同處。）老子《道德經》開頭就說「道可道，非常道。」可道與不可道，他意識的很清楚。如果用現在的話說出來，可道世界就是可用一定的概念去論謂的世界，而此世界必為現象世界，而使用概念去論謂的主體就是知性主體，即表現為知性形態的主體。在主體方面，使用概念，必遵守使用概念的理路；在客觀方面，用概念去論謂皆有效，即皆有確定而恰當的指謂。譬如方當方的，圓當圓的，上當上，下當下，皆不可亂。不可道世界就是不能用一定的概念去論謂的世界，而此世界必為本體世界，即老子所說的「道」；而主體方面則必為超知性主體，此在道家即說為無思無慮，無為而無不為的道心之因應，用今語說之，則名為「智的直覺」（智的直覺，非感觸直覺。intellectual intuition, not sensible intuition）。道家于超知性方面，能正面而視，發揮的很盡致。《道德經》的作者很能知道「道」這個本體不能用一定的概念去論謂。例如：「其上不皎，其下不昧。迎之不見其首，隨之不

見其後。」這就表示說：道，從上面說，亦不見得是皎亮，從下面
說，亦不見得是幽昧。昧而不昧，皎而不皎。馴致亦無所謂皎，亦
無所謂昧，亦無所謂上，亦無所謂下。同理，首而非首，尾而非
尾，前而非前，後亦非後。馴致亦無所謂首與尾，亦無所謂前與
後，是則上下、皎昧、首尾、前後諸概念，皆不能有確定而恰當的
指謂。用上一個概念，即須否此概念而顯道之性。這種用而不用以
顯道之性，按照西方哲學，我們可以叫它是「辯證的論謂」
（dialectical predication）。道家當然沒有用辯證這個名詞。然這
裡是一個辯證的思維，則毫無問題。《莊子·齊物論》篇幾乎整個
是說如何從知性範圍內按照一定標準而來的是非、善惡、美醜之相
對世界轉到超是非、善惡、美醜之絕對世界。這種超轉，就叫做
「恢詭譎怪，道通為一。」恢詭譎怪，簡名為詭譎，亦即莊子所說
的「弔詭」。恢詭譎怪有遮表兩面的意思。從遮方面說，按照一定
標準而來的相對世界都是沒有準的，依此都可予以大顛倒。而此大
顛倒，自知性範圍觀之，即恢詭譎怪矣。但不經此一怪，則不能通
為一而見本真。從表方面說，這種詭譎即顯示道體之永恆如如。
而詭譎或弔詭，在英語即為" paradox "，而此弔詭即「辯證的弔
詭」（dialectical paradox）也。

由以上可知，道家對於超知性境界以及對「超知性境」之思維
法，皆意識的很清楚。可是對于可道世界以及知性範圍內的事，則
不能正面而視，不能道出其詳細的歷程以及其確定的成果，而只模
模糊糊地順常識中有這麼一回事而囫圇地摸過去。這就表示：概念
的心靈未彰著出，而智之知性形態亦始終未轉出。是以知性中的成
果，即邏輯、數學、科學，亦未出現。這一層領域完全成了一片荒

涼地，意識所未曾貫注到的地方。要超過它，必須經過它。而且在經歷中，必須把此中的成果能產生出來。如此，「超知性境」亦因而充實明朗而有意義。這叫做兩頭雙彰。否則，知性領域固荒涼，而「超知性境」，亦暗淡。此中國文化生命裡高明中之憾事也。

儒家繼承二帝三王歷史文化之傳統而立言，其用心別有所在。他們對於知性領域內的事，順俗而承認之，不抹殺，亦不顛倒，但亦不曾注意其詳細的經歷以及其確定的成果。因為他們的用心是在道德政治，倫常教化，不在純粹的知識。故對於知識以及成知識的「知性」從未予以注意。（只有荀子稍不同。但荀子這一面在以往儒家的心思中亦不予以注意而凸出之。）他們之透至「超知性境」，亦不順「從知性到超知性」這一路走。此與道家不同處。他們之透至超知性境是順盡心、盡性、盡倫、盡制這一路走，此是道德政治的進路，不是認識論的進路。他們由盡心、盡性而透至超知性境，是以「仁」為主，惟在顯「德性」。惟德性一顯，本心呈露，則本心亦自有其靈光之覺照，即自此而言「智」。此「智」即在仁心中，亦惟是仁心之靈覺。儒家從未單獨考察此智以及其所超過之「知性之智」。因其所注意的惟在顯仁心，而仁心即為道德之天心，而非認識的心。此亦與道家不同。道家順「從知性到超知性」一路走，故雖至超知性之「道心」，而其道心亦仍只是「認識的心」。即：只是一片乾冷晶光的圓鏡。道家始終未轉至性情的仁心。此亦可說有智而無仁。此其所以為道家，以前斥其為異端處。儒家由盡心、盡性透至「超知性境」所發露之「智」亦是「圓智」，但不是乾冷的，而是有「仁以潤之」的。

可是我們在這裡就注意這仁心中的圓智亦是智之直覺形態，而

不是知性形態（知性形態的智是「方智」）。孔、孟俱仁智並講。仁且智，聖也。孔、孟俱不敢以仁且智自居。敢不敢是另一回事。我們在這裡是注意此種智的意義。孔、孟之智俱是聖賢人格中的神智妙用，即是仁心之智慧，總之則曰德慧。《論語》載：「樊遲問智。子曰：務民之義，敬鬼神而遠之，可謂智矣。」這只是孔子隨機應答。而其所顯示之智之意義，亦只是通曉分際。這還是「知之爲知之，不知爲不知，是知也」之智。《論語》又載：「樊遲問仁。子曰：愛人。問智。子曰：知人。樊遲未達。子曰：舉直錯諸枉，能使枉者直。樊遲退。見子夏曰：鄉也，吾見於夫子而問智。子曰：舉直錯諸枉，能使枉者直。何謂也？子夏曰：富哉言乎！舜有天下，選於眾，舉皋陶，不仁者，遠矣。湯有天下，選於眾，舉伊尹，不仁者遠矣。」這是就「知人論世」以言智。通曉分際之智，知人論世之智，俱是一種智慧之妙用，非邏輯、數學之智也。

對于仁智，吾嘗各以兩語說之。仁以感通爲性，以潤物爲用。智以覺照爲性，以及物爲用。仁是本。寡頭的智是道家的智。有此本，則智不乾、不冷、不虛幻、不遊離。隨仁之感通而貼體落實，此即不虛幻、不遊離，故不成「光景」。（光景，宋明儒者雅言之。拆穿光景是聖賢工夫中一大關節。）隨仁之潤澤而無微不至，無幽不明：智之所至，即仁之所潤，故不乾、不冷。貼體落實，故不穿鑿。不乾、不冷，故不爲賊。故攝智歸仁，仁以養智。仁爲本，故「仁者安仁」。智爲用，故「智者利仁」。孔子又言「智及仁守」。此雖自工夫或自有仁有智的人而言之，亦通于仁智之本性也。

此種聖賢人格中或悱惻之仁心中的圓智神智，《易經·繫辭

傳》亦盛言之。曰：「乾知大始，坤作成物。乾以易知，坤以簡
能。易則易知，簡則易從。」乾代表心靈，創造原理，故曰：「乾
知大始」，而其知又以易知，是則乾知即具體而圓之神智之知也。
又曰：「子曰：知幾其神乎？〔……〕幾者動之微，吉之先見者
也。君子見幾而作，不俟終日。〔……〕子曰：顏氏之子，其殆庶
幾乎？有不善未嘗不知，知之未嘗復行也。《易》曰：不遠復，無
祇悔，元吉。」又曰：「知周乎萬物而道濟天下，故不過。旁行而
不流。樂天知命故不憂，安土敦乎仁故能愛。」順此而進，義蘊無
邊。我這裡只說，此種仁心中的神智圓智，其及物也，是一了百
了，是一觸即發而頓時即通于全，這裡沒有過程，沒有發展。復
次，是具體的，而不是抽象的，故順幾而轉，無微不至。這裡沒有
概念，亦沒有分解與綜和，故曰：「直覺形態」。

　　此種直覺形態的智，如用西方哲學術語言之，即是：其直覺是
理智的，不是「感覺的」；其理智是直覺的，不是辨解的，即不是
邏輯的。可是這種智，在西方哲學家言之，大都以為只屬于神心，
即惟上帝之心靈始有之。而人心之直覺必是感覺的，其理智必是辨
解的。他們把圓智只屬于神心，而於人心之智，則只言其知性形
態。此固可以彰著「知性主體」，而特顯「概念之心靈」，因而亦
能產生邏輯、數學與科學，然而人心之超知性一層，則彼不能通
透，是固其文化生命中本源處之憾事也。反之，中國文化生命，無
論道家、儒家，甚至後來所加入之佛教，皆在此超知性一層上大顯
精采，其用心幾全幅都在此。西方所認為只能屬于神心者，而中國
聖哲則認為在人心中即可轉出之。此還是跟「人人皆可以為聖人」
來。而人心之轉出此一層，則即曰天心或道心。因之其所顯之智，

吾人亦得即以圓智或神智名之。

依西方哲學，人心之知性，其了解外物，而成知識，一方必須有「感覺的直覺」供給材料，即依感覺的直覺而與外物接，一方知性本身之活動亦必須是辨解的，即遵守邏輯的、理路的，因而亦必使用概念。這是總持的說法。進一步，知性之成知識，在其使用概念以辨解的過程中，必依據一些基本的形式條件，此亦曰範疇，此如時間、空間、質、量、因果等。即知性之了解外物必通過這些形式條件始可能。但是神心之了解萬物，既不是感覺的，亦不是辨解的，因而亦不須使用概念，亦不必通過時空、質量、因果等形式條件。這與上帝之統馭世界之不需有國家、政治、法律的形式同。（關於此層，下節論之。）而中國之聖賢人格中之圓智妙用亦同樣不是感覺的、辨解的。我們也可進而說，亦同樣不須通過時空、質量、因果等形式條件。（在佛家，如轉出勝義現量或般若智時，亦不須通過這些形式條件，故佛家名這些形式條件皆為分位假法。）故在中國文化生命裡，惟在顯德性之仁學，固一方從未單提出智而考論之，而一方亦無這些形式條件諸概念。同時一方既未出現邏輯、數學與科學，一方亦無西方哲學中的知識論。此一環之缺少，實是中國文化生命發展中一大憾事。我們即由此，說它的發展之程度及限度。

智，在中國，是無事的。因為圓智、神智是無事的。知性形態之智是有事的。惟轉出知性形態，始可說智之獨立發展，獨具成果（即邏輯、數學、科學），自成領域。圓智、神智，在儒家隨德走，以德為主，不以智為主。它本身無事，而儒者亦不在此顯精采。智只是在仁義之綱維中通曉事理之分際。而在道家，無仁義為

綱維，則顯為察事變之機智，轉而為政治上之權術而流入賊。依是，人究竟是人，不是神，人間究竟是人間，不是天國，而無事之圓智、神智亦只好在道德政治範圍內而用事。

一個文化生命裡，如果轉不出智之知性形態，則邏輯、數學、科學無由出現，分解的盡理之精神無由出現，而除德性之學之道統外，各種學問之獨立的多頭的發展無由可能，而學統亦無由成。此中國之所以只有道統而無學統也。是以中國文化生命，在其發展中，只彰著了本源一形態。在其向上一機中，徹底透露了天人貫通之道。在本源上大開大合，一了百了。人生透至此境，亦實可以一了百了。而即在此一了百了上，此大開大合所成之本源形態停住了，因而亦封閉了。然而人不是神，不能一了百了。人間是需要有發展的。它封閉住了，它下面未再撐開，因而貧乏而不充實。中國的文化生命，在其發展中，只在向上方面撐開了，即：只在向上方面大開大合而彰著了本源一形態，而未在向下方面撐開，即未在下方再轉出一個大開大合而彰著出屬於末的「知性形態」與國家、政治、法律方面的「客觀實踐形態」。（此亦屬於末，此層下節再說。）中國文化生命迤邐下來，一切毛病與苦難，都從這裡得其了解。了解了就好辦。

我在本節說明了中國所以不出現邏輯、數學、科學之故。我們現在講科學必通著邏輯、數學講，而且必通著「知性」講。疏通西方文化生命如此，疏通中國文化生命亦如此。惟通著「知性」講，方可以知出現、不出現完全是發展中的事，不是先天命定的事。如是，則其出現之理路，即可得而言。

第四節　階級對立與道德價值觀念所引生之平等
　　　　及英雄盡氣所引生之打天下：中國過去
　　　　所以不出現民主政治之故，所以未出現
　　　　近代化的國家政治法律之故

　　西方歷史有階級對立，而階級對立，對民主政治的出現，是一
個重要的現實上的歷史因緣。當然，徒有階級對立，而無個性的自
覺，則民主政治乃至近代化的國家、政治、法律亦不能出現，此譬
如印度。西方歷史的演進，在階級對立的情形下，通過個性的自
覺，通過「在上帝面前人人平等」這一個最根源而普遍的意識，遂
使它向民主政治乃至近代化的國家、政治、法律之形態走。在這
裡，我們看出階級對立在其現實歷史發展中的作用與意義，對于民
主政治的出現之作用與意義。這後面的基本精神，我前面曾說它是
分解的盡理之精神。即：在階級對立的情形下，通過個性的自覺，
而向民主政治的方向走，這其中便表現出分解的盡理之精神。反過
來，通過個性的自覺，而要向民主政治走，則必須以分解的盡理之
精神爲其必要的條件，爲其本質上的條件。階級對立是一個現實上
的因緣，而分解的盡理之精神則是其本質上的條件。

　　但是中國則自古即無固定階級之留傳。它無階級的問題，所以
它的文化生命裡首先湧現出的是「修己以安百姓」這一個道德政治
的觀念。由這裡所引出的便是以道德價值觀念作領導。其表現在客
觀文制方面便是由親親尊尊而來的五倫。梁漱溟先生說中國社會是
「倫理本位，職業殊途」，這是不錯的。由道德價值觀念作領導，

則貴賤是價值觀念，不是階級觀念。《禮記・郊特牲》篇云：「天下無生而貴者。」又云：「古者生無爵，死無謚。」「無生而貴者」這一句話即表示了中國文化生命裡之無階級觀念。貴賤是爵謚的問題，因而亦就是一價值觀念。貴賤由分位觀念起。人無生而貴者，自其生物之生言，皆平等平等。此為生之原質。必套于文化系統中，而後見其貴賤。是以中國貴賤觀念，自始即為一價值觀念，而非階級之物質觀念也。由文制而定貴賤，即由生之原質而至人道也。人之所以為人，由文化系統而見，亦復由「內在道德性」（inward morality）之自覺而見。由乎前者，始于周文（人統之正，託始文王）。孟子名之曰「人爵」。由乎後者，始於孔、孟。孟子名之曰「天爵」。孟子說：「有天爵者，有人爵者。仁義忠信，樂善不倦，此天爵也。公卿大夫，此人爵也。」「人人有貴於己者」，即指天爵言。人無生而貴者，則指人爵言。無論天爵、人爵，皆是道德價值觀念。自孟子點出天爵，人人皆可以為堯、舜，人人皆是一絕對自足之價值人格。人爵則是政治社會的、客觀文制的，而必以天爵為其本源。此一觀念在中國文化生命裡既起領導作用，則階級即消滅於無形。

　　既無階級對立，歷史發展的關節亦不在階級，那麼我們似乎可以說，中國民主政治之所以不出現，就因為缺少「階級對立」這一現實因緣。可是，同時我們也可以說，既無階級對立，那豈不更為民主嗎？豈不更易走向民主政治嗎？可是，在中國以往歷史裡究竟未出現民主政治。這是何故？我們既知，即在西方，階級對立只是促成民主政治的現實因緣，不是它的本質條件，那麼在中國，即無階級對立，當亦不是其不出現民主政治的本質原因。我們還當從無

階級對立而以道德價值觀念作領導這一事實，再向裡推進一步，看其文化生命向何處表現發展，才成爲不出現民主政治的本質原因，或者說，才使我們能夠很顯豁地看出民主政治所以不出現之故。

由道德價值觀念作領導，由貴于己的天爵之點出，則中國文化生命的滋長延續以及後來的發展，遂形成我前面所說的盡心、盡性、盡倫、盡制之「綜和的盡理之精神」。此種精神的結果就是成就聖賢人格。這是中國文化生命之主流，學問都從這裡講，所以這也是中國的傳統學脈。這是代表中國文化生命裡的「理性世界」。剋就民主政治這一論題說，「盡制」一義最有直接關係。「王者盡制」就是聖賢人格之在政治方面的表現，也就是政治方面的聖君賢相。所以盡制一義也就是綜和的盡理之精神中「外王」一面的事。但是，順綜和的盡理之精神而發展，其用心唯是以成聖賢人格爲終極目的，因而政治方面亦只成爲聖君賢相之形態，即此便使中國以往歷史發展不能出現民主政治。中國的文化生命惟向這個方向發展表現而成爲定型，才永不能轉出民主政治。

中國社會演變不以階級對立爲關節。即歷史上起最大變化的春秋、戰國時期亦不是以階級對立間的鬥爭而轉出。即就此時期而論，西周之貴族政治與井田制崩壞，君從貴族的牽連束縛中解放出來，而成爲一國之元首，取得超然而客觀的地位；民從貴族與井田制的束縛中解放出來，而成爲自由民，成爲國家之一分子，亦取得一動轉自由之客觀地位；士則由于貴族墮落下去而超升上來，而取得掌握治權之地位。君、士、民都從貴族與井田制中解放出來，這實在顯示政治架子要向一更高級的形態走。但是他們之解放出來，徒成爲貴族在政治上之地位與作用之消滅。貴族亦不以階級姿態而

成其爲貴族，民之解放而成爲自由民亦不是以階級姿態而與貴族相
鬥爭而取得，士之超升上來而取得掌握治權之地位亦不是以階級姿
態而與貴族相鬥爭而取得。這只是在社會演變中自然形成的。這徵
之歷史事實，無人能否認。惟因貴族、士、民皆不以階級姿態而出
現，故君、士、民之解放出來，一方徒成爲貴族之政治上地位之消
滅于無形，一方士與民亦未自覺地訂定其權利與義務。同時，君之
解放出來亦未確定其權限，接受一法律上之限制。因此，民之成爲
自由民，成爲國家之一分子，亦只有形式上的意義，而無眞實的意
義，即其自由只是形式的自由，不自覺的自由，放任狀態、潛伏狀
態的自由。此即表示：民只是被動的、放任的而與國家無內在關係
的潛伏體。因此，他們之爲國家一分子之客觀地位亦只是形式的、
虛的，而不是眞實的。民如此，君之解放出來而取得超然而客觀之
地位，此超然而客觀亦是一個無限制的，其客觀亦是形式的，而不
是眞實的，即並無一政治法律形態的限制以安排之。君與民既如
此，則掌握治權的士亦只是以個人姿態而表現、而出處進退，其在
政治架子中的客觀地位與政治運用中的客觀意義亦終不能充分客觀
化，亦終不能得保證。君、士、民之解放出來而成爲如是之形態，
吾名此種解放爲無限制的敞開，即只是解放出來了，而並無一個政
治法律上的道理以回應之、以安排之。就是這一無限制的敞開，才
使政治架子不能向民主一路走，而向君主專制一路走。君主專制在
政治形態上自比周之貴族政治爲高級。從貴族政治解放出來，不經
過一回應，順無限制的敞開而直接下來，便是君主專制形態。經過
一回應，而不是無限制的敞開，而具備這間接的一轉，便是向民主
政治形態一路走。如是，民主政治當比君主專制政治爲尤高級的政

治形態。

但是，中國政治史何以不向民主制一路走，而向君主制一路走，而且在以往二千年中，何以終未出現民主制，其故即在：從現實因緣方面說，是因爲無階級對立；從文化生命方面說，是因爲以道德價值觀念作領導而湧現出之盡心、盡性、盡倫、盡制之「綜和的盡理之精神」。

秦、漢大一統後的君主制，皇帝是一個無限制的超越體，人民是純被動的潛伏體（不是通過自覺而成爲有個性的個體），亦可以說是羲皇上人。士大夫則屬於宰相系統，以個人姿態而出處進退。在政治方面，最高之願望爲宰相之位而以天下爲己任。社會則以倫常之道來維繫，此道通於上下一切，總名曰五倫。依此，繼承孔、孟下來的儒者，向外無可用心，遂仍繼承夏、商、周相傳的最古的「修己以安百姓」這個觀念模型，而向盡心、盡性、盡倫、盡制一路講說道理，純從向裡用心，發展成聖賢學問，以期成爲聖賢人格。在這樣一個社會裏，他們一眼看定一切問題都繫于人民之能安不能安，君相之是否能「正德」。所以他們退而在社會上，即講聖賢學問，以期成爲聖賢人格，進而在政治上即講聖君、賢相。這個文化生命，其講說道理抒發理想，全幅精神都在此。聖賢學問，聖賢人格，這在文化上，人間社會上說，是永遠不可廢的。這方面本文可不論。且看政治上聖君、賢相一義之函義。

以往儒者從未想到君民解放出來後如何回應安排一問題。他們所想的回應安排之道就是「修德」。民起不來，君成爲一個無限制的超越體，則限制君的唯一辦法就是德與「天命靡常」的警戒。如是，遂不能不以聖君、賢相來期望君、相。但是道德的教訓是完全

靠自律的。沒有道德感的君、相，不能以德自律，便對他毫無辦法。天命靡常的警戒是渺茫難測的，其落實點還是在「德」。孟子所說的「天與之」、「唐虞禪，夏后、殷、周繼，其義一也」，以及西漢儒者所講的禪讓論及五德終始論，都是說的「德與天命靡常」。依是，其回應安排君之道也只是此兩義。此種回應，吾名之曰道德宗教的形態。亦就是一種超越形態。但是客觀而有效的回應必須是政治法律的形態，亦就是內在的形態。轉出政治法律的形態，就是向民主制一路走。但是以往儒者於此其用心總是轉不過這個彎來。

　　以修德來期望君、相成為聖君、賢相，這是可遇而不可求的。這如上所說。此外，在積極方面，如果真遇著一個聖君、賢相，則君、相必擔負過重。因為聖賢用心等同天地，是無限量的。君之現實的本質本是一個無限的超越體，他若轉而為聖君，其由德而成之用心與擔負亦必是無限量的。君如此，相之賢尤難。最典型的賢相比作皇帝還難。他照顧君民，協和百官，他必須有汪洋之度與量，這就是以前所說的「宰相之體」。這也是一個無限的用心與擔負。君、相方面既等同天地，擔負過重，則人民方面就純為被動如赤子，擔負過輕，甚至一無擔負。所謂過輕或一無擔負，就是在國家、政治、法律方面毫無責任。以往儒者順道德價值觀念而向盡心、盡性、盡倫、盡制一路走，以期成為聖賢人格，在政治上成為聖君、賢相，此種文化精神一成為定型，便永轉不出民主政治來。

　　對於君、相這個超越無限體（君是位上無限體，相是德上無限體），期望以聖、賢（君而聖，則德位俱是無限體）。如是，中國文化精神在政治方面就只有治道，而無政道。此兩名詞係隨孫中山

先生所說的政權與治權兩名而來。君主制，政權在皇帝，治權在士，然而對於君無政治法律的內在形態之回應，則皇帝既代表政權，亦是治權之核心。如是，中國以往知識分子（文化生命所由以寄託者）只向治道用心，而始終不向政道處用心。儒家講「德化的治道」，以聖君、賢相爲終極，如上所述。道家講「道化的治道」，以「無爲」的玄默深藏爲終極，君亦是無限體。法家講「物化的治道」（秦與法家及今日的共黨皆然），以黑暗的權術與齊一之法爲終極，君亦是個無限體。這三個系統輪翻而轉，交替爲用，其中之道理與境界，可謂至矣盡矣。在這方面，無有任何國家能講過中國者。因爲這裡的治道都是相應皇帝之爲無限體而徹底透出的。皇帝爲無限體，在以前說等同天地，現在我們亦可以說等同於神，依此，治道之極就是「神治」。這其中的道理與境界當然是幽深玄遠，至精至微，而全爲中國人所道出。可是人間究竟不是天國。治人間究竟不能以神的方式治。若只有這個透徹而達於神境的治道，而政道轉不出，則治道即停在主觀狀態中，即只停於君、相的一心中，而不能客觀化。治道不能通過政道而客觀化，則治道永遠繫於君、相一心中而爲自上而下的廣被作用。總之是一句話：「君子之德風，小人之德草。」如是，人民永遠是在被動的潛伏狀態中，而爲上面的風所披靡、所吹拂，永遠是在不自覺的睡眠狀態中。照儒家言，是在德化的吹拂中；照道家言，是在道化的相忘中；照法家言，是在物化的芻狗中。儒家雖講德化，教之、養之，有興發作用，不似道、法之愚民，然這個興發只是道德的、倫常的，不是政治的。儒家本是想純以德化的德治而臻人間於天國，即以君、相之無限擔負的神治而臻人間於天國。即孟子所說的「君子

所存者神，所過者化，上下與天地同流，豈曰小補之哉？」此若只限於教化上的聖賢人格之作用（即道德感應），則自無可議；而若用之於政治上成為聖君、賢相之政治，期由其無限擔負的神治而臻人間于天國，則便有可議處，即：人間不能以上帝治理世界的方式來治理。這個境界雖高，卻是缺少了一環，即：只有治道而無政道的直接神治是不能用之於人間的，在人間是作不到的。若是這樣去作，不是把人間噓拂成睡眠狀態，即是成為任意踐踏的地步，因而釀成暴亂，遂成為一治一亂停滯不前的境地。（關於本段所說，吾《政道與治道》一書詳論其所函的一切。）

君主制，政權在皇帝，其一家世襲本含有萬世一系永恆不變之義，此為社會上之「定常者」（constant）。社會上一個「定常者」本不可少。然定常者寄託在具體個體之世襲上，則是不能永遠不變的。其取得政權本是由打天下而來，而在聖君、賢相無限擔負的神治之噓拂與踐踏這兩種相反的面相之交替起伏中，又不能不有打天下式的革命者出而再爭奪政權。這些從草莽中起而打天下的英雄人物，其背後精神，吾曾名之曰「綜和的盡氣之精神」。盡才、盡情、盡氣，這是一串。盡心、盡性、盡倫、盡制這一串代表中國文化中的理性世界，而盡才、盡情、盡氣則代表天才世界。詩人、情人、江湖義俠，以至於打天下的草莽英雄，都是天才世界中的人物。我這裡偏就打天下的英雄人物說，故概之以「綜和的盡氣之精神」。這是一種藝術性的人格表現。與綜和的盡理之精神下的聖賢人格相反。這兩種基本精神籠罩了中國的整個文化生命。但是我們須知在這兩種精神作領導下，中國的科學與民主政治是出不來的。我這裏可仍就民主政治說。因為綜和的盡理是在成聖賢人格，這都

是個人的表現，既不能相傳授，亦不能以集團來表現。在政治上之
聖君、賢相亦然。而且所成之聖君、賢相都是一個無限體，惟此是
理性上的無限。而綜和的盡氣則在成藝術性的天才英雄人格。這也
是個人表現，既不能相傳授，也不能以集團來表現。其人格亦是一
個無限體，惟其無限是氣質上的，其極即是作皇帝。由打天下而
來，故是一個無限制的超越體。綜和的盡理與綜和的盡氣都是無限
的。故其所成之人格，無論是聖賢或皇帝，亦都是「無限體」。在
這兩種精神下，民主政治永遠出不來。中國的文化生命，其發展表
現的方向，惟向這兩種基本精神走而成為定型，才使我們顯豁地看
出民主政治所以不出現之故。這兩種基本精神都是以個人姿態而向
上透的。當然以綜和的盡理之精神為涵蓋（為主），而以綜和的盡
氣之精神為隸屬（為從）。這種以個人姿態而向上透的精神不是出
現民主政治的精神，亦不是產生科學的精神。總之，不是分解的盡
理之精神。

第五節　中國文化之未來及中西文化自然諧一之遠景

　　由以上說明中國以往所以不出現民主政治之故，即因而亦可了
解中國所以未出現近代化的國家、政治、法律之故。大家都知中國
以往不是一個國家單位，而是一個文化單位，只有天下觀念，而無
國家觀念。此所以我們現在還是以建國為重要的工作。然其故，大
家未必能深知。然若明白以上所說，則這些都可一起了解。蓋社會
底層，在五倫的維繫之下，以綜和的盡氣精神來鼓蕩，而文化生

命，理性世界，則以道德價值觀念所領導的「綜和的盡理之精神」
爲主脈，一是皆以個人姿態向上透而成爲聖賢人格、藝術性的人格
爲基本情調，則人民即不能在政治上自覺地站起來，而成爲有個性
的個體，即人民可以成爲一個倫常上的「道德的存在」（moral
being），而不能成爲一個「政治的存在」（political being）。如
是，不能起來對於皇帝有一政治、法律上的限制，而只有打天下式
的革命。因而政道亦不能出現。政道之出現，惟在對於皇帝（元
首）有一政治、法律形態之回應上而轉出（不只是道德、宗教形態
的回應）。這一步回應是須要轉一個彎，須要從「順著君、相一條
鞭地想」再轉出來，從人民方面再作對立地想。但是以往儒者的用
心就是這一個彎轉不過。只順「自上而下」的治道方面想，是以論
事每至此而窮。不能轉出來建立政道，則治道終不能客觀化，而民
主政治亦不能出現。民主政治之出現惟在於從治道的一條鞭裡轉出
來從政道方面想。在思想上是如此，在現實上，則在使人民興起而
成爲一個政治的存在。政道成立，民主政治出現，則國家的政治意
義才能出現（中國以前只有吏治，而無政治）。人民能成爲一個
「政治的存在」而起來以政治、法律的形態限制皇帝，則他即是一
個政治上覺醒的個體。因此，他對於國家的組成才盡了一分子的責
任。國家必須通過各個體的自覺而重新組織起來成爲一個有機的統
一體，才可以說是近代化的國家。中國以前的統一只是打天下打來
的，個體並未起作用，所以不成一個國家單位。而那統一亦是虛浮
不實的。國家是一個文化上的觀念，是由各個體通過自覺而成的一
個理性上的產物。不是一個自然物，更不是武力所能硬打得來的。
人民在國家政治上有了作用，他對于國家內的法律的訂定也必有責

任、有作用，而不只是以往純出于聖君、賢相之一心而自上而下偏面地定出來。中國以往的法律只是君、相自上而下偏面地定出來，並沒有通過人民的回應。又，其內容亦只是維持五倫教化的工具、賞罰的媒介。又，對德治言，只是偶然的寄存物，其自身並無客觀獨立的價值。這一方面是不夠的，一方面也表示不是近代化的法律。維持倫常的法律當然永遠須要有。偏面的規定是可以的，因爲雖未通過人民的回應，而人民亦無不許可之理由。但除此以外，一定還有些類乎權利、義務的法律。社會事業方面的各種客觀法律，則必須通過人民的回應而制定，不是君、相一心所能盡的。這種意義的法律在中國以往是不存在的。所以無人民的回應，即不能有近代化的法律。因此，黑格爾才說，中國以往的法律是停在主觀狀態中，沒有客觀化。依此我們可以說，近代化的國家、政治、法律之出現統繫于政道之轉出，民主政治之出現。而此又必繫于人民之自覺而成爲一「政治的存在」，即不只是被動的潛伏體，不只是羲皇上人，也不只是道德的存在，藝術性的存在（artistic being）。

由以上三、四節，我們可以看出中國文化生命的特質及其發展的限度。它實在是缺少了一環。在全幅人性的表現上，從知識方面說，它缺少了「知性」這一環，因而也不出現邏輯、數學與科學。從客觀實踐方面說，它缺少了「政道」之建立這一環，因而也不出現民主政治，不出現近代化的國家、政治與法律。它的基本精神是以個人姿態而向上透，無論是理性一面的聖賢人格，或是才氣一面的英雄人格（藝術性的天才人格）。茲且就理性一面說，它之向上透是眞能徹悟眞實而通透天人之源的。從「心覺」方面說，它之向上透而徹悟本源是點出「仁」字，因而將心覺之「智」亦完全提上

去而攝之于仁，而成為「神智」。神智之了解萬物是不經過邏輯、數學的，因而邏輯、數學出不來；神智之了解萬物是不與外物為對、為二的，而是攝物歸心，因而科學知識出不來。這如西方哲學所說，神心之了解萬物是不經過邏輯、數學的，因而上帝亦無所謂科學。從實踐方面說，它之向上透而徹悟本源表示一個成就聖賢人格的道德實踐，用到政治方面，也只成了一個聖君賢相的神治形態。只有治道而無政道的聖賢一心之治是不會出現近代化的國家、政治、法律的。這亦好像西方所說，上帝之治理世界是不通過國家、政治、法律之形態的。上帝的法就是從神心流出的自然法。這不須要萬物起而與上帝作對，與之訂定制度，再立法律的。中國以往二千年的君主制，再益之以道家、法家、儒家所講之治道，是完全向這個神治境界而趨的。落到現實上，就只得一個五倫。五倫完全出於人性，而有類乎自然法。皇帝治天下所用之法（這點與上帝不同，上帝根本不用法），完全為保護五倫，以防悖倫。

從這裡我們可以看出，中國的文化生命之向上透，其境界雖高，而自人間之實現「道德理性」上說，卻是不足的。向上透所呈露之最高道德理性，即聖賢人格中之道德理性，若心覺方面之「知性」轉不出，則道德理性亦封閉于個人之道德實踐中而通不出來，亦有窒息之虞，即無通氣處。若客觀實踐方面之「政道」轉不出，近代化的國家、政治、法律轉不出，則道德理性亦不能廣被地、積極地實現出來，人間有睡眠停滯之虞，即不能繁興大用而實現多方的價值。這就表示中國以前儒者所講的「外王」是不夠的。以前儒者所講的外王是由內聖直接推出來：以為正心、誠意即可直接函外王，以為盡心、盡性、盡倫、盡制即可直接推出外王，以為聖君、

賢相一心妙用之神治即可函外王之極致：此爲外王之「直接形態」。這個直接形態的外王是不夠的。現在我們知道，積極的外王，外王之充分地實現，客觀地實現，必須經過一個曲折，即前文所說的轉一個彎，而建立一個政道，一個制度，而爲間接的實現：此爲外王之間接形態。亦如向上透所呈露之仁智合一之心需要再向下曲折一下而轉出「知性」來，以備道德理性（即仁智合一的心性）之更進一步的實現。經過這一曲折，亦是間接實現。聖賢人格則是直接實現。所以道德理性之積極的實現，在知識與實踐兩方面，都需要一層曲折。而中國文化生命在以往的發展卻未曾開出這層曲折。我在上文三節末曾說，它只在向上透一面大開大合，而未在向下方面撐開再轉出一個大開大合。「知性」與「政道」這兩面的曲折即是向下方面的大開大合，我們須知：知性方面的邏輯、數學、科學與客觀實踐方面的國家、政治、法律（近代化的）雖不是最高境界中的事，它是中間架構性的東西，然而在人間實踐過程中實現價值上，實現道德理性上，這中間架構性的東西卻是不可少的。而中國文化生命在以往的發展卻正少了這中間一層。（最高一層爲神智與神治，最低一層爲感覺，爲動物的無治。）

我們如果明白這一點，則中國文化的未來發展，亦即儒家學術第三期發揚的內容與形態（第一期爲由孔、孟、荀至董仲舒，第二期爲宋、明理學，現在正需要第三期之時），即可得而明。而中西文化自然諧一之遠景亦可得其途徑矣。這兩方面當然需要進一步詳細論列，在此暫以疏導以往爲主，故不再追論。

第三章 綜和的盡氣之精神之歷史文化的意義

第一節 打天下之觀念：打天下之精神不是事功之精神

綜和的盡氣之精神，自政治上言，即所謂打天下。劉邦以平民統一海內，開歷史上之創例，不能不說其爲一能盡氣之天才。而且成爲一個典型。在天才的盡氣上，及其成功，便謂之曰「天命」。人民亦名之曰眞命天子。天命二字，劉邦親自說出。「吾以布衣，提三尺劍，取天下。此非天命乎？命乃在天，雖扁鵲何益？」吾前文由此說明劉邦能逐步客觀化其生命，由「有限」認識「無限」。茲再由此說明其成功也，自覺其儼若爲天之所命。豪傑並起，逐鹿中原，而終歸劉氏者，豈非天命乎？劉邦之說天命，甚有衷氣，亦有無限感慨，故無虛詐。後來之說此二字者，皆無衷氣，亦不如劉邦之自然。大抵有企求之意，亦有視作概念而利用之之意，故虛而不實，詐而不誠，歉而不足也。亦由後人漸習其事，故亦視之不如此其誠然也。

今就劉邦之崛起，說明「天命」一概念之建立。蓋唯天才爲能

盡氣。其風姿，其氣象，皆天授，非可強而制。當其逐鹿中原，生死苦鬥，絲毫之差，即有所不及，不及即是不及，無可強也。理可以相及，甚至無高下，而氣有高下，甚至根本不能相及也。其天資足以解物，其風姿足以感衆，其氣象足以攝人。此皆非可強而致，一輸便全輸。故當參與比賽之時，一切無不用其極。此時全以氣蓋天地，無有足以超越之者。以是，其自身之氣，即爲無限。然其自身之氣不能無限。其爲無限，乃與人相比較。若與天地之氣比較，則頓成有限。然其與人比較所顯之無限，即可使其轉而與天接。與天較，爲有限，而與天接，則以天之無限濟其有限，儼若天唯擇彼而立之，此其所以有天命之感也。天命之感，唯盡氣者能之。有現實的「綜和的盡氣之精神」，始能與天接而有天命之感也。

天命之感既成立，而人亦以眞命天子視之。天之所立，不可廢也。依是即居有天下而不疑。由此以往，其心惟上遂，而不肯下就。以天之子自居，以子養萬民自責。其下就也，純爲父母之於子女。而彼已自處于代天、法天之地矣。其居位既如此，而與之共起而輔助之者，亦輸誠而與之。知識階級，則從而默認之，藉以安天下。此勢一成，則依宗法制而世襲其天位，亦成爲不可疑之習慣法。東漢以後，則成爲概念化之定法，幾認爲天理如此，不可變矣（西漢尙有禪讓之說）。世襲傳子雖定，然每一時代之初，必有問題發生。至曹丕、曹植爭位起，唐、宋、明、清皆然，皆骨肉相殘。此一內部之問題，爭天命者從未有以善決之。復次，世襲制必期萬年（意即無窮延續），由此而轉出社會上「定常」之義。然一家具體個體之相傳，純依宗法制而無其他制度以安排之，而期于無窮，乃不可能者。依此，「定常」之義仍不成立。此一外部問題，

爭天命者以及社會人士亦從未有以善決之，而打天下之風遂至今而
不衰。中國歷史之變動與演進，以及大部人士聰明才智之消耗，皆
會萃于此而種因于此。蓋綜和的盡氣之精神，在政治上用，必至打
天下，因而必有天命之感，因而必家天下。從盡氣而來者，必以氣
盡而死。天才的盡氣，在此亦可借詞說爲「神足漏盡」者（此是天
才的、氣的，非聖賢的、理的），故決不能有其他之交替以折衝
之。此一模型，西漢二百年尙未全定。如在此二百年間，未能想出
一拆穿此「氣的神足漏盡」之辦法而建立妥善之制度，則此後之歷
史即是順此模型而進之歷史。故西漢誠是一關鍵之階段。而西漢二
百年之所以終未盡此責，亦正有其故。見下第四部即明。是否能建
立妥善之制度以解決打天下中「世襲」問題與「定常」問題，反而
消除打天下，根絕天命之感，其根本關鍵乃在「分解的盡理之精
神」之有無。綜和的盡理之精神，綜和的盡氣之精神，與分解的盡
理之精神，此三者，自整個文化言，缺一不可。而此後一者，正中
國文化精神之所缺。亦惟此後一者，始能發現問題、解決問題，實
現眞正之事功，隨時建立客觀有效之制度。而吾華族正缺此精神，
故至今日遂有一大曲折。

　　須知「綜和的盡理之精神」實可函「分解的盡理之精神」。惟
此函不是直接地函，乃須有一曲折始能轉出。于此，儒者及士人
（智識分子）有其重大之責任。而兩漢儒者不足以盡此責。宋明理
學乃應有之轉進，而演至今日亦史變中勢之所至之必有的大曲折。
須知「綜和的盡氣之精神」並不是事功之精神與制度之精神，而乃
是英雄之精神與藝術性之精神。吾前于第一部第三章論主體自由
時，論到「美的自由」、「藝術性的主體」，此則由盡才、盡情、

盡氣之人格來表現。此種人格實爲藝術性的獨體人格。此實爲中國
社會內最普遍的一個生活情調。打天下，只是這個生活情調在政治
上表現的一個形態。就在政治上表現言，以盡氣爲主，故概之曰
「綜和的盡氣之精神」。如果在「綜和的盡理之精神」中，後來之
士人轉不出「分解的盡理之精神」，而現實社會上又惟是以「綜和
的盡氣之精神」爲領導精神（可偏于政治方面言），則中國歷史又
有以下六種姿態。

第二節　一治一亂之循環性

在盡氣中有健康與墮落之表現。即一治一亂之循環性。能盡其
氣，則爲健康。不能盡其氣，則爲墮落。墮落則氣轉爲物氣，而純
物化矣。健康之時，則原始生命充沛而不滯。每一朝代開始幾十
年，總有此象。其各種表現之能盡理，皆賴其氣之不衰。此以西漢
二百年之表現爲最佳。唐、宋、明皆極短也。但盡氣者，氣盡即
死。如無分解的盡理之精神，鮮能客觀化其氣而依法律基礎以延長
之。是以，如以盡氣爲領導精神，則其氣必停于其原始之狀態，而
服從自然之強度原則，不能客觀化而爲構造者。是以天才之盡氣總
是主觀的、自然的，故其發展總服從物理的消息之原則。（須知儒
家的「綜和的盡理之精神」並不能擔負客觀化其氣之責任。而吾前
所云劉邦能逐步客觀化其生命，此所謂客觀化是超越義，而非內在
的構造義。又其能客觀化只表示其生命之不滯，仍是天才的、盡氣
的，而非分解地盡理的。）然雖云服從自然之強度原則，而若能盡
氣，則不自覺中亦有近道者存焉。其盡氣中「自然之強度」亦含有

精神的，而非為純物質的也。惟當不能盡氣，始墮落偎瑣而為純物質。道即在精神中表現。在盡氣中，其盛時所表現之道，大抵為生息之道。由盡氣者順應時勢而表現之，後人自覺而取以為法焉，或學人提撕之而教後繼者。其道，王船山概之以三，曰：慈、儉、簡。

《宋論》卷一〈論宋太祖〉有一段云：

> 三代以下，稱治者三。文景之治，再傳而止。貞觀之治，及子而亂。〔案：船山此處所說治義太狹。〕宋自建隆息五季之凶危，登民於衽席。迨熙寧而後，法以斁，民以不康。由此言之，宋其裕矣。〔……〕嗚呼！自漢光武以外，爰求令德，非宋太祖其誰為迴出者乎？民之恃上以休養者，慈也、儉也、簡也。三者於道貴矣。而刻意以為之者，其美不終。非其道力之不堅而不足以終也。其操心之始無根而聊資以用，懷來之不淑，不能久揵也。文景之修此三者，無餘力矣。乃其慈也，畜刑殺於心而姑忍之；其儉也，志存厚實而勤用之；其簡也，以相天下之動而徐制其後也。老氏之術，所持天下之柄者在此，而天人不受其欺。故王道至漢而闕。學術之不貞者為之也。唐太宗之慈與儉，非有異心也，而無固志。故不為已甚之行，以售其中懷之秘，與道近矣。然而事因迹襲，言異衷藏。蒙恩者幸承其惠，偏枯者仍罹其傷。若於簡，則非其所前聞矣。繁為口說，而辨給奪人。多其設施，而吏民滋擾。夫惟挾恢張喜事之情，則慈窮而忿起，儉困而驕生。惡能凝靜以與人休息乎？是三君者，有老氏處鐸

之術,以互於中,既機深而事必詭;有霸者假仁之美,以著
於外,抑德薄而道必窮。及身不償,猶其才足以持之。不能
復望之後嗣,固其宜矣。宋祖則二者之患亡矣。起行間,陟
大位。儒術尚淺,異學不亂,其心怵於天命之不恆,感於民
勞之已極。其所爲:厚柴氏,禮降王,行賑貸,禁淫刑,增
俸祿,尚儒素者,一監於毒民侮士之習,行其心之所不安,
漸損漸除,而蘇其喘息。抑未嘗汲汲然求利以興,求病以
去,貿愚氓之愉快於一朝,以不恤其久遠。無機也,無襲
也,視力之可行者,從容利導,而不尸自堯、自舜之名,以
矜其美,而刻責於人。故察其言,無唐太宗之喋喋於仁義
也;考其事,無文、景之忍人之所不能忍,容人之所不能容
也。而天下絲紛之情,優游而就緒,瓦解之勢,漸次以即
安。無他,其有善也,皆因心者也。惟心之緒,引之而愈
長;惟心之忱,出之而不妄。是以垂及百年,而餘芳未歇。
無他,心之所居者,本無紛歧,而行之自簡也。簡以行慈,
則慈不爲沽恩之惠。簡以行儉,則儉不爲貪吝之謀。無所
師,故小疵不損其大醇;無所倣,故達情而不求詳於文具。
子曰:善人爲邦百年,可以勝殘去殺。或以文、景當之者,
非也。老氏之支流,非君子之所願見也。太祖其庶幾矣。雖
然,尤有其立本者存焉。忍者薄於所厚,則慈亦非慈。侈者
必奪於人,則儉亦非儉。文帝之恷淮南,景帝之削吳、楚,
太宗之手刃兄弟也,本已削,而枝葉之榮皆浮榮矣。宋祖受
太后之命,知其弟不容其子,而趙普密譖之言,且不忍著聞
而亟滅其迹。是不以天位之去留,子孫之禍福,斷其惻怛之

心，而不為之制，廓然委之於天人，以順母而愛弟，蹈仁者之愚而固不悔。漢、唐之主所安忍懷慚而不能自戰者，太祖以一心涵之，而坦遂以無憂。惟其然也，不忍之心，所以句萌甲坼，而枝葉向榮矣。不忍於人之死，則慈；不忍於物之殄，則儉；不忍於吏民之勞，則簡。斯其慈儉以簡也，皆惟心之所不容已。雖粗而不精，略而不詳，要與操術而詭於道，務名而遠於誠者，所由來遠矣。仁民者，親之推也。愛物者，民之推也。君子善推以廣其德。善人不待推而自生於心。一人之澤，施及百年，弗待後嗣之相踵以為百年也。故曰光武以後，太祖其迥出矣。

船山於此就仁心之純以論慈儉與簡，故黜文、景、太宗，而尊太祖也。此提出盡氣者與民生息之道之模型矣。其《宋論》卷三，〈論眞宗朝〉，復有一段云：

宋初，吏治疏，守令優閒。宰執罷政，出典州郡者，唯向敏中勤於吏事。寇準、張齊賢，非無綜核之才也。而倜儻任情，日事遊宴。故韓琦出守鄉郡，以晝錦名其堂。是以剖符為休老之地，而不以民瘼國計，課其幹理也。且非徒大臣之出鎮為然矣。遺事所紀者，西川遊宴之盛，殆無虛月。率吏民以嬉，而太守有遨頭之號。其他建亭臺，邀賓客，攜屬吏以登臨玩賞，車騎絡繹，歌吹喧闐，見於詩歌者不一。計其供張尊俎之費，取給於公帑者，一皆民力之所奉也。而獄訟征徭，且無暇以修職守，導吏民以相習於逸豫，不憂風俗之

日偷，宜其爲治道之蠱也滋甚。然而歷五朝百餘年間，民以
恬愉，法以畫一，士大夫廉隅以修，萑葦草澤，無揭竿之
起。迄乎熙寧以後，亟求治而督責之令行，然後海內騷然，
盜夷交起。由此思之，人君撫有四海，通天下之志以使各得
者，非一切刑名之説，所可勝任，審矣。子曰：「一張一
弛，文武之道也。」張弛之用，敬與簡之並行不悖者也。故
言治者之大病，莫甚於以申、韓之慘礉，竄入於聖王居敬之
道，而不知其病天下也，如揠苗而求其長也。夫儉勤與敬，
治道之美者也。恃二者以恣行其志，而無以持其一往之意
氣，則胥爲天下賊。儉之過也，則吝，吝則動於利，以不知
厭足而必貪。勤之亟也必煩，煩則責於人，以速如己志而必
暴。儉勤者，美行也。貪暴者，大惡也。而弊之流也，相乘
以生。夫申、韓亦豈以貪暴爲法哉？用其一往之意氣，以極
乎儉與勤之數而不知節耳。若夫敬者，持於主心之謂也。於
其弛，不敢不張，以作天下之氣。於其張，不敢不弛，以養
天下之力。謹握其樞機而重用天下，不敢以己情之弛而弛天
下也，不敢以己氣之張而張天下也。故敬在主心，而天下咸
食其和。夫天有肅則必有溫矣，夫物有華而後有實矣。上不
敢違天之化，下不敢傷物之理，則易簡而天下之理得。固非
外儒術而內申、韓者之所能與也。以己之所能爲而責人爲
之，且以己之所不欲爲，強忍爲之，而以責人。於是，抑將
以己之所固不能爲，而徒責人以必爲。如是者，其心恣肆，
而持一敬之名以鞭笞天下之不敬，則疾入於申、韓，而爲天
下賊也甚矣。夫先王之以凝命守邦而綏天下也，其道協於張

弛之宜，固非後世之所能及。而得其意以通古今之變，則去
道也猶近。此宋初之治，所以天下安之，而禍亂不作者也。
三代之治，其詳不可聞矣。觀於聘燕之禮，其用財也，如此
其費而不吝。飲射烝蠟之制，其游民也，如此其裕而不煩。
天子無狗馬聲色玩好之耽，而不以宵旦不遑者督其臣民。長
吏無因公科歛，取貨鬻獄之惡，而不以寢處不寧者督其兆
庶。故〈皇華〉以勞文吏，〈四牡〉以綏武臣，〈杕杜〉以
慰戍卒，〈卷阿〉以答燕游，〈東山〉詠結縭之歡，〈茉
苢〉喜春遊之樂。皆聖王敬以承天，而下宜乎人者。其弛
也，正天子之張於密勿，以善調其節者也。宋初之御天下
也，君未能盡敬之理，而謹守先型，無失德矣。臣未能體敬
之誠，而謹持名節，無官邪矣。於是而催科不促，獄訟不
繁，工役不損，爭訐不興。禾黍既登，風日和美。率其士
民，游泳天物之休暢，則民氣以靜，民志以平。里巷佻達之
子弟，消其囂凌之戾氣於恬愉之下，而不皇皇然逐錐刀於無
厭，懷利以事其父兄。斯亦平情之善術也。奚用矯情於所不
堪，惜財於所有餘，使臣民迫束紛紜，激起而相攘奪哉？
〔……〕內申、韓而外儒術，名為以義正物，而實道之以利
也。區區以靡財為患者，守瓶之智，治一邑而不足，況天下
乎？〔……〕子曰：「奢則不孫。」惡其不孫，非惡其不嗇
也。傳曰：儉德之共也。儉以恭己，非儉以守財也。不節不
宣，侈多藏以取利，不儉莫大於是。而又窮日殫夕，汲汲於
簿書期會，以毛舉纖微之功過，使人重足以立，而自詫曰
勤。是其為術也，始於晏嬰，成於墨翟，淫於申、韓，大亂

於暴秦。儒之駁者師焉。熙豐以降，施及五百年，而天下日
趨於澆刻。宋初之風，邈矣，不可追矣。而況〈采薇〉、
〈天保〉雅歌鳴瑟之休風乎？

王船山立論一本儒家精神。黃、老、申、韓皆所厭棄。以其有背於
慈、儉、簡之道而賊天下也。以宋初之弛緩恬嬉，而以厭惡申、韓
故，又以其能歷五朝而至百餘年之太平，稱之為「平情之善術」。
須知功利而不以正途，出之以申、韓，固足以敗事而賊天下，而純
以慈、儉、簡之道和煦天下，使之休養生息，而無所事事，即純乎
其純者，猶嫌消極而不能興發民以為價值之實現，而況休養生息，
落於弛緩恬嬉，即為頹靡不振之墮落者乎？宋歷五朝而至百餘年之
太平，即此類也。故一弛再弛而至於大弛，而不可復張也。知其應
張而更張不以其道，則騷動乖戾而至於亡。知其後之不能復張，即
知其前之弛非眞「張於密勿」之弛也，實廢弛恬嬉而已矣。其所以
太平者，實大亂後自然睡眠之繼續耳。故中國之休養生息大抵為消
極的放任主義，非致太平之正道者。夫慈、儉、簡誠為貴道，而貫
之以「敬」，則必有事焉。在必有事焉中，刮垢磨光，消禍亂於無
形，彰功業於踐履。在破除阻礙中實現其理想，在現實之限制中成
就其功業。然後慈、儉、簡之道方能盡其用。是則慈、儉、簡之精
神必有構造之精神以實之。而構造性之精神即制度性與事功性之精
神，而此後者之精神即「分解的盡理」之精神也。而國史上每一生
息階段之太平，上下用心，皆不足以盡此也。三代而後，西漢二百
年亦不可及。船山所謂「文、景之治，再傳而止」，其「治」義過
狹。又專就文、景個人而言，又欲取比較以顯宋祖於慈、儉、簡之

純。實則文、景之治，正在必有事焉中，刮垢磨光也。船山以上兩段話之背景，一在厭申、韓、黃、老，一在厭宋士大夫之空言論，浮意氣；而不知對治後者非構造精神不可，對治前者，亦非有制度性與事功性之精神，不足以消滅之於無形也。船山言此，後面實函有一構造精神之肯定，然彼未能提出以實之。故於生息之道，未能盡其極致也。生息之道中不能有構造精神以實之，則弛緩恬嬉不可免，由之，墮落不可免，騷動乖戾亦不可免，而空言論，浮意氣以害事，尤不可免也。故致治之道，在綜和的盡氣中，一切表現之以「直接形態」，皆不足以曲盡其致也。而歷史之發展亦總服從「自然之強度原則」成其為循環式之發展。

第三節　只有革命而無變法

在綜和的盡氣中，分解的盡理之精神不能出現，則只有革命而無變法。凡有變法皆致騷動而無不失敗。商鞅變法是乘時代轉變中而為革命式之變法。漢後，政治形態已定，而所謂變法皆不可與商鞅同論。打天下式之革命為盡氣之革命，而於政治形態及制度猶大體仍舊也。是以在政治態度既定，大制度不變之下，所謂變法皆不能相應其心目中之崇高意義。如王安石所謂先王之法度者，其實際之意義只應是本構造精神以為個別問題之解決。其背後之精神乃為事功性與個別問題的制度性之精神，而非持大體之籠罩精神也，亦非時代轉變創制根本制度之精神也，亦非董仲舒輩所謂改正朔、易服色以明受命也（此所謂有改制之名，無變道之實）。如為此後三者，則有相當之隆重與崇高之意義。然漢後之變法，皆不屬於此三

者，而其心中之期許皆居於此三者之層次上，故此中有一差謬焉。將事功性與個別問題的制度性之精神視爲如孔子爲百王制法之精神，故差謬出焉。其徒惹騷動而致意氣之爭，爲識者所痛，亦其宜也。宋王安石變法即其例也。茲引船山之言以明其意。

《宋論》卷三，〈論眞宗朝〉有云：

> 凡上書陳利病，以要主聽，希行之者，其情不一，其不足聽則均也。其一，大姦挾傾妒之心，己不言以避指摘，而募事外之人，訐時政之失，以影射執政，激天子以廢置，掣任事者之肘而使去，因以得遂大姦之所懷。其一，懷私之士，或欲啓旁門以倖進，或欲破成法以牟利，其所欲者小，其言之也大，而借相類之理，以成一致之言，雜引先王之正訓，詭附於道，而不受人以攻擊。其一，小有才而見詘，其牙慧筆鋒，以正不足，以妄有餘，非爲炎炎娓娓之談，不足以表異，徼幸其言之庸，而身因以顯。此三者皆懷慝之姦，誂〔即怵字〕君相以從己，而行其脅持者也。非此，則又有闇君之求言也亟，相之好士也甚，踸踔而興，本無定慮，搜索故紙，旁問塗人，以成其說，叩其中懷，亦未嘗信爲可行，而姑試言之，以耀人之耳目。非此，則又有始出田野，薄游都邑，受一命而登仕籍，見進言者之聳動當時，而不安於緘默，晨揣夕摩，索一二事以爲立說之資，而掇拾迂遠之陳言以充幅，亦且栩栩然曰：吾亦爲社稷計靈長，爲生民拯水火者也，以自炫而已矣。非此，則抑有誦一先生之言，益以六經之緒說，附以歷代之因革，時已異而守其故株，道已殊而

尋其蠹迹，從不知國之所恃賴，民之所便安，而但任其聞見之私，以爭得失，而田賦、兵戎、刑名、官守，泥其所不通，以病國毒民而不恤。非此，則有身之所受，一事之甘苦，目之所睹，一邑之利病，感激於衡茅，而求伸於言路，其言失也，亦果有失也，其言得也，亦果有得也，而得以一方者失於天下，得以一時者失於百年，小利易以生愚氓之喜，隱憂實以恌君子之心，若此者，心可信也，理可持也，而如其聽之，則元氣以傷，大法以圮，弊且無窮。〔案：此即指王安石。〕而況挾前數者之心，以誣上行私，而播惡下土者乎？故上書陳利害者，無一言之足聽者也。李文靖〔即李沆〕自言曰：「居位無補，唯中外所陳利害，一切報罷，可以報國。」所謂大臣者，以道事君，此可以當之矣。道者，安民以定國，至正之經也。秉道以宅心，而識乃宏。識惟其宏而志以定。志定而斷以成，斷成而氣以靜，氣靜而量乃可函受天下而不迫。天下皆函受於識量之中，無不可受也，而終不爲之搖也。大矣哉！一人之識，四海之藏，非有道者，孰能不驚於所創聞，而生其疑慮哉？〔……〕天有異時，地有異利，人有異才，物有異用。前之作者，歷千祀，通九州，而各效其所宜。天下雖亂，終亦莫能越也。此之所謂傷者，彼之所自全；此之所謂善者，彼之所自敗。雖仁如舜，智如禹，不能不有所缺陷，以留人之指摘。識足以及此矣，則創制聽之前王，修舉聽之百執，斟酌聽之長吏，從違聽之編氓，而天下各就其紀。〔……〕文靖之及此，迥出於姚元之、陸敬輿、司馬君實之表，遠矣。前乎此者丙吉，後

乎此者劉健，殆庶幾焉。其他雖有煌炫之績，皆道之所不許
也。〔……〕有姚元之，則有張說；有陸敬輿，則有盧杞；
有司馬君實，則有王安石。好言而菶言興，好聽而訟言競。
惟文靖當國之下，匪徒梅詢、曾致堯之屏息也；王欽若列侍
從，而不敢售其奸；張齊賢、寇準之伉直，而消其激烈，所
以護國家之元氣者至矣。文靖沒，宋乃多故。筆舌爭雄，而
郊原之婦子，不能寧處於桑園瓜圃之下矣。〔……〕

船山此言，可謂深切而有悲心矣。然無「分解的盡理之精神」，則
言事者將層出不窮也。李沆之持道定國，言事者一切報罷，可謂得
宰相之體。而不培養分解的盡理之精神，則李沆之報罷，亦非解決
問題之道也。《宋論》卷四〈論仁宗朝〉，又有云：

大臣進位宰執，而條列時政以陳言，自呂夷簡始。其後韓、
范、富、馬諸君子。出統六師，入參三事，皆於受事之初，
例有條奏。聞之曰：天下有道，行有枝葉。天下無道，言有
枝葉。以此知諸公失大臣之道。〔……〕《書》曰：「敷奏
以言，明試以功。」以言者，始進之士，非言無以達其忱。
上之庸之，非言無以知其志。故觀其引伸，知其所學；觀其
蘊藉，知其所養。非必言之可行而聽之行也。後世策問賢
良，科舉取士，其法循此，而抑可以得人。然而不能無不得
之人矣。至於既簡在位，或賢或否，則以功而明試之。非以
言者之始測於影響，而下亦僅此以為自效之資也。且夫藉言
以為羔鴈者，亦挾長求進之士爾。其畜德抱道，具公輔之器

者，猶不屑此，而況大任在躬，天職與共，神而明之，默而
成之者，非筆舌之所能宣，而喋喋多言，以撝力行不逮之怨
尤乎？即以敷奏言之，射策之士，諫議之官，言不容已也，
而抑各有其畔，不可越也。將以匡君之過與？則即以一德之
涼，推其所失，而導之以改，無事掇拾天德王道，盡其口耳
之所記誦者，罄之於一牘也。非是者，爲鬻才之曲士。將以
指政之非與？則即一事之失，極其害之所至，而陳其所宜，
無事旁推廣引，汎及他端之未善，以責效於一朝也。非是
者，爲亂政之辯言。將以摘所用之非人與？則即以一人之罪
狀，明列其不可容，無事抑此伸彼，濫及盈庭，以唯吾所欲
廢置也。非是者，爲死黨之憸人。將以論封疆之大害與？則
即以一計之乖張，專指而徵其必償，無事臚列兵法，畫地指
天，以遙制生殺之樞機也。非是者，爲首禍之狂夫。
〔……〕明道〔仁宗年號〕以後，宰執諸公，皆代天工以臨
群動者也。天下之事，唯君與我坐而論之。事至而行之。可
與則與之已耳。可革則革之已耳。惟道之從，惟志之伸，定
命以辰告，不崇朝而徧天下，將何求而不得？奚待煩言以聳
眾聽？〔……〕此宰執大臣，所以靖邦紀而息囂凌之樞要
也。在昔李太初〔沆〕、王子明〔旦〕以實心體國，莫七十
餘年社稷生民於阜安者，一變而爲尚口紛呶之朝廷。搖四海
於三寸之管，誰尸其咎？豈非倡之者在堂皇，和之者盡士
類，其所由來者漸乎！宰執有條奏矣。侍從有條奏矣，庶僚
有條奏矣，有司有條奏矣，乃至草茅之士，有喙斯鳴，無不
可有條奏矣。何怪乎王安石之以萬言聳人主，俾從己以顛倒

> 國是，而遠處蜀山，聞風躍起之蘇洵，且以權謀憸險之術，
> 習淫遁之文章，售其尉繚、孫臏之詭遇，簧鼓當事，而熒後
> 世之耳目哉！〔……〕

船山所言，後面實函有一具有事功性之分解的盡理之精神，而宰執
不能守相道，啓紛呶之口，由言事陳利害，以引生安石之變法，而
國事以敗。安石之變法，動言先王之法度，其心目中爲如孔子爲百
王制法之精神，然考其所陳，則皆青苗、保甲、均輸、差役之類，
誠如船山所言「以桑宏羊、劉晏自任，而文之曰《周官》之法，
堯、舜之道。」（《宋論》卷六，〈論神宗朝〉）此等事，若以桑
宏羊、劉晏當之，很可作出成績。而若安石誠以劉晏等人自處，則
亦不至起紛爭之口。然而安石文之曰《周官》之法，堯、舜之道。
居宰相之位而不能盡宰相之理，本屬事功性之分解的盡理之精神所
解決之問題，而冒之以堯、舜先王之大道，此其精神之不相應而有
差謬也。須知凡屬事功者皆不可曰變法，依經驗與分解的盡理之精
神因地制宜以措置之足矣，而言變法則越其分矣。此則非變法精神
之所宜者。吏事也，非相事也。

　　船山云：

> 宋自建隆開國，至仁宗親政之年，七十餘歲矣。太祖、太宗
> 之法，敝且乘之而生者，自然之數也。夫豈唯宋祖無文、武
> 之至德，議道之公輔，無周、召之弘猷乎？即以成周治教之
> 隆，至於穆、昭之世，蝻蝗亦生於簡策，固不足以爲文、
> 武、周、召病也。法之必敝矣，非鼎革之時，愈改之，則弊

愈叢生。苟循其故常，吏雖貪冒，無改法之可乘，不能託名踰分，以巧爲吹索。士雖浮靡，無意指之可窺，不能逢迎揣摩，以利其詭遇。民雖彊可凌弱，無以啓之，則無訐訟之興，以兩俱受斃，俾富者貧而貧者死。〔……〕唯求治者汲汲而憂之，言治者嘖嘖而爭之，誦一先生之言，古今異勢，而欲施之當時，且其所施者，抑非先王之精意。見一鄉保之利，風土殊理，而欲行之九州，且其所行者，抑非一邑之樂從。神宗君臣所夜思晝作，聚訟盈廷，飛符徧野，以使下無法守，開章惇、蔡京燴亂以亡之漸者，其風已自仁宗始矣。〔……〕孔子曰：「吾從周。」非文、武之道隆於禹、湯也。文、武之法，民所世守而安焉者也。孟子曰：「遵先王之法。」周未亡，王者未作。井田學校，所宜遵者，周之舊也。官習於廷，士習於學，民習於野。善者其所夙尚，失者其所可安，利者其所允宜，害者其所能勝。慎求治人，而政無不舉。孔、孟之言治者，此而已矣。〔……〕（《宋論》卷四，〈論仁宗朝〉）

船山言：非鼎革之時，愈改則弊愈生。此言即示有革命而無變法也，有屬於事功性者之興廢，而無轉變根本形態之大制度之變法。此兩層須分別看。精神一不相應，便理乖而事錯。船山所舉孔、孟之言，乃屬於前一層者。王安石之變法，則於精神上兩層有混擾。中國數千年歷史，由夏、商至周爲一形態。秦、漢以後爲一形態。孔、孟生於晚周，所擔負者爲一總持的文化之反省。「從周」者，從周以來之「文統」也。由周之總持的政治形態所凝結之文統，予

以反省，而揭露其「意義」，湧現一最高之文化模型（所謂「綜和的盡理之精神」所代表者），爲一大綱維。在此大綱維下，其他一切皆事功性與問題的制度性之事，實可因地制宜，隨時變易，而不遙控者。依是言之，即商鞅之變法，亦屬於事功性者。孔、孟之所作乃百王之常法，故有盡理而無變法也。然在此大綱維下，從政治形態方面說，亦有可以言變法者，商鞅變法所決定之秦、漢以來之政治形態是也。以孔、孟之立場觀之，雖不贊同法家之精神，然其所因時而改變之政治形態之事業，則不必反對也。推之，由漢以來之政治形態再轉變而爲立憲之民主政治形態，亦不必反對也。而此步改變，亦可曰變法。依吾人今日所有之智慧經驗所至之理性原則言，其所涵蓋之變法只有此兩步。即馬克斯之社會主義亦當視爲民主政治形態下之事功性之問題，而不能離此而別成一變法式之形態。至於該大綱維，尤不能擯棄也。在漢以後二千年間，民主政治形態未出現以前，不言變法則已，如有大其心而言之者，皆當向民主政治形態之出現而用其誠。此一問題，在二千年間，並非全無朕兆可窺。西漢二百年間儒者即在矇矓中爲此問題奮鬥也。賈誼、董仲舒，皆言復古更化。有改制之名（指正朔、服色言），無變道之實。此爲承秦後之政治形態，而予盡氣者以儒家敎化之型範。此爲一大事業，雖不可曰變法，而精神恰相應，故能有成也。後此言禪讓、言五德終始者，皆本儒家理想，於矇矓中，向一新政治形態而趨。眞所謂一變法運動者。惜乎爲現實所限，以及思想內容之不確定，而未能出現，終至於光武所確定之形態也。（光武所確者並非一新形態，乃繼承秦以來之形態，經過西漢二百年之演進，而逐步予以釐清，至光武而完全確定者。）抑或精神之發展，蓋必經過君

主專制之形態，而始能至乎民主政治形態也。然在此二千年間，儒者如欲大其心在思想上有所奮鬥而期變法者，則必順西漢二百年儒者所矇矓暗示者而前進，方可盡變法之實。然漢以後，宋、明儒者，皆不足以擔當此大業。外乎此，皆當視爲事功性之問題，即言制度，亦當視爲問題的制度性之制度（即局部的或時地性的制度），而不可隨便言變法也。

王安石之差謬，即在不識其問題之何所是。其於不自覺中背後之精神，實涵一事功性之精神，分解的盡理之精神。儒者而向此轉，未可厚非。船山斥其外儒術而內申、韓，則稍過，未能曲盡其情（斥其爲小人亦過）。然儒者之轉出事功性精神甚難。假定王安石能知其問題爲事功性之問題，能知事功性之精神爲分解的盡理之精神，而盡量向分解的盡理之精神鼓舞學子，領導士風，則必不言變法，即由分解的盡理之精神而演至變法，則其變法必爲政治形態之轉變，而非其所謂青苗、保馬一類也。然而王安石之學問，並不能由儒家大綱維而從思想上興起政治形態之轉變之變法運動，其識量與智慧不足以見及此。而其現實之人格亦非分解的盡理之精神也。故事功、變法兩無成。船山斥其爲小人，雖過，亦不謂無因。船山曰：「王安石之允爲小人，無可辭也。安石之所必爲者，以桑弘羊、劉宴自任，而文之曰《周官》之法，堯、舜之道。則固自以爲是，斥之爲非而不服。若夫必不可爲者，即令其反己自攻，固莫之能遁也。夫君子有其必不可爲者：以去就要君也，起大獄以報睚眦之怨也，辱老成而獎游士也，喜諂諛而委腹心也，置邏卒以察誹謗也，毀先聖之遺書而崇佛、老也，怨及同產兄弟而授人之排之也，子死魄喪，而捨宅爲寺，以丐福於浮屠也。若此者，皆君子所

固窮瀕死，而必不爲者也，乃安石則皆爲之矣。」（《宋論》卷六，〈論神宗朝〉）。實則，吾友姚漢源先生謂其「體文而用經」一語最爲平情而中肯，亦不必誅之若此之甚。其本質是一文人底子，故曰體文。其文之以《周官》之法，堯、舜之道，則士風習氣之結集，非能在思想上融之於自家之血肉而成爲自己之眞生命也。故曰用經。若從氣質上說，其本質是文人，其用經只是固執而剛愎也。其爲人也如此，而望其能有分解的盡理之精神，高之以興起政治形態之轉變之變法運動爲己任，低之以從事於事功性者之興廢而爲一作事之人，豈不難哉？（王安石變法亦自有其中國歷史傳統士人握治權之理想性，即重農抑商，減殺貧富之懸殊。青苗、方田、均輸，皆此也。保甲則是想以民兵代替宋開國以來所養之職業兵。前三者是經濟問題，後一是想解決當時之最大癥結。其於宋之功過及失敗原因是宋史問題。然屬於經濟者多是社會政策問題，亦即事功性，各別問題性之問題。此與地方有關，不可一概而論。茲不深論。此處是因論「在盡氣中，只有革命而無變法」一義，而縱論及安石以爲例。）

第四節　氣節之士以及所謂士氣

　　墮落後有氣節之士與所謂士氣。東漢黨錮與明末東林，所謂氣節之士也。吾在論黨錮之禍時（見下〈第五部〉），對於氣節之本質有所解說。在此且不細論。吾只說：氣節之士只是士大夫順「綜和的盡理之精神」，未經過分解的盡理之精神，而欲直接地措之于事業，與墮落後的純物化之氣相遭遇所起之浪花。綜和的盡理之精

神，如不通過分解的盡理之精神，不能有事功，不能有內在的構造性。唐末之清流，宋末之太學生，亦屬此類之等而下之者，而人所謂士氣者是也。王船山《宋論》卷十四有論士氣一段：

世降道衰，有士氣之説焉。誰爲倡之，相率以趨，而不知戒？於天下無裨也，於風俗無善也。反激以啓禍。於士或死或辱，而辱且甚於死。故以士氣鳴者，士之蟊稗也。嘉穀以荒矣。夫士，有志、有行、有守。修此三者，而士道立焉。以志帥氣則氣正，以氣動志則志驕。以行舒氣則氣達，以氣鼓行則行躁。以守植氣則氣剛，以氣爲守則守窒。養氣者不守其約，而亟以加物，是助長也。激天下之禍，資風俗之澆，而還以自罹於死辱。斯其爲氣也，習氣而已矣。且夫氣者，人各有之，具於當體之中，以聽心之所使，而不相爲貸。不相爲貸者，己之氣不以人之動之而增；人之氣亦非己氣之溢出以相鼓動而可伸者也。所謂士氣者，合衆人之氣以爲氣。嗚呼！豈有合衆氣以爲氣，而得其理者哉？今使合老少、羸壯、饑飽、勞佚之數十百人，以闖然與人相搏，其不爲敵所撓敗者鮮矣，故氣者用獨者也。使士也以天下爲志，以道義爲行，以輕生死、忘貧賤爲守，於以憂君父之危，傷彝倫之斁，恤生民之苦，憤忠賢之黜，而上犯其君，下觸權姦之大臣以求直，則一與一相當，捐頂踵以爭得失，雖起草茅于九閽，越其畔矣，而氣固盈也。乃憂其獨之不足以勝，貸於衆以襲義而矜其群，是先餒也。於己不足，而資闖然之氣以興，夫豈有九死不回之義哉？以爲名高，以爲勢盛。惟

名與勢初無定在。而彊有力者，得乘權以居勝也。於是死與辱及其身，而益彼之惡以為天下害。斯豈足為士氣之浩然者乎！宋之多有此也，不審者以為士氣之昌也。不知其氣之已枵也。當李伯紀之見廢，而學宮之士閧然一起矣。逮史嵩之之復起，閧然再起矣。徐元杰、劉漢弼，以毒死，而蔡德潤等閧然三起矣。丁大全之逐董槐，而陳宜中等閧然四起矣。凡其所言，皆憂國疾讒，飭彝倫，正風化者也。理以御氣，而氣固可伸。乃以理御氣，而氣配理，亦從乎人之獨心而已。己正而邪者屈，己直而枉者伏。乃凡此群競而起者，揣其志，果皆憂國如家，足以勝諸姦之誣上行私者乎？稽其行，果皆孝於而親，信於而友，足以勝諸姦之汙辱風化者乎？度其守，果皆可貧可賤，可窮可死，而一介必嚴，足以勝諸姦之貪叨無厭者乎？倡之者，或庶幾焉；而聞風而起，見影而馳，如驚如奔，逐行隨隊者之不可保，十且八九也。諸姦且目笑而視之，如飛鳥之集林。庸主亦厭聽之，如群蛙之喧夜。則弋獲國士之名，自詡清流之黨，浸令任之，固不足以拯阽危之禍。國家亦何賴有此士哉！政之不綱也，君之不德也，姦之不戢而禍至之無日也，無能拯救，而徒大聲以號之。怨詛下逮於編氓，穢迹彰聞於彊敵。群情搖動，而墮其親上死長之情，則國勢之衰，風俗之薄，實自此貽之矣。輯輯翻翻，游談之習勝，物極必反，烖必逮身。迨至蒙古入杭，群毆北徒，瘃足墮指，啼饑偎食於原野。曾無一人焉，捐此螻蛄之生，就孔子之堂，擇乾淨土以為死所。則彝之浮氣全興，山搖川決者，今安往耶？先王之造士也，賓之於

飲，序之於射，節之以禮，和之以樂。其尊之也，乞之而後
言。其觀之也，旅而後語。分子於黨塾、州序，以靜其志；
升之於司馬而即試以功。其以立國體也，即以敦士行也。馴
其氣而使安也，即以專其氣而使昌也。使之求諸己而無待於
物也，即以公諸天下而允協於眾也。故雖有亂世暴君、姦人
逆黨，而不能加以非道之刑戮。戰國之士氣張，而來嬴政之
坑。東漢之士氣競，而致奄人之害。南宋之士氣囂，而召蒙
古之辱。誠以先王之育士者待士，士亦誠以先王之育士者自
育，豈至此哉？

吾之所論，較船山稍有轉進。須知夏、商、周為創造的構造時代。
降至漢興，一統之局成，打天下之觀念含有物理消息之定勢。當其
盛時，總有所當。及其消而物化，雖育之以先王之道，亦等同具
文。此其背後有基本精神存焉。

第五節　暴戾之氣與慘酷

　　墮落後，士氣之闃然，相激盪而為暴戾之氣，慘酷之事出焉。
秦以法家之術刑戮生民無論矣。後此者，由氣之激盪而至慘酷者，
東漢士人與奄人鬥，明末東林與奄人鬥，再降而無可鬥，則為夷狄
盜賊所屠宰。其風至今而不衰。（朱元璋與永樂殺戮之慘，雖屬別
有因緣，亦氣之事也。）王船山《宋論》卷十四，又有論酷刑一
段：

刑具之有木榣、竹根、箍頭、桪指、絞踝、立枷、匣牀諸酷
具,被之者求死不得。自唐武氏後,無用此以毒民者。宋之
末年,有司始復用之。流及於今,法司郡邑,下至丞尉,皆
以逞其暴怒,而血肉橫飛,不但北寺緹帥爲然也。嗚呼!宋
以此故,腥聞於上天,亟剸其命。不得已授赤子於異類,而
冀使息虐,亦慘矣哉!宋之先世,以寬仁立國。故其得天下
也不正,而保世滋大,受天之祐。不期後之酷烈至此也。
〔……〕異端之言治,與王者之道相背庚者,黃、老也,
申、韓也。黃、老之弊,掊禮樂,擊刑政,解紐決防,以與
天下相委隨,使其民宕佚,而不得遊於仁義之圃。然而師之
爲政者,惟漢文、景,而天下亦以小康。其尤弊者,晉人反
曹魏之苛核,蕩盡廉隅,以召永嘉之禍。乃王導、謝安不懲
其弊,而仍之以寬,卒以定江左二百餘年五姓之祚。雖有符
堅、拓拔(宏)之彊,莫之能毀。蓋亦庶幾有勝殘去殺之風
焉。若申、韓,則其賊仁義也烈矣。師之者,嬴政也、曹操
也、武曌也、楊堅也。其亡也忽焉。畫一天下而齊之以威,
民不畏死,以死威之,而民之不畏也益滋。則惟慘毒生心,
樂人之痛徹心脾,而自矜其能也。以君子慎修畏咎之道責小
人,小人固不能喻。以小人愚惰頑惡之禁禁君子,君子亦所
不防。以閨房醉飽之愆,督人於名義,而終陷於污。以博奕
嬉遊之失,束人於昏夜,而重困其情。於是,薄懲之而不知
戒也,則怒激於心,忿然曰:此驕悍之民,恃其罪之不至於
死,而必不我從,則必使之慘徹肌膚,求死不得,而後吾法
可行焉。其爲說亦近似乎治人之術也。而宋之爲君子者,以

其律己之嚴，責愚賤之不若。隱中其邪，顧且曰：先王之勒法明刑，以正風俗、起教化者，必是而後不與黃、老之解散綱維者等。於是，有狡悍不輸情實之姦民，屢懲不知悛改之罷民，觸其憤懥，而以酷吏虐民之刑具施之。痛苦亦其所宜也，瘐死亦其自取也。乃更渙然釋其悁疾之心，曰：吾有以矯惡俗而沮之矣。夫惟為君子者，不以刑為不得已之事而利用之，則虐風乘之以扇，而酷吏益以此市威福，而導天下以樂禍之情。懦民見豪民之罹此，則快矣。愚民見黠民之罹此，則快矣。貧民見富民之罹此，則快矣。無藉之民，見自矜之民罹此，則抑快矣。民愚而相胥以快也，乃反栩栩然自慰曰：吾之所為，大快人心也。嗚呼！人與人為倫，而幸彼之裂肌肉、折筋骨以為快，導天下以趨於殘忍。快之快之，而快人者行將自及。抑且有所當悲憫，而快焉者，浸淫及於父子、兄弟之不知。為政者，期於紓一時愚賤之忿疾而使之快，其率天下以賊仁也，不已甚乎！毒具已陳，亂法不禁。則且使貪墨者，用之以責苞苴；懷毒者，用之以報睚眥。則且使飲食之人，用之以責廚傳；淫酗之夫，用之以逞酒狂。避道不遑，而尸陳於市廛；雞犬不收，而血流於婦稚。為君子者，雖欲挽之而莫能。孰知其自己先之哉！帝王之不得已而用刑也，惡之大者，罪極於死，不使之求死而不得也。其次，流之也有地，釋之也有時。其次，杖之、笞之也有數，荊竹之長短、大小也有度。所以養君子之怒，使有所止而不過，意甚深也。無所止而怒，雖以理抑，且以覆蔽其惻隱之心，而傷天地之和。審是，則黃、老之不尚刑者，愈於申、

> 韓遠矣。夫君子之惡惡已甚，而啓淫刑之具，豈自以爲申、
> 韓哉！而一怒之不止，或且爲申、韓之所不爲。故甚爲宋之
> 君子惜，而尤爲宋以後之愚民悲也。

嗚呼！此豈不爲今日說哉！雖然，古之慘毒猶以刑法牢獄之內爲
限，其毒風所扇，亦不過限于飲食之人，淫酷之夫。而演變至今，
則挾邪說以扇及于全社會，毒害全體之生民。亦無所謂刑法矣，刑
法氾濫而爲社會之政策。亦無所謂牢獄矣，盡家庭、族里皆牢獄
矣。此亦一氣之餘烈而靡有底止者。嗚呼！痛矣！孰謂禮樂教化之
文化形態而有此至愚賤之事哉？孰謂本極親近生民而悅生者有此至
不仁之事哉？夫「綜和的盡理之精神」，而不轉出分解的盡理之精
神，則必爲君子之惡惡已甚。綜和的盡氣之精神，而不轉至分解的
盡理之精神，則必氾濫而爲整個物化之殘暴。無異質者以折衝之，
必至于其自身之否定。

第六節　軟性之物化與風流清談

　　墮落後而至於無氣以激蕩，則純爲軟性之物化，變而爲風流清
談，浮華淫靡。魏、晉、南、北朝其典型也。每代衰世，皆有此
類。名士禪亦其一也。假佛、老以呈浮慧。（言其後面純爲無氣之
物化而不能動，故上浮其無力之靈光而爲陰明也。）縱淫欲而自曰
適性，猖狂于風月而自謂雅趣。詩、詞、歌、賦盡成淫靡之具，
佛、禪、三玄徒爲遊談之資。古之風流，亦今之進步分子也。軟性
之物化與硬性之物化（殘暴）固一根而發也。王船山《宋論》卷十

三有論禁道學一段而痛斥蘇軾之惡，茲錄之以明其意：

> 小人蠱君以害善類，所患無辭，而為之名曰朋黨。則以鉗網天
> 下而有餘。漢、唐以降，人亡邦瘁，皆此之由也。而宋之季
> 世，則尤有異焉。更名之曰道學。道學者，非惡聲也。揭以為
> 名，不足以為罪，乃知其不類之甚，而又為之名曰偽學。言偽
> 者，非其本心也。其同類之相語以相詡者，固曰道學，不言偽
> 也。以道學為名而殺士，劉德秀、京鏜、何澹、胡紘等成之，
> 韓侂胄尸之，而實不自此始也。高宗之世，已有請禁程氏學
> 者。迨及孝宗，謝廓然以程氏與王安石並論，請禁以其說取
> 士。自是而後，浸淫以及於侂胄，乃加以削奪竄殛之法。蓋數
> 十年，蘊隆必洩之毒，非德秀等突起而遽能然也。夫人各有
> 心，不相為謀。諸君子無傷於物，而舉國之狂猖如此，波流所
> 屆，乃至近世。江陵踵其戾氣，奄黨襲其炎威也，又如此。察
> 其所以蠱惑天下而售其惡者，非彊辯有力者莫能也。則為之倡
> 者誰耶？揆厥所由，而蘇軾兄弟之惡，惡於向讎久矣。君子之
> 學，其為道也，律己雖嚴，不無利用安身之益。涖物雖正，自
> 有和平溫厚之休。小人之傾妒，亦但求異於國事之從違，而無
> 與於退居之誦說。亦何至標以為名，惑君臣朝野，而共相排擯
> 哉？蓋君子之以正人心，端風尚，有所必不為者：淫聲冶色之
> 必遠也，苞苴賄賂之必拒也，劇飲狂歌之必絕也，詼諧調笑之
> 必不屑也，六博投瓊、流連晝夜之必不容也，緇黃遊客、嬉談
> 面諛之必不受也。凡此者，皆不肖者所耽，而求以自恣者也。
> 徒以一廁士流，而名義相束，君子又從而飭之。苟踰其閑，則

進不能獲令譽於當官，退抑不能以先生長者自居於士類。狂心思逞，不敢自遂。引領而望曰：誰能解我之桎梏，以兩得于顯名厚實之通軌哉？而軾兄弟乘此以興矣。自其父洵，以小有才而遊丹鉛之壘。弋韓愈之章程，即曰：吾韓愈也。竊孟子之枝葉，即曰：吾孟子也。軾兄弟益之以氾記之博，飾之以巧慧之才，浮游於六藝，沈湎於異端，倡爲之說曰：率吾性，即道也；任吾情，即性也。引秦觀、李廌無行之少年，爲之羽翼；雜浮屠、黃冠近似之卮言，爲之談助。左妖童，右遊妓。猖狂於花月之下，而測《大易》之旨，掠《論語》之膚。以性命之影迹，治道之偏端，文其耽酒嗜色，佚遊宴樂之私。軒然曰：此君子之直道而行者也。彼言法言，服法服，行法行者，皆僞也。僞之名自此而生矣。於是苟簡卑陋之士，以爲是釋我之縛，而遊於浩蕩之宇者，欲以之遂，而理即以之得，利以之亨，而名即以之成。唯人之意欲，而出可爲賢臣，處可爲師儒。人皆仲尼，而世皆樂利，則褰裳以從，若將不及。一呼百集，群起以攻君子如仇讎，斥道學如盜賊，無所憚而不爲矣。故謝廓然之倡之也，以程氏與安石並論，則其所推戴者可知矣。視伊川如安石者，軾也。廓然曰：士當信道自守，以《六經》爲學，以孔、孟爲師。夫軾亦竊《六經》而倚孔、孟爲藏身之窟。乃以進狹邪之狎客，爲入室之英；逞北里之淫詞，爲傳心之典。曰：此誠也。非是，則僞也。抑爲鉤距之深文，譸浪之飛語，搖闈君以逞其戈矛。流濫之極，數百年而不息。軾兄弟之惡，夫豈在共驩之下哉？姑不念其狐媚以誘天下後世之悅己者，乃至裁巾、割肉（東坡巾、東坡肉），爭庖人、縫人

之長，辱人賤行之至此極乎！眉山之學不熄，君子之道不伸。
禍訖於人倫，敗貽於家國。禁講說，毀書院。不旋踵而中國淪
亡，人胥相食。嗚呼！誰與衛道而除邪慝，火其書以救僅存之
人紀者？不然，亦將安所屆哉！

蘇軾之時，尚非甚衰。魏晉南北朝，則東漢崩解後之頹墮而不能復
振者。而其形態之一類，則固無疑也。

第七節　治國安邦以天下爲己任之儒者，其用心之形態與限度

　　盛時，則有以天下爲己任，治國安邦之儒者。當英雄逐鹿之
時，助之者酈生、蒯通爲一類，陸賈、叔孫通爲一類。張良爲一
類，蕭何爲一類。天下粗定之時，惟西漢繼之以黃老之無爲。後此
者，亦知休養生息，而皆直接出之以儒者之矩矱。黃老之無爲，是
盡氣後之天然生息。以自然之靜承自然之動也。而無儒家禮樂人倫
之理想提撕于其中。黃、老之自然之靜，惟漢初能之。後此鮮有能
之者矣（詳見下部）。出以儒者之矩矱，雖曰休養生息，而意味不
同。漢自武帝始正式接受儒家之理想。于是，而宰相亦正式成立。
儒者始有盡其責任之途徑。漢之尊禮大臣，甚有儀範。所謂「丞相
謁見，天子御坐而起，乘輿爲下，有疾，天子往問，薨則車駕往
弔。」有罪，賜死自盡。即下逮，自愛者，亦不就獄。賜死時，使
者未至，先告病。使者返命未及，即以薨聞。其獲罪不必因不堪之
大故，如陰陽不和，人事不調，即責問宰相，而此即宰相分上之大

故也。故宰相以燮理陰陽自任，不問吏事。其尊嚴隆重，可想而知。於此亦可見政治之體統，及其嚴肅義。此爲儒者理想之所實現者。唐之宰相制亦有可觀。宋優禮大臣及士人尤爲希見。明廢宰相，乃君主之私。重士而輕大夫，尤爲非是。然明祖及永樂、仁、宣盛時，尊禮儒者亦極可觀。明祖稱先生而不名者，史不絕書。故人才輩出，足爲世範。惟儒家「綜和的盡理之精神」之文化形態足以給「綜和的盡氣之精神」者以理想而條理制治其邦國。中國惟此爲有構造之意義。其對於人類之貢獻亦不少矣。忍心抹去之耶？惟儒者之奮鬥，尚有所不足。打天下之集團中，有許多非理性之成分，如外戚、宦官、宗室，甚至天子本身，皆爲非理性者，即不能客觀化者。有須磨而去之者，如宦官。有須客觀化之者，如天子、宗室、外戚。而最後之關鍵在天子本身。此而不能客觀化，則腐敗集團終不能去，而打天下之思想亦不能斷。此蓋爲以前儒者所甚不能至者。儒者內心意念中，有極崇高之政治型範，然而其精神之表現不能實現之。此固有須于現實社會之條件，而從精神之表現上亦足見其爲不足。蓋自漢後，儒者以天下爲己任，皆負有治國安邦之大願。然其精神皆從「綜和的盡理之精神」中直接措之于政治。是故其本身精神之表現只有超越的莊嚴義，而無內在的構造義。其對於政事也，只有外在之穩定義，而無內在之興發義。其對於「體國經野」，只有文飾（禮樂）之制度性，而無問題之制度性。是則，只能順盡氣者而委曲以成之，而不能駕馭盡氣者而根本轉化之。故中國之歷史仍爲盡氣者之盛衰史。而所謂治國安邦亦只能順其盛時而爲太平。至衰時，則又只能退隱成爲氣節之士矣。以上就其在政治上之表現言。若就其學問言，則西漢之通經致用與東漢之名節，

皆爲「儒學內蘊」之外部的直接表現（詳解見下）。此於「綜和的盡理之精神」之文化系統之實現無積極助益者。此須兩步轉進。一、「分解的盡理」之向科學方面發展，此則一方固可以成名數之學及科學，一方亦可以有助于事功性與制度性精神之發展。而吾國以往之言事功者，每轉而乞靈於法家。此爲不通之路。須知法家（申、韓）之基本精神決非構造的，亦非「分解的盡理的」，因而亦無事功性與制度性。事功性與制度性之根本精神總是經驗的，與承認對方的，在相互限制中刮垢磨光，期于有所明、有所決，以趨于協調，其背後之精神爲理智的興趣，故爲正面的、有所成的，而非負面的、無所成而窒死生命者也。二、「分解的盡理」之向國家政治一面發展，質言之，即向「政權之民主」一面發展，而引發國家政治方面的「主體之自由」。關此，基本討論已見第一部第三章。今再藉三事總言之于此。一、皇位繼承之難，二、朝代更替之難，三、宰相之難。言中國歷史者每至此而窮。雖以王船山之睿智，言至此，亦推諸天運而止。此可見以往賢者用心之限度。

王船山曰：

與賢者在於得人，與子者定於立嫡。立嫡者家天下一定之法也。雖然，嫡子不必賢，則無以君天下而保其宗社，故必有豫教之道以維持而不即於咎。太甲顚覆典刑而終遷仁義，以伊尹也。乃夫人氣質之不齊，則固有左伊尹、右周公，而不能革其惡者。和嶠困於晉惠帝之愚，而教且窮。故漢元、晉武守立嫡之法，卒以亡國。則知嫡子之不可教而易之以安宗社，亦詎不可？古之人何弗慮而守一成之例以不通其變乎？

君子所垂法以與萬世同守者，大經而已。天下雖危，宗社雖亡，亦可聽之天命而安之，何也？擇子之說行，則後世暱寵嬖而易元良，爲亡國敗家之本，皆託之以濟其私。君子不敢以一時之利害，啓無窮之亂萌。道盡，而固可無憂也。光武以郭后失寵而廢太子彊，群臣莫敢爭者，幸而明帝之賢，得以揜光武之過，而法之不臧，禍發於異世。故章帝廢慶立肇，而群臣亦無敢爭焉。嗚呼！肇之賢不肖且勿論也。章帝崩，肇甫十歲而嗣大位，欲不倒太阿以授之婦人而不能。終漢之世，冲、質、蠡吾、解瀆，皆以童昏嗣立。權臣、哲婦貪幼少之尸位以唯其所爲，而東漢無一日之治。此其禍，章帝始之，而實光武貽之也。故立嫡與豫教並行，而君父之道盡。過此以往，天也，非人之所能爲也。而又奚容憶計哉？」（《讀通鑑論》卷七，〈後漢章帝〉）

又曰：

謂高祖之立建成爲得嫡長之禮者，非也。立子以嫡長，此嗣有天下，太子諸王皆生長深宮，天顯之序，不可以寵嬖亂也。初有天下，而創制自己，以賢以功，爲天下而得人，作君師以佑下民，不可以守法之例例之矣。抑謂高祖宜置建成而立世民者，亦非也。睿宗舍宋王成器而立隆基。討賊后以靖國家，隆基自冒險爲之，事成乃奉睿宗以正位。睿宗初不與聞，而況宋王？則宋王固辭，而睿宗決策可也。太原之起，雖由秦王，而建成分將以嚮長安，功雖不逮，固協謀而

戮力與偕矣。同事而年抑長,且建成亦錚錚自立,非若隋太
子勇之失德章聞也。高祖又惡得而廢之?故高祖之處此,難
矣。非直難也,誠無以處之。智者不能為之辨,勇者不能為
之決也。君子且無以處此,而奚翅高祖?處此而無難者,其
唯聖人乎?泰伯之成其至德者,豈徒其仁孝之得於天者厚
乎?太王、姜女以仁敬孝慈,敦彝倫,修內教於宮中者,其
養之也久矣。《詩》之頌王季也,曰:則友其兄。王季固不
以得國而易其兄弟之歡也。王季無得國之心,而泰伯可成其
三讓之美。一門之內,人修君子長者之行,而靜以聽夫天
命。故王季得國,猶未得也。泰伯辭國,猶未辭也。內教修
而禮讓興。讓者得仁,而受者無疑於失義。邠人之稱太王
曰:仁人也。豈一朝一夕之故哉!唐高祖之守太原,縱酒納
賄以自藏,宮人私侍,而嘗試生死以殉其嗜欲,則秦王矯舉
以奮興,一唯其才之可以大有為,而馳騁俠烈之氣,蕩其天
性,固無名義之可繫其心。建成尤劣焉。而以望三后忠厚開
國之休,使遜心以聽高祖之命,其可得乎?高祖之不能式穀
其子,既如此矣,而所左右後先者,又行險僥倖,若斐寂之
流而已。東宮、天策,士各以所知遇為私人。目不覩慈懿之
士,耳不聞孝友之言,導以爭猜,而亟奪其惻隱。高祖若木
偶之尸位於上,而無可如何。誠哉,其無可如何也。源之不
清,其流孰能澄汰哉!後世之不足以法三代者,此也。非井
田、封建飾文具以強民之謂也。王之所以王,霸之所以霸,
聖之所以聖,賊之所以賊,反身而誠,不言而喻。保爾子
孫,寧爾邦家,豈他求之哉?自非聖人,未有能免於禍亂

者！立嫡之法，與賢之權，皆足以召亂。況井田、封建之畫
地爲守者乎？（《讀通鑑論》卷二十，〈唐高祖〉）

案：「立適」與「與賢」俱足召亂，何不於此一思解決之道乎？誠
能以「道」與賢，則無亂矣。與賢而召亂，必非眞能廣其與賢也。
與賢而在一家之內，則仍是以立適爲經，以與賢爲權，亦猶傳子傳
弟之兼用以相濟也。與賢而限於一家之內，則以「家天下」爲一定
不移之前提，其內部之爭亂誠不可免也。蓋此一內部之絪縕，不能
客觀化，自必爲一團私欲之糾結。何不於此而用其心耶？古之儒者
亦未嘗不用心。王船山曰：「立適與豫敎並行，而君父之道盡。過
此以往，天也，非人之所能爲也。」以家天下爲準則，自必推至
此。然儒者明知天下者非一家所得私，又有賊、霸、王、聖各級之
不同。何不就此而一深思也。蓋政治道理之隱顯隨各級而轉進：在
賊，則全隱；在霸，則大隱；在王，則小隱；在聖，則全顯而無
隱。道有隱顯，而其由隱至顯之轉進，亦有道。在顯之轉進中，每
級俱有其所以顯之內在的道理，非可直接以德化一概念而平鋪也。
德化固爲必須者，但只爲一普遍之原理。故爲不充足者。此即顯道
之「道」不講故也。若於此而眞有認識，則此問題即成一客觀之問
題，而不能即言：「過此以往，天也，非人之所能爲也。」即以家
天下而論，以立適爲經，即所以使此問題爲客觀問題也。既如此，
則爲子孫，爲邦家，爲人民，皆須視之爲一客觀問題而處理之。夫
如此，則又不能以立適與豫敎爲道之盡。在此，可以一轉其心思
也。何死于「家天下」下之直線思考而不一轉耶？唐高祖之處建成
與世民，船山言其不但難，誠無以處之也。「處此而無難者，其唯

聖人乎？」又曰：「自非聖人，未有能免於禍亂者。」聖人之道為
何？其所舉之例為太王、姜女之修內敎。修內敎固也，然聖人之道
不盡於此也。夫政治問題乃一客觀問題，常非個人之修養乃至一家
之內敦彝倫，修內敎所能盡其蘊。非必一言聖人之道，即為高不可
企及者。現實社會已有其例矣。華盛頓領導美洲獨立，而立總統選
舉之制，並不家天下。此非若何其聖也。一認識此一客觀問題，乃
即能公其心而盡制。此可見於一問題之認識，甚有屈曲焉。非只直
接言聖德、聖心所能盡也。（直接言聖德、聖心可以成聖人、成宗
敎家，而落於政治問題則必有一轉折。）何吾華族上下五千年，皆
為家天下之意識所籠罩，而不能衝破耶？抑非必無其他隙明也。
堯、舜禪讓也，選賢與能也，亦示於家天下外，尚有公天下之一
說，而且置於歷史之開端，視為理想之境界。何不就此理想而一深
思耶？深思其所以實現之道耶？豈盡可推之於天而止耶？此足見往
賢直線思考之蔽。以船山之開擴弘通，尚窮於此而不能轉，遑論其
他。夫一問題之轉進的解決，常當其陷於難境之時。船山於此難之
認識已深切矣，而唯不能轉。就其個人言，此為個人之限度。然就
此問題之難境言，則理上實屆可轉之時。此為思想問題也。一人不
能，總當有能者。一時不能，總有能之時。蓋理路已備也。理路
備，則思想順而進之也。此若點醒，即為「政權之民主」。中國早
有治權之民主，而唯「政權之民主」未轉出。此為國家政治一面
「主體自由」之所繫。亦為「此一問題為一客觀政治問題」之認識
否之所繫，而非直接以聖德、聖心之盡倫所能解決者。此為「盡
制」之事，非「盡倫」之事。而「盡制」正所以實現「盡倫」者。
荀子言「王者盡制者也」。以往王者之盡制尚未能盡其「盡」。其

所盡者只是外向之廣被，爲散文之知性型態，未能反而將其自己亦
納於盡制中而客觀化之。此黑格爾所以謂中國只有「一人」（大實
體、君）是自由也。而若各個體無國家政治一面之主體自由，則此
大實體一人之自由亦終於不能保其自由，而爲私欲之奴隸。此即王
船山所謂「立適」與「與賢」皆足召亂。王者一時不能盡此制，儒
者運用其思想，亦可轉移風氣而促其實現之。然而俱不能。則所可
責者，儒者思想之陋也。吾非簡單地只謂古人不知民主，實欲明此
問題之本質與其了解之難，而謂道之實現必具備此一形態也。勿謂
民主易至，其義易明也。今非昔比，到處言自由民主矣。何自由民
主終未出現耶？若共黨之諂媚愚衆，欺騙玩弄人民，而可以至民主
乎？然而嚷自由民主之知識分子、進步青年，趨之若鶩，迷而不
反，則焉見其今之愈于古耶？然則能行憲法舉總統者，雖行之不
眞，而亦告朔之餼羊。其於自由（主體的自由）民主（政權之民
主）之實現與對於其義之了解。皆愈於諂媚愚弄人民者遠矣。然而
今之人能了解自由民主之基本精神者甚少。此思想闡發，蔚爲學
風，仍不足也。各個體政治方面之主體自由及政權之民主，此兩者
之出現，背後皆有一「分解的盡理之精神」爲其背景。「綜和的盡
理」與「綜和的盡氣」之精神皆不能爲其實現之根據。西方人之出
現此兩者，固有階級對立爲其外緣。然外緣只是外緣，其基本精神
固有在也。此決非外緣所能解析者。一有靈魂之民族，固有其
「盡道」之基本方式也。中國無階級對立爲其外緣，則思想之作用
自必更顯。只要正視此問題之難境，而出之以不容已之仁心，期於
必解決，則轉出「分解的盡理之精神」以實現該兩者，復由該兩者
之形式的出現以培養「分解的盡理之精神」，使該兩者成爲眞實的

實現，則決非甚難者。

關於朝代更替之難，船山亦有一段曰：

隋之得天下也逆，而楊廣之逆彌甚。李氏雖爲之臣，然其先世與楊氏並肩於宇文之廷，迫於勢而臣隋，非其所樂推之主也。則遞相爲王，懲其不道而代興，亦奚不可？且唐公幸全於猜忌，而出守太原以避禍。未嘗身執朝權，狐媚以欺孤寡，如司馬之於魏，蕭氏之於宋也。奉詞伐罪，誅獨夫以正大位，天下孰得而議其不臣？然其始起，猶託備突厥以募兵，誣王威、高君雅以反而殺之，不得揭日月而行弔伐，何也？自曹氏篡漢以來，天下不知篡之爲非，而以有所授受爲得。上習爲之，下習聞之，若非託伊、霍之權，不足以興兵，非竊舜、禹之名，不足以據位。故以唐高父子伐暴君、平寇亂之本懷，而不能舍此以拔起。嗚呼！機發於人，而風成於世，氣之動志，一動也不可止也如此。夫自成湯以征誅有天下，而垂其緒於漢之滅秦。自曹丕僞受禪以篡天下，而垂及於宋之奪周。成湯秉大正，而懼後世之口實，以其動之相仍不已也，而漢果起匹夫而爲天子。若夫曹丕之篡，則王莽先之矣。莽速敗，而機動不止者，六百餘年。天下之勢，一離一合，則三國之割裂始之，亦垂及於五代之瓜分而後止。金、元之入竊也，沙陀及摋臬難先之也。不一再傳之割據耳，乃亙之五百餘年而不息。愈趨愈下，又惡知其所終哉！夫乘唐高之勢，秉唐高之義，以行伐暴救民之事，唐高父子固有其心矣，而終莫能更絃改轍也，數未極也。非聖人

之興，則俟之天運之復。王莽、沙陀之區區者，乃以移數百
年之氣運，而流不可止。自非聖人崛起，以至仁大義立千年
之人極，何足以制其狂流哉！（《讀通鑑論》卷十九，〈煬
帝〉）

案：船山所言聖人興以制狂流，若就其論唐高父子言，蓋意指以成
湯征誅爲準則。依是，則三代而後，惟漢高、明太耳。此則已盡
「聖人崛起，以至仁大義立千年之人極」之義乎？亦未必然也。故
云：「成湯秉大正，而懼後世之口實，以其動之相仍不已也，而漢
果起匹夫而爲天子。」此則漢高、明太雖奉詞伐罪，得天下以正，
而究不能盡「立千年人極」之大義。打天下、家天下之觀念不能
去，則無論爲征誅、爲篡奪，皆不可謂爲「立千年之人極」。而朝
代更替，一治一亂之循環，與夫「氣之動志，一動而不可止」乃不
可免者。船山於此似有所朦朧，而未能發其義。「聖人崛起，以至
仁大義立千年之人極」，其義深矣遠矣。而就朝代更替之難以言，
則「政權之民主」乃爲「立千年之人極」之最恰當者。人極之立，
道德的主體自由也，藝術的主體自由也，政治的主體自由也，無一
可缺也。亦即綜和的盡理之精神，綜和的盡氣之精神，分解的盡理
之精神，無一可缺也。

關於宰相之難，茲再引船山一段文以明之。

唐多才臣，而清貞者不少概見。貞觀雖稱多士，未有與焉。
其後，如陸贄、杜黃裳、裴度，立言立功，赫奕垂於沒世，
而寧靜淡泊固非其志行之所及也。唯開元之世，以清貞位宰

相者三：宋璟清而勁，盧懷慎清而慎，張九齡清而和。遠聲
色，絕貨利，卓然立於有唐三百餘年之中，而朝廷乃知有廉
恥，天下乃藉以乂安。開元之盛，漢、宋莫及焉。不然，則
議論雖騫，法制雖詳，而永徽以後，奢淫貪縱之風，不能革
也。抑大臣而以清節著聞者，類多刻覈而難乎其下。掣曳才
臣以不得有爲，亦非國民之利也。漢、宋之世，多有之矣。
孤清而不足以容物，執競而不足以集事。其於才臣，如水火
之相息而密雪屯結之不能兩也。乃三子之清，又異於是。勁
者自強，慎者自持，和者不流，而固不爭也。故璟與姚崇操
行異，而體國同。懷慎益不欲以孤介自雄而礙崇之設施。九
齡超然於毀譽之外，與李林甫偕而不自失，終不與競也。唯
然，而才臣不以己爲嫌，己必不替才臣以自矜其素履。故其
清也，異於漢、宋狷急之流，置國計民生於度外，而但爭涇
渭於苞苴竿牘之間也。嗚呼偉矣！楊震也、包拯也、魯宗道
也，軒輗、海瑞也，使處姚崇、張說、源乾曜、斐耀卿之
間，能勿金躍於冶，冰結於胸否耶？治無與裏，功無與立，
徒激朋黨以啓人主之厭憎，又何賴焉？夫三子之能清而不
激，以永保其身，廣益於國者，抑有道矣。士之始進也，自
非猥鄙性成，樂附腥羶者，則一時名之所歸，望之所集，爭
託其門庭，以自處於清流之選，其志皆若可嘉，其氣皆若可
用也。而懷清之大臣，遂欣受之，以爲臭味。於是乎和平之
度未損於中，而激揚之情遂移於眾。競相獎而交相持，則雖
有邊圉安危之大計，黎民生死之遠圖，宗社興衰之永慮，皆
不勝其激昂之眾志，而但分流品爲畛域，以概爲廢置，夫豈

抱清貞者始念之若斯哉？唱和迭增，勢已成而弗能挽也。於
是而知三子者之器量遠矣。其身不辱，其志不戢。昭昭然揭
日月而行者，但以率其固然之儉德，而不以此歆召天下，奉
名節爲標榜，士固無得而附焉。不矜也，亦不黨也。不黨，
則不爭矣。嗚呼！士起田間，食淡衣麤，固其所素然矣。若
其爲世祿之子，則抑有舊德之可食，而無交謫之憂。讀先聖
之書，登四民之上，則不屑以身心陷錐刀羶蟻之中。豈其爲
特行哉？無損於物，而固無所益，亦惡足以傲岸予雄，而建
鼓以求清流之譽聞乎？天下之事，自與天下共之。智者資其
謀，勇者資其斷，藝者資其材，彼不可驕我以多才，我亦不
可驕彼以獨行。上效於君，下逮於物。持其正而不屬，致其
慎而不浮，養其和而不戾，天下乃賴有清貞之大臣。磽磽
者，又何賴焉。〔……〕（《讀通鑑論》卷二十二，〈唐玄
宗〉）

案：往賢論宰相之體，以丙吉、李沆爲典型。此則船山已言之矣。
故云：「其他雖有煌炫之績，皆道之所不許也。」（見前第三節所
引《宋論》卷三〈論眞宗朝〉）開元三相亦及乎此也。故船山盛贊
之，而慨乎言之。夫「政權之民主」未出現以前，所賴以安天下，
和百僚者，惟宰相也。君之集團爲非理性者，不能客觀化，萬民則
潛伏而不起作用者，亦不能客觀化。是憲法之責任，惟賴宰相之德
位以當之。居於兩端者（君與民）不能客觀化，則處於其中而擔負
政治之客觀意義之宰相亦難乎其難矣。正因其難，故懸格如此其
高。而縣格既如此其高，則能合乎宰相之體者自甚少。漢、宋之

激，所以孤清氣節之士，皆在兩端不能客觀化下而激起。徒求之以
難得之宰相，非政治上立人極之常道也。自春秋貴族政治及封建井
田之共同體破裂以後，即顯示一向客觀的政治格局之形成而趨。然
戰國之物量精神及法家思想之得用，並未能完成此趨勢。即政治格
局並未能得其眞正之客觀化。此吾於第二部第二章第一節中已論之
矣。漢興，宰相之職位正式成立，而「宰相之體」亦爲漢所創造。
而兩端不能客觀化，則「宰相」于政治上之客觀意義亦不能充分完
成。孤清氣節之士乃爲道之於政治上之直接表現，故激而爲朋黨，
流而爲直接搏鬥也。此即示其本所具有之客觀意義，終於不能維持
其客觀化，而落於非客觀的；本爲理性的，而終落於非理性的。在
政治格局不能得其眞實客觀化之時，求賢相亦如求聖君。皆可遇而
不可求者。責聖君以聖德自持，固不如責賢相以德量自持之急切而
定常。是以宰相之體，無論客觀的政治格局出現否，凡作政治家皆
必須具備者。然政治格局眞正客觀化，則宰相較易處，合宰相之體
者較易得，即不易得，政治格局亦可補其不足：對之有限制，而可
不流於激。此在英、美已見之矣。不必日事喋喋於宰相之體，亦可
不至於太差，不至於太潰瀾也。由此觀之，中國之宰相，雖在政治
上有其客觀之意義，而其用心自處之道，猶只純爲個人的、道德
的，發於「獨」者也。由愼獨以清貞，而安穩天下者也。此亦爲
「道」之於政治上之直接表現，爲宰相之於政治意義上之直接型
態。故上文云：其本身精神之表現只有超越的莊嚴義，而無內在的
構造義；其對於政事也，只有外在之穩定義，而無內在之興發義；
其對於體國經野，只有文飾之制度性，而無問題之制度性。中國往
賢論治道，每於大本原有所透，而實際上之表現亦眞有聖君賢相爲

其典型。然只透本原而直接以鋪之,則常不能盡各層級之委曲。大
本原以爲籠罩,此爲必須者,而直接以鋪之,則爲不充足。中國人
之智慧常能握其必須者,而不能盡其充足者。一了百了,談玄可
也,透露道德的主體自由可也,成聖賢宗教人格可也,而措之於政
事,與論治道,則爲不足。是以「綜和的盡理之精神」必須凝聚而
爲「分解的盡理之精神」,始能把握其充足而盡各層級問題之「曲
折之道」。凡此所述之三難,王船山所謂「以至仁大義立千年之人
極」,其關鍵皆在「政權之民主」之出現,客觀的政治格局之出
現,而此皆爲「分解的盡理之精神」所擔負。如是,則君可以理性
化,萬民(各個體)亦可得其政治的主體之自由,而宰相亦可不止
於直接形態(愼獨),而可投身於客觀格局中而轉出間接之型態。
即,全幅客觀化,始可謂「立千年之人極」,而「綜和的盡理」所
顯之道始可得其進一步之實現。凡吾所論亦於此用心焉而已。其稍
進於往賢者,亦在此也。

　　王船山《讀通鑑論》卷末〈叙論四〉有曰:

　　旨深哉,司馬氏之名是編也。曰資治者,非知治、知亂而已
　　也。所以爲力行求治之資也。覽往代之治而快然,覽往代之
　　亂而愀然。知其有以致治而治,則稱説其美;知其有以召亂
　　而亂,則詬厲其惡。言已終,卷已掩,好惡之情已竭,憤然
　　若忘,臨事而仍用其心,故聞見雖多,辨證雖詳,亦程子所
　　謂玩物喪志也。夫治之所資,法之所著也,善於彼者,未必
　　其善於此也。君以柔嘉爲則,而漢元帝失制以釀亂;臣以慧
　　直爲忠,而劉栖楚碎首以藏姦。攘夷復中原,大義也,而梁

武以敗。含怒殺將帥，危道也，而周主以興。無不可爲治之
資者，無不可爲亂之媒。然則治之所資者，一心而已矣。以
心馭政，則凡政皆可以宜民，莫非治之資。〔……〕其曰通
者何也？君道在焉，國是在焉，民情在焉，邊防在焉，臣誼
在焉，臣節在焉，士之行己以無辱者在焉，學之守正而不陂
者在焉。雖窮扼獨處，而可以自淑，可以誨人，可以知道而
樂，故曰通也。引而伸之，是以有論；浚而求之，是以有
論；博而證之，是以有論；協而一之，是以有論；心得而可
以資人之通，是以有論。道無方，以位物於有方。道無體，
以成事之有體。鑑之者明，通之也廣，資之也深，人自取
之，而治身治世，肆應而不窮。抑豈曰：此所論者立一成之
例而終古不易也哉？

由船山之通論，打開史實之糾結，而直洋溢著「精神之實體」。以
其悲憫之仁心通徹於整個之歷史而蕩滌腥葳。治之所資，惟在一
心。心之馭政，惟在活用。故不立一成之例。「寧爲無定之言，不
敢執一以賊道。」（〈叙論四〉語）此其論史，亦發於獨者也。然
吾由其蕩滌開通，而爲反省之綜論，則由其「惟在一心」進而論精
神表現之常軌，故於一心之運用外，且論其所處之「政治格局」
焉。自心之運用之外向言，自無一成之例。此亦爲論史之直接形
態。若反而論其運用之「根據」，則不能只順其外用而爲直接之開
啓，隨時隨處而爲當機指點之議論，且必進而收其外用而論精神表
現之常軌，此則有定型焉。此吾之所以不背於往賢而有進於往賢
者。此爲論史之間接形態（反省形態）。（案：此直接形態、間接

形態之別，即「只知治道」與「且兼顧政道」之別。中國以往只有治道，而無政道。往賢用心大體皆在治道上說話，而總轉不到政道上來。儒家、道家、法家之思想，關此方面，亦都是治道的思想：儒家是德化的治道，道家是道化的治道，法家是物化的治道。而此三套治道思想都是登峰造極而到家者。而唯不知於政道處用心。船山是代表儒家者。若順治道一條鞭地想，則推至其極，必收縮於一心，由慎獨以清貞而安穩天下，所謂聖君賢相也。吾所謂政治格局，所謂政權民主，皆屬於政道者。惟政道轉出，而後可以補治道之不足，而後可以使治道客觀化，不止停於一心中，而上述之三難亦可以得而決。關此，吾有《政道與治道》一書詳發其蘊。）

第四部　西漢二百年：
　　　　理性之超越表
　　　　現時期

第一章　蕭規曹隨，躬修玄默

第一節　蕭曹文景

　　劉邦打平天下後，說到「此後亦非爾所知也」（對呂后語），即撒手而去。彼未爲其後人預定若何章則法度（如朱元璋之所爲），亦未爲其子孫培養輔助之士，如禮賢下士，廣搜巖穴。其所遺留者只是與之共同起事之人物，如蕭何、曹參、王陵、陳平、周勃等。彼爲一天才之盡氣者，章則法度，非其所長。（光武、宋祖、太宗、洪武，皆可規規于法度之中而細心斟酌。）時承戰國之末，秦政焚坑之餘，亦無確定之文化系統，旣成之士大夫集團，爲其所憑藉，如後來各開國之時；又善嫚罵無禮，商山四皓之羽翼太子亦爲彼所不知。故禮賢下士，廣搜巖穴，亦非其所注意。（到光武時，即已注意之矣。）彼誠爲一飄忽之人物。不以概念預規後世。（章則法度，皆概念也。）不以系統延續其世傳。（文化及士大夫集團皆系統也。）盡氣者不窒後來之氣，即足以引生新氣也。氣常生而常新，即所以延續之道也。船山贊宋祖云：「一人之澤，施及百年，弗待後嗣之相踵以爲百年也。」（《宋論》卷一）美哉

斯語。西漢二百年，皆漢高之不滯之氣之所生也。一人之盡氣，生生二百年，弗待後嗣之相踵以爲二百年也。船山贊宋祖，取其心之不容已，有合于慈儉簡之大道，而吾于漢高，則取其能盡氣也。

章則法度，非其所長。又無旣成之文化系統，可資憑藉。其所賴者唯蕭何耳，而何之所承者，秦之吏制也。（秦制，皇帝外，有丞相，治郡縣者皆吏，所謂以吏爲師也。法吏以文法刻深爲其本職。此外無有足以文飾而潤澤之者，無有足以提撕而鼓舞之者。）蕭何在秦時，本爲刀筆吏。「沛公至咸陽，諸將皆爭走金帛財物之府分之，何獨先入收秦丞相御史律令圖書藏之。沛公爲漢王，以何爲丞相。項王與諸侯屠燒咸陽而去。漢王所以具知天下阨塞戶口多少彊弱之處，民所疾苦者，以何具得秦圖書也。〔……〕漢二年，漢王與諸侯擊楚。何守關中，侍太子，治櫟陽，爲法令約束，立宗廟社稷宮室縣邑。」（《史記‧蕭相國世家》）可見蕭何爲一具有事功性之構造天才。不可輕忽。「列侯畢已受封，及奏位次，皆曰，平陽侯曹參身被七十創，攻城略地，功最多，宜第一。上已撓功臣，多封蕭何。至位次，未有以復難之。然心欲何第一。關內侯鄂君進曰：君臣議皆誤。夫曹參雖有野戰略地之功，此特一時之事。夫上與楚相距五歲，常失軍亡衆，逃身遁者數矣。然蕭何常從關中遣軍補其處。非上所詔令召，而數萬衆會上之乏絕者數矣。夫漢與楚相守榮陽數年，軍無見糧，蕭何轉漕關中，給食不乏。陛下雖數亡山東，蕭何常全關中以待陛下。此萬世之功也。今雖亡曹參等百數，何缺於漢？漢得之不必待以全。奈何欲以一旦之功，而加萬世之功哉？蕭何第一，曹參次之。高祖曰：善。」（同上）以蕭何構造之才，爲盡氣者穩定一局面。有格局，氣有所託，而相生以

持世也。張良與高祖相得而彰智，蕭何與高祖相得而成事。智之靈所以運事，事之局所以定世。有飄忽之人物，即須有堅凝之人物。現實主義之精神，非分解的盡理者不能也。以分解的盡理之精神爲根據而成事功，此眞爲事功性之精神，非以法家精神爲根據者所可得而冒。「何素不與曹參相能。及何病，孝惠自臨視相國病。因問曰：君即百歲後，誰可代君者？對曰：知臣莫如主。孝惠曰：曹參何如？何頓首曰：帝得之矣。臣死不恨矣。何置田宅，必居窮處。爲家不治垣屋。曰：後世賢，師吾儉。不賢，毋爲勢家所奪。」（同上）由此觀之，蕭何非刻薄人也，故能成事功。若天資刻薄之法家精神能之乎？此漢之格局所以能持久也。不然，自我成之，自我毀之者多矣。故雖承秦制，不礙其大異于秦。于蕭何已見之矣。此後，步步轉異，讀史者于此觀之可也。

　　曹參沛人，秦時爲沛獄椽，亦吏也。戰功最大。「孝惠帝元年，除諸侯相國法，更以參爲齊丞相。參之相齊，齊七十城。天下初定。悼惠王富於春秋。參盡召長老諸生問所以安集百姓，如齊故俗。諸儒以百數，言人人殊。參未知所定。聞膠西有蓋公，善治黃老言。使人厚幣請之。既見蓋公，蓋公爲言治道貴清靜，而民自定。推此類，具言之。參於是避正堂，舍蓋公焉。其治要用黃老術。故相齊九年，齊國安集，大稱賢相。惠帝二年，蕭何卒。參聞之，告舍人，趣治行，吾將入相。居無何，使者果召參。參去，屬其後相曰：以齊獄市爲寄，愼勿擾也。後相曰：治無大於此者乎？參曰不然。夫獄市者，所以並容也。今君擾之，姦人安所容也？吾是以先之〔……〕。參代何爲漢相國，舉事無所變更，一遵蕭何約束。擇郡國吏木訥於文辭，重厚長者，即召除爲丞相史。吏之言文

刻深欲務聲名者，輒斥去之。日夜飲醇酒。卿大夫已下吏及賓客，見參不事事，來者皆欲有言。至者，參輒飲以醇酒間之。欲有所言，復飲之。醉而後去。終莫得開說，以為常。相舍後園近吏舍，吏舍日飲歌呼，從吏惡之，無如之何。乃請參遊園中，聞吏醉歌呼。從吏幸相國召按之。乃反取酒張坐飲，亦歌呼與相應和。參見人之有細過，專掩匿覆蓋之。府中無事。參子窋為中大夫，惠帝怪相國不治事，以為豈少朕與？乃謂窋曰：若歸，試私從容問而父曰：高帝新棄群臣，帝富於春秋，君為相，日飲，無所請事，何以憂天下乎？然無言吾告若也。窋既洗沐歸，間侍，自從其所諫參。參怒而笞窋二百，曰：趣入侍。天下事，非若所當言也。至朝時，惠帝讓參曰：與窋胡治乎？乃者我使諫君也。參免冠謝曰：陛下自察聖武孰與高帝？上曰：朕乃安敢望先帝乎？曰：陛下觀臣能孰與蕭何賢？上曰：君似不及也。參曰：陛下言之是也。且高帝與蕭何定天下，法令既明。今陛下垂拱，參等守職，遵而無失，不亦可乎？惠帝曰善。君休矣。〔……〕百姓歌之曰：蕭何為法，顜若畫一。曹參代之，守而勿失。載其清淨，民以寧一。」（《史記·曹相國世家》）。

蕭何為一現實主義之構造人物。事理綿密，而英雄氣概不顯；謹慎誠篤，而天資之鋒芒不露。以中國衡量人格之習性言之，常低視此等人物之價值，而謂其格不及以天資勝者之高。此亦足見吾華族之氣質為重天才之氣質，為藝術性的與道德的（此後一者函聖賢人格）。實則構造人物之事功性，其背後實有一種精神存焉。而此種精神常不為國人所賞識。此觀乎太史公之贊語，即可見矣。太史公曰：「蕭相國何，於秦時為刀筆吏，錄錄未有奇節。及漢興，依

日月之末光，何謹守管籥，因民之疾，奉法順流，與之更始。淮陰、黥布等皆以誅滅，而何之勳爛焉。位冠群臣，聲施後世，與閎夭、散宜生等爭烈矣。」（〈蕭相國世家〉）此雖不泯其功，而於品鑒言之，則固不及有奇節者遠矣。夫奇節，非有天才者不能也。蕭何固非此類人物也。然而為法畫一，足以堅穩一代之大局，此雖無風姿之可言，而實有盡理之精神（分解的盡理）。曹參守而無失，又轉於另一智慧之運用。能解蓋公之言，而即身體力行，非其誠實無意見作祟者不能也。清靜安寧，合乎生息之道。生息滋養，不以權術行，而以氣質行。故擇重厚長者，而斥言文刻深。以渾樸引渾樸，天下未有不寧者也。曹參之能至此，其慧亦不可及也。蓋黃老之術本有兩路：一、自然渾樸如嬰兒，二、權術陰森如法家。前者為自然的、溫暖的、有太陽之熱的，故屬氣質；後者為人為的、冷酷的、為月光之陰森，故由人為而為權術的。漢初由曹參開始轉至黃老，是由第一路而表現。故重渾樸，而斥刻深。重渾樸，其本人必亦相當樸實也。樸實之人決不至出於姦險權詐也。渾樸屬於自然之氣質，故成效速而亦自然。天才之盡氣，繼之以自然之無為，此無為亦盡氣之無為也。太史公曰：「參為漢相國，清靜，極言合道。然百姓離秦之酷後，參與休息無為，故天下俱稱其美矣。」（〈曹相國世家〉）。〈呂后本紀〉太史公曰：「孝惠皇帝、高后之時，黎民得離戰國之苦，君臣俱欲休息乎無為。故惠帝垂拱，高后女主稱制，政不出房戶，天下晏然。刑罰罕用，罪人是希。民務稼穡，衣食滋殖。」此蓋為曹參之風之所形成，亦為當時之定評。繼此而往，則有文景之治。

　　文、景，實以文帝為主。《漢書・刑法志六》：「及孝文即

位，躬修玄默，勸趣農桑，減省租賦。而將相皆舊功臣，少文多質。懲惡亡秦之政，論議務在寬厚，恥言人之過失。化行天下，告訐之俗易。吏安其官，民樂其業。蓄積歲增，戶口寖息。風流篤厚，禁網疏闊。選張釋之為廷尉，罪疑者予民。是以刑罰大省，至於斷獄四百。」大抵躬修玄默，戒慎寬和，可為文帝之寫真。（趙翼謂漢詔令多懼辭，而文帝尤多。此戒慎之意也。）雖不必能發於仁者之純，然大體困勉以赴之，不可薄也。船山論文帝曰：「乃其慈也，畜刑殺於心而姑忍之；其儉也，志存厚實而勤用之；其簡也，以相天下之動而徐制其後也。老氏之術，所持天下之柄者在此，而天人不受其欺。故王道至漢而闕，學術之不貞者為之也。」（《宋論》卷一）此言稍苛。純以老氏之術窺之，亦不盡恰。老氏之術與法家合，便是劣義。不與法家合，則無劣義。文帝自有玄默之智，但究非機深多詭之人也。蓋文帝之時已為多事之秋。高祖撒手而去，惠帝呂后時之暫安，不可以為常。匈奴、大臣、諸侯三者，皆時代之荊棘，遲早必發作，亦遲早必有以治之。吾友李源澄先生曰：「高祖時之困難，外患則匈奴，內患則異姓諸侯王。高后惠帝時，惟匈奴為患。惠帝歿後，始有大臣之偪，而同姓諸侯無憂也。文帝時，三者並起，夷狄諸侯大臣皆可畏。稍一不慎，即足以傾覆漢室。幸大臣無篡奪之心，不與夷狄諸侯相合。不然，則漢朝必致瓦解。文帝才大，能銷患於無形。史家但稱其德，罕言其才用。劉向且謂治理之才不及宣帝，失其實也。」（《秦漢史》頁32）由此觀之，其畜刑殺于心而姑忍之，志存厚實而勤用之，相天下之動而徐制其後，皆不可純以機深多詭之動機窺測之。其畜刑殺於心，乃所以消除諸侯王之叛亂也，非天資刻薄之人也。其志存厚

實而勤用之，乃所以安將相、大臣、宗藩之心也，非奢侈不遜之類
也。其相天下之動而徐制其後，乃所以審察時機，潛移默化，以減
殺其兇鋒，而期銷患于無形也，非恢張喜事，背簡趨繁者也。戰國
以來，楚、漢之際，人皆赤裸裸盡其粗暴「物力」（物質的生命
力）以相搏鬥。無掩飾，無假借，惟力巧詐相尚。春秋時典雅蘊藉
之周文已全不存在。漢高祖以非凡之資掃平羣雄，此以天才之氣勝
者也。而風俗之雜駁，未因之而轉。曹參之風，乃動亂後之自然生
息，而生息後自然生命之蠢蠢欲動，仍未有一文教制度足以節之。
〈留侯世家〉謂：「且太子所與俱諸將，皆嘗與上定天下梟將也。
今使太子將之，此無異使羊將狼也。」此雖四皓借此以諫高祖勿使
太子將兵，然亦實情也。豪傑並起，皆梟雄之輩，功利之徒。皆欲
自侯自王，並無所謂禮義法度於心目中也。異姓諸侯如此，同姓諸
侯亦如此。不利於孺子，自周公而已然。惠帝時，同姓諸侯無問
題，高祖之餘烈猶在，呂后尚在人間也。至文帝，則不能保其不蠢
動矣。匈奴之反覆無常，亦顯然者。此兩者皆爲當時之荊棘。至高
祖所遺留之將相，如陳平、周勃等，要皆可謂忠以相持，尚無邪心
者也。文帝之問題，惟在同姓諸侯與匈奴。高祖以力是視，而文帝
則以「玄默之智」徐制其後。《漢書·匈奴傳·贊》曰：「文帝中
年，赫然發憤，遂躬戎服，親御鞍馬。從六郡良家材力之士，馳射
上林，講習戰陣，聚天下精兵，軍於廣武。顧問馮唐，與論將帥。
喟然嘆息，思古明臣。」漢之備匈奴，亦文帝植其基，景帝時始不
爲大寇，至武帝遂撻伐也。其于同姓諸侯，則默採賈誼化大爲小、
化少爲多之策，多方容忍，而制之以漸。賈誼所痛哭太息以陳之
者，文帝並不同其興奮，因之而張皇。然而未嘗不有動于中也。其

心中亦未嘗不護念賈生也。而賈生終不得大用，勢也。其于諸侯王，亦終不能以力視，亦勢也。文帝自身亦終不能功德圓滿，而必留給後人解決，亦勢也。于諸侯，制之以漸，減殺其勢。于匈奴，備之以力，而不啓釁。皆動亂後，不欲遽再騷動也。所謂玄默之智，此而已矣。大封梁國，以周亞夫屬景帝，故吳、楚七國反，不旋踵而平。自此而後，封建廢而郡縣成，大一統始正式奠立焉。安內攘外，大一統成，武帝始可以由備而攻，而撻伐匈奴也。由景帝至武帝乃完成文帝未竟之功，而向一新境界而發展。然文帝未竟其功，文帝無憾也。其制之以漸，備之以力，處開端之時，而蓄之以過渡之勢，此勢一成，即其功已竟也。「躬修玄默」一語，可謂善于形容文帝矣。惟盡勢者爲能盡智。（盡勢謂順而制之，導而轉之。）于張良見之，于文帝又見之也。能盡其智，故智不穿鑿。能制之以漸，故安忍而不張皇。勢之轉也以漸，而不可以力敵，故常戒慎而敬懼。戒懼之心生，則慈、儉、簡之道含其中，不可執一義以苛論也。盡智者亦爲事功性之精神。心運于現實之中而不僵化者也。普通本此以爲文帝本黃老之言，不好儒術，其治尚清靜無爲，以故禮樂、庠序未修。當時之所謂黃老，只取其清靜無爲之意而已，而現實上實不能無爲也。後之人時隔世遠，見黃老而想及權術，謂其機深多詭，以申韓黃老合一者而視之，則過矣。實則，漢初之精神全不可以此而論也。又當時所謂儒術，亦禮樂、庠序、改正服（正朔、服色）、封禪諸外部之設施而已。文帝安忍而不張皇，自不樂此。其無爲，無爲此也。其不好儒術，不好此之儒術也。以不好儒術，故謂其本道家。實則不可以如此分。賈誼固儒者精神也。文帝未嘗不尊禮而護念之。賈誼之所嚮往，董仲舒繼之。

武帝時之新境界，亦文帝時所含蓄而未發者也。勢不能至，何張皇為？若以吾人今日視之，則文帝之玄默盡智，固亦儒者精神也。若只以禮樂、庠序、改正服、封禪諸外部之設施視儒術，則淺之乎、陋之乎、狹之乎視儒術矣。由此言之，史公〈文帝本紀〉中所綜述之文帝之德業蓋可信也。其言曰：「孝文帝從代來。即位二十三年，宮室、苑囿、狗馬、服御，無所增益。有不便，輒弛以利民。嘗欲作露臺，召匠計之，直百金。上曰：百金，中民十家之產。吾奉先帝宮室，常恐羞之。何以臺為？上常衣綈衣。所幸慎夫人，令衣不得曳地。幃帳不得文繡。以示敦朴為天下先。治霸陵，皆以瓦器，不得以金銀銅錫為飾。不治墳，欲為省，毋煩民。南越王尉佗自立為武帝。然上召貴尉佗兄弟，以德報之。佗遂去帝稱臣。與匈奴和親，匈奴背約入盜。然令邊備守，不發兵深入，惡煩苦百姓。吳王詐病不朝，就賜几杖。群臣如袁盎等，稱說雖切，常假借用之。群臣如張武等，受賂遺金錢，覺。上乃發御府金錢賜之，以愧其心，弗下吏。專務以德化民，是以海內殷富，興於禮儀。」崩後，景帝即位下詔中有曰：「孝文皇帝臨天下，通關梁，不異遠方。除誹謗，去肉刑。賞賜長老，收恤孤獨，以育群生。減嗜欲，不受獻，不私其利也。罪人不孥〔除株連律〕，不誅無罪。除宮刑，出美人。重絕人之世。」（〈文帝本紀〉）。應劭《風俗通》載劉向對成帝曰：「文帝禮言事者，不傷其意。群臣無小大，至即便從容言。上止輦聽之。其言可者稱善，不可者喜笑而已。」此寬和而有城府也。故人能盡其言。

附論賈誼

一

　　《前漢書·賈誼傳》云：「賈誼，洛陽人也。年十八，以能誦詩書屬文，稱於郡中。河南守吳公，聞其秀材，召置門下，甚幸愛。文帝初立，聞河南守吳公治平為天下第一，〔……〕徵以為廷尉，廷尉乃言：誼年少，頗通諸家之書。文帝召以為博士。是時，誼年二十餘，最為少。每詔令議下，諸老先生未能言，誼盡為之對，人人各如其意所出，諸生於是以為能。文帝說之。超遷，歲中至太中大夫。」

　　這是賈誼的一點簡單的出身與開始的經歷。他十八歲聞名於郡守。二十餘歲被薦於漢文帝。不久，因與當時朝廷環境不相融洽，乃被謫為長沙王太傅。至長沙。歲餘，文帝思之，復召至京。「乃拜誼為梁懷王太傅。懷王上少子，愛而好書，故令誼傅之。」（《漢書》本傳）君臣再相聚，賈誼得數言政事。謀謨論建，誠有大過人者。《漢書·賈誼傳·贊》曰：「劉向稱賈誼言三代與秦治亂之意，其論甚美。通達國體，雖古之伊、管，未能遠過也。」後「梁王勝墜馬死。誼自傷為傅無狀。常哭泣。後歲餘亦死。賈生之死，年三十三矣。」（本傳）他初見文帝是二十餘歲，自為梁王太傅至死，其間亦不過十年。在此不過十年間，賈生之表現，亦可謂不凡者矣。此實是開國之盛音，創建之靈魂，漢代精神之源泉也。吾人須知他的聲音是在二十餘歲到三十歲之間發出的，這還是一個青年時期。真可謂洛陽少年矣。不謂之為天地之奇葩不得也。又須知文帝即位，年亦才二十四歲，與賈誼相差不多。這兩個少年代表

了兩個不同的性格，而能互相默契，亦可謂盛遇。

　　文帝沈潛從容，有玄默之智。這是一個中有存主的容受器。他在北方作代王時，處在邊荒寒苦之地，混混沌沌，原不甚明白。及至作皇帝，則又甚明白。他之明白也不是從學問讀書來，他的玄默之智也不是從作道家的修養工夫來。可以說這完全是他的先天的氣質，所謂「天資之美」是也。外此，當時的元老重臣都是當年不久幫助漢高祖打天下的人物。高祖集團本是一平民集團。這些剩下來的元老重臣也還是那種平民集團的習氣。但是他們都有現實的聰明與實際的幹才。他們不自覺中順現實推移也有一點原則與習慣上的矩矱，但不能意識得很清楚，又爲實際所限，不能透出。他們沒有學力能自覺地把握之、透出之。只憑他們的軍功而居要地。這些元老重臣可以在習慣上持重守成：安定局面，穩順聲勢。他們是興建的障礙，同時也是變亂的阻力。文帝也不能驟然得罪他們，換掉他們。可是他們之穩定持重，都是材質的。他們就是一些材質的人物。高祖集團之取得天下與開國都是材質的。「材質的」是說以力取，以氣質勝。他們不代表精神理性或理想。就是張良也不在這裡表現。叔孫通定朝儀，也不是代表精神或理想。他們都是在實際推移中見才氣、見世智的人物。所以可以說他們都是材質。而在漢初唯一可以代表精神理想或理性，總之可以代表「形式」的，以賈生爲第一人。（形式與材質相對，此爲亞里士多德的名詞。）高祖集團是材質上的開國，而賈生則是精神或理想上的開國。故吾謂其爲「開國之盛音，創建之靈魂，漢代精神之源泉也。」他是漢代的觀念理想，總之漢代的心靈之開闢者。他之代表觀念理想，也不像後來的經院式的博士，他無學究氣。他之誦《詩》、《書》，通曉百

家言，好像也並未經過經院式的研究。這點，你可以說他的學力不夠深。他並未內在於學術思想方面作獨立的研究、獨立的發展。從學術方面講，他不及後來的董仲舒之典實與富建構性。但是他比董仲舒活潑而新鮮，具體而真切。他之通曉諸家書，好像是馬上能握住其領導觀念而頓時消化之於自己生命中而轉為智慧。他能審時勢、察事變、識大體，這是具體的智慧。即了解具體事變之智慧也。而他之了解又不是張良式的了解，而是儒家式的了解。他能以理導事，以超脫的理性心靈以鑒別時勢，匡正時勢，故常能提起而綜和地、建構地湧現觀念理想以開始治體之規模。故劉向謂其「通達國體，雖古之伊、管，未能遠過也。」這決非當時材質人物所能至。這是精神人格的事，不是材質人格的事。他是一個天才的理想家、政論的理想家。

先作以上的了解，然後始能了解他的議論的意義，以及他與文帝的關係，與夫他之得志不得志。

二

當其初見文帝，一歲中，超遷至太中大夫時，即「以為漢興二十餘年，天下和洽，宜當改正朔、易服色、制度、定官名、興禮樂。乃草具其儀法。色尚黃，數用五，為官名，悉更奏之〔更，改也〕。文帝謙讓，未遑也。然諸法令所更定，及列侯就國，其說皆誼發之。於是天子議以誼任公卿之位。絳〔絳侯周勃〕、灌〔灌嬰〕、東陽侯〔張相如〕、馮敬之屬，盡害之。」（本傳）

案：改正朔、易服色、制度（《史記》為「法制度」）、定官名、興禮樂，此為其精神人格中所湧現之精神開國方面的最高層之

「形式」。因爲是最高層，似乎不切時要。然於精神開國方面，從理上講，亦是必要。吾人不應以淺陋之心，隨便視之爲迂闊浮文也。文帝之謙讓未遑，則顧及現實與時勢。然未嘗不能聽也。理想家發之以啓光明，主事者則默識心通以待時勢。兩者不必即時合一，亦可以交相得也。豈可動輒以不識時務之迂儒視之？文帝議以誼任公卿之位，即表示其未嘗不知賈誼也。然材質人物之元老重臣，亦何能頓時即去？此賈誼之所以受挫。然此最高層之形式，一時雖不能興建，而較低層之「諸法令所更定，及列侯就國，其說皆誼發之。」是足見切於事之理想觀念，文帝亦皆能逐步採用而措施之也。

如是，吾人轉而論其切於事之理想觀念，以觀其具體之智慧。

文帝時，「匈奴強，侵邊；天下初定，制度疏闊；諸侯王僭儗，地過古制。」（本傳）。此爲當時三大問題。關於匈奴，賈生所言之「五餌三表以係單于」（其意義不甚可解），誠不免浮才之稚氣，但關於諸侯王，則主「衆建諸侯，以少其力」，此爲文帝所採用者。文帝以玄默之智，中有存主，而持之於後，潛移其勢於無形，留一周亞夫於景帝，故七國之亂一舉蕩平。此爲當時現實問題，史家類能言之。茲可不論。茲就「天下初定，制度疏闊」一項，而觀賈生之議論。

（一）移風易俗。賈誼於〈陳政事疏〉中論秦之敗俗曰：「商君遺禮義，棄仁恩，並心於進取。行之二歲，秦俗日敗。故秦人家富子壯，則出分；家貧子壯，則出贅。借父耰鉏，慮有德色。母取箕箒，立而誶語。抱哺其子，與公併倨。婦姑不相說，則反脣而相稽。其慈子耆利，不同禽獸者，亡幾耳。然並心而赴時，猶曰蹶六

國，兼天下。功成求得矣。終不知反廉愧之節、仁義之厚，信並兼之法，逐進取之業。天下大敗。眾掩寡，智欺愚，勇威怯，壯陵衰，其亂至矣。是以大賢起之，威震海內，德從天下。曩之爲秦者，今轉而爲漢矣。然其遺風餘俗，猶尙未改。今世以侈靡相競，而上亡制度，棄禮誼，損廉恥，日甚。可謂月異而歲不同矣。〔……〕而大臣特以簿書不報，期會之間，以爲大故。至於俗流失，世壞敗，因恬而不知怪。慮不動於耳目，以爲是適然耳。夫移風易俗，使天下回心而鄉道，類非俗吏之所能爲也。俗吏之所務，在於刀筆筐篋。而不知大體。〔……〕夫立君臣，等上下，使父子有禮，六親有紀，此非天之所爲，人之所設也。夫人之所設，不爲不立，不植則僵，不修則壞。管子曰：禮義廉恥，是謂四維。四維不張，國乃滅亡。使管子愚人也，則可。管子而少知治體，則是豈可不爲寒心哉？」（《漢書》本傳）

案：秦始皇與法家大敗天下之民。漢興，其遺風餘俗猶存。當時風俗未善，賈生痛切言之。此是其文化意識在貫注。故能觸目驚心，開闢心靈世界，而湧現移風易俗之理想也。此即開「反法家之物化而重歸于吾華族自身之文化生命」之途徑也。此是一綜和而向上提撕之心靈，故非俗吏之所能爲也。賈生所斥之俗吏即當時之元老重臣，吾所謂材質人物。此類人只知把天下打來，至於制度方面，則大體因襲秦制。彼等以簡單素樸之心靈，亦習而安之，不能有價值上之鑒別。于社會風俗方面，則亦以其簡單素樸之心靈，只要無造反者即可，至於秦所遺之敗俗，則彼等亦不甚有感觸而思有以匡正之。此其文化程度不及也。然亦惟賴此等材質人物之持重、「毋動」、「毋爲」（皆賈生語），而民間可以稍得喘息，而毋

動、毋為之喘息，不能永遠讓其順故態而推移。故反秦與法家而復華族傳統之文化生命，乃西漢初年之普遍意識，而視為一大事，而由賈生開其始。雖在賈生時未甚彰著，文帝亦未能驟然施行，然終醞釀而開花結果于董仲舒與武帝時「復古更化」之文化運動。董生之「復古更化」即賈生之「移風易俗」也。賈生之首倡此義，實其本文化意識而言治體之大者。此是一崇高之心靈，綜和之智慧，而在當時為切要者，不可視為泛論也。

（二）敎養太子。〈陳政事疏〉中復云：「古之王者，太子廼〔始〕生，固舉以禮。使士負之有司，齋肅端冕，見之南郊，見於天也。過闕則下，過廟則趨，孝子之道也。故自為赤子，而敎固已行矣。昔者成王幼在襁抱之中，召公為太保，周公為太傅，太公為太師。保，保其身體。傅，傅之德義。師，道之敎訓。此三公之職也。於是為置三少，皆上大夫也。曰少保、少傅、少師，是與太子宴者也。〔……〕逐去邪人，不使見惡行。於是皆選天下之端士、孝悌博聞有道術者，以翼衛之，使與太子居處出入。故太子廼生，而見正事、聞正言、行正道，左右前後，皆正人也。〔……〕及太子旣冠成人，免於保傅之嚴，則有記過之史、徹膳之宰、進善之旌、誹謗之木、敢諫之鼓。瞽史誦詩，工誦箴諫〔工、樂工也〕，大夫進謀，士傳民語。習與智長，故切而不媿。化與心成，故中道若性。〔……〕夫三代之所以長久者，以其輔翼太子有此具也。及秦而不然。其俗固非貴辭讓也，所上者告訐也。固非貴禮義也，所上者刑罰也。使趙高傅胡亥，而敎之獄。所習者非斬劓人，則夷人之三族也。故胡亥今日即位，而明日射人。」

案：在君主專制政體下，太子為國本。此亦治體之大者。賈生

能誦往事、識大體，而首先意識及之。後來二千年皆無不以此爲規矩法式。

（三）尊禮大臣以養廉恥。于〈陳政事疏〉中，復云：「古者大臣有坐不廉而廢者，不謂不廉，曰簠簋不飾。坐汙穢淫亂，男女亡別者，不曰汙穢，曰帷薄不修。坐罷軟不勝任者，不謂罷軟，曰下官不職。故貴大臣定有其罪矣，猶未斥然正以呼之也。尚遷就而爲之諱也。故其在大譴大何〔何問也〕之域者，聞譴何，則白冠氂纓，盤水加劍，造請室而請罪耳〔請室，請罪之室〕。上不執縛係引而行也。其有中罪者，聞命而自弛，上不使人頸戾而加也〔不戾其頸而加刀鋸〕。其有大罪者，聞命則北面再拜，跪而自裁，上不使捽抑而刑之也。曰：子大夫自有過耳！吾遇子有禮矣。遇之有禮，故群臣自憙。嬰以廉恥，故人矜節行。上設廉恥禮義以遇其臣，而臣不以節行報其上者，則非人類也。」

案：此義甚重要，開漢、唐宰相之重。此爲中國本其文化生命而表現於政治上之最有體統者。故雖在君主專制政體下，而得有開明之政治，復得有政治之所以爲政治之意義者，正賴此耳。而賈生乘時繼往開來而發之，不可謂非大智慧也。案賈生之言此，在當時亦有所對而發。《漢書·賈誼傳》繼上所引賈誼之言而言曰：「是時丞相絳侯周勃免，就國。人有告勃謀反，逮繫長安獄治。卒亡事，復爵邑。故賈誼以此譏上，上深納其言。養臣下有節。是後大臣有罪，皆自殺，不受刑。」後漢史家言及遇大臣事，謂古制：大臣有疾，天子往問。有罪不就獄。天子使者未至，先告病。使者未及返命，即自裁。近人或以爲此制不知始於何時，以爲西漢初似不然。若據〈賈誼傳〉所言，則實自賈誼發之，而文帝即已實行之

矣。當然其詳細而確定之禮節，不必盡備於文帝時，然由此開端而漸成，則無疑。

綜以上三端，即可知賈誼為「開國之盛音，創建之靈魂，漢代精神之源泉也。」此大體一立，則改正朔、易服色、制度（《史記》為「法制度」）、定官名、興禮樂，即可「溥博淵泉，而時出之」（《中庸》語）。此若初次憑空籠統說出，儼若為抽象，不切實際。文帝亦未易灼然憬悟其重大而切要。然於〈陳政事疏〉中，就當時之事勢，指其病痛而切言之，則人可以感悟，而其理亦深切著明矣。移風易俗，教養太子，尊禮大臣，此皆由切於事中而透其識大體之綜和心靈。由此綜和心靈而湧現綱紀性之形式，則定制度也。故吾謂其於材質外可以代表「形式」也，於材質上的開國外，代表精神或理想上的開國也。

如此，則彼之使命已盡，任公卿與否無關也。於個人尊榮為不遇，而於時代精神上，則已遇矣。當其由長沙重反京師，文帝「方受釐〔釐祭餘肉〕，坐宣室〔未央前正室〕，上因感鬼神事，而問鬼神之本。誼具道所以然之故。至夜半，文帝前席。既罷，曰：吾久不見賈生，自以為過之，今不及也。」（《漢書》本傳）久別重逢，當機問鬼神，正見文帝之閒情逸致與輕鬆心理。人惟在閒時，可以通情欵，啓心智。養天機於有意無意之間，而後可以隨時言政事。天下大事，治體國體之本，豈容匆忙急切言之？此非待操割之具體事件也。李商隱識不及此，而曰：「宣室求賢訪逐臣，賈生才調更無倫。可憐夜半虛前席，不問蒼生問鬼神。」吾以為談鬼神能至夜分不倦，亦不可及。李商隱於文帝猶有憾。近人復以淺陋躁妄之心，以為賈生喜放言高論，不曉時務，故文帝避而不與之談，而

與之談鬼神以敷衍之，則其無識尤甚矣。

第二節　漢初之封建及此問題之意義

漢初復封建之制。諸侯王得自置大夫以下官，得自紀年。儼同古諸侯。《史記・五宗世家》太史公曰：「高祖時，諸侯皆賦。得自除內史以下，漢獨爲置丞相，黃金印。諸侯自除御史、廷尉、正、博士，擬於天子。自吳、楚反後，五宗王世，漢爲置二千石，去丞相曰相，銀印。諸侯獨得食租稅。奪之權。其後諸侯貧者或乘牛車也。」《漢書・百官表》云：「諸侯王，高帝初置，金璽綟綬，掌治其國。有太傅輔王，內史治國民，中尉掌武職，丞相統衆官，群卿、大夫、都官如漢朝。景帝中五年，令諸侯王不得復治國。天子爲置吏，改丞相曰相。省御史大夫、廷尉、少府、宗正、博士官。大夫、謁者、郎，諸官長丞，皆損其員。武帝改漢內史爲京兆尹，中尉爲執金吾，郎中令爲光祿勳。故王國如故。損其郎中令秩千石，改太僕曰僕，秩亦千石。成帝綏和元年，省內史，更令相治民，如郡太守，中尉如郡都尉。」《漢書・高五王傳・贊》曰：「自吳、楚誅后，稍奪諸侯權。左官、附益、阿黨之法設。其後諸侯惟得衣食租稅。貧者或乘牛車。」《漢書・諸侯王表・叙》云：「景遭七國之難，抑損諸侯，減黜其官。武有衡山、淮南之謀，作左官之律，設附益之法，諸侯惟得衣食租稅，不與政事。」此西漢歷世損抑諸侯王權之大略也。

錢穆先生云：

封建制逐步破壞，郡縣制逐步推行，自春秋至戰國已然。秦以下，雖封建遺形，尚未全絕，然終不能再興。且其勢如危石轉峻阪，不墮於地不止。漢初先則有異姓封王。繼則封王惟限於同姓。又次，則諸王惟得衣租食稅，同於富人。此自景、武，下逮東漢，封建名存實亡。尺土一民，皆統於中央。諸封王惟食邑而已。至魏，則幷邑入亦薄。晉矯魏孤立，大封同姓，並許自選官屬，然劉頌言其法同郡縣，無成國之制。蓋亦徒享封土，不治吏民。亦西漢景、武以後法度耳。至晉惠帝立後，諸王或鎮雄藩，或專朝政，遂有八王之亂，然此乃權臣之擅政，非古代封建之比。下至南朝宋、齊、梁諸代，宗室諸王皆出爲都督刺史。星羅棋布，各據強藩，假以事任，矯東晉中央衰替之勢，然此特援引親族以踞要位，其權重在爲守令，不在爲王侯。唐封諸王不出閣。有名號，無國邑，空樹官僚而無莅事。聚居京師，亦僅衣稅食租。惟明初封諸王，欲以封建郡縣相雜，然一再傳即廢。終明之世，仍是分封而不錫土，列爵而不臨民，食祿而不治事也。再以封侯論，漢初諸侯亦猶有君國子民之意。景帝後，事權即皆歸國相。侯國與郡縣無異。然尚裂土以封。東漢，則多未與國邑，僅佩印受廩。列侯殆全同於關內侯。又漢初丞相選用列侯，武帝時始有拜相封侯之制。東漢位三公者亦不復有茅土封。然漢人猶常稱萬戶侯，言其封食之大。至魏，雖親王所食，未有及萬。諸將封多不滿千戶。（張繡封二千戶，時謂例外。亦因其時戶口耗減。）晉、宋以下，門第既盛，朝廷封爵，乃不爲重。至唐則並廢封爵世襲之制。

爵僅及身而止。而所謂爵士亦祇是虛名。受封者於內府給繒
布，惟同俸賜。絕不足以擬古之胙土矣。唐太宗貞觀十一
年，令諸功臣世襲刺史，長孫無忌等十四人辭曰：違時易
務，曲樹私恩。謀及庶僚，義非僉允。方招史冊之誚，有紊
聖代之綱，一也。臣等非才，愈彰濫賞。二也。孩童嗣職，
寧無傷錦。一掛形網，自取誅夷。三也。求賢分政，寄在共
理。封植兒曹，失于求瘼。百姓不幸，將焉用之？四也。於
是，遂止。（按：唐初屢議封建。李百藥、馬周諸人，皆反
對之。）觀於此，則知封建制度，已不能復行於後世。
〔……〕（《國史大綱》頁82）

　　周之封建，一方是周之王國所代表之大一統（共尊周文所成之
一統）之生長過程，一方是各侯國之生長過程。所謂封建，是封侯
建國，本為積極性之生長。每一侯國代表一生命集團。及至春秋，
乃各生命集團長成而各具其特殊性之時，故各有其表現。雖各有其
特殊性，而同時又共尊周文為一統一性之象徵。故各侯國之生長，
同時亦即是周文一統之彰著。此中國封建之本意也。與西方西羅馬
帝國崩潰後而成為各民族、各地方勢力之割據發展而成之封建本不
同意。一、在西方，是統一崩解後墮落而成者，二、是新興各蠻族
接受舊文化之逐漸生長，崩解後之自行生長。由此，故西方易引至
各民族國家之成立。但在中國則不然。一、在中國，是統一王國與
各侯國之並駕生長。（雖說至春秋，周天子之王命已失效，然不礙
周文一統之生長。）二、是同一民族而為不同之氏族，故同尊周
文，在一統一之文化空氣下生息。由此，故在中國不能引至各民族

國家之成立。在同一文化系統下，不能各有其文化特殊性之傳統，不能引至民族國家之成立。是以至戰國，雖有許多國家，然無許多文化系統。（當然齊、魯、晉、楚各有其特性。然不礙文化系統之一。）故各侯國雖各盡其物力以相爭，然只是在同一文統下，赤裸生命之相消，並不能代表一積極建國之意義。（不能各有其文化系統，即不能有各自積極建國之意義。）秦之統一，由于其國力，由于歷史之趨勢，固不必由于周文一統之理上之必統一（必至秦之統一）。然在中國，實總有一統一系統爲其背景。此背景之力量甚大，故歷史趨勢，總必向統一走，而不向各民族國家之建立走。依是漢初之封建，一是臨時性，群雄並起，暫時因勢而王之。二是本親親之義而王骨肉，兄爲天子，弟不能爲平民。此只是主觀之富貴義。由此可知，漢初之封建（以及後來之封建），已無周之封建之積極意義與客觀意義，與夫歷史趨勢上之建設意義。雖可云漢初一時不能統制此大國，故不能不封建。然此亦只是漢初封建之消極意義，而不能爲成就封建之積極意義。及至向郡縣制統一之趨勢已成，又各地方氏族已發展至平等之程度，復至一互相流通出入之混一局勢，各集團生命之凝固性已消失，則封建即不復能成立。中國歷史發展至戰國及秦漢，各氏族集團生命實處于一消散而爲一大混融之局。社會上各種人物實以其個人之姿態昂首活動于大地（版圖）之內。此一型態直延至今日而不變。

　　此一渙散而混一之局，惟對夷狄而顯其凝固性。此可由夷、夏之辨而表明。然此種辨別所顯之凝固性不免鬆而弱。蓋因夷、夏之辨，一方是文化的觀念，一方是種族的觀念。前者鬆而弱（所謂王道），固人所盡知，而後者則因集團生命凝固性之消散，故亦鬆

而弱。種族觀念，如在內部無通過文化、政治、經濟之堅強組織性
與夫集團之凝固性，其對夷狄所顯之統一凝固性即鬆而弱，常不足
以抵禦外來之侵擾。而在文化觀念所顯之凝固性亦虛浮而不落實，
顢頇而無涯際。此所以中華民族常受夷狄之患，志士仁人所慷慨唏
噓而不能已者也。（中國夷、夏之辨，其對夷狄常是一超越而卑視
之態度，故夷狄儼若一敵對而又不足為敵對，依此而為廣泛無涯
際。而其內部之諸夏又消散而為混融之局，故其集團之凝固性亦不
顯。此中國所以為天下觀念為文化單位之故。）及郡縣制之統一已
成，則必盡量減損地方勢力，而向中央集權（君主專制）走。此亦
由集團勢力消散而為混融之局所必演至之政治型態。此一型態，由
光武而漸確定 ，至宋而充其極。識者痛于夷狄之禍，而轉其注意
于地方勢力之凝結焉。王船山《宋論》卷十五最後一段云：

> 漢、唐之亡，皆自亡也。宋亡，則舉黃帝、堯、舜以來道法
> 相傳之天下而亡之也。是豈徒徽、欽以降之多敗德，蔡、
> 秦、賈、史之挾姦私，遂至於斯哉？其所繇來者漸矣。古之
> 言治者，曰「覿文匡武」。匡云者，非其銷之之謂也。藏之
> 也固，用之也密，不待覿而自成其用之謂也。故《書》曰：
> 「迪惟有夏，乃有室大競。」競之不大，棟折榱崩，欲支之
> 也難矣。其競之也，非必若漢武、隋煬，窮兵遠塞，而以自
> 疲也。一室之棟，一二而已。樽、櫨、榱、桷，相倚以安，
> 而不任競之力。故用之專者，物莫能勝。守之壹者，寇莫能
> 侵。率萬人以相搏，而其相敵也，一與一相當，而群無所
> 用。自遼海以西，迄於夏朔。自賀蘭以南，垂於洮岷。其外

之逐水草、工騎射、好戰樂殺、以睥睨中土者，地猶是地，人猶是族。自古迄今，豈有異哉？三代之治，千有餘歲。天子不以爲憂。其制之之道，無所考矣。自春秋以及戰國，中國自相爭戰，而燕、趙獨以二國之力，控制北陲。秦人外應關東，而以餘力獨捍西圍。東不貸力於齊，南不藉援於韓、魏，江淮以南，則尤耳不聞朔漠之有天驕也。及秦滅燕、代，併六合，率天下之力以防胡，而匈奴始大。漢竭力以禦之，而終莫之能抑。至於靈、獻之世，中國復分，而劉虞、公孫瓚、袁紹不聞有北塞之憂。曹操起而撫之，鮮卑、匈奴，皆內徙焉，蜀、吳不相聞也。晉兼三國，而五胡競起。垂及於唐，突厥、奚、契丹，相仍內擾。及安史之亂，河北叛臣，各據數州之土以抗天子，而薊、雲之烽燧不聞者百年。由此言之，合天下以求競而不競，控數州以匡武，而競莫加焉。則中國所以衛此覯文之區者，大略可知矣。東漢之強，不敵西漢，而無北顧之憂者，有黎陽之屯在也。天寶以後，內亂方興，不敵開元以前，而無山後之警者，有魏博之牙兵在也。外重漁陽、上郡、雲中之守，而黎陽承其後，外建盧龍、定難、振武之節，而魏博輔其威。以其地任其人，以其人守其地。金粟自贍也，士馬自簡也。險隘自固也，甲仗自營也。無巡邊之大使，以督其簿責；無遙制之廷臣，以掣其進止。雖寡而眾矣，雖弱而強矣。故曰：「天子有道，守在四夷。」言四裔之邊，臣各自守，而不待天子之守之也。牽帥海內，以守非所自守之地，則漫不關情而自息。奔走遠人，以戰非所習戰之方，則其力先竭而必蹶。然而庸主

具臣之謀，固必出於此者，事已迫，則不容不疲中國以爭，難未形，則惟恐將帥之倚兵而侵上也。嗚乎！宋之所以裂天維、傾地紀、亂人群、貽無窮之禍者，此而已矣。其得天下也不正，而厚疑攘臂之仍。其制天下也無權，而深懷尾大之忌。前之以趙普之佞，逢其君猜妒之私。繼之以畢士安之庸，徇愚氓姑息之逸。於是，關南河北，數千里闃其無人。迫及勍敵介馬而馳，乃毆南方不教之兵，震驚海內，而與相枝距。未戰而耳目先迷於嚮往，一潰而奔保其鄉曲。無可匿也，斯亦無能競也。而自軒轅迄夏後，以力挽天綱者，糜散於百年之內。嗚乎！天不可問，誰為為之，而令至此極乎？嚮令宋當削平僭偽之日，宿重兵於河北，擇人以任之。君釋其猜嫌，眾寬其指摘。臨三關以扼契丹，即不能席捲燕、雲，而契丹已亡，女真不能內躪，亦何至棄中州為完顏歸死之穴，而召蒙古以臨淮泗哉？人本自競，無待吾之競之也。不挫之而亦足以競矣。均此同生並育於聲名文物之地，以相為主輔，而視若芒刺之在背。威之弗能也，信之弗固也，宰之弗法也。棄其人，曠其土，以檿支宇，而棟之折也已久。孰令宋之失道，若斯其愚耶？天地之氣，五百餘年而必復。周亡而天下一，宋興而割據絕。後有起者，鑒於斯以立國，庶有待乎？平其情，公其志，立其義，以奠其維。斯則繼軒轅、大禹，而允為天地之肖子也夫。

讀至此，感慨萬端，誠不覺其泣之出涕也。船山之情，可謂痛而苦矣。周亡而天下一，既一矣，自不能不向中央集權進。封建不能

存，割據不能有。宋興而割據絕，乃統一後之必有趨勢。不統一，
爲亂世，統一爲盛世。此周後所公認之觀念也。既以此爲眞理，自
不能認割據爲應當。然中央集權，而地方空虛，則四肢無力，不足
以捍外患。此亦一眞理。吾人要求統一，又要求地方有力量。此兩
要求乃矛盾者，如何能統於一？惟吾人能正視此矛盾，然後能轉進
至一新境界。以往之歷史，乃向統一一面而措施者。船山懷亡國之
痛，乃慨言乎之。然其所列舉之存地方勢力以禦外患，大抵皆不統
一之亂世也。「燕、趙獨以二國之力，控制北陲」，此戰國之時
也。而「劉虞、公孫瓚、袁紹不聞有北塞之憂，曹操起而撫之，鮮
卑、匈奴，皆內徙焉」，此三國混亂之時也。「及安史之亂，河北
叛臣，各據數州之士以抗天子，而薊雲之烽燧不聞者百年」，此亦
唐室之衰，而叛臣乃天子所不能容者，亦統一所不能許者。「合天
下以求競而不競，控數洲以匿武，而競莫加焉。」然則欲匿武以捍
外患，非破壞統一不可乎？欲統一，即不能匿武于邊陲以捍外患
乎？此無可奈何之論，不足以厭「統一」一眞理也。既統一矣，自
不能無巡邊之大使，自不能無遙制之廷臣。放任而不聞問，則必政
權不能及，亦必不奉正朔者也。「天子有道，守在四夷。」此爲解
消矛盾之綜和眞理。然此眞理之實現，正在一矛盾之克服，有其曲
折轉進者矣。宋之猜忌之私，固造成亡國亡天下之大患，然必犧牲
統一以求助於叛臣，則亦非厭足之論也。（宋之陋與私是一時之愚
蠢與低能。而客觀問題則是統一與地方匿武之綜和。）船山自非肯
定不統一者。故最後云：「周亡而天下一，宋興而割據絕。後有起
者，鑒於斯以立國，庶有待乎？平其情，公其志，立其義，以奠其
維。」平情公志以立義奠維，在秦、漢而後之政治形態下，談何容

易乎？此非純爲道德要求所能實現也（然基本條件自必落于平情公志之實上）。中央集權而又爲家天下之私，蓋未有能實現此要求者。猜忌之私非必庸主具臣爲然也，即雄主傑臣亦所不免。惟視其才之能控制與否耳，能擴得開與否耳。能控得住、擴得開，則不「恐將帥之倚兵而侵上」，而惟是爲人主之爪牙，爲開國之「功臣」。（然處置功臣之道，則歷史亦彰彰矣。）而擴得開否，爲才氣問題，非理性問題。而平情公志以立義奠維，則理性問題也。家天下之私即爲不能平情公志之樞紐。能實現其志之公，其情之平，則立義奠維，其庶幾乎？立義即立法度也。吾前曾論有革命而無變法，而此之立法度，即屬變法之事也。吾嘗思之，中央統一與地方自治（培養地方勢力以匡武）之綜和統一非不可能者。如美之聯邦是也。然此即爲政治形態一大轉進，而歷史上從未實現者。一、培養地方勢力以匡武，增長其集團生命之凝固性，而不消解之爲一個人姿態之活動於天地，則非雙方放心不可。中央不放心不可也，地方不放心亦不可也。而放心之道，則在一制度之公許。依此制度，中央允許地方有高度之自治與自立而放心焉，則無所用其猜忌；同時地方亦允許中央有其統一之綱維而放心焉，則無所用其顧慮。二、此制度之確立必函有公天下之制度之確立。家天下之天子必轉而爲公天下之象徵。即必客觀化而爲一合理者。天子在以往並非合理者，其政治地位並未客觀化。而其客觀化必賴一制度。制度是常，而彼可以常，亦可以不常。然打天下之路必止。此制而立，則其情自平，其志自公，即不平而亦平，不公而亦公。公而平，則放心焉。此而放心，則彼自亦放心矣，自必公而平矣。此所謂立義奠維也。

　　然此立義奠維，亦必有可以實現之基礎。一、全國必共守一文化系統爲立國之本而不踰。文教之自根自本性不可離。二、社會上必多培養集團之凝固性以顯示其對自之自性與對他之他性，由之以引發其客觀之精神。（在以往政治形態下，封建割據，皆非眞正地方匿武之道。）夫自秦、漢而後，主觀之天子集權于上，無有足以限制而安頓之者，而人民則潛伏，而渙散于下，無有足以鼓舞而興起之者。煦煦之仁，固足以生息其潛力，而放之任之，若無所事事焉，若不可觸焉（前有所謂王者不治夷狄，實則對於中國之民亦未曾治也），則其潛力必有兩途之歸宿：一、任其自生自滅而日就乾枯，日趨於非精神性而于純質料之愚氓，是則潛而終于潛，而終無「實現」之日。二、狡詰者乘機而煽動，則其潛力一發而不可收拾，而爲粗暴狂悖之亂行，此固民之可悲，亦狡者之可悲，而于國、于民、于社會之福利，皆無所取也。有此兩途歸宿之民，而欲實現立義奠維，匿武于地方，豈不難哉？上有無安頓以限之之天子，下有潛伏而渙散之愚陋之民，中有浮文妨要之士大夫，則其統一之局，亦純賴盡氣者之擴張，一旦擴而至于飽和量，停滯而持續，則統一之局只是一虛浮無實之空架子。其不能抵禦夷狄之侵擾亦宜矣。（封建割據，旣敗統一之局，亦非眞正匿武捍患之道。）宋之亡，明之亡，皆擧黃帝、堯、舜以來道法相傳之天下而亡之也。亭林有亡國亡天下之說，船山說宋亡，實即說明亡。如不徹底覺悟，則同于宋、明之亡者，正方興未艾也。宋、明之亡，亡于夷狄，尙爲被動者。若夫上下同趨于疲軟卑陋之極，道法虛懸，旣無力亦無理，而至于邪說惑民，激蕩而爲粗暴狂悖之亂行，則裂天維、傾地紀、亂人群，以貽無窮之禍，正不須有夷狄之蹂躪以致

此，而可以自我否定，以夷變夏，自動而致此也。嗚呼！「天不可問，誰爲爲之，而令至此極乎？」履霜堅冰，其由來漸矣。天下之可痛，尚有痛於此者乎？吾華族之民，如尚有一分生人之氣，其于此而痛切覺悟，立義以奠維，自本而自立，則剝復之機，亦正其時矣。志士仁人，繼軒轅、大禹，而爲天地之肖子，乃爲定然之眞理、絕對之應該，任何曲說詭辭皆不足以易之也。

第二章　仲舒對策，漢武更化

第一節　武帝之性格與董仲舒之文化運動

漢之平民政府，發展至武帝，已屆有為之時。有為，從現實事業方面說，一、郡縣制的統一告成，二、撻伐匈奴。此皆繼承前此之現實問題之演變而為者。此中有一歷史之勢，而又切于己身政權之利害（對諸侯王言）與夫華夏之生存與安定（此對匈奴言）。自孝惠、文、景以來，現實相摩蕩而步步切己推移者，惟此兩者為顯而要。故其勢亦易為後人所承接而期有以解決之。此種有為，其因果為直接而顯明。惟有一事，其因果性較不直接，亦不切于常人之具體感，而亦竟然為之，則為難能而可貴。此即復古更化是也。此為表現理想之事業。表現理想，即接受觀念與承接文化系統之謂也。此雖從外部種種因緣說，亦可謂屆成熟之時，然徒外部因緣，不盡足以明之也。如在文帝時，賈誼已痛陳秦俗之壞，而急急以改制更化為言。然文帝時，其幾與勢尚不成熟。文帝非不知之，有所不能也。故曰：文帝謙讓未遑也。然徒以幾與勢為條件，則不可說為知事。其因果性不直接而遠于吾人之具體感者，其幾勢雖至，而

生命之強度不足以應之，失其幾而昧其勢，悠忽以過，墮落下墜，
枯槁以死者，多不勝數也。故接受理想，客觀化其活動而承接文化
大統，則生命之事也。劉邦時代，吾謂之爲天才時代。此時代，短
之可以至武帝，長之可及二百年。茲且短而言之，從高祖到武帝已
六十餘年矣。此六十年間，其整個時代可視爲一大生命之發展。發
展至武帝而有一轉進。此大生命之發展，到武帝時，已屆接受理想
之時。惟天才爲能盡氣，惟盡氣者爲有眞生命，惟有眞生命者爲能
接受理想。此一大生命之發展爲一天才時代，故終必有一日至乎接
受理想而客觀化其生命也。不能一任天然之氣質，使本爲有限者而
任其冒充爲無限，任運流轉，而馴至枯槁以死也。就個人言，吾已
謂劉邦能逐步客觀化其生命，不僅滯于其主觀之氣質中。此天才
也。文帝之躬修玄默，曹參之與民生息，亦天才也。武帝之復古更
化，接受理想，亦天才也。皆有其生命者也。前人評武帝爲雄才大
略，又譏其好大喜功，司馬遷對之又多有微詞。實則雄才大略亦不
足以盡之，其人之爲天才亦自別爲一格。其人不如劉邦之富于藝術
性，故覺其無甚趣味。又不如文帝之沈潛含蓄，富于幾智，故覺其
鋪張揚厲，而乏潛德之幽光。前兩代皆爲平民，具平民之現實性與
樸實性。至乎武帝已第四代矣。就世家門第言之，已足夠爲闊大公
子之資格矣。謂其好大喜功，亦未始不可。然其憑藉厚，而能善用
其憑藉；其才氣大，而不萎瑣其才氣；其接觸問題，而必期解決而
不躲閃；此亦爲能盡氣者之天才也。彼好神仙怪誕之事，能歌辭，
此示其想像力頗豐富也。賞罰立斷，不假借；立昭帝，而必殺其母
（鉤弋夫人）：此示其有法治精神，而不爲主觀情感所繫縛也。能
接近各種類型之人物，如抒發理想之儒者、辯言巧慧之士、遊戲滑

稽之士、辭賦能文之士、吏法之士、武勇之士、理財之士，此示其
興趣之廣，能客觀地欣賞各種人士之能而不固結于主觀之偏好（結
爲「有物結之」之結）。此必生命洋溢豐富而後能者也。生命豐富
者，不刻薄、不陰險、不邪僻（凡此皆爲生命乾枯僵化者之所
至），故能憑其想像力而接受理想、肯定理想也。其接受理想也，
非奇特浪漫而具孤僻性之理想，而乃具有富麗堂皇、光明正大，帶
有正統性之理想。劉邦亦生命充滿者，然不好儒者，亦無所知于文
化系統。此其平民性使然也。而由其能不滯於其不好，而見其機之
靈。武帝則進一步欣賞儒家思想（或文化系統）之富貴性、理想
性，及構造性。此非其內心中有超越之想像與自肯之信念不能也，
非可純以假借視之也。武帝師王臧及臧之同學趙綰，皆儒者。武帝
不好黃老，非盡教育之力，必其內心有此種子。黃老之儉嗇，虛與
委蛇，非其本性之所好也。墨家非儒，即一方表示墨家之寒傖氣與
實利性，一方表示儒家禮樂文化之富貴氣與理想性。《易》曰：
「富有之謂大業」。又曰：「天地之大德曰生，聖人之大寶曰
位。」〈禮器〉云：「禮之以多爲貴者，以其外心者也。德發揚，
詡萬物，大理物博。如此，則得不以多爲貴乎？故君子樂其發
也。」此皆表示儒家思想之富貴性與理想性，而正爲武帝內心生活
之所好。（當然，儒家思想不只此義，而武帝之契此亦由於氣質分
數多，不必由於德業之純粹。然古今帝王能積極地欣賞此義而又恰
相應於歷史進程中之時代使命或事業表現，惟武帝一人而已。）
《史記‧汲黯傳》：「天子方招文學儒者，上曰：吾欲云云。黯對
曰：陛下內多欲而外施仁義，奈何欲效唐、虞之治乎？上默然怒。
變色而罷朝。」生命不強者，不能多欲。多欲固不必佳，然其發揚

進取，大理物博之一義，未可忽視也。汲黯之性格固不能知武帝心中之所蘊也。多欲、富想像、好誕，然亦能引而之于正，則其好怪誕即可說其生命中之夾雜、氣質中之渣滓也。秦皇、漢武不可同格視之，即在此矣。（秦皇乃一變態之心理，陰私險怪，其生命已乾枯。）依以上之描述而言之，可定武帝為一「發揚的理性人格」。吾于後說光武為一「凝斂的理性人格」，由此而鑄成東漢之時代精神。由武帝之「發揚的理性人格」，鑄成此後西漢之時代精神。（此亦可說，此是時代精神之凝聚而實現之于具體人格者。）董仲舒之天人三策，其思想之超越性、理想性、涵蓋性（在今人視之，必認為迂遠怪誕者），非有發揚之精神不能欣趣而肯定之也。在武帝，有能盡氣之才，故能措之於事業，而實現此理想。（幾分之幾，不管。）亦由之而開創一局面，開創一發揚的建設之局。由此局而繼續下去，在思想或時代精神方面，即轉而為「理性之超越表現」（光武時代為理性之內在表現）。由高祖至武帝此一大生命之發展，乃由天才時代轉至理性時代。此步轉進，乃由武帝之「發揚的理性人格」承接文化系統復古更化而形成。然其所轉至之理性時代，究成為「理性之超越表現」，此即後來之禪讓理論，而釀成王莽之篡。而其內在表現則只為宣帝之吏治，吏法之士之精神。此兩流（即超越與內在），依歷史進程言，在西漢尚未能至一合理之實現與協調。故理性之超越表現，終必蹈空，經過王莽之篡而轉至光武之內在的表現。（光武好吏事，在此方面，有類宣帝。然宣帝之吏治乃在一涵蓋精神之領導下前進，其本身不成一獨立之骨幹。至光武乃成一獨立之骨幹，而為時代精神之領導矣。故云光武時代為理性之內在表現，其意義不同于宣帝也。蓋其內在表現，不只吏治

一端而已。看後論光武時代即明。）故西漢二百年最可貴，最有問題性。其轉成後來之歷史，由此而得解。其將向另一形態而轉進，亦可由此而開啓而尋索也。

復古更化之理想，已具于賈誼之〈陳政事疏〉。賈生聰敏而富熱情，然深遠堅實，不及仲舒。又因時機不成熟，故「文帝謙讓未遑也」。仲舒與武帝乃相得而成此「發揚的理性之建設之局」。

《史記·賈誼傳》：「賈生以爲漢興至孝文二十餘年。天下和洽而固。當改正朔、易服色、法制度、定官名、興禮樂，乃悉草具其事儀法。色尚黃，數用五，爲官名。悉更秦之法。孝文帝初即位，謙讓未遑也。」賈誼〈陳政事疏〉曰：「商君遺禮義，棄仁恩，並心於進取。行之二歲，秦俗日敗。故秦人家富子壯，則出分。家貧子壯，則出贅。借父耰鉏，慮有德色。母取箕箒，立而誶語。抱哺其子，與公併倨。婦姑不相說，則反唇而相譏。其慈子者利，不同禽獸者亡幾耳。然並心而赴時，猶曰蹶六國，兼天下。功成求得矣。終不知反廉愧之節、仁義之厚。信兼併之法，遂進取之業。天下大敗。衆掩寡、智欺愚、勇威怯、壯陵衰，其亂至矣。是以大賢起之，威震海內，德從天下。曩之爲秦者，今轉而爲漢矣。然其遺風餘俗，猶尚未改。今世以侈靡相競，而上亡制度。棄禮誼，捐廉恥日甚。可謂月異而歲不同矣。〔……〕而大臣特以簿書不報，期會之間，以爲大故。至於俗流失，世壞敗，因恬而不知怪。慮不動於耳目。以爲是適然耳。夫移風易俗，使天下回心而鄉道，類非俗吏之所能爲也。俗吏之所務，在於刀筆筐篋而不知大體。陛下又不自憂，竊爲陛下惜之。」據此，即知改制更化已始於賈誼。「更化」即以儒道變秦之惡俗。改制，即正朔、服色、制

度、官名，一切皆變，以爲一新耳目之表徵。改制是形式者，更化
是內容者。董生承之，而曰：「有改制之名，無變道之實。」其更
化則一也。而曰「復古」者，承接堯、舜、三代以來之文化系統
也。復古變今，正所以創新也。

《漢書·董仲舒傳》：「董仲舒、廣川人也。少治春秋，孝景
時爲博士。下帷講誦。弟子傳，以久次相授業，或莫見其面。蓋三
年不窺園，其精如此。進退容止，非禮不行。學士皆師尊之。武帝
即位，舉賢良文學之士，前後百數。而仲舒以賢良對策焉。制曰：
〔……〕蓋聞五帝三王之道，改制作樂，而天下洽和，百王同之。
〔……〕三代受命，其符安在？災異之變，何緣而起？性命之情，
或夭或壽，或仁或鄙，習聞其號，未燭厥理。伊欲風流而令行，刑
輕而姦改，百姓和樂，政事宣昭，何修何飾，而膏露降，百穀登，
德潤四海，澤臻草木，三光全，寒暑平，受天之祜，享鬼神之靈，
德澤洋溢，施乎方外，延及群生？〔……〕仲舒對曰：〔……〕臣
謹案《春秋》之中，視前世已行之事，以觀天人相與之際，甚可畏
也。〔……〕道者所由適於治之路也。仁義禮樂皆其具也。故聖王
已沒，而子孫長久安寧數百歲，此皆禮樂教化之功也。〔……〕臣
聞天之所大奉，使之王者，必有非人力所能致而自至者。此受命之
符也。天下之人，同心歸之，若歸父母，故天瑞應誠而至。《書》
曰：白魚入於王舟，有火復於王屋，流爲烏。此蓋受命之符也。
〔……〕及至後世，淫佚衰微，不能統理群生，諸侯背畔，殘賊良
民，以爭壤土，廢德教而任刑罰。刑罰不中，則生邪氣。邪氣積於
下，怨惡畜於上。上下不和，則陰陽繆戾，而妖孽生矣。此災異所
緣而起也。〔……〕臣謹案《春秋》之文，求王道之端，得之於

正。正次王，王次春。春者，天之所爲也。正者，王之所爲也。其
意曰：上承天之所爲，而下以正其所爲，正王道之端云爾。然則王
者欲有所爲，宜求其端於天。天道之大者在陰陽。陽爲德，陰爲
刑。刑主殺而德主生。是故陽常居大夏，而以生育養長爲事。陰常
居大冬，而積於空虛不用之處。以此見天之任德不任刑也。天使陽
出布施於上，而主歲功。使陰入伏於下，而時出佐陽。陽不得陰之
助，亦不能獨成歲。終陽以成歲爲名，此天意也。王者承天意以從
事，故任德敎而不任刑。刑者不可任以治世，猶陰之不可任以成歲
也。爲政而任刑，不順於天。故先王莫之肯爲也。今廢先王德敎之
官，而獨任執法之吏治民，毋乃任刑之意與？孔子曰：不敎而誅謂
之虐。虐政用於下，而欲德敎之被四海，故難成也。臣謹案《春
秋》謂一元之意。一者，萬物之所從始也。元者，辭之所謂大也。
謂一爲元者，視大始而欲正本也。《春秋》深探其本，而反自貴者
始。故爲人君者正心以正朝廷，正朝廷以正百官，正百官以正萬
民，正萬民以正四方。四方正，遠近莫敢不壹於正，而亡有邪氣奸
其間者。是以陰陽調而風雨時，群生和而萬民殖，五穀熟而草木
茂，天地之間被潤澤而大豐美，四海之內聞盛德而皆來臣，諸福之
物，可致之祥，莫不畢至，而王道終矣。〔……〕古之王者明於
此，是故南面而治天下，莫不以敎化爲大務。立大學以敎於國，設
庠序以化於邑。漸民以仁，摩民以誼，節民以禮，故其刑罰甚輕，
而禁不犯者，敎化行而習俗美也。聖王之繼亂世也，掃除其迹而悉
去之，復修敎化而崇起之。敎化已明，習俗已成，子孫循之，行五
六百歲，尚未敗也。至周之末世，大爲亡道，以失天下。秦繼其
後，獨不能改，又益甚之。重禁文學，不得挾書，棄捐禮誼，而惡

聞之。其心欲盡滅先聖之道,而顓為自恣苟簡之治。故立為天子十四歲而國破亡矣。自古以來,未嘗有以亂濟亂,大敗天下之民,如秦者也。其遺毒餘烈,至今未滅。使習俗薄惡,人民囂頑,抵冒殊扞,孰爛如此之甚者也。〔……〕竊譬之琴瑟不調,甚者,必解而更張之,乃可鼓也。為政而不行,甚者,必變而更化之,乃可理也。當更張而不更張,雖有良工,不能善調也。當更化而不更化,雖有大賢,不能善治也。故漢得天下以來,常欲善治,而至今不可善治者,失之於當更化而不更化也。〔……〕

　　「天子覽其對而異焉,乃復冊之曰:制曰:〔……〕今子大夫待詔百有餘人,或道世務而未濟,稽諸上古之不同,考之於今而難行,毋乃牽於文繫而不得騁與?將所由異術,所聞殊方與?〔……〕仲舒對曰:〔……〕陛下親耕藉田,以為農先。夙寤晨興,憂勞萬民。思惟往古,而務以求賢。此亦堯、舜之用心也。然而未云獲者,士素不厲也。夫不素養士而欲求賢,譬猶不琢玉而求文采也。故養士大者,莫大乎太學。太學者,賢士之所關也,教化之本原也。今以一郡一國之眾,對亡應書者〔書謂舉賢良文學之詔書〕,是王道往往而絕也。臣願陛下興太學、置明師,以養天下之士,數考問以盡其材,則英俊宜可得矣。今之郡守、縣令,民之師帥,所使承流而宣化也。〔……〕夫長吏多出於郎中、中郎。吏二千石子弟選郎吏,又以富訾。未必賢也。且古所謂功者,以任官稱職為差,非所謂積日累久也。故小材,雖累日,不離於小官。賢材,雖未久,不害為輔佐。是以有司竭力盡知,務治其業,而以赴功。今則不然。累日以取貴,積久以致官。是以廉恥貿亂,賢不肖渾殽,未得其真。臣愚以為使諸列侯郡守二千石,各擇其吏民之賢

者，歲貢各二人，以給宿衛，且以觀大臣之能。所貢賢者有賞，所
貢不肖者有罰，夫如是，諸侯吏二千石，皆盡心於求賢，天下之
士，可得而官使也。〔……〕

「於是天子復冊之。制曰：蓋聞善言天者，必有徵於人。善言
古者，必有驗於今。故朕垂問乎天人之應。上嘉唐、虞，下悼桀、
紂。寖微寖滅，寖明寖昌之道。虛心以改。今子大夫明於陰陽所以
造化，習於先聖之道業。然而文采未極，豈惑乎當世之務哉？條貫
靡竟，統紀未終，意朕之不明與？聽若眩與？〔……〕仲舒復對
曰：〔……〕臣聞天者群物之祖也。故徧覆包函而無所殊。建日月
風雨以和之，經陰陽寒暑以成之。故聖人法天而立道，亦溥愛而亡
私。布德施仁以厚之，設誼立禮以導之。春者天之所以生也，仁者
君之所以愛也。夏者天之所以長也，德者君之所以養也。霜者天之
所以殺也，刑者君之所以罰也。由此言之，天人之徵，古今之道
也。孔子作《春秋》，上揆之天道，下質諸人情，參之於古，考之
於今。故《春秋》之所譏，災害之所加也。《春秋》之所惡，怪異
之所施也。書邦家之過，兼災異之變，以此見人之所爲，其美惡之
極，乃與天地流通，而往來相應。此亦言天之一端也。〔……〕冊
曰：三王之教，所祖不同，而皆有失。或謂久而不易者道也。意豈
異哉？臣聞夫樂而不亂，復而不厭者，謂之道。道者萬世亡弊。弊
者道之失也。先王之道，必有偏而不起之處，故政有眊而不行。舉
其偏者以補其弊而已矣。三王之道，所祖不同，非其相反，將以捄
〔救〕溢扶衰，所遭之變然也。故孔子曰：亡爲而治者其舜乎？改
正朔，易服色，以順天命而已。其餘盡循堯道，何更爲哉？故王者
有改制之名，亡變道之實。然夏上忠，殷上敬，周上文者，所繼之

捄，當用此也。孔子曰：殷因於夏禮，所損益可知也。周因於殷禮，所損益可知也。其或繼周者，雖百世可知也。此言百王之用，以此三者矣。夏因於虞而獨不言所損益者，其道如一，而所上同也。道之大原出於天。天不變，道亦不變。是以禹繼舜，舜繼堯，三聖相受而守一道，亡救弊之政也。故不言其所損益也。由是觀之，繼治世者其道同，繼亂世者其道變。今漢繼大亂之後，若宜少損周之文致，用夏之忠者。〔……〕《春秋》大一統者，天地之常經，古今之通誼也。今師異道，人異論，百家殊方，指意不同，是以上亡以持一統，法制數變，下不知所守。臣愚以爲諸不在六藝之科、孔子之術者，皆絕其道，勿使並進。邪辟之說滅息，然後統紀可一，而法度可明，民知所從矣。對既畢，天子以仲舒爲江都相，事易王。〔……〕」

「仲舒在家，朝廷如有大議，使使者及廷尉張湯，就其家而問之。其對皆有明法。自武帝初立，魏其〔竇嬰也〕、武安侯〔田蚡也〕爲相，而隆儒矣。及仲舒對策，推明孔氏，抑黜百家，立學校之官，州郡舉茂材孝廉，皆自仲舒發之。」

以上是有名之〈天人三策〉。其見諸行事，而成爲武帝一朝政治上之重要改革者，錢穆先生曾列舉五點以明之。

第一是設立《五經》博士。博士遠始戰國。（公儀休爲魯博士，賈山祖父袪爲魏王時博士弟子。）齊之稷下先生亦博士之類。（故漢初叔孫通以博士封稷嗣君，謂其嗣稷下。鄭玄稱我先師棘下生子安國，棘下生即稷下先生。以孔安國爲博士，故云。）秦博士七十人，掌通古今，備問對。漢承之。

（博士爲太常屬官。太常掌宗廟禮儀。史官、博士官，皆屬太常，即古代學術統於宗教之遺制。）博士並無政治上實際任務，只代表著古代貴族政府、軍人政府下一輩隨從的智識分子。因此，其性質極雜。占夢、卜筮，皆得爲之。（略如當時之郎官，後代之翰林供奉。惟視帝王所好。）〔秦廷以博士議政興大獄。伏生之徒抱書而逃。（伏生亦東方學者，治尚書。焚書案中，殆與淳于越諸人同失官而去。秦廷既禁以古非今，則焚書後之博士，必多屬之後起百家言也。）主復封建，固爲不智。然以吏爲師，以法爲教，抑低學術，提高法令，較之復封建，亦相去無幾。東方學者之失在迂闊，而中原三晉之士，則失在刻急。各有所長，亦各有所短。自此迄於漢初，博士闃淡無生色。而政府益少學術的意味。此則李斯之大錯〕。武帝從董仲舒請，罷黜百家，只立《五經》博士。從此博士一職，漸漸從方技神怪、旁門雜流中解放出來，純化爲專門研治歷史和政治的學者。〔《六經》爲古官書之流傳民間者（故章學誠謂《六經》皆史）。秦火焚之不盡。漢儒所謂通經致用，即是從已往歷史與哲學裡來講政治。法家只守法令，經學則進一層講道義。法家只沿習俗、襲秦舊，經學則稱古昔、復三代。（《五經》與儒家亦有辨。故文帝時有孟子博士，至武帝時亦罷。《漢書·藝文志》儒家在諸子，與六藝別。）〕他們雖不參加實際政務，但常得預聞種種政務會議（漢大政事廷議有博士）。因此他們對政治上漸漸會發生重大的影響。（自秦人之以吏爲師，以法爲教，漸漸變成朝廷採取博士們的意見，即是政治漸受

學術指導。此項轉變，關係匪細。）

第二是爲博士設立弟子員（其議始於公孫弘）。〔額定五十人。一歲輒課。能通一藝（即一經）以上，得補吏。高第可以爲郎中。）自此漸漸有文學入仕一正途，代替以前之廕任與貲選。士人政府由此造成。

第三是郡國長官察舉屬吏的制度（其議創於董仲舒）。〔博士弟子考試中第，亦得補郡國吏。再從吏治成績升遷，又得察舉爲郎，從此再走入中央仕途。此制與博士弟子相輔。造成此下士人政府之局面。（郡國長吏同時不僅負有奉宣政令之責，並有爲國求賢之責。此亦重大意義也。）〕

第四是禁止官吏兼營商業（其議亦始於董仲舒）。並不斷裁抑兼併。（此層自賈誼、晁錯以來均主之。）〔漢武一代鹽鐵官賣等制度，均由此意義而來。〔注略〕從此社會上新興的富人階級，漸漸轉向。〈儒林傳〉中人物，逐次超過於〈貨殖傳〉。（故曰：遺子黃金滿籯，不如一經。）實爲武帝以下社會一大轉變。（此等處可見學術指導政治，政治轉移社會。當時中國史，實自向一種理想而演進。）〕

第五是開始打破封侯拜相之慣例，而宰相遂不爲一階級所獨佔。〔……〕漢初〔……〕宰相必用封侯階級。〔……〕如蕭何（高帝時）、曹參、王陵、陳平、審食其（惠帝、呂后時），周勃、灌嬰、張蒼、申屠嘉（文帝時），皆軍人也。陶青（陶舍子）、周亞夫（周勃子）、劉舍（劉襄子，景帝時）皆功臣子嗣侯，其先亦軍人也。則漢初丞相，顯爲軍人階級所獨佔。武帝始相公孫弘。（其先如衛綰、竇嬰、許

昌、田蚡、薛澤，惟田蚡爲以外戚相，然亦先封侯。其他仍皆以軍功得侯。否則，其先世以軍功得侯者。）以布衣儒術進。既拜相，乃封侯。此又漢廷政治一絕大轉變也〔注略〕。其先惟軍人與商人，爲政治上兩大勢力（即廝任與貲選）。至是乃一易以士人。此尤見爲轉向文治之精神。〕
（《國史大綱》頁101至103）

　　此一套措施及影響於實際政治之轉變，背後實有一超越理想及文化系統爲背景。文化系統即五經所代表者，此古官書也，堯、舜以來所傳之道法也。（道法爲一綜和詞，含有周文、禮樂、典憲與夫通天人爲一形上之義理。）此道法之形上義理，經過孔、孟之批評的反省、抒發而爲純正精微之型範。董仲舒倡議復古更化，亦在繼承此文化系統，而其超越理想則亦集中于形上義理而發揮之。惟其發揮也，則以魯學攝齊學，雜有陰陽家宇宙論、歷史論之氣息，而爲一大格局。故其取材多傍依《尚書・洪範》、《易》之陰陽，而結集於《春秋》。故《易》、《書》、《春秋》爲漢學所特重之三大《經》。仲舒由此而陶鑄其體系，雖其所發，不能盡其精微之義，而規模之廣大，取義之超越，則確爲漢家定一理想之型範也。其超越理想之結成，惟在《春秋》「春王正月」之一語與《易》「乾元大始」一思想相溝通。故其第一對策中云：「臣謹案《春秋》之文，求王道之端，得之於正。正次王，王次春。春者，天之所爲也。正者，王之所爲也。其意曰：上承天之所爲，而下以正其所爲，正王道之端云爾。」又云：「臣謹案《春秋》謂一元之意。一者萬物之所從始也。元者，辭之所謂大也。謂一爲元者，視大始

而欲正本也。《春秋》深探其本，而反自貴者始。」王道之端，得之于「正」。正者王之所爲也。王所爲之正本于天所爲之春，即王道本于天道也。王道之端，本于天道之端。端者「始」也。此即爲一元之大始。「始」者以理言，不以時言。是以此天人同道之「始」即顯示一「超越之理性」爲一切之本。此「本」，對現實之措施言，即爲一「超越之理想」。依此「本」而措施，故必任德不任刑。任德教之官，不任執法之吏。此超越理性，在天道方面，由陰陽變化而表現。陽爲德，陰爲刑。德返于理性之正，主生生；刑趨于肅殺之反，主空消。而必以理性之正，生長萬物，爲積極而涵蓋之原理。肅殺之反，則消極而輔佐之原理也。在王道方面，則由德、法相成而表現。德亦爲積極而涵蓋者，法則消極而輔助者。是則徹底以「理性」爲本也。而此理性必徹上徹下，上通於天，而爲超越之理性，方能充其極，透得出，而爲政教之本。其貫而下之，成爲政、教合一，乃其直接與政治糾結于一起，遂爲世所詬病。此直接拉得太緊所成之狀態，乃是人心習氣之墮落。亦緣政治格局之未能盡客觀化。固不可以此而否定通體透出之超越理性也。吾人如果換一觀點，則可不造成拉得太緊之狀態，而視政治措施乃爲此超越理想之實現。如此，政治與此理想，總保持相當之距離。以有此距離，則可保此理想之自行發展以及其恆常性。依是，縱然政治無可爲，而在社會上，亦必有人立于文化之立場，而保任此理想于不墜。惟能保持此理想之獨立性與恆常性，然後人類社會方能表示其「畢竟之向上性」。而領導一時代，推動一時代，成爲一創新之局，亦必從此通體透出之超越理性作發源，而後可以開得出。由此開出一運動，吾人自必期望其領導時代，推動時代，依此，亦自必

貫而下之而成爲現實之措施，即必與現實政治相接頭。豈有一運動而欲其永久虛懸者乎？豈可因其必貫而下之，即視爲政、敎合一，而必否定超越理想乎？須知政敎合一，有鬆說，有緊說。緊說，即爲直接與政治糾結于一起。此可曰：內在之合一。此爲不可取者。然在原始形態常易流于此。古云：作之君，作之師。君師合一，即爲原始之政治形態。自孔子出，君師已殊途。武帝、仲舒復古更化，士之地位漸高，宰相系統成立。拉得太緊之內在合一，即不存在。鬆說，則爲保持相當之距離，視政治爲理想之實現，而「保任理想」之敎化可以推之于社會，政治與敎化保持一外在之關係，一方限制政治，指導政治，一方整個社會上保持一諧和之統一，此亦可謂政敎之合一。此爲「外在之合一」，此爲可取者。此種合一，必賴政治格局之充分客觀化。此爲中國以往歷史所未實現者。由此可知，此純爲政治形態問題。非關政敎合一本身也。若連「外在之合一」亦不承認，則政治亦不必要矣。既肯定政治，誰又願其與敎化永遠不諧耶？董仲舒所發動者，正是推動時代，開創新局之文化運動。故必「徹法源底」而後可，是以亦必通體透出而透至超越理性而後可。此徵之中外歷史，凡創造一大時代之文化運動，皆然也。故每一文化運動，皆必以理性主義的理想主義爲根據。此不可易也。仲舒對武帝之冊問，後人名曰：〈天人三策〉，而彼亦自「天人相與之際」言之，此其精神之高遠爲如何？而武帝能欣賞而領納之，則亦非富有超越想像之精神者不能也。此足徵該時代已屆接受理想之時，而以海闊天空、不僵化、無沾滯之原始生命爲根據也。若近人習於政治內部之鑽營苟苟已久，必視此天人之論爲不可思議之夢囈。此近人之卑陋也。故凡百事不可爲。

　　復次，仲舒推明孔氏，抑黜百家，近人以爲大悖思想自由之義，或以爲漢後思想不發達，中國無科學，皆歸因于此，甚且視李斯之倡議焚書，以法爲敎，以吏爲師，與仲舒之罷黜百家，爲同類之專制愚民，甚至辱及個人，以爲仲舒出賣靈魂，爲御用學者，罔顧學術眞理之尊嚴。凡此種種，吾以爲皆襲取時風之濫調，妄譏古人，無一而可。夫立國有常道，人生有常倫。此決非不賅不徧，一曲之士，百家衆技，所能盡其責。彼百家衆技者。固不能取爲立國之最高原則也，而彼之立言用思固亦不就人生之常倫而致力也。即依此義而抑黜之，誠所應當也。否則，民族國家勢必不能有任何自肯也。凡有所肯定，皆視爲專制矣。有此理乎？百家有二意：一指黃、老、申、韓、楊、墨、陰陽、蘇秦、張儀等言，此以諸子百家爲同意之連稱。二、與諸子分言，諸子爲思想家或哲學家，百家則爲專門知識或科學家，此爲熊師十力之說。如百家指第一意思說，則黃、老、申、韓等，固不足以作爲立國之常道、人生之常倫也。「漢初，治黃、老、申、商、刑名者，尙不乏人。漢廷旣設學校以隆敎化，其所敎者，則尊崇孔氏，抑黜百家。若取士異學雜進，則非所以一道同風也。建元元年，丞相綰奏，所舉賢良或治申、商、韓非、蘇秦、張儀之言，亂國政，請皆罷，奏可。」（李源澄先生《秦漢史》頁50）丞相衛綰之奏，即根據仲舒之義而言也。可見當時所謂百家，即指黃、老、申、商、一曲之士之雜言也。亦可以見當時尊孔氏、黜百家之時代背景矣。其尊孔氏，亦非專爲一道同風而任取其一也。孔氏所承之文化系統固有其所以能一道同風之本質矣。一道同風之普遍性，能求之于申、商、黃、老等家乎？能以之爲立國之最高原則乎？孔子自稱述而不作。堯、舜、三代以來所累

積之文化系統，具于《五經》中者，由孔氏刪削而整理之，反省而抒其義，此固非一家之說，亦非一人一時之聰明所能杜撰。此一文化系統早已居于正統之地位，非待孔氏而成爲正統，亦非待仲舒、漢武而成爲正統也。其所以爲正統，乃因其爲吾華族之民族生命、文化生命之貫通的發展之結晶，故能具有一道同風之普遍性與公共性，即以此而居于正統矣，而爲吾華族發展之最高指導原則矣。經過一破敗之時代，而欲承接文化，不以此本有之主流文化系統爲國教（立國之常道），以誰乎？須知此乃國家居于綜和立場公共觀點而爲民族立一自肯也，其抑黜百家也，是立于爲民族立一自肯上而黜之。（即國家不爲之設博士，不以之爲民族之指導原則而已。）何礙于思想自由耶？社會民間有獨好而習之者，固不禁也。又何能與李斯之陰私同論耶？申、商、黃、老之陰幽暗淡，固非有理想、有生命之人之所能耐。其不能厭人意，決非盡國家劃一之故也。孔氏所承接之文化系統之普遍性與恆常性，亦決非國家用之取士即能造成也。又須知申、商、黃、老之思想亦與專門術知或科學知識不同其類。若百家指科學知識言，則此等科學性之術知亦不能爲立國之最高原則，層次不可亂也。尊崇孔氏所承接之文化系統，何礙于科學之發展？如有能發揮理智而成科學，則固國家之所喜，亦社會之幸福，何禁之有？亦無所用其抑黜矣。或曰：不抑黜，即當爲之設官。國家不設官以獎勵之，百家術知，何能繁興？爲何但設五經博士，不設科學性的術知之百家博士耶？此豈非仲舒之陋乎？古者百家術知出于王官。由王官中崇獎滋養，亦可漸演而爲科學。周衰，王官失守，散而之四方，遂爲方技術士，演變而爲旁門雜流。秦時，方技神怪，旁門雜流，猶有博士。至漢武始歸于純正（專設

五經博士）。此固仲舒、漢武之不能措意于此而加意培養，但亦見歷史演變中旁門雜流，方技神怪之不足以爲科學也。不設，是歷史事實之不足以使其設。而科學之成否，正有其他本因在，並不在漢武朝之設不設博士也。漢後，二千年之歷史，有形無形間，無不以儒家所承接之文化系統爲國敎，其爲國敎也，亦非有若何明文之規定，此乃自然爲經世之常道，不可移也。此決無礙于思想之自由。而在此文統下之社會亦無所謂自由不自由。此文化系統之束縛性與敎條性蓋甚少。社會上無所謂自由不自由，是由于思想自由一問題之自覺性不顯。其所以不顯之故，並非由于儒家敎化之控制，而反由于儒家敎化之涵融。時代精神之發展未至根據思想自由之自覺而獨立地追討眞理，抒發理想，成爲哲學，成爲科學。若一旦而有此自覺，眞能認取思想自由之意義與可貴，由之而探討眞理而抒發理想，則可見出此文化系統決無礙于思想之自由，且唯此文化系統方能護持此自由。因爲凡能盡智盡理者，方能覺得思想自由之尊嚴，而儒家是最能欣賞盡智盡理的。社會上一般人士爲此系統所吸住而落于停滯僵化之狀態，不能盡智盡理，則是由于其自身精神之陷溺，非由于儒家敎化之控制。思想自由確有其嚴肅性與尊貴性，決非肆無忌憚之謂也。若必以岳飛爲軍閥，以孔子爲小偸，以老子爲騙子，以墨子爲強盜，爲思想之自由，則此自由正當剝奪，不能任其肆無忌憚也。西方之爭思想自由者曾如此乎？西方之爭思想自由大抵集中于宗敎與科學之衝突。科學非肆無忌憚之妄言也。假若中國有哥白尼其人者，儒家決不會審判之也。亦根本無此權力與意向，說到忽視，亦不會也。由對于張衡之尊崇，即可知矣。西方自接受基督敎以來，猶太摩西律法之煩瑣性與敎條性，以及僧侶階級

之特權與僵化諸陋習，一起皆遺傳於教會。中國之儒家曾有此乎？
正因彼教會有此遺傳之陋習，故不容科學之發明，遂有思想自由之
自覺。（猶太法利賽人之死守摩西律法，耶穌已不能耐矣。）正因
儒家涵融廣，故亦無「不自由」之感覺。近人習於西方之故事，而
昧於自己之歷史，動輒以西方敎條之意視儒家，可謂太浮薄無知
矣。羅素云：「在人類愚蠢事件的目錄中，有一連串的信條。這些
信條，後來自然誰都知道是假的。但有某一個時期內，人們曾信它
爲眞理，而迫害對它們發生疑惑者。如一個西班牙的貴婦人，在星
期六換了一件乾淨的內衣，並說豬肉使他消化不良，結果當時的敎
會認爲她有猶太人的嫌疑，就把她送上異教徒審問台，而加以種種
的拷打。此外，有一個時期，教友派的信徒，因信仰《新約》而被
迫害。但在另一個時期，自由思想者卻因不信仰《新約》而亦被迫
害。」（見《民主評論》第一卷第22期羅素〈論共產主義之思想的
錯誤〉一文。）此眞所謂敎條主義矣。儒家任何時期曾有此乎？
「敎條」一詞可隨便濫用乎？惟西方歷史始有此殘酷愚蠢令人嘆惜
之事件。其文化背景可深思也。國人近數十年來藉思想自由爲護
符，以敎條一詞爲擋箭牌，而流於肆無忌憚，卑賤下流，遂有今日
之慘局。尙詆誣儒家爲敎條主義乎？

第二節　理性之超越表現

　　董仲舒所顯示之「超越理性」，其整個體系，固是有駁雜。其
駁雜處，可自兩方面言。第一、因言「天人相與之際」之可畏，而
言災異之變。因言災異而有取于陰陽家一套著實之宇宙架格，此多

聯想比附之意,而不必眞爲實理也。友人唐君毅先生云:「在中世紀之宗敎道德之觀念下,自然之災害亦由人之罪惡所致,亦由神之罰。現代人全不解。說他是迷信。迷信也許是迷信。但你只以爲他是迷信,則只見你之淺薄。須知說自然之災害是由人之罪惡,即認定人之德行,須對宇宙負責,認定精神在外受了阻抑,便當向內用,以反省自己之罪,去除自己之罪。說自然之災害,是人之罪惡,是出自一最嚴肅之道德責任感的話。」《理想與文化》第九期續刊辭)此意漢人實具備。趙翼謂漢詔令多懼辭,而文帝尤多。實則,仲舒言災異,其本身固自有敬畏感,即武帝後各帝之詔令亦頻以災異爲言,其屢言此而不舍,必其內心有此嚴肅感也。然關此,可有另一面之意義。自道德心理言,言災異固無弊,亦不得曰迷信,而且永遠可藉此以警惕。然自其客觀化而爲時風言,又自其肯定一客觀的宿命的宇宙架格而與超越理性糾結于一起言,則亦見其有駁雜。此一駁雜之局爲超越理性之原始的表現,爲一未經過精神發展之淘濾的原始諧和,由此而成爲風氣,遂成爲「理性之超越的表現」。遠離飄蕩而引至于王莽之篡。此一駁雜之局是時代精神之結集,同時亦盡其時代之使命。吾人之說此,但欲由此在發展中以觀漢代精神表現之何所至,與夫後來之何所歸,以及吾人未來之何所趨。不純以道德心理之價値言此也。友人李源澄先生云:「武帝即位,竇嬰爲相,田蚡爲太尉。兩人皆喜賓客,俱好儒術。推轂趙綰爲御史大夫,王臧爲郎中令,迎魯申公。欲設立明堂以興太平。爲竇太后所阻。乃罷逐趙綰、王臧,而免丞相嬰、太尉蚡。竇太后之好黃、老而輕儒術,爲漢初政治思想之餘燼。竇太后死,而漢廷政治遂大變。顧戰國以來,儒家即頗采陰陽之言。秦、漢之際,儒

術與陰陽方士雜流，竟相比附，皆所以反對法家政治。〈郊祀志〉言：武帝初即位，尤敬鬼神之祀。漢興已六十餘歲，天下艾安，縉紳之屬，皆望天子封禪、皆制度也。此可以見漢初學者對此之殷望。封禪、明堂本極尋常之事。封禪者，古代祭天地之祀典。明堂者，朝諸侯之所在。而漢人言封禪、明堂則怪異。凡言鬼神者方士之言。言服色者陰陽之言。以封禪明禪讓，以明堂言議政者，儒者之言。三者合而為一，故郊祀之事與禮樂之事，幾於相混。秦皇雖坑儒生，而陰陽方士大顯。漢初其跡不絕。文帝時，方士則新垣平，陰陽則公孫臣，儒者則賈誼。皆未得志。故至武帝之世，不僅董仲舒之儒術顯，而陰陽方士亦喧赫一時。非無故也。」（《秦漢史》頁51-52）在此種時代精神下，故董仲舒之顯示超越理性亦不得不有駁雜也（如果他足以為該時代之綜和或代表時）。然其體系之外部有駁雜之局為環繞，而其核心，則固通而上之，重理性，尊禮義，貫而下之，任德不任刑，以禮樂教化，興學校，選人才，為政治措施之本也。此故純然儒者也。其貫而下之之落實處，固百世不易之常道。至若其背後之超越理想，通而上之之超越理性，則須在精神發展中淘濾也。

　　第二、仲舒所代表之文化運動以下兩點為背景：一、縉紳之屬皆望天子封禪，改制度（正朔、服色、官名等）；二、興禮樂教化以改秦所遺留之惡俗。此為時代所迫切要求者。在迫切要求中，即有一種接受理想之自覺。惟在前一種背景下之自覺是一種誇奢鋪張之浮禮，而在後一種背景下是移風易俗之生活上之自覺，此為可取者。惟此可取之自覺，在此運動中，尚未能盡其所應當有之意義。蓋在時代要求之風氣下，倡議此運動之人，並未能直接在生活上使

人有人性之自覺，從人性之自覺中，湧現超越之理想，由之以承接堯、舜、三代以來相傳之文化系統以為例證，同時即以自覺中之理想來生動活潑此文化系統而不使之僵滯。而只是：一、從超越之解悟上（解悟之超越地使用），由《易》、《春秋》推出一外在之超越理性以為「大始」，此是抽象的外在的講法，而且是依附于一制度性之王道之政治措施而立言。二、將古昔相傳之文化系統視作現成的、外在的、具于《五經》中者，而政治地承接下來，以廣被于社會，以為禮樂教化之興復，此是以原始生命之充沛外在地硬頂下來，而為盡氣者之實現。三、設立五經博士，將此文化系統僵滯化，遂演成後來今古文之爭，而儒者由此以通經致用，亦成為外在地、形式地運用儒術（或文化系統），此是視之為典要而直接地表現于事為，此是以事功性視之者。由此三端，遂使此文化運動，並非從人性之自覺中，藉該文化系統以喚醒人類理性之自覺，而內在地歸復于內心精神生活之表現，內心理性之表現，表現而為事理之推求，此是理智之運用；表現而為人性之尊嚴、個性之尊嚴，此是意志之運用。如果能表現而為事理之推求，則可以轉出科學之根基。如果能表現而為要求個性之尊嚴，則可以轉出民主政治之根基。（蓋個性之尊嚴，一落于現實之團體生活上，即必要求權利義務之保持，依此自己有限制，對他亦有限制，而限制可不落于純為對自己之道德意味上，而亦成為政治之意味，此亦可說為道德之政治法律的實現。）此兩種形態之轉出，唯是人類理性之內在地自覺，不假借于外物，而直接歸于生活上以表現。歸于生活上，則精神或理性之表現，必須落實，在經驗之限制中奮鬥（此可說事理之推求），在團體關係中，自限限他（此可說是個性之尊嚴）。實當

由此而移風易俗，而表現禮樂教化，而承接文化系統。然而董仲舒，為一思想家而倡議此運動，並未順孟子之路，由人性之自覺以肯定人性之尊嚴，「由仁義內在之性善」以參透超越之理性，由「人人皆有貴于己者」以肯定個性之尊嚴。（孟子本人固未能轉至科學與民主政治，其言此諸義仍是道德教化的、聖賢人格的。然孔孟直接繼承周文，且適逢戰國時之否定趨勢，其如此消化周文而予以新鮮生動之意義，以喚醒人類理性之自覺，而為民族甚至人類活動立一最高之型範，則固已盡其責任矣。後繼而起者，承之而有所轉進、有所充實，方可說承接。仲舒與武帝復古更化之時，適當時代人心有此迫切之要求。反法家，歸儒術，為一致之意向。是則時代之問題性實可使孔孟之教有一新轉進，而吾人亦實可由此以責倡議者之思想家也。惜乎西漢儒者，甚乏思想家之意味，仲舒乃一特出者，而亦不甚及。）夫超越理性之能盡其實，必賴精神主體也。精神主體者「心」也。言理，必有「心」上遂而實之。夫惟心之呈露，而後始能證實超越理性為不虛（此即盡心知性知天），而後始能作到人類理性之自覺。如此，其必本孔孟之精神而立言，為首出之第一義，乃無可移者。然而仲舒之「推明孔氏」，乃只因其從周文耳，因而遂跨過孔氏而外在地直接承五經。（文帝時有孟子博士。武帝時亦罷。）是其不能歸于精神主體甚顯然也。因此，其超越理性必有駁雜，為外在的，有虛而不實處。後來之局，必流于迂遠怪誕，而成為理性之超越的表現；流于今古文之爭，而成為章句之訓詁。承秦大敗天下之民之後，處于時代之問題性中，而喚醒人類理性之自覺，則必順孔孟之第一義，而轉進至一個普遍文化運動，由道德教化聖賢人格之精神主體，廣被于政治社會而廣度化，

歸復于一般人要求自立之精神主體上，作到兩步限制之立法，而成
爲「理性之內在表現」，方可說是一新轉進。兩步限制之立法：一
爲對于君之限制之立法，一爲對于民之權利義務之承認（亦含有限
制）之立法。（不管其程度如何，能向此作，便走到政治形態矣。
不只是吏治。）乃西漢儒者乘復古更化之時，不能向此用心，而轉
其形態爲禪讓論、五德終始論（此亦爲對于君之限制，可見總有此
問題，責之以兩部立法，非謂不可也。）成爲迂怪之超越表現，因
而引出荒謬乖僻之王莽。此豈不可惜哉？假若「理性之內在表
現」，在此方面有相當之實現，則在科學方面亦必有相當之實現。
蓋此爲同一基本精神之轉也。西漢二百年轉不出，演變而爲光武之
「內在表現」（見下東漢二百年），則中國二千年之歷史即爲如是
之形態而永轉不出矣。夫基于五倫之禮樂敎化（周文之核心），由
原始社會發展至周而湧現出，固爲人文之偉大進步。然從此後之歷
史發展言，則不能停于此，以此爲已足。蓋此一系統爲一普遍而不
可離之常道，然于精神之發展、理想之實現上，並非爲充足者。不
捨乎此而層層轉進，則必有其曲折之關節，而非一直可至也。以往
儒者，每于經世致用而有所議論之時，輒視此系統爲必要而又充足
者，以爲凡事必本于德化，遂以爲只有德化即足矣。其演繹推理太
直接，握住「德化」一涵蓋之大前提，遂直接普而下之以爲如此即
天下太平矣，萬事皆成矣。須知「範圍天地之化而不過」，固是此
大前提之涵蓋，然而「致曲」之道（即精神或理想之層層實現于現
實），則固非一套套邏輯也。此其所以推理太直接也（成爲一平
板）。儒者于「致曲」不能有貢獻，遂爲世所詬病，以爲「事功」
必賴于法家矣。此中國之悲劇也。德化大原是聖賢境界所盡者。後

之儒者若于文化運動而有所貢獻于時代，則必須轉出「分解的盡理之精神」以層層充實而彌綸此大原。此則必須握住「曲折之關節」而表現出思想家之意味斯可矣。西漢之復古更化極富意義性與問題性，為後此所無者。吾故言之如此其切也。

　　中國有「綜和的盡理之精神」（聖賢境界），亦有「綜和的盡氣之精神」（英雄豪傑天才境界），而無「分解的盡理之精神」（此是科學與立法政治之精神）。漢武一朝之復古更化，亦是在「綜和的盡氣之精神」下實現（此為儒家學術之第一次實現）。由漢武之「發揚的理性人格」配之以董仲舒之以超越理性為中心之大系統，遂構成大漢帝國之統一，而成為一「超越的構造」之局。此全為原始生命之充沛，人之樸實，性之戇直，所支撐者。封禪，改制度，亦在此精神下而完成。（武帝太初元年，正曆以正月為歲首，色尚黃，數用五，定官名，協音律。）此種構造為超越的、籠罩的。（不可純以文飾視之。說「外在的」可。）此非有盡氣之綜和者不能也。故當時人才之盛，古今無兩。《漢書·公孫弘傳·贊》有綜述。在此種構造之局下，有若干優點可說。一、士人政府之出現，外朝宰相在政治上取得一較尊嚴之地位，較客觀之意義。（然兩步立法之限制未成，亦不能取得充分之客觀化。）二、孝弟力田，誅鉏豪猾，重農抑商，裁抑兼并。此是禮樂教化之廣被，而期以人格價值之層次定人之等級（位）。此是儒家之精義，在西漢確有相當之實現。〔友人唐君毅先生曰：「中世精神之本身早已過去了。其所以過去，當然由其自身有毛病。其毛病深的方面，在不能透入真正之人性善義，人之本心即天心之義。此點須另說。淺的方面，在中世紀之宗教家、思想家，不注意人類社會階級或階層之

實際形成之歷史，常並非眞依人格價值之層次，而自覺的依人格價值層次之觀念，以改造人類自然形成之社會階層，使之不成今人所謂階級，但求使社會之組織表現一等級性，與人格之價值相應者。人類史上，只中國之儒家曾眞形成此理念，而在此用工夫。然而此理念在中國史上具體實現至何程度，尙難說。」（《理想與文化》第九期，續刊辭）〕三、階級性不甚顯，無政治之特權與經濟之特權。旋富旋貴、飛揚跋扈者，則有之。然無特權階級也。此在西漢特顯。整個中國史與西方較之亦顯。此儒家文化力之影響也。（錢穆先生曰：「西漢適當古代貴族階級破壞之後，各色人物平流競進。並無階資，亦無流品。（即以漢武一朝言，儒生如公孫弘、兒寬；大將如衛青、霍去病、李廣；理財如桑弘羊；司法如張湯；出使如張騫、蘇武。）大抵是一個雜色的局面。東漢則漸漸從雜色的轉變成淸一色。（即以光武一朝論，其雲台十八將已大半是書生出身。此種轉變，已起西漢末葉。西漢儒、吏未分，賢能儒雅不嫌以吏進。東漢吏職漸輕，而尊辟舉。西漢文、武一道，大臣韓安國之徒亦出守邊。東漢流品始分，故劉巴輕張飛。）人才走歸一路，爲東漢國力向衰之又一原因。」）（《國史大綱》頁144）此雖論國力之盛衰，論點與此稍不同。然其義亦通借也。魏、晉、南、北朝墮落分崩之局，始有流品門第之封建勢力。如中國史上有黑暗期，並有與西方中世紀之封建時代意義稍相類之封建，則此期可以當之。然其涵義與歷史源流，亦不相同也。此當別論。）四、宣帝之吏治亦可觀，雖未至「政治」之意義，法律亦未至客觀化之境地。從社會治平方面說，宣帝之治盛於文景。此則劉向、崔實，已言之。（見應邵《風俗通》載劉向對成帝之言，及崔實政論。）

五、思想較自由，大臣敢直言，人君亦有懼辭，較寬容。如汲黯、
蓋寬饒、王吉、貢禹、夏侯勝、薛廣德、朱雲，皆敢犯顏直諫。他
如論禪讓者，亦縱橫議論，不顧忌諱，雖蒙殺身之禍，亦無所惜。
（見下摘錄原料可知）。六、引出王莽之乖謬，此由于思想及風
氣，不由于天災與人禍。民間之動亂，反由王莽之乖謬所引起。故
王莽不能順更化以來之思想風氣而善導之，成為一新時代之出現，
而反陰邪固蔽，投其機而逞其私，乃罪大惡極，為一極無出息之讀
書人也。〔友人李源澄先生曰：「論史者率謂元帝以下為漢之衰
世。自漢室一家興衰論之，元、成以後，誠衰世。若自民族歷史觀
之，元、成以降之政治，其福利生民，未必不逾於漢初。西漢末年
之朝政雖有轉移，而所以治民者，皆承昭、宣以來之政治，所謂承
平之世也。故西漢之亡，其禍不起於民間，而起於朝廷。〈食貨
志〉謂百姓貨富，雖不及文、景，然天下戶口最盛矣。〈地理志〉
謂訖於孝平，民戶千二百二十三萬三千六十二，口五千九百五十九
萬四千九百七十八，漢極盛矣。」（《秦漢史》頁77）又曰：「若
哀帝時之限田宅奴婢，除任子令；元帝時之增弟子員，成帝時之求
遺書，校經籍：關係社會文化者尤大。故從民族歷史言，元、成以
後，自優於文、景。自儒家學術言，元、成以後，更為儒學之普及
時期焉。」（《秦漢史》頁88）〕七、西漢二百年總不失為一健康
之時代，自始至終，飽滿不衰。故實可說大漢四百年也。在此時
期，並無宦官集團，亦無此後歷史中各勢力集團之對立。（如皇
帝、宗室、外戚、功臣、士大夫、軍人、宦官。此各色，至光武時
代始出現，亦大體為光武所鼇定，而成為後來歷史之定局。）故二
百年間，亦無各集團間之鬥爭。士大夫無黨派，亦無內廷外廷之

爭。除開創時削平諸侯王外,只有外戚擅權。雖擅權而窺伺王位,
如王莽者,然于政治固仍循大體也。君不見頌莽功德者之多乎?霍
光亦非無道者。(宣帝之除霍氏,有為之君固不能忍大權之旁落
也。)其顯得鬥爭意味者,唯蕭望之與弘恭、石顯耳。(望之頗有
政治家意味,與東漢之李固有相類。)王室與外戚之糾結,正足見
此一核心之未客觀化之害事,亦足見此部門不客觀化,宰相之客觀
化亦不能充分也,此正問題中心之所在。王莽知利用禪讓論而得元
首之位,豈不應于此反省以思自己之位耶?豈不應于此作一客觀問
題而思一妥善之道以解決之耶?王莽固非打天下者,又為一儒生,
故彼于此實有其所應當盡之時代使命。吾人對之,亦實可有如此之
責讓。若能盡其責,則固國史中一畫時代極崇高之人物。惜乎其流
于極可鄙也。

　　吾論西漢二百年,至此止。此後,則見下章之摘錄。不詳論述
矣。

第三章 更化後有關文獻摘錄

第一節 儒士與巧慧之士

　　《漢書‧公孫弘卜式兒寬傳》：「公孫弘，菑川薛人也。少時為獄吏，有罪，免。家貧。牧豕海上。年四十餘，乃學《春秋》雜說。武帝初即位，招賢良文學士。是時弘年六十，以賢良徵為博士。使匈奴，還報，不合意。上怒，以為不能。弘乃移病免歸。元光五年，復徵賢良文學。菑川國復推上弘。〔……〕時對者百餘人，太常奏弘第居下。策奏，天子擢弘對為第一。召入見，容貌甚麗。拜為博士，待詔金馬門。〔……〕每朝會議，開陳其端，使人主自擇。不肯面折廷爭。於是上察其行慎厚，辯論有餘。習文法吏事，緣飾以儒術，上說之，一歲中，至左內史。弘奏事，有所不可，不肯廷辯。嘗與主爵都尉汲黯請間。黯先發之，弘推其後。上常說。所言皆聽，以此日益親貴。〔……〕元朔中，代薛澤為丞相。先是，漢常以列侯為丞相。唯弘無爵。上於是下詔曰：朕嘉先聖之道，開廣門路。宣招四方之士。蓋古者任賢而序位，量能以授官。勞大者厥祿厚，德盛者獲爵尊。故武功以顯重，而文德以行

褒。其以高成之平津鄉，戶六百五十，封丞相弘爲平津侯。其後以
爲故事。至丞相封，自弘始也。時上方興功業，屢舉賢良。弘自見
爲舉，首起徒步，數年至宰相封侯，於是起客館，開東閣，以延賢
人，與參謀議。弘身食一肉，脫粟飯。故人賓客仰衣食，奉祿皆以
給之，家無所餘。然其性意忌，外寬內深。諸常與弘有隙，無近
遠，雖陽與善，後竟報其過。殺主父偃，徙董仲舒膠西，皆弘力
也。」

　　本傳〈贊〉曰：「公孫弘、卜式、兒寬，皆以鴻漸之翼，困於
燕爵〔雀〕。遠迹羊豕之間。非遇其時，焉能致此位乎？是時漢興
六十餘載。海內艾（ㄨ）安。府庫充實，而西夷未賓，制度多闕。
上方欲用文武，求之如弗及。始以蒲輪迎枚生，見主父而歎息。群
士慕嚮，異人並出。卜式拔於芻牧，弘羊擢於賈豎，衛青奮於奴
僕，日磾出於降虜，斯亦曩時版築飯牛之朋已。漢之得人，於茲爲
盛。儒雅則公孫弘、董仲舒、兒寬；篤行則石建、石慶；質直則汲
黯、卜式；推賢則韓安國、鄭當時；定令則趙禹、張湯；文章則司
馬遷、相如；滑稽則東方朔、枚皋；應對則嚴助、朱買臣；歷數則
唐都、洛下閎；協律則李延年；運籌則桑弘羊；奉使則張騫、蘇
武；將率則衛青、霍去病；受遺則霍光、金日磾。其餘不可勝紀。
是以興造功業，制度遺文，後世莫及。孝宣承統，纂修洪業。亦講
論六藝，招選茂異。而蕭望之、梁丘賀、夏侯勝、韋玄成、嚴彭
祖、尹更始，以儒術進。劉向、王褒，以文章顯。將相則張安世、
趙充國、魏相、丙吉、于定國、杜延年。治民則黃霸、王成、龔
遂、鄭弘、召信臣、韓延壽、尹翁歸、趙廣漢、嚴延年、張敞之
屬，皆有功迹，見述於世。」

又〈嚴助傳〉:「嚴助,會稽吳人,嚴夫子子也。或言族家子也〔夫子之族子〕。郡舉賢良對策百餘人。武帝善助對。由是獨擢助為中大夫。後得朱買臣、吾丘壽王、司馬相如、主父偃、徐樂、嚴安、東方朔、枚皋、膠倉、終軍、嚴葱奇等,並在左右。是時,征伐四夷,開置邊郡,軍旅數發,內改制度。朝廷多事。婁舉賢良文學之士。公孫弘起徒步,數年至丞相。開東閣,延賢人,與謀議,朝覲奏事,因言國家便宜。上令助等與大臣辯論。中外相應以義理之文。大臣數詘。其尤親幸者,東方朔、枚皋、嚴助、吾丘壽王、司馬相如。相如常稱疾避事。朔、皋不根持論,上頗俳優畜之。唯助與壽王見任用,而助最先進。建元三年,閩越舉兵圍東甌,東甌告急於漢。時武帝年未二十,以問太尉田蚡。蚡以為越人相攻擊,其常事。又數反覆,不足煩中國往救也,自秦時棄不屬。於是,助詰蚡曰:特患力不能救,德不能覆。誠能,何故棄之?且秦舉咸陽而棄之,何但越也?今小國以窮困來告急,天子不振,尚安所愬?又何以子萬國乎?上曰:太尉不足與計。吾新即位,不欲出虎符,發兵郡國。乃遣助以節發兵會稽。會稽守欲距法,不為發。助乃斬一司馬,諭意指。遂發兵浮海救東甌。未至。閩越引兵罷。〔……〕」(〈列傳〉第三十四上)

又〈公孫弘傳〉:「時又東置蒼海,北築朔方之郡。弘數諫,以為罷弊中國,以奉無用之地。願罷之。於是上乃使朱買臣等難弘,置朔方之便。發十策,弘不得一。」

又〈吾丘壽王傳〉載公孫弘奏禁民不得挾弓弩。上下其議。壽王對曰:「臣恐邪人挾之而吏不能止,良民以自備而抵法禁。是擅賊威而奪民救也。竊以為無益於禁姦,而廢先王之典,使學者不得

習行其禮。大不便。書奏，上以難丞相弘。弘詘服焉。」又載曰：「及汾陰得寶鼎，武帝嘉之。薦見宗廟。臧於甘泉宮。群臣皆上壽，賀曰：陛下得周鼎。壽王獨曰：非周鼎。上聞之。召而問之曰：今朕得周鼎，群臣皆以爲然，壽王獨以爲非，何也？有說則可，無說則死。壽王對曰：臣安敢無說。臣聞周德始乎后稷，長於公劉，大於太王，成於文、武，顯於周公。德澤上昭，天下漏泉，無所不通。上天報應，鼎爲周出，故名曰周鼎。今漢自高祖繼周，亦昭德顯行，布恩施惠，六合和同。至於陛下，恢廓祖業，功德愈盛，天瑞並至，珍祥畢見。昔秦始皇親出鼎於彭城，而不能得。天祚有德，而寶鼎自出。此天之所以與漢，乃漢寶，非周寶也。上曰善。」（〈列傳〉第三十四上）

又〈主父偃傳〉：「大臣皆畏其口。賂遺累千金。或說偃曰：大橫。偃曰：臣結髮游學，四十餘年。身不得遂。親不以爲子，昆弟不收，賓客棄我。我阸日久矣。丈夫生不五鼎食，死則五鼎亨耳。吾日暮，故倒行逆施之。」（〈列傳〉第三十四上）

第二節　儒術與法吏

《漢書·張湯傳》：「張湯，杜陵人也。父爲長安丞，出，湯爲兒，守舍〔稱兒者言其幼少〕。還，鼠盜肉。父怒，笞湯。湯掘熏得鼠及餘肉。劾鼠，掠治。傳爰書，訊鞫論報。並取鼠與肉，具獄，磔堂下。父見之，視文辭如老獄吏，大驚。遂使書獄。〔……〕武安侯爲丞相〔田蚡〕，徵湯爲史，薦補侍御史，治陳皇后巫蠱獄。深竟黨與。上以爲能。遷太中大夫，與趙禹共定諸律

令，務在深文，拘守職之吏。已而禹至少府，湯爲廷尉。兩人交
驩，兄事禹。禹志在奉公孤立，而湯舞智以御人。〔……〕是時，
上方鄉文學。湯決大獄，欲傅古義。乃請博士弟子治《尚書》、
《春秋》，補廷尉史，平亭疑法，奏讞疑。必奏，先爲上分別其
原。上所是，受而著讞法。廷尉絜令，揚主之明。奏事即譴，湯摧
謝，鄉上意所便。必引正監掾史賢者，曰：固爲臣議如此。上責
臣，臣弗用，愚抵此。罪常釋。間即奏事，上善之。曰：臣非知爲
此奏，乃監掾史某所爲。其欲薦吏，揚人之善，解人之過如此。所
治，即上意所欲罪，予監吏深刻者；即上意所欲釋，予監吏輕平
者。所治，即豪，必舞文巧詆。即下戶羸弱，時口言：雖文致法，
上裁察。於是往往釋湯所言。〔……〕是以湯雖文深意忌，不專
平，然得此聲譽。而深刻吏多爲爪牙用者，依於文學之士。丞相弘
數稱其美。及治淮南、衡山、江都反獄，皆窮根本。嚴助、伍被，
上欲釋之。湯爭曰：伍被本造反謀，而助親幸，出入禁闥，腹心之
臣，乃交私諸侯，如此弗誅，後不可治。上可論之。其治獄，所巧
排大臣，自以爲功，多此類，由是益尊任，遷御史大夫。會渾邪等
降漢，大興兵伐匈奴。山東水旱，貧民流徙。皆仰給縣官，縣官空
虛。湯承上指，請造白金及五銖錢，籠天下鹽鐵，排富商大賈。出
告緡令，鉏豪強幷兼之家，舞文巧詆以輔法。湯每朝奏事，語國家
用，日旰〔晚也〕，天子忘食，丞相取充位。天下事皆決湯。
〔……〕匈奴求和親，群臣議前。博士狄山曰：和親便。上問其
便。山曰：兵，凶器，未易數動。〔……〕上問湯。湯曰：此愚儒
無知。狄山曰：臣固愚忠，若御史大夫湯乃詐忠。湯之治淮南、江
都，以深文痛詆諸侯，別疏骨肉，使藩臣不自安。臣固知湯之詐

忠。於是上作色曰：吾使生居一郡，能無使虜入盜乎？山曰：不能。曰：居一縣？曰：不能。復曰：居一鄣間？山自度辯窮，且下吏，曰：能。乃遣山乘鄣。至月餘，匈奴斬山頭而去。是後群臣震聾。」

又〈杜周傳〉：「杜周，南陽杜衍人也。義縱為南陽太守，以周為爪牙。薦之張湯，為廷尉史，使案邊失亡，所論殺甚多。奏事中意，任用。與減宣更為中丞者十餘歲。周少言重遲，而內深次骨。宣為左內史，周為廷尉。其治大抵放張湯，而善候司。上所欲擠者，因而陷之。上所欲釋，久繫待問，而微見其冤狀。客有謂周曰：君為天下決平，不循三尺法，專以人主意指為獄。獄者固如是乎？周曰：三尺安出哉？前主所是，著為律；後主所是，疏為令。當時為是，何古之法乎？至周為廷尉，詔獄亦益多矣。二千石繫者，新故相因，不減百餘人。郡吏大府，舉之廷尉，一歲至千餘章。章大者連逮證案數百，小者數十人。遠者數千里，近者數百里，會獄。吏因責如章告劾。不服，以掠笞定之。」

然如通經致用，亦能嚴而不殘。如：

〈雋不疑傳〉：「雋不疑，字曼倩，勃海人也。治《春秋》，為郡文學。進退必以禮。名聞州郡。〔……〕武帝崩，昭帝即位。〔……〕擢為京兆尹，賜錢百萬。京師吏民敬其威信，每行縣，錄囚徒還。其母輒問不疑：有所平反，活幾何人？即不疑多有所平反，母喜笑，為飲食，語言異於他時。或亡所出，母怒，為之不食。故不疑為吏，嚴而不殘。始元五年，有一男子乘黃犢車，建黃旂，衣黃襜褕，著黃冒。詣北闕，自謂衛太子〔即戾太子〕。公車以聞。詔使公卿將軍中二千石雜識視，長安中，吏民聚觀者數萬

人。右將軍勒兵闕下，以備非常。丞相、御史、中二千石，至者立，莫敢發言。京兆尹不疑後到，叱從吏收縛。或曰：是非未可知，且安之。不疑曰：諸君何患於衛太子？昔蒯瞶違命出奔，輒距而不納。《春秋》是之。衛太子得罪先帝，亡不即死，今來自詣，此罪人也。遂送詔獄。天子與大將軍霍光聞而嘉之曰：公卿大臣，當用經術，明於大誼。由是名聲重於朝廷。在位者皆自以不及也。」（〈列傳〉第四十一）

又〈王吉傳〉：「王吉，字子陽，琅邪皋虞人也。少好學，明經。以郡吏舉孝廉。〔……〕是時，宣帝頗修武帝故事。宮室車服，盛於昭帝時。外戚許、史、王氏貴寵，而上躬親政事，任用能吏。吉上疏言得失。曰：陛下躬聖質，總萬方，帝王圖籍，日陳于前。惟思世務，將興太平。詔書每下，民欣然若更生。臣伏而思之，可謂至恩，未可謂本務也。欲治之主不世出。公卿幸得遭遇其時，言聽諫從。然未有建萬世之長策，舉明主於三代之隆者也。其務在於期會簿書，斷獄聽訟而已。此非太平之基也。臣聞聖王宣德流化，必自近始。朝廷不備，難以言治。左右不正，難以化遠。民者，弱而不可勝，愚而不可欺也。聖主獨行於深宮。得則天下稱誦之，失則天下咸言之。行發於近，必見於遠。故謹選左右，審擇所使。左右所以正身也，所使所以宣德也。《詩》云：濟濟多士，文王以寧。此其本也，《春秋》所以大一統者，六合同風，九州共貫也。今俗吏所以牧民者，非有禮義科指，可世世通行者也。獨設刑法以守之，其欲治者，不知所由。以意穿鑿，各取一切，權譎自在〔在當為任〕，故一變之後，不可復修也。是以百里不同風，千里不同俗，戶異政，人殊服，詐偽萌生，刑罰亡極。質樸日消，恩愛

浸薄。孔子曰：安上治民，莫善於禮〔《孝經》載孔子之言〕。非空言也。王者未制禮之時，引先王禮宜於今者而用之。臣願陛下承天心，發大業，與公卿大臣，延及儒生，述舊禮，明王制，敺一世之民，濟之仁壽之域，則俗何以不若成、康？壽何以不若高宗？」（〈列傳〉第四十二）

又〈兒寬傳〉：「兒寬，千乘人也。治《尚書》，事歐陽生。〔……〕時張湯為廷尉，廷尉府盡用文史法律之吏，而寬以儒生在其間，見謂不習事，不署曹，除為從史。〔……〕會廷尉時有疑奏，已再見卻矣。掾史莫知所為，寬為言其意。掾史因使寬為奏。奏成，讀之皆服，以白廷尉湯。湯大驚，召寬與語。乃奇其材，以為掾。上寬所作奏。即時得可。異日，湯見上，問曰：前奏非俗吏所及，誰為之者？湯言兒寬。上曰：吾固聞之久矣。湯由是鄉學，以寬為奏讞掾。以古法義決疑獄，甚重之。及湯為御史大夫，以寬為掾，舉侍御史，見上，語經學，上說之。」（〈列傳〉第二十八）

又〈韋賢傳〉：「韋賢字長孺，魯國鄒人也。〔……〕賢為人質朴少欲，篤志于學。兼通《禮》、《尚書》，以《詩》教授，號稱鄒魯大儒，徵為博士，給事中。進授昭帝《詩》。」宣帝即位，「以先帝師，甚見尊重。本始三年，代蔡義為丞相，封扶陽侯。〔……〕賢四子。〔……〕少子玄成復以明經歷位至丞相。故鄒魯諺曰：遺子黃金滿籯，不如一經。」

〈魏相丙吉傳〉：「又故事，諸上書者皆為二封，署其一曰副。領尚書者先發副封，所言不善，屏去不奏。相復因許伯白去副封，以防壅蔽。宣帝善之。〔……〕於是，韋賢以老病免，相遂代

爲丞相。〔……〕及霍氏怨相，又憚之。謀矯太后詔，先召斬丞相，然後廢天子。事發覺，伏誅。宣帝始親萬機。厲精爲治，練群臣，核名實。而相總領衆職，甚稱上意。」又曰：「相明《易經》，有師法。好觀漢故事及便宜章奏。以爲古今異制，方今務在奉行故事而已。」又曰：「又數表采《易》陰陽及〈明堂〉、〈月令〉奏之。曰：臣相幸得備員，奉職不修，不能宣廣教化，陰陽未和，災害未息，咎在臣等。臣聞《易》曰：天地以順動，故日月不過，四時不忒。聖王以順動，故刑罰清而民服。天地變化，必由陰陽。陰陽之分以日爲紀。日多夏至，則八風之序立，萬物之性成。各有常職，不得相干。東方之神太昊，乘震，執規，司春。南方之神炎帝，乘離，執衡，司夏。西方之神少昊，乘兌，執矩，司秋。北方之神顓頊，乘坎，執權，司冬。中央之神黃帝，乘坤艮，執繩，司下土。茲五帝所司，各有時也。東方之卦不可以治西方，南方之卦不可以治北方。春興兌治，則饑。秋興震治，則華。冬興離治，則泄。夏興坎治，則雹。明王謹於尊天，愼於養人。故立羲和之官，以乘四時，節授民事。君動靜以道，奉順陰陽，則日月光明，風雨時節，寒暑調和。〔……〕臣愚以爲陰陽者，王事之本，群生之命，自古賢聖未有不由者也。天子之義，必純取法天地。〔……〕願陛下選明經、通知陰陽者四人，各主一時。時至明言所職，以和陰陽，天下幸甚。相數陳便宜，上納用焉。」

丙吉以調護皇曾孫（宣帝）有大功。宣帝即位，「代魏相爲丞相。吉本起獄法小吏。後學《詩》、《禮》皆通大義。及居相位，上寬大，好禮讓，掾史有罪臧，不稱職，輒予長休告。終無所案驗。客或謂吉曰：君侯爲漢相，姦吏成其私，然無所懲艾。吉曰：

夫以三公之府，有案吏之名，吾竊陋焉。後人代吉，因以為故事。公府不案吏，自吉始。」「吉又嘗出，逢清道群鬥者，死傷橫道。吉過之，不問。掾史獨怪之。吉前行，逢人逐牛，牛喘吐舌。吉止駐，使騎吏問：逐牛行幾里矣？掾史獨謂丞相前後失問，或以譏吉。吉曰：民鬥，相殺傷，長安令、京兆尹，職所當禁，備逐捕。歲竟，丞相課其殿最，奏行賞罰而已。宰相不親小事，非所當於道路問也。方春少陽用事，未可大熱。恐牛近行用暑故喘。此時氣失節，恐有所傷害也。三公典調和陰陽，職（所）當憂，是以問之。掾史乃服，以吉知大體。」（〈魏相丙吉傳〉）。本傳〈贊〉曰：「孝宣中興，丙、魏有聲。是時黜陟有序，衆職修理。公卿多稱其位。海內興於禮讓。覽其行事，豈虛乎哉？」

〈貢禹傳〉：「貢禹，字少翁，琅邪人也。以明經絜行著聞。徵為博士。〔……〕元帝初即位，徵禹為諫大夫。數虛己問以政事。是時，年歲不登，郡國多困。禹奏言：古者宮室有制，宮女不過九人，秣馬不過八匹。牆塗而不琱，木摩而不刻，車輿器物皆不文畫，苑囿不過數十里，與民共之。任賢使能，什一而稅，亡它賦斂。絲戍之役，使民歲不過三日，千里之內自給，千里之外各置貢職而已。」下言漢自高祖、文、景，皆崇尚節儉，猶存古意。武帝後，漸奢侈，放淫。故言：「王者受命於天，為民父母，固當若此乎？天不見邪？」「皆在大臣循故事之罪也。唯陛下深察古道，從其儉者。大減損乘輿，服御器物，三分去二。子產多少有命。審察後宮，擇其賢者，留二十人，餘悉歸之。及諸陵園女亡子者，宜悉遣。獨杜陵宮人數百，誠可哀憐也。廄馬可亡過數十匹。獨舍長安城南苑地，以為田獵之囿。自城西南至山西至鄠，皆復其田，以與

貧民。方今天下饑饉，可亡大自損減以救之，稱天意乎？天生聖人，蓋爲萬民，非獨使自娛樂而已也。故《詩》曰：天難諶斯，不易唯王，上帝臨女，毋貳爾心。〔〈大雅‧大明〉之詩〕。當仁不讓，獨可以聖心參諸天地，揆之往古，不可與臣下議也。」「會御史大夫陳萬年卒，禹代爲御史大夫。列於三公。自禹在位，數言得失。書數十上。」大體言古不以金錢爲幣，「宜罷採珠玉金銀鑄錢之官，亡復以爲幣。市井勿得販賣。除其租銖之律。租稅祿賜皆以布帛及穀，使百姓一歸於農。」「又言孝文皇帝時貴廉絜，賤貪污。賈人、贅壻、及吏坐臧者，皆禁錮不得爲吏。賞善罰惡，不阿親戚。罪白者伏其誅，疑者以與民。亡贖罪之法。〔……〕武帝始臨天下，尊賢用士，闢地廣境數千里，自見功大威行，遂從嗜欲。用度不足，乃行一切之變，使犯法者贖罪，入穀者補吏。是以天下奢侈，官亂民貧。盜賊並起，亡命者衆。郡國恐伏其誅，則擇便巧史書，習於計簿，能欺上府者，以爲右職。姦軌不勝，則取勇猛能操切百姓者，以苛暴威服下者，使居大位。故亡義而有財者顯於世，欺謾而善書者尊於朝，誖逆而勇猛者貴於官。故俗皆曰：何以孝弟爲？財多而光榮。何以禮義爲？史書而仕宦。何以謹愼爲？勇猛而臨官。〔……〕今欲興至治，致太平，宜除贖罪之法，相守選舉，不以實及有臧者，輒行其誅，亡但免官，則爭盡力爲善。貴孝弟，賤賈人，進眞賢，舉實廉，而天下治矣。〔……〕天子下其議，令民產子七歲乃出口錢，自此始。又罷上林宮館希幸御者，及省建章、甘泉宮衛卒，減諸侯王廟衛卒，省其半。餘雖未盡從，然嘉其質直之意。」（〈列傳〉第四十二）。

　　〈蕭望之傳〉：「初，宣帝不甚從儒術，任用法律，而中書宦

官用事。中書令弘恭、石顯久典樞機，明習文法。亦與車騎將軍高〔外戚史高也〕為表裡。論議常獨持故事，不從望之等。恭、顯又時傾仄見詘。望之以為中書政本，宜以賢明之選。自武帝游宴後庭，故用宦者，非國舊制。又違古不近刑人之義〔禮曰：刑人不在君側〕。白欲更置士人。由是，大與高、恭、顯忤。上〔元帝〕初即位，謙讓重改作，議久不定。」宦者於此時不能去，遂種禍根不小。望之白欲更置士人，誠為應有之議。望之有政識，在宣帝時即以士人為內臣，與政事。蓋欲置理想於政本也。「其後，霍氏竟謀反誅。望之寖益任用。是時選博士諫大夫通政事者，補郡國守相。以望之為平原太守。望之雅意在本朝。遠為郡守，內不自得。乃上疏曰：陛下哀愍百姓，恐德化之不究，悉出諫官以補郡吏。所謂憂其末而忘其本者也。朝無爭臣，則不知過。國無達士，則不聞善。願陛下選明經術、溫故知新、通於幾微謀慮之士，以為內臣，與參政事。諸侯聞之，則知國家納諫憂政，亡有闕遺。若此不怠，成康之道，其庶幾乎？外郡不治，豈足憂哉？書聞，徵入守少府。宣帝察望之經明持重，論議有餘，材任宰相。欲詳試其政事，復以為左馮翊。望之從少府出為左遷，恐有不合意，即移病。上聞之，使侍中成都侯金安上諭意曰：所用皆更治民以考功。君前為平原太守日淺，故復試之於三輔，非有所聞也。望之即視事。」後代丙吉為御史大夫。後因傲慢丞相丙吉，左遷為太子太傅，不得相。元帝時，又與弘恭、石顯忤，為所陷害。不就獄。飲鴆自殺。本傳〈贊〉曰：「蕭望之歷位將相，藉師傅之恩，可謂親昵無間。及至謀泄隙開，讒邪搆之，卒為便嬖宦豎所圖。哀哉！不然，望之堂堂，折而不橈。身為儒宗，有輔佐之能，近古社稷臣也。」然望之實較急

切。才識有餘而德養不足也。後之來者，每況愈下矣。西漢史，高祖爲一時代，武帝、仲舒爲一時代，宣帝、丙、魏爲一時代。望之爲一時代。再由禪讓之說而至王莽爲一時代。

〈匡〔衡〕張〔禹〕孔〔光〕馬〔宮〕傳第五十一·贊〉曰：「自孝武興學，公孫弘以儒相。其後蔡義、韋賢、玄成、匡衡、張禹、翟方進、孔光、平當、馬宮、及當子晏，咸以儒宗居宰相位，服儒衣冠，傳先王語，其醞藉可也。然皆持祿保位，被阿諛之譏。彼以古人之迹見繩，烏能勝其任乎？」此之醞藉與元、成時之繁榮富庶相當，而奢華腐敗亦隨之，故由禪讓之說而至王莽也。

第三節 儒學與禪讓

《漢書·田蚡傳》：「〔竇〕嬰、〔田〕蚡俱好儒術，推轂趙綰爲御史大夫，王臧爲郎中令。迎魯申公。欲設明堂，令列侯就國，除關。以禮爲服制，以興太平。舉讁諸竇宗室無行者，除其屬籍。諸外家爲列侯，列侯多尚公主，皆不欲就國。以故毀日至竇太后。太后好黃、老言，而嬰、蚡、趙綰等，務隆推儒術，貶道家言。是以竇太后滋不悅。二年〔武帝即位之二年〕御史大夫趙綰請母奏事東宮，竇太后大怒曰：此欲復爲新垣平邪？乃罷逐趙綰、王臧，而免丞相嬰、太尉蚡。」（〈竇田灌韓列傳第二十二〉）。李源澄先生云：「竇太后之好黃老而輕儒術，爲漢初政治思想之餘燼。竇太后死，而漢廷政治遂大變。顧戰國以來，儒家即頗采陰陽之言。秦、漢之際，儒術與陰陽方士雜流，競相比附，皆所以反對法家政治。」〈郊祀志〉言：「武帝初即位，尤敬鬼神之祀。漢興

已六十餘歲，天下艾安，縉紳之屬皆望天子封禪、改正度也〔正朔、度量〕。而上鄉儒術，招賢良。趙綰、王臧等以文學爲公卿，欲議古立明堂城南以朝諸侯。草巡狩封禪、改歷服色事未就。竇太后不好儒術，使人微伺趙綰等姦利事，按綰、臧。綰、臧自殺。諸所興爲，皆廢。此可以見漢初學者對此之殷望。封禪、明堂本極尋常之事。封禪者古代祭天地之祀典，明堂者朝諸侯所在。而漢人言封禪明堂則怪異。凡言鬼神者，方士之言。言服色者，陰陽之言。以封禪明禪讓，以明堂言議政者，儒者之言。（蒙師文通〈先秦政治思想之發展〉中言封禪明堂義如此。）三者合而爲一，故郊祀之事與禮樂之事，幾於相混。秦皇雖坑儒生，而陰陽方士大顯。漢初其迹不絕。文帝時，方士則新垣平，陰陽則公孫臣，儒者則賈誼：皆未得志。故至武帝之世，不僅董仲舒之儒術顯，而陰陽方士亦喧赫一時，非無故也。」（李源澄先生《秦漢史》頁51-52）

〈蓋寬饒傳〉：「蓋寬饒，字次公，魏郡人也。明經，爲郡文學，以孝廉爲郎。舉方正，對策高第。」「是時，上〔宣帝〕方用刑法，信任中尙書宦官。寬饒奏封事曰：方今聖道寖廢，儒術不行。以刑餘爲周、召，以法律爲《詩》、《書》。又引韓氏《易傳》言：五帝官天下，三王家天下。家以傳子，官以傳賢。若四時之運，功成者去。不得其人，則不居其位。書奏，上以寬饒怨謗，終不改。下其書中二千石。時執金吾議以爲寬饒指意，欲求禪，大逆不道。〔……〕遂下寬饒吏。寬饒引佩刀自剄北闕下，衆莫不憐之。」（〈列傳〉第四十七）。又曰：「京師爲淸，平恩侯許伯入第。丞相、御史、將軍、中二千石，皆賀。寬饒不行。許伯請之，乃往。從西階上，東鄉特坐。許伯自酌曰：蓋君後至。寬饒曰：無

多酌我，我乃酒狂。丞相魏侯笑曰：次公醒而狂，何必酒也。坐者
皆屬目，卑下之。〔……〕寬饒爲人剛直高節，志在奉公。家貧，
奉錢月數千，半以給吏民爲耳目言事者。身爲司隸〔校尉〕，子常
步行自戍北邊。公廉如此。然深刻，喜陷害人。在位及貴戚，人與
爲怨。又好言事，刺譏，奸犯上〔宣帝〕意。上以其儒者，優容
之。然亦不得遷。同列後進，或至九卿。寬饒自以行清能高，有益
於國，而爲凡庸所越。愈失意，不快。數上疏諫爭。太子庶子王生
高寬饒節，而非其如此。予書曰：〔……〕自古之治，三王之術，
各有制度。今君不務循職而已。仍欲以太古久遠之事，匡拂天子。
數進不用難聽之語。以摩切左右，非所以揚令名、全壽命者也。方
今用事之人，皆明習法令。言足以飾君之辭，文足以成君之過。君
不惟蘧氏之高蹤，而慕子胥之末行。用不訾之軀，臨不測之險，竊
爲君痛之。〔……〕寬饒不納其言。」（同上）。寬饒以狂直之
資，敢言「不得其人，不居其位」之論，雖不必自覺地欲以此理論
解決政治上一大問題，然亦足徵漢時近古，科網稍疏，言論較自
由，故儒生得放言高論。雖由此得罪自殺，而當時「諫大夫鄭昌愍
傷寬饒忠直，憂國以言事，不當意，而爲文吏所抵挫，上書頌
〔訟〕寬饒。」（〈列傳〉第四十七〈寬饒傳〉）若在後世，則根
本無敢言，亦無敢爲之訟者。故宣帝之殺寬饒實不專以「官天下」
爲唯一不可赦之理由也。正以言論較自由，故傳經右文之士仍相繼
而言讓賢與天運之終始。

〈眭弘傳〉：「眭弘，字孟，魯國蕃人也。少時好俠，鬥雞走
馬。長乃變節，從嬴公受《春秋》。以明經爲議郎，至符節令。孝
昭元鳳三年正月，泰山萊蕪山南，匈匈有數千人聲。民視之，有大

石自立，高丈五尺，大四十八圍，入地深八尺，三石爲足。石立後，有白烏數千，下集其旁。是時昌邑有枯社木，臥復生。又上林苑中，大柳樹斷枯臥地，亦自立，生有虫，食樹葉成文，字曰：公孫病已立。孟推《春秋》之意，以爲石柳皆陰類，下民之象。泰山者，岱宗之嶽，王者易姓告代之處。今大石自立，僵柳復起。非人力所爲。此當有從匹夫爲天子者。枯社木復生，故廢之家公孫氏當復興者也。孟意亦不知其所在。即說曰：先師董仲舒有言：雖有繼體守文之君，不害聖人之受命。漢家堯後，有傳國之運。漢帝宜誰差〔問擇意〕天下，求索賢人。禪以帝位，而退自封百里，如殷、周二王後，以承順天命。孟使友人內官長賜上此書。〔師古曰：內官，署名。〈百官表〉云：內官長丞，初屬少府，中屬主爵，後屬宗正。賜者，其長之名。〕時，昭帝幼，大將軍霍光秉政，惡之。下其書廷尉。奏：賜、孟妄設祅言惑衆，大逆不道，皆伏誅。後五年，孝宣帝興於民間。即位，徵孟子爲郎。」（〈列傳〉第四十五）

「夏侯始昌，魯人也。通五經。以《齊詩》、《尚書》教授。自董仲舒、韓嬰死後，武帝得始昌，甚重之。始昌明於陰陽。」（同上）。

「夏侯勝，字長公。〔……〕東平人。勝少孤，好學。從始昌受《尚書》及《洪範五行傳》，說災異。後事蕳卿。又從歐陽氏問。爲學精孰，所問非一師也。善說禮服。徵爲博士、光祿大夫。會昭帝崩，昌邑王嗣立，數出。勝當乘輿前諫言曰：天久陰而不雨，臣下有謀上者。陛下出，欲何之？王怒。謂勝爲祅言，縛以屬吏。吏白大將軍霍光，光不舉法。是時，光與車騎將軍張安世謀，

欲廢昌邑王。光讓安世以爲泄語。安世實不言，乃召問勝。勝對
言：在〈洪範・傳〉曰：皇之不極，厥罰常陰。時則下人有伐上
者，惡察察言。故云臣下有謀。光、安世大驚。以此益重經術
士。」後宣帝欲立武帝廟樂。勝獨反對。與丞相長史黃霸俱下獄。
「勝、霸旣久繫。霸欲從勝受經。勝辭以罪死。霸曰：朝聞道，夕
死可矣。勝賢其言，遂授之。繫再更冬，講論不怠。」後因地動，
赦出。「勝出爲諫大夫，給事中。霸爲揚州刺史。勝爲人質樸守
正，簡易亡威儀。見時，謂上爲君。誤相字於前〔相呼以字〕。上
亦以是親信之。嘗見出，道上語。上聞而讓勝。勝曰：陛下所言
善，臣故揚之。堯言布於天下，至今見誦。臣以爲可傳，故傳
耳。」「始，勝每講授，常謂諸生曰：士病不明經術。經術苟明，
其取青紫，如俯拾地芥耳。學經不明，不如歸耕。」（同上）

　　元成間，京房、翼奉亦盛言災異。房，字君明，東郡頓丘人。
治《易》，事梁人焦延壽。延壽，字贛（音貢）。常曰：得我道以
亡身者京生也。後果棄市。翼奉，字少君，東海下邳人。治齊
《詩》。與蕭望之、匡衡同師。三人經術皆明。衡爲後進，望之施
之政事，而奉惇學不仕，好律、歷、陰陽之占。以壽終。凡言災
異，大抵以陰陽、五行、易卦節氣之說比附人事：或言政治之得
失，或卜個人之休咎，或推王運之盛衰，或議制度之改創。自孝武
重儒後，儒生之理想寄于此者佔大半矣。翼奉傳載元帝初即位，奉
上封事曰：「臣聞之於師，治道要務，在知下之邪正。人誠鄉正，
雖愚爲用。若乃懷邪，知益爲害。知下之術，在於六情十二律而
已。」（此言六情，東西南北上下六方之情也。十二律則以子丑等
十二支配六方也。）後地震，元帝下詔赦天下，舉直言極諫之士。

奉奏封事曰：「臣聞之於師曰：天地設位，懸日月、布星辰、分陰陽、定四時、列五行，以視〔示〕聖人，名之曰道。聖人見道。然後知王治之象。故畫州土，建君臣，立律曆，陳成敗，以視賢者，名之曰經。賢者見經，然後知人道之務，則《詩》、《書》、《易》、《春秋》、《禮》、《樂》是也。《易》有陰陽，《詩》有五際。〔應邵曰：君臣、父子、兄弟、夫婦、朋友也。孟康曰：《詩內傳》曰：五際：卯酉午戌亥也。陰陽終始際會之歲，于此，則有變改之政也。案：當從孟說。〕《春秋》有災異。皆列終始，推得失、考天心，以言王道之安危。至秦乃不說，傷之以法。是以大道不通，至於滅亡。〔……〕臣奉竊學齊《詩》，聞五際之要，〈十月之交〉篇，知日蝕地震之效，昭然可明，猶巢居知風，穴處知雨，亦不足多，適所習耳。臣聞人氣內逆，則感動天地。天變見於星氣日蝕，地變見於奇物震動，所以然者，陽用其精，陰用其形。猶人之有五臟六體。五臟象天，六體象地。故臟病則氣色發於面，體病，則欠申動於貌。」下言時令不正，陰氣盛，以明外戚滿朝。「古者朝廷必有同姓以明親親，必有異姓以明賢賢，此聖王之所以大通天下也。同姓親而易進，異姓疏而難通。故同姓一，異姓五，乃爲平均。今左右亡同姓，獨以舅后之家爲親。異姓之臣又疏，二后之黨滿朝。非特處位勢，尤奢僭過度。呂、霍、上官足以卜之。甚非愛人之道，又非後嗣之長策也。陰氣之盛，不亦宜乎？〔……〕」又載曰：「上復延問以得失。奉以爲祭天地於雲陽汾陰，及諸寢廟不以親疏迭毀，皆煩費，違古制。又宮室苑囿，奢泰難供。以故民困國虛，亡累年之畜。所由來久。不改其本，難以末正。乃上疏曰：臣聞昔者盤庚改邑，以興殷道。聖人美之。

〔……〕天道有常，王道亡常。亡常者所以應有常也。必有非常之主，然後能立非常之功。臣願陛下徙都於成周。左據成皋，右阻黽池，前鄉崧高，後介大河。建榮陽，扶河東，南北千里，以爲關，而入敖倉，地方百里者，八九足以自娛。東厭諸侯之權，西遠羌胡之難。陛下共己亡爲，按成周之居，兼盤庚之德。萬歲之後，長爲高宗。漢家郊兆寢廟祭祀之禮，多不應古。臣奉誠難宣居而改作。故願陛下遷都正本。衆制皆定，亡復繕治宮館。不急之費，歲可餘一年之畜。〔……〕今東方連年饑饉，加之以疾疫，百姓茭色，或至相食。地比震動，天氣溷濁，日光侵奪。由此言之，執國政者，豈可以不懷怵惕而戒萬分之一乎？故臣願陛下因天變而徙都，所謂與天下更始者也。天道終而復始，窮則反本，故能延長而亡窮也。今漢道未終，陛下本而始之，於以永世延祚，不亦優乎？〔……〕」（以上俱見〈列傳〉第四十五）

　　哀平間又有李尋。〈李尋傳〉：「字子長，平陵人也。治《尚書》。與張孺，鄭寬中同師。寬中等守師法，教授。尋獨好〈洪範〉災異，又學天文、〈月令〉陰陽，事丞相翟方進。方進亦善爲星歷。」又曰：「初，成帝時，齊人甘忠可詐造《天官曆》包《太平經》十二卷，以言漢家逢天地之大終，當更受命於天。天帝使眞人赤精子下，教我此道。忠可以教重平夏賀良，容丘丁廣世，東郡郭昌等。中壘校尉劉向奏：忠可假鬼神，罔上惑衆。下獄治服。未斷，病死。賀良等坐挾學忠可書，以不敬論。後賀良等復私以相教。哀帝初立，司隸校尉解光，亦以明經通災異得幸。白賀良等所挾忠可書。事下奉車都尉劉歆。歆以爲不合《五經》，不可施行。而李尋亦好之。光曰：前歆父向奏忠可下獄，歆安肯通此道。時郭

昌爲長安令，勸尋宜助賀良等。尋遂白賀良等，皆待詔黃門，數召見，陳說漢歷中衰，當更受命。成帝不應天命，故絕嗣。今陛下久疾，變異屢數，天所以譴告人也。宜急改元易號，乃得延年益壽，皇子生，災異息矣。〔……〕哀帝久寢疾，幾其有益，遂從賀良等議。於是詔制丞相御史。〔……〕，以建平二年爲太初元年，號曰：陳聖劉太平皇帝。漏刻以百二十爲度，布告天下，使明知之。後月餘，上疾自若〔言如故也〕。賀良等復欲妄變政事，大臣爭以爲不可許。賀良等奏言：大臣皆不知天命，宜退丞相御史。以解光李尋輔政，上以其言亡驗，遂下賀良等吏。〔……〕皆伏誅。尋及解光減死一等，徙敦煌郡。」（〈列傳〉第四十五）。

「贊曰：幽贊神明，通合天人之道者，莫著乎《易》、《春秋》。然子貢猶云：夫子之文章可得而聞，夫子之言性與天道，不可得而聞已矣。漢興，推陰陽，言災異者，孝武時有董仲舒、夏侯始昌。昭、宣，則眭孟、夏侯勝。元、成，則京房、翼奉、劉向、谷永。哀、平，則李尋、田終術。此其納說時君著名者也。察其所言，彷彿一端。假經設誼，依託象類，或不免乎億則屢中。仲舒下吏，夏侯囚執。眭孟誅戮，李尋流放。此學者之大戒也。」（〈列傳〉第四十五，〈贊〉）

谷永，字子雲，長安人也。極諫成帝。〈谷永傳〉載：「願陛下追觀夏、商、周、秦所以失之，以鏡考己行，有不合者，臣當伏妄言之誅。漢興九世，百九十餘載。繼體之主七，皆承天順道，遵先祖法度，或以中興，或以治安。至於陛下，獨違道縱欲，輕身妄行。當盛壯之隆，無繼嗣之福，有危亡之憂。積失君道，不合天意，亦已多矣。爲人後嗣，守人功業，如此，豈不負哉？」又曰：

「成帝性寬，而好文辭。又久無繼嗣，數爲微行，多近幸小臣。趙、李從微賤專寵。皆皇太后與諸舅夙夜所常憂。至親難數言，故推永等使因天變而切諫，勸上納用之。永自知有內應，展意無所依違。每言事，輒見答禮。至上此對，上大怒。」後永又對曰：「臣聞天生蒸民，不能相治，爲立王者以統理之。方制海內，非爲天子；列土封疆，非爲諸侯。皆以爲民也。垂三統，列三正，去無道，開有德，不私一姓，明天下乃天下之天下，非一人之天下也。〔……〕夫去惡奪弱，遷命賢聖，天地之常經，百王之所同也。加以功德有厚薄，期質有修短，時世有中季，天道有盛衰。陛下承八世之功業，當陽數之標季，涉三七之節紀，遭〈無妄〉之卦運，直百六之災阨。三難異科，雜焉同會。」「對奏，天子甚感其言。永於經書，汎爲疏達。與杜欽、杜鄴略等。不能洽浹，如劉向父子及揚雄也。其於天官京氏《易》最密，故善言災異。前後所上四十餘事，略相反覆，專攻上身與後宮而已。黨於王氏，上亦知之，不甚親信也。」（〈谷永杜鄴傳〉第五十五）

　　〈劉向傳〉：「成帝即位。〔……〕方精于《詩》、《書》，觀古文，詔向領校中《五經》秘書。向見《尚書・洪範》箕子爲武王陳五行陰陽休咎之應。向乃集合上古以來，歷春秋、六國至秦、漢，符瑞災異之記，推跡行事，連傳禍福，著其占驗，比類相從，各有條目，凡十一篇，號曰：《洪範五行傳論》。奏之，天子心知向忠精，故爲鳳〔王鳳也〕兄弟起此論也。然終不能奪王氏權。」後諫營昌陵疏曰：「王者必通三統，明天命所授者博，非獨一姓也。〔……〕雖有堯、舜之聖，不能化丹朱之子。雖有禹、湯之德，不能訓末孫之桀、紂。自古及今，未有不亡之國也。」言之以

戒成帝。「時上無繼嗣，政由王氏出，災異浸甚。〔……〕向遂上封事極諫曰：〔……〕孝昭帝時，冠石立於泰山，仆柳起於上林，而孝宣帝即位。今王氏先祖墳墓在濟南者，其梓柱生，枝葉扶疏，上出屋，根垂地中。雖立石起柳，無以過此之明也。事勢不兩大，王氏與劉氏亦且不並立。如下有泰山之安，則上有累卵之危。陛下為人子孫，守持宗廟，而令國祚移於外親，降為皁隸。縱不為身，奈宗廟何？〔……〕」「上數欲用向為九卿，輒不為王氏居位者及丞相、御史所持，故終不遷。居列大夫官，前後三十餘年。年七十二卒。卒後，十三歲，而王氏代漢。」（〈楚元王傳〉第六）。

李源澄先生曰：「儒家之政治思想原為賢人政治。天下為公，選賢與能。無貧富貴賤階級。君師合一，倫理政治不分。及秦人一統，不用儒術。漢人承之，大同思想不合於時。於是，與君主平分政教。儒者所持，唯是教統。其於政治僅有調節之功用，不能盡如理想。漢元帝以後，為儒家政治極盛時代。其要義在於闡明天子之性質。〔……〕立君以為民之意，為儒者之根本理論。故儒者於政治雖不能盡展其抱負，於節制君主之淫威，實為有效。（明天下非一家之天下，故言禪讓，言革命，其結果為王莽之篡漢。）儒者所以節制君主有二道。一為犯顏直諫，一為以災異評時政。〈薛廣德傳〉云：廣德為人有醞藉。及為三公，直言諫爭。始拜旬日間，上幸甘泉，郊泰時，禮畢，因留射獵。廣德上疏曰：竊見關東困極，人民流離。陛下日撞亡秦之鐘，聽鄭、衛之樂，臣竊悼之。今士卒暴露，從官勞倦。願陛下亟反宮，思與百姓同憂樂。天下幸甚。上即日還。其秋，出酎祭宗廟，出便門，欲御樓船。廣德當乘輿車，免冠頓首曰：宜從橋。詔曰：大夫冠。廣德曰：陛下不聽臣，臣自

刎，以血汙車輪。陛下不得入廟矣。上不說。他如夏侯勝之斥詔
書，朱雲之犯帝顏，皆為諫爭之美談。若此類者，為秦人法家政治
所許乎？自漢以後，諫議逐成制度，與經筵、保、傅同為諭導人主
之善法。後人習見，忽焉不察，逐昧其為漢代儒學對政治之貢獻
矣。災異學說，原出於《墨子‧明鬼》篇。漢儒借天道以恐時君，
其所謂天與墨子言天相同，故亦盛言災異。其施之政治者，文帝求
言詔，與武帝賢良策問天人感應，已啓其端。宣帝詔書始言多災
異，而其大盛，則在元帝以後。元帝初元元年，詔丞相、御史舉天
下明陰陽災異者各三人。於是，言事者眾，或進擢召見。人人自以
為得上意。陰陽學說累見於奏疏詔令。日食，策免三公。災異，罷
免郡守。趙翼論之曰：漢儒之言天者，實有驗於人。故諸上疏者皆
言之深切著明，無復忌諱。〔……〕災異學說，在元帝以後，對政
治關係之大，誠如趙翼所云。其學說之本身可以不論，其作用則不
可忽也。」（《秦漢史》頁83-85》）

又曰：「漢儒以天下為公為其理想，故言禪讓。禪讓說不容於
世，乃有漢祚當終與漢再受命之說。王莽以元后之力得持漢柄。以
復古為志，又善於收買人心。漢運既當終，天下乃天下人之天下，
莽有功德，即宜受命。故士大夫皆爭頌莽功德也。」（同上91頁）

錢穆先生《國史大綱》論漢儒之政治思想云：「漢儒論政，有
兩要點。一為變法和讓賢論。此派理論遠始戰國晚年之陰陽學家，
鄒衍《五德終始論》，下及董仲舒《公羊春秋》一派通三統的學
說。大抵主張天人相應，政治教化亦隨時變革，並不認有萬世一統
之王朝〔……〕。他們根據歷史觀念，主張如下一套之進程：一、
聖人受命。（地上各代開國之君，皆符應天上某帝之某德而降生：

如青帝木德，赤帝火德，黃帝土德，白帝金德，黑帝水德。）二、天降符瑞。（受命必有符瑞，如以土德王者黃龍見之類。）三、推德定制。（包括易服色、更制度、改正朔等。如水德王者服色尚黑，以十月爲歲首，數尚六之類。）四、封禪告成功。（聖人受天命爲地上君，故定制度，蘄太平，成功則必祭天（封禪）報告。）五、王朝德衰，天降災異。（天運循環，成功者去。如春、夏、秋、冬之更迭互乘，無不衰之德。董仲舒謂：雖有繼體守文之君，不害聖人之受命。）六、禪國讓賢。（見災異降，知天命改，應早物色賢人讓國，否則革命起，終無以保其位。）七、新聖人受命（此下循環不息。中國已往五帝三代，皆在此公式支配下演進。）武帝以前漢儒鼓吹變法；武帝以後，漢儒漸漸鼓吹讓國。始終是循著上述的理論。〔……〕二爲禮樂和教化論。另一派漢儒，認爲政治最大責任，在興禮樂，講教化。而禮樂和教化的重要意義，在使民間均遵循一種有秩序、有意義的生活，此即是古人之所謂禮樂。（在此點上，西漢中葉以後的學者，頗不滿於漢武之郊祀、封禪種種奢侈的浮禮。此等乃對上帝、對天，而非對民衆、對人。一虛一實，一恭儉、一驕奢，意義迥殊。）要達此境界，不僅朝廷應恭儉自守，又應對社會一般的經濟不平等狀態加以調整。此派理論，亦遠始戰國晚年之荀卿。直至漢儒賈誼、董仲舒，下及王吉、貢禹等皆是。前一派於漢爲齊學，後一派於漢爲魯學。齊學恢奇，魯學平實，而皆有其病。齊學流於怪誕（其病在不經）。魯學流爲訓詁。（其病在尊古）。立論本意非不是，而不能直湊單微，氣魄、智慧皆不夠，遂不足幹旋世運而流弊不免。王莽的受漢禪而變法，即是此兩派學說之匯趨。」（頁168-170）

第五部　東漢二百年：
　　　　理性之內在表
　　　　現時期

第一章　光武之人格

第一節　光武之習尚

《後漢書・馬援傳》曰：「隗囂與援共臥起，問以東方流言，及京師得失。援說囂曰：前到朝廷，上引見數十，每接讌語，自夕至旦。才明勇略，非人敵也。且開心見誠，無所隱伏。闊達多大節略，與高帝同。經學博覽，政事文辯，前世無比。囂曰：卿謂何如高帝？援曰：不如也。高帝無可無不可。今上好吏事，動如節度。又不喜飲酒。」

此了了數語，即將光武之性格，描述殆盡。吾前謂，高帝為一天才之人格，武帝為一「發揚的理性人格」。今將謂光武為一「凝斂的理性人格」。茲先由其好吏事之習尚，引文獻以明之。

〈申屠剛傳〉：「時內外群官，多帝自選舉。加以法理嚴察，職事過苦。尚書近臣，至乃捶撲，牽曳於前。群臣莫敢正言。剛每輒極諫。」

好吏事，自必法理嚴察。

〈朱浮傳〉：「帝以二千石長吏，多不勝任，時有纖微之過

者，必見斥罷。交易紛擾，百姓不寧。〔建武〕六年，有日食之異。浮因上疏曰〔……〕陛下哀愍海內，新離禍毒，保宥生人，使得蘇息。而今牧人之吏，多未稱職。小違理實，輒見斥罷。豈不粲然黑白分明哉？然以堯、舜之盛，猶加三考，大漢之興，亦累功效。吏皆積久，養老於官，至名子孫，因為氏姓。（前書武帝時漢有天下已七十餘年。為吏者長子孫，居官者以為姓號。人人自愛，而重犯法。《音義》曰：時無事，吏不數轉，至於子孫而不轉職，今倉氏、庫氏因以為姓，即倉庫吏之後也。）當時吏職，何能悉理？論議之徒，豈不誼譁？蓋以為天地之功，不可倉卒。艱難之業，當累日也。而間者守宰數見換易，迎新相代，疲勞道路。尋其視事日淺，未足昭見其職。既加嚴切，人不自保。各相顧望，無自安之心。有司或因睚眦以騁私怨。苟求長短，求媚上意。二千石及長吏，迫於舉劾，懼於刺譏，故爭飾詐偽，以希虛譽。斯皆群陽騷動，日月失行之應。〔……〕天下非一時之用也。海內非一旦之功也。願陛下遊意於經年之外，望化於一世之後。天下幸甚。〔……〕舊制州牧奏二千石長吏不任位者，事皆先下三公。三公遣掾史案驗，然後黜退。帝時用明察，不復委任三府，而權歸刺舉之吏（州牧）。浮復上疏曰：陛下清明履約，率禮無違。自宗室諸王外家后親，皆奉遵繩墨，無黨勢之名。至或乘牛車，齊於編人。斯固法令整齊，下無作威者也。求之於事，宜以和平。而災異猶見者，而豈徒然？天道信誠，不可不察。竊見陛下疾往者上威不行，下專國命。即位以來，不用舊典。信刺舉之官，黜鼎輔之任。至於有所劾奏，便加退免。覆案不關三府，罪譴不蒙澄察。陛下以使者〔刺使〕為腹心，而使者以從事為耳目〔每州有從事秩百石〕。是

為尚書之平，決於百石之吏。故群下苛刻，各自為能。兼以私情容長，憎愛在職，皆競張空虛，以要時利。故有罪者心不厭服，無咎者，坐被空文。不可經盛衰，貽後王也。」

范曄論曰：「吳起與田文論功，文不及者三。朱買臣難公孫弘十策，弘不得其一。終之田文相魏，公孫宰漢。誠知宰相自有體也。故曾子曰：君子所貴乎道者三。籩豆之事，則有司存。而光武、明帝，躬好吏事。亦以課覈三公。其人或失，而其禮稍薄。至有誅斥詰辱之累。任職責過，一至於此。追感賈生之論，不亦篤乎。朱浮議諷苛察欲速之弊，然矣。焉得長者之言哉？」

〈第五倫傳〉：「倫雖峭直，然常疾俗吏苛刻。及為三公，值帝長者，屢有善政。〔魏文稱：明帝察察，章帝長者。〕乃上疏褒稱盛美，因以勸成風德，曰：陛下即位，躬天然之德，體晏晏之姿，以寬弘臨下。出入四年，前歲誅刺史二千石貪殘者六人。斯皆明聖所鑒，非群下所及。然詔書每下寬和，而政急不解，務存節儉，而奢侈不止者，咎在俗敝，群下不稱故也。光武承王莽之餘，頗以嚴猛為政。後代因之，遂成風化。郡國所舉，類多辨職俗吏，未有寬博之選，以應上求者也。陳留令劉豫，冠軍令駟協，並以刻薄之姿，臨人宰邑。專念掠殺，務為嚴苦。吏民愁怨，莫不疾之。而今之議者，反以為能。違天心，失經義，誠不可不慎也。非徒應坐豫、協，亦當宜譴舉者。務進仁賢，以任時政，不過數人，則風俗自化矣。臣嘗讀書記，知秦以酷急亡國。又目見王莽亦以苛法自滅。故勤勤懇懇，實在於此。」〔倫於肅宗初立，擢自遠郡，代牟融為司空。故有「及為三公」云云。肅宗即章帝。〕

〈循吏傳〉序曰：「初光武長於民間，頗達情偽。見稼穡艱

難，百姓病害。至天下已定，務用安靜。解王莽之繁密，還漢世之輕法。身衣大練，色無重綵。耳不聽鄭衛之音，手不持珠玉之玩。宮房無私愛，左右無偏恩。〔……〕勤約之風，行于上下。數引公卿郎將，列于禁坐。廣求民瘼，觀納風謠。故能內外匪懈，百姓寬息。自臨宰邦邑者，競能其官。若杜詩守南陽，號爲杜母。任延錫光，移變邊俗。斯其續用之最章章者也。又第五倫、宋均之徒，亦足有可稱談。然建武、永平之間，吏事刻深，亟以謠言單辭，轉易守長。故朱浮數上諫書，箴切峻政。鍾離意等亦規諷殷勤，以長者爲言，而不能得也。所以中興之美，蓋未盡焉。」

〈光武帝紀〉末云：「初帝在兵間，久厭武事，且知天下疲耗，思樂息肩。自隴蜀平後，非儌急，未嘗復言軍旅。皇太子嘗問攻戰之事，帝曰：昔衛靈公問陳孔子，不對。此非爾所及。每旦視朝，日側乃罷。數引公卿郎將，講論經理，夜分乃寐。皇太子見帝勤勞不怠，承間諫曰：陛下有禹、湯之明，而失黃老養性之福。願頤愛精神，優游自寧。帝曰：我自樂此，不爲疲也。雖身濟大業，兢兢如不及。故能明愼政體，總攬權綱。量時度力，舉無過事。退功臣而進文吏，戢弓矢而散馬牛。雖道未方古，斯亦止戈之武焉。」

除好吏事外，又信讖。此本西漢末流傳之時風，亦其生命中之駁雜也。然不礙其本質上爲一凝斂之理性人格。

〈桓譚傳〉：「是時，帝方信讖，多以決定嫌疑。〔……〕譚復上疏曰：〔……〕今諸巧慧小才技數之人，增益圖書，矯稱讖記，以欺惑貪邪，詿誤人主。焉可不抑遠之哉？臣譚伏聞陛下窮折方士黃白之術，甚爲明矣。而乃欲聽納讖記，又何誤也？〔……〕

其後有詔，會議靈臺所處。帝謂譚曰：吾欲讖決之，何如？譚默
然，良久，曰：臣不讀讖。帝問其故。譚復極言讖之非經。帝大怒
曰：桓譚非聖無法。將下斬之。譚叩頭流血。良久，乃得解。」

〈鄭興傳〉：「帝嘗問興郊祀事曰：吾欲以讖斷之何如？興對
曰：臣不爲讖。帝怒曰：卿之不爲讖，非之耶？興惶恐曰：臣於書
有所未學，而無所非也。帝意乃解。」

光武本以儒生起兵，一時功臣，如鄧禹、寇恂、馮異、賈復、
耿弇、王霸、祭遵、耿純、朱祐，皆知書好學。進能立功，退能守
禮。皆雅馴之事功人也。其氣質本與光武爲同類，而才具皆不及，
故皆爲光武所籠罩，而接受其措置，相安于無事。

范曄論曰：「議者多非光武不以功臣任職，致使英姿茂績，委
而勿用。然原夫深圖遠算，固將有以焉爾。若乃王道既衰，降及霸
德，猶能授受惟庸，勳賢皆序。如管、隰之迭升桓世，先、趙之同
列文朝，可謂兼通矣。降自秦、漢，世資戰力。至于翼扶王運，皆
武人崛起，亦有鬻繒屠狗，輕猾之徒，或崇以連城之賞，或任以阿
衡之地。故勢疑則隙生，力侔則亂起。蕭、樊且猶縲紲，信、越終
見葅戮。不其然乎？自茲以降，迄於孝武。宰輔五世，莫非公侯。
遂使縉紳道塞，賢能蔽壅。朝有世及之私，下有抱關之怨。其懷道
無聞，委身草莽者，亦何可勝言。故光武鑒於前事之違，存矯枉之
志。雖寇、鄧之高勳，耿、賈之鴻烈，分土不過大縣數四，所加特
進朝請而已。觀其治平臨政，課職責咎，將所謂導之以政、齊之以
刑者乎？若格之功臣，其傷已甚。何者？直繩則虧喪恩舊，撓情則
違廢禁典，選德則功不必厚，舉勞則人或未賢，參任則群心難塞，
並列則其敝未遠。不得不校其勝否，即（就也）以事相權。故高秩

厚禮，允答元功；峻文深憲，責成吏職。建武之世，侯者百餘。若夫數公者，則與參國議，分均休咎，其餘並優以寬科，完其封祿。莫不終以功名，延慶于後。昔留侯以為高祖悉用蕭、曹故人，而郭伋亦譏南陽多顯，鄭興又戒功臣專任。夫崇恩偏授，易起私溺之失；至公均被，必廣招賢之路。意者不其然乎？」

當時功臣，唯馬援為有才智，而亦終為光武所不能容。

〈馬援傳〉：「建武四年冬，囂使援奉書洛陽。援至，引見於宣德殿。世祖迎笑謂援曰：卿遨遊二帝間，今見卿，使人大慚。援頓首辭謝。因曰：當今之世，非獨君擇臣也，臣亦擇君矣。臣與公孫述同縣，少相善。臣前至蜀，述陛戟而後進臣。臣今遠來，陛下何知非刺客姦人，而簡易若是？帝復笑曰：卿非刺客，顧說客耳。援曰：天下反覆，盜名字者不可勝數。今見陛下恢廓大度，同符高祖。乃知帝王自有真也。帝甚壯之。」

後援因隗囂長子恂入質，將家屬歸洛陽。居數月，而無他職任。蓋所以挫之也。後平隗囂西羌，遂建偉功。

〈援傳〉又曰：「於是隴右清靜。援務開寬信，恩以待下。任吏以職，但總大體而已。賓客故人，日滿其門。諸曹時白外事。援輒曰：此丞掾之任，何足相煩？」

「援自還京師，數被進見。為人明鬚髮，眉目如畫。閑於進對。尤善述前世行事。每言及，三輔長者，下至閭里少年，皆可觀聽。自皇太子諸王侍，聞者莫不屬耳忘倦。又善兵策。帝常言伏波論兵，與我意合。每有所謀，未嘗不用。」

後征交趾女子徵側及女弟徵貳，大破之。「斬徵側、徵貳，傳首洛陽。封援為新息侯，食邑三千戶。援乃擊牛釃酒，勞饗軍士。

從容謂官屬曰：吾從弟少游常哀吾慷慨多大志，曰：士生一世，但取衣食裁足，乘下澤車，御款段馬，為郡掾吏，守墳墓，鄉里稱善人，斯可矣。致求盈餘，但自苦耳。當吾在浪泊西里間，虜未滅之時，下潦上霧，毒氣重蒸。仰視飛鳶，跕跕墮水中。臥念少游平生時語，何可得也？今賴士大夫之力，被蒙大恩，猥先諸君紆佩金紫，且喜且慚，吏士皆伏稱萬歲。」

「初援軍還將至，故人多迎勞之。平陵人孟冀，名有計謀。於坐賀援。援謂之曰：吾望子有善言，反同眾人耶？昔伏波將軍路博德開置七郡。裁封數百戶。今我微勞，猥饗大縣。功薄賞厚，何以能長久乎？先生奚用相濟？冀曰：愚不及。援曰：方今匈奴、烏桓尚擾北邊。欲自請擊之。男兒要自當死於邊野，以馬革裹屍還葬耳。何能臥床上在兒女子手中耶？冀曰：諒為烈士，當如此矣。」

後年六十二，復自請征武陵五溪蠻。（雄溪、樠溪、酉溪、潕溪、辰溪。）「援夜與送者訣。謂友人謁者杜愔曰：吾受厚恩，年迫，餘日索（盡也）。常恐不得死國事。今獲所願，甘心瞑目。但畏長者家兒（謂權要子弟）或在左右，或與從事。殊難得調。介介（耿耿）獨惡是耳。」後卒功未成而死于是役。復受梁松之陷。（兵無功，帝使虎賁中郎將梁松乘驛責問援。因代監軍。）帝大怒，追收援新息侯印綬。蓋梁松尚舞陰公主，為帝婿。嘗候援疾。獨拜床下，援不答。援曰：「我乃松父友也。雖貴，何得失其序乎？」以故啣之。奪爵後，復因薏苡而被譖，帝益怒。援妻孥惶懼，不敢以喪還舊塋。同郡朱勃詣闕上書，為援訴冤，且報歸田里。足見光武蓄之深矣。援為當時第一有才智者，堪與光武敵。後顯宗圖畫二十八宿於雲台。「東平王蒼觀圖言於帝曰：何故不畫伏

波將軍像？帝笑而不言。」（〈援傳〉）〈援傳〉謂「以椒房故，獨不及援。」恐未必然。蓋伏波實不與鄧禹輩等。援之光武，蓋始終居客卿之地位。

范曄〈論〉曰：「馬援騰聲三輔，遨游二帝。及定節立謀，以干時主，將懷負鼎之願（伊尹負鼎以干湯），蓋爲千載之遇焉。然其戒人之禍智矣。而不能自免於讒隙。豈功名之際，理固然乎？夫利不在身，以之謀事則智。慮不私己，以之斷義必厲。誠能回觀物之智，而爲反身之察，若施之於人則能恕，自鑒其情亦明矣。」此許不恰，蓋泛言耳。光武實不足以御伏波，而伏波亦不能蓋光武而上之。光武爲一凝斂之理性的人格。雄姿不及漢高、唐太，陰威亦不流于洪武。而伏波則爲一美妙朗爽之智者，斯固不能蓋光武也。彼知光武甚深。心照不宣，而自行其是。戎馬相續，不肯稍停。馬革裹屍之語，雖性爽有然，亦所以自處之道也。彼自料決不能生落囚辱，故盡顯其智力以終耳。而光武則始終畏懼之分多，故轉而不甚相知也。設若知之深，則亦不必深怒已死之人。此蓋非光武用馬援，乃馬援藉光武以自顯。自度不能獨立霸業，混一海內（此足見馬援之氣概尙不足），而又不能爲聖賢、爲大儒，則只有藉他人以自顯，此其所以終爲智者歟？

第二節　船山論光武

王船山《讀通鑑論》卷六：「光武之得天下，較高帝而尤難矣。建武二年，已定都於洛陽，而天下之亂方興。帝所得資以有爲者，獨河北耳。而彭寵抑叛於幽州，五校尙橫於內。黃關以西，鄧

禹雖入長安，赤眉環繞其外，禹弗能制焉。鄧、宛、堵鄉、新野、弘農，近在咽頰之間 。寇叛接跡，而相爲牽制，不異更始之在長安時也。劉永、張步、董憲、蘇茂，橫亙東方，爲陳、汝眉睫之患。隗囂、公孫述，姑置而可徐定者，勿論焉。其視高帝出關以後，僅一項羽，夷滅之，而天下即定，難易之差，豈不遠哉？或曰：項羽勁敵也，赤眉、五校、劉永、張步、董憲、蘇茂、董訢、蘇況、隗囂，皆非羽倫，則光武易。夫寇豈有常哉？項羽之強也，而可使弱，弱者亦何不可使強也？曹操慮袁紹之難平，而卒與爭衡者，周瑜之一隅。苻堅蕩慕容姚氏之積寇，而一敗不支於謝玄之一旅。時之所興，勢之所湊，人爲之效其羽翼，天爲之長其聰明，燎原之火，一熸未滅，而猝已焚林，詎可量耶？且合力而與爭者一塗，精專志定，無旁撓焉，而惡得不易？分勢而四應者雜起，左伏右起，無寧日焉，而惡得不難？使以高帝榮陽之相持，而遇光武叢生之敵，乘閒擣虛而掣其後，羽不待約而人爲之犄角，高帝不能支矣。則甚矣，光武之難，而光武之神武不可測也。乃微窺其所以制勝而蕩平之者，豈有他哉？以靜制動，以道制權，以謀制力，以緩制猝，以寬制猛而已。帝之言曰：吾治天下以柔道行之。非徒治天下也，其取天下也，亦是而已矣。柔者，非弱之謂也。反本自治，順人心以不犯陰陽之忌也。孟子曰：行法以俟命，光武其庶幾乎？高帝之興，群天下而起亡秦，競智競力，名義無所伉，人心無所惑也。光武則乘思漢之民心以興，而玄也，盆子也，孺子嬰也，永也，嘉也，俱爲漢室之胄，未見其分之有所定也。苟有分義以相搖，則智力不足以相屈。故更始亡，而故將猶挾以逞志。然則光武所以屈群策群力而獨伸焉者，舍道其何以哉？天下方割裂而聚鬭，

而光武以道勝焉。即位未久，修郊廟，享宗祖，定制度，行爵賞。舉伏湛，徵卓茂。勉寇恂以綏河內，命馮異使撫關中。一以從容鎮靜，結已服之人心，而不迫於爭戰，然而桀驁強梁之徒，皆自困而瓦解。是則使高帝當之，未必其能奢定如此也，而光武之規模弘遠矣。嗚乎！使得天下者皆如高帝之興，而無光武之大猷承之於後，則天下後世且疑湯武之誓誥爲虛文，而唯智力之可以起收四海，曹操何所憚而不爲天子，石虎、朱溫亦何能寒海內之心而不永戴之哉？三代而下，取天下者，唯光武獨焉，而宋太祖其次也。不無小疵，而大已醇矣。」

本卷又有一段曰：「〔……〕光武之始徇河北，銅馬諸賊，幾數百萬。及破之也，潰散者有矣，而受其降者數十萬人。斯時也，光武之衆未集，猶資之以爲用也。已而劉茂集衆十餘萬而降之於京密。朱鮪之衆且三十萬而降之於洛陽。吳漢、王梁擊檀鄉於漳水，降其衆十餘萬於鄴東。五校之衆五萬人降之於羛陽。餘賊之擁立孫登者五萬人，降之於河北。赤眉先後降者無算。其東歸之餘尙十餘萬人，降之於宜陽。吳漢降青犢，馮異降延岑、張邯之衆，蓋延降劉永之餘，王常降青犢四萬餘人，耿弇降張步之卒十餘萬。蓋先後所受降者，指窮於數。戰勝矣，威立矣。乃幾千萬不逞之徒，聽我羈絡，又將何以處之邪？高帝之興也，恆患寡而亟奪人之軍。光武則兵有餘，而撫之也不易。此光武之定天下所以難於高帝也。夫民易動而難靜，而亂世之民爲甚。當其捨耒而操戈，或亦有不得已之情焉，而要皆游惰驕桀者也。迨乎相習於戎馬之閒，掠食而飽，掠婦而妻，馳驟喧呶，行歌坐傲，則雖有不得已之情，而亦忘之矣。盡編之於伍，而耕夫之粟不給於養也，織婦之布不給於衣也，縣官

宵夜以持籌，不給於饋餉也。盡勒之歸農，而田疇已蕪矣，四肢已
惰矣，恣睢狂蕩，不能受屈於父兄鄉黨之前矣。故一聚一散，傾耳
以聽，四方之動，而隨風以起，誠無如此已動而不復靜之民氣何
矣。而光武處之也，不十年而天下晏然。此必有大用存焉。史不詳
其所以安輯而鎮撫之者何若，則班固、荀悅徒爲藻帨之文，而無意
於天下之略也。後起者其何徵焉？無已而求之遺文，以髣髴其大
端，則徵伏湛，擢卓茂，獎重厚之吏以調御其囂張之氣，使惰歸而
自得其安全，民無懷怨怒以擯之不齒，吏不吝教導以納之矩矱，日
漸月摩，而消其形迹。數百萬人之浮情害氣，以一念歛之而有餘
矣。蓋其覿文匿武之意，早昭著於戰爭未息之日。潛移默易，相喻
於不言。當其從戎之日，已早有歸休之志，而授以田疇廬墓之樂，
亦惡有不帖然也？自三代而下，唯光武允冠百王矣。何也？前而高
帝，後而唐、宋，皆未有如光武之世，脅天下以稱兵，數盈千萬者
也。通其意，思其變，函之以量，貞之以理，豈易言哉？豈易言
哉？」

　　同卷又有一段曰：「〔……〕王郎遣杜威納降，威爲郎請萬戶
侯封。光武曰：顧得全身可矣。劉恭爲盆子乞降，恭問所以待盆子
者，帝曰：待以不死耳。大哉王言，奉天以行賞罰，而意智不與
焉。斯乃允以繼天而爲之子。王郎者，妖人也。妖人倡亂，不可不
誅。以其降而姑貰之，終拒其降而斬之，以懲天下之妖妄，而天下
定。盆子者愚而爲人立者也。愚且賊而欲干天位也，可誅。非其志
而聽命於人也，可宥。待以不死，而授之散秩以養之，義正而仁亦
裕矣。所尤難者，光武決于一言，而更無委曲之辭以誘之。明白洞
達，與天下昭刑賞之正。故曰：大哉王言，體天無私而爲之子也。

為權術之說者則不然。心惡之,而姑許之,謂可以輯群雄之心,使劉永之儔,相仍而革面。獨不見唐高祖之待李密,其後竟如之何也。狙詐興而天下相長以偽。故終唐之世,藩鎮倏叛倏服,以與上相市,而兵不可戢。然則權者,非權也。偽以長亂而已矣。〈湯誥〉曰:有罪不敢赦,帝臣不蔽,簡在帝心。誠帝心也,豈憂天下之有不服哉?何所葸畏而與人相為駔儈乎?故言權術以籠天下者,妾婦之智而已矣。」

由上節所引《後漢書》之史料,觀乎馬援之論、范曄之論,以及本節船山之論,吾人可以總持光武之人格為一「凝斂的理性之人格」。船山論光武者甚多,茲所引三段,皆犖犖大者。由之亦足見其人格之型範。船山之識迴乎其深遠矣。光武與高帝本不同其型,亦不必較其取天下之難易。高帝有高帝之難,而一以風姿勝。光武有光武之難,而一以理性勝。吾所注意者,為此兩個時代,兩個人格。此為船山所不及。然光武所處之世,船山由其運用而見其為「以靜制動,以道制權,以謀制力,以緩制猝,以寬制猛」,為「反本自治,順人心以不犯陰陽之忌」,為「行法以俟命」,皆為形容光武人格極恰當之辭。而「函之以量,貞之以理」兩語尤佳。彼以理性自斂而斂人。故「數百萬人之浮情害氣,以一念斂之而有餘」可謂一語中肯。彼之一念,非偶然一動也。實以其全部的「凝斂人格」為背景,故能「函之以量,貞之以理」。己不斂而能斂人者,未之有也。其氣與才,斂之於理中,而以理,故不以風姿勝,而與高帝不同其格。既以理運矣,故當處於死生之際,興廢之幾,獨能曠然超于其外,而又能入於其中以轉其軸,而顯其勇。船山曰:「勇者,非氣矜也。泊然於生死存亡而不失其度者也。」

（《讀通鑑論》卷六論昆陽之戰一段。船山即以此段開始論光武。讀者可覆案，不具引。）不憂、不懼、不惑，而亦不與憂懼者致其辯。一笑之下，綽有餘地。其志內定，其勇外溢，而憂懼欲散者隨之矣。又旣以理運矣，故能「奉天以行賞罰，而意智不與焉。」理性開其胸次，理性直其委屈，故「明白洞達，與天下昭刑賞之正。」而馬援亦稱其「開心見誠，無所隱伏。」又稱之以「簡易」（見上節）。夫簡易豈不以「貞」勝者哉？彼以凝斂之理性人格，神其用而安插數百萬之降衆，復神其用而穩定天下，而整飭吏事，而釐淸政治機構中之各部門，而文理密察，以成其曲而能達。是以其理性人格之廣被而見其籠罩天下，以「內在的穩定」之義勝，而不以「超越的風姿之凸出」之義勝。故不偏于「範圍天地之化而不過」，而偏于「曲成萬物而不遺」。此兩語綜和于一起，而由「範圍」以至「曲成」，非聖賢之理性人格不爲功。（天才英雄如劉邦，則根本不屬于此一套。）由此可見光武之凝斂的理性人格，其爲理性，乃「理解理性」，非聖賢之超越的綜和理性也。其于時代精神上對于「理性」之表現，乃爲以理解理性之形態，而爲內在之表現。此由西漢武帝後之「超越表現」而必至者。吾將于下章，就其種種措施，以明此義。此章明光武之人格，下章明其「理性之內在表現」之客觀意義。

第二章 光武之凝斂的理性人格所決定之時代

茲申論曰：周至春秋尙爲貴族政治。降至戰國，貴族崩壞，士多興起。秦一統旋即瓦解。漢高崛起布衣，此爲天才時代。遭逢際會者，皆齊頭並列。雖多所殺戮，庸亦隨之。蓋社會無旣成之集團勢力可繼，而秦火之後，學術零落。士人亦不能形成一集團。自武帝崇獎儒術，董仲舒用其理想于政治，士人遂因一共信而同歸一流，而客觀之理念亦樹立而爲時代之型範。自此以後，遂由天才時代轉爲理性時代。顧西漢之理性表現，猶寥廓而荒漠。此固顯其大，而亦有蕪雜。讖緯其例也。此爲理性之超越表現時期，而以宿命論發帝德之終始。此風結集于王莽，遂代漢而爲新。王莽者，乃理性之超越表現下之怪物也。希古不化，迂固不堪。變新名歸舊名，而時人觀之，則作新名不循舊名矣。以故天下騷然，不勝其煩。夫理性投置于外，事事求齊一于典要，而事勢所趨，奔逸絕塵，則事披靡于下，而理懸於往古，兩不相接，乖違生焉。彼一身陷于乖違之糾結中而不能自拔，則必崩解而破滅。居于樞機之地，理不能復其具體之用而調節其生命，則其生命亦必窒塞而鬱悶，陰險而狠愎。愈陰險則愈猥縮，愈猥縮則愈膠固不化，而超然之理亦愈遠揚而漂蕩，寥闊而不能顯其用。彼一身之膠固，即天下事之膠

固。是以不旋踵而身敗名裂也。

夫西漢之理性，自武帝以來，乃由儒生之講說而湧現，此思想之力也。湧現此理想，必有能實踐此理性者。實踐之者，乃精神也。必有精神之主體運用此理性，則理性始能彰其用于現實。武帝雄才大略，其生命不乾枯也。仲舒善《公羊春秋》，深于義道，而妙思中出，非道說往古，拾人牙慧者也。故能以理念綱維大一統，而又措之于政制，開士人爲相之局。此其有精神主體爲之運用，故能如此也。精神者心也。心不能縮理，則理遠揚矣。心具體活潑，靈妙而圓轉者也。故理湧現而超越，心亦必廣大而上遂。心不能調適而上遂，則心死而理蕩。心活而理融，則內在而彰其用。武帝而後，社會講說之風，幽隱邃遠，此書生循理追風之事也。而彼講說者不必能爲精神主體。影響及於王莽，則亦循理追風而僵化於其中矣。如是理性見爲非理性。此有兩面可說。一、王莽之變名改作，以致崩解；二、以宿命推致禪讓，釀成王莽之代漢。前者之爲非理性，略說如上。後者之爲非理性，則固非易明也。夫帝德有終始，擇賢而讓，理之至當也。德之終始，指精神而言也。理持久而經常。讓賢更化，代代新生，是範圍之大理。政事得當，福利人群，是曲成之脈理。理無興廢，而有隱顯。心無興廢，而有隱顯。心不顯則精神不及。精神不及，則理隱而事廢。理者，天也，精神之及不及，人也。天工人成之。人能弘道，非道弘人。人不弘道，則道隱。人有氣質，非純靈。故其精神難常及也。有及有不及，是之謂終始。及其不及，則當讓賢而更化。然讓賢亦大德，非精神及者不能備。此非徒注目於理而求之於宿命者所能實現。精神不及，當讓而不讓，此非理也。求之於宿命，則宿命幽遠，不能順致其授受，

必至攘奪或戰亂，此亦非理也。故精神不能及，則讓賢不可得。讓
賢之理之實現，非只授受者個人精神之及不及，亦須賴社會群體精
神之及不及。群體精神表現而爲客觀精神，客觀精神表現而爲法律
制度。必社會群體通過其客觀精神而印可一法律而樹立之，然後讓
賢更化始可得實現。如此，方爲理性的，此亦爲理性之客觀化。西
漢儒生之追慕禪讓，而出之以宿命論，則理性尚未客觀化。故其一
落於現實便爲非理性。此即實現此理之精神主體尚未出現也。然彼
能深思至此，亦不可謂其非大心也。此西漢精神之所以可貴也。

　　光武承王莽之變亂，早年學於長安，涵泳於西漢經學長流之
中，彼固亦有經義教養之人也。其二十八將功名之士，大部亦皆儒
生也。鄧禹、朱祐輩，又與之爲同學。彼所團聚者實爲一群執禮有
文之秀士。故有田間之樸誠，而無草莽之野氣。有學問理性之凝
斂，而無原始生命之燦爛。故以理性勝，而不以天資顯。天資涵泳
於理性之中而運道於實際。天資雖不必特顯，而能受理性之函攝，
則其心靈亦不死。心活而運理，則天資雖稍差，而理之流澤足以補
其短，心之戒愼足以延其慶。有能運理之心，有能受理之資，則亦
天資之美也。彼有凝斂之理性，而所團聚者又能契合而接受此理
性，故能成一代之模規，保功臣之福祿，而無誅譴。功臣吏職，殊
途不相蒙，此爲理性表現之最彰著者，故光武之時代爲一理性時代
也。茲舉其大者如下：

第一節　功臣不任吏職

　　功臣之不任吏職，不獨鑒西漢武帝前之失也，亦不獨個人利害

保其福祿而已也。（前人論此，多就史變與利害而言，范曄之論可
爲代表。見前引文。）此舉實代表一客觀之理性與一客觀之精神。
夫一人之才華有限。雖云際會風雲，實則皆出死入生，攻堅披銳，
費盡拔山氣力者，其英華發露，皆本於天性，非可學而能也。敗則
英雄悲劇，勝則豐功偉績。只在頃刻間耳。既秉此天性，而又攜其
必然之才以盡此天性，則必有其獨特之適應，而不必能回容周旋泛
應曲當也。故一旦功成業就，儼若撥雲霧而見青天，則雲淡風輕，
儘可全體放下，落大自在。境界高者，則將由此而進於道矣，是謂
君子不器。是則其應有之上上之轉進。「高秩厚禮，允答元功」，
亦朝廷應有之尊崇。而若只保福祿，守妻子，則亦可視爲自然之順
化，亦無所用其惜也。光武之運用於其間，非可盡以忌刻視之也。
彼此能相喻，雖於私情有所不快，而能強以從理，則亦無所芥蒂
矣。故曰：此舉實代表一客觀之理性與一客觀之精神。稱美光武非
過也。

第二節　峻文深憲、責成吏職

「峻文深憲，責成吏職」，或「治平臨政，課職責咎」（皆范
曄〈論〉語），皆所以整飭吏治者也。史屢稱建武、永平之治，又
屢言光武好吏事，明帝察察爲明。〈循吏傳〉稱「吏事刻深」，
〈酷吏傳〉稱「科網稍密」。皆稍致其不滿。實則承衰亂之後，整
飭吏治不能不嚴。循吏所以安民，酷吏則治奸猾。〈循吏傳〉所謂
「光武長於民間，頗達情僞。見稼穡艱難，百姓病害。至天下已
定，務用安靜。解王莽之繁密，還漢世之輕法。〔……〕故能外內

匪懈，百姓寬息。〔……〕若杜詩守南陽，號爲杜母。任延、錫
光，移變邊俗。斯其績用之最章章者也。」是則治民以寬也。然則
所謂「嚴猛」則在馭吏耳。一則以寬，一則以猛，而酷吏則治奸
猾，不畏權貴，亦可謂光武措法之凝斂。總其精神，則爲文理密
察。蓋「曲成不遺」之事也。以法治措政事，必如此，方可盡理。
由此足見光武爲一凝斂之理性人格。文理密察，不能不凝斂。曲成
不遺，不能不理性。光武之吏治乃東漢開國之一特性，亦與其性格
恰相應。（然非殘刻者，故曰凝斂之理性的。）彼爲一凝斂之理性
人格，故其保功臣，好吏事，皆是表示「理性之內在化」，由西漢
武帝後之超越表現而爲「內在表現」。其氣收斂而下注，故文理密
察，曲成不遺也。西漢元氣盛。武帝前之天才時代，一任元氣充沛
之奔放與渾漠。故功臣競逐，或遭殺戮；而非軍功封侯者，亦不得
爲相。其蕭規曹隨，好黃老以安天下，則示其元氣之渾樸，亦非有
道家修養工夫爲其轉攝也。故其精神表現爲天才的，非經由「自
覺」而轉爲理性的也。武帝後，儒術興，而經生之闡幽顯微，思入
風雲，亦是元氣之奔放，未經過自覺之坎陷而轉爲構造之理性的，
故爲超越之表現，而常與現實扞格不相融，遂結集於王莽之篡漢，
而王莽亦崩解。光武之內在的表現，則是經由其凝斂之理性人格，
將原始的外在而超越之表現，坎陷而轉爲構造之理性的。有田間之
誠朴，而無草莽之野氣。故自元氣而言，誠不若西漢之浩瀚。然不
可直視爲墮落也。野氣變爲誠朴，浩瀚斂爲理性，則是將「原始之
整全」不自覺地坎陷而爲「理解之理性」（theoretical reason,
understanding）；依是，原始之整全，遂破裂而爲主客體之對立，
超越表現亦轉爲內在表現。光武所代表之理性即主客體對立中的理

解之理性。文理密察，曲成不遺，即理解理性之表現。措之於政事，則爲吏治之形成。形成即構成，故理解理性即構造理性也。此種理性乃本「原始整全」之浩瀚而來，乃對於「原始整全」之否定，儼若爲墮落，實非墮落也。乃一不自覺之坎陷，或凝斂。不如此，則進一步較高級之精神表現不可能。（若眞直爲墮落，則何能成一代之規模，締造二百年之王業乎？）惟須知，此主客對立中理解理性之表現，必將爲過渡至下一階段更高之綜和之預備。而自此預備階段本身而言之，則由其內在的表現，主客對立間的表現，必將愈順而下之。惟由此順而下之，始能見出其墮落。（一因不能永停止於內在表現之構造期，二因此階段本身必將趨於一更高級之綜和期。）從主客對立而言，順而下之，必將成爲對立間之鬥爭：如外戚、宦官、士大夫，三者對立間之鬥爭。此即由理解理性之構造的表現所必然演至者。此將見下。

第三節　內外朝之判分至光武而成立

由此亦可見出光武時代理性之表現時代。茲引錢穆先生《國史大綱》中之述敘如下：

西漢初年，王室政府界限不清，而當時官吏組織中亦無宦者之特殊集團。朝廷自皇帝以下，官吏最要者有三公九卿。丞相：輔助天子，總理庶政。御史大夫，副丞相。太尉：丞相爲文官長，太尉爲武官長。以上爲三公。太常：掌宗廟禮儀，屬官有太樂、太祝、太宰、太史、太卜、太醫等。此爲

天子宗廟之守官。〔……〕光祿勳：掌宮殿掖〔庭〕門戶，
屬官有大夫、郎、謁者等。大夫掌論議，郎掌守門戶，出充
車騎，謁者掌賓讚受事。〔……〕衛尉：掌宮門屯衛兵，屬
官有公車司馬、衛士、旅賁等。〔……〕太僕：掌輿馬。
〔……〕廷尉：掌刑辟。大鴻臚：掌諸歸化蠻夷。宗正：掌
宗屬。〔……〕大司農：掌穀貨，主田租之入，以給國家之
公費。少府：掌山海地澤之稅，以給天子之私供養。
〔……〕以上為九卿。論其性質，均近於為王室之家務官，
乃皇帝之私臣。而非國家之政務官，非政府正式之官吏。推
而上之，可知宰相、御史大夫、太尉三公，其初實亦帝王私
臣。〔……〕整個朝廷，初從家庭狀態中蛻化而出，那時自
不需另要內廷私臣乃至於宦官。（宦官在當時，與普通士人
亦並不歧視。如趙高為秦二世師，又為郎中令。司馬遷受腐
刑後乃為中書令。〔……〕稱曰宦者，宦本官學仕官，非惡
稱也。）漢武以雄才大略獨攬事權。於是重用內朝尚書。
（秦少府遣吏四人，在殿中主發書，謂之尚書，尚猶主也。
漢初有六尚，屬少府，曰尚衣、尚冠、尚食、尚浴、尚席、
尚書，可見其職位之卑。然皆由士人為之。後世除尚書外，
則全變為宦官之職矣。）奪宰相權。（其時則趙禹、張湯等
為九卿，直接奏事，宰相束手。）〔……〕晚年又用中書。
（武帝晚年常宴遊內廷，不復多與士大夫接，遂用宦者主中
書，司馬遷曾為之長，典尚書章奏。）元帝時遂有弘恭、石
顯，而宦者逐漸用事。（自御史至尚書，又自尚書至宦官。
其間凡三折。漢御史大夫有兩丞，一曰御史丞，一曰御史中

丞。御史中丞亦謂御史中執法，居殿中。外督部刺史，內領侍御史十五人。受公卿奏事，舉劾案章。天子事下中丞而至大夫以及丞相，中丞屬於大夫，大夫職副丞相，故宮中之事，丞相無不可制。文、景時，丞相欲誅鄧通、晁錯，其權擬天子矣。武帝用尚書，中丞不得居中制事，侍御史、部刺史皆廢。末年霍光為大司馬領尚書事，號內府。宣帝中興，復舊制。魏相為御史大夫，外遣丞相掾史按事郡國，不遺中史。內則奏封事，不經尚書。去副，又加給事中，得宴見，而霍氏以敗。然元帝時，宦者石顯用事，丞相權復盡歸尚書。成帝時，何武建言設三公官，御史大夫改大司空，中丞遂為御史台長官，出居外台。東漢中丞遂為台率，始專糾察之任。為後世御史之職所昉。漢初御史大夫副丞相而得統治宮中事，後世御史為天子糾察百僚。蓋因政府與王室既分，則二者間權任自移轉也。）

光武中興，宮中悉用閹人，不復參以士流。於是正式遂有一個宦官的集團。宦官亦在當時王室與政府之判分下得到其地位。〔東漢郎官已全為郡國察舉孝廉到京待轉之一階，則自不能仍以為皇帝內侍。王室與政府之性質既漸分判明晰，則光武之制實不為非。光武又盡並天下財賦於大司農，而少府遂專掌宮中服御諸物，衣服寶貨，珍膳之屬。此亦在王室、政府逐漸分離下應有之調整。故自御史中丞出居外臺，光祿勳移至外朝變為閒職，三署郎更不值事內廷。（魏以後即無三署郎，而光祿勳為散官。自唐以後，三署郎全為武職，而光祿寺掌膳食，皆與兩漢異。）少府不預聞天下賦稅財政。

皆兩漢間政府組織與體統上之絕大改革也。（光武之病，在
輕三公權任而移之尚書。）〕（《國史大綱》頁117-119）

　　西漢，武帝以前，王室與政府猶未分清，此示「政治」尚未得
其客觀之意義。錢穆先生又云：「武帝以後，中朝（王室）外朝
（政府）始分，於是宰相爲外朝領袖，而大司馬大將軍爲內朝輔
政。其職（大司馬大將軍）則胥由外戚爲之。宰相其先本爲天子私
臣。漢初，宰相皆列侯爲之，此皆相互戮力以爭天下者，在當時亦
爲皇帝之私人也。故御史大夫爲副丞相，而御史有中丞，得治王宮
之政令。此猶《周禮・天官》冢宰，其屬官得統及皇帝內廷，此非
古人立法之善，乃係當時王室與政府公私性質不分明也。及武帝以
下，宰相始由士人特起，漸有其尊嚴之地位，而與王室亦漸分離。
（此由賈誼敬禮大臣之論，及於公孫弘起徒步以經術爲相，大開東
閣，延賓客賢士以與天子內廷侍從諸臣議論政事相往復，實爲宰相
地位在意義上之一種變遷也。又按漢制：丞相謁見，天子御坐爲
起，乘輿爲下；有疾，天子往問；薨則車駕往弔。其制不知起何
時。似漢初並不爾。）而王室不得不仍有其私臣。（武帝初，嚴
助、朱買臣等，皆以侍中貴幸用事，得與聞朝政。凡侍中、左右
曹、諸吏、散騎、中常侍等加官即兼差，漢代所謂中朝官者，皆
是。武帝以之與外朝大臣辯論政事。蓋此輩猶爲皇帝之私人秘書
也。）於是，遂有大司馬大將軍輔政之制。（此制始武帝末年，以
霍光爲大司馬大將軍輔政。蓋由新帝方幼，宰相地位漸隆，與王室
關係漸疏，而宰相之威望則轉不如前，以多平地特起，而非貴冑世
襲。武帝用相亦率取其易制，天下務初不關決。以外戚輔政，正以

彌補此缺陷也。）於是，中朝、外朝判而爲二。（大司馬、左右前
後將軍、侍中、常侍、散騎諸吏，爲中朝；丞相以下至六百石爲外
朝。）霍光謂車千秋曰：光治內，君侯治外。時光爲大將軍，千秋
爲丞相也。霍光廢昌邑王，而丞相楊敞事前不預知。光謂：此內朝
事，無關外朝也。內朝諸臣之領袖以大司馬大將軍爲號者，正見軍
人本爲王室私屬。今已由軍人政府轉變爲士人政府，故軍職不爲外
朝之丞相，而爲內朝之輔政。〔……〕」（《國史大綱》頁114-11
5）此段所述旨在說明外戚參加王室之由來。關於外戚、宗室、宦
官之政治意義，吾人下段再論。茲先說明內外朝之分以明「政治」
之客觀化。武帝以後之所以有此，要者在士人之興起，此賈誼、董
仲舒、公孫弘等人之力也。此步客觀化，正顯示理解理性之初步表
現。然在西漢，官吏之國家政治性尚未全部客觀化，又因其時代之
籠罩精神爲超越表現，故尚未能至理解理性之充分表現也。至光武
宮中悉用閹人，不復參以士流；又盡幷天下財賦于大司農，少府專
管官中服御諸物，不預聞天下賦稅財政；御史中丞出居外台，光祿
勳移至外朝變爲閒職，三署郎更不值事內庭：則可謂理解理性之充
分表現矣。所謂「充分」自指內外朝之分一點言。其他正尚有未客
觀化者，而理性之表現亦正尚有未到之處也。此中之阻礙正在王室
之世襲以及附之而起之外戚、宗室、宦官一大集團。此一集團即是
「非理性的」。西漢之超越精神，所謂宿命論之禪讓，經過光武理
解理性之內在表現，全消散而無餘，所謂對於「原始整全」之否
定，轉化爲主客體對立間之理解理性是也。假若西漢超越精神中所
函蘊之宿命論之禪讓不能通過一種調適上遂之精神主體而自覺地客
觀化，則該非理性之部分永不能去除也。此則在以往之歷史發展中

所不能企及者。

第四節　三公與尚書權限之輕重

尙書即皇帝之秘書處。光武重尙書，而輕三公權任。天子總攬百務，而尙書爲其樞機。重尙書權，即所以集權于天子。此固君主世襲之專制政體所必演至也。此亦至光武顯明。此亦足示光武爲一凝斂之理性人格，表示時代精神爲主客體對立中之理解理性之構造的表現也。此種表現爲對於「原始整全」之否定。在此否定中，將其中之各成分予以沈澱之釐淸而成爲一「對列之局」（co-ordination-frame），此即謂理解理性之構造的表現：三公、尙書、九卿、外戚、宦官、宗室、功臣、天子，皆在此表現中而有獨特之地位。

柳詒徵先生《國史要義》于〈史權第二〉附論〈漢之尙書〉曰：

> 東漢開國，以侯霸爲尚書令，始能定當時之政制。
>
> 《後漢書・侯霸傳》：「族父淵以官者有才辨，任職元帝時，佐石顯等領中書。號曰大常侍。成帝時，任霸爲太子舍人。」〔又曰〕：「建武四年，光武徵霸與車駕會壽春，拜尚書令。時無故典，朝廷又少舊臣。霸明習故事，收錄遺文，條奏前世善政法度有益於時者，皆施行之。每春，下寬大之詔，奉四時之令，皆霸所建也。」（據此知霸之明習故事，蓋自其族父嘗領中書，故能記識前世善政法度也。）

其時大臣難居相任。（亦見〈侯霸傳〉）。政歸臺閣。封爵
進退，一出尚書。

> 《後漢書·馮勤傳》：「給事尚書，以圖議軍糧，任事精勤，遂
> 見親識。每引進，帝輒顧謂左右曰：「佳哉吏也！由是使典諸侯
> 封事。勤差量功次輕重，國土遠近，地勢豐薄，不相踰越，莫不
> 厭服焉。由是封爵之制，非勤不定。帝益以為能。尚書眾事，皆
> 令總錄之。」

〔補錄〈侯霸傳〉：「明年〔即建武五年〕代伏湛為大司
徒。封關內侯。在位明察守正，奉公不回。十三年，霸
薨。帝深傷惜之。〔……〕以沛郡太守韓歆代霸為大司
徒。歆字翁君，南陽人。以從攻伐有功，封扶陽侯。好直
言，無隱諱。帝每不能容。嘗因朝會，聞帝讀隗囂、公孫
述相與書，歆曰：亡國之君皆有才，桀、紂亦有才。帝大
怒，以為激發。歆又證歲將饑凶，指天畫地，言甚剛切。
坐免，歸田里。帝猶不懌。〔……〕歆及子嬰竟自殺。
〔……〕後千乘歐陽歙，清河戴涉，相代為大司徒。坐事
下獄死。自是大臣，難居相任。其後河內蔡茂、京兆玉
況、魏郡馮勤，皆得薨位。」

補錄〈馮勤傳〉：「司徒侯霸薦前梁令閻楊，楊素有譏
議，帝常嫌之。既見霸奏，疑其有姦，大怒。賜霸璽書
曰：『崇山幽都何可偶？黃鉞一下無處所。欲以身試法
耶？將殺身以成仁耶？』使勤奉策至司徒府。勤還，陳霸
本意，申釋事理，帝意稍解，拜勤尚書僕射。〔……〕遷
尚書令，拜大司農。三歲，遷司徒。先是三公多見罪退。

帝賢勤，欲令以善自終。乃因讌見，從容戒之曰：『朱浮
上不忠於君，下陵轢同列，竟以中傷至今。死生吉凶未可
知。豈不惜哉？人臣放逐受誅，雖復追加賞賜賻祭，不足
以償不訾〔貲〕之身。忠臣孝子，覽照前世，以為鏡戒。
能盡忠於國，事君無二，則爵賞光乎當世，功名列於不
朽，可不勉哉。』〔……〕」〕

〔案：由尚書轉三公，雖高其位，實是閒置之也。如欲有
所樹立，不免誅黜。故云：自是大臣，難居相任。觀光武
之語，可知其心目中之尚書與三公之屬性矣。其處三公亦
猶處功臣也。職責吏事盡在尚書。功臣閒置，三公亦崇高
之象徵也。其理性之內在表現，可謂章章明矣。〕

積之既久，尚書操實權而非相，三公以虛名而受責。選舉誅
賞，都由尚書。質言之，則東漢之政府，一秘書之政府也。
《後漢書・陳忠傳》：「時三府任輕，機事專委尚書。而災眚變
咎，輒切免公台，忠以為非國舊體。上疏諫曰：臣聞君使臣以
禮，臣事君以忠。故三公稱曰冢宰，王者待以殊敬：在輿為下，
御坐為起，入則參對而議政事，出則監察而董是非。漢典舊事，
丞相所請，靡有不聽。今之三公，雖當其名，而無其實。選舉誅
賞，一由尚書。尚書見任，重於三公。陵遲以來，其漸久矣。」

以上為《國史要義》文。吾友李源澄先生曰：「光武之不以三
公錄尚書，乃內外相持之道。三公行政，天子亦知政事。既非如
宣、元時代之中書專政（以內制外），亦不如漢初之以御史副丞

相,與霍光以來以大臣領尙書也(以外制內)。」(《秦漢史》,頁116)。案:三公不錄尙書,謂之猶有權任可(尊崇其位,坐而論道),謂之無權任亦可(選舉誅賞,一由尙書)。如強行不殆,亦未始非得。

惟三公旣有其高位重望,又密邇政樞,則錄與不錄,自無必不可移之理。故自章帝以後,即錄尙書矣。是則光武並未立下定制以誠子孫也。勿寧謂爲因緣湊合,實事所歸,逐趨於判分耳。軍事倥傯之際,鄧禹爲大司徒,然置身戎行,不關政務,而以伏湛代。此時如謂政在三公,則亦可謂事在草創,官吏不備而然。侯霸、馮勤皆由尙書遷轉三公,而侯霸亦幾不免,馮勤又遭從容訓戒。可見尙書爲吏事中樞,旣得其人,則久任者便遷轉三公,亦可見光武不欲以權位集於三公一身也。稍有圭角,立見誅戮。韓歆、歐陽歙、戴涉,是也。蔡茂、王況、馮勤皆小心翼翼,始得薨於位。可見光武科法之嚴。明帝察察,能守此規。章帝長者,則有出入。人主之庸碌無能或好淸閒無爲者,則三公必領尙書而權臣成焉。在君主世襲政體下,惟視天子之英明,始能統馭各部而無弊。精神主體在天子。主體立得住,則爲理性之表現。立不住,則必爲非理性。而主體立得住否即無保障者。以在以往政體下,天子、外戚、宦官即爲一非理性之集團。此集團如不能理性化,則此中心以外者雖理性化,亦無超越之保證,亦必受牽連而變爲非理性。而中心集團之理性化,必賴一客觀的精神主體之建立。惟歷史發展至光武,以其凝歛之理性人格,將此各門判然釐淸,故謂之爲理解理性之表現時代。由此表現而成一定型。此型一定,持續至滿淸。其間若精神主體立不住(指天子個人言),則即成爲各部門間之苦鬥。此後之歷

史即爲一苦鬥之歷史。

第五節　論尚書之性能

柳詒徵先生《國史要義》曰：

> 秘書所重在例案。援據例案，則是非有準。故自孔光、石顯
> 皆以明習故事，久居尚書。東漢尚書之稱職者，亦莫不曰曉
> 習故事，閒達國典。所謂「萬事不理問伯始」者，徒以胡廣
> 達練事體，明解朝章耳。
>> 《後漢書・蔡茂傳》〔郭賀附云〕：「郭賀能明法，建武中爲尚
>> 書令。在職六年。曉習故事，多所匡益。」又〈黃香傳〉：「帝
>> 惜香幹用，久習舊事，復留爲尚書令。」
>> 又〈黃瓊傳〉：「稍遷尚書僕射。瓊隨父（即香）在台閣，習見
>> 故事。及後居職練達，官曹爭議，朝堂莫能抗奪。」
>> 又〈劉祐傳〉：「補尚書侍郎，閒練故事，文札強辨。每有奏
>> 議，應對無滯，爲僚類所歸。」
>> 又〈竇武傳〉：「尚書郎張陵、嫣皓、苑康、楊喬、邊韶、戴恢
>> 等文質彬彬，明達國典。」
>> 又〈陽球傳〉：「補尚書侍郎，閒達故事。其章奏處議，常爲台
>> 閣所崇信。」
>> 又〈胡廣傳〉：「達練事體，明解朝章。雖無騫直之風，屢有補
>> 闕之益。故京師諺曰：萬事不理問伯始，天下中庸有胡公。」
> 故事不賅，則求之經訓。
>> 《後漢書・張敏傳》：「爲尚書。建初中，有人侮辱人父者，而

其子殺之。肅宗貰其死刑而降宥之。自後因以爲比。是時遂定其
議,以爲輕侮法。敏駁議曰:『〔……〕孔子曰:民可使由之,
不可使知之。《春秋》之義,子不報讎,非子也。而法令不爲之
減者,以相殺之路不可開故也。〔……〕』議寢不省。敏復上
疏:『〔……〕孔子垂經典,皋陶造法律,原其本意,皆欲禁民
爲非也。未曉輕侮之法,將以何禁。〔……〕』和帝從之。」

又〈韓稜傳〉:「竇憲與車駕會長安,尚書以下,議欲拜之,伏
稱萬歲。稜正色曰:夫上交不諂,下交不黷。禮無人臣稱萬歲之
制。議者皆慚而止。」

經典故事,咸得其比,則權倖畏之。亦猶民主國家,必援據
憲法。其限制君權,體恤民物,有時且可獨申己意,不爲群
議所撓。

《後漢書‧楊秉傳》:「劾奏中常侍侯覽具瑗等。〔……〕書
奏。尚書召對,秉掾屬曰:公府外職,而奏劾近官,經典漢制,
有故事乎?秉使對曰:春秋趙鞅以晉陽之甲逐君側之惡。〈傳〉
曰:除君之惡,惟力是視。鄧通慢慢,申屠嘉召通詰責。文帝從
而請之。漢世故事,三公之職,無所不統。尚書不能詰。帝不得
已,竟免覽官,而削瑗國。」

又〈朱暉傳〉:「元和中,肅宗巡狩。召南陽太守問暉起居,召
拜爲尚書僕射。〔……〕是時穀貴,縣官經用不足。朝廷憂之。
尚書張林上言,穀所以貴,由錢賤故也。可盡封錢。一取布帛爲
租,以通天下之用。又鹽,食之急者,雖貴人不得不須。官可自
鬻〔古煮字〕。又宜因交阯、益州上計吏往來,市珍寶,收采其
利。武帝時所謂均輸者也。於是詔諸尚書通議。暉奏:據林言,
不可施行。事遂寢。後陳事者復重述林前議,以爲於國誠便。帝

然之，有詔施行。暉復獨奏曰：王制，天子不言有無，諸侯不言多少，食祿之家不與百姓爭利。今均輸之法與賣販無異。鹽利歸官，則下人窮怨。布帛爲租，則吏多姦盜。誠非明主所當宜行。帝卒以林等言爲然。得暉重議，因發怒切責諸尚書。暉等皆自繫獄。三日，詔勅出之，曰：國家樂聞駁議，黃髮無愆，詔書過耳。何故自繫？暉因稱病篤，不肯復署議。尚書令以下惶怖。詔暉曰：今臨得譴讓，奈何稱病？其禍不細。暉曰：行年八十，蒙恩得在機密，當以死報。若心知不可而順旨雷同，負臣子之義。今耳目無所聞見，伏待死命。遂閉口不復言。諸尚書不知所爲，乃共劾奏暉。帝意解，寢其事。後數日，詔使直事郎問暉起居，太醫視疾，太官賜食。暉乃起謝。」

又〈虞詡傳〉：「遷尚書僕射。〔……〕先是，寧陽主簿詣闕訴其縣令之枉。帝大怒。持章示尚書，尚書遂劾以大逆。詡駁之曰：主簿所訟，乃君父之怨。百上不達，是有司之過。愚蠢之人，不足多誅。帝納詡言，笞之而已。詡因謂諸尚書曰：小人有怨，不遠千里，斷髮刻肌，詣闕告訴，而不爲理，豈臣下之義？君與濁長吏何親，而與怨人何仇乎？聞者皆慚。」

故漢廷之優禮尚書，冠冕百僚。良以尚書能爲元首處理國事，恆得其宜。不獨司喉舌，工文牘，以精勤自效，爲人主私人已也。

《後漢書‧宣秉傳》：「光武特詔御史中丞與司隷校尉、尚書令，會同並專席而坐。故京師號曰：三獨坐。」

又〈鍾離意傳〉：「藥崧者，河內人。天性朴忠。家貧爲郎。常獨直台上。無被枕柲。食糟糠。帝每夜入台。輒見崧，問其故。甚嘉之。自此詔大官賜尚書以下，朝夕餐給，帷被皁袍，及侍史

二人。」（《漢官儀》：尚書郎入直台中，官供新青縑白綾被或錦被。晝夜更宿。帷帳晝，通中枕，臥施蓐。冬夏隨時改易。大官供食，五日一美食。下天子一等。尚書郎伯使二人，女侍史二人。皆選端正者。伯使從至止車門還。女侍史潔被服，執香爐燒燻，從入台中，給使護衣服也。）

又〈韓稜傳〉：「五遷爲尚書令。與僕射郅壽，尚書陳寵，同時。俱以才能稱。肅宗嘗賜尚書劍。唯此三人，特以寶劍。自手署其名，曰：『韓稜楚龍淵，郅壽蜀漢文，陳寵濟南椎成。』時論者爲之說，以稜淵深有謀，故得龍淵。壽明達有文章，故得漢文。寵敦朴，善不見外，故得椎成。」

西漢重臣，率稱領尚書，或平尚書事，視尚書事，並參尚書事。東漢則曰錄尚書事。其兩人並命，則曰參錄尚書事。

《後漢書·章帝紀》：「以趙憙爲太傅，牟融爲太尉。並錄尚書事。」

和帝紀：「以鄧彪爲太傅，賜爵關內侯，錄尚書事，百官總己以聽。」

又：「大司農尹睦爲太尉，錄尚書事。」

〈殤帝紀〉：「太尉張禹爲太傅，司徒徐防爲太尉，參錄尚書事。」

〈安帝紀〉：「太尉馮石爲太傅，司徒劉憙爲太尉，參錄尚書事。」

〈順帝紀〉：「太常桓焉爲太傅，大鴻臚朱寵爲太尉，參錄尚書事。」

〈冲帝紀〉：「以太尉趙峻爲太傅，大司農李固爲太尉，參錄尚書事。」

〈質帝紀〉：「司徒胡廣為太尉，司空趙戒為司徒，與梁冀參錄
尚書事。」

〈靈帝紀〉：「以前太尉陳蕃為太傅，上竇武及司徒胡廣參錄尚
書事。」

〔……〕

〈獻帝紀〉：「司徒王允錄尚書事，總朝政。」

〔……〕

又：「鎮東將軍曹操自領司隸校尉，錄尚書事。」

〔案：由此可見自章帝起，光武之不以三公錄尚書，全廢
矣。與西漢無以異也。〕

夫以一文牘祕書之機構，而內外演變，極其複雜而重要者何
也？準故事則有例案可循，而行政合於心習；操命令則有威
權可擅，而事先宜慎防維。賢明之主，以太史、內史隸六
官，則政治無不公開。專制之世，以尚書、中書為內職，則
宰制任其私便。故觀於兩漢尚書之職，可以得政權之要義
焉。分職愈多，轄地愈廣，集權愈尊。委任大臣，則慮兩府
三公奪其魁柄；總持禁近，則惟左右侍從為其腹心。於是由
齟齬而調整，又必就外官之可倚重者，總領其事，而其他重
臣不參機密，僅能負其所掌一機關之責。於大政無與焉。明
之各部，尚書不入內閣者，不敵大學士之尊。清之大學士不
入軍機者，亦不過虛擁中堂之名。前後一轍也。顧此祕書文
牘之職，由人主與大臣爭權，而為此因齟齬而調整之機構，
又別有兩患焉。禁近復藏內幕，則宦豎之力得而駕之。外官
或擅兵柄，則武人之力得而奪之。歷朝已事，不可縷舉。要

皆集權之必然趨勢也。〔……〕

論漢尚書之職,必上推之於周之史職,下極之於後世之秘書,其義始備。古史起源,固亦不過專司記錄。以其切近主權者,諫爭規勸,易於進言,而史權由之而重。漢之尚書非其比矣。然如申屠剛、鍾離意、張陵諸賢,焜耀史策,實亦可以成主德而申公憲。

《後漢書‧申屠剛傳》:「遷尚書令。光武嘗欲出遊,剛以隴蜀未平,不宜宴安逸豫。諫不見聽。遂以頭軔乘輿輪。帝遂為止。」

又〈鍾離意傳〉:「顯宗即位,徵為尚書。時交阯太守張恢坐贓千金,徵還伏法。以資物簿入大司農。詔班賜羣臣。意得珠璣,悉以委地,而不拜賜。帝怪而問其故。對曰:臣聞孔子忍渴於盜泉之水,曾參回車於勝母之閭,惡其名也。此贓穢之寶,誠不敢拜。帝嗟嘆曰:清乎尚書之言。乃更以庫錢三十萬賜意,轉為尚書僕射。車駕數幸廣成苑,意以為從禽廢政,常當車陳諫般樂遊田之事,天子即時還宮。」又曰:「時詔賜降胡子縑,尚書案事,誤以十為百,帝見司農上簿,大怒。召郎將笞之。意因入叩頭曰:過誤之失,常人所容。若以慢慢為愆,則臣位大罪重,郎位小罪輕。笞皆在臣。臣當先坐。乃解衣就格。帝意解,使復冠,而貰郎。帝性褊察,好以耳目隱發為明。故公卿大臣,數被詆毀。近臣尚書以下至見提拽。常以事怒郎藥崧,以杖撞之。崧走入牀下。帝怒甚,疾言曰:郎出郎出。崧曰:天子穆穆,諸侯煌煌。未聞人君自起撞郎。帝赦之。朝廷莫不悚慄,爭為嚴切,以避誅責。唯意獨敢諫爭。數封還詔書。臣下過失,輒救解之。」

又〈張陵傳〉：「官至尚書。元嘉中，歲首朝賀。大將軍梁冀帶
劍入省。陵呵叱之，令出。勑羽林、虎賁奪冀劍。冀跪謝，陵不
應。即劾奏冀。請廷尉論罪。有詔以一歲俸贖。而百寮肅然。初
冀弟不疑爲河南尹，舉陵孝廉。不疑疾陵之奏冀。因謂曰：昔舉
君，適所以自罰也。陵對曰：明府不以陵不肖，誤見擢序，今申
公憲，以報私恩。不疑有愧色。」

故制度無定，亦視居其職者之若何。至如翟酺之詐孫懿，以
求爲尚書，則學者之無行，可資監戒者耳。

《後漢書·翟酺傳》：「時尚書有缺，詔將大夫六百石以上，試
對政事、天文、道術，以高第者補之。酺自恃能高，而忌故太史
令孫懿。恐其先用。乃往候懿。既坐，言無所及，惟涕泣流連。
懿怪而問之。酺曰：圖書有漢賊孫登將以才智爲中官所害，觀君
表相，似當應之。酺受恩接，悽愴君之禍耳。懿憂懼，移病不
試。由是酺對第一，拜尚書。」（試尚書以天文、道術，亦可見
尚書性質與古史官相近。）

〔案：時安帝始親政。選試尚書，正在此時。「西漢之季，
以博士高第爲尚書，蓋必經光祿選試。東漢之季，則由三公
選薦，或出特拜，不經選試。」（柳詒徵《國史要義》頁3
6）《後漢書·李固傳》：「舊任三府選令史，光祿試尚書
郎。時皆特拜，不復選試」。此在順、桓之間也。又〈王暢
傳〉：「是時政事多歸尚書。桓帝特詔三公令高選庸能。太
尉陳蕃薦暢清方公正，有不可犯之色。由是復爲尚書。」東
漢試對，或偶一爲之。〕

柳詒徵先生《國史要義》論古代史官之職掌，下及兩漢之尚

書，以爲同一源流。故云：「試尙書以天文道術，亦可見尙書性質
與古史官省近。」此通識也。又云：

> 綜觀史跡，古史之權，由隆而替，古史之職，亦由總而分。
> 夫古之五史，職業孔多，蔽以一語，則曰：掌官書以贊治。
> 由斯一義，而歷代內外官制，雖名實貿遷，沿革繁夥，其由
> 史職演變者乃特多。是亦研究史權所宜附論及之者也。吾國
> 自《周官》以後，殆無一代能創立法制。設官分職，大抵因
> 仍演變，取適一時。故雖封建郡縣，形式不同，地域廣輪，
> 日增於昔，而內外重要職務，恆出於周之史官。其由周代中
> 士、下士之御史，演變爲御史大夫、中丞，建立臺察之制，
> 爲世所共知者，無論矣。秦、漢京師地方長官，實曰內史。
> 秦以御史監郡，漢由丞相遣史刺州。嗣遂演爲刺史、州牧之
> 職。（均見《漢書·百官公卿表》，蓋史本秘書幕職，近在
> 中樞，熟諳政術，且爲政治首長所親信，故對於首善之區，
> 及地方行政，典司督察，勝於外僚。後世如金、元行省以中
> 書省臣出領，清之督撫猶帶尚書侍郎職銜，均此意也。《周
> 官》之制，相權最尊。而太史、內史執典禮以相匡弼。法意
> 之精，後世莫及。秦、漢不知禮意，而以丞相總大政，御史
> 大夫貳之，猶存周制於什一。武宣以降，丞相與御史大夫之
> 權浸微，大權悉操於人主。此其與古制最相舛戾者也。（觀
> 《周官》國政咸總於冢宰，知其時王者實垂拱無爲。）然人
> 主以私意而忘禮意，而事實所需，仍不能出於古制。爰有中
> 書、尚書，近在宮禁，典治官書，出納詔奏，其職實周之內

史。惟周之內史，爲外廷之要職，而中書尚書爲天子之私人
耳。司馬遷以太史令爲中書令，即以外廷之史變爲內廷之史
之證。成帝罷宦官，增置尚書，分曹治事。迄東漢而政歸臺
閣，三公徒擁虛名。居相位者非領尚書、錄尚書事，不得與
聞機要。蓋以內史掌相權，而又懼內外之隔閡，復以宰相參
加內史，與周制適成一反比例矣。知中書、尚書之爲內史，
則知魏、晉以降演變至唐爲中書、尚書、門下三省，至宋爲
中書、門下，至元及明初爲中書省，明中葉至清初爲殿閣大
學士，清雍乾以降爲軍機大臣者，皆內史也。（門下省由漢
之僕射、侍中、給事中演變，亦即內史。故給事中掌封駁。
以其職在內廷得進言於人主，與聞用人行政也。）而尚書由
漢之六曹，演變而爲六部，則又以內史而變爲行政長官，與
內史之出爲地方長官，同一性質。故吾謂歷代內外重要官
制，皆出於史也。唐、宋時，內史變爲相矣，史職仍不可
闕，於是有翰林學士掌內制。中書舍人掌外制，即古史之掌
策命者也。翰林學士號爲內相，演變而爲明之大學士，史又
變爲相矣。上下二千年，或以史制相，或以相領史。及史變
爲相，復別置史，而史又變爲相。故二千年中之政治，史之
政治也。二千年中之史，亦即政治之史也。子母相生，最可
玩味，而其利弊得失，亦復循環相因。無論武人崛起，裔族
勃興，苟欲經世保邦，必倚史以成文治，此其利與得也。君
主專制，不知任相，而所倚以爲治者，因亦不能創制顯庸，
第以奉行故事、熟習例案、救弊補偏、適應環境爲事。此其
弊與失也。夫以進化公例言，萬事演蛻，胥由混合而區分。

　　吾國史權最隆之時，乃職權混合之時。至其區分，則行政監
察著述，各席其權，而分途演進，不得謂史權之沒落。惟不
綜觀官制及著作之淵源，乃不能得其條理脈絡之所在耳。
〔……〕」（《國史要義·史權第二》，頁33-35）

第六節　史、尚書、相之理想性及制度性

　　歷唐、虞、夏、商而至周，史官掌官書以贊治，正歲年以序
事。其所持者爲禮義，其所成者爲教化。此實民族活動核心靈魂之
所在，亦指導原則之所從出也。於此，吾見其理想性。而此理想性
不離於政事。五史之職掌官書典冊，據之以逆、以考、以辨、以
贊。於此，吾見其制度性。此理想性與制度性，惟在構造時期，始
能合一：合一而成爲一構造之時代。此構造精神，至周而集古代之
大成，遂成爲吾華族文化型態之定型。正宗之儒家思想由其中之理
想性而展開，而漢之宰相與尚書，則由其中之制度性而演變。秦滅
六國，置郡縣，西漢承之，又爲一構造之時代。武帝以前，西漢初
期，爲天才時代。因襲秦制，不能自作。非軍功不封侯，非封侯不
拜相。至武帝，董仲舒應世，乃進入理性時代。時代精神之爲構造
的，至此乃特顯。於是，宰相歸於士人，有其獨立之尊嚴（意義
上）；內外判分，政治有其客觀之意義。此亦在理想性與制度性合
一之構造精神下而產生者。至乎光武，以其凝斂之理性人格，而成
爲理解理性之構造的表現，於是，尚書、宰相、功臣、外戚、宦
官、皇帝，皆釐清而成爲一「對列之局」。此爲周後之第二度定型
時期。以其本理解理性之構造精神而爲定型，故當其在形成進程

中，亦為理想性與制度性之合一。此與制度性合一之理想性乃表現
於尚書。尚書者，秘書也，有類於古史官。故柳詒徵先生曰：「尚
書在帝左右〔……〕，掌制詔、下御史〔……〕、讀章奏
〔……〕、主封事。（《漢書·魏相傳》：故事，諸上書者皆為二
封，署其一曰副，領尚書者先發副封，所言不善，屏去不奏。相復
因許伯白去副封，以防壅蔽。）累朝故事，皆歸掌錄。〔……〕故
尚書號為百官之本，樞機重職。〔……〕以慎密而能守法為貴。
〔……〕臣門如市，臣心如水。世傳為名言。（《漢書·鄭崇
傳》：上責崇曰：君門如市人，何以欲禁切主上？崇對曰：臣門如
市，臣心如水。）」（《國史要義》，頁38-39）。此柳先生述西
漢也。亦通東漢。及東漢，凡為尚書者，則《後漢書》所載，莫不
曰：「曉習故事，閑達國典。」此見上節所錄。光武之贊馮勤曰：
「佳哉吏也」。以及京師謠曰：「萬事不理問伯始。」皆足示東漢
時尚書之特性。惟在此亦可見：兩漢尚書之理想性，雖因其為構造
的，亦同於夏、商、周之史官，然其不同者亦有可得而言者，即在
史官，則為創造的構造者，故其理想性較高遠，而在兩漢，尤其東
漢，則為承續的構造者，故其理想性較內在。曉習故事，閑達國
典。以慎密守法為貴，故事不賅，求之經訓。經訓故典，咸得其
比，則理想性在內，制度性亦在內，而內在性亦較甚也。故為承續
的構造者。蓋自周孔以來，典憲之累積已備，觀念之系統已立，故
經訓故典有所承也。有所承而構造，則其最大之成就，即為內外朝
之判分，各部門之澂清，總之，因外朝之理性化，使政治具有客觀
之意義。此在歷夏、商而至「周之定型」所未能達到者。周之定型
為貴族政治之定型，而亦因氏族社會之發展，尚不脫家族型態（家

長制）之規模，故公私亦渾融而不分，亦即內朝外朝未至判然而對立。然既爲一封建王朝之建立，貴族政治之運用，則在一渾融不分之整全中，總有客觀之成分含在內。周公制禮，同姓不婚，傳子不傳弟，大宗不遷，小宗可遷，皆示政治之制度性與客觀化。而且宰、史直輔王室，王室亦未深藏內處具有一私屬之集團，故表面視之，亦可謂極公者。天子實較近于垂拱而治，非如後世之集權；而貴族政治極重等級與分位，禮法不亂，雖天子亦爵稱。此亦足見其「客觀而公」也。然自歷史精神之發展言之，此乃爲一「原始之整全」。此「整全」之成，乃由氏族社會之長期發展，二帝三王之創造的活動，史官之掌官書以贊治，正歲年以序事，理想性與制度性合一之創造的構造，自民族靈魂深處而湧發者也。其爲構造，乃向上而前衝之開闢的，乃自洪濛中而衝出也。故爲創造的構造。春秋戰國，爲破裂時期。貴族政治崩壞，封建王朝亦將轉而爲郡縣之大一統。士人崛起，而只爲思想的，孔、孟、荀將「周文」予以反省的解析而抒發其意義，此爲典憲（制度）與理想在思想上之合一。由此而確定吾華族活動所依據之文化意識之模型。然而此思想上之模型與現實政治趨勢不相融，故一方表示該時代不能成爲構造的，一方亦只有垂空文于來世。至漢武，士人攜儒術而參政，立外廷而爲相，理想性與制度性合一，復成爲構造之時代。所謂構造時代，意即：領導時代之集團必有士人與之合作而爲一體之主宰力量，即代表理想者必具有向心力而承認此時代有一公共之標準爲其所肯定，故無論在朝在野，其心思或理想皆具備一共同之傾向。若不具備此條件，則即爲破裂之時代，而士人亦只有退處于社會而抒發其理想，或爲別方面之種種表現。夏、商、周而後，兩漢可謂一構造

時代。西漢爲理性之超越表現，東漢爲理性之內在表現。此如前述。光武以其理解理性之構造，澄清各部門爲一「對列之局」。此在此種構造進程中，精神主體（皇帝個人）能立得住而不散亂，則各部門即得一協調而共成其用。然此精神主體立得住否，乃無保證者，而其本身及其所私屬之集團乃非理性者：理性中有非理性之成分，則此共成其用之各部門即不能永維持其協調。一旦精神主體立不住，則理性的與非理性的必處于對立而鬥爭之狀態。蓋因在理解理性之構造表現中，各部門皆有其獨特之特性。因處于構造時代，肯定一公共之標準（理想），而參與此對列之局，故當精神主體不能盡其調節的綜和之用時，則有獨立特性之各部門即頓然下墜而退處于其自身以與其自身以外者相對抗，即成爲：理性的與非理性間之鬥爭。前者期在剷除後者，而使對列之局全成爲理性的；後者則意在屠戮前者，以排除其「私欲擴充」之阻礙。此爲光明與黑暗之鬥爭。然不知黑暗（非理性的）之消除，乃在須由光明之照射而轉化之，不能與之處於對立之狀態而直接搏鬥之。直接與之搏鬥，則非理性的即被投置而爲一獨立之客體，而「理性的」亦因此客體之限制而退處于相對地位之主體。處于相對地位之主體不是較高級之理性的。故只有對立之搏鬥，不能轉化之成爲較高級之綜和。故其所嚮往之「全爲理性的」對列之局，乃不能由此而獲得者。理性的主體，如欲轉化非理性的客體而成爲較高級之綜和，則必須首先超轉其自己，轉出一較高級之精神主體，客觀而公共之精神主體，而後可。然在光武之時代，此較高級之精神主體乃不能出現者。精神主體爲個人（皇帝），故只爲主觀之主體，而不能客觀化者，不能理性化者。依此，此對列之局中理性的一部門亦只有在相對之地

位，而不能超轉而爲絕對之地位。依此，亦只有處于直接搏鬥之地位。在此直接搏鬥中，史、尙書、相，由于其構造中之理想性而轉爲在鬥爭中代表理想，而宦官、外戚（在東漢以宦官爲主）即由構造中之非理性的潛伏性變爲鬥爭中之顯明的非理性，代表純物化。此爲東漢末年之局，黨錮之禍之所由起也。此蓋爲光武時代所必然引至者。乃至鬥爭結果，而不能轉出較高級之綜和，則光武的理解理性之構造時代即破滅，而下趨於沉滯之純物化，對立不可得，鬥爭亦不可得矣。此即爲魏、晉、南北朝之時代。此時代幾近四百年，可謂長期之黑暗。

第七節　經術教化之培養

尙書宰相何以在構造中具有理想性，在鬥爭中，又謂其能代表理想耶？蓋因經術教化之培養故。

光武自身即爲一儒生。吾人前謂構造時代必能吸住士人而成爲一共同之傾向。光武時代即能作到此步也。有一學術風化爲其時代之向心背景，故能大體代表理想也。〈光武帝紀〉：「建武五年：〔……〕齊地平，初起太學。車駕還宮，幸太學，賜博士弟子，各有差。」又：「中元元年，〔……〕是歲，初起明堂、靈臺、辟雍，及北郊兆域。宣布圖讖於天下。」〈明帝紀〉：「〔永平〕二年〔……〕三月臨辟雍，初行大射禮。〔……〕冬十月壬子幸辟雍，初行養老禮。詔曰：光武皇帝建三朝之禮，而未及臨饗。（三朝之禮謂中元元年初起明堂、辟雍、靈臺也。）眇眇小子，屬當聖業。間暮春吉辰，初行大射。令月元日，復踐辟雍，尊事三老，兄

事五更。安車軟輪，供綏執綏。侯王設醬，公卿饌珍。朕親袒割，執爵而酳。祝哽在前，祝噎在後。升歌〈鹿鳴〉，下管〈新宮〉（新宮，〈小雅·逸篇〉）。八佾具修，萬舞於庭。朕固薄德，何以克當。《易》陳負乘，《詩》刺彼己。（《易》曰：負且乘，致寇至。〔……〕《詩》曰：彼己之子，不稱其服也。）永念慚疚，無忘厥心。三老李躬，年耆學明。五更桓榮，授朕《尚書》。《詩》曰：無德不報，無言不酬。其賜榮爵關內侯，食邑五千戶。三老五更，皆以二千石祿養終厥身。其賜天下三老酒人一石，肉四十斤。有司其存耆耋，恤幼孤，惠鰥寡，稱朕意焉。」又永平九年：「為四姓小侯開立學校，置五經師。（袁宏《漢紀》曰：「永平中，崇尚儒學，自皇太子諸王侯及功臣子弟，莫不受經。又為外戚樊氏、郭氏、陰氏、馬氏諸子弟立學，號四姓小侯，置五經師。以非列侯，故曰小侯。）」〈章帝紀〉：「建初〔……〕四年〔……〕詔曰：蓋三代導人，教學為本。漢承暴秦，褒顯儒術，建立五經，為置博士。其後學者精進。雖曰承師，亦別名家。孝宣皇帝以為去聖久遠，學不厭博，故遂立大、小夏侯《尚書》，後又立京氏《易》。至建武中，復置顏氏、嚴氏《春秋》，大、小戴《禮》博士。此皆所以扶進微學，尊廣道藝也。中元元年，詔書《五經》章句煩多，議欲減省。至永平元年，長水校尉儵（樊儵）奏言，先帝大業，當以時施行，欲使諸儒共正經義，頗令學者得以自助。孔子曰：學之不講，是吾憂也。又曰：博學而篤志，切問而近思，仁在其中矣。於戲，其勉之哉。於是，下太常，將大夫、博士、議郎、郎官，及諸生、諸儒會白虎觀，講議《五經》同異。使五官中郎將魏應承制問，侍中淳于恭奏，帝親稱制臨決，如孝宣甘

露石渠故事。（《前書》甘露二年，詔諸儒講《五經》異同于石渠閣。上親制臨決。）作《白虎議奏》（今《白虎通》）。」又建初八年詔曰：「《五經》剖判，去聖彌遠，章句遺辭，乖疑難正。恐先師微言，將遂廢絕，非所以重稽古求道眞也。其令群儒選高才生，受學《左氏》、《穀梁春秋》、《古文尚書》、《毛詩》，以扶微學，廣異義焉。」〈儒林傳序文〉亦曰：「昔王莽更始之際，天下散亂，禮樂分崩，典文殘落。及光武中興，愛好經術。未及下車，而先訪儒雅，採求闕文，補綴漏逸。〔案：此可見光武之時代與性格不同于漢高處。〕先是，四方學士多懷挾圖書，遁逃林藪。自是，莫不抱負墳策，雲會京師。范升、陳元、鄭興、杜林、衛宏、劉昆、桓榮之徒，繼踵而集。〔案：此可見時代學術士人之向心性。〕於是，立《五經》博士，各以家法教授。《易》有施、孟、梁丘、京氏；《尚書》歐陽、大、小夏侯；《詩》齊、魯、韓、毛；《禮》大、小戴；《春秋》嚴、顏，凡十四博士。太常差次總領焉。〔案：此可見時代之領導觀念以此為總發源〕。建武五年，乃修起太學。稽式古典。籩豆干戚之容，備之於列。服方領，習矩步者，委它乎其中。中元元年，初建三雍。明帝即位，親行其禮。天子始冠通天，衣日月，備法物之駕，盛清道之儀。坐明堂而朝群后，登靈臺以望雲物。祖割辟雍之上，尊養三老五更。饗射禮畢，帝正坐自講，諸儒執經問難於前。冠帶縉紳之人，圜橋門而觀聽者，蓋億萬計。其後，復為功臣子孫，四姓末屬，別立校舍，搜選高能，以受其業。自期門羽林之士，悉令通《孝經》章句。匈奴亦遣子入學。濟濟乎！洋洋乎！盛於永平矣。〔案：此可見朝野上下內外士仕對于領導觀念之無間。〕建中初，大會諸儒於白虎觀，

考詳同異，連月乃罷。肅宗〔即章帝〕親臨稱制，如石渠故事。顧命史臣，著爲《通義》。（即《白虎通義》是）。又詔高才生受《古文尚書》、《毛詩》、《穀梁》、《左氏春秋》。雖不立學官，然皆擢高第爲講郎，給事近署。所以網羅遺逸，博存衆家。孝和亦數幸東觀，覽閱書林。」

　　案：以上所述，皆爲光武、明、章時期之盛況。關此，吾有二義可說：一、內聖外王之學，即所謂經世之學，必須領導時代，方能有其現實之用；而其領導時代，必須領導時代之人亦即沐浴于此學之中。學術爲一籠罩之原則，爲一客觀之骨幹，際會風雲者，其智能及而仁能守，則一人唱之，百人和之，所謂內外上下契合無間，以此爲共信之指導觀念，皆向之而趨也。此謂學術之具客觀有效性，而時代亦爲構造時代也。不可謂領導政事之人利用此學術，亦不可謂草莽之士攜此學術以圖利也。學術與政事脫節，此學術之悲，亦政事之悲也。昏亂之世，政事無可爲，士人高蹈以抱孤明，或處草野以抒發理想，或遁隱山林以娛情性。此皆可尙者也，而亦令人生悲者也。然積習旣久，人多以此爲淸高，而己亦以此自鳴高，以破裂爲常性，以不與于政事爲本分，則凡欲實現理想者，皆以爲非純學者所應爲。爲之，則謂爲統制者所利用，爲染污純學術。此則小智之鄙陋。殊不知破裂乃不得已之悲劇，亦不知尙有構造之時代也。若以積習旣久之陋心視構造時代之無間爲利用，則井底之蛙，不知有廣大之天也。自趨于喪德不仁之境，專以反對爲事而不自知也。二、此學以成敎化、美風俗、敦性情、礪品節爲主旨。故社會成其風，朝廷獎其行，人才由此出，任之以政事。非若

從事名數及自然科學者之可與世事不相干也。（名數及科學之成爲
學，在人性中有一根源，吾華族在以往尙未顯發出。至于內聖外王
之學，立己行世之學，則吾華族特別彰顯。惟此尙非東漢時代之所
擔負者。）東漢以經學通朝野上下之志，立時代風尙之綱維，故當
在構造進程中，能成一代之規模，成其爲理解理性之構造的表現，
而在與「非理性」鬥爭中，又能代表理想，表現其獨立不拔之氣
節。然此種敎化所養成之士風，乃由在一外在之名敎方式下所鑄
成，尙未在自覺方式下通過一「內在道德性」而恢復其純精神性；
又因在一理解理性之「對列之局」下而養成，乃直接套于多事之政
治中，其理性，在內在方面，並未通過內在道德性而恢復其純精神
性（必須通過這一關），因而在外在方面，亦未通過「純精神性」
一關而客觀化成爲內在實現之理性，故在鬥爭激蕩中，就人方面
說，只能表現爲氣節人格，就事方面說，只有全體倒塌，而進入魏
晉南北朝之沈滯的純物化，表現爲極無理想性之風流與淸談。吾友
李源澄先生云：「夫道德在於淑身，非詫時以爲名也。貴乎自發，
非矯情以徇乎外也。雖然，以名爲敎，亦足以感發人之善心，使不
肖者企而慕之，故名敎尙焉。名敎之成賴有淸議，淸議之實即爲名
敎，而儒家之經典，則又名敎淸議之所本也。三者相依爲用，見重
於漢世。東京風俗之美，即由乎此。」（《秦漢史》頁149-150）
此亦中肯之言。然所謂「淑身」、「自發」之充其極的意義以及其
在歷史社會中所表現之作用，尙未能道出也。蓋此非只個人修養而
已也。無論如何，東漢士風在外在名敎下所鑄成，則無疑也。徵辟
察舉，使其有通於政事之獎勵，一也。章句之煩瑣必流於淸議，二
也。在此兩條件下，固多特立獨行之士，而「特」之極爲怪，

「獨」之極為異，及其流於怪異，則弊亦隨之。氣節自佳，偏激亦不免。此為名教所必至者。故《後漢書‧儒林傳序文》亦云：「自是遊學增盛，至三萬餘生。然章句漸疏，而多以浮華相尚。儒者之風蓋衰矣。」此所謂「浮華相尚」，即流於清議也。〈儒林傳〉最後又論曰：「自光武中年以後，干戈稍戢，專事經學，自是其風世篤焉。其服儒衣，稱先王，遊庠序，聚橫塾者，蓋布之於邦域矣。若乃經生所處，不遠萬里之路；精廬暫建，贏糧動有千百。其著名高義，開門受徒者，編牒不下萬人。皆專相傳祖，莫或訛雜。至有分爭主庭，樹朋私里，繁其章條，穿求崖穴，以合一家之說。故揚雄曰：今之學者，非獨為之華藻，又從而繡其鞶帨。夫書理無二，義歸有宗。而碩學之徒，莫之或從。故通人鄙其固焉。又雄所謂諓諓之學，各習其師也。且觀成名高第，終能遠至者，蓋亦寡焉。而迂滯若是矣。然所談者仁義，所傳者聖法也。故人識君臣父子之綱，家知違邪歸正之路。自桓、靈之間，君道秕僻，朝綱日陵，國隙屢啟。自中智以下，靡不審其崩離。而權強之臣，息其闚盜之謀，豪俊之夫，屈於鄙生之議者，人誦先王言也，下畏逆順勢也。至如張溫、皇甫嵩之徒，功定天下之半，聲馳四海之表，俯仰顧盼，則天業可移。猶鞠躬昏主之下，狼狽折札之命，散成兵，就繩約，而無悔心。暨乎剝橈自極，人神數盡，然後群英乘其運，世德終其祚。跡衰斂之所由致，而能多歷年所者，斯豈非學之效乎？故先師垂典文，褒勵學者之功，篤矣切矣。不循《春秋》，至乃比於弒逆。其將有意乎？」范曄之論，固亦善矣。殊不知迂滯不通，必反而為清議。誦先王言以維名教，使權強有所斂手，以待終於自然之運，則亦時代精神之必有其極也。而不知此時代精神之本質之何

所是。誦先王言之名教，固亦能成風力而持世運，然不知由此尚有
進一步之轉進，「先王言」亦可有更高之境界。識乎此，而後可以
評判歷史，指導歷史，而引生新時代矣。非可囿於現實之功效，純
依自然之世運，即謂已足也。下述黨錮之禍，以明此中之曲折。

第三章 理性的與非理性的間之鬥爭

　　自周之封建貴族政治過去後，皇帝之所以疏遠宗藩者甚嚴。故自君主專制後，宗藩自始即不能爲害。西漢初年用功臣。至武帝用士人爲相。光武自覺地善處功臣，功臣亦閒置不爲害。故自秦、漢以後，二千年來，宗藩與功臣兩類已得其客觀處置之道。蓋此兩類之問題性甚易警覺及之也。皇位世襲，有宗法社會之原則以處理宗藩。功臣雖際會風雲，以建功立業，然究非皇帝之主觀的私屬品，亦自有其客觀之尊嚴。所謂君臣以義合，亦自可以義道處之也。惟皇帝、外戚、宦官，三者爲非理性的。皇帝首出庶物，無客觀的法度以限制之，其本身即爲非理性的。宦官外戚，則繫屬於此非理性的之主幹而亦爲非理性的。外戚則因骨肉之關係而繫屬於非理性之主體，雖稍勝於宦官，而亦爲主觀的。至於宦官，則純爲非理性的主體之私屬品。此三者糾結爲一，即爲腐敗潰爛之源。外朝宰相系統即與此腐敗集團相鬥爭。此蓋爲漢後之定型。光武以其理解理性之構造表現，澄清各類而爲對列之局，固是鬥爭之根源，而劉邦以平民建帝業，於二百年間孕育出一宦官之集體，爲光武所鏟定，則實吾華族之大不幸也。而士人與腐敗集團相鬥爭，經過悠長之時間，總轉不出一消融黑暗之較高的型態，則識者於此可覘華族之精

神發展史之型態焉。

西漢，宦官不成型，而亡於外戚。光武不知改，則光武之理解理性，凝斂有餘，超拔不足故也。（理解理性本是對待中的理性，是由超越的絕對綜和之理性之自覺的坎陷而成。然必須能透出絕對綜和之理性，才能說是自覺的坎陷，否則，只是順成之停滯。光武之凝斂的理性人格並非由透至絕對綜和之理性而轉出，故其凝斂之理性並無超越之精神爲其根據也。故凝斂有餘，超拔不足也。在無超越精神爲根據之凝斂理性中，私的主觀的關係即粘著於其上而不能轉，故彼個人及明帝、章帝，雖不放縱外戚，而亦終不能原則地閒置之也。）光武以郭況爲鼎緐侯，封樊宏爲長羅侯，樊丹爲射陽侯，樊尋爲玄鄉侯，攀忠爲更父侯，陰識爲陰鄉侯。已非高祖非有功不封侯之制。又欲封陰興。興堅辭而止。陰氏在建武、永平之世甚盛。其本傳雖多謙退之行，而其賓客多放縱，行不義。明帝矯光武之失，不侯外戚。〈竇憲傳〉謂：「永平中常令陰黨、陰博、鄧疊三人更相糾察」，以防貴戚。而馬后兄弟虎賁中郎將馬廖，黃門郎馬防、馬光，終明帝世未嘗改官。章帝即位，以馬廖爲衛尉，馬防爲中郎將，馬光爲越騎校尉。廖等傾身交接，冠蓋之士爭趨之。會大旱，言事者以爲不封外戚之故，有司請依舊典。章帝非馬后出，故極意承懽。卒封廖爲順陽侯，防爲頹陰侯，光爲許侯。〈馬防傳〉謂：「兄弟貴盛，奴婢各千人已上。資產巨億。皆買京師膏腴美田。又大起第觀，連閣臨道，彌亙街路。多聚聲樂曲度，比諸郊廟。賓客奔湊，四方畢至。京兆杜篤之徒數百人，常爲食客，居門下。刺史守令多出其家。歲時賑給，鄉閭故人，莫不周給。防又多牧馬畜，賦斂羌胡。帝不喜之，數加譴敕，所以禁遏甚備。由是

權勢稍損，賓客亦衰。」及太后（馬太后）崩後，馬氏失勢，而**竇**氏興。**竇**憲在章帝世亦嘗橫恣。賴章帝裁抑之。以上為光武開國經明、章，三世鼎盛時之外戚狀況。未至為禍者，未有母后臨朝故也。三帝尚英明故也。而或封或不封，皆為一時之主觀理由，終無法度以處之也。總由於光武之私其所親也。

　　章帝後，和帝十歲即位，尊**竇**后為皇太后。（和帝之生母為梁貴人，為**竇**太后所譖，憂死。**竇**后養以為子。）太后臨朝。以兄憲為侍中，內幹機密，外宣誥命。憲弟篤為虎賁中郎將，篤弟景與瓌並為中常侍。兄弟皆在親要之地。以耿夔、任尚等為爪牙，鄧疊、郭璜為心腹，班固、傅毅典文章。刺史守令，多出其門。尚書僕射郅壽、樂恢，並以忤意，相繼自殺。而**竇**篤進位特進，得舉吏，見禮依三公。景為執金吾，瓌為光祿勳。權貴顯赫，傾動京師。此為外戚擅政之始。而朝政未大亂者，正人猶多故耳。如大臣袁安、任隗，正色立朝；尚書郅壽、恢樂，刺舉無所迴避；何敞、韓稜，累疏奏諫。太后亦曾閉憲於內宮。憲懼誅，因自求擊匈奴以贖死。及出師功成，陵肆滋甚。永元四年（和帝十四歲），帝與中常侍鄭衆謀誅憲。鄭衆宦者也。帝不能假外朝以誅之，遂藉左右之宦者以誅之。此時之宦者固不惡，然其力亦可觀矣，而鄭衆之謀亦必有其深算者矣。此為宦官與外戚兩集團之鬥爭。朝士固已劾憲，尚未至集體結合正面相搏之時。而憲之被誅，則由於皇帝與宦官之不能耐也。恩怨發自內，則憲之為人必有足多者。其為惡，亦尚有所顧忌。下逮梁冀，則肆無忌憚矣。茲述四期鬥爭如下：

　　一、安帝、順帝時外戚與宦官之爭。

　　二、順、沖、質、桓時李固、杜喬與梁冀之爭。

三、桓、靈時陳蕃、竇武與宦官之爭。

四、黨錮之禍。

第一節　安帝順帝時外戚與宦官之爭

和帝永元十四年立貴人鄧氏爲皇后。元興元年，和帝崩。太子隆即位，是謂殤帝。時誕育百餘日。尊鄧后爲皇太后。太后臨朝，以兄騭爲車騎將軍，儀同三司。殤帝立一年崩。騭與太后定策立安帝，章帝孫清河王慶之子也。時年十三歲。鄧太后臨朝。安帝永初七年，元初六年，永寧一年，至建光元年而鄧太后崩。其時安帝已二十八歲矣。時杜根、成翊世等，皆以諫太后久不歸政抵罪。盛杜根以縑囊，於殿上撲殺。載出城外得蘇，逃爲宜城山中酒家保，積十五年。鄧太后崩，安帝徵用之。可見其不相得之情也。鄧騭以戒於竇氏之禍，無大失德。然以腐敗舊習，又以庸人而在高位，總不能安常而處順也。安帝親政，小黃門李閏與帝乳母王聖共譖鄧氏，鄧騭、鄧遵並自殺。封李閏雍鄉侯。又小黃門江京初迎安帝於邸，以功封都鄉侯。閏、京俱遷中常侍，而江京又兼大長秋。與中常侍樊豐、黃門令劉安、鈎盾令陳聖、帝乳母王聖，聖女伯榮，競爲侈虐。又帝舅大將軍耿寶，皇后兄閻顯，更相阿黨，遂枉殺太尉楊震，廢皇太子爲濟陰王，即後來之順帝。此爲外戚與宦官相比亂政之始。

安帝延光四年崩，尊閻后爲皇太后，太后臨朝。以兄閻顯爲車騎將軍。定策禁中，迎立北鄉侯。閻顯等專朝爭權。大將軍耿寶，中常侍樊豐，侍中謝惲、周廣，乳母王聖，坐相阿黨。寶自殺，

豐、惲、廣，皆下獄死，王聖徒雁門。中黃門孫程與齊陰王謁者長興渠等，謀復太子。北鄉侯薨，閻顯、江京、劉安、陳達等，白太后祕不發喪，而更徵立諸國王子。中黃門孫程等十九人共斬江京、陳達、劉安等，迎濟陰王於西鐘下，即皇帝位，是爲順帝。時年十有一。閻顯兄弟，並下獄誅。孫程等十九人皆封侯。

順帝永建元年，免孫程官，遣十九侯就國。黃龍等九人（在十九人中）與阿母宋娥更相貨賂，求高官，又誣罔中常侍曹騰、孟賁等。永和二年發覺，並遣就國。宋娥奪爵，歸田舍。

順帝以孫程等得立爲帝，而宦者之勢在順帝朝未至猖披者，以孫程猶能保護善人，抑制同類，而虞詡、左雄輩，皆不畏強禦，抗顏直諫故也。順帝亦有足多者。吾友李源澄先生曰：「廢居西鐘下矣，順以全生，群姦不忌，非不智也。安帝崩，不得上殿親臨，悲號不食，非不仁也。孫程等拯之危亡之中，而登天位，一上殿爭功，而免官就封，不使終持國政，非不斷也。諒虞詡之諫，逐張防；聽李固之言，出阿母〔宋娥〕；任左雄之策，淸吏治；非不明也。樊英、黃瓊、郎顗，公車接軫；納翟酺之說，廣拓學宮，非不知務也。」（《秦漢史》頁128）然復用外戚梁冀，則大害成矣。

順帝陽嘉元年，立貴人梁氏爲后，加后父梁商位特進，更增國土。三年以商爲大將軍。商愼弱無威斷，猶少過失。梁商以永和六年薨。其子河南尹冀嗣爲大將軍。爲漢代外戚中第一凶人。遂成李固、杜喬鬥爭之對象，而慘局以成，國事以因之敗壞而不可收拾。

綜上以觀，可知安帝、順帝之時乃宦官外戚混鬥之時。重用外戚，重用宦官，核心部分已開始腐爛。此爲非理性部分凸出之時。外朝守成規，因循而已。雖有敢言之士，已不能凌駕腐敗勢力，而

反為其所披靡,蜷伏於其下矣。腐敗勢力,自內發,擴及於吏治,
騷動於社會。災害盛於安帝,盜賊盛於順帝。安帝時,太后鄧臨
朝。〈鄧皇后紀〉云:「自太后臨朝,水旱十載,四夷外侵,盜賊
內起。每聞人飢,或達旦不寐,而躬自減徹,以救災阨。故天下復
平,歲還豐穰。」然所謂平者,亦暫時耳。至於順帝,則盜賊蠭
起,實由於官吏之貪殘所逼迫而然也。外戚宦官,勢力遍天下。此
輩惟知奢侈驕縱。自母后臨朝以來,累積既久,其毒未有不深重
者。《後漢書‧宦者傳序》文云:「鄧后以女主臨政,而萬機殷
遠,朝臣國議無由參斷。帷幄稱制,下令不出房闈之間。不得不委
用刑人,寄之國命。手握王爵,口含天憲。非復掖庭永巷之職,闈
牖房闥之任也。」鄧后亦任用宮婢。〈鄧后紀〉云:「時宮婢出
入,多能有所毀譽。其者宿者,皆稱中大人。」又〈竇武傳〉云:
「趙夫人及女尚書,且夕亂太后。」女尚書之置,不知始自何時。
然由女王稱制而設,則可斷言。錢穆先生《國史大綱》云:「惟東
漢宦官勢力不僅盤踞內庭,其子弟親黨布散州郡,亦得貪緣察舉,
進身仕宦。」(頁129)李固於順帝陽嘉二年對策云:「又詔書所
以禁侍中,尚書中臣子弟不得為吏察孝廉者,以其秉威權容請託故
也。而中常侍在日月之側,聲勢振天下。子弟祿任,曾無限極。雖
外託謙默,不干州郡,而諂偽之徒,望風進舉。」順帝漢安元年:
「遣侍中杜喬,光祿大夫周舉,守光祿大夫郭遵、馮羨、欒巴、張
綱、周栩、劉班等八人,分行州郡,班宣風化,舉實臧否。」
(〈順帝紀〉)表賢良,顯忠勤,其貪污有罪者,刺史二千石驛馬
上之。墨綬以下,便輒收舉。而八使劾奏所及,多梁冀及宦者親
黨。互為請救,事皆寢遏。侍御史河南种暠疾之,復行案舉。廷尉

吳雄，將作大匠李固，亦上言「八使所糾，宜急誅罰。選舉署置可
歸有司，帝感其言，乃更下免八使所舉刺史二千石。」（見〈李固
傳〉）此可見順帝尚可有爲，而宦官外戚，勢力太大，旋免旋起，
終無能爲也。

　　自和帝以來，母后臨朝，宦官外戚互相混鬥，前仆後繼，不知
改悔。此可見純物化之集團，陷溺日深，莫能自拔，而彼輩復盤根
錯節，墮力沈重，亦無大力足以抉之也。區區一順帝，何足以語
此。以李固之風力，尚不足以轉也。李固對策云：「前孝安皇帝，
變亂舊典，封爵阿母（王聖也），因造妖孽。使樊豐之徒，乘權放
恣。侵奪主威，改亂嫡嗣。至令聖躬狼狽，親遇其艱。既拔自困
殆，龍興即位。天下喁喁，屬望風政。積敝之後，易致中興。誠當
沛然，思維善道。而論者猶云：方今之事，復同於前。臣伏從山
草，痛心傷臆。實以漢興以來，三百餘年，賢聖相繼，十有八主。
豈無阿乳之恩？豈忘貴爵之寵？然上畏天威，俯案經典，知義不
可，故不封也。今宋阿母〔宋娥〕，雖有大功，勤謹之德。但加賞
賜，足以酬其勞苦。至於裂土開國，實乖舊典。〔……〕夫妃后之
家，所以少完全者，豈天性當然？但以爵位尊顯，專總權柄，天道
惡盈，不知自損，故至顛仆。先帝寵遇閻氏，位號太疾，故其受
禍，曾不旋時。〔……〕今梁氏戚爲椒房，禮所不臣。尊以高爵，
尚可然也。而子弟羣從，榮顯兼加。永平、建初故事，殆不如此。
宜令步兵校尉冀及諸侍中，還居黃門之官。使權去外戚，政歸國
家，豈不休乎？」〈李固傳〉政歸國家，則代表客觀意識，而腐敗
集團則專之隸於己私。光明與黑暗之鬥爭，遂因安、順之積弊而趨
於劇烈。

第二節　順、冲、質、桓時李固杜喬與梁冀之爭

順帝於建康元年崩，冲帝始在襁褓，尊梁后爲皇太后。太后臨朝。詔大將軍冀與太傅趙峻，太尉李固，參錄尚書事。冲帝立一年崩（永嘉元年）。冀與梁太后定策迎立質帝。質帝少而聰慧，知冀驕橫。嘗朝羣臣，目冀曰：此跋扈將軍也。冀聞而惡之。遂令左右進鴆，加煮餅。帝即日崩。在位一年（本初元年）。議立嗣君。李固、杜喬等欲立清河王蒜，而曹騰與清河王有隙，乃勸冀立蠡吾侯，是爲桓帝。太后猶臨朝。太后初委政於李固。宦官爲惡者，一皆斥遣。天下咸望太平。而梁冀深忌之。順帝所除官，多不以次。及固任事，奏免百餘。人皆怨固，又希望冀旨。遂共作飛章誣告固。桓帝之立既非李固、杜喬意，宦者唐衡、左悺，共譖之于帝。會劉文、劉鮪，妄言清河王當統天下。冀誣奏李固、杜喬，與文、鮪交通。李、杜皆下獄死。此李、杜與外戚宦官鬥爭之大略也。

李固，字子堅。剛毅有膽略。〈李固傳〉云：「固貌狀有奇表，鼎角匡犀，足履龜文。少好學，常步行尋師，不遠千里。遂究覽墳籍，結交英賢。四方有志之士，多慕其風而來學。京師咸嘆曰：是復爲李公矣。（言復繼其父爲公也）。〔其父司徒李郃。在〈數術傳〉。〕司隸、益州，並命郡舉孝廉，辟司空掾，皆不就。」順帝陽嘉二年，固之對策，皆中時弊：一、不應封爵阿母；二、外戚不應專權；三、罷斥宦官；四、重申尚書之性能。此四者皆所以期復光武、明、章之舊，而其意義則代表一政治客觀化之意識，表示一客觀理想之要求。若眞能逐漸作到，則誠可以如固對策

中所云：「如此，則論者厭塞，升平可致也。」順帝「覽其對，多
所納用。即時出阿母〔宋娥〕還舍，諸常侍悉叩頭謝罪。朝廷肅
然。以固爲議郎。」（〈李固傳〉）然阿母、宦者、梁冀，諸腐敗
勢力，盤結內廷，固不能悅其言也。故本傳云：「而阿母宦者，疾
固言直，因詐飛章，以陷其罪。事從中下。大司農黃尙等，請之於
大將軍梁商。又僕射黃瓊救明固事。久乃得復拜議郎。」李固本爲
梁商所辟。〈梁統傳〉中〈商傳〉云：「商自以爲戚屬，居大位。
每存謙柔。虛已進賢。辟漢陽巨覽、上黨陳龜爲掾屬，李固、周
舉，爲從事中郎。於是，京師翕然，稱爲良輔，帝委重焉。」由此
可知梁商雖「性愼弱無威斷」，大體猶識法度，知薦賢人，而順帝
亦能保存李固。然「商以后父輔政，而柔和自守，不能有所整裁。
災異數見，下權日重。固欲令商先正風化，退辭高滿。」而商不能
用也。

　　〈李固傳〉又云：「上奏南陽太守高賜等臧穢。賜等懼罪，遂
共重賂大將軍梁冀。冀爲千里移檄，而固持之愈急。冀遂令徙固爲
太山太守。」此與冀衝突之一。

　　固有眞情。在荊州刺史及太山太守任內，皆能弭盜安境。不事
剿戮。後遷將作大匠。上疏陳事曰：「陛下撥亂龍飛，而登大位。
聘南陽樊英、江夏黃瓊，廣漢楊厚，會稽賀純。策書嗟嘆，待以大
夫之位。是以巖穴幽人，智術之士，彈冠振衣，樂欲爲用。四海欣
然，歸服聖德。厚等在職，雖無奇卓。然夕惕孳孳，志在憂國。臣
前在荊州，聞厚、純等以病免歸。誠以悵然，爲時惜之。一日朝
會，見諸侍中，並皆年少。無一宿儒大人，可顧問者。誠可歎息。
宜徵還厚等，以副群望。瓊久處議郎，已且十年。衆人皆怪始隆崇

今更滯也。光祿大夫周舉，才諝高正，宜在常伯，訪以言議。侍中杜喬，學深行直，當世良臣，久託疾病，可勑令起。」順帝納其言。以固爲大司農。及沖帝即位，以固爲太尉，與梁冀參錄尙書事。及沖帝崩，「固以淸河王蒜年長有德，欲立之。謂梁冀曰：今當立帝，宜擇長年，高明有德，任親政事者，願將軍審詳大計。察周、霍之立文、宣，戒鄧、閻之利幼弱。冀不從。乃立樂安王子纘，年八歲。是爲質帝。」「時〔梁〕太后以比遭不造，委任宰輔。固所匡正，每輒從用。其黃門宦者，一皆斥遣，天下咸望遂平。而梁冀猜專，每相忌疾。」可見梁商能薦固，順帝及梁太后亦欲委任也。惟冀與宦官朋比，不能容也。「初順帝時，諸所除官，多不以次。及固在事，奏免百餘人。此等旣怨，又希望冀旨。遂共作飛章，虛誣固罪。」賴太后不聽，得免。

「冀忌帝聰慧，恐爲後患。遂令左右進鴆。帝苦煩甚。使促召固。固入，前問陛下得患所由，帝尙能言曰：食煮餅，令腹中悶。得水尙可活。時冀亦在側曰：恐吐，不可飲水。語未絕而崩。固伏屍號哭。推舉侍醫。冀慮其事泄，大惡之。」

及議立嗣。固引司徒胡廣，司空趙戒，先與冀書，昭示鄭重。書末云：「悠悠萬事，唯此爲大。國之興衰，在此一舉。冀得書，乃召三公、中二千石、列侯，大議所立。固、廣、戒，及大鴻臚杜喬皆以爲淸河王蒜明德著聞，又屬最尊親，宜立爲嗣。」而冀則欲立蠡吾侯。「衆論旣異，憤憤不得意，而未有以相奪。中常侍曹騰等聞而夜往，說冀曰：將軍累世有椒房之親，秉攝萬機，賓客縱橫，多有過差。淸河王嚴明，若果立，則將軍受禍不久矣。不如立蠡吾侯，富貴可長保也。冀然其言。明日，重會公卿。冀意氣凶

凶，而言辭激切。自胡廣、趙戒以下，莫不懾憚之。皆曰：惟大將軍令。而固獨與杜喬，堅守本議。冀厲聲曰：罷會。固意既不從。猶望眾心可立。復以書勸冀，冀愈激怒。乃說太后，先策免固，竟立蠡吾侯，是爲桓帝。」（〈李固傳〉）

「後歲餘，甘陵劉文、魏郡劉鮪，各謀立蒜爲天子。梁冀因此誣固與文、鮪共爲妖言。下獄。門生勃海王調、貫械上書，證固之枉。河內趙承等數十人，亦要鈇鑕，詣闕通訴。太后明之，乃赦焉。及出獄，京師市里，皆稱萬歲。冀聞之大驚。畏固名德，終爲己害。乃更據奏前事。遂誅之。時年五十四。臨終與胡廣、趙戒書曰：固受國厚恩，是以竭其股肱，不顧死亡。志欲扶持王室，比隆文、宣。何圖一朝梁氏迷謬，公等曲從，以吉爲凶，成事爲敗乎？漢家衰微，從此始矣。公等受主厚祿，顚而不扶。傾覆大事。後之良史，豈有所私。固身已矣，於義得矣。夫復何言？廣、戒得書悲慚，皆長嘆流涕。」固之時，大局實應轉而竟不能轉。「漢家衰微，從此始矣。」哀哉斯言！誠哉斯言！范曄論曰：「觀其發正辭，及所遺梁冀書，雖機失謀乖，猶戀戀而不能已。至矣哉，社稷之心乎？其顧視胡廣、趙戒，猶糞土也。」

每一長期時代，總可有一二復興之時。東漢二百年，不可得復興。當李固之整裁也，天下皆以爲升平可致。梁商能薦賢，京師且爲翕然。固之所言，順帝凡有所納，人無不寄以無窮之希望。可見人心之渴望。梁太后赦固出獄，「京師市里，皆稱萬歲。冀聞之大驚。」小人之所驚，正人心之所向。可見固德望之隆。然卒不能致中興之局者，內在地說，爲女主臨朝，積弊已久，爲梁冀之陰賊險狠，爲其本人之「機失謀乖」，權謀不足，然綜和地說，則爲光武

時代之特性所使然。光武之凝歛人格，在盛時，爲一澄淸之「對列之局」，持續久之，則爲僵滯之局。膠固而不轉，沈滯而下墜，此乃物化之墮性，固非內在于二百年之局中者，所能超拔也。故只有步步下墜，以待自然之星散。而能延至二百年之久者，亦正因膠固之堅也，墮性之持續也。漢後，若唐、宋、明、淸，皆在光武所澄淸之對列之局之政治格式下，演進其歷史。而政爭之波瀾，亦幾略相似。尤以明爲近。凡處于政局之中，與奄豎外戚腐敗勢力相頡抗，而期抒發其理想，則權謀不可少。人或于此以爲李固之才略不如張居正。假若足權略，結宦豎，則誅冀亦不難。然吾對於李固及其所處之時代，則不作此「假然」之想。皇帝、外戚、宦官俱爲非理性者。後來桓帝結宦官誅梁冀，而宦官之毒尤深于外戚。陳蕃結竇武而事亦敗。張居正結宦官以整肅朝政，死後，不旋踵即遭禍。病根未除，一時一事之成敗，總猶如補綴破衣，亦如波浪之起伏。而于基本型態無所改進也。漢以後，政治格式已定，史家習以爲常。處于局中者，思補偏救弊，或呈縱橫之才以建一時之功。時間既久，經驗既多，總有巧思，別開生面。然于時代盛衰之大勢，及基本型態之轉進，總無補益也。處于局外者，衡量得失，亦致慨于成敗之措施，而不知思量基本問題之何所在。每有際會風雲之時代，輒不自覺落于既成之格套。或久或暫，皆無關也。故漢後之時代精神，即不能于政治制度及史象中求之，而只能于社會上學術風氣以求之。魏、晉、南、北朝、唐、宋、元、明、淸皆然。而吾于兩漢之構造時代，則不能如是觀。故于東漢，即以光武之際會，爲表現時代精神之骨幹。在此骨幹所成之政治格式下，吾于一切政象，皆正面而視之，發其型態上之意義，不作補綴之想，「假然」

之嘆。蓋此時代為一構造時代，每一成分皆當發其內在之性能與獨
特之作用，理性的與非理性的，皆當盡量暴露；而一對列之局，鬥
爭乃必然者；而處于理解理性之對列之局中，無論誰勝誰敗，對此
形態之本質言，皆為偶然之現象，非理性者勝，固不能久；理性者
勝，亦不能越過此形態而為一較高級之綜和。必俟此局中，鬥爭之
循環全部顯露，而歸于星散，然後此構造時代即終結，而過渡於
魏、晉、南、北朝乃必然者。惟在此過渡之必然中，史家乃可從事
了解根本問題之何所在，並啟發較高級形態之途徑。依是，在光武
時代中，求一中興之局，乃是主觀之安慰。李固之一時之勝利非不
可能者。然而求一較高級之綜和，則為不可能。李固不可能，光武
時代任何人不可能。此是本質的問題。至若中興否，皆是隸屬于本
質之偶然（現象）。實則嚴格言之，並無中興之可言。只是持續力
基本上未散也。因為在一時代中，總有若干新生命出而抵消其毒
素。故只有久暫，而無中興。凡所謂中興者，皆為時甚短而極潦
草。故云中興否乃屬于本質之「偶然」，求中興乃主觀之安慰也。
知乎此，亦無用致其慨惜于李固矣。李固之理性即代表光武之理
性。其所識別之問題，乃局中之問題。然局中之問題乃不得根本解
決者。一時之整肅可得也，不能根本整肅也。其一時之勝利亦可能
也，然在未歸于星散前，將有許多之梁冀與宦官，出而摧毀其勝
利。然在此時代中，如李固其人者，必然要表現，且必然甚多也。
蓋因其代表對列之局中一客觀部門也。陳蕃、李膺，皆此類也。而
在構造時代中，一部門所吸納之分子，其觀念與意識皆大體相同
也。而且在構造時代中，總有健康樸質之生命，故亦必然要湧發如
許之人物（在該時代格式下之人物）。

《後漢書・吳祐傳》：「祐在膠東九年。遷齊相。大將軍梁冀
表爲長史。及冀誣奏太尉李固，祐聞而請見。與冀爭之，不聽。時
扶風馬融在坐，爲冀章草。祐因謂融曰：李公之罪，成於卿手。李
公即誅，卿何面目見天下之人乎？冀怒，而起入室，祐亦徑去。」
此可見馬融之無行。而馬融終亦被冀「髡笞徙朔方」也（〈梁統
傳，附冀傳〉）。

梁冀之惡爲西漢開國以來所未有。《後漢書・梁統傳》稱其：
「爲人鳶肩豺目。洞精矘眄。口吟舌言。〔……〕性嗜酒，能挽
滿、彈棊、格五、六博、蹴鞠、意錢之戲。又好臂鷹走狗，騁馬鬥
雞。」其妻孫壽「色美，而善爲妖態。作愁眉、啼粧、墮馬髻、折
腰步、齲齒笑，以爲媚惑。冀亦改易輿服之制，作平上軿車、埤
幰、狹冠、折上巾、擁身扇、狐尾單衣。」以如此狼疾之人，眞天
地之戾氣，禍世之妖怪也。而天生李固與之鬥，豈不悲哉。吾友李
源澄先生曰：「李固、杜喬皆當世名德，群士嚮望。梁冀殺之，所
以激動人心者甚大，憤嫉之情積於中，而呼號怨讟之聲盈於耳，激
濁揚清，發憤快志，則成黨錮之禍，傷天道之未厭亂，慟衰世之不
能挽，失望之極，歸於無爲，則成遁世之人。兩者皆有激而然，士
大夫之用心如此，而大亂不可挽也。」（《秦漢史》頁139）。

第三節　桓靈時陳蕃竇武與宦官之爭

《後漢書・宦者列傳・單超傳》云：「冀自誅太尉李固、杜喬
等，驕橫益甚。皇后乘勢忌恣，多所鴆毒，上下鉗口，莫有言者。
帝〔桓帝也〕逼畏久，恆懷不平。恐言泄，不敢謀之。延熹二年，

皇后崩。帝因如廁，獨呼衡〔宦者唐衡也〕問左右與外舍不相得
者，皆誰乎？衡對曰：單超、左悺，前詣河南尹不疑〔梁冀弟
也〕，禮敬小簡。不疑收其兄弟，送洛陽獄。二人詣門謝，乃得
解。徐璜、具瑗，常私忿疾外舍放橫，口不敢道。於是，帝呼超、
悺入室，謂曰：梁將軍兄弟專固國朝，迫脅外內，公卿以下，從其
風旨。今欲誅之，於常侍意何如？超等對曰：誠國姦賊，當誅日
久，臣等弱劣，未知聖意何如耳。帝曰：審然者，常侍密圖之。對
曰：圖之不難，但恐陛下復中狐疑。帝曰：姦臣脅國，當伏其罪，
何疑乎？於是，更召璜、瑗等五人，遂定其議。帝齧超臂出血爲
盟。於是詔收冀及宗親黨與，悉誅之。悺、衡遷中常侍。封超新豐
侯，二萬戶。璜武原侯，瑗東武陽侯，各萬五千戶。賜錢各千五百
萬。悺上蔡侯，衡汝陽侯，各萬三千戶，賜錢各千三百萬。五人同
日封，故世謂之五侯。又封小黃門劉普、趙忠等八人爲鄉侯。自
是，權歸宦官，朝廷日亂矣。超病疾。帝遣使者就拜車騎將軍，明
年薨。〔……〕其後，四侯專橫。天下爲之語曰：「左回天，具獨
坐，徐臥虎，唐兩墮。皆競起第宅，樓觀壯麗，窮極伎巧。金銀罽
眊。施於犬馬。多取良人美女，以爲姬妾。皆珍飾華侈，擬則宮
人。其僕從皆乘牛車，而從列騎。又養其疏屬，或乞嗣異姓，或買
蒼頭爲子，並以傳國襲封。兄弟姻戚，皆宰州臨郡。辜較百姓，與
盜賊無異。超弟安爲河東太守，弟子匡爲濟陰太守。璜弟盛爲河內
太守。悺弟敏爲陳留太守。瑗兄恭爲沛相。皆爲所在蠹害。璜兄子
宣，爲下邳令，暴虐尤甚。〔下邳縣屬東海，後爲東海相黃浮所收
殺。〕〔……〕五侯宗族賓客，虐徧天下，民不堪命，起爲寇
賊。」

〈宦者列傳〉序文言：「其後孫程定立順之功，曹騰參建桓之策，續以五侯合謀，梁冀受鉞。迹因公正，恩固主心。故中外服從，上下屏氣，或稱伊、霍之勳，無謝於往載；或謂良、平之畫，復興於當今。雖時有忠公，而竟見排斥。舉動回山海，呼吸變霜露。阿旨曲求，則光寵三族；直情忤意，則參夷五宗。漢之綱紀大亂矣。」

桓帝既誅梁冀，天下想望異政。《後漢書·黃瓊傳》：「梁冀既誅，瓊首居公位。舉奏州郡素行貪汙至死徙者十餘人。海內由是翕然望之。尋而五侯擅權，傾動內外。自度力不能匡，乃稱疾不起。〔……〕七年，疾篤。上疏諫曰：〔……〕陛下初從藩國、爰升帝位。天下拭目，謂見太平。而即位以來，未有勝政。諸梁秉權，豎宦充朝。重封累職，傾動朝廷。卿校牧守之選，皆出其門。羽毛、齒革、明珠、南金之寶，殷滿其室。富擬王府，勢回天地。言之者必族，附之者必榮。忠臣懼死而杜口，萬夫怖禍而木舌。塞陛下耳目之明，更爲聾瞽之主。故太尉李固、杜喬，忠以直言，德以輔政，念國亡身，隕歿爲報。而坐陳國議，遂見殘滅。賢愚切痛，海內傷懼。又前白馬令李雲，指言宦官，罪穢宜誅。皆因衆人之心，以救積薪之敝。弘農杜衆知雲所言宜行，懼雲以忠獲罪，故上書陳理之，乞同日而死，所以感悟國家，庶雲獲免。而雲既不辜，衆又並坐。天下尤痛，益以怨結。故朝野之人，以忠爲諱。〔……〕尙書周永，昔爲沛令，素事梁冀。幸其威勢，坐事當罪，越拜令職。見冀將衰，乃陽毀示忠，遂因姦計，亦取封侯。又黃門協邪，群輩相黨。自冀興盛，腹背相親，朝夕圖謀，共搆姦軌。臨冀當誅，無可設巧，復記其惡，以要爵賞。陛下不加清徵，審別眞

僞。復與忠臣，並時顯封。使朱紫共色，粉墨雜蹂，所謂抵金玉於沙礫，碎珪璧於泥塗。四方聞之，莫不憤歎。」

又〈左〔雄〕、周〔舉〕、黃〔瓊〕列傳〉論曰：「漢初詔舉賢良方正，州郡察孝廉秀才。斯亦貢士之方也。中興以後，復增敦朴、有道、賢能、直言、獨行、高節、質直、清白、敦厚之屬。榮路既廣，觖望難裁。自是竊名僞服，浸以流競，權門貴仕，請謁繁興。自左雄任事，限年試才。雖頗有不密，固亦因識時宜。而黃瓊、胡廣、張衡、崔瑗之徒，泥滯舊方，互相詭駁。循名者屈其短，算實者挺其效。故雄在尙書，天下不敢妄選。十餘年間，稱爲得人。斯亦效實之徵乎？順帝始以童弱反政，而號令自出，知能任使，故士得用情。天下喁喁，仰其風采。遂乃備玄纁玉帛，以聘南陽樊英。天子降寢殿，設壇席，尙書奉引，延問失得。急登賢之舉，虛降己之禮。於是處士鄙生，忘其拘儒，拂巾衽褐，以企旌車之招矣。至乃英能承風，俊乂咸事。若李固、周舉之淵謨弘深，左雄、黃瓊之政事貞固；桓焉、楊厚以儒學進，崔瑗、馬融以文章顯；吳祐、蘇章、种暠、欒巴，牧民之良幹，龐參、虞詡，將帥之宏規；王龔、張皓，虛心以推士，張綱、杜喬，直道以糾違；郎顗陰陽詳密，張衡機術特妙：東京之士，於茲盛焉。向使廟堂納其高謀，疆場宣其智力，帷幄容其謇辭，舉厝稟其成式，則武、宣之軌，豈其遠而？《詩》云：靡不有初，鮮克有終。可爲恨哉。及孝桓之時，碩德繼興。陳蕃、楊秉，處稱賢宰。皇甫〔規〕、張〔奐〕、段〔熲〕，出號名將。王暢、李膺，彌縫袞闕。朱穆、劉陶，獻替匡時。郭有道獎鑒人倫，陳仲弓弘道下邑。其餘宏儒遠智，高心絜行，激揚風流者，不可勝言。而斯道莫振，文武陵隊，

在朝者以正議嬰戮，謝事者以黨錮致災。往車雖折，而來軫方遒。所以傾而未顛，決而未潰，豈非仁人君子心力之為乎？嗚呼！」

順帝時人才，傷於李固之敗；桓帝時人才，傷於陳蕃之敗。夫人才之興，由於養之有素。及其吐露英華，乃輒遭逢衰世。雖云賴其心力，不至顛潰；而每不能致太平，反出而嬰戮致災。甚可傷也。

桓帝以誅梁冀故，宦者單超、左悺、徐璜、具瑗、唐衡，一時俱封侯。五侯宗族賓客，虐遍天下。後來繼起，益無忌憚。於是，士大夫目光遂集中於宦官。陳蕃，字仲舉。年十五，即有掃除天下之志。〈陳蕃傳〉載其〈上桓帝疏〉曰：「小黃門趙津，大猾張氾等，肆行貪虐，姦媚左右。前太原太守劉瓆，南陽太守成瑨，糾而戮之。雖言赦後，不當誅殺，原其誠心，在乎去惡。至於陛下，有何慅慅。而小人道長，營惑聖聽，遂使天威為之發怒。如加刑譴，已為過甚。況乃重罰，令伏歐刃乎？又前山陽太守翟超，東海相黃浮，奉公不撓、疾惡如讎。超沒侯覽財物，浮誅徐宣〔即徐璜之姪〕之罪，並蒙刑坐，不逢赦恕。覽之縱橫，沒財已幸。宣犯釁過，死有餘辜。昔丞相申屠嘉召責鄧通，洛陽令董宣折辱公主，而文帝從而請之，光武加以重賞。未聞二臣有專命之誅。〔……〕「帝得奏，愈怒竟無所納。朝廷眾庶，莫不怨之。宦官由此疾蕃彌甚。選舉奏議，輒以中詔譴卻。長吏以下，多至抵罪。」（〈陳蕃傳〉）。（案：時蕃為太尉，其府中長史因蕃見譴也。）

桓帝以延熹八年廢鄧后。永康元年崩。〈陳蕃傳〉曰：「初桓帝欲立所幸田貴人為皇后。蕃以田氏卑微，竇族良家，爭之甚固。帝不得已，乃立竇后。及后臨朝，故委用於蕃。蕃與后父大將軍竇

武，同心盡力，徵用名賢，共參政事。天下之士莫不延頸想望太平。而帝〔靈帝也〕乳母趙嬈，且夕在太后側，中常侍曹節、王甫等，與共交搆，諂事太后。太后信之，數出詔命，有所封拜。及其支類，多行貪虐。蕃常疾之，志誅中官。會竇武亦有謀。蕃自以既從人望，而德於太后，必謂其志可申。乃先上疏曰：〔……〕今京師囂囂，道路諠譁，言侯覽、曹節、公乘昕、王甫、鄭颯等與趙夫人，諸女尚書，並亂天下。〔……〕陛下前始攝位，順天行誅。蘇康、管霸，並伏其辜。是時天地清明，人鬼歡喜。奈何數月，復縱左右？元惡大姦，莫此之甚。今不急誅，必生變亂。傾危社稷，其禍難量。〔……〕太后不納。」又〈竇武傳〉曰：「會五月日食。蕃復說武曰：昔蕭望之困一石顯。近者李、杜諸公，禍及妻子。況今石顯數十輩乎？蕃以八十之年，欲為將軍除害。今可且因日食，斥罷宦官，以塞天變。又趙夫人及女尚書，且夕亂太后，急宜退絕，惟將軍慮焉。武乃白太后曰：故事，黃門常侍，但當給事省內，典門戶，主近署財物耳。今乃使與政事，而任權重。子弟布列，專為貪暴。天下匈匈，正以此故。宜悉誅廢，以清朝廷。太后曰：漢來故事世有，但當誅其有罪，豈可盡廢耶？時中常侍管霸，頗有才略，專制省內。武先白誅霸，及中常侍蘇康等竟死。武復數白誅曹節等。太后宛豫未忍。故事久不發。」「及事泄，曹節等矯詔誅武等。蕃時年七十餘，聞難作，將官屬諸生八十餘人，並拔刃，突入承明門。攘臂呼曰：大將軍忠以衛國，黃門反逆。何云竇氏不道耶？王甫時出，與蕃相逢。適聞其言，而讓蕃曰：先帝新棄天下，山陵未成，竇武何功，兄弟父子一門三侯。又多取掖庭宮人，作樂飲讌，旬月之間，貲財億計。大臣若此，是為道耶？公為

棟樑，枉橈阿黨，復焉求賊？遂令收蕃。蕃拔劍叱甫。甫兵不敢
近。乃益人圍之數十重。遂執蕃。送黃門北寺獄。黃門從官騶〔騎
士也〕蹋跳蕃曰：死老魅，復能損我曹員數，奪我曹稟假不？即日
害之。」

　　此爲陳蕃、竇武合謀誅宦官曹節、王甫等之失敗。凶豎得志，
士大夫皆喪其氣矣。宦官與武各將宮禁兵對陣。武敗自殺（武之
敗，因曹節矯詔使護匈奴中郎將張奐率五營士圍攻故。奐非事宦官
者。後深悔爲曹節所賣。），陳蕃復率屬員參與。此皆直接搏鬥，
非所以消除宦官之道也。夫宦官既不能廢。誠如竇后所云：但當誅
有罪，豈可盡廢？誅有罪，亦囫圇語。要者在使不干政事。然此亦
不易。唐、明皆未作到。東漢之士亦求此不可得也。不能消極以限
之，又不能於時代精神轉出較高級之綜和以淨除之，只有互相殺
戮，直接搏鬥也。而士大夫亦只有表現爲氣節之士焉。由黨錮之
禍，即可見其竟委。

第四節　黨錮之禍

　　順、桓之時，人才輩出。而順帝更修黌舍，凡所造構二百四十
房，一千八百五十室，至桓帝時太學生盛至三萬人。（見〈儒林傳
序〉文）又加以李固之敗，陳蕃之敗，宦官凶焰，益不可遏。士類
之激昂，殆不可免，而黨禍亦必然隨之矣。光武所澂清之對列之
勢，至此盡情暴發。〈黨錮列傳〉序文述其梗概云：「逮桓、靈之
間，主荒政謬。國命委於閹寺，士子羞與爲伍。故匹夫抗憤，處士
橫議。遂乃激揚名聲，互相題拂，品覈公卿，裁量執政。婞直之

風，於斯行矣。夫上好則下必甚，矯枉故直必過。其理然矣。若范
滂、張儉之徒，清心忌惡，終陷黨議。不其然乎？初桓帝爲蠡吾
侯，受學於甘陵周福。及即帝位，擢福爲尙書。時同郡河南尹房
植，有名當朝。鄉人爲之謠曰：天下規矩房伯武，因師獲印周仲
進。二家賓客，互相譏揣。遂各樹朋徒，漸成尤隙。由是甘陵有南
北部。黨人之議，自此始矣。後汝南太守宗資，任功曹范滂。南陽
太守成瑨，亦委功曹岑晊。二郡又爲謠曰：汝南太守范孟博，南陽
宗資主畫諾。南陽太守岑公孝，弘農成瑨但坐嘯。因此流言，轉入
太學。諸生三萬餘人，郭林宗、賈偉節〔彪〕，爲其冠。並與李
膺、陳蕃、王暢、更相褒重。學中語曰：天下模楷李元禮，不畏強
禦陳仲舉，天下俊秀王叔茂。又渤海公族進階，扶風魏齊卿，並危
言深論，不隱豪強。自公卿以下，莫不畏其貶議，屣履到門。時河
內張成，善說風角，推占當赦。遂敎子殺人。李膺爲河南尹，督促
收捕。旣而逢宥獲免。膺愈懷憤疾，竟案殺之。初成以方伎交通宦
官，帝亦頗諄其占。成弟子牢修，因上書誣告膺等，養太學遊士，
交結諸郡生徒，更相驅馳，共爲部黨，誹訕朝廷，疑亂風俗。於是
天子震怒，班下郡國，逮捕黨人。布告天下，使同忿疾。遂收執膺
等。其辭所連及，陳寔之徒二百餘人。或有逃遁不獲，皆懸金購
募。使者四出，相望於道。明年，尙書霍諝，城門校尉竇武，並表
爲請。帝〔桓帝也〕意稍解。乃皆赦歸田里，禁錮終身。而黨人之
名猶書王府。自是正直廢放，邪枉熾結。海內希風之流，遂共相標
榜，指天下名士爲之稱號。上曰三君，次曰八俊，次曰八顧，次曰
八及，次曰八廚。猶古之八元八凱也。竇武、劉淑、陳蕃，爲三
君。君者言一世之所宗也。李膺、荀昱、杜密、王暢、劉祐、魏

朗、趙典、朱寓，爲八俊。俊者言人之英也。郭林宗、宗慈、巴
肅、夏馥、范滂、尹勳、蔡衍、羊陟，爲八顧。顧者言能以德行引
人者也。張儉、岑晊、劉表、陳翔、孔昱、范康、檀敷、翟超，爲
八及。及者言其能導人追宗者也。度尙、張邈、王考、劉儒、胡母
班、秦周、蕃嚮、王章，爲八廚。廚者言能以財救人者也。

又張儉鄉人朱並，承望中常侍侯覽意旨，上書告儉與同鄉二十
四人，別相署號，共爲部黨，圖危社稷。〔……〕靈帝詔刊章，捕
儉等。大長秋曹節因此諷有司，奏捕前黨。故司空虞放，太僕杜
密，長樂少府李膺，司隸校尉朱寓，潁川太守巴肅，沛相荀昱，河
內太守魏朗，山陽太守翟超，任城相劉儒，太尉掾范滂等，百餘人
皆死獄中。餘或先歿不及，或亡命獲免。自此諸爲怨隙者，因相陷
害。睚眦之忿，濫入黨中。又州郡承旨，或有未嘗交關，亦離禍
毒。其死徙廢禁者六七百人。〔……〕於是又詔州郡，更考黨人門
生故吏父子兄弟，其在位者免官禁錮，爰及五屬。〔……〕中平元
年，黃巾賊起。中常侍呂彊言於帝曰：黨錮久積，人情多怨。若久
不赦宥，輕與張角合謀，爲變滋大，悔之無救。帝懼其言，乃大赦
黨人。〔……〕凡黨事始自甘陵汝南，成於李膺、張儉。海內塗
炭，二十餘年。諸所蔓衍，皆天下善士。〔……〕

〔黃巾賊起，有皇甫嵩、朱儁等以平之。漢之亡由于內潰，非
由于外力也。何進庸懦寡斷，謀宦官不成，又爲所誅。袁紹將兵盡
誅宦官，權移強臣，董卓、曹操是也。於是，自光武以來所釐定之
宦官、外戚、士大夫，在一對列之局中相抗衡者，至是，盡歸消滅
矣。對列之勢盡消，而對列之局亦解。社會之向心力亦不存在。黃
巾無能爲力，繼起諸盜亦不能成事。活躍于時代中而支配社會者，

仍為對列之局崩解後所星散之各州郡之上層勢力也。對列之局不能向上轉進，成一較高級之綜和，只有下散而為多頭之並列。魏晉南北朝正是對列之局崩解後而下散之委蛇也。〕」

《後漢書・竇武傳》：「拜城門校尉，在位多辟名士。清身疾惡，禮賂不通。妻子衣食，裁充足而已。是時羌蠻寇難，歲儉民飢。武得兩宮賞賜，悉散與太學諸生。及載肴糧於路，匄施貧民。」可見竇武雖外戚，亦頗知清身樹名譽。故陳蕃與之結也。

〈陳蕃傳〉：「太尉李固表薦，徵拜議郎。再遷為樂安太守。時李膺為青州刺史，名有威政。屬城聞風，皆自引去。蕃獨以清績留。郡人周璆高潔之士。前後郡守，招命莫肯至。唯蕃能致焉。字而不名，特為置一榻。去則懸之。」〈徐穉傳〉：「時陳蕃為太守，以禮請署功曹。穉不免之。既謁而退。蕃在郡，不接賓客。唯穉來，特設一榻。去則懸之。」所謂「下陳蕃之榻」是也。可見陳蕃折節下士，吐露風采。

〈李膺傳〉：「膺性簡亢，無所交接。惟以同郡荀淑、陳實為師友。〔皆潁川人〕。〔……〕以公事免官，還居綸氏〔縣屬潁川郡〕。教授常千人。南陽樊陵求為門徒。膺謝不受。陵後以阿附宦官，致位太尉。為節志者所羞。荀爽嘗就謁膺，因為其御。既還喜曰：今日乃得御李君矣。其見慕如此。」又曰：「是時朝廷日亂，綱紀頹弛。膺獨持風裁，以聲名自高。士有被其容接者，名為登龍門。」

〈郭太傳〉：「字林宗，太原界休人也。〔……〕善談論，美音制。乃游於洛陽。始見河南尹李膺。膺大奇之。遂相友善，於是名震京師。後歸鄉里。衣冠諸儒，送至河上。車數千輛。林宗唯與

李膺同舟而濟。衆賓望之，以爲神仙焉。〔……〕性明知人，好獎訓士類。身長八尺，容貌魁偉，褒衣博帶，周遊郡國。嘗於陳、梁間行遇雨，巾一角墊。時人乃故折巾一角，以爲林宗巾。其見慕皆如此。或問汝南范滂曰：郭林宗何如人？滂曰：隱不違親，貞不絕俗，天子不得臣，諸侯不得友，吾不知其他。後遭母憂，有至孝稱。林宗雖善人倫，而不爲危言覈論。故宦官擅政，而不能傷也。及黨事起，知名之士，多被其害。唯林宗及汝南袁閎得免焉。」又云：「初，太始至南州，過袁奉高〔閬〕，不宿而去。從叔度〔黃憲〕，累日不去。或以問太。太曰：奉高之器，譬之氾濫，雖清而易挹。叔度之器，汪汪若千頃之陂，澄之不清，擾之不濁，不可量也。」

〈符融傳〉：「後遊太學，師事少府李膺。膺風性高簡，每見融，輒絕它賓客，聽其言論。融幅巾奮褒，談辭如雲。膺每捧手嘆息。郭林宗始入京師，時人莫識。融一見嗟服，因以介於李膺。由是知名。」

〈許劭傳〉：「字子將，汝南平輿人也。少俊名節，好人倫，多所賞識。〔……〕同郡袁紹，公族豪俠。去濮陽令，歸。車徒甚盛。將入郡界，乃謝遣賓客曰：吾輿服，豈可使許子將見？遂以單車歸家。劭常到潁川，多長者之遊，唯不候陳寔。又陳蕃喪妻還葬，鄉人畢至，而劭獨不往。或問其故。劭曰：太丘道廣，廣則難周。仲舉性峻，峻則少通。故不造也。其多所裁量若此。曹操微時，常卑辭厚禮，求爲己目。劭鄙其人而不肯對。操乃伺隙脅劭。劭不得已曰：君清平之姦賊，亂世之英雄。操大悅而去。〔……〕初劭與靖〔劭之從兄也〕俱有高名，好共覈論鄉黨人物，每月輒更

其品題，故汝南俗有月旦評焉。」

在此種題拂品覈之下，其激揚名聲，裁量朝政，自所不免。太學是議論之所，名公巨卿喪葬亦是相聚而談。如〈徐稚傳〉：「稚嘗爲太尉黃瓊所辟，不就。及瓊卒，歸葬。稚乃負糧徒步到江夏赴之。設雞酒薄祭，哭畢而去。不告姓名。時會者四方名士。郭林宗等數十人聞之，疑其稚也。乃選能言語生茅容輕騎追之，及於塗。容爲設飯，共言稼穡之事。臨訣去。謂容曰：爲我謝郭林宗，大樹將顛，非一繩所維。何爲栖栖，不遑寧處？及林宗有母憂，稚往弔之。置生芻一束於廬前而去。衆怪，不知其故。林宗曰：此必南州高士徐孺子也。《詩》不云乎？生芻一束，其人如玉。吾無德以堪之。」大會而談，實是較量風雅之時。徐稚之哭瓊弔太，亦近於怪矣。然如此即足以傾動衆名士，而郭林宗亦足以自豪矣。（此猶如《紅樓夢》中妙玉之壽寶玉也。）禮云禮云，玉帛云乎哉？此亦可曰：禮云禮云，〈風〉、〈雅〉云乎哉？又〈陳實傳〉云：「時中常侍張讓權傾天下。讓父死，歸葬潁川。雖一郡畢至，而名士無往者。讓甚恥之。實乃獨弔焉。及後復誅黨人，讓感實。故多所全宥。」（〈荀韓鍾陳列傳・第五十二〉）。由會葬，亦見涇渭分矣。故范曄論陳實曰：「漢自中世以下，閹豎擅恣。故俗遂以遁身矯絜放言爲高。士有不談此者，則芸夫牧豎，已叫呼之矣。故時政彌惛，而其風愈往。唯陳先生進退之節，必可度也。」（〈列傳五十二〉）又〈申屠蟠傳〉云：「先是，京師游士汝南范滂等，非訐朝政，自公卿以下，皆折節下之。太學生爭慕其風，以爲文學將興，處士復用。蟠獨歎曰：昔戰國之世，處士橫議，列國之王，至爲擁篲先驅。卒有阬儒燒書之禍。今之謂矣。乃絕迹於梁、碭之

間，因樹爲屋，自同傭人。」（〈列傳第四十三〉）

慷慨之士，罹黨禍，而見氣節。或知事不可爲，而退處韜藏，不受徵辟，如魏桓、周燮、黃憲、徐稚、姜肱、申屠蟠等皆是。或不隱不仕，而遨遊乎郡國之間，其智亦足以自保，則郭林宗，其選也。（〈郭太傳〉：「或勸林宗仕進者，對曰：吾夜觀乾象，晝察人事，天之所廢，不可支也。遂並不應。」林宗確有妙觀察之智。其精鑒人倫，亦此智之發也。「善談論，美音制」，此兩語直開魏、晉風流。彼即依此智而遨遊于郡國之間。謂其爲儒不是，謂其爲老、莊亦不似。直是一大名士耳。此類人之基本靈魂爲美智合一之格，即藝術性的與智的直覺的。魏、晉清談，皆此類也。吾下文將詳論之。）

東漢雖宏獎儒術，仍承西漢五經博士而來之章句之學。章句煩瑣，不足以厭人意。安帝時，儒風寖衰，其時博士倚席不講。順、桓之間，太學生增至三萬人，而流于議論。議論，則章句之反動也。夫儒家經典，本爲人倫的、踐履的。武帝立五經博士，本爲通經致用，則猶不失儒學之原義。及其流於章句，所謂今文博士之家法，雖分疏纖細，決非此學之學的發展。勿寧謂題拂緊論較切于此學之屬性。然「題拂緊論」與「通經致用」皆是此學之初級的表現、直接的表現。尙未能通過自覺的理性而有所樹立也。孔、孟、荀子已根據夏、商、周之典憲而爲反省的批評的顯示，由此顯示而定文統之模型。東漢儒者奉此學而爲時代精神之表現，本應承西漢之外在的超越表現，進而爲內在的超越表現。所謂「內在的」與光武之「理解理性之內在的表現」中之「內在」義不同。此所謂「內在」，是言須通過「道德的自覺」而顯示「內在的道德性」，此內

在的道德性即是人性通神性之「普遍理性」。此普遍理性之顯示，必須在「對列之局」（光武之內在表現所成者）引起困惑時，在一反省的忘緣反照下而顯露。對客體之困惑而爲批評的反省，則此反省必不是直接糾結于客體之困惑而爲具體的搏鬥，而是暫爲忘緣反照的反省。通經致用與題拂葺論皆非忘緣的反照。在反照中，始能透露「內在道德性」。在此種透露中，須暫剝落一切具體的牽連，而顯爲一純粹主體性。故爲內在的超越表現也。由此表現，始能轉出客觀的理性的精神，始有眞正的精神生活。在個體方面，有眞正的精神生活，始能期望普遍理性之爲「內在的實現」（與超越相對之內在），即，在歷史發展中，商量困惑之消除與夫新局之構造。此種消除與構造乃爲內在而超越的普遍理性之逐步客觀化，逐步見其客觀有效性。惟有經過「內在道德性」（純粹主體）而轉出之客觀的精神，理性的精神，始能有眞正的構造事業，始能解決問題，安置問題，而一切又皆爲理性之客觀化；有其客觀之意義，有其合理之意義。所構造之新局以及制度法律始能客觀化而立得住。此一步轉進乃爲儒學在時代發展中所必然應有之向上發展，亦是此學之必然應有的學的發展。光武承西漢之外在的超越表現，以其凝斂之理性人格，拉下來而爲理解理性之內在的表現，此本爲隨才氣而行的事業家之「攻取而因襲」的表現。英雄豪傑之建立事業本爲不經過忘緣反照的自覺的。但其所成之「對列之局」一旦困惑百出，而問題甚顯之時，領導者（皇帝）不能恢復其主體性，不能任整頓之責，則外朝之士大夫（三公與尙書）、社會之士類，便應擔負此責。而此輩人之擔負此責，以期于困惑有所消除，于時代有所轉進，則必須通過忘緣反照之自覺而顯露內在道德性之普遍理性。如

是，方能于事有濟，而爲構造的。然而東漢士人，在東漢學風下，則不能有此轉進。順、桓之間，人才輩出，皆未能向此方向進行其覺悟。題拂襖論只爲直接的表現，直接糾結於客體之困惑而不能自拔。故其精神仍爲具體的直接的，而未經過一番徹底澄清，通過截斷衆流的內在道德性而翻出的澄清，「立於禮」後的較高級的轉進。而其基本靈魂乃是氣質的才氣之鼓蕩，浮智的直覺之閃爍，藝術性的浪漫情調之欣趣，三者夾雜在一起的直接表現，具體而內在的表理。而最要之一關，所謂道德的自覺，則闕如。道德，在東漢風氣下，散而爲外在的名教之鼓蕩，而非根于內在道德性而發出的客觀精神與合理精神。李膺、陳蕃（竇武則是一腐庸的大名士）、符融、郭太、張儉、范滂，皆此類也。（李固稍雄偉而樸實，猶不失爲政治家風度。）其基本靈魂中三成分，如氣質的才氣之鼓蕩方面稍凸出，則激揚風聲，而爲氣節之士。如陳蕃之赴死，不可謂不勇。已見前引。〈李膺傳〉：「後張儉事起，收捕鈎黨。鄉人謂膺曰：可去矣。對曰：事不辭難，罪不逃刑，臣之節也。吾年已六十，死生有命，去將安之？乃詣詔獄考死。」〈范滂傳〉：「時冀州饑荒，盜賊群起。乃以滂爲清詔使，案察之。滂登車攬轡，慨然有澄清天下之志。」此不可謂無豪氣。然王陽明觀政工部時，上邊務八事，言極剴切，晚年以爲「浮意氣」。若以此格之，則范滂之「慨然」，得毋爲浮意氣乎？（吾非以最高境界，苛求前賢，只爲說明當時人物之格調，以明問題之所在，精神之轉進。）然及其辭母赴死，則未始不令人流涕也。〈滂傳〉曰：「建寧二年，遂大誅黨人。詔下急捕滂等。督郵吳導至縣，抱詔書、閉傳舍，伏床而泣。滂聞之曰：必爲我也。即自詣獄。縣令郭揖大驚，出解印綬，

引與俱亡曰：天下大矣，子何爲在此？滂曰：滂死則禍塞，何敢以
罪累君，又令老母流離乎？其母就與之訣。滂白母曰：仲博孝敬，
足以供養。滂從龍舒君〔其父也〕歸黃泉，存亡各得其所。惟大人
割不可忍之恩，勿增感戚。母曰：汝今得與李、杜齊名，死亦何
恨？既有令名，復求壽考，可兼得乎？滂跪受教，再拜而辭。顧謂
其子曰：吾欲使汝爲惡，則惡不可爲，使汝爲善，則我不爲惡。行
路聞之，莫不流涕。時年三十三。」情辭悱惻，感人最深。雖云浮
意氣，亦時代中具有客觀意義之悲劇也。又〈張儉傳〉：「於是刊
章討捕，儉得亡命。困迫遁走。望門投止，莫不重其名行，破家相
容。復流轉東萊，止李篤家。外黃令毛欽操兵到門。篤引欽謂曰：
張儉知名天下，而亡非其罪。縱儉可得，寧忍執之乎？欽因起撫篤
曰：蘧伯玉恥獨爲君子，足下如何自專仁義。篤曰：篤雖好義，明
廷今日載其半矣。欽嘆息而去。篤因緣送儉出塞，以故得免。其所
經歷，伏重誅者以十數。宗親並殄滅，郡縣爲之殘破。」當時社會
赴義之勇如此，豈不壯哉？氣節之風，往往如此也。然氣節之士之
直接表現，鮮有成事者。《論語》曰：「人而不仁，疾之已甚，亂
也。」惡惡太甚，勢必激蕩。蓋其精神本非構造的也。故仲尼不爲
已甚，即在避免惡惡喪德也。然此義所函者乃在：好善惡惡一根于
仁。故曰「唯仁者能好人，能惡人」。而此語所函之最高意義及其
客觀實效之意義，則在反顯內在道德性（即仁、普遍理性），並據
之以爲構造的也。（引出客觀精神與合理精神而爲構造的）。然而
此一境界，東漢後儒者，始終未能轉出而充分發揮其實效。（宋、
明理學是儒學之學的發展，即向內在道德性而發展，然其客觀實效
之構造方面，則亦未能擴充出。此義後將論之。）而最易出現之形

態，除遁處韜藏外，則便是順「不爲已甚」，而爲因循之應化，與和光同塵，或見幾而作之智者。郭林宗亦此類型中之一也。

是故三成分中，如浮智的直覺之閃爍，藝術性的浪漫情調之欣趣，較爲凸出，則即爲此類之人物。今藉郭林宗稍論此類人物之流派焉。

吾人曾說：此類人物之基本靈魂乃是美智合一之格，即藝術性與智的直覺之合一表現。但此美智合一之表現，有是經過內在道德性而爲最高級的，有是不經過此一超轉而爲低級的。此型人物即是屬于低級者。故爲初次的直接表現。在此直接表現中，其生命並未經過「內在道德性」之轉出之潤澤，而直接由其原始生命之天資之美發露出美的欣趣與夫智的直覺，即善談論，美音制，精鑒人倫的妙觀察。此種直觀，吾人名之爲「智的」。但是何種「智」，則吾人很難加以限制。是即在此種情形下，吾常只名之曰「智的」。此種「智」不是吾人平常所謂經由「理解理性」所訓練成的理智，因此種表現並未經過「理論理性彰用」的理解一階段，故亦不是由此階段而轉出的超理解的智。同時，亦復不是經由內在道德性而轉出的純精神主體所發出之「智」，即攝于仁而發於仁之「智」。所謂最高級的表現即是「攝於仁而發於仁」之智。此爲仁、智合一的神心之表現。王陽明所說之良知之天理（心、理合一之良知之心）即是此種神心之表現。孟子所謂「萬物皆備於我矣，反身而誠，樂莫大焉。」以及所謂「所存者神，所過者化，上下與天地同流，豈曰小補之哉。」亦是此種仁、智合一之心之表現。天理流行，一體平鋪，無倒妄、無雜染、無欣趣、無光景：亭當平實，圍範曲成，無不周遍，無不窮盡。此中之智即是無光景之智。攝於仁，故無光

景。發於仁，故無雜染。仁以感通爲性，以潤物爲用；智以覺照爲性，以及物爲用。（及即智及之及。仁者安仁，智者利仁，及物亦可曰利物。）仁、智合一，則覺照之心即實現（創生）之心也。此即爲最高綜和之神心。由此而發的直覺，則爲神智的直覺。故此所謂「智」亦有確定之函義也。此爲最高級者，惟於聖賢人格始可如此說。然而非可語於郭林宗一類也。仁、智合一之神心，其表現爲智的直覺亦是內在的、具體的，而亦含有藝術性在內，所謂「成於樂」也，此爲最後之圓融。然而郭林宗一類者，則不可語於此。此類人物之精神表現，既非經由理論理性之磨煉而轉出，亦非經由內在道德性之超轉而轉出，故其爲智乃是一種夾雜的浮智，即由原始生命之天資之美而直接地發露出：後面有一種氣質的物性作沈澱而上浮出此種「智」，然亦不是依照「理解理性」以進行，故亦爲直覺的，故曰「浮智的直覺之閃爍」。其發爲智的直覺既如此，故其藝術性亦爲浪漫情調之欣趣。而非立於禮（通過內在道德性）之成於樂也。此種格調亦非構造的，乃與氣節之士爲同層次，而爲不同方面者。彼之內在而具體，有似於圓，實則似之而非也。此亦爲相似法流也。其爲初次的直接表現與氣節之士之直接糾結於客體之困惑同。故爲同層之不同方面者。其所以不爲構造的，以其不經過內在道德性之超轉，故不能所過者化而繁興大用也。又因其不經過內在道德性之超轉，故亦不能客觀化其理性，轉出客觀精神而消除困惑，創造新局，而構造現實也。在對列之局中，一有激盪時，彼能免於禍。彼雖能知天之所廢，不可支也，然其無濟於事則一。配合於有爲之局中，其智亦可點撥窒礙而通全局，此則因緣附會而成其事，所謂因勢利導，轉敗爲勝，因禍取福也。而不能創造時代，在

崩解之局中，亦不能引發較高級之綜和，則一也。張子房、司馬德操即此類也。此種「智的」人物，不流於賊，已是最好。《論語》曰：「好智不好學，其蔽也蕩。」《禮記‧經解》篇亦曰：「絜靜精微，《易》教也。」又曰：「《易》之失，賊。」又曰：「靜絜精微而不賊，則深於《易》者也。」其所以有賊之失，即在其未經過內在道德性之超轉，無仁以統智，而智流於玩，玩即賊。悲心不起，故偷處於機應之間。偷處亦賊也。其智為「乾慧」，非悲以潤慧，仁以養智也。故吾必主《易》學統於《孟》學，而不能空頭講《易》也。所謂深於《易》者，亦不過如此而已。張良、郭太、司馬德操，皆乾慧也。冥觀默察，而明哲保身，識大勢之所趨，而順運以自守，吾不忍謂之賊。而投機者，則賊之甚也。凡不根於仁，而妄言圓融通脫者，皆賊也。為其內無足以立而外無是非也。凡此輩人皆妄斥理學家之拘礙迂固（清之馬平泉即是此類之無忌憚），而不知彼等之層次不能望理學家之項背也。而彼自謂達情審時，要作「曉人」，實則皆賊也。流於相似法流而不知也。郭太處於東漢風氣下，其弊尚不顯。而後乎此者，此類達情審時之人物多不勝數。此固對列之局崩解後，不能向高級綜合而轉進，下散而下趨所必然引生者。而此輩之因循放縱亦足徵其只能拖長歷史而不能發展歷史也。魏、晉之清談，宋、齊、梁、陳之荒淫頹靡，則又此型之另一種表現。此皆軟性的、下墮的放縱恣肆也，非真精神生活也。唐之才華亦放縱恣肆也。不過其生命較強，乃上升，非下墮耳。（凡不通過內在道德性而轉出客觀精神及合理精神，黑格爾俱名之曰放縱恣肆。）依此觀之，則宋、明儒者就儒學之學的發展，正有不可及處。何可妄施譏議耶？多見其不知量也。〔宋、明儒者就儒

學之學的發展固只作到向裡轉進一步，其客觀方面尚未開拓出。然只應順之而作發展的轉進，不應拖下來而流於彼輩自稱爲達情識時的曼衍。〕

此種氣、美、智三者合一的初次直接表現，無論爲氣節之士，或郭林宗一類的智者之士，其精神表現皆爲主觀的，而在有「非理性的」參與其中的「對列之局」中能容納有此種精神之表現，則此時代精神即無客觀的法律可言：「理性」既未透出來，即不能客觀化而爲有客觀實效性的法律，即有構造性的法律，而此時氣節之士在政局中之精神表現亦不能依制度基礎而爲合法律的表現。因爲是主觀的道德的而不能合法律，故在政治上遂有「氣節之士」之稱。否則，在政治上不可有此稱。隨時隱顯的「智者之士」，因爲是主觀的、智的，故只能爲幕僚，爲一種適合於「主觀之智」之配合，而不能直接擔當起，代表該時代整個組織中一客觀之部門，而常是功成身退或遁處韜藏之個人的，故猶不如「氣節之士」之社會性或客觀性。「氣節之士」與「智者之士」兩名稱在政治上之存在只有當時代精神在主觀的形態下，即有「非理性的」參與對列之局中時，才可能。否則，在客觀化合理化的對列之局中，在法律有構造性的社會中，在精神之客觀表現中，即無「氣節之士」可言，只有在客觀分位上權利義務之盡與不盡，而亦無「智者之士」可言，只有作其所應當作之社會上的客觀事業，如學術文化、教育、宗教等。然而自東漢起，國史上此兩類人相續而生，政潮幾成循環之局。由此可徵國史之發展，視爲精神之實現，居何形態焉。

《後漢書·李膺傳》：「復拜司隸校尉〔桓帝延熹八年〕。時張讓弟朔爲野王令，貪殘無道。至乃殺孕婦。聞膺屬，威嚴。懼

罪，逃還京師。因匿兄讓第舍，藏於合柱中。膺知其狀。率將吏
卒，破柱取朔，付洛陽獄，受辭畢，即殺之。讓訴冤於帝。詔膺入
殿御，親臨軒詰以不先請便加誅辟之意。膺對曰：昔晉文公執衛成
公歸於京師，《春秋》是焉。《禮》云：公族有罪，雖曰宥之，有
司執憲不從。昔仲尼爲魯司寇，七日而誅少正卯。今臣到官，已積
一旬。私懼以稽留爲愆。不意獲速疾之罪。誠自知釁責，死不旋
踵。特乞留五日，剋殄元惡，退就鼎鑊，始生之願也。帝無復言。
顧謂讓曰：此汝弟之罪。司隸何愆？乃遣出之。」（〈黨錮列
傳〉）。

〈岑晊傳〉：「太守〔南陽〕弘農成瑨，下車，欲振威嚴。聞
晊高名，請爲功曹。又以張牧爲中賊曹吏。〔劉攽曰：當爲賊曹
史〕。　委心晊、牧。褒善糾違，肅清朝府。宛有富賈張汎者，桓
帝美人之外親，善巧雕鏤玩好之物。頗以賂遺中官，以此並得顯
位。恃其伎巧，用勢縱橫。晊與牧勸瑨收捕汎等。既而遇赦，晊竟
誅之。並收其宗族賓客，殺二百餘人。後乃奏聞。」（〈黨錮列
傳〉）。

又〈宦者列傳·侯覽傳〉：「建寧二年，喪母還家，大起塋
冢。督郵〔屬山陽太守〕張儉因舉奏覽貪侈奢縱。〔……〕請誅
之。而覽伺候遮截，章竟不上。儉遂破覽冢宅，籍沒資財，具言罪
狀。又奏覽母生時交通賓客，干亂國郡。復不得御〔進也〕。」
（儉行部逢覽母，呵不避路，竟使吏卒收殺之。追擒覽家屬賓客，
死者百餘人，皆僵屍道路。伐其園宅，雞犬無餘。）

以上所舉，皆先斬後奏，奏不得御，自行誅戮。或雖赦亦誅。
如李膺誅張成之子，岑晊誅張汎，皆雖赦亦誅。可謂目無朝廷，亦

可謂朝廷顛倒，無可目者。而李膺之誅張朔，又據經典以申辯。說為紀綱頹弛固可。殊不知在皇帝、宦官、外戚俱為「非理性的」之下，不能有客觀法律存在。而氣節之士在主觀的道德的格調之下，疾惡如仇，亦實可見罪必誅。或云有經典可據，不得謂不合理。然須知經典教訓，與有構造性的客觀法律不同。「主觀的道德的」之精神與氣節與經訓乃相合和者，俱為原始的直接表現：道德、理性、經訓，俱在具體的主觀的形式中表現。西漢通經致用，據《春秋》以斷獄，亦是「主觀的道德的」之精神，未能至乎有構造性的法律地位也。惟在生命主體渾樸健旺之時，則較易合理而少滋擾。而當「非理性的」成分頹墮既久，則生命主體即失其原始的健旺，而窒塞膠固，罪惡重重。氣節之士既逢惡必誅（依主觀道德的氣節方式誅之，不依法律根據而賞罰），則「非理性的」之純物化之反動亦必加甚。如是，互相誅戮，其慘酷乃不可免者。

　　道德、理性、經訓，在具體的主觀的形式中表現，必須有聖君、賢相始能維繫對列之局。而聖君、賢相在此種對列之局（有非理性的在內）與主觀精神下亦為主觀的、無保證的。非理性的主體（皇帝）及其隸屬亦牽連客觀化的外朝而為主觀的，至於使其表現亦為非理性的。精神（道德、理性、經訓）之客觀的實現，與夫客觀精神之引生，法律之客觀建立，經過原始的直接表現之方式後，遇見困惑時，必須在忘緣返照的反省下經過道德的自覺而顯露出作為普遍理性的「內在道德性」，又必須在主客對立中顯露出邏輯理性所控馭的理解（知性），由此而轉出名數之學及科學，即精神之理解理性的表現。此兩步顯露，乃必不可少者。惜乎東漢尚未能至此也（張衡之機術特妙並不能作為理解理性之表現由之而開發科

學）。古代史官「掌官書以贊治，正歲年以序事」，本有道德敎化
（人倫、人文的）與智周萬物（天文、律曆、數學、物理的）之兩
面。而後來孔、孟、荀之定文統則確立道德敎化一總綱，卻無人順
智周萬物之一面而將理解理性一綱維彰著出。兩漢四百年，順孔、
孟所確立之總綱以進行。及其屈乎困惑，旣未能向「內在道德性」
而轉進，亦未能向理解理性而轉進。後來順此總綱以演續，至宋始
開始向「內在道德性」而轉進，而「理解理性」之轉進總缺如，故
精神之客觀實現，客觀精神之引生，以及法律之客觀建立，總未能
出現也。

附錄一：唐君毅先生著：中國歷史之哲學的省察

——讀牟宗三先生《歷史哲學》書後

㈠前言

友人牟宗三先生，有志於寫中國歷史哲學一書，其動機蓋在十餘年前。憶民國三十三年秋，宗三先生自成都來重慶中大任教。巴山夜雨，樂共晨夕。一日談及國事，宗三即料及來日大難，共禍必將無已，而惄焉憂之。即欲寫《歷史哲學》一書，以照明吾華族之文化精神命脈之所在，兼示其發展之理則，以貞定國人共信。越年而日本投降。河山還我，萬衆騰歡。人咸以中華之復興在望；在東北之接收，被阻於俄帝，張莘夫遇害於瀋陽。時重慶學生，群情激昂，遊行街市。然教授皆罕有參加者。而宗三獨與學生共行列、扛大旗。吾以是知宗三之志識，超軼乎世俗之教授學者之倫者遠矣。日本投降之後，數年之中，中國政局，波譎雲詭。忽而各黨政治協商，忽而美人調停國共。終在烽火瀰天中，行憲選舉。而時論雜沓，人心奎涌，不可收拾。宗三於此時，乃獨立以校中薪資，創辦《歷史與文化》一刊，躬任校對發行之事。以人禽、義利、夷夏之辨，昭告於世。其言似迂，其辭似激，而其意也哀。然人多漠視之，中大學生至詆之為頑固反動。遂走太湖畔，再息於東海之濱。

此數年中，熊先生亦常於信中，感懷國事，由士風之窳敗，文風之
浮薄，謂華子孫將有萬世爲奴之痛。然余素性喜作樂觀想，以爲大
局當不致有土崩魚爛之事。而對共黨之爲害，亦殊無深切之感覺。
故於大陸淪陷之前，余所著文講論者，皆及於純學術而止。比南來
香江，乃有悟於中國文化，及人道尊嚴與馬列主義之勢難共存，試
爲文申正論，見民之憔悴於虐政，未有甚於于此時。宗三十數年前
之所憂者，一一見於今日。吾以是益知宗三之孤懷閎識爲不可及
也。宗三旣去臺，二年而成其《歷史哲學》。而余於時亦以困窮怫
鬱之懷，爲當世勉成《中國文化之精神價值》一書。地之相距，千
有餘里，所言則殊途而同歸。宗三之稿成寄港。初計其由一出版社
印刷。事未成。余嘗試介諸二書局，亦皆不納。余書於前年乃得於
正中書局出版。而宗三之書，則遲延至今年，乃得強生出版社吳努
強先生爲之印行。吾以是知中國出版界之庸陋寡識。莊生言：「大
音不入於里耳，詎不信哉？」今宗三之書，旣與世相見矣。讀者之
視之何若，非我之所知。其亦如於《歷史與文化》一刊之漠然視之
乎？或亦如余十餘年前，聞其欲寫此書時之淡焉置之乎？以宗三之
所言與世之治哲學與治歷史者之持論多不類，蓋將不免焉。然吾當
據吾之所驗，以正告世人曰：宗三所言之異於世者，皆有其眞知灼
見在。宗三自謂其書于其所欲言者，多未能發揮盡致。其著書之體
例，與其進退古今人物之處，人皆可容有不同之意見。然其所眞知
灼見之處，終當歷年所而爲人所共喻。吾望讀者先信斯義。繼當一
本固陋之所及，以略介《歷史哲學》之義及此書大義於讀者之前。

(二)哲學與歷史之關係及歷史哲學之重要

此書顏曰「歷史哲學」。然非泛論歷史哲學，乃專論中國自古至漢一段之歷史之哲學。世之言哲學與言歷史者，恆相視爲殊科。言哲學者之以究心於宇宙之普遍之大理爲目標，或以名言概念之解析爲事者，皆輕歷史之爲物。故西哲羅素嘗謂：哲學當究心可能的世界，此人類之歷史世界，不過諸可能的世界中之偶然世界耳。桑他耶那於世界第二次大戰時，隱居羅馬城外。新聞記者訪之，詢以對世事之意見。彼曰：吾所縈心者，乃永恆之理，不看報已多日矣。波蘭與奧國，數十年來，歷被瓜分，屢經戰亂之國家也。而今風靡一世之邏輯實證論之哲學家，多出於二國。充哲學家之重宇宙之普遍之理，或重名言概念之解析之精神，必不免視人類之歷史爲宇宙間偶然之事，而於邦國之盛衰危亂之故，無所用心，視如哲學以外之事，此蓋理之所必至也。

而世之言歷史者則曰：哲學者，虛理也，吾所研治者，實事也。吾考訂實事之何若，即從而如期何若，而一一叙述之，則吾之責已盡。而實事之考訂，要在以文字器物爲徵驗，不可本哲學之虛理以推知。徒本虛理以推知史事者，必矯亂歷史眞相而陷於誣妄。且歷史只有已然與實然，國家之治亂興亡，世道之顯晦升沉，人之忠奸賢不肖，凡已爲歷史之事實，即平等爲歷史學研究之對象。歷史家無心軒輊於其間也。哲學則必明價值，辨已然、實然與當然之別。而哲學上所謂當然或價值，罔不出乎哲學家一人主觀之意見。持主觀之意見對歷史之實事人物，加以軒輊抑揚，又必矯亂顛倒歷史之眞相，而更陷於誣妄。是以言歷史無待於哲學。本哲學以論歷

史，實無與於歷史。此即昔西方史家如蘭克之視黑格耳之《歷史哲學》爲讕言，今之西方史家視斯賓格勒之《西方之衰落》爲妖妄；而中國之治史者，亦不必讀朱子之《通鑑綱目》，於《春秋》之褒貶，則唯有以經視之，而不以史視之也。

然世之本上列二者之見，而謂歷史與哲學殊科，當離之則雙美，合之則兩傷，而不可有歷史哲學之爲學者，皆似是而實非之論。夫哲學當以知宇宙之普遍之大理爲極至，且必當從事於名言概念之分析，是也。然以此而謂具體之人生歷史之事，爲哲人心思之所不應及，宜居哲學之外，則大謬。哲人能觀宇宙之大，其心可謂大矣。然此心終屬於此哲人之爲人，而此人固存在於歷史文化社會中也。則徒騁此心以思宇宙之大者，不如兼能反省此心之屬於此人。此人所在之歷史文化社會，而兼於此運其哲思者，其所思者之尤大也。哲人能析名言概念之繁，而求其義之所切是也。然名言概念所指者，終爲宇宙人生之實理與實事。則徒細其心以分析名言、概念者，不如兼能面對宇宙人生之實理實事而分析之者，其用心爲尤切也。然則凡謂哲學徒當仰觀宇宙之大，俯察名言概念之繁者，皆自忘其思之屬於其人，其人之所面對之實理實事者也。凡眞人必不忘其爲人。亦不忘其所面對之實理與實事。唯眞人而後能爲眞哲人。吾之爲眞人非偶然，豈有如羅素所謂人類世界翻爲偶然之理？桑他耶那不看報，又果能自遁於烽火瀰天之大戰乎？彼波蘭、奧國之哲學家，豈無家亡國破之感？其以邏輯分析自遣，其遇可哀，斯其情可憫，其工作自有其價值，然不當謂天下之哲學盡在此也。人之治哲學者，以其志力之所專精，不暇於對歷史作哲學的反省可也。必以此爲非哲學，而局限哲學於一隅，則大愚而大惑也。中國

之大哲，由孔子至王船山之重文化歷史無論矣。西方由柏拉圖、亞
里士多德，至後之康德、黑格耳之哲學，亦無不終於論人生政治與
歷史。羅素、桑他耶那，固嘗欲自外於此西方之傳統矣。而其情之
所不安，仍終不能自已於論十九世紀與西方文化哲學之歷史，亦不
免爲文以言當今之世變。此皆非有他故，唯以吾人之哲思，雖可上
窮碧落，下達黃泉，大至無倫，細入毫芒，一時渾忘吾身之安在；
而當吾之神明之既降，吾終不能自忘吾之爲一人，爲一歷史世界中
之一人故耳。吾不能自忘吾之在歷史世界。乃即運吾之上窮碧落，
下達黃泉，大至無倫，細入毫芒之哲思，以思此歷史世界之古今之
變，即歷史哲學之所由不容已而自生之故也。故凡爲哲學而不歸於
歷史文化之哲學者，其哲學必不究竟。

　　至於言歷史者，講哲學之虛理，不足以考訂歷史，本哲學之中
當然價值之觀念，以評斷歷史，恆難免主觀意見之蔽，固矣。然吾
上已言歷史哲學之所由生，正由於爲哲學者之願面對實理與實事。
則本虛理以臆斷史實之何若，亦正與爲哲學者本懷相乖。爲哲學
者，固當尊重歷史家之地位，尤不當否認歷史家已證其爲實之實事
也。哲學即事見成事之理。事果爲實，則成事之理，不得爲虛。歷
史哲學之所究者，成事之實理，非如邏輯上之名言、概念之分析之
所陳，純爲思想界之虛理也。歷史家考訂史事之何若，即一一叙述
之，其責已盡，固也。然事之有理，不可誣也。即事事而言之，事
各有分理。歷史家亦嘗於此究心矣。然總諸事而契之，亦有其統會
之理。如總對日抗戰時之一切軍事、外交、政治、文化及社會民間
之諸事，而契之，則其統會之理，即中華民族之求自拔於日帝鐵蹄
之所及之外是也。則總中華民族數千年之史事而契之，又豈無統會

之理,可資論列?豈論此統會之理,即必違於史實之眞相乎?是必
不然也。此即中國歷史之哲學的省察之所爲也。

至於謂哲學家本當然價值以判斷歷史,恆不免主觀意見之蔽,
則亦不僅哲學家爲然,歷史家實亦不能自外。歷史家之自謂能捨當
然價值之觀念,純就客觀事實以觀歷史,亦實不免於自欺。夫歷史
中之事,皆爲往事。夫往事析而觀之,乃無窮之事也。則事事而述
之,非人力之所能。歷史家何以選此事而敘述之、考訂之,不選他
事而敘述之、考訂之,豈無歷史家個人內心之權衡?此權衡豈能不
依於一重要、不重要之價值標準?而歷史家之敘述歷史,其於國家
之成敗興亡,世道之顯晦升沈,君子小人之消長,又豈眞能無價值
判斷之存,或廢書而嘆之事?自歷史家之亦爲一有血有肉之人而
言,乃絕不能無者也。此不能無 ,則其所爲之客觀之敘述,其輕
重疏密之間,亦不能逃其主觀意見之蔽也。歷史家之所以恆自秘其
價值判斷,蓋亦意曰,吾旣陳此事實,是非善惡之價值,留之天下
後世之公論耳。然果天下後世而有公論,則是非善惡之價值,亦當
有客觀普遍之標準。則歷史之世界中,非徒有一一之史事人物爲客
觀之實在,此一一史事人物中所表現之普遍價值,亦爲客觀之實
在。夫事不離理。價值者,理也。事客觀,而理亦客觀。求知事之
客觀眞相不易,而考訂家之不免於主觀意見之蔽;亦猶知事之客觀
價值之不易,論之者之不免於主觀意見之蔽也。然則奈何於考訂史
事之眞相之史學,則稱之爲學,而求明辨史事之客觀價值意義之歷
史哲學,即不名之爲學乎?毋亦因其原不深信史事之價值意義之亦
客觀,其所謂留之天下後世之公論云云,乃以旣不敢自陳其價值判
斷,以求貌合於冷靜無私;而又實不相信天下後世之有公論,而只

有人各一論之私論，故視論之者爲可有可無也？果其眞相信史事有客觀之價值，天下後世之眞可有公論，則此信心旣存於此當下，其所信有之客觀價值，旣與史事而俱在；則己雖不論，亦將樂並世之他人，求知此客觀價值之何若，而亦樂聞他人之所論，不必言待諸天下後世之公論矣。人之爲學，自限於史事之考訂或叙述可也。專門之業，自足名家。然人自限於史事之考訂與叙述，於史事之價值，旣以待天下後世公論之言，爲自逸之計；又謂凡本哲學以衡斷史事之價值意義者，皆主觀之意見，爲拒人之計，則此亦治史學者之陋見也。故凡言歷史學爲客觀，而詆歷史哲學爲主觀之議論者，其所謂客觀，皆限於客觀之事實，而忽客觀之價值，是蔽於事而不知理，徒知客觀之一曲，而不知歷史學與歷史哲學之可相依爲用，以明客觀之史事之大全者也。

(三)本書之地位

吾上言歷史哲學之異於一般之歷史學者，在歷史哲學之重明歷史發展之統貫之理，並對史事加以價值判斷，且求此價值判斷之成爲有客觀性的價值判斷。自此而言，則中國過去之歷史哲學，乃即包含於中國經史之學中。蓋中國固有之學術精神，皆重即事言理之義，故事實之判斷，恆與價值之判斷相俱。孔子修《春秋》，其或書或不書，或諱或不諱，皆是以對人或事之價值判斷之不同，而異其叙述事實之文字。是孔子之《春秋》：「其事則齊桓、晉文，其文則史」，其義則中國歷史哲學之祖也。後之《左傳》重述事。而述事之後，恆繼以「君子曰」之言，亦即爲價值之判斷之所存。司馬遷著《史記》，自言其志在「究天人之際，通古今之變。」其待

「好學深思之士，心知其意」者，亦其歷史哲學之所在也。其書之
〈本紀〉、〈世家〉、〈列傳〉重述人物傳記，而其後之〈贊〉，
即明顯之價值判斷也。大率後之修史者，皆寓其對歷史之價值判斷
於史書之作法，史傳之序、贊、論之中。外更有單篇史論，專爲一
史事人物之得失、利害、善惡、是非之價值判斷。顧又多零碎散
漫，罕能脫策論之習。至王船山乃有《讀通鑑論》、《宋論》之
作，通歷史之全而爲論。其書既即事以言理，復明理以斷事，乃見
理之貫注於事中，復超越洋溢於事外，乃眞可語與歷史哲學之論。
而顧炎武、黃梨州之倫，咸亦有即史事以明道，據道以衡史事之精
神。然凡此等等，其所謂道，皆中國數千年來，文化系統內，大體
上爲人所共喻之道。故言之不必繁，而聞者已相悅以解。於是人之
曲思所注，繁言所在，終在於史事之考證、名物之訓釋。而清代二
三百年之學，遂重於事而忽於理，詳於名而略於義。然理不申，則
無以御事。學者聞見雜博而無統，其精神亦不能揚升而高舉。而中
國歷史之久，史籍之多，又正足使學者沉沒其終身之精力於其中，
而不知出。於是百年來，中國人與西方之文化系統相遇，見其科
學、哲學，皆務於明理，其觀念皆明顯而凸露，其系統則綱舉而目
張；初則震眩而自餒，繼則以爲今只須持其觀念與系統，以貫穿囊
括中國學術書籍之散錢，整理中國之歷史，其事即足。而百年來言
中國學術者，乃皆歸於襲取西方之科學方法、哲學觀念，以整理中
國之國故。而言中國之歷史之發展，對中國歷史作哲學之解釋，本
馬克思之唯物史觀以爲論，其事若尤易。於是老師宿儒，亦或爲之
低首降心。承學之士，更望風而披靡。而國運亦隨學風以飄搖。唯
深研中國歷史者，乃知此以西方一家哲學，武斷中國歷史之過，乃

——舉中國之史實，不如唯物史觀之所論，以證其非，其功大矣。然旣以非之，而無以易之，奈何？則或曰以史學代哲學。中國固無哲學也。然此言則未善。蓋世間唯名同而實異者，能相代爲功，故唯正確之歷史哲學，乃能代錯誤之歷史哲學。中國昔亦非無歷史哲學，唯融於經史之學中耳。中國先儒之不詳於歷史哲學，唯以數千年來中國有一一貫相承之文化系統，其中之道之所存，大體爲人所共喻，故不須繁說耳。然今則時移勢易，吾人已與一迥然不同之西方文化系統相遇。則前之所共喻而不須繁說者，乃不得不待於重加研察，表而暴之，爲之博喻繁說。則必有繼船山之遺志，面對西方之學術文化之衝激，重新自覺中國之歷史文化之道之理之所在，爲中國之歷史文化，作一哲學的說明，以闢唯物史觀之論而易之者，應時而興。此即牟先生之此書之所爲而作也。

牟先生此書所論者，雖爲中國歷史之哲學。然其所以論之方法與所用之名辭，亦未嘗不受西方思想如黑格耳等之影響。此亦猶如宋儒之用禪宗之語錄體，並取用其本體、工夫一類之名，意在便於共喻，亦爲處今之世所不能免。然牟先生論中國歷史哲學之中心觀點，則與西方之歷史哲學家之言大異。彼旣非如奧古斯丁之以神之計畫言歷史，亦不如赫德爾、康德之泛論人類之歷史。旣不如康多塞、孔德、斯賓塞之據自然之進化，以說歷史之直線進步；亦不如斯賓格勒之以自然生命之有生壯，亦有老死，以喻文化歷史之有末日。旣不如卡來耳之以歷史爲英雄精神之表現，亦不如馬克思之以一般社會發展之必然律，預測人類之歷史文化。其以精神之實體或理性之表現爲各種形態之歷程，以說歷史，唯與黑格耳之自理性之表現歷程，以言歷史者爲近。然黑氏之言理性之最高表現，已見於

德意志之政治與文化。則哲學徒爲事後之反省，如其所喻爲夜間飛翔之鳥。人類未來歷史當循何道，乃不得而論。而牟先生此書，則未嘗以人類之全幅理性，皆表現於過往之歷史，以保持此理性之超越性於不墜。遂得由反省過往之歷史，所實現之精神價值之限極所在，而啓人以當循何道，以建造未來之歷史，由是而歷史哲學之爲用，乃通乎繼往與開來。此爲本書與黑氏之言大不同之點一。黑氏又以人類歷史之行程，如日之出於東方而沒於西。中國爲歷史精神之始點，而德意志則其終點。此乃以空間之觀念，混淆於在時間中發展之歷史，復視人類一切不同民族之歷史，只在一直線上發展之論，此既悖於史實，而亦無哲學上之充足理由，以爲根據。而牟先生此書，則絕此二病，唯就中西文化之分別各發展其歷史，而言其精神表現方式之不同。此精神表現方式之不同，則上有共同之形上的精神實體爲之根。於是此表現方式之不同者，乃終有融通之可能。此爲本書與黑氏之言大不同之點二。由此二點之不同，則見黑氏之論歷史哲學，仍是觀照之意味重。其所謂理，尚未能洋溢於已往之事外，以爲新生之事之所據，而亦昧於道有殊塗同歸之旨。而深知理之既內在於事中，又洋溢超越於事外，以爲新生之事之所據；及道有殊途同歸之義者，唯中國之先哲爲最。則此書之所以異於黑氏者，即其所以上承先哲之義者也。

㈣如何了解普遍的精神生命精神實體之一名

吾人既知此書之上求接契於王船山之論歷史，及其論歷史之觀點與西哲之異同，復當知此書第一章所謂「看歷史須將吾個人生命與歷史生命、民族生命通於一起」，並「將歷史視作一民族之實踐

過程」，及一「民族生命」乃一「普遍的精神生命」，其中函一
「普遍之精神實體」之義。此諸義要點，在言看歷史與看外在之自
然不同。看歷史須透過歷史之文字記載，如踴身千載上，而自己生
活於歷史之中。吾人自己之生活，乃一嚮往理想，而實踐理想之自
上而下、自內而外之歷程。於是吾生活於歷史中，即將見歷史之發
展，亦為人之嚮往理想而實踐之之自上而下、自內而外之歷程。由
是而吾人之看歷史之態度，即不復如一般歷史家，止於一居今以述
古，循流以考源之態度，而為直下在人之精神理想之泉源處立根，
以順流而下觀之態度。此即哲學之態度。由是而見歷史之步步進
展，即人之精神理想之步步生發，步步為人所實踐之歷程。由人有
精神理想，而人之生命之為一精神生命。人之精神生命，有相續
性，恆日新而不窮其用，是見其泉源之不竭，故謂其蘊涵一內在而
超越之精神實體。唯以此謂個人，其言易解。以此謂一民族生命為
一普遍之精神生命，中亦蘊涵一普遍之精神實體，則人恆難相契。
因此中夾雜甚多之常識與哲學中觀念上之疑難。然吾今可謂此一疑
難之根，自心理上言之，皆在吾人之未能置身於歷史中，而視歷史
為人之實踐歷程。蓋如吾真置身於歷史中，則吾當首超越吾之小己
之形骸，而化吾之自身之精神，為歷史中人物事件表現之舞臺。而
此舞臺本身，亦如將隨表現於其上之人物事件而顫動，而起舞。則
歷史中之戰爭，於吾之此精神中戰爭，和平，於此中和平，朝代之
興衰成敗，於此中興衰成敗，世道之顯晦升沉，於此中顯晦升沉。
歷史中一切人物之活動，皆於此中活動。而吾之精神，即一一加以
承載，隨之升降，隨之起伏，以體驗其理想之實踐，與價值之實
現，而涵容之於一心。則吾之當下之此精神，已為一普遍化而遍運

於吾所知之歷史世界中之精神。吾由吾之置身於歷史之精神,能如是普遍化,再將吾之如是普遍化之精神客觀化,推而上之,使之彌綸充滿於歷史之長流,再置定此精神之爲超越我而自存,則終將一見民族之歷史,爲一整一之民族之實踐歷程,而中有客觀的普遍之精神生命、精神實體存焉。而此歷史,即皆爲此普遍的精神生命、精神實體之表現其自身之歷程矣。

論歷史之哲學,則民族生命、民族精神、歷史精神、普遍的精神生命、精神實體諸概念,爲不可少。蓋論歷史哲學,乃總持而作,所論者非個人,而爲民族之集團或人類之集團。然在人自然的心習中,恆只見個體事物之一一分散而外陳。一般歷史學之研究,亦向分的個體事物之研究而趨,順人之自然的心習以外散。而歷史哲學之論,欲歸於統貫之理,則必逆其道而行。其言分皆所以爲合,其論散皆所以成總。遂與人之自然的心習,及一般歷史家之心習皆相違。而歷史哲學之所以終於可能者,則在其所說者,乃人類之歷史。夫人之所以異於其他萬物者,吾常言在其恆能超越其原來之自己,而以他爲自。個人在群體集團之生活中,其生命精神,乃恆互洋溢而互流通。個人之爲個人,實外無定殼,而內無定核,而恆隨其相與感通之事,而各融化其氣質之拘礙。其不能融化者,亦隨個人之死亡,而融化於歷史之長流。個人之事得留存於後人之感念中,而記載於歷史之文字者,則必以其有超個人之普遍意義,而後得普遍地存在於後人精神之感念之中也。而後之個人之所以能於其先人之事,感念不忘,亦以其個人精神之能超越其百年內之小己也。故民族之歷史者,民族歷史中之諸個人之生命精神,左左右右,前前後後,交光互映,往復貫通,即多而一,以凝成一整個之

普遍精神生命，普遍之精神實體之歷史也。此義不明，人無由以總持之觀點論歷史。歷史之學，只有向分散之個別史事人物之考證而趨。義益瑣而言益碎，道術乃爲天下裂。而歷史哲學亦終無存在之可能。而此義之難明，則在人之自然心習皆趨於順而外出，以觀個體事物之外陳而分散。文字書籍，歷史遺物，人以外之自然事物，皆外陳而分散者。其本身皆無吾人所說之精神。以觀分散之文字、歷史遺物，及自然事物之心習，以觀人，則亦將只見個別一一之人，而民族集體之歷史之生命精神，乃皆成虛浮玄幻之名言。而實則此皆人之不肯逆其心思，以自覺其精神之所以爲精神之本性，乃「即自己而超越自己」，而以此觀一民族集體之歷史中之人與人精神之即多而一處之故也。

吾以上不厭覼縷，溢乎介紹此書之外，以言歷史哲學之重要，及牟先生此書之地位，與民族精神生命之涵義，皆以此諸觀念不明，則人之讀此書者，將動生滯礙，而無由識其義之所在。此諸觀念既明，乃得進而略介此書大義於讀者之前也。

㈤本書之中心觀念

此書凡五部。第一部論夏、商、周。第二部論春秋、戰國、秦。第三部楚、漢相爭，綜論天才時代。第四部論西漢二百年，本書稱之爲理性之超越表現時期。第五部東漢二百年，本書稱之爲理性之內在表現時期。而此書之中心觀念，則見於第三部第二章與第三章。在此二章中，一方面說明西方文化爲分解的盡理精神，一方面說明中國文化爲綜和的盡理精神與綜和的盡氣精神。此是對於中西文化精神之一總持之認識。吾昔言中西文化，或由西方文化爲多

元，以說其人文世界之分途發展，而由中國文化之爲一元，以說其
人文世界之和融貫通。此是一文化來源之外緣之論法。吾又或以中
國文化趨於圓而神，西方文化趨於方以智，此是本《易傳》之言，
以兼神智之概念與方圓之圖像之論法。而牟先生之分此三精神，則
純爲哲學概念式之論法。言圓而神之神，乃通理氣以爲說。言綜和
的盡理與盡氣，則分解神之概念以爲說。牟先生意所謂綜和的盡理
精神，乃指「由盡心、盡性，而直貫至盡倫、盡制」，由「個人之
內聖實踐工夫，直貫至社會體制與所謂外王」之精神。其表現於人
格者，則爲聖賢與聖君賢相。而綜和的盡氣精神，則爲一種能超越
一切物氣之僵固，打破一切物質之對礙，一種一往揮灑，表現其生
命之風姿。其表現於人格者爲天才，爲打天下之帝王。而其所謂分
解的盡理的精神，則蓋爲一「以觀解之智，依抽象偏至之理，以自
局限其精神，而與其外者形成對立之局；遂爲其外在者之所限，而
復即在此內外之互相限制中，磨練此精神」之一種精神。其表現於
文化者，爲神人相距之離敎型之宗敎，爲以概念層層分解對象規定
對象之科學，爲個人之通過階級集團而向外爭取政治上之自由人
權，以逐漸演成民主制度之政治。此三者皆爲同根而發，而由此以
綜攝西方文化之精神於分解的盡理精神之一語。此三種精神，皆人
類之向上精神，當同根於合理氣之全的形而上之道體或人之精神實
體，而分別爲中西文化之所偏重而表現。而悖此三者之精神，則爲
精神之沉陷於物，理旣泯沒，而氣亦無心於載理，而人之生命之
氣，乃糾結成物氣，人以物氣相衝激，此即天下之亂原。物氣衝激
之極，人至欲剗平一切價值之差別，使世界歸向於淸一色之物氣之
流行，此在過去之中國，則爲秦代之極權，在今則爲共黨。此則天

心剝復之際，神魔交戰之時。而撥大亂以返大正，則在轉物氣以成
向上而堪載理之氣，以融綜和的盡理與分解的盡理之二精神，而成
一更高之綜和。此即中西文化自然諧一遠景之所存，亦即形上道體
之全幅彰露於形下之世界。而此蓋即貫於本書之中心觀念之所存
也。

㈥本書大旨

　　吾人由此中心觀念以觀本書之論中國文化，則其第一部之論
夏、商、周，實重在明上述之綜和的盡理精神之渾含的表現於中國
古文化中。其由相傳之古史，言古代之政治之修德愛民為本，及所
載史官之地位，以言中國民族之首把握者為生命，而非外在之自
然。中國古代史官之職，包含窺測自然正歲年一面。而此窺測自然
正歲年之事，則直接連於「本天叙以定倫常，法天時以行政事。」
夫然而其所窺測之自然，未嘗被推出去，而客觀化成為理解之智之
所對，此即中國之無希臘之科學，而首有重在「安頓生命調護生
命」之修德愛民之政治倫理之故。此即中西文化殊途之始機。順此
以往，中國文化歷史之發展之途程，皆得而說矣。

　　本書既論史官之地位與中國原始之文化精神，即轉而言中國古
代之氏族社會，不向西方式之經濟特權之階級社會而趨，乃形成
「宗法之家庭制」，及「等級之政治制」之周代禮制社會之故。而
此等級之政治制，則函治權之民主之義。牟先生謂中國後來之政
治，有治權之民主，而無政權之民主。此乃本中山先生之分治權、
政權，及錢賓四先生常言之中國後世政治中，有人民之直接參加政
府，而進一步以為論。故在自由方面說，中國在政治上，有黑格耳

所謂合理的自由，而無其所謂主體的自由。主體自由，即自覺爲政治之主體，以行使政權之自由也。然中國人在政治上，雖無主體的自由，而另有道德上之主體的自由，與藝術上之主體自由。此則黑氏之所不知。由道德上之主體之自由，而有盡心、盡性、盡倫、盡制之聖賢學問。由藝術上之主體自由，而有盡情、盡才、盡氣之天才人物。道德上之主體自由，即前言之綜和的盡理精神之表現，藝術上之主體自由，即前言之綜和的盡氣精神之表現也。

本書第二部春秋、戰國、秦，分講五霸與孔子，戰國與孟、荀，及秦之發展與申、韓。此所論之時代，乃繼西周數百年之周文之構造的時代後，周文之逐漸分解之時代。此中之五霸與孔子一章，分論齊桓、管仲與孔子。以管仲之尊王攘夷之政治理想，表現當時時代精神之轉進至自覺的求諸夏之親暱、中原文化之保存。而以孔子之通體是仁心德慧，通體是文化理想、文化生命，言周文中尊尊、親親之價值與意義之眞正被自覺爲形上的仁義之道；此道亦即流行充滿於孔子之人格之生命精神中，通過孔子之人格而表現。其意蓋亦即謂：「孔子之一生乃中國文化中之道成肉身之階段」。即「以前之客觀、歷史性之周文之價值意義之內在化、主體化，而收攝凝聚於一人之人格，再通過此人格之生命精神以表現而客觀化，而感召繼起之人格，以形成孔門及後儒之人格世界」之一生也。其次論戰國與孟、荀，則重在明整個戰國之爲一破裂分散，而人務求盡物力、物氣，而重物質的物量之時代。而孟子則爲全幅是精神，通體是光輝，表現道德精神主體之人格。孟子之英氣，乃表現其自身人格與時代之破裂與對反。然正由此而後能反顯出人之道德精神之超越的主體性，孟子乃能盡其時代之使命。至荀子，則爲

通體是禮義，表現知性主體之人格。荀子之重禮憲，重天生人成，使自然成被治，而人之知性主體，即凸出而照臨於自然之上。此乃中國古代思想中，唯一可通接西方重知性之精神之所在。然荀子重禮憲，而不上本於心性之善，則禮憲純爲外在。外在者皆可去。於是順戰國之盡物量、物氣之時代趨向，必有如申、韓之思想與秦政者出，而剗平一切禮文與人格之價值意義之差別，而歸於一純物量、純數量之渾同漆黑之非精神的精神。而政治歸於一絕對之極權，人君爲陰森之秘窟矣。

本書第三部第四部之西漢及東漢，則首言劉邦、張良等爲天才時代之人物。謂之爲天才者，乃謂其能盡氣而不能盡理。本書以劉邦之反秦，乃代表平民之蠢動其生命於蓁莽大澤中。此爲繼秦之渾同漆黑之精神之普被後，中華民族重見原始生命之光輝。而劉邦之被稱能盡氣，則在其豁達之姿，頗能拆散習氣與機括，故亦未嘗不能承受理想，而自覺其限制之所在。止此一點，即不同於秦政之剗狗一切。故彼可開漢代之國運。至漢武之接受董仲舒復古更化之理想，而西漢之文教以興。此西漢二百年間，牟先生稱之爲理性之超越表現時代。謂之爲理性之超越表現時代者，主要就董仲舒所言之理性雜有陰陽家之格局，遂使時代精神瀰漫爲災異讖緯之風氣，因而轉言禪讓論、五德終始論，使公天下一觀念不能有客觀妥實之解決，不能有有效的政治法律形態之安排，乃徒成爲一種災異宿命之形態。

西漢之理性之超越表現於災異讖緯之宿命，及天人相與，五德終始之言者，至王莽時代，而益成迂怪膠固之說。王莽亦終以迷信之而自敗。於東漢之二百年，此書則由光武之凝斂的理性人格，及

其所團聚之人，又能契合於此理性，能共文理密察以安排政事，而稱之爲理性之內在的表現時代。理性之內在的表現者，理性之下貫而運用，以求落於實際政事之安排之表現也。此即成爲君主專制政體下之內在表現。

東漢之理性之內在表現於政治者，爲尙書、宰相、功臣、外戚、宦官、皇帝之地位，皆釐清而成一對列之局。在此對列之局中之精神主體（即皇帝）能立得住，則此局中之各部，可互相協調，而共成其用。而當此精神主體立不住，則此「各部門即頓然下墜，而退處於其自身，以與其外者相抗」。於是此對列之局中之理性的部分與非理性的部分，即處於鬥爭之狀態。而此即東漢之末之外戚宦官之爭，黨錮之禍所由生，亦即氣節之士所由出。東漢之末之氣節之士者，東漢末之理性與非理性之直接搏鬥所生之精神浪花，而結束東漢之時代者也。於此時代理性與非理性之直接搏鬥中，自立於其外以全身遠害者，則智者之士，如郭太等之重美的欣趣。此即下開魏、晉之淸談，漸成軟性之物化。然非所以語以求此中問題之解決，亦非能表現眞正道德精神之人物也。牟先生意中國國家政治之體制，至漢而規模已大定。後代政制之變化皆爲細節。後來中國文化精神之特殊表現，要在社會之學術文化，而不在政制，故本書暫止於此。

以上述本書之大旨，乃意在略明本書各篇之關連。而本書有血有肉之具體內容所在，則決非此乾枯之數語所能盡。讀者必須自讀原書。唯原書第一、二章及末章，皆徵引較繁碎，讀者氣機不暢，易生阻隔。爲鼓舞興趣計，宜先讀第三部，次讀第二部。此二部乃全書最精彩之部份所在，亦中心觀念所存，文亦極美者也。

(七)知性主體之建立與政權之民主

然復須知，此書最重要之價值，實在由論中國古代至東漢之歷史，以知中國文化之特殊價值，及其限極與缺點之所在。

本書言中國文化之缺點，在缺分解的盡理精神。由此而缺西方之科學與民主政治。此當補足，吾人素無異辭。然今之言中國宜有西方科學與民主政治者，多出浮慕西方文化之有此。既罕能極深研幾，就義理當然處說，尤罕能探本溯源，自中國文化歷史發展中本身所遭遇之問題說。而牟先生此書，則其所以讚嘆中國文化，中國古人之人格精神者，既極其肫懇而周摯。復即於論歷史上生民之禍亂之際，抒發其不忍之心，以探禍亂之源，而見昔賢用心之所限。此限之所在，要在知性主體之不立。唯知性主體不立，故自然只爲道德主體所克服之自然，而不成理解所對之自然，而缺科學。唯知性主體不立，而道德用于政治，如只爲道德之直接的延長。此直接的延長，在盛世則表現爲聖君賢相。在亂世衰世，則表現爲對非理性、非道德勢力之直接博鬥，成氣節之士。或退居于搏鬥之外而成隱逸。否則道德墮落而爲軟性之物化，或硬性之物化。軟性之物化，爲名士風流之放縱。硬性之物化，爲夷狄盜賊之殘殺暴亂。於是一治一亂，成中國政治之常軌。而聖君賢相與氣節之士，亦止于更迭而出現于歷史，以供後來者之崇敬。而此中欲「至仁大義立千年之人極」，以開萬世之太平，則惟賴政治上由治權之民主，轉出政權之民主，而發展出眞正事功性之精神，以代傳統之打天下之精神。而此則皆係于不直接以道德主體，呈用于政治，而暫收攝凝聚此主體于內，而外呈冷靜，以透露出知性之主體。知性之主體透

露，則我與人與物，皆在並立之格局中，分明起來。而政權之民主，其根據正在使一切人民，連君主在內，皆位於一互相限制、互相規定、互相依賴、互相承認，而互得其客觀化而並立之格局中。人之知性主體，亦即能繼續不斷分別地任持如是如是的並立相依之局，而亦未嘗不內依於仁體者。然在中國文化，以知性主體不透露，故儒者之從政或論政，便止於直接措道德於政治，或本道德反抗政治之一型。於君主與一切非理性的勢力，未嘗思本知性之活動，以照臨其上，求加以安排，而置之於一客觀格局中；使政治之權原，不在君主個人，而在此客觀格局。則政權之民主之觀念，即終無法轉出。而君位之繼承問題、宰相之地位問題，朝代更替之問題，乃終不能有理性上、原則上之解決。而諸非理性勢力，不得為理性所安排，乃互為消長而相敵對。則一治一亂之循環，乃終無法自拔。是於吾人「至仁大義以立千年之人極」之心，亦終猶有憾。此見知性主體不立而仁亦傷，則充仁之量，必求立知性主體，融西方文化之所重於中國文化之中。立知性主體以成政權之民主，而政治上有共認之客觀格局。人在此客觀格局，各以其權利義務相限，亦各居其位，而得分別成就其事功，互肯定尊重他人之事功。則人與人間之大義立。至仁大義立，而古昔之聖君賢相，不必重來，而氣節之士，亦無須存在，騁物氣、物力之暴亂殘殺，更不當再有。此義牟先生於此書，恆隨事發揮，精義絡繹。其論中國文化之缺點，與昔賢之用心所限，乃動之於悲心，故不過。發之於誠敬，故無怨。其所以取資於西方文化者，即以承昔先聖賢之志，而解決中國文化歷史中自身之問題，是孝子慈孫之用心，亦即所以謀中國文化之創造，夐夐乎！非當世評中國文化與昔賢者，如秦人之視越人

肥瘠，及浮慕西方文化者所能及也。斯義也，吾亦嘗有志而未逮，
願與天下賢士共勉之。（《人生》120期44年11月）

附錄二：關於歷史哲學①

——酬答唐君毅先生

君毅吾兄：日昨展讀《人生》雜誌第一二四期尊作〈說人生路上的艱難〉一文②，滴滴在心頭，而愧弗能道。今經吾兄以文字般若說出，此於人生之途徑，智慧之歸宿，有極深極澈之指點。人若於此而得端其所向，知其如何用工而得以超拔其自己，則吾兄之功德豈可量哉？弟因而想到哲學之全體當有三面：

一、主觀實踐一面；

二、客觀實踐一面；

三、純理智的思辨一面。

依弟意觀之，吾兄該文所說者即屬主觀實踐一面。在此一面，人成聖成賢，成仙成佛，乃至基督徒之「跟隨基督」，皆是在艱苦奮鬥中克服魔障之所至。朱子臨終答弟子問曰「艱苦」，這表示他一生在艱苦奮鬥中，亦吾兄所謂：「無便宜可貪」之意也。朱子說完「艱苦」二字後，忽而又說：「天地生萬物，聖人應萬事，直而已矣。」這表示此老已翻上來了，他獲得了臨終時之喜悅。此誠子

---

① ：此文曾刊於民國45年2月《民主評論》第7卷第4期。今附錄於此。

② ：唐先生此文今收入《人生之體驗續編》。

貢所謂：「大哉死乎，君子息焉，小人休焉。」（見《荀子‧大略篇》）翻上來曰「息」，翻不上來曰「休」。「君子曰終，小人曰死」。翻上來曰「終」，翻不上來曰「死」。曰終曰息，皆表示完成。主觀實踐即在艱苦奮鬥中作「德之完成」，這是以臨終所標識之最後界點，而在有生之日，固永無完成之時也。在主觀實踐中所講的問題即是道德宗敎。此是踐履中的道德宗敎，不是思辨中的道德宗敎，亦不是習慣中的道德宗敎。眞實的存在主義（亦有不眞實的存在主義）由「存在的」一入路以認識人生與道德宗敎亦當歸於此路。由「存在的實踐」亦可透示道德宗敎之本質與義理，如黃宗羲所謂「心無本體，工夫所至即是本體」，然非純理智思辨所講之道德宗敎之本質。純理智思辨所講者是「非存在的」。如果此而曰哲學的講法，則即爲哲學中的道德宗敎。「存在的實踐」（主觀的實踐）中的道德宗敎方是眞實的道德宗敎。此是受用的呈現的放光的道德宗敎，納道德宗敎之本質於工夫中，於存在的踐履中。「非存在的」理智思辨所講之道德宗敎，其所放之光是理智的光，不是道德宗敎之光。以前有解悟，證悟，徹悟之說，弟意解悟是「非存在的」，到證悟、徹悟方是存在的。證悟通著兩面說：一是吾兄所說艱苦一面，一是由艱苦奮鬥中翻上來所肯定的一面。這都須要在「存在的實踐」中眞實感受到才行。此可曰「存在的感悟」，亦即所謂「證悟」。徹悟則是圓融成熟的化境，此亦可曰神化，存在的神化。解悟是聰明的作用、理智的作用，是可以依理路而推至的。一落於理智之依理路而推至，則便是懸掛起來而成爲非人格的，非存在的，故曰抽象的思辨。「抽象的思辨者」是不關心的（無色的）理論家，而「存在的證悟者」則是內在的主觀的痛苦感受者。

故證悟即是將解悟所至納入主觀的痛苦感受中，而再在痛苦感受中冒出來。此所以契爾克伽德（Kierkegaard）說「主觀性是真理」之故。故抽象的思辨在邏輯、知識論，以及觀解的或思辨的形上學中，恰當有效，而在主觀實踐的學問中則不是恰當有效的。抽象的思辨滿足知識（廣義的）的條件，不滿足實踐的條件。

但是「存在的證悟」亦有「客觀實踐」一面。在此一面，一個民族創造它的歷史，建設它的國家，以及政道和治道方面的制度或法律。這是政治家以及歷史上的偉大人物之所至。在客觀實踐中所講的學問是歷史哲學與國家哲學等。日前承吾兄對於拙作《歷史哲學》謬予推許，作長文介紹，以祛俗蔽，以利讀者（見《人生》雜誌第120期）。弟實深感。弟書實簡陋無足觀。然吾兄文末所言：「其論中國文化之缺點與昔賢用心之所限，乃動之於悲心，故不過，發之於誠敬，故無怨。其所以取資於西方文化者，即以承昔先聖賢之志而解決中國文化歷史中自身之問題，是孝子慈孫之用心，亦即所以謀中國文化之創造。」此言也，弟實感慰無旣，亦愧不能表現於萬一。弟深願與天下人共勉此義。亦深願無此自覺者有此自覺，有之而不能充其極、盡其量者，期有以自勉而充其極、盡其量。弟實鄭重此義而感慨萬端。對於祖宗決不能怨尤，對於中國文化之缺點與昔賢用心之所限亦決不能忽視，然亦不能即因而對於中國文化與往聖前賢作過激刻薄之抹殺。天地間決無便宜事，亦無現成事。弟書中所凸現之問題乃來自黑格爾之刺激。遠在二十年前，弟讀黑格爾《歷史哲學》論及中國方面無「主觀自由」，無「個體性之自覺」，即悚然而驚。當時對於黑氏書自不能懂，即所觸及之此一點，當時亦不解其所以。心中頗不服。一方面覺其說的甚對，

一方面亦覺其不甚對。此一矛盾留於心中，久久不能決。此後一直
在抽象的思辨中，亦無暇及此。然吾人現實生活的遭遇，聯駢而來
者，有九一八事變，有何梅協定，有七七事變，隨之暴發而為抗
戰，國家民族生死存亡之搏鬥，最後來臨者則為共產黨。此一幕一
幕刺激吾人之心靈。而在此過程中，弟了解了夷夏之辨，亦漸漸懂
得南、北朝時人之心境，並深厭五四運動後所帶來之學風與時風。
並有甚微細不足道而實在心靈深處極真切而難言者，則為對於北平
之反感。故勝利後，人皆紛返北平，嚮往那文化之故都，學府林立
之古城，而弟則絲毫未動此念，亦自覺地不欲去。弟以為上海之商
業買辦與北平之文化買辦俱屬可厭，而在吾人之分上，北平尤可
厭。弟自抗戰後即一直覺得北平不能代表中國文化、大漢文化。那
個古城實是遼、金、元之古，雖有明朝三百年亦在內，而復有滿清
三百年以抵銷之。近則復為蘇俄共黨所沾污。真是不幸的北平！那
個古城，那個故都，一直是充滿了夷狄的氣息。五四後的新文化運
動亦在那裡發祥，一直影響著今日知識分子之心靈。那個文化古城
實不能象徵以中國文化生命之根所建造之國家。然則中國文化在那
裡？什麼地方可以象徵？曰：沒有那裡，亦無地方可以象徵。禮失
而求諸野：在偏鄙曠野的農民身上，在民族的心靈深處。沒有建樹
可指目。然這強過那以假為真。

　　同時弟復與張君勱先生常來往。他常說中國只有吏治而無政
治。中國是一「天下」觀念，文化單位，而不是一國家單位。這些
話都常刺激弟之心靈而不得其解。後來復看到黑格爾說：只有能建
造國家的民族始能進入我們的注意中（大意如此）。這話復觸目驚
心。西方近代之所以為近代之內容（積極的一面，有成就的一

面），除科學外，屬於客觀實踐方面的，弟大都自黑氏與張君勱先
生處漸得其了悟。數十年來嚷近代化者，大抵皆虛浮淺躁趨鶩時式
之徒，故不得成正果，反造成社會上之壞影響。吾兄近在《祖國》
雜誌上所發表之三文③，疏導精詳，皆證悟之言也。不具備眞實近
代化之意識，走不上眞正近代化之途徑，壞影響顚倒的結果是共黨
之出現，而共黨是超近代、反近代的。從其超近代言，它儼然自居
爲最進步、最新，反而視近代化爲落伍、爲反動，爲資產階級的。
若不能認知近代化之眞實內容，而只膠著於「時式」上，直無以抵
禦共黨之詆誣。從其反近代言，它不但反近代，且反一切價值之內
容，而歸於野蠻與虛無。然而人不能知其「反」，而只爲其所宣傳
之「超」所迷惑，不但惑人，且亦自惑，如是它自居爲人類的新紀
元。對這虛僞的新紀元、新世代，張東蓀先生說了話：「日月出
矣，而爝火不息，其於光也，不亦難乎？」（他借用莊子語以表
示。）他的苦悶的函義是：這確是一新時代，你們或者完全相信，
或者完全不信。一點一滴的贊成與不贊成完全無用。不但無用，也
表示你完全不解，你不解這新紀元的全部來歷與全部內蘊。然而吾
人知道這新紀元實是代表「澈底否定」的新紀元：否定一切價值內
容之大虛無。然則吾人言近代化，當知從何處著眼矣。近代化是一
價值內容之觀念，不是一時式之觀念，而且單從科學方面亦並不能
了解它。從客觀實踐方面倒眞能把握住近代之所以爲近代之眞實內
容。是以言近代化而只宣傳科學方法與科學態度而不能正視價值問
題，必爲於近代化無助益者。徒膠著於時式而不通其理據，雖云習

③：唐先生此三篇收入《中國人文精神之發展》。

久性成，然而終歸利弊參半，而不能自發地有所建樹。爲此之故，弟總不能由世俗之浮論而得近代化之意義，反而由世俗所詬詆之黑格爾與張君勱先生處漸得其了悟之線索。人們決不要以爲近代化易解也，亦決不要以爲中國之近代化易至也。徒在時式中展轉浮慕全不濟事，一到眞的，仍然是全接不上。此弟所以特重客觀實踐一面，不自量力而草《歷史哲學》之故。

　　不能建立國家之民族是未能盡其民族自己之性之民族。無論天下如何一家，無論旁人對我如何王道，而我自己個性之價值，自己獨立之尊嚴，在天地面前總有損傷，在實現價值上總有缺憾。是爲不能忍者。「一陰一陽之謂道，繼之者善也，成之者性也。」不能善紹善繼，開拓變化以盡天地所賦與之性以期有所建樹，是棄才也。未能盡其性，是未能實現善。弟爲黑氏此言往復低徊而思用其誠，以期貫通民族之命脈，而使有以盡其性。近代化國家建立之基石存於個體性之自覺與普遍性之透徹。無個體性之自覺，下而不能言權利（諸自由）與義務，上而不能言眞實的普遍性。眞實的普遍性不能透徹，則個性只是私欲氣質的個性，自由只是任意任性的自由，而理想亦不能言。此是純私欲的、隨意的主觀自由，人民亦只是純私欲的、偶然的主觀存在。眞實的普遍性必須通過個性之自覺而湧現，不能脫離眞實的、存在的主觀自由（即在知與意上個性之自覺）而外在地置定一普遍性。此外在置定的普遍性一則是乾枯的、隨意的，一則必流於極權專制，假之以奴役人民。此謂「立理以限事」。此完全是「非存在的」抽象的解悟所隨意以立者。上有隨意以立之普遍性，下即有純私欲氣質寡頭的原子的個體性。兩者互爲因果，而禍亂遂無有已。言近代化而不透徹普遍性必陸沈，言

普遍性而無個體性必虛妄。而兩者要在客觀實踐中由「存在的證悟」以透顯之。此決非「非存在的」抽象的解悟所能真徹地把握者。在「存在的證悟」中，此兩者之透顯過程以及其互融過程即為全幅人文世界之創生與肯定。分別言之，即為家庭、社會（市民社會）、國家以及大同等之肯定與實現。此為全幅價值內容之展開。祇有在個體性與普遍性的真實透顯與互融中，吾人得以肯定全幅價值之內容，此方是中華民族盡其性之新紀元。而共黨則為對於全幅價值內容之否定，如何可說為新紀元？如說為新紀元，亦是傷生滅性之新紀元。此誠為新紀元。蓋曠古以來所未有者，亦無人敢如此妄為者，盡無窮未來際，稍有人性者亦決不敢為。然則中華民族生命之途徑，吾人建造近代化國家之途徑，端在於客觀實踐中由存在的證悟以透顯與互融個體性與普遍性以盡其民族自己之性上。

在存在的證悟中，吾人痛切感到中華民族奮鬥之艱難，亦真實覺到其所透顯之文化生命之價值。在其發展之途程中，吾人知其所成就的是什麼，所不足的是什麼，其病痛在那裏，其轉彎之機竅在那裏。現在則再「如何」順承之而前進，以期建造近代化之國家，以盡吾民族自己之性。此為弟書所努力以凸顯者。此種疏通之工作既非「非存在的」抽象的解悟所能至，亦非資料考據者，普通史事敘述者所能知。是以彼等若視為玄談囈語而詆詆之，亦不足怪。當黑格爾說：希臘文化表現「美的自由」，羅馬文化表現「抽象的普遍性」，此決與資料之考證，史事敘述之多少無關。考證的再詳，敘述的再多，亦不必能解其意。此只有訴諸「存在的證悟」而知之，在精神發展的證悟中而知之。吾人只願天下人「知之為知之，不知為不知」，不必妄肆詆詆。不解，留之於心，以俟來日之解。

此本非易事者。然佉障佉蔽而歸於誠敬，亦非難事。

　　　　※　　　　　　　※　　　　　　　※

　　弟書直就中華民族之歷史自夏、商、周縱貫地述下來以顯其意，而無一部引論以導之。此蓋因篇幅既已不少，而付印又難，若再增加分量，將使出版更難。黑格爾《歷史哲學》，其引論佔一百多頁。其主要論題爲以下三點：

　　一、精神底本性之抽象的特徵。

　　二、精神實現其「理念」所使用之工具，此即情欲與英雄。

　　三、精神之圓滿體現（即具體化）所預定之形態，此即國家。

而弟心中所預想之引論，則在說明以下五點：

　　一、抽象的解悟與具體的解悟（或存在的證悟）之不同：此爲方法上或認識能力上的問題。抽象的解悟是靜態的、觀解的，通過歸納分類以把握種類概念之「本質」或「抽象的普遍性」。此在邏輯、數學、科學知識範圍內，爲恰當有效，而在主觀實踐與客觀實踐範圍內俱不是恰當有效的。在主觀實踐的道德宗教內施行歸納分類是無意義的，這裡亦並無種類概念之可言。在客觀實踐所創造的歷史事實之承續裡，在盡其民族自己之性以建國創制上，施行歸納分類亦是無意義的，這裡亦並無種類概念之可言。是以黑格爾說：「從古代世界歷史上的民族之政治制度之比較中，對最近的憲法原則言，對我們自己時代原則言，是沒有什麼可學到的。」又說：「在政治制度方面，古代與近代並沒有它們公共的本質的原則。關於合法政府的抽象定義及教條，對古代與近代，實是公共的。但是去參考希臘、羅馬，或東方，以爲我們時代底政治安排找模型，那是再荒謬沒有的了。」（見其《歷史哲學・引論》47頁）。當然人

們要去分類比較以作抽象的了解，亦無不可，但這只是就已有的現象作表面的知性上的分析，所謂政治學、憲法學者是，此於在踐履中創制建國以盡其民族自己之性上並不相干，亦無助益。每一民族之創制建國以盡其性，可以說都是獨一無二的，而且在創造中每一階段都有不同的形態。此只有在客觀實踐中，通過存在的證悟，具體的解悟，以把握之。民主建國，近代化的建國，當然我們可以說與英、法、美的民主建國在本質上當無多大的差別，然這只是在「存在的證悟」中精神底本質——自由——之實現底理路上相合。此不是種類概念之「抽象的普遍性」，而是精神實現過程中「具體的普遍性」。具體的解悟把握具體的普遍性：此是踐履的、動態的；此並不要通過歸納分類，而只要通過存在的證悟，在精神發展之認識中以把握之。故此種認識過程即是創造過程。凡抽象的解悟，用於歷史，皆只能是就已創造出的現象排比整理，統計分類，此只是表面的、事後的知性工作。故抽象的解悟不足以通歷史。

二、歷史文化之特殊性與共通性問題：歷史文化是一民族實踐之所成。自有其特殊性。這特殊性如何解析？弟書言一個民族的人文歷史之開始斷自觀念形態的開始，而現實的發展斷自氏族社會。這是起點問題。從民族實踐以為精神表現言，觀念形態不但是歷史的開始，而且亦是歷史文化特殊性之所由存。蓋觀念形態是由抒發理想的道德心而湧現。故觀念形態實是實踐生活之方向或態度。但道德心靈之內容即所謂心德無窮無盡，而人又是有限的存在，故其心德之內容決不能一時全現，而必待於在發展中步步自覺，步步實現，因而亦步步有所成就。此即所以有歷史之故。假若一時全現，則即無歷史可言。上帝本身（神心本身）並無所謂歷史。復次，既

不能一時全現，而各民族在其實踐生活中又必有其觀念之方向，是即必有其心德內容之凸出，故各民族之歷史文化必有差異。假若一時全現，則即不能有差異：所有的「全」是一，所有的「空」是一。此差異，若內在於一民族之自身而言之，即為其歷史文化之特殊性。此為特殊性之精神表現的解析，此是形上地必然的。若問何以此民族如此凸出，彼民族如彼凸出，此則無邏輯的理由，而只有外在地說現實因緣上的歷史理由，內在地說民族氣質之理由。然總有一凸出，則是實踐上之必然的。因特殊性是形上地必然的，故各民族實踐以盡其性，以成其歷史文化，皆有被肯定之價值，此亦是形上地必然的。故亡國（無論自亡或他亡）為大惡，而「興滅國，繼絕世」為大善，為大德。

心德內容在有限制中表現凸出，為一民族之歷史文化之特殊性，然而無窮無盡之心德內容在歷史發展中步步擴大與彰著，則亦是各民族之歷史文化之可融通性之根據，依此而言歷史文化之共通性：此亦是實踐上，精神發展上之必然的。此共通性或可融通性是由心德內容在實踐中所表現之精神發展之理路而說明。此理路即其法則性，此在各精神發展線上是相同的。心德內容必在發展中始表現而為精神價值、種種形態、種種成果。不經過發展，心德內容只是潛隱地存在，不是實現地存在。在發展中精神表現之理則性與其成果性是內在地關聯的。例如家庭形態、國家形態、道德形態、宗教形態、藝術形態、科學知識之形態，皆是精神價值之種種形態、種種成果，而此種種必在發展中彰著而完成，而亦必與發展之理路為內在地相融一的，即內在地相攜帶而生者。理路是相同的，在發展過程中，其種種形態之內容雖有及與不及，有盡與不盡，然而在

發展中，在同一的「發展之理路」中，它們是不相礙的，而且是相參贊的。凡是價值都當實現，而且都能實現；凡是價值都不相礙，都當相融，而且都能相融：一時的僵滯與固執並無關係。此便是各民族之歷史文化之「可融通性」。然而融通仍不捨離其特殊。因為無論如何融通，它不能是「純形式」。

三、精神之圓滿體現是否止於國家？依黑格爾，是止於國家。在此，黑氏是為現實所限。這顯然不能滿人意。是以國家以上必有「大同」一層。黑氏所謂「精神之圓滿體現所預定之形態是國家」，當然是就客觀實踐言。若就主觀實踐言，則道德、宗教、藝術皆是圓滿體現，不但是圓滿，而且是「絕對」，故曰絕對精神。而在國家處，則曰客觀精神。是以國家處之圓滿體現，其為圓滿是客觀精神之圓滿，其為絕對是有限的絕對、客觀精神的絕對。故弟謂之為就客觀實踐言。就客觀實踐言，開始只能內在於各民族而言之。各民族於開始齊頭並列，在發展中融通而不捨離其特殊。融通是說歷史文化從精神價值方面須不相礙而相參贊。然而內在於各民族之自身，則仍是一獨特之個體，而且愈在發展中，此個體性愈彰著。個體性既愈彰著而不散失，則所謂內在於各民族而言客觀實踐，實即是各該民族在盡其民族自己之性中向內在而固有之目標以前進。此目標，若內在於此作為個體性之民族自身言，當然是國家，必然是國家，而且只能是國家。國家就是各民族內在地盡其自己之最高峰，亦可以說是此個體之圓滿完成其自己，圓滿客觀化其自己，滿足化其自己，此是其充分之實現。這個目標當然是此個體性之民族之內在而固有的目標。及其充分實現，便可說此民族已盡其性而止於此。未達此目標，或未能實現，或實現而未能充分，皆

是未盡其性之民族，或未終其天年而中道夭折之民族。所謂充分實現，依黑格爾，就是主觀自由與客觀自由之統一。國家是「道德的整全」，是「神聖理念之存在於地球上」。但是若內在於各民族自身言，皆齊頭並列地欲實現其國家以盡其性，依是，「神聖理念之存在於地球上」乃是分離地、各別地存在於地球上，不是整全地、諧一地存在於地球上。依黑格爾，每一時代祇有一個國家代表世界精神。依是，神聖理念雖是分離地存在於地球上，然可以為這個國家所代表，因而亦就是整全地。然此是就事而言，即，事實上容或有之，卻並非理之必然。如此而言，亦不應理。

如是，由神聖理念之「分離地存在於地球上」必須進一步超越各民族國家之齊頭並列而「整全地諧一地存在於地球上」，此即是「大同」一層之目標。此將如何而可能？

一個民族固須內在地以盡其性，亦須外在地以盡其性。內在於此民族之個體性自己以盡其性，其最高形態為「國家」。但是外在於此民族之個體性自己而對他民族以盡其恰當之性，則其最高形態為「大同」。此所謂盡其恰當之性是相應「大同」一形態而言的。一個民族如何能外在於其自己而對他民族亦盡其恰當之性？心德之涵量可申展於天地萬物，當然亦可申展於同是人類之其他民族。申展於天地萬物，名曰參天地、贊化育。但是參天地、贊化育是我們仁德之德化，而萬物方面只能在此德化之感召下成為各得其所之化育其自己之回應，而並不能使其族類成為一個體性之族類，主動地內在於其自己而又超越其自己，以回應我們這方面的仁德之主觀願望與主觀作用，亦表示他那方面的主觀願望與主觀作用，使雙方之願望轉為法律以客觀化之。此即表示：仁德之申展於萬物是偏面

的，而萬物方面並不具備一「權限」，它不成一具有「權限」的存在，因而亦無所謂「義務」。但是仁德之主觀願望之申展於同是人類之其他民族卻完全不同。其他民族依其個體性之身分實可以主動地內在於其自己而又超越其自己以回應我們的主觀意志而亦表示他們的主觀意志：同是一個具有「權限」的存在。因此，各民族實可旣內在於其自己之國家以盡性，又可以照顧自己而又照顧他人以超越其自己而外在地對他民族以盡性。如是，實可在主觀意志之互相照射、互相限制下而轉爲法律以客觀化之，此即爲「大同之組織」。此組織亦是主觀意志與客觀意志之統一，主觀自由與客觀自由之統一。如是，理性不但貫注於一民族內而成爲國家，而且亦客觀地貫注於各民族之間而成一超越各民族國家之「大同組織」。在此組織內，各民族國家有其權限，亦有其義務：權限與義務復成爲高一層的統一。此即爲「神聖理念整全地存在於地球上」，亦即「天下一家」之實現。如是，國與國間不復在一「自然狀態」中，而一國對外之行動亦不復以主觀的私利爲最高之原則。非然者，國家旣是神聖理念之存在於地球，是理性的，而對外又全轉而爲「非理性的」。何以一個「理性的存在」而又有「非理性的」猙獰面目？此是一種矛盾，決不可通。此種矛盾現象只有超越其自己而在「大同組織」一層上始能被解消。

神聖理念整全地實現於地球上爲「大同」，而其實現之過程即爲「世界歷史」。世界史只有在人類的意識超越其自己之民族國家而置身於「神聖理念之整全的實現」上才是可能的。否則，世界史只是一虛名，一虛位字，它沒有主體。此時，只有各民族國家之歷史，而無世界史。黑格爾《歷史哲學》動言世界史，他以各民族空

間的並存排列而爲時間的秩序，如：東方、希臘、羅馬、日耳曼。此所謂世界史，一方旣無主體，一方又誠所謂「非歷史的歷史」。此決不可通。當世界史在神聖理念之整全的實現上成立時，世界史不是一虛位字之「命運法庭」，而是一有「存在的主體」之實位字之「法律法庭」。因爲國家若是最高形態，則國與國間在自然狀態中，每一國家對外而言，都是一暴露的偶然（內在地說是一理性的必然），它們的行動，它們的命運，只有訴諸「世界史」的裁判。黑氏名世界史爲世界之「裁判法庭」。世界史表示一「普遍的心靈」（不是民族心靈），它亦有它的「權限」，是一切中最高的權限，運於各有限的民族心靈之上。但是世界史是一空名，它的權限亦是一空名。說它是「裁判法庭」，實在是「命運法庭」，說它有權限，亦實在是「命運權限」。這普遍心靈在這裡並沒有實現出來，客觀化而爲一「法律法庭」。但是世界史若成爲實位字，神聖理念整全地實現時，則普遍心靈客觀化而爲大同，則它就是法律法庭，其權限亦是法律權限，而且是客觀實踐中最高的權限。

　　縱然世界史成立，大同亦實現，而在主客觀實踐中，各民族自己以及世界史之主體，其行動與命運，在現實宇宙中，亦仍有一個「命運法庭」來裁判它。此是命運法庭之推進一步，不過不是「世界史」而已。此或即是宇宙法庭，或曰上帝法庭。人類業識茫茫，不可思議。一個人可墮落而自毀，一民族可墮落而自毀，整個人類亦可墮落而自毀。即不自毀，亦可被大自然所毀滅。夫又熟能料哉？吾人於此對人類之命運實覺有無限之嚴肅，與無限之哀憐。欲不訴諸「上帝法庭」得乎？

　　四、永久和平問題：此則吾兄在《人文精神之重建》中〈西方

哲學精神與和平及悠久〉一文已言之備矣。弟於此實無新義可陳。
惟弟覺雖世界史成立，大同實現，而「永久和平」亦似乎不可能。
廣義的戰爭（不定什麼形態）隨時可有。

　　五、歷史文化之循環斷滅否問題：此則弟前有〈世界有窮願無
窮〉一文曾詳論之④，亦吾兄所論之「悠久」問題也。弟曾提出：
凡服從「以氣盡理」之原則者皆可斷滅，而服從「以理生氣」之原
則者，則生生無窮。亦即吾兄所謂東方智慧重在「如何用工夫使理
性之久大的相續流行於現實生命」成為可能，從根上超化一切非理
性、反理性者。此則在理上、在用心上說，自可開太平，成悠久。
然而照顧到人生艱難一面，業力不可思議，隨時有漏洞出現。此則
單看人類奮鬥上「願力無盡」與「上帝法庭」之作用矣。

　　以上五點，只簡略奉陳，以就正於吾兄。

　　　　　※　　　　　　　　※　　　　　　　　※

　　至於純理智的思辨一面，則是西方哲學的大傳統。這一面的起
點與問題是開始於「知識」，進而牽連到邏輯與數學，再進而牽連
到形上學。此形上學是從知識問題入，故曰觀解的（理論的）形上
學。此皆由純理智的思辨來把握。純理智的思辨雖於主觀實踐與客
觀實踐的學問不相應，總隔一層，然於知識問題、邏輯數學問題，
則是當行而相應的。觀解的形上學雖不是真實義諦，然既由知識問
題而進入、而形成，亦不是無價值的。蓋抽象的思想總是一重要的
認識能力，而其本性亦總是遠離而凸出的。在抽象的思想與知識上
總形成一些概念與問題，觭偶不伍者隨處多有。問題既出，即不能

_____

④：此文今收入拙著《道德的理想主義》。

滑過而不理。順這些概念與問題一一疏通而解之，則理智的思辨尚矣。這些概念與問題都是一種邏輯性的問題，故由理智的思辨而解之，亦不能不相應其工巧而爲工巧的與邏輯的。如果不能解而通之，則總是理性上的絆腳石。理性要得其暢通的滿足，理智的思辨不可少。這也有其客觀而積極的意義，不可一味視爲戲論。

　　這些問題必須是在知識意義上具有客觀性的問題，能客觀形成的問題，因此其有解答或無解答，亦必須是知識意義上之客觀的。此種純理智的、抽象的，而又是知識意義上之客觀的問題與問題的解答或無解答，當然是「非存在的」。這些問題本是在具體的人生與現實的宇宙中由「知識」一量向（dimension）凸現而爲浮層的，因此也就遠離了具體人生與現實宇宙而與之不相干，而獨自成一工巧性與客觀性的問題，而理智思辨之解而通之亦隨其遠離而遠離，隨其工巧而工巧，隨其客觀而客觀，因而亦隨其爲浮層而全成爲「非存在的」。西方哲學的大傳統，如順其思辨的本性，推至其極而完成其途程，成一自身圓足之圓圈，則必只是一句話：「非存在的」。這一套本是中國之所無。近數十年來，中國學人學習這一套。弟亦參與其中學習這一套。由學邏輯起，進而至《認識心之批判》之寫成，益覺由自己經歷而見此圓圈之爲「非存在的」之不謬。此圓圈之爲「非存在的」豁顯而凸出，則由其顏色與界限很顯明地、自然地顯出「存在的」一領域：這裡是眞實的人生，眞實的宇宙，具體的人生，具體的宇宙；這裡是不安、是荒涼、是痛苦。勞心力於「非存在的」領域，圓圈一周，乃忽而被投出於此圓圈以外而被拋擲於「存在的」一領域中，乃發見生命原是在這裡，並不在圓圈那裡。一方感覺到極度的恐慌，極度的不安，凡契爾克伽德

（Kierkegaard）所說者，皆不啻身受；一方復接觸到主觀實踐與客觀實踐的學問之真實意義與價值，凡東方智慧之所展露者一一覺其不謬，而又慚悚於一無所受用。時代是崩潰，是虛無，家國社會全爆裂而瓦解，人人受苦。弟之生命亦隨時代之爆裂而爆裂，虛無而虛無。「有情既病，我即隨病」。維摩詰是示疾，而弟之病則只是被動的反映。主觀的實踐是一無限過程，無窮無盡；客觀的實踐亦是一無限過程，無窮無盡。弟實無似，一步未走，一無所有。此時代，如在主觀實踐與客觀實踐方面無偉大人格與偉大政治家出現，決無法撐得起。昔五代時唐明宗每夜焚香禱天早生聖人，其情至可哀憐。哀其情即所以哀生民之無命也。王船山說：「自非聖人崛起，以至仁大義立千年之人極，何足以制其狂流哉？」亦同此精誠之望。納「非存在的」之圓圈於實踐之學中以成一仁智之全，備天地之美，稱神明之容，以見道術之大體，是「存在的思想者」之事，而為生民立命，則非聖人不能。闊別數年，未得晤談。今奉此函，以道衷懷，不盡一一。

附錄三：中國歷史文化形態之特質

一

　　假若唯天才爲能盡氣，則吾人可說：中華民族是一盡氣的民族，同時，亦是一天才的民族。此由歷史延續中幾個主動的靈魂所鑄造的形態（而此亦是全體民族性的反映與代表），即可見出。孔子由夏、商、周相傳之文統而爲文化系統之綜和。在此種綜和中，對於天人整個意義之表露，具備一定型。盡氣不能不是綜和的。一，氣是具體的，二，氣是實現理的。能統氣，則心與理俱紐縮於氣中而爲綜和之實現。能盡氣，則氣可不降落而純爲物質的，亦爲精神的。孟子所謂配義與道之「浩然之氣」即不見其爲物質的，而純爲精神的。其所以純爲精神的，一方固因配義與道（此代物理），一方亦因「良知之心」之呈露也。而良知之心亦爲具體的，純而無雜染之動用之流。故心之發用亦氣也，故曰心氣。此即其所以爲精神的，而非物質的之故也。在盡氣之綜和中，不能不注意於實踐，而觀解之理論性則不顯。在實踐中能盡氣（亦曰踐形），即

能盡心盡理（亦曰盡性）也。在盡氣之踐形中（「唯聖人爲能踐形」），首先注意到具體的人生，與夫潤澤此人生而發動此人生的良知之心。良知之心即在此踐形中而必然被逼出、被肯定。而理（性）與天亦在此踐形盡心中被認識、被肯定。此即孟子所謂「盡其心者知其性也，知其性，則知天矣」。性理與天道，唯在踐形盡心中而顯示，決不空頭言性與天道也。即對於性與天道，不取觀解的論法，而取盡氣盡心的顯示法。「夫子之文章可得而聞，夫子之言性與天道，不可得而聞」。即表示孔子不取觀解的論法以言性與天道，而取盡氣所成之可得而聞之文章以顯示性與天道之途徑也。故以「肫肫其仁」爲主，而心與形，性命與天道，盡在其中矣。此爲盡氣之綜和。由盡氣、踐形、盡心、知性、知天，這一串說出的道理，與夫孔、孟由文統之繼承所顯示的天人之全部意義，即形成吾中華民族之「意義系統」與「文化系統」之定型。惟須知孔、孟之盡氣的綜和是理性的、自覺的，亦即是聖賢人格之盡氣的綜和，而不是天才的、不自覺的、英雄豪傑的。所以其綜和之歷史意義爲教化的、文化的（此亦可曰綜和地盡理的）。

在此種理性的盡氣之綜和中，一、肯定歷史文化之眞實性與客觀性，肯定民族生命之連綿不斷與其自始即具有意義與理想蘊發於中，因而尊歷史文化即尊民族生命之祖。二、肯定政治經濟之眞實性與價值性。管仲曰：「戎狄豺狼，不可厭也。諸夏親暱，不可棄也」。孔子曰：「微管仲，吾其被髮左衽矣」。力稱管仲之「仁」。平王東遷，辛有適伊川，見被髮而祭於野者，曰：「不及百年，此其戎乎？其禮先亡矣」。政治之價值性與眞實性，即在保持一種文化生活，有禮樂的生活，由之以尊人性而調適生命。經濟

則是利用厚生。一夫不得其所，若已推而納之溝中。王者致治，必
足食足兵，使民足以資溫飽、事父母、蓄妻子、內無怨女、外無曠
夫。此尊人道也，仁之廣被也。故經濟之客觀性與眞實性，不能不
肯定，然利用厚生必以正德爲本。故管子一方雖云：倉廩實而後知
禮義，一方亦必云：禮義廉恥，國之四維，四維不張，國乃滅亡。
故政治經濟之客觀性與眞實性皆以教化意義之禮樂爲其籠罩之本
原。而其背後之最根本精神，則爲仁道之實現。三、肯定祭天祭祖
之宗教意識而不爲西方之宗教型，而爲禮樂之教化型。蓋在盡氣之
綜和中，我之生命以外，天地萬物之生命，祖宗相傳之民族生命，
一是皆因其爲盡氣之綜和者而被肯定，而性與天道以及其客觀之富
有性（富有之謂大業）亦一是而被肯定。王船山曰：「大過之初，
陰（喻人）小處下，履乎无位。其所承者，大之積剛（喻天）而過
者也。以初視大，亢乎其相距也。以大觀初，眇乎其尤微矣。以其
眇者視其亢者，人之於天量之不相及也。陽雖亢而終以初爲棟，陰
雖眇而終成巽以入。人之事天，理之可相及者也。…故聖人之事天
也，不欲其離之弗與相及，則取諸理也。不欲其合之驟與相及，則
取諸量也。薦之爲明德，制之爲郊禮，不欲其簡，以親大始也。不
欲其瀆，以嚴一本也。則取諸愼也。…天尊而人事事之以登人，而
不離於天。…天邇而神事事之以遠天，而不鑒於人。不敢褻者量，
不忍離者理。通理以敦始，故方澤不敢亢於圜丘。稱理以一本，故
上帝不可齊於宗廟。〔…〕近世洋夷利瑪竇之稱天主，敢於褻鬼
神，倍親，而不恤也。…嗚乎！郊祀之典禮至矣。…合之以理，差
之以量。…德業以爲地，不敢亢人以混於杳冥。知禮以爲茅，不敢
絕天以安於卑陋。故曰：惟仁人爲能饗帝」（《周易外傳》。見友

人唐君毅先生〈王船山之文化論〉所引。詳解亦請參看唐先生文。見《學原》第三卷第一期）。據此所言，即可知函有宗教意識，而不爲西方之宗教型，而歸於郊祀之禮樂型。「合之以理，差之以量」，至哉言乎！差之以量，則宗教意識存。合之以理，則天人合德之禮樂成。此即理性的盡氣之綜和之所完成者也。在此種綜和中，隔離的宗教不易形成。在西方，在希臘之文化形態下，隔離的宗教亦未完成。必至耶穌出，始完成。隔離的宗教之形成，必由於隔離的精神。耶穌之教訓即爲一種偏至的隔離之精神。隔絕人世一切而歸於純粹的絕對，犧牲一切而反顯那個純精神主體（上帝），此即成隔離的宗教。故宗教之成，不是理性的盡氣之綜和，而是分解地盡理的。西方文化形態是由「分解地盡理的」之精神而形成。科學與民主政治亦在此精神下而形成。在盡氣之綜和中，禮樂型之教化是籠罩者、涵蓋者。吾中華民族畢竟是親近生命的悅生者。「諸夏親暱，不可棄也。」生命眞常（不虛浮空幻），不可離也。故與人爲徒，而言「仁」矣。故仁生爲直生、爲廣生、爲大生，而禮樂則所以凝定而調適其生者也，而禮樂亦仁之表現也。故克己復禮爲仁，非禮勿視、聽、言、動，則仁與禮一也。生命眞常，以仁禮之眞常而爲眞常，以仁禮之凝定調適而爲生生。故吾華族之精神畢竟人味重。重人尊生，則民族生命雖顛連困苦而終不枯竭。故能綿互久長而屹然立於天地間也。（尊生是尊仁禮以潤之之生，其觀宇宙萬物之生意，而言生生不息，亦根據仁禮之廣被而言，所謂至誠不息也。至誠即仁也，不誠無物，何有生意。是以其尊生，非依觀解之途徑，而謂客觀事實有生有滅，但取生一段而欣趣之之謂也。亦非與彼依冷觀之途徑而謂天地不仁，以萬物爲芻狗者爲相對

而隨便取「生」，隨意言「仁」之觀也。其心已死之僧徒，輒於此
不肯鄭重，徒見其罔生逃乖而已。而妄言大悲，其悲何從而來耶？
將悲而引之於何地耶？故王船山斥佛教爲月教，「以其但知三界唯
心（佛家之心，非良知不忍之心），萬法唯識，〔……〕『栩然自
大，以爲父母不足以子我，天地不足以仁我，我之有生，無始以
來，已有之矣。』是海漚起滅之說」（唐君毅先生〈王船山文化
論〉文引）。其斥佛教爲月教之言，其書中多有之。如「乃若天地
之最無功於萬物者，莫若月焉。〔……〕資日而自揜其魄，類無本
者。疾行交午以爭道於陽，類不正者。特以炫潔涵空，微茫晃鑠，
足以駱宏人之柔情，而宕與適一覽之歡，見爲可樂。故釋氏樂得而
似之。非色非空，無能無所。僅有此空明夢幻之光影，則以爲大自
在，則以爲無住之住，以天下爲遊戲之資，而納群有於生化兩无之
際。非遊墮忘歸之夜，人亦誰與奉以月爲性教之藏也哉？故其徒之
覆舟打地，燒菴斬貓，皆月教也。」（上引唐先生文所引）人見其
空明夢幻之光影，而贊嘆其超然出塵之雅。實則吾所謂軟性之放縱
恣肆也。人見其六度萬行，煞費苦心，而贊嘆其工夫之嚴肅，以爲
眞可語於道也。實則其煞費苦心，皆由罔生之乖而來，故亦終將趨
於無本之月教也。是則其大悲將寄託於何處耶？不亦落空乎？曰：
寄於罔生之乖，處於空明夢幻之光景而了事。

二

又，在理性的盡氣之綜和中，仁以攝智，智在實踐中而爲直覺
之照射，此爲「智之直覺」，而未轉爲與物爲對之理解，即觀解之
理解，故不能成科學。《易經·繫辭》言「智周萬物」，此智亦爲

「智之直覺」之妙用，即：其直覺為理智的，其理解為直覺的。此種智即為「神智」也。神智與仁不離而為一。總之為神心而為生化之本也。《論語》、《孟子》聖智並言，或仁智並言，皆指聖賢的智慧人格的「智」，非成科學之觀解的智也。在仁智合一之智慧人格中，智是在圓融感通中而彰用，不在破裂對立中而彰用。故其在聖賢人格也，則表現而為全體是智慧之呈現，透體是智慧之生活。其在天才人格也，則常表現而為技巧之創造，在實際應用之限制中應時而創生新奇，如天文、算學、音律、醫術、工程等，此皆為製作的，而究不足以言科學。蓋其在實際應用之限制中而創造，過此限制，即歸於寂。未能順其創造而追溯其原理以成學也。是以其智仍在直覺之渾一狀態中，而彰其直湊單微之妙用，未能轉為對立之理解（理論的理解），從抽象中，順其一邊而延展無窮以成系統也。惟當智轉為「觀論之理解」，始能在抽象中執其一邊而追連下去；惟當執其一邊而追連下去，始能成科學，即學之為學之科學的建立。然此，皆非吾先賢之天才性格之所喜。自唐、虞、夏、商以來，史官掌官書以贊治，正歲年以序事，本含有人倫教化與自然窺探之兩面。然其自然窺探正函攝於人倫教化意味之籠罩中。其在窺探中制曆明時，因而天文律曆亦成，仍是順在實踐應用之限制中而創造一途徑，此仍是仁中之智之周萬物也。掌官書以贊治，正歲年以序事，所成之綜和的文統，經過孔子而定其模型，其所凸出而彰著者，乃人倫教化一而之涵蓋。聖人之本分固宜在此也。孔子已盡其所應盡之責而至於善矣。然自然窺探一面卻未在孔、孟文統中彰著而凸出。聖賢本不必是科學家也。唯後來實現發展，亦始終未彰著出（荀子特顯「理解」一形態。然後人無續其學者）。試就此而

論之。自然窺探一面，如欲自涵蓋原則中而凸出，藉以成科學，則必須心智轉爲「觀論之理解」而後可。在觀解中，智轉爲邏輯的、理論的，因而必與物爲對立。因此，物（自然），脫離其形上的仁之意義而被置於外，而成爲赤裸之自然。因此，在其所對之自然中，始能順抽象的破裂，而發見其普遍之理，而曲盡其物質的機械之律則。是以科學之成，其精神必須由盡氣之綜合（無論理性的或天才的）轉而爲分解地盡理的（必須暫時忘生忘氣。）此種盡理所至之理與理性的盡氣之綜和中所顯示之心性天道之爲理不同。「分解的盡理」所至之理乃偏至的，系統多端的（一面成一套）。有許多偏至之系統，亦有綜合之大系統。而在盡氣之綜和中，則總是神足漏盡之齊一。如在希臘、柏拉圖、亞里士多德，都是分解地盡理的。其智是觀解的，其對付自然是在抽象之破裂中。依此，有普遍之理（理型），有特殊之事，有材質、有形式、有靈魂、有上帝。每一面皆是分解而出。後來順任一面皆可成系統，如唯心論、唯物論、一元論、二元多元論、唯理論、經驗論、生機論、機械論等等，不一而足。亦有綜和之大系統，如康德、黑格爾之所爲。故西方之精神爲分解地盡理的。即耶穌之成宗教，亦在此種精神下而成也。亞里士多德從觀解中了解上帝爲純思想、純形式，而耶穌則從上十字架之精神表現上證實此純思想形式之上帝爲絕對獨一無二之精神主體。耶穌之偏至精神，其任務即在此。故由亞氏希臘多神教背景下之上帝轉而爲一精神教之上帝也。宗教科學乃至民主政治，俱在分解地盡理的之精神下完成，故其文化史之戲劇性、對立性、好鬥性，亦由此也。分解地盡理的精神容易把握形式，亦容易造成概念，因而亦容易扑著一固定之對象、概念化之對象，其精神

即寄託在此等形式與概念上而表現。（在抽象中任何一面皆可成概念。如亞氏的材質、科學中的物質、質量等，皆是概念）。因而其精神常顯得昂揚奮發。然而常是如此，成為習性，則必忘生忘氣，其生命常是燥烈而循至於乖戾，以至於枯竭。其精神由燥烈之生命而發，而寄託於形式與概念上，如是那遠離生命而落於虛浮無根之空架子上或虛幻上，因而無貼體落實。依是，其生命即不柔嫩亦無潤澤。此亦可謂明於形式而陋於知生命者也，明於虛而陋於實者也。故其民族生命常一發即完，飄忽而無常。而在其一發中，又必有所盡，分解地盡理的之精神所盡者。將其所盡者遺留於後繼之民族，而其自己之生命即消失於歷史舞台上。從未留一潤生之智慧於其後人也。是以埃及巴比倫往矣，波斯往矣（此皆非真正之西方），繼之以希臘。希臘有所盡，往矣，遺留於羅馬。羅馬有所盡，往矣，遺留於日耳曼與拉丁。演至近世，拉丁民族見衰矣。而日耳曼、盎格魯撒克遜在今日正處於日麗中天而至於漸西之時，斯拉夫民族又起而與之對立矣。此為今日不得了之局。如不能調適其生命，必將隨「燥烈乖戾枯竭」之公式而消失。然而非謂彼西方必須即時學中國也。此是扶得東來西又倒。問題不如是之簡單。惟在今日，若不能調適其生命，使其寄託於虛浮無根之形式與概念上之精神轉而落於真常之生命上，則不能挽救人類之毀滅。

三

　　在禮樂型之敎化下，西方之民主政治亦不易出現。此非謂孔、孟之文化系統必承認君主專制，必承認宗法制下之傳子。顯然儒家並不固執此道也。其對於皇帝與傳子認識，乃取其社會上「定常」

之意義。而「定常」者固不凝固於具體之個體也。中國之所以不能出現西方之民主政治，根本乃在：禮樂型之敎化尊人性重人道，其直接之表現能使人民自覺其爲一道德之存在，爲一有禮樂陶養之存在，而不能再轉折一次間接地自覺其爲一政治之存在。禮別異，樂和同。然禮之別異是道德的意味，非政治法律之意味。尊生，重人，愛民，貴民，其政治上之意義，亦是自我之對人處說出去，而不是自人處令其自覺地在國家法律下覺得有權利應得有義務應盡。必須能自人處說回來，自覺其爲一政治的存在，然後民主政治始能出現。孔、孟的文化模型，其直接表現不含有此義也。孔、孟本身之精神表現，亦不含有此義也（因其是聖賢）。後來之實現發展，亦始終未觸及此義也。在盡氣的綜和下，無論爲理性的或天才的，皆不易直接轉出此一義。然非謂孔、孟之文化系統必排斥此義也。惟須有一曲折之轉進而後可。在盡氣之綜和下，每人皆有極可貴之尊嚴，極高度之自由，極游刃有餘之精神發展。然此皆爲個人的、無限制的，因而亦皆爲主觀的（「主觀的」一義以個人之獨特發展而規定）。並無客觀之構造意義。其關鍵即在並無集團之公共性與立法性。因而並不能在客觀構造中形成一有公共性立法性之限制與對立而自覺其爲一法團中之客觀存在，爲一政治之存在。依此，其個人之獨特發展皆爲道德的、藝術性的、天才的、盡氣的。此爲不能出現民主政治之眞實原因。而中國之社會，經過禮樂型之敎化，無論在周之封建貴族政治下，或經過秦之剗平，在郡縣制之君主士人政治下，其集團性總不顯：人無固定之階級，亦無固定之社團。馬一浮先生云：「士農工商之目，實非階級。所謂學以居位曰士，開土植穀曰農，作巧成器曰工，通財鬻貨曰商。非如印度之四族顯

分階級也（印度四種階級，一婆羅門，此云淨行。二刹帝利，此云
王種。三毗舍，即商賈。四首陀，即農夫）。故伊尹耕於有莘，則
農也。傅說起於板築，則工也。而士皆出其中。何階級之有？惟管
子有云：四民不得雜處。士相與言仁義於閒宴，工相與議技巧於官
府，商相與語財利於市井，農相與謀稼穡於田野。朝夕從事，不見
異物而遷焉。是則責其專業，分別甚嚴。而士乃近於今之所謂有閒
階級矣。此法家之意，非先王之道也」（見〈洪範約義四‧附
語〉。此書屬《復性書院講錄》卷五）。實則管子之意亦未實現，
其如此說，或亦只臨時之措施。社會如此，亦見禮樂型之敎化作用
甚大，然無論如何，現實社會形態亦不具備實現民主政治之條件
（外編）。而要者在盡氣的綜和之精神下，人民之興趣在個人之獨
特發展，而不甚欣趣於政治存在之自覺。此種精神之本質，其決定
性固甚大。中國人之氣質，在享受生活之興趣，藝術性之表現，欣
趣於人物及自然之姿態，以及喜劇式之遊戲三昧。此仍是親近生命
而悅生之情調，故人味厚而富潤澤也。彼殺風景之權利義務感，分
解地盡理的之精神之乾燥乏味，實非中國人之所望。然而西方之民
主政治實在分解地盡理的之精神下以及其社會上集團性之顯著而成
立也，而人民亦易於自覺其爲一政治存在也。

　　理性的盡氣之綜和，禮樂型之敎化，其全幅之義蘊，《禮記》
中〈禮器〉、〈樂記〉、〈孔子閒居〉諸篇，言之可謂至矣盡矣。
茲引〈禮器〉中語以明之：「禮有以多爲貴者。［……］有以少爲
貴者。［……］有以大爲貴者。［……］有以小爲貴者。［……］
有以高爲貴者。［……］有以下爲貴者。［……］禮有以文爲貴
者。［……］有以素爲貴者。［……］孔子曰：禮不可不省（察

也）。禮不同。不豐不殺。此之謂也。蓋言稱也。禮之以多為貴者，以其外心者也。德發揚，詡萬物，大理物博。如此，則得不以多為貴乎？故君子樂其發也。禮之以少為貴者，以其內心者也。德產之致也精微，觀天下之物，無可以稱其德者。如此，則得不以少為貴乎？是故君子慎其獨也。古之聖人，內之為尊，外之為樂，少之為貴，多之為美。是故先王之制禮也，不可多也，不可寡也，唯其稱也。」仁德與禮樂廣被天地，曲成萬物。而總賅之以內心慎獨，外心樂發，即一心之體用也。其言可謂盡美盡善。至〈孔子閒居〉篇言達禮樂之原，以致五至三無，誠致廣大而盡精微，極高明而敦悃誠。徹上徹下，徹內徹外，一以貫之矣。在此種文化型態下，不孤成宗教而宗教意境存其中而得其活用。於人生幸福，生活智慧上，無科學與民主政治，亦不必定有所不足。蓋此種文化模型，人生境界，實是一透體是智慧之表露，而已超過科學與民主政治以上矣。其神足漏盡，故已至乎其極，而無有復加乎其上者。其圓而無缺，盈而無虛，故已函盡一切，同同而一如，無有可更端而歧出乎此者。其更端而歧出者，必未至乎圓盈也。雖然，文化模型可以如此也，聖賢人格之為型範可以如此也。而現實人生及其曲屈之發展，固未必能至乎此也。而一說到發展，則人所自覺之方面而表現其精神，固未有限量也。此一圓盈之型範，固亦不可現實上所已實現或所已覺及者所限制，而謂其只能容受某，而不容受其他也。而人之自覺及精神表現不能不在歷史發展中，不能停滯於某階段，凝固於某狀態態。一旦停滯而凝固，則精神即死矣。而圓盈之型範亦只空掛而為型範，成一虛架子，死概念，而圓盈之實亦不可得矣。是以歷史發展與精神表現一事也，而隔離之宗教與夫科學民

主皆在發展中人之自覺及其精神表現上有其地位。圓盈之型範雖可神足漏盡，齊同一如，已越乎隔離之宗教與科學及民主以上，而其充實之內容，與夫其圓盈之生而不死，則固不能離人之自覺及精神表現而獨存也。依是，中國終將依其文化型範而融攝宗教，轉出科學與民主政治也。此雖長期未有，而若有發展，則必在其生命之苦鬥中而轉至，而且其轉至之方面、內容，與形態，將無限量也。

依是，吾人轉而論「天才的盡氣之綜和」看現實歷史之發展。

《牟宗三先生全集》總目

① 周易的自然哲學與道德函義

② 名家與荀子　才性與玄理

③ 佛性與般若（上）

④ 佛性與般若（下）

⑤ 心體與性體（一）

⑥ 心體與性體（二）

⑦ 心體與性體（三）

⑧ 從陸象山到劉蕺山　王陽明致良知敎　蕺山全書選錄

⑨ 道德的理想主義　歷史哲學

⑩ 政道與治道

⑪ 邏輯典範

⑫ 理則學　理則學簡本

⑬ 康德「純粹理性之批判」（上）

⑭ 康德「純粹理性之批判」（下）

⑮ 康德的道德哲學

⑯ 康德「判斷力之批判」（上）（下）

⑰ 名理論　牟宗三先生譯述集

⑱ 認識心之批判（上）

⑲ 認識心之批判（下）

⑳ 智的直覺與中國哲學

㉑ 現象與物自身

㉒ 圓善論

㉓ 時代與感受

㉔ 時代與感受續編

㉕ 牟宗三先生早期文集（上）

㉖ 牟宗三先生早期文集（下）　牟宗三先生未刊遺稿

㉗ 牟宗三先生晚期文集

㉘ 人文講習錄　中國哲學的特質

㉙ 中國哲學十九講

㉚ 中西哲學之會通十四講　宋明儒學綜述　宋明理學演講錄　陸王一系之心性之學

㉛ 四因說演講錄　周易哲學演講錄

㉜ 五十自述　牟宗三先生學思年譜　國史擬傳　牟宗三先生著作編年目錄